金融风险管理

JINRONG FENGXIAN GUANLI

（第二版）

主编　陆　静

中国人民大学出版社
·北京·

出版说明

改革开放以来，中国的金融走上了高速发展的快车道，获得了前所未有的发展，有关院校都开设了金融课程，以便培养我国急需的人才。

一套高质量的教材是提高教学质量的前提之一。教材规定了教学内容，是教师授课取材之源，是学生求知和复习之本，没有优秀的教材，就无法提高教学质量。中国人民大学出版社推出“经济管理类课程教材·金融系列”，旨在推动国内金融人才培养工作的开展。

组织编写这套教材时，我们遵照以下原则：

1. 教材本土化。为了更快地与国际接轨，许多人主张采用“拿来主义”原则，直接引进国外的教材。实践证明，我国与发达国家相比，国情不同，文化背景不同，思维方式不同，语言表述方式不同，广大的专家教授一致认为：我们培养的是中国金融人才，是为中国的金融服务的，教材还是本土化为宜。应在了解我国现况之后，再学习国外的知识。把中国的背景知识与国际接轨才是我们最需要的。该套教材均为本土原创作品。

2. 精选作者，保证教材质量。金融与国家的政策联系紧密，应用性强，培养的学生既要懂理论又要会应用，既要与国际接轨，又要考虑中国的国情。该套教材的作者涵纳全国“政产学研”方面的学者、专家，从源头上保证了这套教材的质量。

3. 要始终保持教材的“精”与“新”。现代金融日新月异，课程设置不断变化。该套教材根据形势的发展，不断推出新课程教材，并不断修订、完善。

4. 形式多种多样，方便教材使用者。书中每章都设有“本章要点”“本章小结”“关键术语”“思考题”等栏目。此外，各书还有配套的“学习指导书”，方便读者学习和使用。

总之，这套系列教材紧密结合当前国内外金融研究的最新成果与金融政策发展的实际情况，全面讲述金融基本理论和基础知识。我们相信“经济管理类课程教材·金融系列”的推出，能够为读者掌握现代金融知识、社会培养金融人才起到应有的作用。

中国人民大学出版社

出版说明

前　言

伴随着中国金融业的蓬勃发展，也承蒙广大师生和读者的支持，本书第一版获得了较好的市场反应。根据新颁布的普通高等学校教学质量国家标准，金融风险管理已经被列为金融类专业的必修课程之一，一方面说明有关风险管理的知识传授和储备已经被提升到国家战略层面，另一方面也说明风险管理越来越受到高校教师和学者，乃至实务界从业者的重视。事实上，金融产品设计、金融资产定价、金融机构管理等与金融相关的一切活动都离不开风险管理。在某种程度上，风险管理是金融业务的核心和灵魂。而随着经济全球化和科学技术的进一步发展，金融风险的复杂性、隐蔽性、关联性和系统性等特点更加突出，导致识别、管理和控制金融风险更加困难，这也是近几十年来国内外金融风险案件频发、损失金额巨大的原因之一。

改革开放 40 余年来，中国金融行业飞速发展，取得了巨大成就。根据英国《银行家》（*The Banker*）杂志 2018 年的统计，中国银行业的税前利润占全球银行业税前利润的 29%，居世界第一；如果按一级资本规模计算，中国工商银行、中国建设银行、中国银行和中国农业银行分别位居全球规模最大银行的前四名。金融稳定理事会（Financial Stability Board，FSB）2018 年年底公布的 29 家全球系统重要性银行中，上述工、农、中、建四家国有控股银行全部上榜；FSB 公布的 9 家全球系统重要性保险机构中，中国平安保险集团也位列其中。尽管近年来，中国 A 股市场有所回调，但按照世界交易所联盟（World Federation of Exchanges）2018 年年底的统计，沪深两市上市公司的市场价值仍然稳居全球第二。自 2018 年 6 月 1 日起，中国 A 股逐步被纳入摩根士丹利资本国际公司（Morgan Stanley Capital International，MSCI）新兴市场指数和全球指数。MSCI 预计，当中国 A 股全部被纳入时，中国股市将占据 MSCI 新兴市场指数 40%以上的份额。但我们也应清醒地认识到，大并非意味着强。要提升金融机构的风险管理水平，防范和化解系统性金融风险，任重而道远。因此，为了介绍最新的金融风险管理方法和工具，促进金融风险管理教学和研究水平的提高，帮助金融机构识别、计量和控制风险，我们在第一版的基础上完善和改写了本教材。

为保持教材的延续性，全书仍然划分为 13 章。第 1 章是金融风险概述，介绍了金融风险的概念及特点、风险分类、各类风险之间的关联性以及金融风险对经济体系的影响等；第 2 章是金融风险识别与管理，包括拟识别的金融风险类型、受险部位及产生的原因和严重程度，以及识别方法等；第 3 章是金融风险测度工具与方法，介绍了常用的统计指标和计量工具；第 4 章是信用风险，介绍了信用风险度量的方法、模型和管理办法；第 5 章是市场风险，介绍了市场风险的度量和管理方法；第 6 章是利率风险，介绍了利率风险的测量和管理方法；第 7 章是流动性风险，介绍了流动性风险的计量和管理方法；第 8 章是汇率风险，介绍了汇率风险的计量和管理方法；第 9 章是操作风险，介绍了操作风险的度量和管理方法；第 10 章是其他风险，介绍了国家风险、声誉风险、战略风险和合规风险的度量和管理方法；第 11 章是压力测试，介绍了信用风险、市场风险、流动性风险和操作风险等主要金融风险压力测试的流程和方法；第 12 章是巴塞尔协议Ⅲ，介绍了最新的资本监管框架和标准；第 13 章是经济资本与风险调整绩效，讨论了对于经济资本的计量和分配，以及风险调整后的资本回报率等问题。

与国内外同类教材相比，本教材具有以下几个特点：

（1）全面性，不仅介绍了传统的信用风险、市场风险、流动性风险、利率风险和汇率风险等，还详细介绍了操作风险、国家风险、声誉风险、战略风险和合规风险等近年来金融机构面临的新的风险；

（2）深入性，不仅详细讨论了每一类金融风险的定量测算方法，还介绍了主要金融风险压力测试的过程和方法；

（3）新颖性，紧跟金融风险计量和监管的发展，根据巴塞协议Ⅲ的主要内容，讨论了宏观审慎监管和对系统重要性金融机构的监管框架等；

（4）完备性，为便于学习，把金融风险管理中常用的统计指标和工具归纳在第 3 章，方便查阅，当然，如果任课教师认为学生已经具备这方面的知识，可以直接跳过第 3 章；

（5）实用性，对于各类金融风险的不同计量方法，尽可能地举例阐述，方便自学，也可直接应用于实际问题的分析。

本教材编写过程中参考了国内外同行的研究成果和著作，在此表示衷心的感谢！

感谢中国人民大学出版社的编辑在教材出版过程中的大力协助！

本教材配有 PPT 电子课件，教学中如果需要可以向中国人民大学出版社索取，或直接向编者索取（电子邮箱：lujing@cqu. edu. cn）。

由于编者水平所限，本教材在结构和内容上仍然存在许多不当或疏漏之处，恳请读者批评指正！

陆静

2019 年 1 月

目 录

第 1 章

金融风险概述

本章要点

1. 金融风险的概念及特点；
2. 金融风险的分类及作用机理；
3. 金融风险对宏微观经济的影响；
4. 金融风险管理的发展历程；
5. 金融风险管理的重要性。

导入案例

冰岛，一个美丽富饶的北欧温泉岛国，曾多次被联合国评为地球上最宜居的国家，由于受 2008 年世界金融危机的影响，一度面临“国家破产”的危险。

早在 2005 年，冰岛人均国内生产总值就已达到 54 975 美元，位居世界第三。除了很高的人均国内生产总值之外，冰岛还曾是世界上第二长寿的国家，拥有世界排名第一的人类发展指数，被誉为“世上最幸福的国家”。但在 2008 年的金融危机后，冰岛市值排名前三位的银行全部被政府接管，冰岛货币克朗在 2008 年贬值超过一半，很多冰岛人甚至产生了移民的想法。

1. 金融危机给冰岛造成的经济后果

（1）2008 年 10 月 9 日，冰岛市值排名前三位的银行因有倒闭的风险，已全部被政府接管。数据显示，这三家银行的债务总额为 610 亿美元，相当于冰岛 GDP 的 12 倍。

（2）冰岛出现严重金融动荡，冰岛克朗 2008 年贬值超过一半。

（3）冰岛政府向国际货币基金组织（IMF）、俄罗斯等申请援助，以应对金融危机。

2. 冰岛濒临破产的原因

直接原因是席卷全球的金融风暴。金融危机在某种程度上是偿债能力的危机，冰岛这样的小国家拥有自己的货币，流动性风险对其来说是致命性的，冰岛的资本不足以偿还这种债务。一开始陷入流动性危机后，冰岛中央银行帮助解决了流动性的问题，但中央银行的责任没有得到很好的履行。

根本原因是政府没有进行有效的金融监管，助长了金融机构尤其是银行的投机行为。冰岛和欧洲其他国家一样，对国内的金融体系进行了私有化，放松了管制。私有化带来了投资的繁荣，以及资产价格的上升，同时也催生了资产泡沫。国际投资人愿意把资金无限制地投到冰岛，促使房价和股票价格上升。问题主要体现为冰岛的银行从简单的存贷机构变成国际金融中介机构的同时，银行体系没有得到很好的监管，中央银行也没有完全了解银行所面临的风险。当美国投行如雷曼兄弟相继破产或转制之后，商业银行显然也缺少了生存机会。

3. 启示

（1）发展金融业必须有坚实的实体经济做后盾。冰岛政府把筹码过多地押在虚拟经济上，使风险被扩大到无法控制的地步。简言之，冰岛选择的经济发展模式，就是利用高利率和低管制的开放金融环境吸引海外资本，然后投入高收益的项目，进而在全球资本流动增值链中获利。这种依托国际信贷市场的杠杆式发展，收益高但风险也大。全球化带来了资本的流动，一个国家可以搏杀于全球资本市场，参与金融利益的分成，并攀爬上全球金融生态链的高端，但前提是要有足够强大的实体经济做支撑，显然冰岛并不具备这样的经济实力。

（2）国家不能放松对金融行业的监管。冰岛之所以出现危机，是由于金融业扩张过度，银行和大商家纷纷涉足高风险投资。但政府和中央银行对此不仅坐视不管，反而鼓励它们大举放贷，国民又常年习惯靠借贷消费，由泡沫形成的经济繁荣毕竟是脆弱的。金融评级机构早在两年前便对冰岛银行业的状况表示关注，但冰岛当局毫无动作，2008 年 8 月冰岛的银行监管者还宣称其银行体系稳固，可以抵御很大的金融冲击。虽言犹在耳，但冰岛最大的三家银行在不到一个半月后全部出了问题。

1.1　金融风险的概念

从上述冰岛的案例中，我们对金融风险可以窥见一斑：风险无处不在。尤其对金融行业而言，金融风险更是以其显著的集中性、潜在的破坏性和深远的传播性闻名，如始于 2007 年的由美国次级贷款违约引起的金融危机，仍对世界经济产生着深远的影响，甚至已由单纯的金融危机逐渐向席卷整个欧盟的主权信用危机转化。

2009 年拉开序幕且影响深远的希腊主权债务危机事件，更深刻地阐述了这样一个事实：认识和管理风险已经不单纯是风险管理者必须关注的问题，也成为在金融体系中的每一个从业者都需要了解和掌握的内容，更应该成为每一个经济体中的主体都需要熟知的内容。

表1-1列举了自20世纪80年代以来，世界范围内发生的主要的金融风险事件。

表1-1　20世纪80年代以来全球主要的金融风险事件

时间	风险事件
1982.08.12	墨西哥因外汇储备下降至警戒线以下，无法偿还到期的公共外债本息（268.3亿美元），不得不宣布无限期关闭汇兑市场，暂停偿付外债，并把国内金融机构中的外汇存款一律转换为本国货币。
1987.10.19	由于经济发展前景的不断恶化以及中东局势的日益紧张，华尔街股市出现崩盘，这就是所谓的"黑色星期一"。标准普尔指数狂泻20%，全世界股市出现暴跌。
1980—1990	1980年年末以及20世纪90年代初，美国银行业出现了自大萧条以来最严重的崩塌，超过1 000家互助储蓄银行倒闭。为挽救此次危机所付出的代价超过了1 500亿美元，其中1 240亿美元由美国政府以及纳税人承担，只有290亿美元是由互助银行本身承担。
1994.09.23	由美联储组织安排，以美林、摩根为首的15家国际性金融机构注资37.25亿美元购买了美国长期资本管理公司（Long-Term Capital Management）90%的股权，共同接管了该公司，从而帮助它避免了倒闭的厄运。
1995.02.27	显赫的英国老牌银行——巴林银行——因操作风险宣告倒闭。
1997.07.02	亚洲金融风暴席卷泰国，泰铢贬值。不久，这场风暴横扫了马来西亚、新加坡、日本和韩国等地，打破了亚洲经济急速发展的景象。亚洲一些国家的经济开始萧条，甚至政局也开始混乱。
1998.08.17	俄罗斯联邦政府宣布卢布贬值，并推迟所有外债偿还期，不仅导致大量投资俄罗斯政府国债的投机资本损失惨重，而且致使国际商业银行的大量金融债权难以收回，引发了俄罗斯债务危机。
2000	互联网经济泡沫破灭，美国有210家互联网公司倒闭，千百亿美元资产灰飞烟灭。
2001	世界能源巨头安然公司因造假账而倒闭，导致两万多人失业。
2001	2001年12月，阿根廷银行体系崩溃。几乎一夜之间，作为一个颇为成功的经济中心的阿根廷就跌入了贫穷的深渊。
2004.01.02	中国南方证券因资不抵债被政府接管。
2004.12.01	中国航空油料集团公司在亏损5.5亿美元后，宣布向法庭申请破产保护。
2008	美国储蓄贷款银行IndyMac成为次贷危机以来关闭的最大抵押贷款商，它也是倒下的由联邦保险的第二大金融机构。
2008.09.07	美国政府接管房利美、房地美持有或担保的住房抵押贷款债券总额高达近5万亿美元，而拯救"两房"的资金也达到了2 000亿美元，此次救援成为美国历史上规模最大的金融救援计划。
2008.09.15	华尔街投资银行雷曼兄弟申请破产保护。
2008.09.17	美国政府以850亿美元贷款接管美国国际集团（AIG）。
2008.09.25	华盛顿互惠银行倒闭，成为美国历史上最大的银行倒闭案。
2008.10.03	美国众议院通过了救市计划，动用7 000亿美元纳税人资金购买金融机构的不良资产。
2008.10.10	美国次贷危机波及日本，日本大和生命保险宣布破产。
2009.01.26	荷兰政府宣布承担ING公司277亿欧元的坏账，同期ING公司宣布裁员7 000人。
2009.02.07	德国慕尼黑再保险净利润下降62%，瑞士再保险净亏损10亿瑞士法郎。
2009.02.26	欧洲最大的保险集团——安联集团——四季度净亏损近39亿美元。

续前表

时间	风险事件
2009.02.06	欧洲最古老的银行之一——苏格兰皇家银行（RBS）——宣布2008财年巨亏241亿英镑（约344亿美元），成为英国历史上亏损最严重的企业。
2009.12	全球三大信用评级机构相继调低希腊主权信用评级，从而拉开了希腊债务危机的序幕。
2011.08.05	美国主权债务危机爆发。2011年5月16日，美国国债触及国会所允许的14.29万亿美元上限。美国当地时间2011年8月5日晚，国际评级机构标准普尔公司宣布将美国AAA级长期主权信用评级下调一级至AA+。
2012.07.20	西班牙债务危机急速向地方债危机蔓延，地方政府因融资困难相继求援。
2013.08.16	中国光大证券策略投资部门在使用其独立的套利系统时出现问题，致使A股市场震荡，光大证券总裁徐浩明引咎辞职。
2018.01.19	为掩盖不良贷款，浦发银行成都分行向1 493个空壳企业授信775亿元，换取相关企业出资承担该行不良贷款。银行监管部门对浦发银行成都分行做出处罚，共罚没4.62亿元，相关责任人也被处理。

资料来源：根据相关媒体报道汇集。

对于风险，我们从上述风险事件中，或多或少知道了一些概貌，但我们也应该意识到：金融企业或金融机构为了生存和发展必须承担风险，必须判别当前持有资产或投资的风险是否可以承受。如果风险不能承受，应提出相应的控制措施。风险是不可能被完全消除的，如何精明地承担风险（take smart risks），才是我们所追求的。

然而，尽管很多人已经认识到风险管理的重要价值，并且也认知了不同类型的风险，但对于风险，各自的表述却有很大差异，这归根结底是因为业界对风险管理长期以来没有统一的界定，世界上对风险的定义多达14种，常见的定义涉及不确定性、概率、损失、波动性、危险等内容，归纳起来主要有以下几种。

1. 风险是结果的不确定性

这种观点认为风险等同于结果的不确定性。不确定性是指对事物的未来状态，人们不能确切知道或掌握，也就是说，人们总是对事物未来的发展与变化缺乏掌控力。根据能否在事前估计最终结果，又可将不确定性分为可衡量的不确定性和不可衡量的不确定性两种。从不确定性的角度出发，事物的结果有好有坏，即潜在损失与盈余机会并存。美国经济学家奈特在其名著《风险、不确定性和利润》一书中认为：风险是可以测定的不确定性。美国经济学家阿瑟·威廉姆斯等人在《风险管理与保险》一书中，则将风险定义为：在给定的情况下和特定的时间内，那些可能发生的结果间的差异。如果肯定只有一个结果发生，则差异为零，风险为零；如果有多种可能结果，则有风险，且差异越大，风险越大。

2. 风险是各种结果发生的可能性

这种观点认为风险是一种不确定的状态，故风险与可能性之间存在必然的联系。风险是以一定概率存在的各种结果的可能性，具有一定的可度量性，风险导致的各种结果出现的概率总是在0到1之间波动，概率越接近0，表明发生的可能性越小；概率越接近1，则说明发生的可能性越大。可能性是对不确定性的量化描述，是对风险或不确定性的进一步认知。

3. 风险是实际结果对期望值的偏离

在投资学中，风险常常被定义为风险因素变化的波动性。如我们经常提到的市场风险中的利率风险、汇率风险、股票价格风险等都是风险因素变量围绕其期望值上下波动造成的，计算期望值和方差（或标准差）则是描述这种波动的常用方法。这种将风险定义为波动性的观点主要用于定义易于量化的市场风险。将风险和波动性联系起来的观点实质上是将风险定义为双侧风险，即不仅考虑不利的波动——下侧风险，还考虑有利的波动——上侧风险，风险既意味着损失的可能又意味着盈利的机会。双侧风险的定义与单侧风险相比，更符合风险管理的发展方向——全面风险管理，更有利于对盈利部门和明星交易员的风险管理，而且为全面经济资本配置和经风险调整的业绩衡量提供了理论基础。

4. 风险是造成损失的可能性

这是典型的、传统的风险定义，只重视下侧风险，即损失的可能，而将盈利机会排除在外，是典型的单侧风险概念。如《人身保险公司全面风险管理实施指引》（保监发〔2010〕89号）中对风险的定义便是：对公司实现经营目标可能产生不利影响的不确定因素。基于这个定义，传统的风险管理并不包括对现在盈利的部门进行管理。事实上，风险是事前概念，而损失是事后概念，风险是损失或盈利结果的一种可能状态，在风险事件实际发生前风险就已经存在，而这时损失或盈利并没有发生，一旦损失或盈利发生，事件处于某种确定的状态，此时风险就不存在了。因此，从严格意义上讲，风险和损失是不能并存的两种状态，只重视下侧风险这种定义不符合现代风险管理的要求，并且会造成对明星部门、明星交易员的放任管理，巴林银行的倒闭也部分是源于这样的认知。

5. 风险是容易发生的危险

因为风险同时具有损失性和风险性，故在理论界也有一部分人将风险视为容易发生的危险。这种把风险等同于危险的定义同样不符合现代风险管理的要求。虽然在日常生活中经常将风险与危险互换使用，但在保险学和风险管理中，将风险简单地理解为危险是不恰当的。风险是结果的不确定性，这种不确定性既可以是坏的也可以是好的，因此风险是一个中性的概念。而危险是单侧的，侧重于坏的方面，是带有贬义色彩的。

6. 风险是不确定性对目标的影响

《中国工商银行全面风险管理框架》第二条称："本框架所称风险，是指对本行实现既定目标可能产生影响的不确定性，这种不确定性既可能带来损失也可能带来收益。"《中央企业全面风险管理指引》第三条称："本指引所称企业风险，指未来的不确定性对企业实现其经营目标的影响。"而ISO31000风险管理标准中对风险的定义是"不确定性对目标的影响"。这几个定义均同时考虑了上侧风险和下侧风险，并注重以结果为导向，体现出很大的灵活性和普适性。这样的风险定义已经得到世界上广大风险管理从业者的认可，本书中所述风险定义以此为准，但在实践中，不可否认的是，绝大多数从业者还是乐于从考虑发生损失的角度来对待风险。鉴于此，本书建议由考虑损失入手分析风险，但不要过分负面地考虑风险可能造成的损失，而应系统分析承担风险可能带来的收益，要驾驭风险而非被动地规避风险。更重要的是，要考虑正在盈利的部门及明星交易员是否承担了过多的风险，而非放任不管。COSO（美国反虚假财务报告委员会下属的发起人委员会，The Committee of Sponsoring Organizations of the Treadway Commission）于2017年9月颁发的《企业风险管理框架》中把风险定义为"事项发生并影响战略和商业目标实现的可能性"。

1.2 金融风险的特点

现实中，只有深入了解并真正把握了金融风险的特点，才能更好地管理风险。随着金融市场的全球化程度加深，全球金融市场的交易更加频繁，随之产生的震荡幅度也越来越大，同时金融风险的发生方式、影响范围、表现形式等也发生着变化，并表现出许多新特点。尽管如此，金融风险仍然具有以下一些共同特点。

1. 金融风险的普遍性

金融风险在现代市场经济条件下具有普遍性，只要存在金融活动，就会伴随着金融风险，这是客观存在的，是不以人的意志为转移的。由于市场具有有限理性和机会主义倾向，以及市场信息的非对称性和主体对客观认识的有限性，市场经济主体做出的决策可能不是及时、全面和可靠的，有时甚至是错误的，从而在客观上可能导致金融风险的发生。

2. 金融风险的不确定性

金融活动的不确定性导致了未来收益的不确定性，也即金融风险，因而金融风险本质上是一种不确定性。

如果掌握了一定的信息，就可以运用概率论、统计学等方法估计出未来各种可能结果发生的概率，在此基础上，可对金融活动的不确定性（即金融风险）进行测度，并有针对性地采取相应的风险管理措施，以降低风险损失，甚至规避金融风险。

3. 金融风险的主观性

由于金融活动本身及外部条件错综复杂且多变，而人们的知识水平和认识能力等又往往有限，所以很难完全认识和把握金融活动的各个层面，这容易使人们的金融活动出现失误或偏差，从而引发风险。这类由人们主观认识能力的局限性导致的风险，称为主观性风险。

人们主观认识能力的局限性主要包括两种情况：一种是人类对金融活动本身及其发展变化的规律缺乏认识所造成的，另一种是由人的阅历、经验、知识水平、思维方式和判断能力等个体素质差异所造成的。所以，我们一方面应深入、全面地认识和把握经济金融知识，另一方面，也应采取有效措施，尽快提高人们的知识素质和行为能力，以减少主观认识能力的局限性所导致的行为过程中的不确定性，最大限度地降低主观性风险。

4. 金融风险的隐蔽性

金融风险并非只有在金融危机爆发时才存在，金融活动本身的不确定性带来的损失很可能因信用关系而一直被良好的表象所掩盖。这种“滞后性”是由以下因素决定的：首先，授信业务是一种循环过程，导致许多损失或不利因素被信用循环所掩盖；其次，银行等存款性金融机构具有创造派生性存款的功能，从而使即期金融风险的后果被通货膨胀、借新还旧、贷款还息等形式所掩盖；最后，金融业务的垄断和政府干预或政府特权，使一些本已显现的金融风险，被人为的行政压抑所掩盖。

5. 金融风险的扩散性

金融风险不同于其他风险的另一个显著特征是，金融机构的风险损失不仅影响着自身的生存和发展，而且会导致众多的储蓄者和投资者的损失，从而引起社会动荡。这就是金融风险的扩散性，它主要表现在以下几个方面：首先，金融机构作为储蓄和投资的信用中介，它一方面联结着成千上万的储蓄者，另一方面联结着众多的投资者，金融机构经营管理的失败，必然因连锁反应造成众多储蓄者和投资者的损失；其次，金融业不仅向社会提供信用中介服务，而且通过贷款创造派生存款，从这个意义上来说，金融风险具有数量上成倍扩散的效应。

6. 金融风险的或然性

金融风险的存在及发生并非毫无规律，但亦非确定不移的因果规律，而是服从某种概率分布。金融风险的可控性，是指市场金融体系主体依一定的方法、制度可以对风险进行事前识别、预测，事中化解和事后弥补。其原因有以下几个方面：首先，金融风险是可以识别、分析和预测的，人们可以根据金融风险的性质及其产生的条件，识别金融业务管理过程中存在的各种可能导致风险的因素，从而为控制风险提供前提；其次，人们可以借助概率统计及现代化的技术手段，建立各项金融风险的技术参数，例如人们依据历史上金融风险事件出现的概率来估计和预测金融风险在何种参数水平下发生，从而为金融风险的控制提供技术手段；最后，现代金融制度是控制金融风险的有效手段，金融制度是制约金融主体行为、调节金融关系的规则，它的建立、健全与创新发展，使金融主体行为受规则的有效约束，从而把金融风险纳入可控的制度保证之中。

7. 金融风险的内外部因素的相互作用性

金融风险主要是金融体系内的不稳定因素引起的，但是，如果经济运行中存在结构失衡、相互拖欠款项或严重的通货膨胀等问题，那么即使金融风险程度不是很高，也可能引发金融危机。因此，宏观经济状况也是导致金融风险转化为金融危机的重要因素。

8. 金融风险的可转换性

一个国家存在金融风险，不一定会发生金融危机，但如果对金融风险控制不够及时，则引发金融危机的可能性很大。

首先，金融服务的社会性和金融机构相互联系的紧密性使金融体系内部形成了信用链相互连接、相互依存的关系，一家金融机构出现问题或破产，会迅速影响有信用联系的其他金融机构。

其次，信息的不对称使债权人不能像对其他产业那样根据公开信息来判断某个金融机构的清偿能力，从而将某一金融机构的困境或破产视为其他所有机构同时存在风险，形成对金融机构的挤兑风险。

最后，经济全球化和金融全球化使金融风险的扩散更为迅速。如果一个国家的金融系统发生了普遍的不良预期，那么国际金融机构将会更加谨慎地从事与该国有关的金融活动，结果这种急剧收缩的国际金融环境将会导致该国金融资产风险的全面上升，而金融国际化的发展则使得个别国家的金融风险迅速波及全球。

9. 金融风险的叠加性

所谓风险的叠加性，是指同一时点上的风险因素会交织在一起，相互作用、相互影响，从而产生协同作用，将风险放大。比如在金融活动中，证券市场、银行机构等会同时受到利率风险、汇率风险及一些外部因素（石油危机、自然灾害、战争等）的干扰和冲击，这就增大了金融风险交叉感染、叠加的可能性。

综上所述，把握金融风险的特征，不仅要从单个层面上去认识，还要从系统的角度去认识。由于金融日益成为现代经济的核心，因此金融风险不是某种孤立的系统内风险，它会扩散、辐射到经济运行的各个层面。金融机构之间存在密切而复杂的信用关系，一旦某一金融机构的金融资产发生贬值，导致其正常的流动性头寸难以保持，单一或局部的金融风险就会演变为系统性和全局性金融动荡。

1.3 金融风险的分类

根据划分依据的不同，金融风险可以分为不同的类型。本书按照金融风险的性质，将其划分为市场风险、信用风险、操作风险、流动性风险等。

1. 市场风险

市场风险随着金融机构在各种交易市场上的活跃表现，正成为金融机构难以回避的风险之一。换言之，哪里有可以交易的市场，哪里就天然地存在市场风险。1996 年泰国股市风暴引发东南亚金融危机，导致不少银行折戟沉沙。1984—1995 年，由于美元持续贬值，泰国的出口竞争力大幅提升，大量外资流入泰国的股票市场和房地产市场。在此期间，泰国股价飞涨，平均每年翻一番。而在 1995 年，外汇市场风云变幻，美元持续大幅升值，这对实行固定汇率制的泰国不啻为一次重创，再加上后来房地产泡沫破灭和国际投机资本涌入，泰国经济严重衰退，股市一蹶不振。泰国经济的萧条直接引发了东南亚金融危机，外汇市场上的动荡对金融及实体经济造成的影响令人触目惊心。尽管巴林银行的倒闭、瑞银 Delta One 和中航油的亏损，本质上都是操作风险导致的，但爆发的诱因都是市场标的资产价格的不利变动。市场风险因其可激化其他类型风险的爆发而愈加受到重视。

2. 信用风险

信用风险是一种历史最为悠久的风险，与金融业并生并存，哪里有证券发行人或交易对手，哪里就天然存在信用风险。尽管如此，次贷危机的爆发仍然警示我们：信用风险管理尽管历史悠久、经验丰富，但要对其完全规避仍然是不可能的，且它一旦爆发，仍然有着超强的破坏力。尽管有很多金融监管机构的管理者、经济学家和风险管理者将 2008 年美国金融危机的爆发归咎于美联储长期的低利率政策以及过度复杂的结构性衍生产品，但是，不可否认，向信用程度不高、收入低且弹性较大的借款人提供贷款，才是金融危机爆发的根本原因。在房价不断攀升时，由于抵押品价值充足，信用风险在财务报表中潜伏起来，等到房价滞胀乃至下跌，且借款者因为自身原因不能或不愿偿还银行贷款时，金融危机的导火索就被点燃了。金融危机首先击溃了美国的金融业——华尔街遭受重创，五大投行坍塌了三家，随后导致美国经济也呈现衰退之相。2008 年危机的影响还波及欧盟、日本以及全球各大经济体，成为 1929 年大萧条以来全球经济遭受的最大危机。缘起于希腊主权债务危机的欧债危机，随着产生危机的国家的增多与问题的不断浮现，加之评级机构不时将评级下调的行为，成为牵动全球经济神经的重要事件。2011 年 5 月 16 日，美国国债余额触及国会所允许的 14.29 万亿美元上限，导致美国债务危机，它与欧债危机相互激荡，已经使世界经济深陷泥潭难以自拔。主权债务危机这样一种特殊的信用风险形式，日益得到风险管理者的高度重视。

3. 操作风险

相较于商业银行传统的信贷风险管理而言，操作风险在商业银行中被予以重视，乃至

风险，它通常针对债权而言。违约风险蕴含于所有需要到期还本付息的证券当中。

（2）交易对手风险是指交易对手未能履行契约中的义务而造成经济损失的风险。

银行业实务中产生交易对手风险的主要业务类型有：

1）持有头寸的结算交易，一般指银行与交易对手之间约定以债券、证券、商品、外汇、现金或其他金融工具进行交易；

2）证券融资业务，一般包括回购、逆回购、证券借贷；

3）借贷交易，即通过银行贷款来购买、销售、持有或交易证券；

4）场外衍生工具交易，指银行与交易对手在交易所以外进行的各种衍生工具交易，如外汇、利率、股权，以及商品的远期、互换、期权等交易合约和信贷衍生工具等交易合约。

违约风险和交易对手风险是客观存在的，不以证券发行人或交易对手的经济状况、还款意愿为转移。理论上讲，每一个经济体中的自然人与法人均会对应一个违约概率，且该违约概率恒大于0小于1。广义的交易对手也包括证券的发行人。

（3）信用转移风险是指债务人的信用评级在风险期内由当前评级状态转移至其他所有评级状态的概率或可能性。该风险主要通过信用转移矩阵管理，著名的CreditMetrics信用风险评价模型即建立在信用转移矩阵的基础上，对信用转移风险进行测量。

（4）可归因于信用风险的结算风险是指交易对手的信用原因导致转账系统中的结算不能按预期发生的风险。赫斯塔特风险①即为此类风险的典型。

按照信用风险发生的主体可以将信用风险分为金融机构业务信用风险和金融机构自身信用风险。金融机构业务信用风险又包括金融机构信贷过程中的信用风险和交易过程中的信用风险。而金融机构自身信用风险是在金融机构日常的经营管理中，因内控机制不健全而导致的信用风险。

按照信用风险的性质可以将信用风险分为主观信用风险和客观信用风险。主观信用风险是指交易对手的履约意愿出现了问题，即因主观因素形成的信用风险，这主要由交易对手的品格决定。这种信用风险在某些场合被称为道德风险。客观信用风险是指交易对手的履约能力出现问题，可以说是由客观因素造成的信用风险，这里的交易对手可以是个人或企业，也可以是主权国家。

无论是哪种类型的信用风险，都具有以下共同的特点：

1. 信用风险的概率分布为非正态分布

正常情况下，债务人违约属于小概率事件，但金融机构尤其是银行的债务人非常集中，这就造成了债务人收益和损失的不对称，造成了信用风险概率分布的偏离。故而信用风险的分布是非对称的，收益分布曲线的一端向左下方倾斜，并在左侧出现厚尾现象。

2. 道德风险和信息不对称是信用风险形成的重要因素

信用交易活动存在明显的信息不对称现象，即交易的双方对信息的获取是不对称的。

---

① 赫斯塔特（Herstatt）风险，是指1974年德国赫斯塔特银行在接到了德国政府当局的清算命令后，无力向对方银行支付美元而发生的风险。后来赫斯塔特风险用来特指此类风险，即银行遇到的巨额跨境结算风险，该风险产生的原因是，一笔外汇交易中各个阶段不可撤销的结算，可能是在不同的时间点完成的。例如，向一家纽约银行在东京的日本代理行支付日元应在东京的营业时间内完成，而一家纽约银行向在纽约的一家日本银行的美国代理行相应地交付美元则是发生在纽约的营业时间内。由于这两个国家的支付体系不是在相同时间开始运行，因此交易的一方正执行交易时，另一方却可能已经破产而无力交付用于补偿或冲销的货币。

一般情况下，受信人因为掌握更多的交易信息，从而处于有利地位。而授信人所拥有的信息较少，处于不利地位，这就会产生所谓的道德风险问题，使道德风险成为信用风险的一个重要因素。此外，受信人可能为了获取对其更为有利的贷款条件，而贿赂或与授信人的办事人员勾结，导致授信人获取的信用信息严重失真。实践中，受信人在经济状况趋向恶劣、违约不可避免时，更倾向于将银行授信提取使用，使银行对其的信用风险敞口进一步放大。与之相对的是，对其他经济风险，如市场风险，由于交易双方的交易信息基本是对等的，因而有关道德风险的信息在其风险的形成过程中起到的作用则不那么明显。

3. 信用风险具有明显的非系统性风险特征

虽然信用风险也会受到宏观经济环境，如经济危机等系统性风险的影响，但在更大程度上还是由个体因素，如贷款投资方向，受信人的经营管理能力、财务状况甚至还款意愿等决定，因此，信用风险具有明显的非系统性风险特征。尽管如此，关于如何计算信用风险的相关参数，依然是风险管理界的前沿理论之一，并深刻影响到资产证券化的定价。

4. 信用风险难以进行准确的测量

由于贷款等信用产品的流动性差、缺乏高度发达的二级市场，所以各种数理统计模型的使用存在诸多不便。加之信息不对称的原因，直接观察信用风险的变化较为困难。另外，由于贷款等信用产品的持有期限较长，即便到期时发生了违约，能够观察到的数据也非常少，且不易获取。故而在实务中，相当多的金融机构将逾期的数据进行处理后，与违约数据放在一起，利用它们来对信用风险进行测量。

1.3.3 操作风险

一、操作风险的内涵

业界以及理论界对操作风险的定义有狭义和广义两种，广义上的定义认为除信用风险和市场风险以外的所有风险，都属于操作风险，这种定义涵盖范围较宽，定义简单，但由于未给出任何定义性或描述性的字眼，对操作风险的识别、衡量和管理意义不大。该定义只是在1999年发布的巴塞尔协议Ⅱ首次征求意见稿中提出，随后遭到普遍反对。而狭义的定义则有多种。

尽管不同机构对操作风险的定义还存在一定的分歧，但是业界对操作风险应包括的基本内容已达成一定的共识，以巴塞尔协议Ⅱ对操作风险的定义为主要代表：操作风险是指金融机构由于人员失误、外部事件或内部流程及控制系统发生的不利变动而可能遭受的损失。中国银监会于2007年发布的《商业银行操作风险管理指引》中对操作风险进行了以下定义：因不完善或有问题的内部程序、员工和信息科技系统，以及外部因素造成损失的风险。《人身保险公司全面风险管理实施指引》中对操作风险的定义则是：由于不完善的内部操作流程、人员、系统或外部事件而导致直接或间接损失的风险，包括法律及监管合规风险。

操作风险的表现形式主要有：内部欺诈、外部欺诈、雇员活动和工作场所安全性，客户、产品及业务活动，实物资产损坏，营业中断和信息技术系统瘫痪，执行、交割和流程管理中出现的操作性问题。

操作风险存在于金融业务的各个方面，具有普遍性。此外，不同于信用风险、市场风险的是，由于操作风险仅为下侧风险，承担该风险并不能给金融机构带来潜在盈利，因此对它的管理策略应该是在一定的管理成本约束下，尽可能降低操作风险。

相对于银行对信用风险的重视，直到20世纪90年代以后，随着以巴林银行的倒闭为代表的国内外金融要案的频繁发生，对操作风险进行有效度量与管理才成为人们最关注的话题之一。其实操作风险并不是一个新生事物，它从金融机构诞生之始便一直存在，确切地说，它蕴含于所有组织的所有操作中。但是，与信用风险和市场风险相反，操作风险通常不是主动产生的，而是存在于各类业务单元和业务中，往往不易辨别也不能分散。在一个流动的交易市场中，操作风险是不会得到根本性消除或规避的。更重要的是，任何完备的体系和IT系统，毕竟还是要由人来操作，而人在不确定的时间出现不确定的失误造成不确定的损失，这样的情况是确定的。金融界中，将交易员因操作失误而导致大盘失控的事故称为"肥手指综合征"（fatfinger syndrome），即交易员或经纪人在输入指令时敲错键盘。

随着世界经济一体化、金融市场全球化的发展，银行及其他金融机构面临的竞争压力不断加大，金融产品尤其是金融衍生产品的不断推出，网上银行、电子商务等新交易模式的出现，计算机信息技术的迅猛发展使得金融机构面临的风险越来越复杂并难以控制，由操作风险引发的金融案件频频发生，给整个金融界造成了巨大的损失。近年来出现的金融业重大损失绝大多数都是源于操作风险，如日本的住友银行、大和银行以及巴林银行，因操作风险导致的损失都超过10亿美元，其中巴林银行由于新加坡附属机构交易员尼克·里森的期权期货交易亏损14亿美元最终倒闭；2005年，日本瑞穗证券因某交易员将一个指令输入错误，在16分钟内损失了270亿日元；2008年年初，法国兴业银行一个前台交易员的非法操作也给该银行带来了71.4亿美元的损失；2011年，瑞银一个前台交易员的非法操作导致该银行损失了23亿美元。操作风险因其单个案件即可造成巨额损失的特点引发了全球金融监管者、从业人士尤其是风险管理者的高度重视，但对于如何从完全意义上规避该类事件的发生，尤其是如何规避不同岗位之间的合谋等风险事件，仍然缺乏良好的解决方案。

与国外相比，国内由于操作风险引发的金融案件也是层出不穷，如中国农业银行邯郸分行特大金库被盗案（涉案金额5 100万元）、南海华光的74亿元骗贷案、中国银行黑龙江河松街支行10亿元高山案、海通证券西安营业部员工桂璟挪用客户资金8 600万元炒作股票和期货案、广东证券股份有限公司的国洪起案（涉案金额约20亿元）等。这些案件一方面让金融机构遭受了较大的经济损失，另一方面给这些机构的声誉带来了巨大的损害，使监管机构及其利益相关人对其风险管理能力产生怀疑，影响到它们的正常运营与发展。

为遏制金融操作风险案件蔓延的势头，1998年巴塞尔银行监管委员会公布了关于操作风险管理的咨询文件，随后分别在1999年6月、2001年1月、2003年4月三次提出征求意见稿，并于2004年6月在颁布的巴塞尔协议Ⅱ中，首次将操作风险与信用风险、市场风险并列为金融机构所面临的三大风险，要求将操作风险作为独立的范畴纳入银行风险管理框架，要求各金融机构为操作风险配置相应的资本金。这对于有效地监管操作风险，以及提高金融机构尤其是银行对操作风险的重视程度起到重要作用，但巴塞尔协议Ⅱ在测度操作风险对应的监管资本模型方面仍然与信用风险、市场风险相差甚远。

风险管理部门对操作风险进行积极评估、监控、控制、缓释和报告的过程，是定期主动地评估风险、加强内部控制，是标准化的、系统化的管理而非随意性管理，是对金融机构内部控制的深化。操作风险管理不是一项计划，而是贯穿于一个公司的管理过程。操作风险管理成功的关键要素是良好的管理和诚实、可信、经验丰富的员工。

二、操作风险的分类及特征

1. 操作风险的分类

在操作风险管理上，实现操作风险的合理分类，是操作风险管理的一大进展。操作风险分类为操作风险控制和管理提供了支持。目前，国际上存在以下三种分类：

（1）按风险事故发生的频率和损失程度分为四类。

1）发生频率低、损失程度也低的操作风险事件。这些事件的损失一般属于预期损失，金融机构可采取信用风险防范的“备抵法”，以风险准备金的形式预先扣除损失。

2）发生频率高、损失程度低的操作风险事件，如计算机错误、交易误差等。这些事件可运用直接观察得到的客观数据通过统计模型来评估并通过流程再造、人员培训、建立风险报告系统等控制方式来降低损失发生的概率，控制风险水平。

3）发生频率低、损失程度高的操作风险事件。这些事件包括自然灾害、政治及军事事件、内外部欺诈、会计违规等，如2001年的“9・11”事件、2003年美国加利福尼亚州发生的大面积停电事件、2008年的汶川地震等。这类事件的发生往往不能预料且造成的损失巨大，因发生频率低，损失数据难以收集，很难用模型进行评估。金融机构可通过业务外包、保险等风险转移或缓冲方式来有效管理，或者在参考外部数据的情况下，运用极值理论测算并提取相应的准备金。

4）发生频率高、损失程度也高的操作风险事件。这部分事件需要风险管理者高度关注，尽量做到在事前加以防范，一旦发生，则应及时采取措施加以控制。

（2）按操作风险发生原因分类，主要有“四类型法”。

“四类型法”将操作风险分为内部操作流程造成的操作风险、人员因素造成的操作风险、系统性因素造成的操作风险和外部事件造成的操作风险四类。

1）内部操作流程是指交易、结算及日常的业务操作过程，这方面的操作风险主要包括数据录入、评估资产、客户争端及客户资产损失等方面造成的风险。

2）人员因素造成的操作风险是指雇员及相关人员有意或无意造成的损失或者公司与其客户、股东、第三方或监管者之间的关系造成的损失，包括歧视性交易、未授权交易、关联交易和内部欺诈等。

3）系统性因素造成的操作风险是指由于硬件、软件和通信系统发生故障，致使交易系统中断、延迟、崩溃或发生偏差、程序错误，电脑中病毒以及交易人员或风险管理者使用了错误的模型，或模型参数选择不当等方面造成的损失。

4）外部事件造成的操作风险是指由第三方造成的损失，如外部欺诈、撤资、监管变化引起的业务变化、自然灾害、恐怖袭击、勒索、信用卡欺诈、互联网犯罪等。

（3）按照操作风险的损失事件类型可将操作风险事件划分为7种类型：内部欺诈；外部欺诈；雇员活动和工作场所安全性风险；客户、产品及业务活动中的操作风险；实物资产损失；营业中断和信息技术系统瘫痪；执行、交割和流程管理中的操作风险。

2. 操作风险的特征

通过以上对操作风险的分析，我们可以清晰地认识到，操作风险同时具有人为性、多样性、内生性、风险与收益的非对称性、关联性等特点。风险管理者只有掌握了其特点，才能做到有效识别和管理操作风险。

(1) 操作风险具有人为性。

由于操作风险主要来自金融机构的日常运营，因此，人为因素在操作风险的形成原因中占了绝大部分。只要是与人员相关的业务，都存在操作风险。如果说市场风险来自金融市场上价格的波动，信用风险来自债务人的违约，那么大多数操作风险则来自有意或无意的金融机构内部的人为因素或失误。

(2) 操作风险具有多样性。

操作风险在金融机构中无处不在，并构成其业务经营中重要的组成部分。从覆盖范围看，操作风险几乎覆盖了金融机构经营管理的所有方面。从业务流程看，它既包括后台业务、中台业务，又包括前台与客户面对面的服务；从风险的严重程度看，既包括工作疏忽、计算失误等小问题，又包括影响很大的内外部欺诈、盗用等恶性事件；从风险的主体看，既包括操作人员的日常操作性失误，也包括高层管理的决策失误。因此操作风险涵盖的范围很大。

(3) 操作风险具有内生性。

市场风险、信用风险一般为外生性风险，是由外部不确定性因素引发的风险。而操作风险除自然灾害以及外部冲击等一些不可预测的意外事件外，大部分属于内生风险，即是由金融机构内部不合规的操作因素引起的，它的防范依赖于金融机构的结构、效率和控制能力。只要金融机构的业务没有中断，操作风险就会永远存在，并成为业务经营中的重要组成部分，故而只能对操作风险进行管理，而不能完全消除操作风险。

(4) 操作风险具有风险与收益的非对称性。

信用风险和市场风险与收益的一般原则遵循高风险高收益、低风险低收益的特点，存在风险和收益的对应关系。但是操作风险则不然，没有任何金融机构能够因为长期、持续地承担操作风险而获得高收益，操作风险损失在多数情况下与收益的产生没有必然关系，即没有额外的收益与之相对应。

(5) 操作风险具有关联性。

操作风险往往与信用风险、市场风险相生相伴，它会加大信用风险和市场风险的冲击力度。操作风险的大小与交易业务范围和规模联系密切，业务交易量大、规模大、结构变化迅速的业务领域受到操作风险冲击的可能性大，而一些业务品种单一、业务规模小、交易流程简单的业务领域受到操作风险冲击的可能性较小。

1.3.4 流动性风险

一、流动性风险的内涵

流动性风险是金融机构管理过程中天然存在的最基本的风险种类之一，它主要是指经济主体由于金融资产流动性的不确定性而遭受经济损失的可能性。在商业银行系统内，流动性风险指商业银行无力为负债的减少或资产的增加提供融资而造成损失或破产的风险。银监会2009年发布的《商业银行流动性风险管理指引》中对流动性风险的定义为：“流动性风险是指商业银行虽然有清偿能力，但无法及时获得充足资金或无法以合理成本及时获得充足资金以应对资产增长或支付到期债务的风险。”《人身保险公司全面风险管理实施指引》中对流动性风险的定义为：“流动性风险，是指在债务到期或发生给付义务时，由于没有资金来源或必须以较高的成本融资而导致的风险。”《商业银行流动性风险管理指引》中的定义强调了商业银行即便拥有清偿能力也仍然会面临流动性风险的情况，《人身保险公司全面风险管理实施指引》中的定义则不考虑事后拥有足额的清偿能力，相比较而言，《商业银行流动性风险管理指引》的定义更为狭窄，但两者的共同之处是都认同流动性风险应为无法获取资金来源或以合理成本获取资金所导致的风险。

商业银行流动性风险的根源在于硬负债与软资产的不对称性，是流动性供给与流动性需求不匹配导致的，当流动性需求远远超过流动性供给时，就会发生流动性风险。例如，1984 年上半年，作为当时美国十大银行之一的大陆伊利诺伊银行（Continental Illinois Bank）经历了一次严重的流动性危机，后来在金融监管当局等的多方救助下，该银行才得以渡过危机，避免了倒闭的结局。

二、流动性风险的分类及特征

流动性风险有内生性和外生性两大特征。商业银行将缺乏流动性的资产与高流动性的负债进行转换时，集中了整个社会的流动性冲击压力，故而流动性风险为商业银行的内生性风险之一。一般来说，流动性风险常常是由其他原因造成的，如操作风险、信用风险和市场风险，还有管理和声誉问题、法律法规和执行困难等问题。当这些问题一起或某几种同时出现时，就会导致极其严重的风险。操作风险导致日常业务流程的中断，可能会影响现金流量，造成流动性方面的损失；信用风险可能会引发流动性的问题，如签约方不能履行已签订合约的交易（比如一种衍生品或者贷款），则可能会导致流动性方面的损失。市场风险如利率出现巨大变动会导致银行资产遭受巨大损失，造成现金短缺，同时筹资成本上升，使银行承受现金流损失风险。

从实际情况来看，银行的流动性危机往往是由外部冲击造成的，体现为外生性。外部力量，如系统性的市场危机、循环信用危机，或者发生诸如资本管制或债务延期偿付等重大事件，也有可能使银行面临流动性的压力。原本风险管理水平很高的商业银行，可能因为外部的不利冲击所导致的流动性黑洞（本来试图保证增加流动性的行为，结果却造成融资成本的不断增加和融资弹性的不断降低），突然出现流动性不足；而一个风险管理水平不太令人满意的公司，如果一直处在一种有利的市场环境中，流动性危机很可能不会显现出来。

流动性风险由资产流动性风险（asset liquidity risk）和融资流动性风险（funding liquidity risk）组成。资产流动性风险，是指资产头寸在市场深度不足或市场崩溃时，无法在不显著影响市场价格的情况下快速变现的风险。融资流动性风险，是指金融机构在不遭受意外损失的情况下便无法筹资来偿还债务的风险。

总体来说，资产流动性取决于以下因素：(1) 市场条件。买卖价差越小、大额交易造成的市场冲击的反弹越强，恢复越快，则流动性越好。(2) 变现事件范围。在不引起价格剧烈变动的情况下，变现所需时间越短，流动性越好。(3) 资产和证券类型。容易定价、交易活跃、近期发行的热门证券流动性更好。(4) 资产的可替代性。标准的、集中交易的合约，如期货或股票相对于场外交易的衍生工具更具可替代性，流动性更好。

融资流动性风险的发生主要有以下原因：(1) 无法预测的现金流量冲击；(2) 金融机

构管理不善；（3）负面影响和市场反应；（4）金融系统性恐慌带来的流动性风险。

更糟糕的是，在流动性风险发生时，某些情况下，资产流动性风险与融资流动性风险会接踵而至，为了满足外部监管的硬性要求，金融机构不得不进行融资，以便摆脱困境。然而，在不能快速、廉价地获取外部流动性支持时，便不得不快速使资产变现。在变卖资产数量较大时，便会造成市场价格剧烈下挫，从而引发市场上的绝大多数参与者同时做出卖出行为且不再买入，造成流动性黑洞。当流动性黑洞出现后，每一次想获取现金来源的新的尝试都会加剧原有的危机，导致新的困难和更高的成本。

这里的流动性黑洞，是指金融市场在极端事件中骤然丧失流动性的一种现象。总体而言，金融机构多种多样，故而金融市场的流动性要求是多种多样的。但银行和其他金融机构广泛采用基于类似模型或完全一致的计量模型，这导致风险控制系统会针对某种市场指标对不同的机构给出同一个指令，提示其买入或卖出。与此同时，金融行业整体监管放松等措施减少了市场参与者行为的多样性，使其行为愈加趋同，其后果是非常严重的。当金融机构从事市场交易时，由于外部环境变化、内部风险控制的需要以及监管机构的要求，会在某些时刻出现金融产品的大量抛售。而交易成员由于具有类似的投资组合、风险管理目标和交易心态，会同时存在大量抛售的需要，此时整个市场只有卖方没有买方，市场流动性骤然消失，被抛售资产的价格急速下跌与卖盘持续增加并存，又会进一步恶化流动性状况，使流动性危机迅速升级为偿付危机。近些年来，在证券市场上出现了越来越多类似“银行挤兑”的事件，拥有上百亿元市场资本的企业可能在数日内变得失去偿付能力，最终流动性好像被市场和机构瞬间吸走殆尽，这种现象就被形象地称为流动性黑洞。

流动性黑洞理论认为，流动性的核心是金融市场的多样性，流动性黑洞的形成一般与市场规模没有必然的关系，而是与金融市场的多样性密切相关。一般而言，流动性黑洞在那些同质的市场，或者说，在那些信息、观点、头寸、投资组合、交易主体、风险管理缺乏多样性的市场中非常容易出现，而在那些存在较大差异的市场中则较少出现。

1.3.5 其他金融风险

除了巴塞尔协议非常关注的市场风险、信用风险、操作风险、流动性风险之外，战略风险、声誉风险、法律风险、合规风险和国家风险（主权风险）也成为以商业银行为代表的金融机构所关注的风险。

战略风险是指金融机构在追求短期商业目的和长期发展目标的系统化管理过程中，不适当的发展规划和战略决策所带来的对金融机构未来发展的潜在威胁。在实际操作中，战略风险可以被理解为两层意思：一是金融机构发展战略的风险管理，针对金融机构面临的内部和外部情况，系统地识别和评估它所制定的战略存在的风险；二是从战略性的角度管理金融机构的各类风险，如市场风险、信用风险、操作风险和流动性风险，保障金融机构的稳定运营。保监会在《人身保险公司全面风险管理实施指引》中也将战略风险视为保险公司的主要风险之一。

声誉风险是指由于意外事件、机构政策调整、市场表现等产生的负面结果，可能对金融机构的声誉造成损失的风险。声誉风险一般是受其他风险影响所产生的风险，它对金融机构的影响是巨大而深远的。遭遇声誉风险的金融机构在极端情况下可能会遭遇挤兑。汇丰集团前主席庞约翰爵士曾说："过去摧毁一个金融帝国可能需要一个漫长的过程，但是现在，即使是经营了上百年的金融帝国也可以在一夜之间倾塌。"相对来说，声誉因素比财务业绩更能提升或挫伤一家金融机构的声誉，然而它也更加难以衡量、控制乃至预测。中国银监会在2009年发布的《商业银行声誉风险管理指引》中强调："商业银行应将声誉风险管理纳入公司治理及全面风险管理体系，建立和制定声誉风险管理机制、办法、相关制度和要求，主动、有效地防范声誉风险和应对声誉事件，最大程度地减少对社会公众造成的损失和负面影响。"而巴塞尔协议也于2009年1月明确将声誉风险列入第二支柱，指出银行应将声誉风险纳入其风险管理程序中，并在内部资本充足评估程序和流动性应急预案中适当涵盖声誉风险。

一般来说，金融机构规模越大，抵御风险的能力就越强，但同时也意味着金融机构可能面临的风险因素越多，对其声誉的潜在威胁也越大。管理和维护声誉风险需要金融机构考虑几乎所有内外部风险因素。实践证明，良好的声誉风险管理已经成为金融机构的主要竞争优势，有助于提高其自身的盈利能力和实现长期的战略目标。

法律风险是一种特殊的操作风险，它指在金融机构的日常经营过程中，由于无法满足或违反法律要求，导致金融机构无法履行合同，引发争议甚至法律纠纷，给金融机构带来经济损失的风险。法律风险包括但不限于下列风险：一是金融机构签订的合同因违反法律或行政法规可能被依法撤销或者确认无效；二是金融机构因违约、侵权或者其他事由被提起诉讼或者申请仲裁、依法可能承担赔偿责任；三是金融机构的业务活动违反法律或行政法规，可能承担行政责任或者刑事责任。

1. 从风险来源角度分类

从风险来源角度，可将金融机构法律风险分为以下几种：

（1）金融机构内部法律风险，是指因金融机构战略决策、内部管理、业务经营等未能对法律问题做出充分反应或失效而产生的风险。具体包括：1）金融机构决策的合法性评估失误以及对该失误的法律后果认识不足、处理不当导致的风险；2）金融机构业务经营和操作中的违约违规等不当行为导致的风险；3）金融机构未能采取有效法律措施保护其投资和权益导致的风险。

（2）金融机构外部法律风险，是指金融机构法律制度环境的变化导致金融机构遭受不利后果的风险，具体包括：1）影响金融机构的法律发生变化而产生的风险；2）现有法律不明确或无法解决金融机构有关的法律问题（如新产品和新业务）而产生的风险。

2. 从风险事件角度分类

从风险事件角度，可将金融机构法律风险分为以下几种：

（1）合约风险，指金融机构的缔约过程、合约权利义务、补救方式等存在缺陷，或是交易对手不履行合约项义务的风险。

（2）侵权风险，指金融机构的资产或权益被对方侵犯，或是金融机构侵犯对方的资产或权益。

（3）诉讼风险，指金融机构卷入诉讼纠纷，在起诉案件、被诉案件或执行中面临的风险。

（4）争议风险，指金融机构的产品、服务或管理引发争议，存在潜在诉讼可能的风险。

（5）合规风险，指金融机构没有遵守其业务经营所在地的法律法规监管规则与行业准则引发的风险。

3. 从风险后果角度分类

从风险后果角度，可将金融机构法律风险分为以下几种：

（1）导致法律责任的法律风险，包括民事赔偿、行政处罚、刑事制裁等。

（2）导致监管处罚的法律风险，包括罚金、营业限制、市场禁入、停业整顿、吊销执照等。

（3）导致声誉损失的法律风险，包括评级下降、信誉贬损、品牌影响力减弱等。

（4）导致财务损失的法律风险，包括股票价值下跌、客户退出、交易减少、业绩恶化、利润减少甚至破产清算等。

合规风险是指金融机构由于违反外部监管规定和原则，而招致法律诉讼或遭到监管机构处罚，进而产生不利于金融机构实现商业目的的风险。从巴塞尔银行监管委员会关于合规风险的界定来看，金融机构的合规特指遵守法律、法规、监管规则或标准。至于金融机构的行为是否符合它自己制定的内部规章制度，则不属于合规及合规风险的范畴，而是需要通过金融机构内部审计监督去解决。中国银监会2006年发布的《商业银行合规风险管理指引》对合规的含义也进行了以下定义："使商业银行的经营活动与法律、规则和准则相一致。"

国家风险也称国别风险、主权风险，是指经济主体在与非本国交易对手进行国际经贸与金融往来时，由于别国经济、政治和社会等方面的变化而遭受损失的风险。

根据产生国家风险的因素，国家风险还可以细分为政治风险、经济风险和社会风险三类。政治风险是指一国发生的政治事件或一国与其他国家的政治关系发生变化对金融机构造成不利影响的可能性。经济风险是指境外金融机构仅仅受到特定国家直接或间接经济因素的限制，而使得本国金融机构遭受损失的风险。社会风险是指由经济或非经济因素造成特定国家的社会环境不稳定，从而使金融机构遭受损失的风险。国家风险有两个特征：一是国家风险发生在国际经济金融活动中，在同一个国家范围内的经济金融活动不存在国家风险；二是在国际经济金融活动中，经济中的每一个主体都有可能遭受国家风险带来的损失。国家风险最典型的情况即俄罗斯债务违约导致了长期资本管理公司的倒闭。在欧债危机之后，国家风险越来越受到金融监管当局和金融机构的重视。

1.4 金融风险对经济体系的影响

1.4.1 金融风险对宏观经济的影响

（1）金融风险将引起实际收益率、产出率、消费和投资的下降，风险越大，下降的幅度越大。这是因为金融风险可能会导致十分严重的后果，如投资者为了降低投资风险，不得不选择风险较低的技术组合，引起产出率和实际收益率下降。同样，由于未来收入的不确定性，个人财富可能会出现较大波动，境况会相对变坏，因而不得不改变其消费和投资决策。即消费者为了保证在未来能够进行正常消费，总是保持谨慎的消费行为；投资者会因为实际收益率下降和对资本安全的担忧而减少投资，导致整个社会的投资水平下降。

（2）严重的金融风险还会引起金融市场秩序混乱，破坏社会正常的生产和生活秩序，甚至让社会陷入恐慌，极大地破坏生产力。例如，1997 年发生的东南亚经济危机造成了严重后果，使世界经济增长率下降了 1 个百分点以上。处于危机中心的一些国家和地区的经济更是受到严重打击，其经济增长率都下降了 2 个百分点以上，有的国家经济更因此倒退了十多年。

（3）金融风险影响着宏观经济政策的制定和实施。一个国家的宏观经济政策旨在通过政府对经济的调节，控制总供给或总需求，以实现政府目标。从一定程度上讲，政府对宏观经济的调节也是对市场风险的调控。如中央银行在市场上买卖外汇，其主要目的就是减少汇率的波动；中央银行调节货币的供求，使资金供求平衡，降低市场的不确定性。金融风险反过来又影响宏观政策，它既增加了宏观政策制定的难度，又削减了宏观政策的效果。从宏观政策的制定来看，由于金融风险导致市场供求的经常性变动，政府难以及时、准确地掌握社会总供给和总需求状况，从而做出正确的决策，而且金融风险常导致决策滞后；在政策的传导过程中，金融风险使传导机制中某些重要环节（如汇率、利率、信用等）出现障碍，从而导致政策出现偏差；从宏观经济的作用和效果来看，各经济主体为了规避风险，总是尽可能充分利用有用的信息，并以此为依据使未来的政策难以达到预期效果。例如，政府为了扩大就业而增加货币供给，以刺激经济，但由于对购买力风险和利率风险的预期，人们会在物价上涨之前就争取工资上涨或较低的贷款利率，使政府降低失业率和推动经济增长的政策失去作用，从而形成滞胀。

（4）金融风险特别是国际金融风险，直接影响着一个国家的国际收支，影响该国国际经贸活动和金融活动的进行和发展。

1）汇率的上升或下降影响着商品的进出口总额，关系着一个国家的贸易收支。

2）利率风险大、通货膨胀严重、国家风险大等原因造成投资环境差，会使外国投资者减少对本国的投资及其他往来，导致各种劳务收入的减少。

3）国际金融风险也影响着资本的流入和流出。利率风险和汇率风险的大小会引起国内资本的流出或者国外资本的流入；企业信用风险、国家风险等都会影响甚至决定国际金融组织贷款、政府借贷、短期资金的拆放、直接投资等经济行为和决策，从而直接影响着一国的资本项目。1994 年墨西哥金融危机的主要原因，就是外国投资者对墨西哥经济的信心动摇，纷纷撤出资金，引起墨西哥比索大幅贬值。

4）汇率的波动将会引起官方储备价值的增加或减少，因此，国际金融风险也影响着国际收支的平衡。在 1997 年的东南亚金融危机中，泰国、马来西亚等国几十年来苦心积累起的外汇储备消耗殆尽。世界上许多国家都受到这场危机的影响，如仅在 1997 年 10 月下旬的一周内，巴西的外汇储备就减少了约 80 亿美元。

1.4.2 金融风险对微观经济的影响

（1）金融风险可能给经济体带来直接的经济损失。例如，购买股票后，股价大跌；买进外汇进行套汇或套利时，汇率下滑；进行股价指数期货的炒作时，指数与预期相反，都会给行为人造成重大损失。

(2) 金融风险会给经济主体带来潜在的损失。例如，一家企业可能因贸易对象不能及时支付债务而影响生产的正常进行；购买力风险不仅会导致实际收益率下降，而且会影响经济主体所持有的货币的实际购买力；一家银行存在严重的信用风险，会使消费者对存款安全产生担忧，从而导致银行资金越来越少，业务越来越萎缩。

(3) 金融风险增大了经营管理的成本。不确定性的存在，既加大了经济主体收集信息、整理信息的工作量，也增大了收集信息、整理信息的难度；既增大了预测工作的成本，又增加了计划工作的难度，还增大了经济主体的决策风险。同时，经济主体在实施其计划和决策的过程中，由于金融风险导致市场情况的变化，必须适时调整行动方案，一些计划必须修改，一些计划必须放弃，这就增大了管理成本，甚至因为对金融风险的估计不足导致一些不必要的损失。例如，一家企业在生产过程中，由于实际通货膨胀率超过其预期的通货膨胀率，出现生产资金预算不足的情况，不得不修改计划。企业可能因为银行拒绝已做出的贷款承诺而不得不取消一项投资计划等。

(4) 金融风险降低了部门生产率。在生产经营的过程中，各种产品的边际生产率都是随着投入的增加而递减的，只有当各种用途的边际生产率相同时，部门内的资源才达到最优配置。然而，金融风险的存在导致过多的资源流向风险较小的产品，极少有资源流入风险较高的产品中，这使得一些产品的边际生产率接近甚至低于要素的价格，而另外一些产品的边际生产率却远远高于要素的价格，导致部门整体的生产率下降。另外，由于长期内的不确定性比短期内的不确定性大，开发新产品的风险比较大等原因，一些企业行为短期化，因循守旧，也使部门生产率受到影响。

(5) 金融风险降低了资金利用率。由于金融风险的广泛性及后果的严重性，企业不得不持有一定的风险准备金来应对金融风险。如企业为了保证生产持续顺利地进行，不得不准备一笔资金以备在原材料价格上涨时能及时购买原材料，这样就造成这笔资金闲置，无法发挥效益。对于银行等金融机构来说，由于流动性变化的不确定性，难以准确安排备用金的数额，往往导致大量资金闲置。此外，由于对金融风险的担忧，一些消费者和投资者往往持币观望，从而造成社会上大量资金闲置，增大了机会成本，降低了资金的利用率。

(6) 金融风险增大了交易成本。由于资金融通中的不确定性，许多资产难以正确估价，不利于交易的正常进行，增大了交易成本，也会因此产生一些纠纷，影响交易的正常进行，使市场缺乏效率。而且，信用风险、利率风险等的存在，往往给企业筹资带来困难，给金融机构的负债业务和中间业务造成影响，阻碍市场的发展。

1.5 风险管理发展历程

早在20世纪30年代，风险管理理论便开始萌芽，但直到20世纪80年代末才开始蓬勃发展，这与此时开始的接连不断的金融危机是分不开的，如1987年美国的“黑色星期一”大股灾、1990年的日本股市危机、1992年的欧洲货币危机、1994—1995年的墨西哥比索危机、1995年具有233年历史的银行——巴林银行——的倒闭、1997年的亚洲金融风暴以及1998年长期资本管理公司（LTCM）的倒闭等。在这些事件中，长期资本管理公司的倒闭让人们对风险管理的认识达到新的高度，这家由华尔街精英、政府前财政官员及诺贝尔经济学奖得主组成的红极一时的金融机构，在世界金融动荡中也难逃一劫，这使得金融界及各行各业进一步警醒，意识到风险管理的必要性和紧迫性。美国著名金融学家彼得·伯恩斯坦更是在其金融学巨著《与天为敌·风险探索传奇》中宣称，风险管理的极端重要性无论怎么强调都不过分，它甚至“超越了人类在科学、技术和社会制度方面取得的进步”。为了增强对风险管理重要性的认识和人们对风险管理相关问题的理解，下面将按从传统风险管理到新型的全面风险管理的顺序，对风险管理理论及其演进过程做一次梳理。

1.5.1 传统风险管理

风险管理在人类文明的早期就闪耀着智慧的光辉，借助那些智者的声音予以表达，如中国的古谚“君子不立危墙之下”，孔子所说的“危邦不入，乱邦不居”等均体现着风险管理的思想；而在西方，最早的风险管理思想则可以追溯到亚里士多德时代。彼得·伯恩斯坦认为，人类在文艺复兴时期就想操控灾害或风险。但在概率论产生之前，因为无法对风险进行量化分析，故而只能进行朴素的风险分析和风险规避，处于消极的风险管理阶段。

随着大数法则的出现，尤其是概率论产生后，人们对灾害事件的估计开始有了客观的科学根据，这推动了风险理论与实证研究的产生，虽然此时还没有“风险管理”这一名词，但与其功能相当的安全管理与保险已经有了很大的发展，能够通过概率论、大数法则来计算财产和生命的损失分布，开始了对风险的量化管理。可以说，尽管世界上第一家保险公司于1424年在意大利热那亚便已问世，但直到概率论出现后，保险才由一种主观化的管理模式向科学管理模式转型并取得迅猛发展。概率论的出现对于人类而言是划时代的，对于风险管理，诺贝尔经济学奖得主默顿认为它是“把控制风险从靠天吃饭变成靠自己吃饭”。但是，在这个阶段的安全管理与保险领域中，风险管理的思维仍仅限于对客观存在的实体损害的管理。

1896年，欧文·费雪提出纯粹预期假设——最古老的期限结构理论，也是最著名的、最容易应用的、定量化的期限结构理论，它在证券市场上被广泛用来对利率相关证券进行定价。利率期限结构理论的研究促进了实务界与理论界对利率风险管理研究的发展。1938年，弗雷德里克·麦考利在此基础上提出了利率久期和凸性的概念，久期分析已成为利率风险管理的重要工具。

风险管理这一名词最早是1930年由美国宾夕法尼亚大学的所罗门·许布纳博士在美国管理协会发起的一场有关保险问题的会议上提出的。最初的风险管理以保险行业为代表，在实务中，购买保险这一行为时至今日仍然是个人及企业管理风险的重要手段，并持续产生着长远影响。在学术领域，风险管理一般也是在保险学系内发展起来的。保险对风险管理理论的发展功不可没，但随着风险管理实践的不断发展和保险功能局限性的显现，许多企业开始减少对传统保险购买的依赖，在组织内部自行控制风险，也就是在组织内部采取相应的行动来控制风险和不确定性对组织的影响。还有一些企业发现预防损失的措施对一些棘手的问题也极为有效，从而使风险管理者的职责不断扩展，出现了远离保险购买的重大转变。从此以后，尽管保险仍然作为风险管理的一个重要工具及理论支持来源，但已不仅仅作为风险管理的唯一手段，风险管理从此迈入新纪元。

真正意义上的风险管理起源于20世纪50年代的美国，最早论及风险管理的文章出现在1956年的《哈佛商业评论》上，在《风险管理——成本控制的新名词》这篇文章中，拉塞尔·加拉尔建议：希望进一步扩大风险经理（risk manager）的权限，希望他们在受限制的纯粹被动与消极转嫁的保险功能以外，能够转化与提升积极的事前风险管理功能，把保险当成风险管理的工具之一，而非唯一可行的风险管理工具，并指出，在一个企业中应该有专人负责管理风险，即在企业内部应该有一个全职的"风险管理者"。

几乎与此同时，马科维茨将"回报""效用"这类金融术语与风险联系了起来，其理论为现代金融学奠定了基础，并被夏普在其论文《投资组合理论与资本市场》中发展成为"现代投资组合理论"，这成为资产定价和金融风险管理的共同基石之一。默顿在诺贝尔经济学奖致谢发言中，将资产的时间价值、资产定价理论和风险管理理论称为现代金融学的核心内容，并获得当代金融从业者的广泛认同。

布莱克-斯科尔斯-默顿期权定价模型则被称为现代金融管理理论发展的里程碑。这个时期的风险管理以金融衍生品定价为主要内容，它站在交易员的角度，主要为交易员解决对冲的技术问题，因此被称为交易员风险管理，该理论为金融工程的发展奠定了基础。投资组合管理理论、衍生产品市场和金融工程的发展为全面风险管理的产生提供了不可或缺的土壤，为风险管理提供了丰富多样的工具，并将企业定价从传统的现金流贴现推演到运用期权定价的方式，从科学意义上讲，这一理论把数理经济（从丁伯根到萨缪尔森）的发展推到了最高峰。

1970—1990年是风险管理发展的重要阶段。这一时期，经济、社会和科学技术迅猛发展，人类所面临的风险呈现出种类逐渐增加、危害日益加大的特点。1979年美国三里岛（Three Mile Island）核电站爆炸事故，1984年美国联合碳化物公司在印度博帕尔的农药厂（Union Carbide Bhopal，India）的毒气外泄事故以及1986年苏联切尔诺贝利（Chernobyl ）核电站事故等多起重大科技灾难，对风险管理理念在全球范围的传播与发展，起到了极大的催化与推动作用。与此同时，美国一些大学的商学院也开始讲授如何对企业的人员、财产、责任及财务资源等进行保护的新型管理学科，这是风险管理正式在学术领域传授的开端。目前，风险管理已经发展成为企业管理中一个具有相对独立功能的管理学科，围绕着企业经营和发展的核心目标，风险管理与企业的经营管理、策略管理一样具有十分重要的作用。

1.5.2 新型的整体化风险管理

1990年以后，风险管理进入一个全新的阶段——整体化风险管理阶段。整体化风险管理冲破了传统风险管理对风险的狭隘理解，把风险当作一个整体来研究。有两个原因促成了这一时期风险管理的重大转变：金融衍生品使用不当引发了多起金融风暴，促使财务性风险管理有了进一步发展；保险理财与金融衍生品的整合，打破了保险市场与资本市场间的藩篱，财务再保险与巨灾风险债券的出现就是明显的例证。

这种新型的整体化风险管理是站在整个公司角度进行的风险管理，常常被称为公司风险管理（enterprise risk management，ERM）或全面风险管理，它关注的主要是风险对冲的目的和对整个公司价值的影响，是风险管理理论发展的最新方向。全面风险管理理念的产生源于COSO对风险管理的研究，COSO认为，对管理者来说，一个非常重大的挑战就是确定某个组织在努力创造价值的过程中准备承受多大的风险。而制定统一定义、能够提供重要原理与概念、具有明确的方向与指南的风险管理框架将有助于企业迎接这一挑战。

基于以上认识，2001年年末，COSO启动全面风险管理项目研究，经过两年多的时间，于2004年9月发布《全面风险管理框架》研究报告。该报告标志着全面风险管理理论的建立。2017年9月，COSO颁布了更新版的《全面风险管理框架》（Enterprise Risk Management），将全面风险管理定义为：组织在创造、保持和实现价值的过程中，结合战略制定和执行，赖以进行风险管理的文化、能力和实践。

全面风险管理理论的发展丰富了风险管理理论的内容，使风险管理涵盖的范围越来越广泛，风险管理的实际操作也日益复杂，新的风险管理方式不断涌现。

正如人们对风险存在各种各样的定义，人们对风险管理的范畴也没有统一的看法。人们在风险管理活动中关注的问题包括控制、审计、合规、基于风险的投资决策和绩效计量、衍生产品套期保值交易、资产负债管理、准备金提取、资本计量、保险、计算机系统相关风险（IT风险）等各个方面。从风险因素的角度来看，风险管理包括针对各个风险因子的风险管理活动和从整个金融机构战略管理的角度将各个风险因子整合在一起的全面风险管理活动。从金融机构管理风险所使用的工具和方法来看，风险管理活动可以划分为内部控制活动和风险产品交易活动（即金融工程活动）。内部控制活动所使用的工具主要是管理制度、组织架构和审计稽查等，而金融工程所使用的主要工具和方法是风险计量、衍生产品对冲和风险定价补偿等。从针对损失采取措施的角度来看，风险管理活动包括三个方面的内容：第一是避免损失发生或降低损失严重程度及发生概率的管理活动，主要指各项业务的管理和内部控制活动；第二是将可能发生的损失转嫁给其他机构或市场参与者的活动，主要指保险、再保险转移和衍生品对冲活动；第三是风险的承担活动，即通过提取准备金或风险定价方式为可能的损失募集资金的活动。从盈利管理的角度来看，风险管理活动包括风险定价、经济资本配置、经风险调整的资本回报率和经风险调整的业绩衡量等。

从以上的梳理和分析可以看出，传统的风险管理以防范损失为主要内容，而现代风险管理已经远远超越了这一范畴，它不仅包括内部控制和衍生品交易（风险对冲活动）等防范损失的活动，还包括风险定价、经济资本配置、经风险调整的资本回报率、经风险调整的业绩衡量等以盈利及回报为中心的风险管理活动。这种风险管理活动已经上升到战略管理的层面，与投资决策（资本预算问题）和融资决策（资本结构问题）融合在一起，成为企业管理的核心内容。

值得一提的是，在全面风险管理发展过程中，中国已走在世界前列，不仅由中国国家标准化委员会派出专家学者参与了《ISO 31000：风险管理原则与实施指南》的制定，而且采用了中国专家对风险的定义。此外，在2006年6月6日，国务院国家资产监督管理委员会较早地提出了具有指导意义的全面风险管理指引——《中央企业全面风险管理指引》。2010 年 10 月 24 日，中国保险监督管理委员会也深入借鉴了欧盟偿付能力Ⅱ的成果，推出了《人身保险公司全面风险管理实施指引》。

1.6 风险管理的重要性

风险管理是否有价值，一直存在争议。部分学者认为风险管理是没有必要的，其理论依据是有效市场假说。该理论认为：投资者都是完全理性的，他们追求在一定风险水平下的最大收益；金融资产的定价已经反映了所有公开信息，价格的变化互不相关且收益率服从正态分布。该理论的支持者认为，既然风险因素已在资产价格中有所体现，那么再进行风险管理显然是降低了利益相关者（stake holder）收益的行为，是没有必要的。

作为相反观点的代表，也有很多学者建立了风险管理的理论基础，他们认为：对冲可以通过降低财务困境时的大额成本来增加公司价值，降低公司总体税负，降低交易成本，改善投资决策，通过减少信息不对称吸引大股东来增加公司价值。在理论之外，也有很多金融机构证明了从公司信誉和竞争力等无形资产角度考虑，良好的风险管理可以充分保护利益相关人的利益，有助于全面提高企业竞争力。除此之外，至少还有一些理由可以说明风险管理对金融机构的重要性。

1. 管理风险是管理层的职责

尽管有效市场假说的支持者一直坚持，投资者可以自行通过分散的投资组合来降低风险，因此管理风险是没有必要的，然而在现实中，我们永远听不到一个机构投资者或个人投资者对公司管理层说："请随意经营，没有必要管理风险，不需要去考虑公司破产的事情。因为我的投资足够分散。"基于此，我们可以说，管理一家企业的风险是管理层而不是股东的直接责任。更有激进者曾表达：管理就是在管理风险，除了风险就没有什么需要管理的了。尽管现代投资组合理论对当今金融风险管理的理论与实践有很大贡献，但该理论的假设在现实中是受到种种限制的。即便是专业基金经理都有可能无法获取有效风险管理所需的足够的内部信息，包括有关风险及收益的历史资料、波动率和相关性，企业当前的风险敞口和集中度，可能改变公司风险特征的未来经营和投资计划等。

由于以上信息的复杂性及其对外部人士的透明度不足，自然不可能期待股东们能做出最优的风险及收益决策。即使企业的管理层能优先知晓有关信息并有风险管理系统和专家的支持，计量和管理企业整体风险对他们而言也仍然是一个巨大的挑战。股东们能够做的主要工作就是挑选出一个具有足够独立性、全心全意为股东服务并对风险足够敏锐的董事会来代表他们的利益，以及当他们对公司管理水平不满时用脚投票卖出股票。由此可见，确保公司达到它的经营目标，承担符合公司风险偏好的适当风险仍然是管理层永恒的职责。在这个层面上，尽管风险管理的成本有时看上去非常高昂，但它是企业要到达理想彼岸所必须付出的代价。

2. 风险管理可以降低收益波动

风险管理的主要目标之一是降低公司收益和市值对风险变量的敏感性。例如，在市场风险管理方面采取主动管理模式的公司，其股票显示出对标的资产市场价格较低的敏感性，这是由实证得出的结论。例如，哈佛商学院的彼得·图法诺于 1998 年发表的一项研究成果表明，按照黄金生产公司进行对冲活动的强度把它们排序后，位于前25％的公司的股票对黄金价格变化的敏感性比位于最后25％的公司低大约23％。这部分公司在黄金价格剧烈波动时将可以更为从容地制定战略、战术规划，使自身利益最大化。反之，那些位于后25％的公司则只能疲于奔命，甚至大幅增持或减持库存黄金，造成运营方面的困难。

受到利率、汇率、大宗商品价格和其他市场变量影响的公司可以通过风险管理手段更好地对冲风险，管理收益波动。由于股价体现的是市场对公司盈利水平的预期，故而未能达到市场预期的股票将会受到股市的严厉惩罚，导致股价大跌，使得收益波动管理对上市公司愈加重要。而以美国证券交易委员会为代表的监管机构，对运用会计技术来平滑收益缺口的管理越来越严格。在这样的运营环境下，管理层通过合法、公开、透明的风险管理手段来降低收益波动显得更为重要，且在一定程度上具有不可替代性，因此管理层必须更加关注对企业潜在风险的管理。

3. 风险管理可以最大化股东价值

除了管理收益波动外，风险管理还可以帮助企业达到它的经营目标并最大化股东价值。在实践中，基于股东价值承担风险进行项目投资的公司大多认为风险管理和经营最优化可以增加20％～30％或更多的股东价值。确保以下各点就可能获得改善：（1）在反映了潜在风险的各个层次上建立了目标投资收益和产品定价方法；（2）把资本配置给经风险调整后其收益最具吸引力的项目和业务，使风险转移策略得到有效执行，以最优化风险和收益组合；（3）公司对其面临的所有风险都能有适当的手段来管理，以防巨额损失和对公司声誉或品牌的损害；（4）企业的各个层级乃至个人，对其绩效计量和激励机制都与企业的整体经营目标、风险目标保持一致；（5）重要的管理策略如并购以及企业规划中都要明确将风险要素作为主要考虑因素。

4. 风险管理促进高管职业和财务安全

从个人层面来看，风险管理最引人注目的益处是它特别有助于高级经理人员的职业和财务安全。如中国的新公司法实施后，公司董事、监事和高管人员面临越来越大的责任和职业风险，除了原公司法规定的民事责任和刑事责任外，他们还有可能承担以下风险：因关联交易损害公司利益而承担的赔偿责任；公司对外担保和投资业务中的赔偿责任；因签署违法而宣告无效的合同或者开展违法业务产生的赔偿责任；面临不信任股东查账的风险；面临被股东起诉追究责任的风险。

通过有效的风险管理，可以使管理者积极作为，对可能造成重大损失的风险事件事先制定应对方案及应急预案，在损失发生前尽力降低风险发生的可能性，而在损失发生后，使其破坏力最小化，结果使管理者的利益和股东的利益相得益彰，取得利益同一化。风险管理可以给管理者提供更高程度的职业安全并且保证他们在公司的价值，使其手中的期权更有价值。基于此，曾有从业者俏皮地说："风险管理的最大价值就是让一把手显著提升睡眠质量。"

本章小结

本章首先对金融风险的概念及特点、风险分类、各类风险之间的相互关联以及金融风险对经济体系的影响等进行了系统分析和阐述，指出了市场风险、信用风险、操作风险以及流动性风险是目前金融机构面临的最主要的风险；接着介绍了风险管理由传统风险管理到新型整体化风险管理的演进过程；最后总结了风险管理对经济活动的重要性。本章试图从不同视角，描述金融风险的概貌，以便读者对金融风险有一个系统性认知。

关键术语

不确定性　金融风险　单侧风险　双侧风险　非预期损失　市场风险　信用风险　操作风险　流动性风险　战略风险　声誉风险　法律风险　合规风险　国家风险

思考题

1. 什么是金融风险?
2. 试分析金融风险可能的诱因。
3. 简述金融风险的主要类型及其特点。
4. 试比较市场风险、信用风险、操作风险、流动性风险的异同。
5. 金融风险对宏观经济和微观经济有哪些影响?
6. 试简述金融风险管理的发展历程。
7. 你认为风险管理重要吗? 为什么?
8. 简述发生在你身边的金融风险事件，谈谈该事件对人们生活的影响以及你的感受。
9. 通过本章的学习，试结合最近发生的真实金融风险事件，谈谈你的看法。

第 2 章

金融风险识别与管理

本章要点

1. 掌握金融风险识别的原则和作用；
2. 金融风险的识别角度；
3. 金融风险的识别方法；
4. 金融风险管理的主要方法。

2.1 金融风险识别概述

2.1.1 金融风险识别的概念

通常将金融风险识别定义为利用相关的知识、技术和方法，对处于经济活动中的经济主体所面临的金融风险的类型、受险部位、风险源、严重程度等进行连续、系统、全面的识别、判断和分析，从而为度量金融风险和选择合理的管理策略提供依据的动态行为或过程。

相关的知识、技术和方法主要是指对金融风险的认识以及在此基础上发展起来的各种金融风险的计量方法和管理策略。从金融风险的定义可以看出，这些知识、技术和方法不是一成不变的，而是随着人们对金融风险理解的加深和金融风险本身的演化而逐步完善的。

金融风险识别的任务就是辨识金融风险的类型和风险源。风险源是指导致风险发生的因素。金融风险的类型按照不同的角度和需要有不同的划分标准和方法。例如按能否分散风险，将金融风险划分为系统性风险和非系统性风险。系统性风险（systematic risk）是指由影响整个经济体系的因素引起的、所有经济主体共同面临的未来收益的不确定性，是单个经济主体不能通过投资分散化等策略来消除或减弱的风险。非系统性风险（nonsystematic risk）主要是指与主体从事的特定业务相关的风险，该风险通过采取适当的风险分散化策略，选取适当的投资组合，可降低甚至消除。

金融风险的存在具有普遍性、复杂性以及动态变化性，这就要求金融风险识别是一个连续、复杂的系统工程。从金融机构的角度来看，金融风险在金融机构各部门普遍存在，因而金融风险识别不只是风险管理部门的任务，也需要其他各部门的参与配合。金融机构从局部到整体的各层面上往往都面临着不同的风险类型和风险源，不同层次上的风险又纵横交错，异常复杂。在这个不断变化发展的世界中，金融机构的运行环境也在时刻变化，各种风险因素也随之变化。新风险不断产生，旧风险则可能减弱、消失，也可能发展出新的特征。这一切都要求金融风险识别是一个不间断的、实时的动态过程，并根据分析环境的变化调整风险识别的相关技术和方法。风险的产生是各种风险因素不断集聚导致的，是一个量变到质变的过程。要管理好风险，就需要在各方面、各层次充分识别风险，做到谨小慎微，防微杜渐。

2.1.2 金融风险识别的原则

1. 实时性原则

如前所述，风险具有动态变化性，经济主体的财务状况、市场环境等各种可能导致风险的驱动因素时常处于动态变化之中，金融机构面临的市场风险的类型、受险部位、严重程度等都会发生改变，因而要实时关注、连续识别、及时调节。

2. 准确性原则

对金融风险的识别，首先，应准确识别各风险类型、风险存在部位和风险源，否则，就有可能将风险识别的后续工作引入歧途。其次，要对风险严重性做出准确的估计，过分高估会提高金融风险管理的成本，造成管理过度，带来新风险；过分低估又可能使得管理不足，导致更大的潜在金融风险。因而风险的衡量应在普遍估计的基础上，以严格的数量分析为工具，进行统计和计算，以得出比较合理的分析结果。

3. 系统性原则

经营活动的每一环节、每一项业务都可能带来一种或多种金融风险。有的金融风险容易识别，有的则不易察觉，对其中任何一个环节的忽视都可能导致金融风险管理的失败。除了对经营活动的每一个环节、每一项业务进行独立分析外，还应特别注意各环节、各业务之间的紧密联系。金融机构面临的整体风险可能大于也可能小于其单个风险的总和。只有进行全面系统的调查分析，才能对风险进行综合归类，以揭示其性质、类型和后果。否则，就不可能对风险有总体的综合认识，就难以保证风险分析的准确性，就难以合理地选择控制和处置风险的方法。

4. 成本效益原则

金融风险识别的目的在于为金融机构的风险管理提供决策依据，保证金融机构以最小的支出来获得最大的安全保障或者最小的金融风险损失。金融风险的识别和分析需要花费人力、物力、财力和时间等，风险管理收益的大小取决于因风险管理而避免或减少的损失大小。一般来说，随着金融风险识别活动的进行，辨别的边际成本会越来越大，而边际收益会越来越小，因而需要权衡成本和收益，以选择和确定最佳的识别程度与识别方法，使得风险识别活动效率最高。

2.1.3 金融风险识别的作用

金融风险识别是为金融风险管理服务的，它是风险管理的第一和最基本的程序。风险识别的主要目的是通过识别风险存在的范围和分析风险产生的原因，以选择合理、有效的手段管理风险。如果没有准确、系统的风险识别，那么即使具备十分便利和可行的风险管理手段，这种没有针对性的风险管理，其效果也不会是理想的。简言之，金融风险识别的作用就在于使金融风险管理能有的放矢，进而层层细化。具体来讲，其作用主要体现在三个方面：

（1）通过识别不同金融机构面临的金融风险可以确定风险的类型和受险部位。根据金融机构面临的金融风险的具体部位和类型，才能为下一步分析风险诱因、进行风险度量打下基础。

（2）通过对已识别金融风险的分析可以确定金融风险的诱因。不了解风险诱因就不能有效化解风险。例如，一个不明了风险损失发生原因的财务处理方案，是不可能在风险责任转移和损失补偿的经济性、合理性、有效性方面获得充分的保障的。人们常常根据判断这些引起金融风险的诱因是否为系统性的，将金融风险分为系统性风险和非系统性风险。对于非系统性风险，可以通过分散化策略选取适当的投资组合来减弱乃至消除风险。而对于系统性风险，并不能通过投资分散化等方式来消除、减弱，而只能通过某些措施来转嫁或规避（见图2-1）。这也为选择风险管理策略指明了方向。

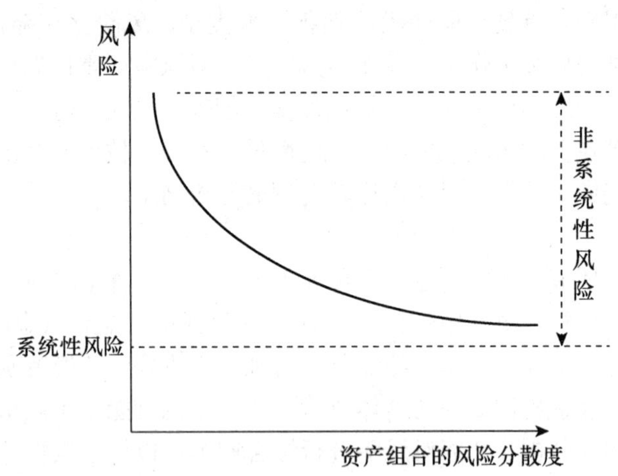

图2-1 资产多样化组合降低了非系统性风险

（3）通过识别金融风险，分析各类金融风险的性质、状况、严重程度等做出初步估计，以确定下一步处理各类金融风险的顺序、路径和方式。作为继风险识别以后金融风险管理过程中的下一个核心步骤，金融风险度量一般具有很大难度，而且往往需要花费很大的人力、物力等成本，因而通过初步的风险识别判定是否需要进一步对相关风险进行度量和考察就比较重要了。

2.2 金融风险识别的基本内容

金融风险识别是金融机构相关人员在进行调查研究之后，运用相关知识、技术和方法对潜在的以及现存的金融风险进行系统分类和全面分析的过程。金融风险识别的基本内容包括拟识别的金融风险类型、受险部位及其产生的原因和严重程度，以及识别过程中采用的方法步骤。

对不同的金融风险识别主体，其面临的金融风险不同，但其识别的角度、方法和步骤基本类似。一般首先是认知金融风险，它是指各金融风险识别主体对所面临的金融风险进行系统考察、了解，认识金融风险的类型及风险容易产生的部位。其次，分析金融风险，它是指对已经经过系统分类的金融风险进行全面分析，研究探讨风险产生的可能原因，以及该风险爆发后可能带来的损失或潜在损失。

2.2.1 金融风险类型和受险部位的识别

识别金融风险类型和受险部位是金融风险识别的第一步，可以通过对金融机构的运营过程、业务流程、财务报表等方面的分析来展开。

一、从运营过程和业务特征的角度识别

金融风险是伴随着金融机构的运营活动而产生的，自然地，各类风险和受险部位也蕴藏在金融机构的运营过程中，所以可以从运营过程中的资金来源、资金运用、风险暴露和业务特征、资金管理等角度考察。

1. 从资金来源的角度考察

金融机构的资金来源主要有存款负债、借入负债、发行证券、通过提供金融服务获得资金等。与定期存款业务相比，支票存款和储蓄存款业务由于客户可以随时取款会给金融机构带来较大的流动性风险，支票存款支付的利息较低甚至不支付利息，因此，支票存款业务带来的利率风险较小。而固定利率存款业务可能因为市场利率下降使得机构融资成本高于以市场利率重新融资的成本，从而带来利率风险。在其他条件不变的情况下，期限越长，固定利率存款业务面临的利率风险越大。浮动利率存款业务则可能因为市场利率上升使机构融资成本上升，从而带来利率风险。另外，外币存款业务还可能带来汇率风险。

借入负债也会由于还本付息给金融机构带来流动性风险和利率风险。具体而言，同业拆借大多为隔夜融资，因而利率风险较小；通过国际金融市场借款会带来汇率风险；回购协议本质上也属于借入负债，由于在到期日作为担保的证券价格可能上升，证券购买商有可能违约，因此回购协议还具有信用风险。

金融机构为了筹集资金而发行股票、债券等证券时，也将面临风险。具体分为以下五种情况。

（1）融资方式和融资成本不同，金融机构承担的义务也有所差异，从而不同的融资方式会带来不同的经营风险，主要是财务风险。通过比较发行付息债券和发行普通股票两种融资方式可以看出，一方面，付息债券要定期支付利息、到期要偿还本金，而普通股股票则不需要偿还本金，股息的支付由股票发行主体视经营状况而定，并不固定；另一方面，股票的发行成本通常要高于债券，显然两种融资方式都会带来经营风险，特别是财务风险，但风险的存在部位、特征、严重程度不同。同时经营风险常会诱发其他风险的产生，比如流动性风险、市场风险等。

（2）为发行股票和债券进行定价的行为有可能导致经营风险。

（3）在销售股票、债券的过程中市场利率可能上升，从而导致股票、债券的价格下跌，甚至无法实现融资的预期目标，因此，这一过程将面临利率风险，甚至还可能引致流动性风险。

（4）由于市场利率上升会使已经销售出去的浮动利率债券的利息支付上升，而市场利率下降又会使已经销售出去的固定利率债券的利息支付高于重新按市场利率融资的利息支付，所以金融机构在外流通的债券会给金融机构带来利率风险。

（5）如果涉及跨国融资，金融机构还会面临国家风险和汇率风险等。

提供金融服务是金融机构获得资源的又一条渠道。金融服务主要包括为客户发行证券、证券承销、证券经纪、代收、结算业务（包括汇款、托收、信用证）、信托、租赁、信息咨询等。具体而言，金融机构为顾客发行证券的成败将会影响其声誉，进而影响金融机构吸收资金的能力，因此，为顾客提供发行证券的服务会给金融机构带来经营风险和流动性风险。在提供包销或备用包销业务时，可能有多种情形会使金融机构面临风险，例如，顾客信用等级下降或市场因子发生不利波动将会引起金融产品价值下降，导致金融机构的收益下降；金融产品交易不足将可能导致承销的证券无法及时按照当前市场价格进行交易并转换为现金；对该项业务的风险认识不足还会导致对该业务的错误选择；金融机构承销的债券到期时，可能出现发行人不按时将兑付资金拨入金融机构账户的情形，而投资者却要求金融机构还本付息，此时金融机构不得不代为垫付；等等。上述情形将使金融机构暴露在信用风险、市场风险、操作风险和流动性风险等各类风险之中。金融机构提供证券经纪业务时可能会面临操作风险和道德风险等经营风险。信用证、租赁业务会带来信用风险和流动性风险。此外，具有国际结算功能的信用证还会带来汇率风险和国家风险。信托业务也可能使机构面临经营风险。

在提供资产管理业务时，金融机构将个别金融资产汇集在一起，将它们的现金流重新分解并组合成不同类型的新型金融产品。这类融资方式的最主要特点是可以改变原有资产的流动性，使得重新组合后的新型产品的流动性更好，但仍有可能会给金融机构带来风险。以投资银行的资产证券化融资业务为例来说。投资银行的资产证券化融资业务是指投资银行把某一公司的一定资产作为担保发行新的金融工具。如果投资银行通过购买抵押资产进行证券化，那么就可能会因为证券不能以合理的价格及时变现而给金融机构带来流动性风险；抵押资产的选择活动本身可能会带来信用风险；另外，为新发行证券定价的活动则会使金融机构面临经营风险。

2. 从资金运用的角度考察

金融机构的资金运用主要是现金资产、证券投资和发放贷款，少数金融机构也会通过金融衍生工具投资进行风险套利。

金融机构选择投资于何种证券的活动将面临操作风险。实施投资决策之后，若市场利率上升，则将导致金融工具的市场价格下降、固定利率债券利息收入低于按市场利率重新投资的收入，从而遭受损失；若市场利率下降，可能使浮动利率债券利息收入的减少幅度大于债券价格的上升幅度，从而使金融机构面临利率风险。另外，如果金融资产发行人的信用等级下降，则可能引起资产价值下降，进而使得金融机构暴露在信用风险中。

金融机构的贷款业务可能会由于借款人违约而面临信用风险，也可能由于利率波动而遭受市场风险。此外，贷款还可能由于资产流动性较差而面临流动性风险。

由于金融衍生工具的交易额一般非常大，价格的微小变化都可能会造成重大损失，因此，投资于金融衍生工具可能会带来巨大的金融市场风险。

3. 从风险暴露和业务特征的角度考察

具有不同风险暴露和不同特征的具体业务往往蕴含着不同的风险类型和受险部位，因而在经营管理中，常常结合每笔业务的特征来识别风险，这样既能及时、准确地把握风险，又能及时地发现问题的症结。

各种业务都是由一系列要素组成的，具有一定的特征。通过对这些要素实现条件、存在的问题以及这些要素变化对整笔业务的影响等的分析，可以充分掌握业务运作中的风险。例如，银行的一笔贷款涉及客户、数额、期限、定价和付息方式、担保方式、贷款回收等因素或环节。其中贷款的数额、期限和到期能否偿还（或提前偿还）等问题，直接影响着银行资产的流动性，因为这些因素直接关联着银行信贷计划和头寸的分配，影响着资产和负债的匹配。期限和定价等问题又会带来利率风险。因为期限的长短决定着利率的敏感性，而定价方式本身面临着利率风险。贷款的回收，是信贷工作最后且最重要的环节。贷款到期能否及时全部收回是银行信贷业务中存在的最主要的信用风险。不同的客户、不同的授信额度、不同的期限、不同的贷款方式具有不同的信用风险。贷款给信誉好的优质客户信用风险较小，而贷款给经营状况差或投资于高风险项目的客户面临的信用风险较大；信用贷款的风险比保证贷款的风险大；保证贷款的风险比抵押贷款的风险大；中长期贷款的风险比短期贷款的风险大。贷款采取不同的利息支付方式或以不同的币种表示，则又可能面临着利率风险、汇率风险。跨国贷款还具有国家风险。而对于存款负债业务，会因为客户取款的不确定性而带来流动性风险，也会因为利率的不利波动而带来利率风险。又如，在证券投资业务中，需要证券卖出价高于证券买入价，这就面临着证券价格风险；持有证券的利率高低以及市场利率变化对证券价格的影响，使证券持有人面临着利率风险；证券能否在市场上交易、在市场上的活跃程度、交易成本大小等，又构成了流动性风险。通过对买入证券发行人的经营管理水平、业绩、信誉等进行考察和分析，可以更深入地识别因买入这些证券而面临的风险。

但是，不同种类的贷款、存款负债、证券投资业务所带来的金融风险又会因业务的风险暴露和具体特征的差异而有所不同。以存款负债业务为例，在其他因素不变的情况下，存款金额越大也即风险暴露越大，银行面临的流动性风险越大；顾客的取款请求所受限制越小，该存款给银行带来的流动性风险越大；存款的期限越短，流动性风险越大；固定利率存款会面临市场利率下降的风险，浮动利率存款会面临市场利率上升的风险；外汇存款还可能带来汇率风险。同时不同类型的存款业务还会面临不同的法律管制，由此导致不同的融资成本，此时银行还将面临不同程度的流动性风险。

4. 从资金管理的角度考察

金融机构用于套期保值的远期、期货交易可能会由于未来金融市场因子的反向波动而面临金融市场风险，同时，远期合约还可能因价格的不利变动而给金融机构带来信用风险。另外，金融机构为了合理搭配资产负债，减少风险暴露而通过买进卖出调整金融资产头寸时，也将产生流动性风险。

二、从财务报表的角度识别

财务报表可以反映经营者在特定经营期间或时点上的资产状况、经营成果、现金流状况以及运营情况。下面通过分析商业银行的资产负债表来简要说明资产和负债的风险识别。

商业银行的资产项目可以归纳为五类：现金资产、各种贷款、证券投资、固定资产和其他资产。不同的资产具有不同的风险特征。现金资产是流动性最高的资产，包括库存现金、在中央银行的存款、同业存款等，其存量过少会引起流动性不足，导致流动性风险，但过多又会增大银行的持有成本，导致经营风险。各种贷款的相关风险识别前面已有介绍，此处不再赘述。证券投资会面临证券价格风险、利率风险和信用风险等。固定资产能否及时变现或者等值变现，也会导致流动性风险和经营风险。

商业银行的负债项目主要面临的是利率风险和流动性风险。

资产与负债的合理搭配程度，也是金融风险识别中要考虑的。只有资产与负债的多样化和合理搭配才能有效地转嫁、分散或冲销金融风险。如果某一类资产过多，将会使经营者面临较大的金融风险。如果银行中长期资产过多，就会面临较大的流动性风险；银行贷款在资产中的比例过高，尤其是对某些高风险行业的贷款过多或对单个企业或者单类行业的贷款过多，将会使银行面临较大的信用风险。各资产之间的正相关性越强，则越不利于分散风险、冲销风险，且会使总体风险增大。在一定时期内，商业银行的资产或负债可能会到期或重新定价，如果这些资产和负债的到期日、数量、利率敏感性等不一致，利率的波动将会导致资产收益和负债成本的变动，从而影响收益的稳定性和流动性的变化，导致经营风险和流动性风险。

为了方便地识别金融风险，金融监管部门或一些组织机构设置了一系列指标体系及参考标准。例如表2-1为中国银监会制定的《商业银行风险监管核心指标（试行）》中的相关指标。

表2-1　商业银行风险监管核心指标

指标类别		一级指标	二级指标	指标值
风险水平	流动性风险	1. 流动性比例		大于等于25%
		2. 核心负债依存度		大于等于60%
		3. 流动性缺口率		大于等于-10%
	信用风险	4. 不良资产率	4.1 不良贷款率	小于等于4% 小于等于5%
		5. 单一集团客户授信集中度	5.1 单一客户贷款集中度	小于等于15% 小于等于10%
		6. 全部关联度		小于等于50%
	市场风险	7. 累计外汇敞口头寸比例		小于等于20%
		8. 利率风险敏感度		
	操作风险	9. 操作风险损失率		

续前表

指标类别		一级指标	二级指标	指标值
风险迁徙	正常类贷款	10. 正常贷款迁徙率	10.1 正常类贷款迁徙率 10.2 关注类贷款迁徙率	
	不良贷款	11. 不良贷款迁徙率	11.1 次级贷款迁徙率 11.2 可疑贷款迁徙率	
风险抵补	盈利能力	12. 成本收入比		小于等于35%
		13. 资产利润率		大于等于0.6%
		14. 资本利润率		大于等于11%
	准备金充足程度	15. 资产损失准备充足率		大于100%
			15.1 贷款准备充足率	大于100%
	资本充足程度	16. 资本充足率		大于等于8%
			16.1 核心资本充足率	大于等于4%

资料来源：中国银行业监督管理委员会关于印发《商业银行风险监管核心指标（试行）》的通知，2005-12-31.

在商业银行中，还需注意与金融衍生产品有关的表外业务。这些业务往往具有很大的信用风险和价格风险。如果经营不慎会造成重大的损失，甚至破产。

2.2.2 金融风险诱因和严重程度的识别

在系统分析了金融风险的类型和受险部位后，就要对金融风险的诱因和严重程度进行进一步的分析，以便为风险管理策略的选择提供依据。例如由国家经济政策或经济周期等系统性因素引起的风险在风险管理策略上只能转移、规避，而不能通过分散化的投资来降低或消除。与特定行业或个体有关的金融风险在制定风险管理策略时则可以通过分散化投资来化解。

一、金融风险诱因

金融风险是由经济生活中的一些不确定因素引起的，一个金融风险主体可以同时面临多种金融风险，一种金融风险可以有多种不同的诱因。

以商业银行为例，其经营活动的不确定性会带来经营风险，利率变动会导致利率风险，如果该银行有外币业务，还可能会面临汇率变动引起的汇率风险，以及贷款违约的不确定性导致的信用风险。同时经营不善、利率或汇率变动、贷款违约都可能会导致流动性风险。经营风险和信用风险主要取决于经营者的经营管理能力。信用风险的主要成因是授信对象的经营管理水平、收益能力等；而经营风险的主要成因则是经济实体自身的经营管理能力、防范措施等。利率变动反映的是金融市场上的资金供求关系，而这种供求关系又取决于货币供应量、货币政策、财政政策、汇率水平、利润水平、通货膨胀率及经济周期等因素，同时国家的货币政策、财政政策又受国家对当前经济形势的判断影响。汇率变动直接反映的是国家货币在国际市场上的供求关系，而这种供求关系又取决于国家的货币购买力、经济发展水平、经济政策的变化、国际收支水平、利率水平、汇率制度，另一个国家甚至全世界的经济、贸易、金融、政治形势的变化以及市场预期等因素。依此类推，层层递进，可以发现导致风险的深层次的诱因。

二、金融风险严重程度的识别

金融风险爆发会产生许多消极后果。金融机构有了对受险部位和风险类型的判断以后，可进一步根据风险的暴露部位的大小来估计可能发生的损失的大小。在其他条件不变的情况下，暴露越大则认为风险越大，反之亦然。例如，在信贷工作中，放贷过分集中于某一行业，则可能因该行业不景气产生信用风险，造成重大损失。在证券投资中，过度投资于某一种证券也可能会因该证券价格下跌带来价格风险，造成很大损失。在衍生品交易中，过度投机于某种产品，则可能由于价格朝相反方向变化而带来巨大损失。同时也要看到，当金融机构持有多种风险暴露时，各暴露之间可能正相关，也可能此消彼长。此时，一种暴露的损失被其他暴露的收益所弥补。因而此处所说的风险暴露，应该是站在金融机构的角度全面系统分析得出的总体暴露情况。不同的风险暴露其风险爆发的可能性不一样。有些暴露大，但风险爆发的可能性极低。例如大规模地投资于国债，其爆发信用风险的可能性极低，可以认为金融风险的严重程度要通过识别出各类金融风险爆发时造成损失的大小以及这种损失发生的可能性，再结合自身的承受能力及其对自身的经营影响来判断。对金融风险严重程度的较精确分析需要综合考虑各种情况，借助数学模型才可能达到。

根据识别出的金融风险的严重程度，再来探讨是否需要对各类风险采取措施，制定相关对策。要考虑风险管理带来的边际收益与边际成本，以此来决定风险管理的力度，使风险管理效率最高。

2.3 金融风险识别方法

通过前文的介绍，我们了解了金融风险识别的内容。接下来的问题是怎样识别出这些内容，也就是金融风险的识别方法。现实中不同金融风险识别主体要识别的金融风险内容有差异，同一金融风险识别主体随着时间的推移、外界经济环境的变化，要识别的金融风险内容也会有变化。这就要求不同的金融风险主体必须按照实际情况选用合适的金融风险识别方法，并根据外界经济环境的变化不断做出调整。

2.3.1 现场调查法

现场调查法（method of scene investigation），是指金融风险识别主体通过对可能存在风险的各项业务及其所涉及的部门进行详尽的现场调查来识别金融风险的方法。该方法包括以下步骤：

1. 调查前的准备工作

首先，应查阅、了解以往相关的各种背景、资料等，确定调查目标、调查地点、调查对象；编制现场调查表，以确定调查内容，特别应明确需要重点调查的项目，以防在调查过程中遗漏或忽视某些重要项目；根据已确定的调查内容、步骤进行调查；同时注意调查内容的复杂性和时效性等，合理安排时间。

调查前的准备工作非常重要，要做到对调查可能遇到的问题、需要花费的时间等心中有数；准备的核心则是确定现场调查的内容，这可以通过编制现场调查表或者调查清单反映出来。这些确定的调查内容并非主观臆断得来的，而是通过大量搜集相关资料，在综合分析的基础上考虑调查的时间等要求选取出来的，既能保证调查不遗漏重要项目，又能保证调查不过于烦琐。

2. 现场调查

在现场调查的实施过程中，风险管理人员可以通过座谈、访问、查阅相关文件档案、实地观察业务活动等方式完成前期编制的现场调查表或调查清单所列举出的项目，同时又不应完全局限于此，还需要根据现场调查中发现的新信息适时调整需要调查的项目和关注的重点，以期尽可能成功地完成风险识别等后续工作，获得准确、全面的第一手资料。

现场调查后，风险管理人员应立即对现场调查的资料和信息进行整理、研究和分析，在此基础上根据现场调查目的撰写调查报告。调查报告通常包括如下三部分：一是根据调查目的对获得的资料进行整理分析，去伪存真，梳理出全面、系统、完整、规范的调查资料与信息处理报告；二是依据调查目的以及调查资料与信息处理报告得出初步结论、对策和建议；三是后附现场调查得来的第一手原始资料。

现场调查法具有如下优点：一是该法简单、实用、经济；二是通过现场调查法可以直接获得进行金融风险识别的第一手资料，从而达到眼见为实的效果，在某种程度上可以确保所得资料和信息的可靠性；三是现场调查活动还能加深风险管理人员和基层人员之间的相互沟通、了解和联系，既可以使基层人员获得有关风险识别和分析处理的经验和知识，又可以使风险管理人员在现在和未来及时获得所需要的相关资料和信息；四是通过现场调查法容易发现潜在风险，有助于将风险控制在萌芽阶段。现场调查法因这些优点而在金融风险识别中得到广泛应用。同时现场调查法也存在以下缺点：一是在某些情况下进行现场调查可能需要花费大量的人力和物力，过于频繁的调查活动还会使得被调查人员疲于应付，甚至可能影响正常的生产经营活动；一方面，现场调查要求调查者深入了解被调查对象的可能很复杂的运转机制和组织结构等，能准确把握调查的重点和难点，另一方面现场调查没有固定的方法可循，同时又可能面临诸多突发情况，因而需要调查人员具有敏锐的观察力、很强的沟通能力和灵活性，这对调查人员是一个巨大的挑战。

2.3.2 问卷调查法

问卷调查法（method of questionnaire survey）可看作对现场调查法的一种替代，是通过调查人员发放问卷调查表让被调查人员现场填写来识别金融风险的方法。

正确运用问卷调查法的关键是合理编制问卷调查表。对不同的调查对象，问卷调查表的编制千差万别，但都要求问卷调查表的编制过程中要考虑被调查者的知识、态度、素养等，尽可能使得调查表问题简单易懂、易于回答。

与现场调查法相比，问卷调查法可以节省大量的人力、物力和时间，有助于降低风险管理成本，而且同样可获得大量信息。但问卷调查法同现场调查法一样，问卷调查表的制定对问卷调查者认识和发现风险的能力要求较高，同时问卷调查表存在的微小漏洞都可能导致获得的调查资料和信息不可靠。被调查者的知识、素养、态度、责任心以及对问卷调查者的意图的正确理解都难得到保证。因这些不足，问卷调查法常作为识别金融风险的辅助方法，较少单独使用。

2.3.3 组织结构图示法

组织结构图示法（organization diagramming method），是用图形来描绘经济主体的组织结构并据此识别金融风险的方法。

组织结构图示法主要包括以下几个步骤：（1）对金融机构组织结构的整体及其各个组成部分进行识别与分析；（2）绘制出金融机构的组织结构图，当要分析的对象涉及多个子组织结构时，可以先绘制出各个子组织结构图，再组合成总的组织结构图；（3）对组织结构图进行解释与剖析；（4）通过组织结构图识别金融风险。

通过运用组织结构图示法，风险管理部门可以分析、判断经济主体组织结构的设置是否合理，能否适应经济环境的变化，能否提高经营效率，进而识别出组织结构设置的不足所导致的潜在金融风险，尤其是经营风险。通常情况下，要考察某经济主体组织结构的设置是否存在不足，首先需要判别组织结构的设置是否遵循以下四个基本原则。

（1）合理分工、相互协调原则。各部门应该各司其职、各负其责，尽量避免由于各部门职责划分不明确而出现相互推卸责任的情况。同时，各个部门之间又不能完全独立，组织结构的设置应该有利于各部门之间的相互协调。

（2）统一指挥原则。一般地，一个下级部门只能执行来自一个上级部门的命令。如果有多个上级部门发出不同指令，则可能使下级部门无所适从，造成经营、管理活动的混乱。

（3）权责一致原则。应该赋予各部门与其职责相称的权利，有职无权，就无法承担相应的责任；有权无责，就有可能导致滥用权利。

（4）效率原则。金融机构内部的组织结构设置应该精干有效，避免出现过多重复的现象。

如果组织结构的设置有违上述四个原则，就可能面临金融风险。这是组织结构图示法运用过程需要重点关注的地方。应用组织结构图示法的最大特点是简洁、明了，但也存在一些不利因素：一是绘制组织结构图的人员必须对研究对象的运转机制、活动有深入了解；二是绘制的组织结构图必须简洁而又不遗漏任何重要信息；三是对组织结构图的解释必须准确、到位，否则，通过组织结构图示法对金融风险的识别就会出现偏差。

2.3.4 流程图法

流程图法（flow charts method），是按照业务活动的内在逻辑关系将整个业务活动过程绘制成流程图，并借此识别金融风险的方法。根据业务活动的不同内容、不同特征及其复杂程度，可以将风险主体的业务活动绘制成不同类型的流程图，例如按照业务内容可以绘成生产流程图、销售流程图、会计流程图、放贷流程图等。一般地，金融机构的规模越大、业务活动越复杂，流程图分析就越具有优势。

概括地说，流程图法的应用步骤主要包括以下四个方面：（1）分析业务活动之间的逻辑关系。（2）绘制流程图。当分析对象涉及多个子流程时，可以先绘制各个子流程，再组成综合流程图。(3) 对流程图做出解释。流程图本身只能反映生产、经营过程的逻辑关系，在实际应用时还需要对流程图做进一步的解释、剖析，并编制流程图解释表。(4) 风险识别。风险管理部门通过查看流程图及其解释表，识别流程中各个环节可能发生的风险以及导致风险的原因和后果。

流程图法的最大优点是能把一个复杂问题分解成若干个较为简单明了、易于识别和分析的单元。以金融机构为例，风险管理人员可以借助流程图法将较为复杂的财务会计流程、放贷流程分解成一个个简单、易于分析和识别金融风险及其影响范围的单元。当然，流程图法在金融风险识别方面同样存在缺陷：首先，绘制流程图往往需要耗费大量的人力、物力和时间；其次，要准确绘制流程图，需要绘图人员充分了解和把握业务活动之间的逻辑关系以及业务流程的各个阶段，并具有抽象、概括、提炼主要流程的能力，这对绘图人员来说其实并非想象的那样简单；最后，由于一些业务流程非常复杂，这可能导致流程图的绘制很难把握或顾及所有细节，而流程图绘制过程中的任何疏漏和错误又有可能导致金融风险识别时出现不准确、不全面的情况。

2.3.5 专家调查法

专家调查法主要是指利用专家的集体智慧识别金融风险的方法。专家调查法包括头脑风暴法、德尔菲法等多种方法。

1. 头脑风暴法

头脑风暴法最早由奥斯本 (Osborn) 于1939年提出，是一种刺激创造性、产生新思想的技术。应用头脑风暴法的一般步骤是：先召集有关人员构成一个小组，然后以会议的方式展开讨论。该方法的理论依据是群体智慧多于个体智慧，最主要的特点是尽量避免成员间的批评，最大限度地展现智慧以及相互刺激和启发，以提出创造性的想法、主意和方案。一般情况下，头脑风暴法小组开会的人数不宜太多，少则五六人，多则十来人，以便让与会者都有充分发表意见的机会，如果想多听意见也可以分组讨论。会议时间不要太长，以免令人疲倦、厌烦而不能实现预期效果。头脑风暴法适合于问题单纯、目标明确的情况。如果问题牵扯面太广、包含的因素太多，可先将问题分解，再实施头脑风暴法。

头脑风暴法的优点是比较容易获得结果，而且节省时间，所以运用广泛。然而，也有研究表明，由于某些原因头脑风暴法可能反而会阻碍一些创造性的思考。迪尔和斯特罗毕 (Diehl and Stroebe，1987) 指出，有三个原因可能导致此情况：一是“评价焦虑”，小组参与者可能由于担心别人的评价而不能充分表达自己的想法；二是“搭便车”，由于在集体工作中每个人的责任比起单独工作时小，所以就会付出更少的努力；三是“产出阻碍”，倾听别人发言会妨碍自己的思考，从而阻碍了想法的产生。马伦等 (Mullen et al.，1991) 的研究表明，权威人物在场会进一步加大这种阻碍。

2. 德尔菲法

德尔菲法由美国著名的咨询机构兰德公司发明，最早用于军事领域的预测。当时美国空军委托该公司研究一个典型的风险识别课题：若苏联对美国发动核袭击，其袭击的目标会选择在什么地方？后果会怎样？由于这种问题很难用数学模型进行精确计算，于是兰德公司提出了一种规定程序的专家调查法，当时为了保密而以古希腊阿波罗神殿所在地德尔菲命名，即称为德尔菲法。

应用德尔菲法的一般程序是：(1) 把一组具有特别形式、非常明确、用笔和纸可以回答的问题以通信的方式寄给专家，或在某会议上发给专家，问题的条目可由组织者、参加者或双方共同确定；(2) 对专家进行多轮反复问询，每一次问询后都要对每个问题的专家反馈意见进行统计汇总，包括计量中位值（即大多数人的意见）和一些离散度数值，甚至需要给出全部回答的概率分布等；(3) 根据统计结果及时调整前述问题中不合理的成分，把调整后的问题和汇总意见匿名发给各位专家，对于偏离大多数人意见一定程度的回答者，将被请求更正其回答或陈述理由；(4) 随着对每个问题一次又一次的反复问询、反馈、更正等过程，从专家处可获得的信息量将越来越少，组织者可视具体情况确定何时停止反复。

德尔菲法用于风险识别和分析时，需要注意下列问题：(1) 采取匿名制，避免所邀请的专家相互知道对方；(2) 避免个人权威、资历、压力，尤其是主持人或组织者的倾向性意见等因素的影响；(3) 应按合理的次序和方式将问题集中列好，以引起专家的兴趣，吸引大家的注意力；(4) 尽量避免所提问题出现交叉和组合的情况，例如，如果一个问题包含两方面内容，一方面是专家同意的，而另一方面是专家不同意的，这时专家就难以做出正确判断和回答；(5) 应控制问题的数量，一般认为 20～25 个为宜，问题过多不仅排列困难，也容易引起交叉和组合；(6) 应对结论进行反复分析、验证，这是因为若问题提出、排列、回答的方式不同，对专家反馈意见的统计整理方法有差异，则对应的结论就会有所不同。

与传统的圆桌会议、头脑风暴法或仅遵循某一个人的意见相比，运用德尔菲法所得结论的准确度和可信度会更高，而且既可以避免各个专家之间的直接冲突或相互影响，又能引导他们进行独立思考，从而有助于逐渐形成一种统一意见。如果实验的目的是量化估计，即使开始时各个专家的意见不一，随着实验的反复进行，专家们的意见也将由于经过反复表格化、符号化、数字化的科学处理而逐渐达到统一，并便于统计分析。

但是，德尔菲法也存在很多缺点：首先，选择合适的专家是准确运用德尔菲法的关键，但这并不容易实现。其次，正如梅尔等（Mehr et al.，1970）指出的，德尔菲法不能完全消除问题陈述的模糊性、专家经验的不确定性以及专家可能下意识或故意给出带偏见的答案等行为。最后，田军等（2004）的观点也值得注意：一是德尔菲法通过“专家意见形成→统计反馈→意见调整”这样一个多次与专家交换的循环过程可能会使专家将自己的意见调整到有利于统计分析的方向，从而削弱了专家原有见解的独立性；二是德尔菲法对群体意见的一致性缺乏判断标准；三是对集成结果缺乏可信的测度，从而难以检测集成结果的可靠度；四是应用德尔菲法时一般需要经过四到五轮的调查统计，过程繁杂，所以存在最后结论不收敛的风险。

2.3.6 主观风险测定法

主观风险测定法主要依赖于风险管理者的主观努力、个人经验及判断力进行。具体而言，主观风险测定法主要包括以下四类：(1) 财务报表透视法，即通过观察财务报表上的相关科目推测、识别金融风险；(2) 直接观察法，即根据客户表现出的各种表象推测、识别金融风险；(3) 连锁推测法，即根据客户身上已发生的典型事件推测、识别金融风险；(4) 证券市场追踪法，即通过追踪上市公司在证券市场中的表现推测、识别金融风险。

主观风险测定法主要适用于可得数据较少的情形。该法的主要优点是方法简单、直接；主要缺陷是受风险管理者的主观意识、个人经验及判断力的影响较大，容易出现偏差。

2.3.7 客观风险测定法

客观风险测定法是一种以反映经营活动的实际数据为依据进行金融风险识别的方法。传统的客观风险测定法主要利用单一的财务分析指标，如流动比率、资产周转率等来分析财务状况，进而识别金融风险。随着金融风险管理活动的深入，人们认识到，单一分析指标已不能满足风险识别的需要。为此，人们建立了多种综合评判指标体系，试图对金融风险进行更加准确、更加高级的综合识别。

总的说来，根据客观风险测定法得到的结论比主观风险测定法更具有说服力。客观风险测定法的关键在于准确选择与确定综合评判指标体系。然而，正确选择风险测定指标相当困难。

沃尔评分法（Wall grading method）是目前经常用于评价企业信用水平的一种客观风险测定法。该法通过确定所选定的各个财务比率指标的比重，将所有财务比率指标表示成线性关系式，然后通过与标准比率进行比较，确定各项指标的得分及总体指标的累计分数，从而对企业的信用水平做出评价。沃尔评分法的基本步骤包括：选择评价指标并分配指标权重；确定各项评价指标的标准值；对各项评价指标计分并计算综合分数；形成评价结果。

2.3.8 情景分析法

情景分析法（method of scenarios analysis）是一种识别引致风险的关键因素及其影响程度的方法。一个情景就是对拟考察的风险主体未来某种状态的描绘，这种描绘可通过图表或曲线等形式表现出来。情景分析的结果大致可分为两类：一类是对未来某种状态的描述；另一类是对未来某个发展过程或者说未来若干年某种情况变化链的描述。

情景分析法的操作过程为：先利用有关数据、曲线与图表等资料对未来状态进行描述，以便考察引起有关风险的关键因素及其影响程度，然后研究当某些因素发生变化时，又将出现何种风险以及将导致何种损失与后果。

情景分析主要包括情景构造和情景评估。情景构造是情景分析的基础，主要方法包括历史模拟情景法、典型情景法和假设特殊事件法。情景评估是指完成情景构造后，评估该情景的发生对资产组合价值变化的影响和后果。在具体应用情景分析法进行风险识别时通常需要经历筛选、监测和诊断过程。筛选是依据某种程序将具有潜在危险的产品、过程、现象或个人进行分类选择的风险识别过程；监测是针对某种险情及其后果，对产品、过程、现象或个人进行观测、记录和分析的显示过程；而诊断则是根据症状或其后果与可能的起因之间的关系进行观测、评价和判断，以发现可疑的起因并对症下药。在实际应用中，筛选、监测和诊断是紧密相连的。

情景分析法可以扩展决策者的视野，使决策者能充分考虑不利情景的影响，重视评估偶然事件，特别是极端事件的危害。在金融风险管理中，压力测试方法就是常用的一种可测定极端事件风险的情景分析法。

情景分析法的主要优点在于可以识别和测定资产组合所面临的最大可能损失。主要缺陷可从情景分析法的操作过程和结果来观察：从操作过程来看，该方法的实施效果在很大程度上依赖于有效情景的构造和选择，而有效情景的构造和选择需要良好的判断能力、丰富的经验和技巧，这在面临多变量和复杂情况时尤为突出，所以有效情景的构造和选择通常比较困难；从结果来看，情景分析不能给出不同情景实际发生的可能性，只是指出了特定情景产生的损失大小。另外，一些学者还指出了该法在其他方面的一些不足，如马克·洛尔（2002）等指出，情景分析法一般只能揭露整个潜在市场扰动的一个非常小的部分，并且“下一个危机将可能完全不同”；童志鸣（1996）认为，这种方法存在所谓的“隧道眼光”现象，即所有情景分析都是围绕着分析者目前的考察角度、价值观和信息水平进行的，容易产生偏差。

以上介绍的只是几种常见的方法，还有模糊集合分析法、故障树分析法、预期净现值法、平衡点法、决策树法等。不同的风险辨识方法各具特点，各有优势和不足。在具体应用时要根据具体情况选用最为合适的辨识方法。

2.4 金融风险管理的主要方法

所谓金融风险管理主要是指人们在风险评估的基础上，综合平衡成本与收益，通过实施一系列的政策和措施来对不同风险特性确定相应的风险控制策略，以消除或减少其会产生不利影响的行为。自 20 世纪 70 年代以来，随着国际金融市场环境的变化，金融活动范围不断扩大，金融风险不断增加且日趋复杂化，人们对更加有效的风险管理的渴求，不断推动着金融风险管理理论与实践向前发展。从传统的风险管理步骤发展到现在的系统的全面风险管理框架，从传统的定性、定量分析管理方法发展到现在的工程化风险管理方法。

对不同的金融风险主体，由于所处的金融风险环境不同，其选择的金融风险管理方法及其组合也不一样。本节主要站在金融机构（如商业银行）的角度，从风险避免（风险规避策略、风险转移策略）、风险自留（风险分散策略、风险对冲策略、风险补偿策略）、风险承担（风险承担策略）三个方面来讨论金融风险管理的方法，而针对具体风险如信用风险、市场风险、利率风险、流动性风险等的管理将在后面的章节做深入阐述。

2.4.1 风险规避策略

风险规避策略是指通过计划的变更来消除风险或风险发生的条件，保护目标免受风险的影响。例如，商业银行拒绝或退出某一业务或市场，以避免承担该业务或市场风险时的策略性选择就是一种风险规避策略。通过放弃或拒绝合作、停止业务活动来回避风险源，简单地说就是不做业务，不承担风险。当风险的潜在收益显著低于预期损失，且通过某项业务或遵照规章制度可以避免时，适合采用风险规避策略。风险规避必须权衡与这种行为相关的成本和收益。

在现代商业银行风险管理实践中，风险规避可以通过限制某些业务的经济资本配置来实现。例如，商业银行首先将所有业务面临的风险进行量化，然后依据董事会所确定的风险战略和风险偏好确定经济资本分配，最终表现为授信额度和交易限额等各种限制条件。对于不擅长且不愿承担风险的业务，商业银行仅对其配置非常有限的经济资本，并设立非常有限的风险容忍度，迫使该业务部门减少业务的风险暴露，甚至完全退出该业务领域。没有风险就没有收益。风险规避策略在规避风险的同时自然也失去了在这一业务领域获得收益的机会。这种消极的风险管理策略，不宜成为商业银行风险管理的主导策略。

2.4.2 风险转移策略

风险转移策略是指通过购买某种金融产品或采取其他合法的经济措施将风险转移给其他经济主体的一种策略性选择。这种策略的重要特征是风险的转移必须以被转移者同意承担为条件。正所谓“己所不欲，勿施于人”，这种转移应该是合法正当的，而不应当通过非法的渠道不择手段地将本该自己承担的风险强加于他人。被转移者之所以接受，是因为他可能更擅长运用大数定律来预测损失。这样从宏观角度看，风险程度有时会经风险转移过程而降低。一般情况下，风险转移中风险程度保持不变，只是从转移者转到被转移者，改变了风险的承担者。风险转移策略转移的风险通常是通过其他风险管理方法无法减少或消除的系统性风险，人们只得借助适当的途径将它转移出去。

风险转移可分为保险转移和非保险转移。

1. 保险转移

保险转移是指商业银行购买保险，以缴纳保费为代价，将风险转移给保险公司。当商业银行发生风险损失时，保险公司按照保险合同的约定责任给予商业银行一定的经济补偿。通常情况下，保险是通过一份具备法律效力的合同（或称保险单）来实施的。在保险合同中，保险公司承诺对被保险人在合同期限内所遭受的金融损失进行一定数额的赔偿。这也暗示着，保险公司将偿付任何可能发生的损失。但是，有时候保险公司也可能无力偿付，不能履行它们赔偿承保损失的承诺。在这种情况下，被保险人不得不承担原以为转移出去了的损失。因此，在通过投保来转移风险时，要充分考虑保险公司的财务实力，及其在任何承保损失发生的情况下及时进行赔付的能力。作为风险的被转移者，保险公司能通过大数定律有效地处理风险。所以一般来讲，购买保险是管理金融风险的最佳途径，但这并不意味着保险是解决风险的唯一途径，相反它是人们在采取其他金融风险管理方法无法有效达到目的时才应用的方法。

2. 非保险转移

担保、备用信用证等能够将信用风险转移给第三方。例如，银行和其他金融机构对外贷款时常常会采用由第三方担保的方式贷给借款人。担保是指金融机构在发放贷款时，要求借款人以第三方信用或其拥有的各种资产作为还款保证的一种形式。这样，银行及其他金融机构通过设定担保，将所承受的信用风险转移给第三方。签订贷款合同后，担保人要监督借款人到期如数还本付息。如果借款人不能按期付清全部款项，则担保人必须依照合同有关规定承担连带责任，替借款人清偿债务。此外，在金融市场中，某些衍生产品（如期权合约）可看作特殊形式的保单，为投资者提供了转移利率、汇率、股票和商品价格风险的工具。在对外贸易和对外金融活动中，风险承担者也通过推迟外汇的收付，将面临的汇率风险转移给对方。当存在一笔远期外汇收入时，出口商和债权人预期外汇会升值、本币会贬值，则会要求尽可能地推迟收汇。相反，进口商和债务人预计外汇会贬值、本币会升值，也会尽量推迟付汇期限。当然，采用这种方式的前提应是风险承担人预测汇率波动的准确性，否则不但不会转移风险，还有可能弄巧成拙，增加风险。

风险转移策略是在金融风险发生导致损失之前，通过一定的防范性措施，来防止风险发生和损失产生的策略。风险规避策略是在一定的原则下采取一定的技巧，有意识地避开各种金融风险，从而减少或避免风险带来的损失的策略。转移与规避两者有一定的相似性，但转移相对较为主动，在避开风险的同时还力争获取可能的收益，而规避则放弃了获取其他利益的机会。

同时也可以看到，风险的转移、规避是有条件的、有成本的，而且每一家金融机构都会面临一些与业务密切相关的无法转移、规避的核心风险。在不能进行风险转移、规避的情况下，则需要考虑风险自留。

2.4.3 风险分散策略

风险分散策略是指通过多样化的投资来分散和降低风险的策略。“不要将所有的鸡蛋放在一个篮子里”的古老投资格言形象地说明了这一策略。马科维茨的投资组合理论认为，只要两种资产收益率的相关系数不为1（即不完全正相关），分散投资于两种资产就具有降低风险的作用。而对于由相互独立的多种资产组成的投资组合，只要组合中的资产种类足够多，该投资组合的非系统性风险就可以通过这种分散策略完全消除。

风险分散对商业银行信用风险管理具有重要意义。根据多样化投资分散风险的原理，商业银行的信贷业务应是全面的，而不应集中于同一业务、同一性质甚至同一个借款人。商业银行可以通过资产组合管理或与其他商业银行组成银团贷款的方式，使自己的授信对象多样化，从而分散和降低风险。一般而言，实现多样化授信后，借款人的违约风险可以被视为相互独立的（除了共同的宏观经济因素影响，例如经济危机引发的系统性风险），这就大大降低了商业银行面临的整体风险。多样化投资分散风险的风险管理策略经过长期的实践证明是行之有效的，但其前提条件是要有足够多的相互独立的投资形式。同时需要认识到，风险分散策略是有成本的，主要是分散投资过程中增加的各项交易费用。但与集中承担风险可能造成的损失相比，风险分散策略的成本支出应当是值得考虑的。

2.4.4 风险对冲策略

风险对冲是指通过投资或购买与标的资产（underlying asset）收益波动负相关的某种资产或衍生产品，来冲销标的资产潜在损失的一种策略性选择。风险对冲对管理市场风险（利率风险、汇率风险、股票风险和商品风险）非常有效，可以分为自我对冲和市场对冲两种情况。（1）自我对冲是指商业银行利用资产负债表或某些具有收益负相关性质的业务组合本身所具有的对冲特性进行风险对冲。(2) 市场对冲是指对于无法通过资产负债表和相关业务调整进行自我对冲的风险，通过衍生产品市场进行对冲。近年来由于信用衍生产品不断创新和发展，风险对冲策略也被广泛应用于信用风险管理领域。

风险分散策略和风险对冲策略都是控制和减少自留风险损失的措施。与风险规避不同，风险承担者仍然从事引起金融风险的有关活动。损失控制不是放弃这些活动，而是在开展活动的过程中，通过采取一系列措施来减少和避免最后的风险损失，或是降低损失发生时产生的成本。

2.4.5 风险补偿策略

风险补偿是指商业银行在所从事的业务活动遭受实质性损失之前，对所承担的风险进行价格补偿的策略性选择。对于那些无法通过风险分散、风险对冲、风险转移或风险规避进行有效管理的风险，商业银行可以采取在交易价格上附加更高的风险溢价，即通过提高风险回报的方式，获得承担风险的价格补偿。商业银行可以预先在金融资产定价中充分考虑各种风险因素，通过价格调整来获得合理的风险回报。例如，商业银行在贷款定价中，对于那些信用等级较高，而且与商业银行保持长期合作关系的优质客户，可以给予适当的优惠利率；而对于信用等级较低的客户，商业银行可以在基准利率的基础上调高利率。

2.4.6 风险承担策略

风险承担策略是指金融机构理性地主动承担风险，以其内部资源如风险准备金、自有资本来弥补可能发生的损失。通常商业银行对以下类型的风险常采取该策略：

(1) 风险发生概率极小且表现为不可保，如巨灾风险；

(2) 发生频率高、单体损失程度低且风险事件间近乎相互独立；

(3) 与监管合规要求有冲突，做法只分为合规、不合规两种，若业务中部分合规依旧会遭到监管处罚，而该违规业务带来的收益显著大于违规受罚的成本。应对该类风险的风险承担策略主要是通过建立风险准备金、足额的资本计提、预期损失在财务上预先摊薄、建立专业自保公司、金融同业授信支持等来防备可能的损失。

其中风险准备金计提是风险承担策略下的一种重要方法。该策略表明，如果损失发生，经济主体将以当时可利用的任何资金进行支付。其应对的损失属于预期损失。

《商业银行风险监管核心指标（试行）》第十三条说明："风险抵补类指标衡量商业银行抵补风险损失的能力，包括盈利能力、准备金充足程度和资本充足程度三个方面。

（一）盈利能力指标包括成本收入比、资产利润率和资本利润率。成本收入比为营业费用加折旧与营业收入之比，不应高于45%；资产利润率为税后净利润与平均资产总额之比，不应低于0.6%；资本利润率为税后净利润与平均净资产之比，不应低于11%。

（二）准备金充足程度指标包括资产损失准备充足率和贷款损失准备充足率。资产损失准备充足率为一级指标，为信用风险资产实际计提准备与应提准备之比，不应低于100%；贷款损失准备充足率为贷款实际计提准备与应提准备之比，不应低于100%，属二级指标。

（三）资本充足程度指标包括核心资本充足率和资本充足率，核心资本充足率为核心资本与风险加权资产之比，不应低于4%；资本充足率为核心资本加附属资本与风险加权资产之比，不应低于8%。”

银监会2010年发布的《银行业金融机构国别风险管理指引》，对国别风险管理体系、管理方法和技术以及管理监督检查等内容做出明确规定，并特别强调，应对具有国别风险的资产计提国别风险准备金。其中，低国别风险不低于0.5%；较低国别风险不低于10%；中等国别风险不低于15%；较高国别风险不低于25%；高国别风险不低于50%。银行每年应向监管机构上报国别风险敞口和准备金计提情况。

以上规定可看作监管部门对银行业金融机构承担自留风险能力的要求。事实上按照对于自留风险有无相应的防范措施又可分为无计划自留和有计划自我保险。有计划自我保险是指可能的损失发生前，通过做出各种资金安排以确保损失出现后能及时获得资金以补偿损失。有计划自我保险主要通过建立风险准备金的方式来实现，而监管部门也对银行业金融机构有相应的规范要求。无计划自留是指没能在损失前做出相应资金安排，导致此项发生的原因可能是经济主体没有意识到风险或是认为该损失不会发生，或将意识到的与风险有关的最大可能损失显著低估时，就被动采用无计划保留方式承担风险。此时如果实际总损失远远大于预计损失，那么轻则引起资金周转困难，重则导致机构破产。

本章小结

金融风险识别是金融风险管理的首要步骤。金融风险识别的基本内容包括金融风险识别的主体拟将识别的金融风险类型、受险部位及其产生的原因和严重程度，以及识别过程中采用的方法步骤。金融风险的识别方法通常有现场调查法、问卷调查法、组织结构图示法、流程图法、专家调查法、主观风险测定法、客观风险测定法、情景分析法等。本章对金融风险识别方法的使用步骤、适用范围和优缺点进行了详细介绍，并介绍了风险规避策略、风险转移策略、风险分散策略、风险对冲策略、风险补偿策略、风险承担策略等风险管理方法，旨在为系统识别风险和进行及时有效的风险管理提供可靠依据和方法。

关键术语

金融风险识别　受险部位　风险暴露　风险诱因　风险严重程度　现场调查法　问卷调查法　组织结构图示法　流程图法　专家调查法　主观风险测定法　客观风险测定法　情景分析法　风险规避策略　风险转移策略　风险分散策略　风险对冲策略　风险补偿策略　风险承担策略

思考题

1. 简述什么是金融风险识别。

2. 简述金融风险识别的原则和作用。
3. 简述金融风险识别与金融风险管理的关系。
4. 简述金融风险的类型。
5. 结合实际，试述银行类金融机构信用风险的识别。
6. 结合第1章相关内容，阐述金融风险诱因。
7. 简述金融风险严重程度识别的意义。
8. 简述金融风险识别的主要方法及其应用范围。
9. 选择一家金融机构，试着用本章的知识对其风险状况进行初步识别。
10. 阐述金融风险管理的主要方法。
11. 举例谈谈不同金融风险管理方法的实际运用。

第3章 金融风险测度工具与方法

本章要点

1. 金融风险与收益数据的主要分布形式与特征；
2. 金融风险度量方法的发展与演变过程；
3. 风险价值方法的原理及应用；
4. 基于极值理论的风险价值计算原理及方法；
5. 基于历史模拟法的风险价值计算原理及方法；
6. 基于蒙特卡罗法的风险价值计算原理及方法。

3.1 统计学基础

金融风险测度是对风险变量或风险因子未来可能变化的度量，无论使用何种测度工具或方法，这些度量过程均涉及大量统计学知识与方法。因此，为帮助理解和学习这些工具方法，有必要首先对统计学基础知识进行一些简单的回顾。

3.1.1 概率工具

一、概率与概率分布

风险程度度量的首要方面是了解风险发生的概率，概率描述了风险事件发生的可能性大小。事件 A 发生的概率可用 $P(A)$ 表述，如抛掷硬币时硬币“正面朝上”的概率可表述为 $P(A)$，$A=$“正面朝上”。

要度量风险程度，就必须掌握风险事件的所有可能结果以及每一个可能结果的发生概率，即风险事件的概率分布情况或分布律，离散型变量的分布律可以表示为

$$P(X=x_i)=p_i$$

如抛掷一个骰子时，骰子点数的分布律为

X（点数）	1	2	3	4	5	6
P（概率）	1/6	1/6	1/6	1/6	1/6	1/6

对于风险管理来说，我们通常感兴趣的并不是某个单独风险事件发生的概率，而是考虑风险事件落在某个区间的概率，即 $P\{x_1<X\leqslant x_2\}$。

由于 $P\{x_1<X\leqslant x_2\}=P\{X\leqslant x_2\}-P\{X\leqslant x_1\}$，因此我们只要知道 $P\{X\leqslant x_1\}$ 与 $P\{X\leqslant x_2\}$ 的值，便可求解 $P\{x_1<X\leqslant x_2\}$。令 $F(x)=P\{X\leqslant x\}$，则有

$$P\{x_1<X\leqslant x_2\}=F(x_2)-F(x_1)$$

此时，称 $F(x)$ 为 X 的概率分布函数或累积分布函数。

抛掷骰子的结果是一组离散的解集。而在金融市场中，大多数变量如投资收益率、证券价格等数值是连续的。此时，其概率分布函数可表示为

$$F(x)=\int_{-\infty}^{x} f(t)\,\mathrm{d}t \tag{3-1}$$

式中，$f(x)$ 为变量 X 的概率密度函数，简称概率密度。

二、期望、方差与协方差

在风险管理中，我们不仅希望知道所有可能结果的概率，还要了解损失（或收益）的预期值或者说平均数。这一结果通常用期望 $E(X)$ 表示。

期望可通过对所有可能结果加权求和得出，每一个结果的权重是发生该结果的概率，对于离散型变量，有

$$E(X)=\sum_{k=1}^{\infty} x_k p_k \tag{3-2}$$

对于连续型变量，有

$$E(X)=\int_{-\infty}^{\infty} xf(x)\,\mathrm{d}x \tag{3-3}$$

当人们考虑风险时，通常关注的是结果与预期值（即期望）的偏离程度。在统计中，通常使用方差（variance）来表示，计算公式为

$$D(X)=E\{[X-E(X)]^2\} \tag{3-4}$$

同时，将 $\sqrt{D(X)}=\sigma(X)$ 称为标准差或者均方差（standard deviation）。

根据公式（3-2），对于离散型随机变量有

$$D(X)=\sum_{k=1}^{\infty}[x_k-E(X)]^2 p_k \tag{3-5}$$

根据公式（3-3），对于连续型随机变量有

$$D(X)=\int_{-\infty}^{\infty}[x-E(X)]^2 f(x)\,\mathrm{d}x \tag{3-6}$$

由 $D(X)=E\{[X-E(X)]^2\}$ 可以推导出 $D(X)=E(X^2)-[E(X)]^2$，即方差由两项构成，第一项为变量值平方的均值，第二项为变量值均值的平方。

在金融风险管理中，与单个金融变量相比，我们更要关注多个变量的线性组合，如投资组合的期望、方差等统计特征，此时需要对期望和方差的计算公式进行线性变换以求值。常用的期望与方差线性变换规则包括：

$$E(a+bX)=a+bE(X) \tag{3-7}$$

$$D(a+bX)=b^2 D(X) \tag{3-8}$$

$$E(X+Y)=E(X)+E(Y) \tag{3-9}$$

$$D(X+Y)=D(X)+D(Y)+2Cov(X,Y) \tag{3-10}$$

式中，a，b 为常数；X，Y 为随机变量；$Cov(X,Y)$ 为 X，Y 的协方差，其计算公式为

$$Cov(X,Y)=E\{[X-E(X)][Y-E(Y)]\} \tag{3-11}$$

$Cov(X,Y)$ 表征了变量 X，Y 的相关程度。定义 ρ_{XY} 为变量 X，Y 的相关系数，有

$$\rho_{XY}=\frac{Cov(X,Y)}{\sqrt{D(X)}\sqrt{D(Y)}} \tag{3-12}$$

显然，$|\rho_{XY}|\leqslant 1$。$\rho_{XY}=0$ 表示 X 和 Y 相互独立，此时 $Cov(X,Y)=0$。$\rho_{XY}>0$，$\rho_{XY}<0$ 分别表示 X 与 Y 正相关和 X 与 Y 负相关。$|\rho_{XY}|$ 越大，X，Y 的相关程度越高。

三、正态分布

中心极限定理表明，大量独立同分布的随机事件总体上服从正态分布。正态分布在包括金融风险管理在内的诸多领域广泛适用，如信用贷款中违约客户的人数、保险业务中理赔数量，当基数足够大时，都可以认为近似服从正态分布。

在统计学上，我们定义连续型随机变量 X 的概率密度函数为

$$f(x)=\frac{1}{\sqrt{2\pi}\sigma}\mathrm{e}^{-\frac{(x-u)^2}{2\sigma^2}},-\infty<x<\infty \tag{3-13}$$

式中，μ，$\sigma(\sigma>0)$ 为常数，此时，称 X 服从参数为 μ，σ 的正态分布或高斯分布，记为 $X\sim N(\mu,\sigma^2)$。其概率分布函数为

$$F(X)=\frac{1}{\sqrt{2\pi}\sigma}\int_{-\infty}^{x}\mathrm{e}^{\frac{-(t-u)^2}{2\sigma^2}}\,\mathrm{d}t \tag{3-14}$$

显然，服从正态分布的随机变量的期望 $E(X)=\mu$，方差 $D(X)=\sigma^2$。如图 3-1 所示，正态分布的概率密度曲线呈现出对称的钟形，且 $f(x)$ 关于 $x=\mu$ 对称，并在 $x=\mu$ 时取得最大值 $f(\mu)=\frac{1}{\sqrt{2\pi}\sigma}$，此时 $F(\mu)=0.5$，即取得中值。同时，σ 越小，图形越尖，X 落在 μ 附近的概率越大。

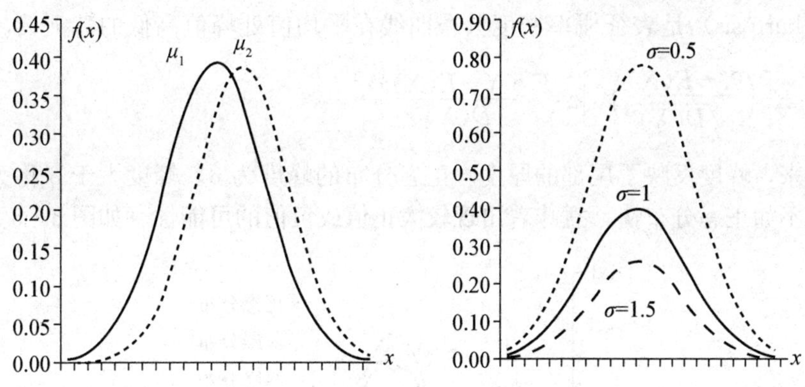

图 3-1 正态分布概率密度曲线图

特别地，当 $\mu=0$，$\sigma=1$ 时，称 X 服从标准正态分布，记为 $X\sim N(0,\ 1)$。其概率密度函数与分布函数分别用 $\varphi(x)$ 与 $\Phi(x)$ 表示，即有

$$\varphi(x)=\frac{1}{\sqrt{2\pi}}\mathrm{e}^{-\frac{x^2}{2}} \tag{3-15}$$

$$\Phi(x)=\frac{1}{\sqrt{2\pi}}\int_{-\infty}^{x}\mathrm{e}^{-\frac{t^2}{2}}\mathrm{d}t \tag{3-16}$$

由 $\varphi(x)$ 关于 $x=0$ 对称易知，$\varphi(-x)=\varphi(x)$，$\Phi(-x)=1-\Phi(x)$。

一般而言，对于 $X\sim N(\mu,\ \sigma^2)$，可通过线性变换将其转换为标准正态分布。即若 $X\sim N(\mu,\ \sigma^2)$，则有 $Z=\dfrac{X-u}{\sigma}\sim N(0,\ 1)$。

除均值与方差外，正态分布还可以用偏度与峰度两个参数进行描述。

偏度（skewness）是表征概率密度曲线相对于平均值的不对称程度的特征数。其定义为

$$\gamma=E\left[\left(\frac{X-E(X)}{\sqrt{D(X)}}\right)^3\right]=\frac{E[(X-E(X))^3]}{(D(X))^{3/2}} \tag{3-17}$$

如图 3-2 所示，偏度刻画了概率密度函数曲线尾部的相对长度。$\gamma>0$ 时，称为正偏态，概率密度曲线有右侧长尾；$\gamma<0$ 时，称为负偏态，概率密度曲线有左侧长尾。对于正态分布来说，有 $\gamma=0$，表示概率密度曲线左右对称。

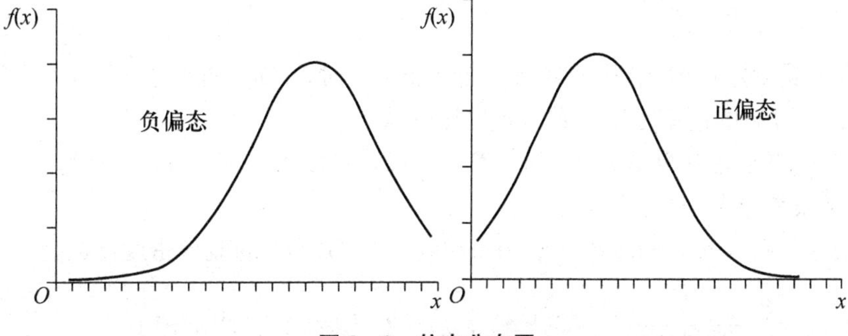

图 3-2 偏态分布图

峰度（kurtosis）是表征概率密度分布曲线在平均值处峰值高低的特征数。其定义为

$$\delta=E\left[\left(\frac{X-E(X)}{\sqrt{D(X)}}\right)^4\right]=\frac{E[(X-E(X))^4]}{(D(X))^2} \tag{3-18}$$

直观看来，峰度反映了尾部的厚度。正态分布的峰度为 3。峰度大于 3 称为厚尾，表示尾部衰减不如正态分布快，意味着出现较大正值或负值的可能性（如图 3-3 所示）。

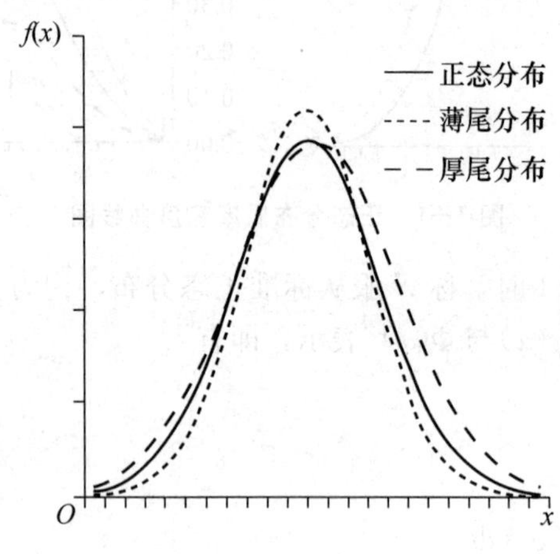

图 3-3　峰度示意图

运用偏度和峰度可以快速检查样本是否呈正态分布。在金融风险管理实践中可以观察到，收益率等金融数据通常呈现出厚尾特征，这对于金融风险管理决策有着重要的意义。

四、其他常用分布

在金融风险管理中，其他常用的分布还包括 t 分布以及广义误差分布。

1. t 分布

设 $X\sim N(0,1)$，$Y\sim\chi^2(n)$，且 X，Y 相互独立，则称统计量

$$t=\frac{X}{\sqrt{Y/n}} \tag{3-19}$$

服从自由度为 n 的 t 分布，记为 $t\sim t(n)$。

t 分布又称学生（student）分布，$t(n)$分布的概率密度函数为

$$h(t)=\frac{\Gamma[(n+1)/2]}{\sqrt{\pi n}\Gamma(n/2)}\left(1+\frac{t^2}{n}\right)^{-(n+1)/2},-\infty<t<\infty \tag{3-20}$$

自由度 n 是确定 $t(n)$ 形状的参数，当 n 非常大时，$t(n)$ 近似于 $N(0,1)$ 分布。当 n 较小时，$t(n)$ 分布的概率密度函数呈现厚尾形状。

$t(n)$ 分布的方差为 $D(X)=n/(n-2)$，$n>2$，峰度为 $\delta=3+6/(n-4)$。

2. 广义误差分布

广义误差分布（generalized error distribution，GED）的概率密度函数为

$$f(x)=\frac{v}{\lambda 2^{(1+1/v)}\Gamma(1/v)}e^{\left[-\frac{1}{2}|x/\lambda|^v\right]},\ \lambda=\left[2^{-(2/v)}\Gamma(1/v)\Gamma(3/v)\right]^{\frac{1}{2}} \tag{3-21}$$

式中，Γ 为伽马函数，$\Gamma(x)=\int_0^{+\infty} t^{x-1}\mathrm{e}^{-t}\mathrm{d}t$。$v$ 是决定其形状的参数，当 $v=2$ 时，呈现正态分布；$v<2$ 时，其概率密度函数相对有更大的厚尾。倍数参数 λ 保证了 X 方差总值为 1。

如图 3-4 所示，自由度 $n=6$ 的 t 分布，以及 $v=1.3$ 的广义误差分布是典型的金融数据分布形式，与正态分布相比，这两种分布具有更厚的尾部。同时，这两种分布也呈现出与正态分布类似的对称性与单峰性，同属于椭圆分布的类别。

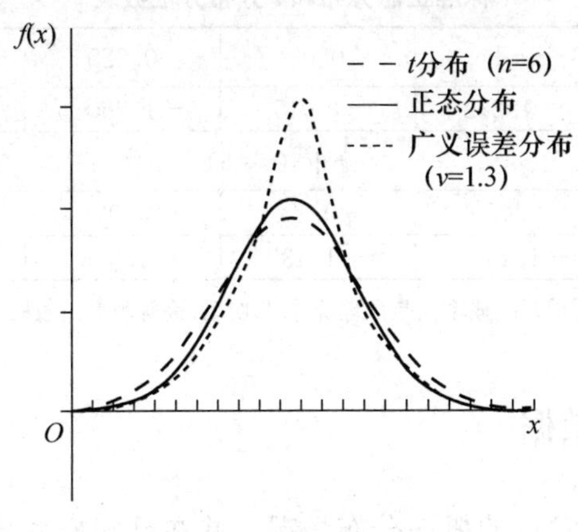

图 3-4　参数分布对比图

3.1.2　分位数

设连续型随机变量 X 的分布函数为 $F(x)$，概率密度函数为 $f(x)$，对于任意正数 α，$0<\alpha<1$，满足条件

$$P\{X \leqslant x_\alpha\}=F(x_\alpha)=\int_{-\infty}^{x_\alpha} f(x)\mathrm{d}x=\alpha \tag{3-22}$$

则称 x_α 为此分布的 α 分位数。如图 3-5 所示，α 分位数 x_α 将概率密度曲线下的面积分为两部分，左侧面积正好为 α。

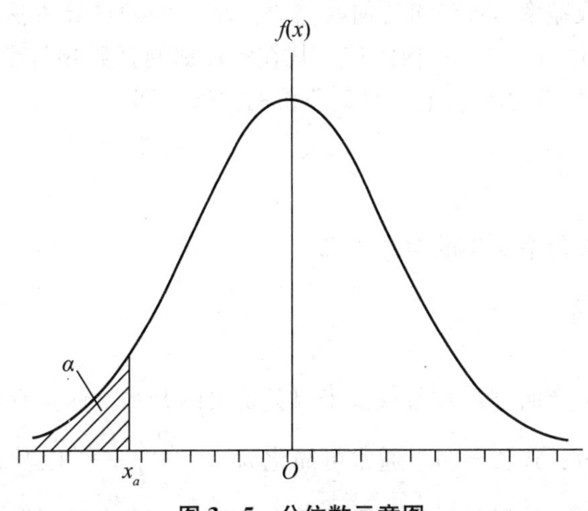

图 3-5　分位数示意图

在金融风险管理中，分位数可用来度量向下的不利风险。假设某一投资组合的收益率的概率密度曲线如图 3-5 所示，α 分位数 x_α 表示其收益率小于等于 x_α 的概率为 α，设投资组合的市值为 P，则可以说，在 $1-\alpha$ 的概率下该投资组合的损失不会超过 $|Px_\alpha|$。

通常用 z_α，$t_\alpha(n)$ 分别表示标准正态分布、t 分布的 α 分位数。这些常见分布的分位数可在统计表中找到。表 3-1 分别给出了标准正态分布、$t(6)$分布的部分分位数。

表 3-1　　标准正态分布和 t 分布分位数表

α	0.5	0.1	0.05	0.025	0.01	0.001
x_α	0	−1.282	−1.645	−1.960	−2.326	−3.090
t 分布（$n=6$）						
α	0.20	0.15	0.1	0.05	0.025	0.01
x_α	−0.906	−1.134	−1.439 8	−1.943 2	−2.446 9	−3.142 7

资料来源：盛骤，谢式千，潘承毅．概率论与数理统计．北京：高等教育出版社，2013：382-385.

3.1.3　时间序列数据

前文我们回顾了许多常见的概率分布情况，并在已知概率分布的情况下研究了其期望、方差等数字特征。而在实际金融管理工作中，随机变量的分布是全部或部分未知的。人们需要对所研究的随机变量进行重复独立的观察，并对观察值进行分析，从而对所研究的随机变量的分布及其参数进行推断。

对于金融风险管理来说，这些观察值一般在不同时间点上收集得到，称为时间序列数据。如同一股票在 2000—2018 年的年收益率变化便是时间序列数据。推断随机变量分布的第一步，便是要利用一系列时间序列数据构建合适的统计量，使之成为一个真正的随机变量；第二步是根据这一随机变量建立随机模型，即选择合适的分布并估计其参数。

一、收益率的计算

在大多数情况下，金融风险管理所考察的随机变量为金融产品的收益率。因此，本小节先简单介绍常用的收益率计算方法。

收益率包括算数收益率（r_t）和几何收益率（R_t）两种计算方法。假设股票 t 时刻的价格为 P_t，则与上一时刻（$t-1$）相比较，其在 t 时刻的算数收益率等于其在［$t-1$，t］期间的资本升值和股息 D_t 之和与上一时刻股价的比值，即

$$r_t=\frac{P_t-P_{t-1}+D_t}{P_{t-1}} \tag{3-23}$$

而几何收益率是取价格比率的对数，即

$$R_t=\ln\frac{P_t+D_t}{P_{t-1}} \tag{3-24}$$

对于更为一般的资产而言，收益仅仅来自其价格的升水，而不存在股息收益等类似红利。因此，式（3-23）、式(3-24）通常可简化为 $r_t=\dfrac{P_t-P_{t-1}}{P_{t-1}}$ 以及 $R_t=\ln\dfrac{P_t}{P_{t-1}}$。

与算数收益率相比，几何收益率更有经济上的意义。在金融风险管理中，常假定资产

收益数据呈正态分布，若使用算数收益率，可能造成资产价格为负的现象，而对于股票等资产来说，负的价格在经济上毫无意义，因为股票所代表的股权责任显然是有限的。而使用几何收益率可以避免出现价格为负的现象。

同时，对于某些数值序列，使用几何收益率更具一致性。例如，在外汇交易中，几何收益率可表示为 $x=\ln(S_t/S_{t-1})$，假设 S_t 是英镑与美元的汇率值，则对于英国投资者来说，x 代表了以英镑表示的美元资产收益率，而反过来 $y=-x=-\ln(S_t/S_{t-1})=\ln\left(\frac{S_{t-1}}{S_t}\right)$则代表了以美元表示的英镑资产收益率，且 x，y 有着一致的分布，而使用算数收益率表示的收益率则不能满足这一性质。

使用几何收益率计算外汇资产收益率或风险时极为方便。假设 $\ln[S(EUR/BP)]$ 代表以欧元表示的英镑收益率数据，则有

$$\begin{aligned}\ln[S(EUR/BP)]&=\ln[S(EUR/US)]+\ln[S(US/BP)]\\&=\ln[S(US/BP)]-\ln[S(US/EUR)]\end{aligned}$$

即欧元在英镑上的收益率可以表示为美元在英镑上的收益率和美元在欧元上的收益率之差。若已知后两者的收益率分布，则可推导出欧元在英镑上的收益率分布。

另外，几何收益率具有更好的可拓展性。资产在 $[t-2,\ t]$ 的收益率可以表示为 $R_{t-2,t}=\ln\frac{P_t}{P_{t-2}}$，而根据对数函数的性质，$R_{t-2,t}$可以分解为

$$R_{t-2,t}=\ln\frac{P_t}{P_{t-1}}+\ln\frac{P_{t-1}}{P_{t-2}}=R_{t-1}+R_t$$

即两个时期总的几何收益率可以转换为两个单独时期几何收益率的和，而算数收益率的分解并不容易。当然，尽管几何收益率与算数收益率相比具有一定的优势，但在多数情况下，二者的区别很小。

二、样本估计

在金融风险管理实践中，收益率等随机变量的分布往往是未知的，或者是部分参数未知的。在统计学中，人们通过对随机变量进行重复独立的观察，并对观察数据进行分析，从而对随机变量的分布及其参数进行推断。这种统计推断的第一个类别为估计问题，即通过样本观测值估计随机变量的分布形式及其数字特征等参数的理论值。

假设收益率 X 的均值与方差存在（无论服从什么分布），分别为 $E(X)=\mu$，$D(X)=\sigma^2$，X_1，X_2，…，X_n 分别是 X 的第 n 次观察值，则可根据 X_1，X_2，…，X_n 构建统计量样本均值 $\overline{X}$ 以估计均值 μ，即有

$$\hat{\mu}=\overline{X}=\frac{1}{n}\sum_{i=1}^{n}X_i \tag{3-25}$$

构建统计量样本方差 S^2 以估计方差 σ^2，即有

$$\hat{\sigma}^2=S^2=\frac{1}{n-1}\sum_{i=1}^{n}(X_i-\overline{X})^2 \tag{3-26}$$

式（3-26）可拓展为

$$\hat{\sigma}^2=\frac{1}{n-1}\sum_{i=1}^{n}X_i^2-\frac{n}{n-1}\overline{X}^2 \tag{3-27}$$

这表明，收益率的方差由两部分构成，第一部分为收益率平方的均值，第二部分为收益率均值的平方。

同理，在 X_1，X_2，…，X_n 的样本下，可完成其样本偏度 γ 与样本峰度 δ 的估计，即

$$\hat{\gamma}=\frac{1}{n-1}\sum_{i=1}^{n}(X_i-\overline{X})^3/S^{\frac{3}{2}} \tag{3-28}$$

$$\hat{\delta}=\frac{1}{n-1}\sum_{i=1}^{n}(X_i-\overline{X})^4/S^4 \tag{3-29}$$

若 X_1，X_2，…，X_n 与 Y_1，Y_2，…，Y_n 分别是总体 X，Y 的一组样本观测值，则 X，Y 的协方差 $Cov(X, Y)$ 的估计值 $\hat{\sigma}_{ij}$ 为

$$\hat{\sigma}_{ij}=\frac{1}{n-1}\sum_{i=1}^{n}(X_i-\overline{X})(Y_i-\overline{Y}) \tag{3-30}$$

三、假设检验

在金融风险管理中，统计推断的另外一个重要方面是假设检验。在实践中，有时候不知道总体服从什么类型的分布，这就需要根据样本观测值进行检验。常用的检验总体是否具有某个指定分布或属于某个分布簇的方法是 χ^2 拟合检验法（限于篇幅，本书不做单独介绍）。由于正态分布随机变量在金融风险管理中是普遍存在的，因此，在研究金融风险随机变量时，往往先考察它是否服从正态分布。根据奥野忠一等（1971）在 20 世纪 70 年代进行的大量模拟计算的结果，在正态性检验方法中，以“偏度、峰度检验法”较为有效。

如式（3－17）与式（3－18）所述，随机变量 X 的偏度（γ）和峰度（δ）分别指的是 X 的标准化变量 $[X-E(X)]/\sqrt{D(X)}$ 的三阶矩和四阶矩：

$$\gamma=E[(\frac{X-E(X)}{\sqrt{D(X)}})^3]=\frac{E[(X-E(X))^3]}{(D(X))^{3/2}}$$

$$\delta=E[(\frac{X-E(X)}{\sqrt{D(X)}})^4]=\frac{E[(X-E(X))^4]}{(D(X))^2}$$

当随机变量 X 服从正态分布时，$\gamma=0$，$\delta=3$。

而偏度和峰度的估计量分别是

$$\hat{\gamma}=\frac{1}{n-1}\sum_{i=1}^{n}(X_i-\overline{X})^3/S^{\frac{3}{2}},\ \hat{\delta}=\frac{1}{n-1}\sum_{i=1}^{n}(X_i-\overline{X})^4/S^4$$

若总体 X 为正态变量，则当 n 充分大时，近似地有

$$\hat{\gamma}\sim N(0,\ \frac{6(n-2)}{(n+1)(n+3)}) \tag{3-31}$$

$$\hat{\delta}\sim N(3-\frac{6}{n+1},\ \frac{24n(n-2)(n-3)}{(n+1)^2(n+3)(n+5)}) \tag{3-32}$$

显然，当 $n\to\infty$ 时，有 $\hat{\gamma}\sim N(0,\frac{6}{n})$，$\hat{\delta}\sim N(3,\frac{24}{n})$。

令 $\sigma_1=\sqrt{\frac{6}{n}}$，$\sigma_2=\sqrt{\frac{24}{n}}$，显然，在总体 X 为正态变量且 $n\to\infty$ 时，统计量 $\frac{\hat{\gamma}}{\sigma_1}\sim N(0,1)$，$\frac{\hat{\delta}-3}{\sigma_2}\sim N(0,1)$。

因此，可利用样本观测值计算样本偏度与峰度，构建统计量 $\frac{\hat{\gamma}}{\sigma_1}$ 和 $\frac{\hat{\delta}-3}{\sigma_2}$ 对样本是否满足正态分布进行假设检验。

例如，为分析人民币兑美元汇率的月度收益率分布情况，我们对1988—2017年的收益率数据进行了观测，得到样本偏度 $\hat{\gamma}=0.145$，峰度 $\hat{\delta}=4.287$。根据这一数据，是否能够判定在95%的置信水平下，人民币兑美元汇率的月度收益率呈现正态分布？

假设 H_0：人民币兑美元汇率的月度收益率呈现正态分布。

1988—2017年共计30×12=360个月，故样本规模 $n=360$，因此，在95%的置信水平下，拒绝域为 $P\left\{\left|\frac{\hat{\gamma}}{\sqrt{6/n}}\right|>z\right\}=1-95\%=5\%$。同时，$P\left\{\left|\frac{\hat{\delta}-3}{\sqrt{24/n}}\right|>z\right\}=1-95\%=5\%$，即 $\left|\frac{\hat{\gamma}}{\sqrt{6/n}}\right|>Z_{0.025}=1.96$。同时 $\left|\frac{\hat{\delta}-3}{\sqrt{24/n}}\right|>Z_{0.025}=1.96$。

将 $n=360$，$\hat{\gamma}=0.145$，峰度 $\hat{\delta}=4.287$ 代入，可得

$$\frac{0.145}{\sqrt{6/360}}=1.123<1.96,\quad \frac{4.287-3}{\sqrt{24/360}}=4.984>1.96$$

因此，可拒绝原假设 H_0，即人民币兑美元汇率的月度收益率并未呈现正态分布。

我们也可以直接对偏度与峰度同时进行检验，这种检验方法称为雅克-贝拉（Jarque-Bera）检验，即构造统计量 JB：

$$JB=n\left(\frac{\hat{\gamma}^2}{6}+\frac{(\hat{\delta}-3)^2}{24}\right)\sim\chi^2(2) \tag{3-33}$$

在上例中，利用雅克-贝拉检验的拒绝域为 $n\left(\frac{\hat{\gamma}^2}{6}+\frac{(\hat{\delta}-3)^2}{24}\right)>\chi^2_{0.05}(2)=5.992$。将 $n=360$，$\hat{\gamma}=0.145$，峰度 $\hat{\delta}=4.287$ 代入，可得 $360\times\left(\frac{(0.145)^2}{6}+\frac{(4.287-3)^2}{24}\right)=26.11>5.992$。据此同样可以得出，应拒绝人民币兑美元汇率的月度收益率呈现正态分布的假设。

3.1.4 时间聚合

同一个风险变量的数据值在一周内与在一年内必然有所差异。因此，衡量风险需要首先确定风险的样本时间段。时间段的选取可以是天、周、月、季度或年等，当样本时间段取值与统计分析需要不一致时，就必须根据分析需要对样本统计结果进行变换。如将样本每日数据分布转换为月度分布。这种跨越样本观察时间段衡量风险的方法在数量经济学中被称为时间聚合（time aggregation）。

一、独立回报的聚合

设 X_{t1}，X_{t2}，…，X_{tn} 为随机风险变量 X 在时期 n 的样本观察值，X_{t1}，X_{t2}，…，X_{tn} 相互独立并有同样的分布，即独立同分布（independent and identically distributed，i. i. d），$E(X_{t1})=E(X_{t2})=\cdots=E(X_{tn})=\mu$，$D(X_{t1})=D(X_{t2})=\cdots=D(X_{tn})=\sigma^2$。

则在时间间隔 $t=t_1+t_2$ 内，有

$$E(X_t)=E(X_{t1}+X_{t2})=E(X_{t1})+E(X_{t2})=2\mu$$
$$D(X_t)=D(X_{t1}+X_{t2})=D(X_{t1})+D(X_{t2})+2Cov(X_{t1},X_{t2})$$

因 X_{t1}，X_{t2}，…，X_{tn} 相互独立，显然有 $Cov(X_{t1}，X_{t2})=0$。

故有 $D(X_t)=D(X_{t1})+D(X_{t2})=2\sigma^2$。

推广到一般情形下，在 $T=\sum_{i=1}^{n}t_i$ 时，易有

$$E(X_T)=E(X_{t1})+E(X_{t2})+\cdots+E(X_{tn})=n\mu \tag{3-34}$$
$$D(X_T)=D(X_{t1})+D(X_{t2})+\cdots+D(X_{tn})=n\sigma^2 \tag{3-35}$$

即 $\sqrt{D(T)}=\sqrt{n}\sigma$。

从式（3-34）和式（3-35）可看出，在金融风险管理中，若假设资产的收益率在连续时间间隔内相互独立，则资产收益率的期望随着时间线性增长，波动率随着时间的平方根线性增长。显然，这一假设在完全有效市场中是成立的。因为根据有效市场假说，在完全有效市场中，资产的当前市场价格反映了所有相关信息，价格变化是无法事先预料的。

在金融风险管理中通常以年度为单位衡量各项参数，利用式（3-34）、式（3-35），当将年度数据转换为另外的时间单位时，有

$$\mu_y=\mu_m\times 12=\mu_d\times 252 \tag{3-36}$$
$$\sigma_y=\sigma_m\times\sqrt{12}=\sigma_d\times\sqrt{252} \tag{3-37}$$

式中，y 为年数据；m 为月数据；d 为日数据。一年按 252 个工作日计算。

假设某一长期风险投资组合的月预期收益率 μ 为 0.5%，标准差 σ 为 5%，若将其换算为年度指标，则有年预期收益率为 $12\mu=12\times 0.5\%=6\%$，年收益率标准差为 $\sqrt{12}\sigma=\sqrt{12}\times 5\%=17.3\%$。

二、相关收益率的聚合

上一小节假设不同时间间隔的收益率独立同分布，并给出了这一假设下不同时间单位的数据转换方法。这一方法在流动性强、交易活跃的市场可用作近似估算的手段。但在某些市场，收益率的变化似乎并不是随机的，而是呈现出有规律可循的变化趋势。这反映了收益率在不同时间间隔内的相关性。

这种相关性可以通过一阶自回归方法模拟，即

$$X_t=\rho X_{t-1}+\mu_t \tag{3-38}$$

ρ 为自相关系数，用以表示 X_t 与 X_{t-1} 的相关关系。同时，为简便起见，假设 X 的波动率在连续时间间隔内保持不变，即 $\sqrt{D(X_t)}=\sqrt{D(X_{t-1})}=\sigma$。因此，有

$$\rho=\frac{Cov(X_t,X_{t-1})}{\sigma^2}$$

当 T 为时间间隔 $t-1$ 与 t 之和时，有

$$D(X_T)=D(X_{t-1}+X_t)=\sigma^2+\sigma^2+2\rho\sigma^2=(2+2\rho)\sigma^2$$

反之，当 $\rho<0$ 时，在连续时间间隔内自相关收益率的波动率小于独立时的波动率。

更一般地，$T=\sum_{i=1}^{n}t_i$，则有

$$D(X_T)=D(\sum_{i=1}^{n}X_{ti})=\sigma^2[n+2(n-1)\rho+2(n-2)\rho^2+\cdots+2\rho^{n-1}] \tag{3-39}$$

图 3-6 描述了风险（波动率）随着样本观察时间段的增大而变化的趋势。总体来说，风险随着样本观察时间段的增大而增大。当不同时间段的观察值相互独立，即 $\rho=0$ 时，风险随着时间的平方根的增长而增长。以此为基准，当 $\rho>0$ 时，仅用时间的平方根表示的风险增长低估了真实风险。如，假设每日收益波动率为 1%，在每日收益没有自相关时，一周收益波动率为 $1\%\times\sqrt{5}=2.24\%$，而当 $\rho=0.2$ 时，波动率增大到 2.62%［根据公式（3-39）计算得出，这里 $\sigma=1\%$，$n=5$］，比 $\rho=0$ 时高出 17%。相反，当 $\rho<0$ 时，仅用时间的平方根表示的风险增长则高估了真实风险。在金融风险管理过程中，应重视这一风险随时间变化的性质。

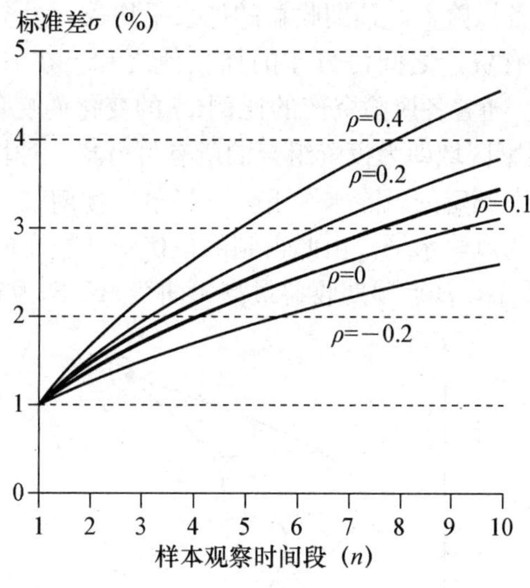

图 3-6　风险随样本观察时间段变化图

3.2　金融风险测度概述

本节将按照产生的时间顺序分别对均值—方差框架、风险价值法以及一致性风险测度方法三大风险测度框架进行介绍。

3.2.1 均值—方差框架

1952年，马科维茨发表论文《资产组合选择——投资的有效分散化》，提出使用风险资产的均值与方差或标准差来研究投资组合的资金最优分配问题，此后，以均值—方差为基本框架的投资组合理论最终演变成为现代投资理论的基础。在均值—方差框架中，使用均值表示预期收益，运用方差测度投资风险，投资者在取得最大的单位风险报酬时实现资金的最优配置。

实现最优配置的方法分为两个步骤，第一步是确定风险资产组合的构成，即各风险资产在风险资产组合中的比例。假设风险资产组合 p 由 n 种风险资产组成，x_i，r_i，σ_i 分别表示第 i 种风险资产在风险资产组合中所占的权重、预期收益率以及预期收益率的方差，则投资组合的预期收益率 r_p 与方差 σ_p 分别可表示为

$$r_p = \sum_i^n x_i r_i \tag{3-40}$$

$$\begin{aligned} \sigma_p^2 &= \sum_{i=1}^n \sum_{j=1}^n Cov_{ij} x_i x_j \\ &= \sum_i^n x_i^2 \sigma_i^2 + \sum_{i=1}^n \sum_{j=1}^n x_i x_j \rho_{ij} \sigma_i \sigma_j \, , i \neq j \end{aligned} \tag{3-41}$$

即投资组合的预期收益是各风险资产预期收益的加权平均数，投资组合的方差为各风险资产方差的加权平均数与所有资产之间协方差的加权值之和。在 r_i，σ_i，ρ_{ij} 确定的情况下，预期收益率 r_p 以及方差 σ_p 随着各风险资产的比例 x_i 的变化而变化，将 r_p 与 σ_p 的对应关系绘制成图 3-7，图中阴影区域即为投资组合的所有可行集。理性的投资者将按照以下原则选择最优组合：第一，在既定的风险水平下，选择最大预期收益的组合；第二，在既定的预期收益下，选择最小的风险水平。由此得到的最优资产组合的集合称为有效边界，如图 3-7 所示，A 点风险最小，B 点预期收益最高，曲线 AB 即为有效边界。

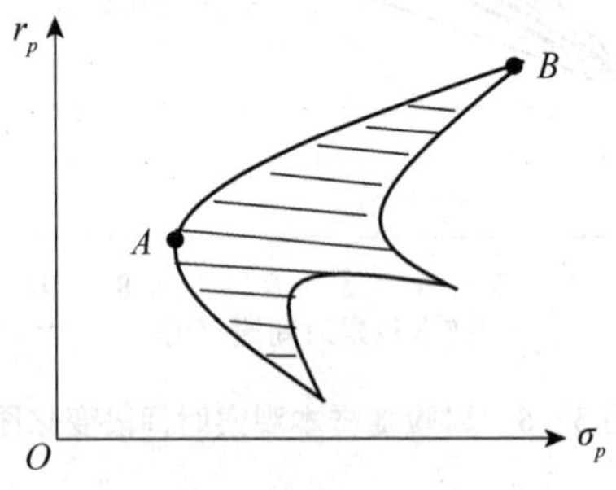

图 3-7 投资组合可行集

第二步是确定无风险资产与风险资产的资金配置比例。假设无风险资产在新的资产组合中的比例为 x_1，收益率为 r_f，由无风险资产与风险资产组合 p 组成的新的资产组合 P 的预期收益率与标准差分别为 R 和 σ，则有

$$R = x_1 r_f + (1 - x_1) r_p \tag{3-42}$$

$$\sigma=(1-x_1)\sigma_p \tag{3-43}$$

即风险资产组合的比例（$1-x_1$）等于其标准差与新的资产组合标准差的比值$\frac{\sigma}{\sigma_p}$，因此，式（3-42）可转换为

$$R=r_f+\frac{r_p-r_f}{\sigma_p}\sigma \tag{3-44}$$

式中，$\frac{r_p-r_f}{\sigma_p}$被称为单位风险报酬率或夏普比率（Sharpe's ratio）。此时，如图 3-8 所示，无风险资产点 $F(r_f,0)$ 与原有可行集内任意一点的连线都有成为新投资组合的可能，这一连线被称为资产配置线，其斜率即为相应的单位风险报酬率。因此，引入无风险资产后，投资组合的可行集得到了极大拓展，有效边界也随之发生改变。如图 3-8 所示，假设曲线 *AB* 上存在点 *M*，使得直线 *FM* 与原有效边界相切于 *M*，在不允许以无风险利率借入资金时，显然，对于曲线 *AM* 上任意一点，都能在线段 *FM* 上找到对应的一点，使之在相同的收益率下的风险更小。因此新的有效边界分为两个部分：*M* 点右侧的曲线 *BM* 与左侧的线段 *FM*。当允许无风险借入资金时，有效边界进一步变换为射线 *FM*。此时，所有投资者拥有相同的风险投资组合（即点 *M* 所代表的风险资产组合，称为市场组合），不同投资者仅依据对风险的厌恶程度而在市场风险投资组合与无风险资产之间进行不同比例的分配。

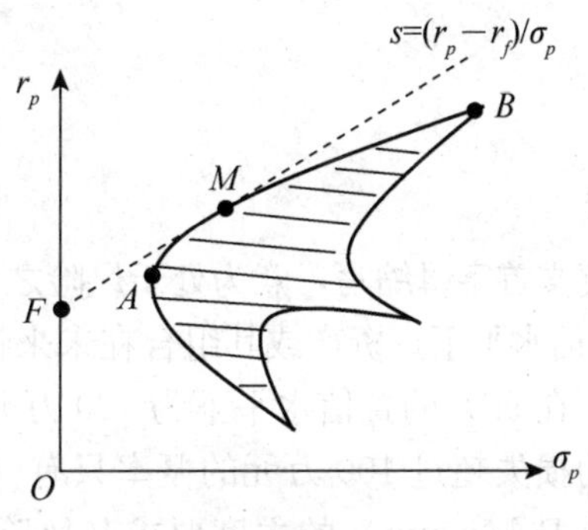

图 3-8　最优投资组合的确定

综上所述，均值—方差框架不仅能够测度风险，而且能够指导投资者在不同的风险资产之间进行选择，这似乎说明方差（标准差）是非常理想的风险测度。然而，这一测度方式的最大问题在于，其必须满足投资收益服从正态分布的假设条件，因为只有正态分布才能仅利用均值与方差两个参数即确定分布形状。对于一些非正态分布（如极值分布中的 Gumbel 分布等）来说，其分布形状往往还需要均值与方差以外的其他参数共同确定，这意味着两个有着相同均值与方差的分布，可能有着不同的分布形状，即存在不同的风险，而根据投资组合理论，这些分布应当具备同样的风险，显然此时投资组合理论是不适用的。

如 3.1.1 小节所述，正态分布可以运用峰度和偏度快速判定。正态分布的偏度为 0，峰度为 3。其他分布的峰度与偏度可能与正态分布有着很大的不同，因此其形状与正态分布也存在显著差异，即使它们和正态分布有着相同的均值与标准差。偏度表征了分布形状的对称性，偏度不为 0 时称为有偏分布，此时分布的一个尾部变得较大，而另外一个较小。峰度表征了分布形状的尾部特征，峰度超过 3 时被称为厚尾，意味着出现大盈亏事件

的概率较高。图 3－9 描绘了与正态分布有着相同均值与方差的 Gumbel 分布与 t 分布形状图，很明显它们与正态分布所表示的风险有着明显的差异。

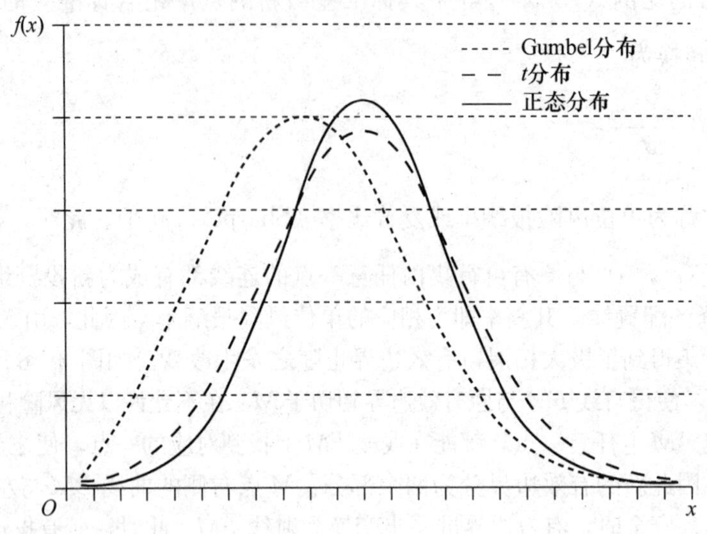

图 3－9　Gumbel 分布、t 分布与正态分布对比图

因此，当投资收益的分布是有偏的或厚尾的时，使用均值—方差风险分析框架可能产生错误的风险估计。

3.2.2　风险价值法

VaR 是 value at risk 的英文首字母缩写，意为处于风险之中的价值，简称风险价值或在险价值。其含义是在给定的置信水平下，资产或其组合在未来特定时间内可能遭受的最大损失。如某投资组合的每日 *VaR* 在 95％的置信水平下为 100 万元，意味着在市场正常运转的情况下，该投资组合一天内的损失超过 100 万元的概率只有（1－95％）＝5％。20 世纪 90 年代初期，J. P. 摩根公司（J. P. Morgan）的主席要求其风险管理部门每天出具报告说明未来 24 小时该公司所有交易组合的风险和潜在损失。为此，该公司风险管理部门开始尝试开发一个系统使用单一指标测度该公司各种交易组合以及公司总体的风险，这个指标便是 *VaR* 的雏形。随后 1993 年，位于美国的国际经济及货币事务咨询组织 G30 发布了报告《衍生产品的实践和规则》，率先提出了风险价值（*VaR*）这一名词。1994 年，J. P. 摩根公司将该公司计算 *VaR* 的风险计量模型（RiskMetrics）公之于众，随后 *VaR* 方法开始为各金融机构所广泛使用，迄今为止已经成为金融风险测度特别是市场风险测度的最主要方法。本章剩余小节将把 *VaR* 的计算与应用作为重点内容进行详细描述，本小节仅对其优缺点及应用范围进行简单介绍。

与传统的风险测度相比，*VaR* 方法的优势体现在以下几方面。

1. *VaR* 具有可比性

VaR 能够应用于任何类型的风险资产及其组合，可以用一个统一的标准对不同类型的风险资产及其组合的风险进行直观的比较。而传统的风险测度方法大多只能应用于特定资产类型，如久期与凸性只能应用于固定收益证券的风险测度，投资组合理论只能应用于股

票及类似资产。而通过 *VaR*，金融机构可以直观地比较不同风险业务部门、不同交易人员、不同交易组合的风险水平。

2. *VaR* 具有全面性

VaR 可以同时考虑所有起作用的风险因素，许多传统风险测度方法一次仅能考虑一个风险因素，或是将多个风险因素简单地合并为一个，如资本资产定价模型（CAPM）将不同的收益率合并为单一的市场收益率。因此，*VaR* 既可以测度具体风险资产的风险，也可以测度投资组合乃至整个金融业务部门的总体风险水平。

3. *VaR* 具有直观性，简单有效，易于理解

VaR 直观地提供了一个特定的风险损失值及其发生的概率信息，而方差等测度方式只告诉我们何种情况下会发生何种事情，并未指出其发生的可能性。

VaR 的这些特性决定了其容易为风险管理人员所理解、认可、接受和使用，并且具有极其广泛的适用性。总体而言，任何受金融风险影响的机构都可以使用 *VaR*，根据使用需求的不同，其应用可以分为以下几类。

1. 被动性需求——信息沟通

VaR 简单易懂，既可以用于风险管理人员之间的专业交流，也可以作为通俗语言用作风险管理人员与非专业人士，如股东等其他利益相关者的沟通。股东或公司管理层可以利用 *VaR* 快速判断是否能够接受当前风险水平。越来越多的金融机构开始注重在其财务报告中披露 *VaR* 信息。

2. 防御性需求——控制风险

由于 *VaR* 的可比性，*VaR* 可以用于设定金融资产交易员或业务部门的头寸上限，当交易组合或整个业务部门的 *VaR* 超出限定水平时，就必须对交易仓位或资产品种进行调整，直至 *VaR* 满足上限要求，从而实现对市场风险的控制。与此类似，*VaR* 也被巴塞尔银行监管委员会、美国证券交易委员会等金融监管机构用于计量金融机构的最低资本金等用途。

3. 主动性需求——管理风险

VaR 方法有助于投资组合的管理人员比较和选择投资组合，并进行投资、对冲、交易和组合管理决策。同时 *VaR* 也可以用于更好地平衡风险与收益的关系。如果金融机构仅仅按照利润数据向资产管理与交易人员发放薪酬与奖励，而无视取得这一利润数据背后的风险水平，将导致交易人员承担过度风险。使用经 *VaR* 进行风险调整后的业绩指标能够有效防范此类问题。

总之，由于 *VaR* 为不同类型的金融风险提供了一个一致的、可比的、全面的、直观的测度方法，其被全球范围内的各类金融业务部门或金融监管机构广泛应用于风险比较、风险控制、业绩评估、风险资本估算、风险投资决策以及风险监管等诸多领域。

3.2.3 一致性风险测度方法

作为风险测度工具，*VaR* 度量的是超出置信水平以外的风险事件（即尾部事件）不发生时可能的最大损失。然而，如果尾部事件发生，实际损失将超过 *VaR*，但 *VaR* 值并不能告诉我们实际损失将会有多大。同时，由于置信水平的选择，这一损失的规模并不会对 *VaR* 的大小产生影响。因此，具有同样的 *VaR*，被认为具有相同风险的不同投资组合实

际上可能产生截然不同的风险结果。这就意味着，当投资组合在较小概率下存在巨大损失可能时，仅仅依据 VaR 进行风险决策可能导致错误判断，使投资者暴露在超额损失的风险之下，甚至导致极其严重的不良后果。显然，从这个角度来说，VaR 并不是一个最佳的风险测度方式。

为了更加精确地测度风险，阿茨诺（Artzner）等人于 1999 年提出了一致性风险测度理论。若一种风险测度方法 ρ，对于任意两个价值分别为 w_1，w_2 的投资组合，满足以下性质，则称其具有一致性：

（1）单调性：若 $w_1 \leqslant w_2$，则有 $\rho(w_1) \leqslant \rho(w_2)$。

（2）同质性：$\rho(hw) = h\rho(w)$，$h > 0$。

（3）位移不变性：$\rho(w+k) = \rho(w) - k$。若投资组合增加数量为 k 的现金，其风险相应减少 k。

（4）次可加性：$\rho(w_1 + w_2) \leqslant \rho(w_1) + \rho(w_2)$。

合理的风险测度方式必须满足一致性条件，其中最重要的是满足性质（4），即次可加性。它表明当多个资产组合在一起时，风险将被分散，或者至少不会增加。而基于分位数的 VaR 法，并不能总是满足这一要求。

假设投资组合 P_1，P_2 的收益结果都只存在两种可能，分别是在 97%的概率下不发生亏损和在 3%的概率下亏损 1 000 元。因此，在 95%的置信水平下，$VaR(P_1) = VaR(P_2) = 0$。假设 P_1，P_2 相互独立，则同时持有 P_1，P_2 而不发生亏损的概率为 97%×97%=94.1%，损失 1 000 元的概率为 97%×3%×2=5.8%，损失 2 000 元的概率为 3%×3%=0.1%。根据 VaR 的定义可知，在 95%的置信水平下，

$$VaR(P_1 + P_2) = 1\,000 > 0 = VaR(P_1) + VaR(P_2)$$

显然，此时 VaR 不符合次可加性条件。

1. 预期损失

事实上，只有在投资组合收益服从正态分布等椭圆分布时，VaR 才具有次可加性。不具备次可加性意味着 VaR 并不满足一致性条件，因此不是最好的风险测度方法。因此，有必要寻找另外一种满足一致性的风险测度方式作为替代。其中较为常用的是预期损失（expected shortfall，ES）。预期损失是在一定的置信水平下，超过 VaR 这一临界损失的风险事件导致的收益或损失 X 的平均数或期望值。

$$ES_c = -E[X \mid X \leqslant -VaR_c(x)] \tag{3-45}$$

式中，VaR_c 为置信水平为 c 时的 VaR 值。若收益的分布为离散型，预期损失可以表示为

$$ES_c = \frac{1}{1-c}\sum_{\alpha=c}^{1} X_\alpha P_\alpha \tag{3-46}$$

X_α 是置信水平为 α 时的最大损失，P_α 是置信水平为 α 时取得最大损失的概率。

若收益的分布为连续型，预期损失可以表示为

$$ES_c = \frac{1}{1-c}\int_c^1 VaR_p \, \mathrm{d}p \tag{3-47}$$

假设 P_1，P_2 是任意两个投资组合，$ES_c(P_1)$ 与 $ES_c(P_2)$ 分别是二者置信水平为 c 时的预期损失，即最坏情况下的均值。根据预期损失的定义，将 P_1，P_2 组合在一起时，只有当

P_1，P_2 所有最坏情况都同步发生时，新组合（P_1+P_2）的预期损失才会等于 P_1，P_2 预期损失之和，否则恒有 $ES_c(P_1+P_2)<ES_c(P_1)+ES_c(P_2)$，可见预期损失满足次可加性。易证得预期损失也满足一致性要求的其他条件，因此，预期损失是具有一致性的风险测度方式。

与 *VaR* 一样，*ES* 随着置信水平的提高而上升。同时，从定义可知，在相同的置信水平下，预期损失 *ES* 大于临界损失 *VaR*。假设投资收益服从标准正态分布，在不同置信水平下，一单位投资的 *VaR* 与 *ES* 分别如表 3-2 和图 3-10 所示。

表 3-2　　正态分布下的 *VaR* 与 *ES* 对比表

置信水平	90%	95%	97.5%	99%	99.9%	99.99%
VaR	1.282	1.645	1.960	2.326	3.090	3.719
ES	1.755	2.063	2.338	2.665	3.367	3.957

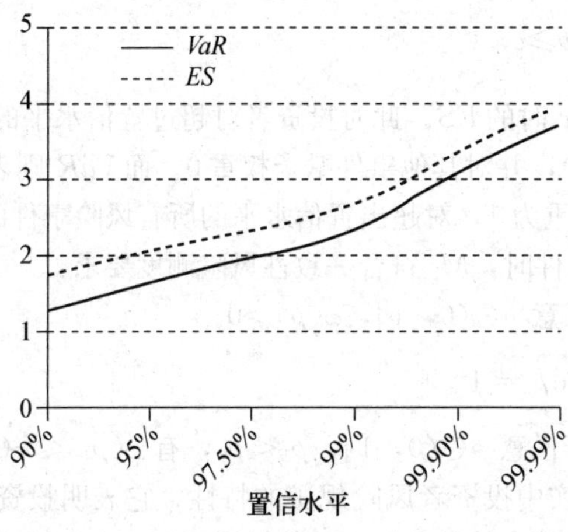

图 3-10　正态分布下的 *VaR* 与 *ES* 对比图

此时有条件的损失和其相对应的分位数相差并不太多，且随着置信水平的提高，差别逐渐缩小，即 *ES* 与 *VaR* 的比率收敛于 1。在其他分布下，*VaR* 与 *ES* 相差可能更大。表 3-3 介绍了自由度为 6 的 *t* 分布下，*VaR* 与 *ES* 的对比情况。在 97.5%的置信水平下，一单位投资的 *ES* 为 3.256，超过其 *VaR*33%。而在正态分布情况中，在 97.5%的置信水平下，*ES* 只比 *VaR* 高出 19%。

表 3-3　　*t* 分布下的 *VaR* 与 *ES*（$t\sim t(6)$）

置信水平	50%	90%	95%	97.5%	99%	99.9%
VaR	0.000	1.440	1.943	2.447	3.143	5.208
ES	0.919	2.187	2.711	3.256	4.033	6.416

资料来源：菲利普·乔瑞．风险价值 VAR．北京：中信出版社，2010：92.

在保持了 *VaR* 的共通性、整体性与简洁性等优点的同时，*ES* 与 *VaR* 相比还具备以下优势：

（1）*VaR* 仅仅告诉我们最坏情况下的损失将高于 *VaR*，而 *ES* 告诉了我们最坏情况下的损失到底会有多大。

（2）*ES* 是一致性风险测度，满足次可加性，而 *VaR* 不满足。基于 *ES* 的风险决策管

理比基于 VaR 的风险决策管理在更一般的条件下更可行。

（3）ES 的次可加性使得在使用 ES 测度的投资组合最优化问题中总是能够得到唯一的最优解，这是使用 VaR 无法保证实现的。

2. 谱风险测度

在 VaR 与 ES 的基础上，可定义更一般的风险测度方式：谱风险测度（spectral measures of risk）M_φ，表示从 0 到 1 所有置信水平下 VaR 的加权平均值。

$$M_\varphi = \int_0^1 \varphi(p) VaR_p \mathrm{d}p \tag{3-48}$$

式中，$\varphi(p)$ 为风险频谱函数或风险规避函数。

ES 与 VaR 是 M_φ 的特例，当

$$\varphi(p)=\begin{cases}0, & p<c\\ \dfrac{1}{1-c}, & p\geqslant c\end{cases}$$

时，M_φ 即为置信水平为 c 时的 ES。此时投资者对超过置信水平的所有风险事件的损失赋予了同样的权重 $1/(1-c)$，并对其他事件赋予权重 0。而 VaR 则表示投资者对置信水平为 c 时的最大损失赋予的权重为 1，对超出置信水平的所有风险事件的损失赋予的权重为 0。

当 $\varphi(p)$ 满足下列条件时，M_φ 符合一致性风险测度要求：

（1）非负性：对于任意 $p\in(0, 1]$，$\varphi(p)>0$。

（2）规范性：$\int_0^1 \varphi(p)\mathrm{d}p = 1$。

（3）弱递增性：对于任意 $p\in(0, 1]$，$p_1<p_2$，有 $\varphi(p_1)\leqslant\varphi(p_2)$。

条件（3）反映出现实中投资者风险规避的特性，它表明投资者要求对较高的损失给予更多的关注，即赋予其较大的权重。这一特性说明了 ES 与 VaR 作为风险测度的不足之处。ES 对超出置信水平的所有风险事件给予同等权重，意味着在风险分布的尾部，投资者持风险中性态度，而 VaR 对超出置信水平的所有风险事件赋予的权重为 0，意味着在风险分布的尾部投资者持风险偏好态度。

3.3 风险价值（VaR）的计算与应用

3.3.1 VaR 的计算

如前所述，VaR 是给定置信水平下，一段时间内资产或其组合可能遭受的最大损失。用数学语言可表示为

$$P\{L>VaR\}=1-c \tag{3-49}$$

或

$$P\{L\leqslant VaR\}=c \tag{3-50}$$

式中，c 为置信水平；L 为资产损失；VaR 表示风险价值，为方便起见，VaR 均取正值。当投资组合的分布为离散变量时，可以通过绘制直方图来求解 VaR 值。假设某投资组合

在未来 24 小时内的收益有 200 个可能取值，各取值结果与取值频次的对应关系如图 3-11 描绘的直方图所示。从图中可以看到，最大损失值的频次为 1，次大损失值的频次为 2，第三大损失值的频次为 3，第四大损失值的频次为 4，则在置信水平为 95%的情况下，该投资组合在未来 24 小时内的 VaR 为 1 347.9 元。

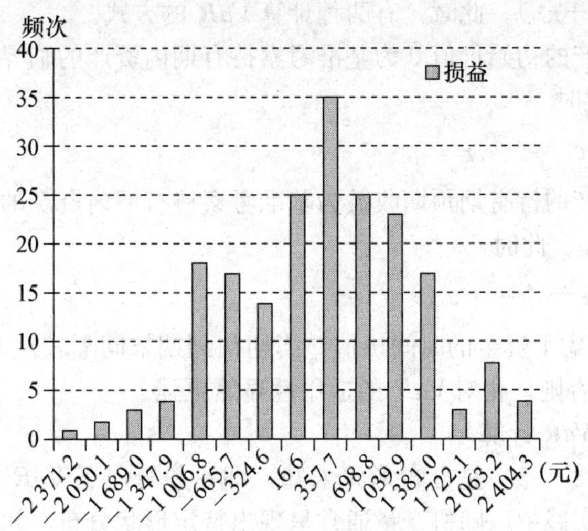

图 3-11 利用直方图求解 *VaR*

当投资组合价值的分布是连续的，且其概率密度函数 $f(v)$ 存在时，式 (3-49) 与式 (3-50) 分别可以表示为

$$\int_{-\infty}^{VaR} f(v)\mathrm{d}v = 1-c \tag{3-51}$$

$$\int_{VaR}^{\infty} f(v)\mathrm{d}v = c \tag{3-52}$$

此时，如图 3-12 所示，根据分位数的定义，VaR 可表示为投资组合收益在 $1-c$ 上的分位数，即

$$VaR = -x_{1-c} \tag{3-53}$$

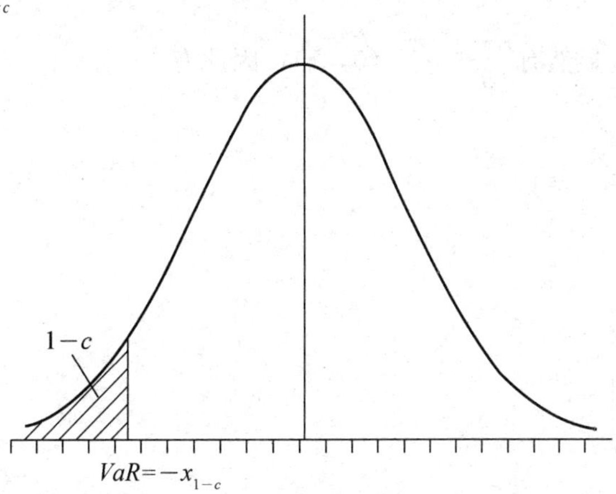

图 3-12 利用分位数求解 *VaR*

一、一般分布中的 *VaR*

在更一般的情况下，我们无法直接得到资产收益的分布形状，此时可通过非参数法计算 *VaR* 值。假设资产的初始价值为 v_0，r 为资产回报率，$E(r)=\mu$，$D(r)=\sigma^2$。则资产的期末价值为 $v=v_0(1+r)$。令 r^* 为置信水平为 c 时的最低收益率水平，即投资组合期末的最低价值为 $v^*=v_0(1+r^*)$。此时，有两种计算 *VaR* 的方式。

第一种方式以资产的初始价值 0 为基准考察持有期内资产的临界价值损失，称为绝对 *VaR*，记为 VaR_A。此时

$$VaR_A=v_0-v^*=-v_0r^* \tag{3-54}$$

第二种方式以资产的持有期预期收益为基准考察持有期内资产的临界价值损失，称为相对 *VaR*，记为 VaR_R。此时

$$VaR_R=E(v)-v^*=-v_0(r^*-\mu) \tag{3-55}$$

相对 *VaR* 充分考虑了资金的时间价值，当期初到期末间隔较短时，绝对 *VaR* 与相对 *VaR* 结果相差无几。否则，相对 *VaR* 的适用性显然更强。

二、参数分布的 *VaR* 计算

式（3-54）、式(3-55）是分布形状未知，即一般分布下 *VaR* 的计算公式。如前所述，在金融风险管理实践中，随机变量通常呈现出特定形状分布，如正态分布、t 分布等。此时，只要知道或能够通过样本估计确定其分布形状的各项参数，如均值 μ 与标准差 σ，就能直接快速地对 *VaR* 进行计算。

1. 投资收益率服从正态分布的 *VaR* 计算

假设资产的初始价值为 v_0，资产的收益率 r 服从正态分布 $N(\mu,\sigma^2)$，则资产的期末价值为 $v=v_0(1+r)$，以初始价值为基准，资产价值变化为 $v_0-v=|v_0r|$。显然，当资产产生损失时，应有 $r<0$，因此资产的绝对损失值可表示为 $L=-v_0r$。

在置信水平为 c 的条件下，根据式（3-50）与式（3-54），有

$$P\{-v_0r\leqslant VaR_A\}=P\left\{\frac{r-\mu}{\sigma}>-\frac{\frac{VaR_A}{v_0}+\mu}{\sigma}\right\}=c$$

因 $r\sim N(\mu,\sigma^2)$，显然有 $\frac{r-\mu}{\sigma}\sim N(0,1)$，因此有

$$\Phi\left(-\frac{\frac{VaR_A}{v_0}+\mu}{\sigma}\right)=1-c$$

进而得到

$$\Phi\left(\frac{\frac{VaR_A}{v_0}+\mu}{\sigma}\right)=c$$

即 $\frac{\frac{VaR_A}{v_0}+\mu}{\sigma}$ 等于标准正态分布下对应置信水平 c 的分位数 z_c，得出

$$VaR_A=v_0(z_c\sigma-\mu) \tag{3-56}$$

同理，以期望价值为基准，有 $L=-v_o(r-\mu)$。

在置信水平为 c 的条件下，根据式（3-50）与式（3-55），有

$$P\{-v_0(r-\mu)\leqslant VaR_R\}=P\left\{\frac{r-\mu}{\sigma}>-\frac{VaR_R}{v_0\sigma}\right\}=c$$

推出 $\Phi\left(-\frac{VaR_R}{v_0\sigma}\right)=1-c$，进而得到 $\Phi\left(\frac{VaR_R}{v_0\sigma}\right)=c$，得出

$$VaR_R=v_0z_c\sigma \tag{3-57}$$

利用式（3-56）与式（3-57）可快速计算资产的风险价值。

假设一项资产的初始价值为 2 000 万元，其波动率为 15%，在置信水平为 99%的情况下，该资产的相对风险价值 VaR_R 为 2 000 万元×$(z_{0.01}=2.33)$×15%，即 699 万元。

2. *VaR* 的时间聚合

前面介绍了同一变量在不同时间单位下均值 μ 与方差 σ^2 的转换公式。利用这些公式，也可以直接对风险价值随时间的变化进行简单快捷的计算。

如已知资产的每日 VaR，可求其 Δt 日的 VaR。假设投资组合的日收益率服从正态分布 $N(\mu,\sigma^2)$，且在 Δt 日内收益率是独立同分布的。由独立同分布随机变量的分布特征可知，该投资组合在 Δt 日内的收益率服从正态分布 $N(\Delta t\mu,\Delta t\sigma^2)$，即 $\mu_{\Delta t}=\Delta t\mu$，$\sigma_{\Delta t}=\sigma\sqrt{\Delta t}$。将其代入式（3-56）、式（3-57），即有

$$VaR_A=v_0(z_c\sigma\sqrt{\Delta t}-\mu\Delta t) \tag{3-58}$$

$$VaR_R=v_0z_c\sigma\sqrt{\Delta t} \tag{3-59}$$

可见，已知投资组合在某一时间段或时间单位下的风险价值，利用时间聚合公式推导出投资回报在不同时间段的分布特征 μ 与 σ，便可快速求解投资组合在其他时间段或时间单位下的风险价值。

3.3.2 样本时间段和置信水平的选择

从式（3-58）和式（3-59）可以看出，VaR 值实际上是置信度 c 和样本时间段 Δt 的函数。置信水平越高，样本时间段越长，VaR 越大；反之亦然。因此，计算 VaR，首先必须确定置信水平和样本时间段的参数值。本节对如何根据 VaR 的不同使用环境合理选择置信水平与样本时间段进行介绍。

1. 运用 *VaR* 作为风险测度指标

当 VaR 仅用于公司范围内市场风险的比较，如比较不同公司的市场风险，或是同一公司的不同市场风险时，置信水平和样本时间段选择要求相对不那么严格。

在这种情境下，需要关注的是跨部门或跨时间段的 VaR 比较。如公司希望了解其内部各个部门的相对风险水平，如某一部门的风险是否比其他部门高；或是希望了解公司今日 VaR 与历史水平是否基本一致。如果部门之间或不同时间段之间风险存在明显差异，则应仔细研究风险报告，找到差异原因。总体而言，在这一目的下计算 VaR，选择置信水

平和样本时间段并不重要，重要的是保持置信水平和样本时间段的一致性，以及 VaR 模型的有效性和准确性。目前，商业银行业多采用符合巴塞尔协议规定的 99%的置信水平，选择的样本时间段为每日。

2. 运用 VaR 作为潜在损失度量指标

计算风险价值的另外一个作用是度量投资组合潜在的损失。此时，应视投资组合的特性，如投资组合的流动性与组合头寸交易频繁程度，选择样本观察时间段。

显然，投资组合的流动性越强，交易越容易实现，投资者越倾向于适时调整资产组合，导致资产组合本身价值发生变化。计算此类投资组合的 VaR 显然应该选择较短的样本时间段。如商业银行通常将其 VaR 样本时间段设定为每日，主要就是因为银行资产组合的高流动性和快速周转要求，同时这样做也符合银行业务的每日盈亏特点，便于将每日 VaR 和盈亏直接进行比较。相比较而言，流动性较差的资产组合通常会选择较长的样本时间段。如退休基金通常考虑的样本观察时间段为 1 个月。另外，金融机构通常会持有多种资产或资产组合，不同资产及其组合的流动性差异较大，此时应根据其资产组合中比重较大的资产的流动性选择样本时间段。根据流动性确定的样本时间段的大小，也可以理解为投资组合对冲市场风险所需的时间。与样本时间段相比，在用于衡量潜在损失时，VaR 的置信水平要求并不严格。

3. 运用 VaR 确定资本充足率

当 VaR 被用于确定金融机构的资本充足率时，置信水平和样本时间段的选择极为重要，超出 VaR 的损失可能导致金融机构无法承担以致破产。

置信水平的选择体现了金融机构抵御风险的能力。抵御风险能力强意味着需要准备更多的资本充足保证金以承担更大的可能损失，即选择更高的置信水平。而样本时间段的选择取决于金融机构管理者发现并纠正亏损问题的时间。

如在金融机构的信用评级中，可用预计的违约概率代表其资产组合 VaR 的置信水平。假设 B 级信用评级对应的 1 年内违约概率为 5%，如果一个机构希望获得这一评级，那么意味着其准备的资本保证金应满足置信水平为 95%时的风险价值要求。更高等级的 Ba 级信用评级一年内的违约概率为 1.5%，显然，要达到 Ba 级评级，风险价值的置信水平需要提高至 98.5%。同时，信用违约的概率显然会随着时间的延长而增大。因此，更高的信用评级既可以通过提高置信水平获得，也可以通过缩短样本观察时间段获得。

金融监管机构为了保障金融系统的稳定性，通常会给金融机构限定较高的置信水平。如巴塞尔银行监管委员会协议认可的内部模型 VaR 方法，要求在确定资本充足率时，选择 99%的置信水平和 10 个工作日的样本观察时间段。

4. 回测 VaR 的置信水平与样本时间段选择

回测（back testing）VaR 指的是对实际亏损与以 VaR 表示的预计亏损是否一致进行检验，以校验 VaR 模型是否准确有效，并尽可能找出预测偏差的过程。置信水平与样本时间段的选择对回测结果有显著的影响。

如同任何检验假设一样，样本数量越大，检验结果的准确性越高。因此，在回测 VaR 时，通常选择较短的样本观察时间段，因为较长的样本时间段会减少观测事件的数量，导致样本量过小。如以月为样本时间段，一年内只有 12 次观测结果，以周为样本时间段，一年内有 52 次观测结果，而以天为样本时间段，则有 252 次观测结果（以 1 年 252 个工作日计算)。因此，巴塞尔银行监管委员会要求在回测中以1天为样本时间段。

在置信水平方面，过高的置信水平会减少预期的尾部观察事件次数，从而降低回测的力度。如在95%的置信水平下，大约20天内会出现一次最大损失超过 VaR 的特例，此时我们至少需要观测100个结果，即观察100天以对此进行测试和确认。置信水平越高，出现特例的频率越低，观测的难度就越大。因此，为了便于完成回测，置信水平不应设定得太高，通常选择95%。

3.3.3 衡量 *VaR* 的精度

利用式（3-56）和式（3-57）计算 VaR 需要已知投资组合价值或其收益率的分布及其均值 μ 与标准差 σ。在实践中这些是通过对实际数据进行抽样观测后估计而来。显然，这些参数的估计结果与其真实值存在或大或小的误差，使用这些估计参数计算的 VaR 自然是难以完全精准的。而对 VaR 的使用者来说，VaR 的准确性十分重要。假设使用根据历史数据抽样估计得到的参数值，计算出某一银行的每日 VaR 为100万元。此时估计误差的大小对这一计算结果的适用性有着极大的影响，真实 VaR 究竟是处于99万～100万元，还是处于90万～110万元呢？显然这二者对于银行管理人员来说有着极大的差别。因此，有必要对这些参数估计的误差进行衡量，即衡量 VaR 的精度。

一、均值与方差的估值误差

假设研究对象 X 呈现正态分布 $N(\mu,\sigma^2)$，μ 与 σ 已知。X_1，X_2，…，X_n 是 X 的样本，$\overline{X}$，S^2 分别为样本均值和样本方差，分别是均值和方差的估计值 $\hat{\mu}$，$\hat{\sigma}^2$。对于均值估计值 $\hat{\mu}=\overline{X}$，有

$$\overline{X}\sim N(\mu,\sigma^2/n) \tag{3-60}$$

根据上式，可得出 $\hat{\mu}$ 的标准差 $\sigma/\sqrt{n}$ 随着样本规模 n 的增加而减小，当 $n\to\infty$ 时，标准差以 $\frac{1}{\sqrt{n}}$ 的速度趋向于0。这表明样本规模越大，均值的样本偏差越小，即其估计值越来越接近其实际值。

而对于方差估计值 $\hat{\sigma}^2=S^2$，有

$$\frac{(n-1)S^2}{\sigma^2}\sim\chi^2(n-1) \tag{3-61}$$

即服从于自由度为 $n-1$ 的 χ^2 分布。当样本规模 n 充分大时，χ^2 分布趋向于正态分布，此时

$$S^2\sim N\left(\sigma^2,\sigma^4\,\frac{2}{n-1}\right) \tag{3-62}$$

对于大量样本，有

$$SE(S)=\sigma\sqrt{\frac{1}{2n}} \tag{3-63}$$

当 σ 的真实值未知时，可以用其估计值进行代替。同样，随着样本规模递增，方差的估计值越来越接近其实际值。

二、均值与方差的置信区间

衡量估值误差的另外一种方法是计算未知参数估计结果的置信区间。

设投资组合价值或收益率 X 服从正态分布 $N(\mu,\ \sigma^2)$，$\overline{X}$，S^2 分别为样本规模为 n 时的样本均值和样本方差，则 $\overline{X} \sim N(\mu,\ \sigma^2/n)$。当 σ 已知时，均值 μ 的置信区间可利用统计量 $Z=\dfrac{\overline{X}-\mu}{\sigma/\sqrt{n}} \sim N(0,\ 1)$ 进行估计，这一方法被称为 Z 检验法。即在 $1-\alpha$ 的置信水平下有

$$P\left\{\left|\frac{\overline{X}-\mu}{\sigma/\sqrt{n}}\right|<|z_{\alpha/2}|\right\}=1-\alpha \tag{3-64}$$

此时，μ 的置信区间为 $\left(\overline{X}\pm\dfrac{\sigma}{\sqrt{n}}z_{\alpha/2}\right)$，其中 $z_{\alpha/2}$ 是标准正态分布上的 $\alpha/2$ 分位数。

当 σ 未知时，均值 μ 的置信区间可利用统计量 $t=\dfrac{\overline{X}-\mu}{S/\sqrt{n}} \sim t(n-1)$ 进行估计，这一方法被称为 t 检验法，即在 $1-\alpha$ 的置信水平下有

$$P\left\{\left|\frac{\overline{X}-\mu}{S/\sqrt{n}}\right|<|t_{\alpha/2}(n-1)|\right\}=1-\alpha \tag{3-65}$$

此时，μ 的置信区间为 $\left(\overline{X}\pm\dfrac{S}{\sqrt{n}}t_{\alpha/2}(n-1)\right)$，其中 $t_{\alpha/2}$ 是 t 正态分布上的 $\alpha/2$ 分位数。

同样，方差 σ^2 的置信区间可利用统计量 $\chi^2=\dfrac{(n-1)S^2}{\sigma^2} \sim \chi^2(n-1)$ 进行估计，这一方法被称为 χ^2 检验法，即在 $1-\alpha$ 的置信水平有

$$P=\left\{\chi^2_{\alpha/2}(n-1)<\frac{(n-1)S^2}{\sigma^2}<\chi^2_{1-\alpha/2}(n-1)\right\} \tag{3-66}$$

此时 σ^2 的置信区间为 $\left(\dfrac{(n-1)S^2}{\chi^2_{1-\alpha/2}(n-1)},\ \dfrac{(n-1)S^2}{\chi^2_{\alpha/2}(n-1)}\right)$，$\chi^2_{1-\alpha/2}(n-1)$ 与 $\chi^2_{\alpha/2}(n-1)$ 分别是 χ^2 分布上的 $1-\alpha/2$ 分位数与 $\alpha/2$ 分位数。

回到 VaR 计算，根据 μ 与 σ 的估值误差或置信区间，我们可以评估 VaR 计算数值的准确性。以相对 VaR 计算为例，假设资产的初始价值为 2 000 万元，资产收益率标准差 σ 的估计值为 15%，则 95%的置信水平下该资产的相对 VaR 应为 2 000 万元×1.645×15%＝493.5 万元。那么这一结果的准确性有多高呢？假设资产收益率的抽样样本规模为 250 个，则在 95%的置信水平下，资产收益标准差 σ 的置信区间应为 $\left(\sqrt{\dfrac{249}{\chi^2_{0.975}(249)}}15\%,\ \sqrt{\dfrac{249}{\chi^2_{0.025}(249)}}15\%\right)$，即（13.78%，16.43%）。根据 $VaR_R=v_0 z_c\sigma$，可求得 95%的置信水平下，VaR 的置信区间为（453.4 万元，540.5 万元），这一较窄的间隔区间表明，VaR 的估值 493.5 万元是比较有说服力的。

总的来说，随着样本规模的扩大，均值与方差估计值的准确性逐渐得到改善，VaR 的精度自然也就逐步提高。

3.3.4 回测 *VaR*

作为一种风险损失预测方法，只有预测结果较为准确时，VaR 模型才具有使用价值。

因此，在应用这一模型时，时常要运用一系列工具对其合理性进行检查。回测是其中较为常用的一种统计方法，其通过对实际亏损与以 VaR 表示的预计亏损的一致性进行检验，校验 VaR 模型是否准确有效，找出模型可能存在的错误与问题，进而对模型进行改进。通过回测 VaR，一方面可以发现有意低报风险的金融机构，另一方面也可在实际亏损超出 VaR 时，分辨其是因为风险管理人员业务不精错误估计风险，还是纯属偶然因素造成的运气不佳。

回测 VaR 的基本逻辑是，在确定置信水平和样本时间段，建立起 VaR 模型后，所观察到的实际损失超出 VaR 的特例事件次数，应与模型的置信水平相对应。如果特例事件次数过多，表明模型低估了风险水平，公司在风险事件发生时可能缺乏足够的风险抵御准备，同时也容易受到金融监管机构的惩罚；如果特例事件次数过少，表明模型高估了风险水平，风险管理举措可能过度占用了系统资源，如过高的资本充足要求保证金导致了公司整体资金使用效率的降低。

由于 VaR 是在特定置信水平下计算得出的，因此出现特例情况是可以预先想到的。例如，95%的置信水平意味着有5%的可能性出现特例事件。我们需要解决的问题是判断特例出现时，其原因是模型存在问题还是纯粹的运气欠佳。判断模型是否存在问题的最简单的方法是记录其失效率（failure rate)，即找出样本中损失超出 VaR 事件的频率。设 n 为样本观测期间发生特例事件的次数，N 为样本观测事件的总次数，则失效率$=n/N$。在置信水平为 c 的情况下，如果 VaR 模型有效，则随着样本数量的增加，失效率应趋向于 $p=1-c$。

在对特例事件进行观测时，观测的结果只有“是”或者“不是”两种结果，这类测试在统计学中被称为伯努利实验，每一次观测的结果为“是”的概率为 $p=1-c$。如果 VaR 模型正确，则在对 N 次样本的观测中，特例事件次数 x 服从参数为 p，N 的二项分布：

$$f(x)=C_N^x p^x (1-p)^{N-x} \tag{3-67}$$

其中，$E(x)=p$，$D(x)=p(1-p)N$。

根据棣莫弗-拉普拉斯中心极限定理，当 N 充分大时，统计量

$$Z=\frac{x-pN}{\sqrt{p(1-p)N}}\sim N(0,1) \tag{3-68}$$

假设 VaR 模型正确，则在 α 的显著性水平下，其拒绝域为

$$\left|Z=\frac{x-pN}{\sqrt{p(1-p)N}}\right|\geqslant|z_{\alpha/2}| \tag{3-69}$$

借助式（3-69)，可以快速地检验导致特例事件出现的原因是模型错误还是偶然因素。假设某银行2018年中有15个工作日的日亏损大于置信水平为95%时的每日 VaR，即特殊事件发生频率为 $15/252=5.9\%>5\%$。这是否说明银行所用的 VaR 模型存在错误呢?

假设 VaR 模型正确，则在5%的显著性水平下，其拒绝域为

$$\left|Z=\frac{x-pN}{\sqrt{p(1-p)N}}\right|\geqslant|z_{0.025}|=1.96$$

将 $p=1-95\%=5\%$，$x=15$，$N=252$ 代入上式，计算得出 $Z=0.69<1.96$。因此，

接受假设，即银行使用的 VaR 模型是正确的。

如 3.3.2 小节所述，在进行 VaR 回测时，样本观察时间段应尽量短，以增加样本规模，减少误差风险；同时，置信水平不宜选择太高，避免因置信水平过高降低回测的有效性。在实践中，通常选择 95%的置信水平和以日为单位的样本观察时间段。

3.3.5 应用 *VaR* 分析投资组合风险

前面几节的分析对象均为单项资产，而在金融实践中，投资者通常持有由多种资产构成的投资组合，以有效地分散非系统性风险。本节对 VaR 在投资组合风险测度中的运用进行了介绍。

一、投资组合的 *VaR* 计算

投资组合是由多个类别金融资产或同一类别多个品种金融资产组成的资产线性组合。假设投资组合 P 由 n 项金融资产组成，第 i 项资产的初始价值占整个投资组合初始价值的比例（即其权重）为 $w_i \geqslant 0$，显然有 $\sum_{i=1}^{n} w_i = 1$。r_i 为第 i 项资产的收益率，则投资组合 P 的收益率可以表示为其相关资产收益率的线性组合，即

$$R_p = \sum_{i=1}^{n} w_i r_i$$

设 μ_i，σ_i^2 分别为第 i 项资产收益率 r_i 的均值与方差。根据期望与方差的线性计算公式，投资组合的预期收益率为

$$E(R_p) = \mu_p = \sum_{i=1}^{n} w_i E(r_i) = \sum_{i=1}^{n} w_i \mu_i \tag{3-70}$$

方差为

$$D(R_p) = \sigma_p^2 = D(w_i r_i, w_j r_j) = \sum_{\substack{i=1 \\ i=j}}^{n} w_i^2 \sigma_i^2 + \sum_{i=1}^{n} \sum_{\substack{i=1 \\ i \neq j}}^{n} w_i w_j \rho_{ij} \sigma_i \sigma_j \tag{3-71}$$

设投资组合的初始价值为 v_0，将 μ_p 与 σ_p^2 代入式（3-58）、式（3-59），得出投资组合的绝对风险价值为

$$VaR_{P,A} = v_0 (z_c \sigma_p - \mu_p) = v_0 (z_c \sqrt{\sum_{i=1}^{n} \sum_{j=1}^{n} w_i w_j \rho_{ij} \sigma_i \sigma_j} - \sum_{i=1}^{n} w_i \mu_i) \tag{3-72}$$

相对风险价值为

$$VaR_{P,R} = v_0 z_c \sigma_p = v_0 z_c \sqrt{\sum_{i=1}^{n} \sum_{j=1}^{n} w_i w_j \rho_{ij} \sigma_i \sigma_j} \tag{3-73}$$

可以看出，投资组合的 VaR 取决于其收益率期望与方差的结构，包括每项资产的方差 σ_i、资产与资产之间的相关系数 ρ_{ij} 以及组成投资组合的资产数量 n。

为了分析资产数量 n 对组合风险的影响，我们考虑最简单的资产组合策略，令资产组合中每一项资产都是等权重的，即 $w_i = 1/n$，其收益率按照同样的标准差 σ 波动，任意两

个资产的相关系数均为 ρ。此时投资组合收益率的方差为

$$\sigma_p^2 = \sum_{i=1}^{n}\sum_{j=1}^{n} w_i w_j \rho_{ij}\sigma_i\sigma_j = \sum_{\substack{i=1\\i=j}}^{n} w_i^2\sigma_i^2 + \sum_{i=1}^{n}\sum_{\substack{i=1\\i\neq j}}^{n} w_i w_j \rho_{ij}\sigma_i\sigma_j$$

$$= \sigma^2\left[\frac{1}{n} + (1-\frac{1}{n})\rho\right] \tag{3-74}$$

当 ρ 不变，n 逐步增大时，投资组合风险（标准差）逐渐下降，趋近于 $\sigma\sqrt{\rho}$。假设 $\sigma=10\%$，$\rho=0.5$，当投资组合资产数量由 1 增加到 20 时，投资组合风险迅速由 10%下降至 7.3%，当资产数量增加至 100 时，投资风险进一步下降至 7.1%，逐步趋近最低值 7%。可见，分散化可以显著降低投资组合风险。

降低资产之间的相关系数同样可以降低组合风险。根据式（3-74）可知，投资组合的方差可分为两部分，第一部分由每项资产的方差按照权重的平方进行加总而得，即 $\sum_{\substack{i=1\\i=j}}^{n} w_i^2\sigma_i^2$，第二部分用资产之间的协方差进行标示，即 $\sum_{i=1}^{n}\sum_{\substack{i=1\\i\neq j}}^{n} w_i w_j \rho_{ij}\sigma_i\sigma_j$。显然，在其他条件不变的情况下，$\rho_{ij}$ 越小，投资组合的总风险越小。

投资组合风险的特性同样反映在其 VaR 上，总的来说，投资组合的 VaR 取决于其风险的大小，而其风险的大小取决于组合的分散化程度，即组合资产的数量 n 与资产相互间的相关程度 ρ_{ij}，增加资产数量或降低相关系数都可以降低组合风险，进而降低 VaR。以相对风险价值为例，式（3-73）亦可以表达为

$$VaR_{P,R} = v_0 z_c \sqrt{\sum_{\substack{i=1\\i=j}}^{n} w_i^2\sigma_i^2 + \sum_{i=1}^{n}\sum_{\substack{i=1\\i\neq j}}^{n} w_i w_j \rho_{ij}\sigma_i\sigma_j}$$

$$= \sqrt{\sum_{\substack{i=1\\i=j}}^{n} v_0^2 w_i^2 z_c^2 \sigma_i^2 + \sum_{i=1}^{n}\sum_{\substack{i=1\\i\neq j}}^{n} \rho_{ij}(v_0 w_i z_c \sigma_i)(v_0 w_j z_c \sigma_j)}$$

$v_0 w_i z_c \sigma_i$ 即为第 i 项资产的相对 VaR，称为单个 VaR，表示为 $VaR_{R,i}$。则上式可表达为

$$VaR_{P,R} = \sqrt{\sum_{i=1}^{n} VaR_{R,i}^2 + \sum_{i=1}^{n}\sum_{\substack{i=1\\i\neq j}}^{n} \rho_{ij} VaR_{R,i} VaR_{R,j}} \tag{3-75}$$

当各项资产收益率的变动相互独立，即 $\rho_{ij}=0$ 时，投资组合的 VaR 等于单个 VaR 平方之和的平方根：

$$VaR_{P,R} = \sqrt{VaR_{R,1}^2 + VaR_{R,2}^2 + \cdots + VaR_{R,n}^2} \tag{3-76}$$

当各项资产完全正相关，即 $\rho_{ij}=1$ 时，投资组合的 VaR 等于单个 VaR 之和：

$$VaR_{P,R} = \sqrt{\sum_{i=1}^{n} VaR_{R,i}^2 + \sum_{i=1}^{n}\sum_{\substack{i=1\\i\neq j}}^{n} VaR_{R,i} VaR_{R,j}} = \sum_{i=1}^{n} VaR_{R,i} \tag{3-77}$$

单个 VaR 的总和，亦即所有相关系数都为 1 时投资组合的 VaR 称为无分散化 VaR。实际情况中，投资组合是分散化的，此时投资组合的 VaR 显然小于单个 VaR 的总和，称为分散化 VaR。显然，无分散化 VaR 与分散化 VaR 的差值，便是分散化投资策略优势的体现。

二、管理投资组合风险的 VaR 工具

上一小节介绍了投资组合 VaR 的计算方法与影响因素，如果管理者对现有投资组合的 VaR 值不太满意，他们应当如何调整投资组合结构以修正 VaR 值从而达到可接受水平呢？通常采用的方法或工具包括边际 VaR、增量 VaR 以及成分 VaR。

1. 边际 VaR

投资组合的边际 VaR 是组合中某项资产增加 1 单位价值所引起的投资组合 VaR 的变化值，第 i 项资产的边际 VaR 为

$$\Delta VaR_i=\frac{\partial VaR_P}{\partial w_i v_0}=\frac{\partial v_0 z_c \sigma_p}{\partial w_i v_0}=z_c\frac{\partial \sigma_p}{\partial w_i} \tag{3-78}$$

因 $\sigma_p^2=\sum_{\substack{i=1\\i=j}}^{n} w_i^2\sigma_i^2+\sum_{i=1}^{n}\sum_{\substack{i=1\\i\neq j}}^{n} w_i w_j \rho_{ij}\sigma_i\sigma_j$，对 σ_p^2 求 w_i 的导数为

$$\begin{aligned}\frac{\partial \sigma_p^2}{\partial w_i}&=2w_i\sigma_i^2+2\sum_{j=1,i\neq j}^{n} w_j\sigma_{ij}\\&=2Cov\Big(R_i,w_iR_i+\sum_{j=1}^{n} w_jR_j\Big)=2Cov(R_i,R_p)\end{aligned} \tag{3-79}$$

又

$$\frac{\partial \sigma_p^2}{\partial w_i}=\frac{\partial \sigma_p^2}{\partial \sigma_p}\times\frac{\partial \sigma_p}{\partial w_i}=2\sigma_p\frac{\partial \sigma_p}{\partial w_i}$$

推出

$$\frac{\partial \sigma_p}{\partial w_i}=\frac{Cov(R_i,R_p)}{\sigma_p} \tag{3-80}$$

在投资组合中，通常用 β 值表示某种证券对投资组合整体风险的影响程度，其中

$$\beta_i=\frac{Cov(R_i,R_p)}{\sigma_p^2} \tag{3-81}$$

则有

$$\frac{\partial \sigma_p}{\partial w_i}=\frac{Cov(R_i,R_p)}{\sigma_p}=\beta\sigma_p \tag{3-82}$$

将式（3-82）代入式（3-78），可得

$$\begin{aligned}\Delta VaR_i&=z_c\frac{\partial \sigma_p}{\partial w_i}=z_c\beta_i\sigma_p\\&=v_0 z_c\sigma_p\frac{\beta_i}{v_0}=VaR_p\frac{\beta_i}{v_0}\end{aligned} \tag{3-83}$$

因此，只要计算出投资组合的风险价值，以及各项资产对投资组合的敏感程度 β，即可求出各项资产的边际 VaR 值。运用边际 VaR 可以管理投资组合风险及其 VaR，显然，当投资组合管理者希望变动投资组合的 VaR 时，对投资组合头寸变动最少的方式是变动边际 VaR 最大的资产的初始价值。同时，根据式（3-83），亦可以推导出投资组合整体的边际 VaR 为

$$\Delta VaR=\frac{VaR}{v_0}\times(\beta_1,\beta_2,\cdots,\beta_n)^T \tag{3-84}$$

2. 增量 *VaR*

边际 VaR 研究的是增加一单位资产价值带来的 VaR 变化，在风险管理实践中，投资组合头寸的减少或增加显然远远超过一单位，此时 VaR 的变化是非线性的，无法简单运用边际 VaR 进行衡量。这种由投资组合新头寸引起的 VaR 变化，称为增量 VaR，用 $I\text{-}VaR$ 表示。

假设构造投资组合所用的初始头寸为 p，此时计算所得的风险价值表示为 VaR_p。对原有投资组合构成进行调整后，新投资组合的头寸为 $p+a$，风险价值表示为 VaR_{p+a}，则有

$$I\text{-}VaR=VaR_{p+a}-VaR_p \tag{3-85}$$

头寸变化 a 既可以是原投资组合内单项资产头寸的变化，也可以是多项资产头寸的综合变化，甚至更为复杂的交易，因此 a 可表示为向量 $a(a_1,\ a_2,\ \cdots,\ a_n,\ \cdots)^T$，$a_n$ 表示第 n 项资产的头寸变化。$I\text{-}VaR$ 的符号表明了投资组合风险的变化方向，$I\text{-}VaR$ 小于 0 意味着风险的降低，反之则意味着风险的增加。

如果头寸变化所进行的交易较为复杂，重新计算投资组合的 VaR 并对交易前后的 VaR 进行比较以求得 $I\text{-}VaR$ 将是一个非常耗时费力的过程，对于大型投资组合来说尤其如此。因此，当头寸调整 a 较小时，通常使用各资产边际 VaR 与其头寸变化的乘积的和来表示 $I\text{-}VaR$，即

$$\begin{aligned}VaR_{p+a}&=VaR_p+\Delta VaR_1a_1+\Delta VaR_2a_2+\cdots+\Delta VaR_na_n+\cdots\\ I\text{-}VaR&=\Delta VaR_1a_1+\Delta VaR_2a_2+\cdots+\Delta VaR_na_n+\cdots\\ &=\Delta VaR\times a\\ &=\frac{VaR_p}{v_0}\times(\beta_1,\beta_2,\cdots,\beta_n)\times(a_1,a_2,\cdots,a_n,\cdots)^T\end{aligned} \tag{3-86}$$

其中，第 i 项资产的增量 VaR 为

$$I\text{-}VaR_i=\frac{VaR_p}{v_0}\beta_ia_i \tag{3-87}$$

投资组合风险最小化是投资组合管理者调整资产组合时的一个重要目标，利用增量 VaR，管理者可以找到实现组合风险最小化时的最优化头寸变化量 a。假设投资组合中仅有一项资产 i 存在未受保护的风险，即存在风险敞口。原投资组合用 p 表示，其初始头寸价值为 v_o，收益率的方差为 σ_p^2，为管理风险，对资产 i 进行头寸调整，调整量为 a。则新的投资组合可视为资产 p 与 i 的重新组合，表示为 P，则资产组合 P 的收益 R 的方差为

$$D(R)=D(v_0\times R_p+a\times R_i)=v_0^2\sigma_p^2+a^2\sigma_i^2+2av_0\sigma_{ip}$$

方差最小化条件为

$$\frac{\partial D(R)}{\partial a}=2a\sigma_i^2+2v_0\sigma_{ip}=0$$

此时，最优头寸为

$$a^{*}=-v_{o}\frac{\sigma_{ip}}{\sigma_{i}^{2}}=-v_{o}\beta_{i}\frac{\sigma_{p}^{2}}{\sigma_{i}^{2}} \tag{3-88}$$

这一通过改变调整组合某一资产头寸，使得投资组合风险最小化的交易也被称为最佳对冲。

3. 成分 *VaR*

如前所述，由于投资组合对非系统性风险进行了有效分散，因此投资组合的 *VaR* 并不是单项资产 *VaR* 的总和。在实际风险管理中，将剔除投资组合中某一项资产或某一部分资产时，投资组合的 *VaR* 变化量称为成分 *VaR*，表示为 *C-VaR*。

显然，投资组合所有资产的成分 *VaR* 的总和与投资组合的 *VaR* 值相等，即投资组合的 *VaR* 可以分解为各项资产的成分 *VaR*（而非单个 *VaR*）之和，资产 i 的 $C\text{-}VaR_i$ 即为其对投资组合 *VaR* 的贡献份额，即

$$VaR_{p}=\sum_{i=1}^{n}C\text{-}VaR_{i} \tag{3-89}$$

资产 i 的 $C\text{-}VaR_i$ 可表示为 ΔVaR_i 与资产价值的乘积：

$$C\text{-}VaR_{i}=\Delta VaR_{i}\times v_{0}\times w_{i}$$

式中，v_0 为投资组合初始头寸价值；w_i 为资产 i 在组合中的头寸占比。

根据 ΔVaR_i 的计算公式，上式可转换为

$$C\text{-}VaR_{i}=\frac{VaR_{p}\times\beta_{i}}{v_{0}}v_{o}\times w_{i}=VaR_{p}\beta_{i}w_{i} \tag{3-90}$$

上式显示了资产 i 对投资组合 *VaR* 的贡献率为 $\dfrac{C\text{-}VaR_{i}}{VaR_{p}}=w_{i}\beta_{i}$。

因为 $\beta_{i}=\rho_{ip}\dfrac{\sigma_{i}}{\sigma_{p}}$，式（3-90）可进一步转换为

$$\begin{aligned}C\text{-}VaR_{i}&=VaR\times w_{i}\times\rho_{ip}\frac{\sigma_{i}}{\sigma_{p}}=v_{0}z_{1-c}\sigma_{p}w_{i}\rho_{ip}\frac{\sigma_{i}}{\sigma_{p}}\\&=v_{0}w_{i}z_{1-c}\sigma_{i}\rho_{ip}=VaR_{i}\rho_{ip}\end{aligned} \tag{3-91}$$

这一结果显示了资产的单个 *VaR* 与成分 *VaR* 之间的关系，即资产 i 的成分 *VaR* 等于其与投资组合的相关关系 ρ_{ip} 和单个 *VaR* 的乘积。

3.4 利用极值理论计算 *VaR*

当市场正常波动时，*VaR* 可以较为可靠地估计金融风险。但在正常波动之外，低概率、高影响的极端事件，如全球性的金融危机、极端恶劣的自然灾害等也时有发生，且一旦发生，必然造成极其严重的后果，因此风险管理者必须对此有正确认识并认真处理。而此时 *VaR* 等风险测度方法显然已经难以适用。为应对这一问题，金融风险管理者探索出了一种用以对极端事件导致的风险损失进行测度的统计理论与方法——极值理论。

极值理论告诉了我们应该用何种分布形式来拟合极端值数据，从而找到其分布规律，主要内容包括传统的基于广义极值分布的分块样本极值理论（block maximum method,

BMM)，以及基于广义帕累托分布的POT（peaks over threshold，POT）极值模型，本节将对二者一一进行阐述，并就如何对这些分布的参数进行估计以对极值理论进行实践运用做了阐述。最后，本节将对基于极值理论的 VaR 及其计算方式做简单介绍。

3.4.1 分块样本极值理论

设投资组合的损失为随机变量 X，其分布函数为 $F(x)=p(X\leqslant x)$。其样本观测值为 X_1，X_2，…，X_n，…，且 X_n 与总体 X 独立同分布。则将

$$M_n=\max(X_1,X_2,\cdots,X_n),\ m_n=\min(X_1,X_2,\cdots,X_n)$$

分别称为样本规模为 n 时的样本极大值与样本极小值。当 $n\to\infty$ 时，M_n，m_n 即为极端值。根据Fisher-Tippett（1928）定理，当 $n\to\infty$ 时，极端值收敛于下述广义极值分布（generalized extreme value distribution，GEV）$H_{\xi,\mu,\sigma}$：

$$H_{\xi,\mu,\sigma}(x)=\begin{cases}\exp\left[-\left(1+\xi\dfrac{x-\mu}{\sigma}\right)^{-1/\xi}\right],\ \xi\neq 0\\ \exp\left[-\exp\left(\dfrac{x-\mu}{\sigma}\right)\right],\ \xi=0\end{cases}\tag{3-92}$$

式中，μ 为位置参数，反映了极端值取值的中心趋势；σ 为尺度参数，反映了极端值取值的分散情况；参数 ξ 为尾部指标，反映了极值分布的尾部厚度。且满足 $\sigma>0$，同时 $1+\xi\dfrac{x-\mu}{\sigma}>0$。需要注意的是，$\mu$ 与 σ 并非该分布的均值与方差。

依据 ξ 取值的不同，广义极值分布分别呈现为三种不同的形式：

(1) $\xi>0$ 时的广义极值分布又称为Frechet分布（简记为 $\Phi_\xi(x)$）。此时随机变量 X 的分布密度函数较正态分布有着较厚的尾部，如帕累托分布、t 分布、对数Gamma分布等。这类分布在经济、金融领域具有较强的适用性。

(2) $\xi=0$ 时的广义极值分布又称为Gumbel分布（简记为 $\Lambda_\xi(x)$）。此时随机变量 X 的分布密度函数的尾部较薄，与正态分布、指数分布等分布的尾部特征类似。

(3) $\xi<0$ 的广义极值分布又称为Weibull分布（简记为 $\Psi_\xi(x)$）。此时随机变量 X 的分布密度函数的尾部比正态分布更薄，一般很少适用于金融领域。

特别地，$\mu=0$、$\xi=1$ 时的广义极值分布称为标准广义极值分布，记为 H_ξ。一般的广义极值分布可通过统计量 $\dfrac{x-\mu}{\sigma}$ 进行标准化。

由于Weibull分布很少应用于金融领域，因此这里仅对Frechet分布与Gumbel分布做进一步阐述。图3-13描绘了标准化后的Frechet分布与Gumbel分布的概率密度曲线。从图中可知，二者均属于右偏分布（偏度 $\gamma>0$），有着较长的右侧尾部。同时，大部分取值位于［-2，6］区间。对于非标准化Frechet分布与Gumbel分布而言，其概率大部分取值于［$\mu-2\sigma$，$\mu+6\sigma$］区间（$\times 10^{-3}$）。

在运用广义极值理论时，应当根据实际情况在Frechet分布与Gumbel分布之间做出合理选择。如果已知损失随机变量 X 自身的分布函数，可根据其分布函数的尾部形状选择其极端值的分布类型。如 X 服从 t 分布、帕累托分布等有着厚尾特征的分布类型时，应

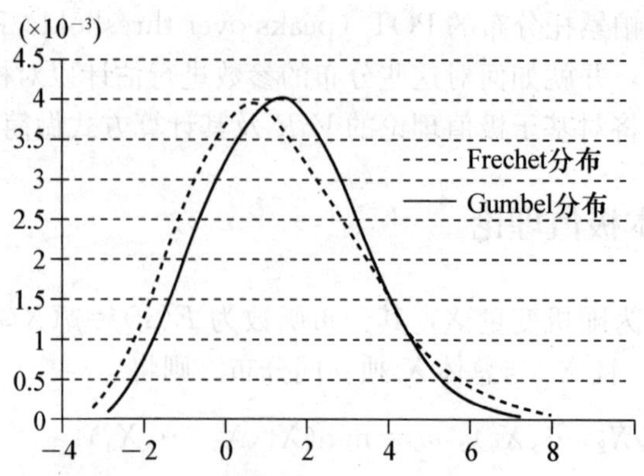

图 3-13　标准化的 Gumbel 分布与 Frechet 分布的概率密度曲线图

当选择 Frechet 分布。而当 X 的分布函数为正态分布、指数分布等，或是其尾部特征指标不显著时，可以选择 Gumbel 分布。在相同情况下，运用 Frechet 分布计算出的极端损失值通常比运用 Gumbel 分布计算时大。因此，当无法在二者之间做出精确选择时，更安全的做法是选择 Frechet 分布。

3.4.2　POT 极值模型

运用广义极值分布的缺陷在于极端事件发生概率较小，通常没有充足的样本数据特别是刻画尾部特征的样本数据可用于对分布函数进行拟合与参数估计。为此金融风险管理者引入了另外一种可描述样本极大值分布的方法——POT 极值模型。

POT 极值模型的原理是对超过阈值的样本数据进行建模，以描述超过阈值的尾部分布特征。假设损失是与总体独立同分布的随机变量 x，其分布函数为 $F(x)$。u 表示 x 的阈值，X 表示随机样本中超过阈值 u 的样本观测值，则超过阈值 u 的过度亏损的分布函数可表示为

$$F_u(x)=P(X-u\leqslant x \mid X>u) \tag{3-93}$$

$F_u(x)$ 表示亏损超过阈值的条件下，超过部分不足 x 的概率，称为总体 X 对阈值 u 的超额分布函数。根据条件概率公式可推导出

$$F_u(x)=\frac{F(x+u)-F(u)}{1-F(u)},\ x\geqslant 0 \tag{3-94}$$

上式表明，$F_u(x)$ 受亏损本身的分布 $F(x)$ 的影响。x 的分布可能是正态分布、对数正态分布以及 t 分布等任何常用分布。而 Gnedenko-Pickands-Balkema-de Hann 定理证明，无论 X 服从何种分布，随着 u 的增大，超额分布函数 $F_u(x)$ 都收敛于广义帕累托分布 $G_{\mu,\xi,\beta}(x)$：

$$G_{\xi,\mu,\beta}(x)=\begin{cases}1-\left(1+\xi\dfrac{x-\mu}{\beta}\right)^{-1/\xi}, & \xi\neq 0\\ 1-\exp\left(-\dfrac{x-\mu}{\beta}\right), & \xi=0\end{cases} \tag{3-95}$$

式中，μ 为位置参数；β 为规模参数；ξ 为形状参数。在金融风险管理中，一般应用其经过

随机变量中心化的特殊形式 $G_{\xi,\beta}(x)$：

$$G_{\xi,\beta}(x)=\begin{cases}1-\left(1+\xi\dfrac{x}{\beta}\right)^{-1/\xi}, & \xi\neq0\\ 1-\exp\left(-\dfrac{x}{\beta}\right), & \xi=0\end{cases}\tag{3-96}$$

$\xi\geqslant0$ 时，$x\geqslant0$；$\xi<0$ 时，$0\leqslant x\leqslant-\beta/\xi$。如同广义极值分布一样，根据 ξ 的不同取值，$G_{\xi,\beta}(x)$ 的分布有着不同的形状特征。当 $\xi>0$ 时，该分布具有厚尾特征，符合许多金融变量的尾部分布特征；当 $\xi=0$ 时，该分布具有正常的尾部；而当 $\xi<0$ 时，该分布没有尾部，具有截尾特征。因此，在金融风险管理中，通常只考察 $\xi\geqslant0$ 时的情况。

广义极值分布与 POT 模型均关注极端值的特性，并给出了处理极端数据的理论与方法。两者存在一定联系，如 Leadbetter 定理表明，超阈值随机样本的极大值近似服从广义极值分布，同时广义极值分布与广义帕累托分布的各项参数之间也存在一定的关联。但两者也存在一些不同。广义极值分布通常要估计 μ、σ、ξ 三个参数，而 POT 模型只需估计 ξ、β 两个参数，对样本数据的要求相对广义极值分布要宽松一些；但是 POT 模型需要处理阈值 u 的选择问题，如果阈值过高，超出阈值的样本数据可能过少，无法可靠地对分布参数进行估计，如果阈值过低，则无法保证模型的适用性。广义极值分布则不存在这一问题。在实践应用中，应结合数据的可获取程度与对模型的适用性，在二者之间进行合理选择。

3.4.3 极值理论中的参数估计

前两小节分别介绍了广义极值分布与广义帕累托分布两种拟合极端值分布形式的分布函数，要对这些分布函数进行实践应用，还需进一步确定其各项参数，即通过样本观测值对参数值进行估计。

一、广义极值分布参数的估计

广义极值分布包括 μ、σ、ξ 三个参数。对它们的估计主要包括极大似然估计法、回归法、矩估计以及半参数估计等。由于 Weibull 分布很少应用于金融领域，因此下文仅对 Frechet 分布与 Gumbel 分布的参数估计进行介绍，即只考虑 $\xi\geqslant0$ 时的情况。

极大似然估计法通过最大化似然函数获得估计量。对广义极值分布参数估计通常采用对数似然函数。设 M_n 为样本规模为 n 的极大值①，共观测到 m 个 M_n。当 $\xi=0$ 时，对数似然函数为

$$l(\mu_n,\sigma_n)=-m\ln(\sigma_n)-\sum_{i=1}^{m}\exp\left(-\frac{M_n^i-\mu_n}{\sigma_n}\right)-\sum_{i=1}^{m}\frac{M_n^i-\mu_n}{\sigma_n}\tag{3-97}$$

当 $\xi\neq0$ 时，对数似然函数为

$$l(\mu_n,\sigma_n,\xi_n)=-m\ln(\sigma_n)-(1+1/\xi_n)\sum_{i=1}^{m}\ln\left(1+\xi_n\frac{M_n^i-\mu_n}{\sigma_n}\right)$$

---

① 极小值情况类似，不再重复介绍。

$$-\sum_{i=1}^{m}\ln\left(1+\xi_n\frac{M_n^i-\mu_n}{\sigma_n}\right)^{-1/\xi}$$

上述函数在 $1+\xi(M_n^i-\mu)/\sigma_n>0$ 的条件下最大化，以得到各项参数估计值。这一方法的缺点是可能不具备稳健性，或遇到样本量不足的问题。

第二种方法是回归方法。将 M_n 的观测值从小到大排列为 $M_n^1\leqslant M_n^2\leqslant\cdots\leqslant M_n^m$，当 n 足够大时，有

$$E[H_{\mu,\sigma,\xi}(M_n^i)]=\frac{i}{1+m}，推出\ H_{\mu,\sigma,\xi}(M_n^i)\approx\frac{i}{1+m} \tag{3-98}$$

当 $\xi\neq 0$ 时，根据广义极限分布的公式定义，可得

$$\exp\left[-\left(1+\xi_n\frac{M_n^i-\mu_n}{\sigma_n}\right)^{-1/\xi}\right]\approx\frac{i}{1+m} \tag{3-99}$$

两边同时取两次对数，可得

$$-\frac{1}{\xi}\ln\left(1+\xi_n\frac{M_n^i-\mu_n}{\sigma_n}\right)\approx\ln\left[-\ln\left(\frac{i}{1+m}\right)\right] \tag{3-100}$$

利用 $1+\xi_n\frac{M_n^i-\mu_n}{\sigma_n}$ 对上式右侧进行回归，可得 μ_n、σ_n、ξ_n 的最小二乘估计。$\xi=0$ 时，则有

$$\frac{M_n^i-\mu_n}{\sigma_n}\approx\ln\left[-\ln\left(\frac{i}{1+m}\right)\right] \tag{3-101}$$

另外一种方法是利用经验矩估计极值分布参数。设 m_i 为基于极值样本数据计算的 i 阶经验矩。$\xi\neq 0$ 时，有

$$\hat{\sigma}=\frac{(2m_2-m_1)\hat{\xi}}{\Gamma(1-\hat{\xi})(2\hat{\xi}-1)}，\hat{\mu}=m_1+\frac{\hat{\sigma}}{\hat{\xi}}(1-\Gamma(1-\hat{\xi}))$$

式中，Γ 为伽马函数。$\hat{\xi}$ 可由 m_3、m_2、m_1 的关系式得出。当 $\xi=0$ 时，有

$$\hat{\sigma}=\sqrt{\frac{6m_2}{\pi}}，\hat{\mu}\approx m_1-0.577\,22\,\hat{\sigma}$$

对 ξ 进行估计更常用的是 Hill 估计量。设 X_1，X_2，…，X_n 是从大到小排列的损失观察值，则广义极值分布形状参数 ξ 的 Hill 估计量为

$$\hat{\xi}_{n,k}^{(H)}=\frac{1}{k}\sum_{i=1}^{k}\ln X_i-\ln X_{k+1} \tag{3-102}$$

式中，k 为 Hill 估计量的尾部阈值，估计结果依赖于 k 的选择，但如何选择合适的 k 值并无理论可循。在实践中通常通过 Hill 曲线来确定 k 值。Hill 曲线的自变量为尾部阈值 k，函数值为 Hill 估计量 $\hat{\xi}_{n,k}^{(H)}$。当 Hill 曲线变得平坦时的 k 值即为适当的 k 值，此时的 Hill 估计量即为合理的形状参数 ξ。

二、广义帕累托分布参数估计

使用广义帕累托分布首先要选择一个合理的阈值 u，阈值过高将导致超出阈值的样本

数据过少，阈值过低则无法保证POT模型的适用性。阈值 u 的确定与广义极限分布中使用Hill估计量确定参数 ξ 的问题类似。绘制并观测Hill曲线，设适当的阈值为 u^*，则当 $k\geqslant u^*$ 时，Hill估计量即尾部形状参数 ξ 的估计值开始变得稳定。另外一种方法是根据超额均值函数 $e(u)=E(X-u|X>u)$ 的图形来选取，即计算样本 X_1，X_2，…，X_n 的经验超额均值函数 $e_n(u)$，并做 $\{(u, e_n(u))\}$ 的散点图，选取适当的阈值 u^*，使得 $u>u^*$ 时 $e_n(u)$ 是近似线性的。

对广义帕累托分布参数 ξ 和 β 的估计可采用极大似然估计法，其使用的对数似然函数为

$$l(\xi,\beta)=\begin{cases}-m\ln\beta-\left(1+\dfrac{1}{\xi}\right)\sum\limits_{i=1}^{m}\ln\left(1+\xi\dfrac{X_i}{\beta}\right),\ \xi\neq 0\\ -m\ln\beta-\left(\dfrac{1}{\beta}\right)\sum\limits_{i=1}^{m}X_i,\ \xi=0\end{cases}\tag{3-103}$$

$\xi\geqslant 0$ 时，$x\geqslant 0$；$\xi<0$ 时，$0\leqslant x\leqslant\frac{-\beta}{\xi}$。对上述对数似然函数求导，令 $\begin{cases}\dfrac{\partial l}{\partial\xi}=0\\ \dfrac{\partial l}{\partial\beta}=0\end{cases}$，求解方程组即可得到参数 ξ 和 β 的极大似然估计值 $\hat{\xi}$ 和 $\hat{\beta}$。当 $\xi>-0.5$ 时，该极大似然估计方法有渐进正态性，估计的效果更佳。

3.4.4 基于极值理论的 *VaR* 计算

前文介绍了使用分位数表示 VaR 的方式。因此，根据极值理论计算资产组合的 VaR，本质上是通过估计资产组合收益率在极端情况下即尾部区域的分布形式，找到相应置信水平下的分位数。因此，基于极值理论计算 VaR，可转换为极值分布的分位数计算问题。

对于广义极值分布来说，设 $H(x)_{\xi,\mu,\sigma}=p$，对两侧取对数，可得

$$\ln(p)=\begin{cases}1-\left(1+\xi\dfrac{x}{\beta}\right)^{-1/\xi},\ \xi\neq 0\\ 1-\exp\left(-\dfrac{x}{\beta}\right),\ \xi=0\end{cases}\tag{3-104}$$

解得与概率 p 相关的分位数为

$$x=\begin{cases}\mu-\dfrac{\sigma}{\xi}[1-(-\ln(p))^{-\xi}],\ \xi>0(\text{Frechet 分布})\\ \mu-\sigma\ln[-\ln(p)],\ \xi=0(\text{Gumbel 分布})\end{cases}\tag{3-105}$$

如，标准化的Gumbel分布95%分位点为 $-\ln[-\ln(0.95)]=2.970\,2$。若 $\xi=0.3$，95%的分位点为 $-(1/0.3)[1-(-\ln(0.95))^{0.2}]=4.792\,4$。

根据 VaR 的定义，X 在置信水平为 α 时的 VaR 满足 $P\{X<VaR\}=\alpha$，若将 VaR 表示为极端损失 M_n^*，则有 $P[M_n<M_n^*]=p$，其中 M_n 为样本规模为 n 时的样本极端值，且有 $M_n=\max\{X_1, X_2, \cdots, X_n\}$，且 X_i 独立同分布，因此有

$$P[M_n<M_n^*]=P[X_1<M_n^*]P[X_2<M_n^*]\cdots P[X_n<M_n^*]=\alpha^n \tag{3-106}$$

将 α^n 代入式（3-105），则有

$$VaR_\alpha=\begin{cases}\mu_n-\dfrac{\sigma_n}{\xi_n}[1-(-n\ln(\alpha))^{-\xi_n}],\xi>0(\text{Frechet 分布})\\ \mu_n-\sigma_n\ln[\ln(\alpha)],\xi=0(\text{Gumbel 分布})\end{cases} \tag{3-107}$$

注意，前文以正态分布等表示资产收益分布时，$VaR=-x_\alpha$，VaR 越大，x_α 越靠近分布的左侧，而极值分布拟合的是极端亏损的分布情况，因此 VaR 越大，x_α 反而越靠近分布的右侧。n 表示所使用的样本容量，当 μ_n、σ_n、ξ_n 已知时，即可得到相应的 VaR 估计。假设 $\mu=5\%$，$\sigma=1\%$，$\xi=0.3$，$n=100$，则 99.9%的 VaR 为

$$5\%-1\%/0.3[1-(-100\times\ln(0.999))^{-0.3}]=8.317\%$$

即在 99.9%的置信水平下，投资组合的市场损失不会超过其价值的 8.317%。

对于使用 POT 模型拟合的极端损失数据，由 $F_u(x-u)=G_{\xi,\beta}(x-u)=\dfrac{F(x)-F(u)}{1-F(u)}$ 可推导出

$$F(x)=(1-F(u))G_{\xi,\beta}(x-u)+F(u),x>u \tag{3-108}$$

因此，只需求得 $F(u)$，即可推导出 $F(x)$。根据定义，$F(u)=P\{X\leqslant u\}$ 即为不超过阈值的观察值在所有观察值中的比例。设观察值总数为 n，N_u 表示超过阈值的观察值的个数，则 $F(u)$ 可以用估计量 $\dfrac{(n-N_u)}{n}$ 代替，代入式（3-108）中，则有

$$F(x)=1-\frac{N_u}{n}\left[1+\xi\left(\frac{x-u}{\beta}\right)\right]^{-1/\xi} \tag{3-109}$$

反解上式，可得置信水平 α 下的 VaR 为

$$VaR_\alpha=u+\frac{\beta}{\xi}\left\{\left[\frac{n}{N_u}(1-\alpha)\right]^{-\xi}-1\right\} \tag{3-110}$$

3.5 利用历史模拟法计算 VaR

本章前面介绍的 VaR 计算方法均需对风险因子变化及其导致的投资收益的变化分布做出预先假设，本节将介绍一种无须预先假设风险因子变化分布、与前述方法显著不同的 VaR 计算方法——历史模拟法（historical simulation）。下面将对这一方法的基本原理与计算步骤进行介绍，并举例对其应用方法做出说明，最后分析该方法的优点、缺陷以及改进思路。

3.5.1 基本原理与计算步骤

回顾前文计算 VaR 的各种方法，其本质均为通过对金融风险因子的变化分布进行估计，

找到金融风险因子变化影响下的资产组合的未来收益分布规律，进而计算投资组合的风险价值。基于不同的分布形式与不同的估计方法，引申出各种不同的 *VaR* 计算方法。运用历史模拟法计算 *VaR* 同样需要了解资产组合未来收益的分布情况，其方法是通过历史数据刻画各项风险因子在过去某一时间内的变化情形，并将其直接作为风险因子未来变化的模拟情况，进而模拟出资产组合未来收益的可能分布。因此，历史模拟法不需要预先假设风险因子服从特定概率分布，也不需要对这些分布的参数进行估计，属于非参数估计。

运用历史模拟法计算 *VaR* 可以分为五个步骤：

1. 识别风险因子变量

假设投资组合的价值 V 受到 n 个风险因子 $f_i(i=1,\ 2,\ \cdots,\ n)$ 的影响而发生变化，风险因子在 t 时刻的取值表示为 $f_i(t)$，则投资组合在 t 时刻的价值可表示为

$$V_t=V(f_1(t),f_2(t),\cdots,f_n(t)) \tag{3-111}$$

令 $t<0$ 表示过去时刻，$t>0$ 表示未来时刻，$t=0$ 表示当前时刻。因此，当前时刻（$t=0$）的投资组合价值为

$$V_0=V(f_1(0),f_2(0),\cdots,f_n(0)) \tag{3-112}$$

2. 选取历史区间，收集历史数据

根据模拟需要合理选取历史数据的时间区间，时间区间应足够大，以具备统计规律，能够反映未来风险因子的变化。同时，考虑到历史数据的可获取性与对未来的模拟价值，时间也不能太过久远。假设选取的历史数据的时间区间为 $[-(T+1),\ -1]$，则收集风险因子 f_i 在 $[-(T+1),\ -1]$ 的历史数据，得到数据序列 $\{f_i(-T-1),\ f_i(-T),\ \cdots,\ f_i(-1)\}$，则风险因子 f_i 在过去时刻的 T 种变化情况可以表示为

$$\Delta f_i(-t)=f_i(-t-1)-f_i(-t),t=1,2,\cdots,T \tag{3-113}$$

3. 模拟风险因子的未来变化

历史模拟法假定，风险因子的未来变化的分布等同于其历史变化分布，因此，风险因子 f_i 未来时刻的变化情况可以用其历史时刻的变化情况模拟，则 f_i 在未来时刻的 T 种可能取值可以表示为

$$f_i^t=f_i(0)+\Delta f_i(-t),t=1,2,\cdots,T \tag{3-114}$$

4. 计算投资组合未来收益分布

利用步骤3的模拟结果，以及投资组合的价值计算公式，可得出投资组合在未来时刻的 T 种可能价值水平为

$$V^t=V(f_1^t,f_2^t,\cdots,f_n^t),t=1,2,\cdots,T \tag{3-115}$$

则投资组合未来时刻与当前时刻相比的价值变化量，即投资组合的收益 ΔV，同样存在 T 种可能取值：

$$\Delta V^t=V^t-V_0,t=1,2,\cdots,T \tag{3-116}$$

5. 根据投资组合收益分布计算 *VaR*

将投资组合的收益可能值 ΔV^t 从大（利润）到小（损失）进行排序。此时，给定置信

水平 c，即可根据 ΔV^t 的排序结果查找到相应的风险价值（VaR）。

3.5.2 应用示例

假设投资者于 2018 年 7 月 31 日买入 1 000 股招商银行的 A 股股票（股票代码 600036），拟用历史模拟法计算置信水平 $c=95\%$下的每日 VaR。

首先，获取招商银行 2018 年 8 月 1 日前 500 个交易日的历史数据（2016 年 7 月 14 日至 2018 年 7 月 31 日），从而得到招商银行 A 股每日涨跌额的 500 个历史取值，如表 3-4 所示。

表 3-4　2018 年 8 月 1 日前 500 个交易日招商银行 A 股历史交易数据

t	日期	昨日收盘（元/股）	今日收盘（元/股）	当日涨跌额（元/股）	收益率
1	2016-07-14	17.05	17.09	0.04	0.23%
2	2016-07-15	17.09	17.14	0.05	0.29%
3	2016-07-18	17.14	17.26	0.12	0.70%
4	2016-07-19	17.26	17.12	−0.14	−0.81%
5	2016-07-20	17.12	17.07	−0.05	−0.29%
6	2016-07-21	17.07	17.24	0.17	1.00%
7	2016-07-22	17.24	17.08	−0.16	−0.93%
8	2016-07-25	17.08	17.12	0.04	0.23%
9	2016-07-26	17.12	17.17	0.05	0.29%
10	2016-07-27	17.17	17.37	0.20	1.16%
…	…	…	…	…	…
491	2018-07-18	25.37	25.29	−0.08	−0.32%
492	2018-07-19	25.29	25.62	0.33	1.30%
493	2018-07-20	25.62	27.38	1.76	6.87%
494	2018-07-23	27.38	27.86	0.48	1.75%
495	2018-07-24	27.86	27.75	−0.11	−0.39%
496	2018-07-25	27.75	28.22	0.47	1.69%
497	2018-07-26	28.22	28.12	−0.10	−0.35%
498	2018-07-27	28.12	28.09	−0.03	−0.11%
499	2018-07-30	28.09	28.61	0.52	1.85%
500	2018-07-31	28.61	28.39	−0.22	−0.77%

历史模拟法假设风险因子的未来变化完全等同于其历史变化，即表 3-4 所列的 500 个历史日收益率，都可能在 2018 年 8 月 1 日出现。因此，利用历史数据，可得到该股票日收益率的 500 个可能取值。以上一个交易日的收盘价 28.39 元/股和过去 500 个交易日的收益率模拟计算，得到 2018 年 8 月 1 日持有该股票的 500 个可能收益结果，如表 3-5 所示。

表 3-5　　2018 年 8 月 1 日招商银行 A 股的 500 个可能收益取值

i	日收益率第 i 个可能取值	估计涨跌额（元/股）	估计收益（1 000 股）	估计收益的大小排序
1	0.23%	0.07	70	215
2	0.29%	0.08	80	201
3	0.70%	0.20	200	142
4	−0.81%	−0.23	−230	383
5	−0.29%	−0.08	−80	302
6	1.00%	0.28	280	111
7	−0.93%	−0.26	−260	394
8	0.23%	0.07	70	217
9	0.29%	0.08	80	202
10	1.16%	0.33	330	104
…	…	…	…	…
389	−2.15%	−0.61	−610	476
…	…	…	…	…
491	−0.32%	−0.09	−90	305
492	1.30%	0.37	370	93
493	6.87%	1.95	1 950	1
494	1.75%	0.50	500	62
495	−0.39%	−0.11	−110	322
496	1.69%	0.48	480	66
497	−0.35%	−0.10	−100	312
498	−0.11%	−0.03	−30	280
499	1.85%	0.53	530	56
500	−0.77%	−0.22	−220	376

对收益的可能取值按大小进行排序，根据 VaR 的定义可知，在 500 个收益可能取值中，位列第 476 名的损失值 610 元，即为 95%的置信水平下的日 VaR 值。

3.5.3 优点与缺陷

如能掌握历史数据，使用历史模拟法计算 VaR 十分简便，但同时历史模拟法也存在一定的缺陷。总的来说，使用历史模拟法计算 VaR 的优点与缺陷可归纳如下。

1. 优点

第一，历史模拟法简便易行、直观易懂，计算过程也较为容易，即使没有专业统计知识，也可以较快地为使用者所掌握和实施。

第二，历史模拟法是非参数估计方法，不需要预先就金融风险因子等变量建立数学模型并拟合其分布形式，不需要估计均值、方差、相关性等分布参数与数字特征，从而有效地减少了模型风险与参数估计风险。

第三，历史模拟法不需要假定金融风险因子服从特定的概率分布，对于非对称分布、厚尾、尖峰等分布情形具有同样的适用性。

第四，历史模拟法可以处理期权等非线性收益的投资组合的风险度量问题。

第五，由于其简单易用，历史模拟法也可以用于 *VaR* 以外的风险测度方法，如灵敏度法等。

2. 缺陷

第一，历史模拟法假设风险因子的未来变化完全等同于其历史变化，这一假设与现实情况不完全相符。在现实金融市场中，国内外、宏微观环境瞬息万变，受此影响，金融风险因子的变化趋势也处在动态变化之中，很难确保其未来变化完全是其历史变化的完整再现。因此，历史模拟法计算 *VaR* 的可靠性极度依赖于风险因子历史变化与未来变化的近似程度。

第二，历史模拟法假设风险因子的过往变化在未来时刻以相同的概率出现，这一假设同样与现实情况不完全相符。一般而言，越久远的过往变化在未来的应用价值越小，概率相同的假设显然容易引起估计偏差。同时，概率相同的假设没有考虑到所选取的历史数据所处的特定时期、特殊数值对模拟未来变化的可能影响。同一金融变量在不同时期有着不同的波动规律，若选取的历史时期处于经济繁荣阶段，可能低估未来风险，而若选取的历史时期处于经济萧条阶段，则可能放大未来的风险。

第三，模拟金融风险因子的未来变化需要收集、处理大量连续的历史数据，时间、人力、物力成本较高。同时，对于发展历史较短的新兴市场来说，要收集到足够的历史数据相对而言比较困难。

第四，历史模拟法计算 *VaR* 的结果对历史数据的选择区间、时间长度、数据质量等较为敏感，计算得到的 *VaR* 值波动性较大，稳健性较差。

3.5.4 改进思路

针对上述缺陷，一些研究者对标准历史模拟法及其模型进行了修正、完善与扩展。其中较为成熟的有时间加权历史模拟法（age-weighted historical simulation）与波动率加权历史模拟法（volatility-weighted historical simulation）。

一、时间加权历史模拟法

时间加权历史模拟法针对标准历史模拟法中历史变化同概率出现在未来变化中的假设缺陷，提出了对不同时期历史数据赋予不同权重，以减少同概率假设对模拟风险因子未来变化造成的不合理影响的改进方案。具体来说，该方法对距离当前时刻越近的历史数据赋予的权重越大。这一思路基于这样一个事实，即距离当前越近的历史变化在未来再次发生的可能性越大，反之亦然。

使用这一方法计算 *VaR* 的原理与步骤完全类似于标准的历史模拟法。依然采用 $\Delta f_i(-1)$（$t=1, 2, \cdots, T$）表示风险因子在过去时刻第 t 期的变化值，但与标准的历史模拟法不同，这一变化在未来出现的概率不再是 $1/T$，而是 P_t，且

$$P_t=\frac{(1-\lambda)\lambda^{t-1}}{1-\lambda^T},0<\lambda<1,t=1,2,\cdots,T \tag{3-117}$$

λ 称为衰减因子。上式表明风险因子较近期（t 较小时）的历史变化在未来再次出现的概率较大，而较远期（t 较大时）的历史变化在未来再次出现的概率较小，且概率随着时间往前推移而衰减，衰减的速度取决于衰减因子 λ 的大小。其结果是，投资组合根据第 t 期历史变化模拟得出的收益可能值 $\Delta V^t(t=1, 2, \cdots, T)$ 也将以概率 P_t 存在。根据 ΔV^t 以及 P_t 做 ΔV^t 的经验分布（直方图），即可从中求解出相应置信水平的 VaR 值。

当衰减因子 λ 无限趋近于 1 时，可证明此时时间加权历史模拟法无限趋近于标准历史模拟法。因此，标准历史模拟法是时间加权历史模拟法的一个特例。与标准历史模拟法相比，时间加权历史模拟法可以得到更好的 VaR 值，但同样可能加大 VaR 的估计误差，因为降低以往观察值的权重对结果的影响与使用小样本数据类似。

二、波动率加权历史模拟法

波动率加权历史模拟法旨在消除或降低风险因子在不同时期的波动差异对模拟结果的不良影响，其基本思想是：利用风险因子的历史数据和时间序列分析方法，建立风险因子时间序列模型，并用这一模型分别模拟风险因子在历史数据时间区间和未来时期的波动率，若二者存在明显差异，则根据差距大小对历史数据赋予相应权重以进行调整，调整后使用标准的历史模拟法或时间加权历史模拟法即可计算出 VaR。

运用波动率加权历史模拟法的第一个步骤是建立风险因子 f_i 的时间序列模型，模拟 f_i 的分布特征，使用的数据应是比用作模拟的历史数据更早的历史数据。完成时间序列建模后，可使用用作模拟的历史数据对模型的准确性进行检验与校正。第二步是运用时间序列模型分别估计风险因子历史数据所选时间区间与未来时刻的波动率，并根据二者估计结果的差距对历史数据进行权重调整。设风险因子 i 在 $-t$ 时刻的历史数据 $f_i(-t)$ 的波动率为 σ_{-t}，未来时刻的波动率为 σ，则对 $f_i(-t)$ 赋予权重 $\frac{\sigma}{\sigma_{-t}}$，调整后的风险因子 i 的历史数据可表示为

$$\left\{f_i(-T)\frac{\sigma}{\sigma_{-T}}, f_i(-T)\frac{\sigma}{\sigma_{-T+1}}, \cdots, f_i(-1)\frac{\sigma}{\sigma_{-1}}\right\} \tag{3-118}$$

此时，利用上述调整后的历史数据，选择标准历史模拟法或时间加权历史模拟法即可计算出相应的 VaR 值。

波动率加权历史模拟法充分考虑到了风险因子在不同时期的变化差异对资产组合收益的影响，减少了因历史数据来自特定波动时期而导致的风险模拟结果被放大或被低估的可能。这一效果已经在一些实证研究中得到了证明。

3.6 利用蒙特卡罗法计算 *VaR*

与历史模拟法类似，蒙特卡罗（Monte Carlo）法同样通过模拟风险因子的未来变化路径以描绘资产组合的未来损益分布，进而求得 VaR。其不同之处在于，历史模拟法需借助风险因子的真实历史数据以完成这一模拟过程，而蒙特卡罗法则利用计算机生成的随机数据（而非实际抽样数据）对风险因子的未来变化路径进行模拟。与有限的历史数据相比，使用计算机可以无限次地生成随机数据以反复进行这一模拟过程，从而最大限度地获

得风险因子的可能取值，更加准确地描绘投资组合的未来收益分布，进而计算得出 VaR。由于这一优势以及其他特性，蒙特卡罗法是目前计算 VaR 最有效的方法。

3.6.1 基本原理与实施步骤

蒙特卡罗法由波兰数学家斯坦尼斯·乌拉姆（Stanishaw Ulam）与美国科学家冯·诺依曼（von Neumann）在执行"曼哈顿计划"研制原子弹的过程中首先提出，其初衷是在缺乏实际数据的困难情况下，解决精确地模拟、计算核反应中中子的随机性运动的难题。乌拉姆与冯·诺依曼提出了使用计算机产生随机数代替实际数据的方法，并依据这一方法运用随机数成功地模拟与计算出中子的随机游走路径。这一方法借助计算机强大的计算能力，可以如同赌场中不断重复的轮盘赌博一样，无休止地重复产生随机数，以一遍又一遍地完成模拟过程。因此，冯·诺伊曼选择用位于法国南部摩纳哥公国、世界三大赌城之一的蒙特卡罗市为之命名。目前，蒙特卡罗法在金融工程、宏观经济学、计算物理学等诸多科学研究领域均得到广泛应用。

为了介绍蒙特卡罗法的基本原理，我们可以简单地回顾一下运用随机样本数字特征估计总体数字特征的随机抽样统计方法。为了得到总体的均值 μ，我们可以从总体中随机抽取样本，并计算其样本均值 $\overline{X}$，且有 $E(\overline{X})=\mu$。因此，只需对总体进行重复随机抽样，并计算样本均值的数学期望值，就可以得到总体均值 μ 的近似值，且重复抽样的次数 N 越大，对 μ 的估计值就越准确。只要有足够多的抽样样本，就可以得到 μ 的精确解。然而在实际过程中，受制于各种原因，在某些情况下无法获取随机样本数据或是获取足够多的随机样本数据。而借助于计算机的强大计算能力，通过特定的模型和方法，计算机能够重复地模拟符合要求的随机数，从而克服样本数据不足的缺陷，对所求问题计算出符合精度要求的近似解。总的来说，蒙特卡罗法的基本原理就是，使用由计算机随机模拟出的随机数代替实际抽样数据解决随机性计算问题，因此也称为随机模拟方法。

蒙特卡罗法可以同时应用于确定性问题与随机性问题。确定性问题指的是对不具备随机性质的确定性问题、已经存在的事实或现象进行求解的过程，如上文中运用样本均值估计总体均值以及定积分的数值计算等。随机性问题指本身具有随机性质或随机性成分的问题，如中子的运动轨迹、抛掷骰子的结果以及金融资产收益率的变化等。无论是确定性问题还是随机性问题，均可运用蒙特卡罗法按照如下思路与步骤进行求解：

（1）描述或构造随机模型。对于随机性问题，正确地描述和模拟其遵循的随机模型；对于确定性问题，人为构造一个随机模型，使它的某些参数正好是所求问题的解，即将不具备随机性质的问题转化为随机问题。

（2）利用随机数对随机模型进行抽样。针对求解问题确定抽样方法，运用计算机模拟产生符合要求的随机数进行模拟抽样实验。

（3）建立估计量求解问题。确定随机变量，作为所求问题的解，利用模拟试验建立各种估计量对随机变量进行近似求解。

从上述步骤可以看出，运用蒙特卡罗法解决问题受到三个要素的影响：随机模型的准确性、模拟抽样的独立性以及模拟次数。模型的准确性是模拟成功的基础，抽样的独立性决定了模拟的有效性，而足够的模拟次数是模拟结果精确性的保障。

下面将分别介绍如何使用蒙特卡罗法对单个随机变量和多个随机变量的变化路径进行模拟。

3.6.2 单个随机变量模拟

一、模拟步骤

首先来关注单个随机变量的模拟过程，如资产价格的未来走势。如上所述，第一步，也是最重要的一步，是要选择一个合适的随机模型对资产价格变化进行描述。实践中最常用的模型是几何布朗运动模型（geometric Brownian motion，GBM），这一模型也是布莱克-斯科尔斯期权定价模型理论的基础。该模型假设资产价格在极小的时间间隔内的变动可以表示为

$$dS_t = u_t S_t dt + \sigma_t S_t dz_t \tag{3-119}$$

式中，S_t 为 t 时刻的资产价格；μ_t，σ_t 分别为 t 时刻资产价格变化的期望值与标准差，为简单起见，通常假设 μ_t，σ_t 分别为不随时间变化的已知固定值 μ，σ。$dz=\varepsilon\sqrt{dt}$，ε 是一个服从标准正态分布 $N(0，1)$ 的随机变量。根据这一公式，价格的随机变动取决于随机变量 dz。同时，有 $D(dz)=\sigma_\varepsilon^2 dt=dt$，意味着价格随机变动的方差随着时间间隔的缩短而减小。

根据这一模型，运用蒙特卡罗法模拟资产价格 S_t 未来变化的步骤如下：

（1）将连续的几何布朗运动模型离散化。定义 t 为当前时刻（初始时刻），T 为目标时刻（到期时刻），取任意正整数 n，将时间区间 $[t，T]$ 均匀地分割成 n 个小区间，每个小区间的长度为 $\Delta t=\frac{T-t}{n}$。当 n 足够大时，$dt\approx\Delta t$，而 $dS_t=S_{t+i\Delta t}-S_{t+(i-1)\Delta t}$，$i=1$，2，…，$n$，则式（3-119）可以离散化为

$$S_{t+i\Delta t}-S_{t+(i-1)\Delta t}=\mu S_{i+(i-1)\Delta t}\Delta t+\sigma S_{t+(i-1)\Delta t}\varepsilon\sqrt{\Delta t},i=1,2,\cdots,n \tag{3-120}$$

即资产价格的随机变化取决于随机变量 ε 的取值。

（2）利用计算机模拟生成 ε 的 n 个取值，记为 $\{\varepsilon_i：i=1，2，…，n\}$，由式（3-120）可得

$$S_{t+i\Delta t}=S_{t+(i-1)\Delta t}(1+\mu\Delta t+\sigma\varepsilon_i\sqrt{\Delta t}),i=1,2,\cdots,n \tag{3-121}$$

（3）令 $i=1$，利用式（3-121）得到 $S_{t+\Delta t}=S_t(1+\mu\Delta t+\sigma\varepsilon_1\sqrt{\Delta t})$，由于资产的当前价格 S_t 已知，可求得 $S_{t+\Delta t}$。相似地，已知 $S_{t+\Delta t}$，令 $i=2$，有 $S_{t+2\Delta t}=S_{t+\Delta t}(1+\mu\Delta t+\sigma\varepsilon_2\sqrt{\Delta t})$，依次迭代，可分别得到 $S_{t+i\Delta t}$ 直至 $S_{t+n\Delta t}=S_T$。

（4）重复步骤（2）（3），重新模拟生成 ε 的 n 个取值，可再次得到资产的一个到期时刻价格 S_T 以及资产价格未来变化的一条模拟样本轨道。如此重复 N 次，可得到资产到期时刻价格 S_T 的数据序列 $\{S_T^n：n=1，2，…，N\}$ 与 N 条模拟样本轨道，S_T^N 为第 n 次模拟时资产的到期时刻价格。对序列数据 $\{S_T^n：n=1，2，…，N\}$ 按照数值顺序排列，便可统计出资产 T 时刻到期价格 S_T 的变化分布与各项数值特征。

从上述步骤可以看到，使用蒙特卡罗法对随机问题进行模拟的结果的准确性取决于两个因素：时间区间分割的份数 n 以及样本轨道重复模拟的次数 N。时间间隔的分割份数越多，时间间隔 Δt 越近似于 dt，变化过程越符合所设定的随机模型——几何布朗运动模型，运用这一模型所模拟的样本轨道就越符合实际过程；而样本轨道重复模拟的次数 N 越大，模拟抽样得到的所欲求解的随机变量的可能变化取值就越多，对欲求解的随机变量的变化分布的模拟结果就越准确。

二、随机数的产生

通过上文可以看出，运用蒙特卡罗法的核心步骤是对服从既定概率分布的随机变量进行随机抽样，以获取随机数。在上面介绍的资产价格的模拟过程中，通过对服从标准正态分布的随机变量 ε 随机抽样以得到随机数。在更一般的情况中，随机数通常通过两个步骤获取。

第一步是对服从［0，1］均匀分布的随机变量进行抽样以产生随机数 x，其方法主要有两种。一种方法是应用物理现象的随机性产生随机数 x，如掷骰子的点数、转轮盘的结果、原子放射性衰变的时间等，这种方法产生的随机数被称为真随机数，其缺点是成本与技术要求较高，因此应用不甚广泛。另一种方法是通过固定的、可重复的数学计算方法生成，通过这一方法产生的随机数源于同一个“种子”，且按照确定的运算规则计算，因此不是真正的随机数，通常被称为“伪随机数”。实践证明，伪随机数具有类似真随机数的统计特征，将其作为真随机数的替代是可行的。由于通过计算机可以很容易地产生大量“伪随机数”，并且可以不断重复，因此这一方法是产生随机数最常用的方法。

第二步是通过累积密度函数或分布函数的逆函数，将第一步通过［0，1］均匀分布产生的随机数 x 转换为服从特定分布的随机数。假设随机变量 X 的概率分布函数为 $F(x)$，且 $F(x)$ 可逆，则对于随机数 $x=F(y)$，有 $y=F^{-1}(x)$，此时 y 即为随机变量 X 的随机数。以标准正态分布为例，假设服从［0，1］均匀分布的随机变量 x 的抽样值为 0.05，查阅标准正态分布表可知 $\Phi(1.645)=0.05$，则得到服从标准正态分布的随机数为 1.645。依次重复 N 次，便可得到 N 个服从标准正态分布的随机数。

在实际应用中，可使用 Matlab 等统计软件中的随机数生成器方便地得到正态分布等常用概率分布的随机数。

3.6.3 多个随机变量模拟

在现实中，投资组合面临的风险往往是多元的，仅仅运用单个随机变量模拟方法显然难以满足现实风险管理的需要。假设投资组合价值在 t 时刻同时受到 N 个风险因子的 $S_{j,t}$ 的影响（$j=1, 2, \cdots, N$），且 $S_{j,t}$ 同样服从几何布朗运动过程。若风险因子之间互不相关，则可分别对每个风险因子的随机变动过程进行模拟，即有

$$S_{j,t+i\Delta t}=S_{j,t+(i-1)\Delta t}(1+\mu\Delta t+\sigma\varepsilon_{j,i}\sqrt{\Delta t}),i=1,2,\cdots,n \tag{3-122}$$

式中，$\varepsilon_{j,i}$ 在不同时刻 i 与不同影响因子 j 下的取值相互独立。

然而，风险因子之间互不相关的情况在现实中往往难以存在，当风险因子相关时，风险因子 $S_{j,t}$ 的随机变动受到由标准正态随机变量 ε 与各风险因子相关系数 ρ 共同决定的 N 维正

态随机向量 $\xi=\begin{Bmatrix}\xi_1\\ \xi_2\\ \vdots\\ \xi_N\end{Bmatrix}$ 的影响，其中 ξ 的均值向量为 0，其协方差矩阵 $R=\begin{vmatrix}\rho_{11} & \rho_{12} & \cdots & \rho_{1N}\\ \rho_{21} & \rho_{22} & \cdots & \rho_{2N}\\ \vdots & \vdots & & \vdots\\ \rho_{N1} & \rho_{N2} & \cdots & \rho_{NN}\end{vmatrix}$ 反映了风险因子的相关关系。

假设 R 是正定的，则可用克莱斯基（Cholesky）因子分解法将矩阵 R 分解为

$$R=TT' \tag{3-123}$$

其中，T 为下三角矩阵，T' 为 T 的转置矩阵。

假设 $\varepsilon=\begin{Bmatrix}\varepsilon_1\\ \varepsilon_2\\ \vdots\\ \varepsilon_N\end{Bmatrix}$ 是 N 维相互独立的标准正态随机向量。利用 ε 与 T，可构造随机变量：

$$\eta=T\varepsilon \tag{3-124}$$

根据正态分布随机变量的性质可知，η 为均值向量为 0 的 N 维正态随机向量，其协方差矩阵为

$$V(\eta)=E(\eta\eta')=E[(T\varepsilon)(T\varepsilon)']=TE(\varepsilon\varepsilon')T'=R \tag{3-125}$$

由于随机向量 η 与 ξ 具有相同的均值和协方差矩阵，且均为正态随机向量，二者必然有着相同的联合分布函数。因此，随机向量 η 可作为 ξ 的模拟样本，而 η 是下三角矩阵 T 与标准正态随机向量 ε 的乘积，因此，只要求得 T，并利用计算机模拟重复生成标准正态随机向量 ε，即可重复构造出随机向量 η，完成对 ξ 的模拟过程，进而得到投资组合价值的样本轨道与在到期时刻 T 的价值 $S_{j,T}$，$j=1, 2, \cdots, N$。

这里以 $N=2$，即存在两个风险因子为例，对上述方法进行简单说明。假设两个风险因子之间的相关系数为 ρ，则其随机数的协方差矩阵可表示为 $R=\begin{vmatrix}1 & \rho\\ \rho & 1\end{vmatrix}$，应用克莱斯基因子分解法，其分解为 $R=TT'$，令 $T=\begin{vmatrix}a_{11} & 0\\ a_{12} & a_{22}\end{vmatrix}$，$T'=\begin{vmatrix}a_{11} & a_{12}\\ 0 & a_{22}\end{vmatrix}$，则有

$$TT'=\begin{vmatrix}a_{11} & 0\\ a_{12} & a_{22}\end{vmatrix}\begin{vmatrix}a_{11} & a_{12}\\ 0 & a_{22}\end{vmatrix}=\begin{vmatrix}a_{11}^2 & a_{11}a_{12}\\ a_{11}a_{12} & a_{12}^2+a_{22}^2\end{vmatrix}=R=\begin{vmatrix}1 & \rho\\ \rho & 1\end{vmatrix}$$

可推出

$$\begin{cases}a_{11}^2=1\\ a_{11}a_{12}=\rho\\ a_{12}^2+a_{22}^2=1\end{cases}$$

求解得

$$\begin{cases}a_{11}=1\\ a_{12}=\rho\\ a_{22}=\sqrt{1-\rho^2}\end{cases}$$

即

$$T=\begin{vmatrix}1 & 0\\ \rho & \sqrt{1-\rho^2}\end{vmatrix} \tag{3-126}$$

则由矩阵 T 与二维相互独立的标准正态随机向量 $\varepsilon=\begin{Bmatrix}\varepsilon_1\\ \varepsilon_2\end{Bmatrix}$，可构造二维正态随机向量

$$\eta=T\varepsilon=\begin{vmatrix}1 & 0\\ \rho & \sqrt{1-\rho^2}\end{vmatrix}\begin{vmatrix}\varepsilon_1\\ \varepsilon_2\end{vmatrix}=\begin{vmatrix}\eta_1\\ \eta_2\end{vmatrix} \tag{3-127}$$

利用计算机反复生成不同的随机向量 ε，即可得到多个 η 向量，重复完成模拟抽样过程，进而求解 $S_{j,t}$ 的未来分布规律。

在实际运用过程中，可以直接运用 Matlab 等数学软件完成上述模拟过程。

3.6.4 *VaR* 计算

一、*VaR* 的计算步骤

如前所述，无论采用何种方法计算 *VaR*，其本质上均是通过估计金融风险因子的变化分布，找到金融风险因子变化影响下的资产组合的未来收益分布规律，进而完成投资组合的风险价值的计算。蒙特卡罗法也不例外，一旦模拟出了资产价格的走势或是风险因子的变动轨迹，就可以得到投资组合的价值分布，从而计算出指定置信水平下的 *VaR* 值。总的来说，运用蒙特卡罗法计算 *VaR*，需经过以下实施步骤：

1. 识别风险因子变量

假设投资组合的价值 V 受到 N 个风险因子 $S_{j,t}(j=1, 2, \cdots, N)$ 的影响变化，t 时刻投资组合价值 V 与风险因子的映射关系为 $V_t=V(S_{1,t}, S_{2,t}, \cdots, S_{N,t})$。

2. 随机模拟风险因子的未来变化

利用计算机产生 n 个随机向量 $\varepsilon_{j,i}(i=1, 2, \cdots, n)$，依次计算 $S_{j,t}$，$S_{j,t+\Delta t}$，$S_{j,t+2\Delta t}$，$\cdots$，直至 $S_{j,t+n\Delta t}=S_{j,T}$，即计算 $S_{j,t}$ 的样本轨迹与期末数值。

3. 计算投资组合价值

利用 $S_{j,t}$ 计算投资组合期末价值 $V_T=V(S_{1,T}, S_{2,T}, \cdots, S_{N,T})$，并计算投资组合收益 $\Delta V=V_T-V_t$。

4. 计算投资组合收益的分布

重复步骤 2 和步骤 3 K 次，得到 K 个投资组合收益 ΔV_1，ΔV_2，$\cdots$，ΔV_K，按照大小顺序排列，得到投资组合收益的分布。

5. 计算 *VaR*

根据投资组合收益分布，计算相应置信水平下的 *VaR*。

二、*VaR* 计算示例

为了更好地理解蒙特卡罗法计算 *VaR* 的思路与方法，下面就单风险因子与多风险因子情形下计算 *VaR* 进行举例说明。

对于单风险因子情形，我们仍然以股票价格的变动为例。假设投资者拥有 1 万股初始

价格为100元/股的股票资产，总价值为100万元。股票价格遵循式（3-119）所示的几何布朗运动，其漂移率μ为0，波动率$\sigma=10\%$，拟采用蒙特卡罗模拟法计算投资者在95%的置信水平下未来一天的VaR。

假设将未来24小时的时间间隔成100份，即$\Delta t=1/100$，根据公式（3-121），t时刻的股票价格S_t满足

$$S_{t+i\Delta t}=S_{t+(i-1)\Delta t}(1+10\%\varepsilon_i\sqrt{1/100})=S_{t+(i-1)\Delta t}(1+0.01\varepsilon_i),i=1,2,\cdots,100$$

运用Matlab软件生成100个相互独立的标准正态随机变量值ε_i，代入上式，得到股票的模拟价格趋势（如表3-6所示）。

表3-6　股票价格的样本轨迹表

时刻i	上一时刻价格$S_{t+(i-1)\Delta t}$	随机变量ε_i	当前时刻价格$S_{t+i\Delta t}$
1	100.000 0	0.641 5	100.641 5
2	100.641 5	−1.635 7	98.995 3
3	98.995 3	−0.216 0	98.781 5
4	98.781 5	0.073 8	98.854 4
5	98.854 4	0.650 8	99.497 8
6	99.497 8	−0.908 3	98.594 1
7	98.594 1	1.372 3	99.947 0
8	99.947 0	−0.221 6	99.725 5
9	99.725 5	−0.440 5	99.286 2
10	99.286 2	0.480 7	99.763 5
⋮	⋮	⋮	⋮
91	103.824 7	1.058 9	104.924 1
92	104.924 1	0.157 9	105.089 8
93	105.089 8	1.323 1	106.480 2
94	106.480 2	−0.993 6	105.422 2
95	105.422 2	0.330 1	105.770 2
96	105.770 2	−0.380 9	105.367 3
97	105.367 3	−0.424 7	104.919 8
98	104.919 8	1.214 7	106.194 3
99	106.194 3	−1.251 9	104.864 8
100	104.864 8	−0.473 3	104.368 5

由表3-6得到期末股票价格为104.368 5元，记为P_T^1。重复这一步骤100次，分别得到P_T^1，P_T^2，…，P_T^{100}，计算股票收益$\Delta R^j=(P_T^j-P_t)\times 10\,000$，$j=1$，2，…，100，得到股票收益的100个未来可能取值，并标明其排列次序，如表3-7所示。

表 3-7　　股票收益分布表

第 j 次模拟	期末股票价格 P_T^j（元/股）	股票收益 ΔR^j（元）	收益大小排序
1	104.368 5	43 685.00	26
2	96.426 9	−35 731.37	54
3	88.682 2	−113 178.11	87
4	98.526 3	−14 736.69	50
5	89.453 7	−105 463.14	82
6	103.851 4	38 513.73	31
7	93.924 5	−60 755.45	60
8	95.351 0	−46 489.58	56
9	97.386 5	−26v135.04	52
10	104.096 0	40 960.17	28
…	…	…	…
37	**81.354 8**	**−186 452.49**	**96**
…	…	…	…
91	106.980 8	69 807.54	19
92	114.811 8	148 117.61	11
93	88.868 5	−111 315.21	85
94	116.611 3	166 112.60	8
95	93.901 1	−60 989.37	61
96	82.839 8	−171 601.68	94
97	92.852 2	−71 478.47	67
98	92.110 2	−78 898.17	73
99	89.713 8	−102 861.89	81
100	101.437 2	14 371.78	39

从表 3-7 可以看出，第 37 次模拟的结果为亏损 186 452.49 元，该亏损值在所有 100 次模拟结果中排名第 96 位，根据 VaR 的定义，该亏损值即为 95%的置信水平下持有 10 000 股该股票的每日 VaR 值。

再来考虑多变量风险因子的情形，假设一投资组合由两种股票组成，分别是初始价格为 10 元/股的股票 A10 000 股，初始价格为 20 元/股的股票 B 5 000 股，投资组合的初始价值为 10×10 000+20×5 000=200 000（元）。股票 A 与 B 的价格变化均遵循均值为 $\mu=0$，标准差为 $\sigma=5\%$的几何布朗运动，且根据二者的历史收益数据，估计得到两个股票价格变动的相关系数 $\rho=0.2$。拟采用蒙特卡罗模拟法计算该投资组合在 95%的置信水平下未来一天内的 VaR。

设股票 A 与 B 在 t 时刻的价格分别为 $S_{A,t}$ 与 $S_{B,t}$，同样将未来 24 小时的时间间隔成 100 份，即 $\Delta t=1/100$，则同样有

$$\begin{cases} S_{A,t+i\Delta t}=S_{A,t+(i-1)\Delta t}(1+0.01\varepsilon_{A,i}) \\ S_{B,t+i\Delta t}=S_{B,t+(i-1)\Delta t}(1+0.01\varepsilon_{B,i}) \end{cases}, i=1,2,\cdots,100$$

由于股票A与B的价格变化存在相关性，因此，与单变量风险因子的情形相比，随机变量$\varepsilon_{A,i}$与$\varepsilon_{B,i}$不再能够简单地运用随机数生成器生成，而是由随机数与相关系数共同决定。根据相关系数$\rho=0.2$，可写出协方差矩阵$R=\begin{vmatrix} 1 & 0.2 \\ 0.2 & 1 \end{vmatrix}$，利用克莱斯基因子分解法，将$R$分解为下三角矩阵$T=\begin{vmatrix} 1 & 0 \\ 0.2 & 0.98 \end{vmatrix}$与其转置矩阵的乘积，则随机变量$\varepsilon_{A,i}$与$\varepsilon_{B,i}$所构成的向量为

$$\begin{pmatrix} \varepsilon_{A,i} \\ \varepsilon_{B,i} \end{pmatrix}=\begin{pmatrix} 1 & 0 \\ 0.2 & 0.98 \end{pmatrix}\begin{pmatrix} \varepsilon_1 \\ \varepsilon_2 \end{pmatrix}$$

即有

$$\begin{pmatrix} \varepsilon_{A,i} \\ \varepsilon_{B,i} \end{pmatrix}=\begin{pmatrix} \varepsilon_1 \\ 0.2\varepsilon_1+0.98\varepsilon_2 \end{pmatrix}$$

如表3-8所示，运用Matlab软件分别生成100个相互独立的标准正态随机变量值ε_1，ε_2，即可得到100个影响股票A、B价格变动的$\varepsilon_{A,i}$与$\varepsilon_{B,i}$，从而得到未来一天内股票价格变动的一个样本轨迹。

表3-8　投资组合价格变动样本轨迹表

t	$S_{A,t+(i-1)\Delta t}$	$S_{B,t+(i-1)\Delta t}$	ε_1	ε_2	$\varepsilon_{A,i}$	$\varepsilon_{B,i}$	$\varepsilon_{A,i+i\Delta t}$	$\varepsilon_{B,i+i\Delta t}$
1	10.0000	20.0000	−0.5255	−1.0491	−0.5255	−1.1332	9.9474	19.7734
2	9.9474	19.7734	0.8371	0.3353	0.8371	0.4960	10.0307	19.8714
3	10.0307	19.8714	0.1151	−0.6988	0.1151	−0.6618	10.0423	19.7399
4	10.0423	19.7399	1.3782	−0.4159	1.3782	−0.1320	10.1807	19.7139
5	10.1807	19.7139	0.4163	−0.0113	0.4163	0.0722	10.2231	19.7281
6	10.2231	19.7281	−0.5101	0.9193	−0.5101	0.7989	10.1709	19.8857
7	10.1709	19.8857	1.1803	−1.6164	1.1803	−1.3481	10.2910	19.6176
8	10.2910	19.6176	1.4098	0.7946	1.4098	1.0607	10.4360	19.8257
9	10.4360	19.8257	−0.5407	0.6758	−0.5407	0.5541	10.3796	19.9356
10	10.3796	19.9356	−0.8542	−0.4395	−0.8542	−0.6016	10.2910	19.8156
⋮	⋮	⋮	⋮	⋮	⋮	⋮	⋮	⋮
90	10.3853	19.9648	1.3334	−0.2265	1.3334	0.0447	10.5237	19.9737
91	10.5237	19.9737	−0.2815	−0.6268	−0.2815	−0.6706	10.4941	19.8398
92	10.4941	19.8398	−0.1688	−0.0212	−0.1688	−0.0545	10.4764	19.8290
93	10.4764	19.8290	0.1599	0.4276	0.1599	0.4511	10.4932	19.9184
94	10.4932	19.9184	1.2478	1.2131	1.2478	1.4384	10.6241	20.2049

续前表

t	$S_{A,t+(i-1)\Delta t}$	$S_{B,t+(i-1)\Delta t}$	ε_1	ε_2	$\varepsilon_{A,i}$	$\varepsilon_{B,i}$	$\varepsilon_{A,i+i\Delta t}$	$\varepsilon_{B,i+i\Delta t}$
95	10.624 1	20.204 9	−0.540 0	−1.139 0	−0.540 0	−1.224 2	10.566 7	19.957 6
96	10.566 7	19.957 6	0.717 2	2.421 7	0.717 2	2.516 7	10.642 5	20.459 8
97	10.642 5	20.459 8	0.177 3	−1.170 9	0.177 3	−1.112 1	10.661 4	20.232 3
98	10.661 4	20.232 3	−0.989 1	0.737 2	−0.989 1	0.524 6	10.555 9	20.338 5
99	10.555 9	20.338 5	−0.395 9	−0.861 0	−0.395 9	−0.922 9	10.514 1	20.150 7
100	10.514 1	20.150 7	−0.223 5	−0.706 5	−0.223 5	−0.737 1	10.490 6	20.002 2

当 $t=100$ 时，得到未来一天内两个股票价格的一组可能取值 $P_{T,A}^1$ 与 $P_{T,B}^1$，将上述步骤重复 100 次，即可得到 100 个类似的取值，进而得到该股票投资组合未来一天内损益的 100 个可能取值及其分布情况，进而通过对损益大小进行排序计算出投资组合的 VaR 值（见表 3-9）。

表 3-9　投资组合收益分布表

第 j 次模拟	$P_{T,A}^1$（元/股）	$P_{T,B}^1$（元/股）	投资组合收益（元）	收益大小排序
1	10.326 7	20.175 4	4 144.0	36
2	9.927 8	18.517 4	−8 135.0	64
3	8.981 9	16.788 5	−26 238.5	97
4	9.925 4	18.285 9	−9 316.5	70
5	9.487 1	18.419 5	−13 031.5	79
6	10.956 9	16.545 9	−7 701.5	63
7	9.117 8	18.694 1	−15 351.5	84
8	9.731	18.760 8	−8 886.0	68
9	9.962 7	19.814 4	−1 301.0	51
10	**8.887 7**	**17.274 4**	**−24 751.0**	**95**
⋮	⋮	⋮	⋮	⋮
90	10.245 2	17.466	−10 218.0	73
91	9.335 1	21.518 2	942.0	44
92	8.84	20.546	−8 870.0	67
93	10.975 5	21.981	19 660.0	7
94	10.356 9	18.702	−2 921.0	53
95	10.815 9	22.091 1	18 614.5	9
96	10.107	20.117 1	1 655.5	43
97	9.574 4	22.328	7 384.0	30
98	10.329 9	22.137 4	13 986.0	15
99	9.975 8	18.732 1	−6 581.5	59
100	10.550 3	16.506 7	−11 963.5	77

如表 3-9 所示，第 10 次模拟的损失值在 100 次模拟中排名第 95 位，根据 VaR 的定义可知，第 10 次模拟的损失值 24 751.0 元，即为 95%置信水平下该投资组合的 VaR。

3.6.5 优势、缺陷与改进

一、优势

蒙特卡罗法是迄今为止最有效的 VaR 计算方法，与其他方法相比，该方法有着许多独特的优势，表现在：

第一，蒙特卡罗法与历史模拟法一样，是一种完全估值法，可以处理非线性、大幅波动与“厚尾”问题。

第二，蒙特卡罗法可以利用计算机大量生成模拟样本，从而实现对风险因子未来变化取值的最大程度模拟。因此，与受制于历史数据数量与质量的历史模拟法相比，蒙特卡罗法的计算结果更具可靠性与精确性。

第三，蒙特卡罗法可以利用风险因子变化的历史数据信息改善和修正随机模拟模型，使得随机模型对风险因子未来变化的模拟更贴近现实。

二、缺陷

尽管蒙特卡罗法有着上述优势，但同时也存在值得引起关注的缺陷，包括：

第一，蒙特卡罗法需要事先构造随机模型模拟风险因子的变化分布，并通过历史数据估计模型参数，存在较大的模型风险与参数估计误差问题。

第二，蒙特卡罗法的收敛速度太慢，计算效率较低。蒙特卡罗法以接近 $1/\sqrt{n}$的速度收敛，这一速度相对较慢，需要重复模拟较多次数才能得到高精度的计算结果。

第三，蒙特卡罗法计算量较大，需要耗费大量时间。假设 N 为影响某种金融工具的风险因子个数，K 为模拟抽样次数，n 为时间间隔份数，则计算过程需要生成 $N\times K\times n$ 个模拟随机数，进行 $N\times K\times n$ 次模拟估值。对于期权等复杂金融工具来说，这一计算量可能达到百万次的级别，时间成本巨大。若投资组合本身就由多种金融工具组成，这一情况将更为严重。随着计算机技术的发展和进步，预期这一问题将得到一定程度的缓解。

第四，在蒙特卡罗法应用实践中，为减少时间花费、提高计算效率而减少随机模拟次数，往往以样本方差增大、计算结果的可靠性与精确性下降为代价。

三、改进

为了弥补蒙特卡罗法的上述缺陷，学者们进行了许多有针对性的改进和修正，包括收敛速度的提高、计算效率的改进以及样本方差的缩减等。

提高蒙特卡罗法收敛速度的方法被称为拟蒙特卡罗法。导致蒙特卡罗法收敛速度较慢的一个原因是在使用伪随机数时容易产生集聚效应，即伪随机数并非均匀地分布在间隔域中，而是在一些区域相对聚集，而在某些区域存在空白。其解决办法是通过预先设定的确定性方法生成一些被称为拟随机数的低偏差点（low discrepancy）。拟随机数能够更加均匀地分布在间隔域中，从而填补之前数据序列所留下的空白，为模拟过程带来更多有用的信息。通过这一方法，可以使得收敛速度从与 $1/\sqrt{n}$接近提高到与 $1/n$ 接近。尽管通过确定性方法生成拟随机数降低了抽样的独立性，但总的来说，在同样的模拟次数下，与传统蒙特卡罗法相比，合理地运用拟蒙特卡罗法可大幅提高计算速度与计算精度。

针对风险因子较多导致计算量过大、计算效率低下的情况，学者们提出了情景蒙特卡罗法。其基本原理是采用主成分分析法提取风险因子的主要成分，把每一个主成分的取值范围限定在有限的结果或是情景之中，并采用一定方法（如多项式分布），对每一个可能结果或情景赋予相应概率。同时，情景蒙特卡罗法假设主成分之间相互独立，因此利用主成分各自的概率分布，可以计算出所有主成分的任意种组合结果的概率分布。而由于对主成分进行了筛选并限定了取值范围，这些组合的可能排列是有限的。此时运用蒙特卡罗法仅需对这些有限的组合进行抽样模拟，因而能够提高计算速度与效率。

通过减小方差，从而在给定模拟次数与计算数量的情况下，改善蒙特卡罗法计算结果精度的方法统称为方差缩减法，其中常用的包括对偶变量法、控制变量法、重点抽样法、分层抽样法、矩匹配法五种不同方法。

1. 对偶变量法

对偶变量法常用于金融衍生工具的定价。在运用蒙特卡罗法时，需要产生随机数获取随机路径，进而运用一些随机数与随机路径计算衍生工具价格。假设生成随机数 ε_i，得到一个价格 $f(\varepsilon_i)$。显然，ε_i 的负值 $-\varepsilon_i$ 也是一个符合要求的随机数，根据 $-\varepsilon_i$ 可以得到一个新的价格 $f(-\varepsilon_i)$。与传统蒙特卡罗法不同，此时不再直接将 $f(\varepsilon_i)$ 或 $f(-\varepsilon_i)$ 作为价格的模拟结果，而是使用两个价格的平均值，即 $\bar{f}=\frac{[f(\varepsilon_i)+f(-\varepsilon_i)]}{2}$ 作为一个模拟结果。由于 ε_i 与 $-\varepsilon_i$ 相互对称，$\bar{f}$ 在一定程度上抵消了模拟价格与实际价格的偏差，在重复模拟过程中 $\bar{f}$ 的数值序列将更具稳定性，其样本方差更小。因此，这一方法能够在不增加随机数生成数量的情况下，以更高的精度完成金融衍生工具价格的模拟过程。

2. 控制变量法

仍以金融衍生工具定价为例。假设要对衍生工具 A 进行定价，且 A 的价格无法通过直接的定价公式求得解析解。选择一个与 A 类似，且可通过直接定价公式求得解析解的衍生工具 B，同时使用蒙特卡罗法对二者的价格进行模拟，模拟结果分别为 f_A^{MCS} 与 f_B^{MCS}。由于二者属于类似的衍生工具，使用了同样的模拟方法，因此控制变量法假设二者模拟过程产生的误差大致相等，即 $\sigma_A^2\approx\sigma_B^2$。而 B 可通过定价公式求得真实价格（即解析解）$f_B$，因此其模拟定价误差亦可表示为 $f_B^{MCS}-f_B$。注意到 A 的模拟定价误差与 B 近似，因此，可利用 $f_B^{MCS}-f_B$ 对 A 的定价结果进行调整，假设经过调整后 A 的估计价格为 f_A，则有 $f_A^{MCS}-f_A=f_B^{MCS}-f_B$，简单变换后可得到

$$f_A=f_A^{MCS}+f_B-f_B^{MCS} \tag{3-128}$$

通过控制变量调整能够起到降低模拟结果样本方差的作用。根据式（3－128），可计算 f_A 的方差 $\sigma_{control}^2$：

$$\sigma_{control}^2=\sigma_A^2+\sigma_B^2-2\rho\sigma_A\sigma_B \tag{3-129}$$

式中，ρ 为 A 与 B 的相关系数。由于控制变量法假设 $\sigma_A^2\approx\sigma_B^2$，因此，式（3－129）可转换为

$$\sigma_{control}^2\approx2\sigma_A^2(1-\rho) \tag{3-130}$$

这意味着控制变量法的效果取决于 A 与 B 的相关系数 ρ，ρ 越大，f_A 的方差越小，当 ρ 趋近于 1 时，方差近似于 0，显著小于原有的模拟方差 σ_A^2。因此，通过控制变量的应用，

显著地提高了蒙特卡罗法模拟结果的稳定性和精确程度。然而，当ρ较小时（如$\rho<1/2$），使用控制变量后的方差反而大于原模拟方差。因此，运用控制变量法取得成功的关键是选择正确和恰当的控制变量。

3. 重点抽样法

另外一种减少方差的方法是重点抽样法。使用蒙特卡罗法需要多次重复进行模拟抽样，但并非所有可能出现的样本都对所研究的问题有足够的影响，一些模拟抽样的结果可能毫无作用。如在使用蒙特卡罗法对虚值期权的价值进行模拟时，大部分样本轨道得到的期权最终支付都是0，这些样本轨道对最终定价所产生的影响很小，因此这些样本轨道的计算实际上是一种时间上的浪费。重点抽样法就是基于对上述问题的处理而产生的，其原理是根据抽样的目的调整随机样本的概率测度，即根据不同样本轨道对所研究问题的影响程度，调整不同样本轨道出现的概率，以适度增加我们所关心的样本事件在抽样中出现的可能性。显然，在对虚值期权的价值进行模拟时，我们更希望获得那些处于实值区间的样本轨道。

同理，在VaR计算过程中，我们更关注的是投资组合收益分布的尾部区域特征。因此，我们更希望抽取到投资收益位于尾部区域的样本数据，而从概率分布上来说，抽取到这一区域的概率是较低的，使用传统的蒙特卡罗法计算VaR可能会因为抽取的尾部区域样本数据过少而造成较大的方差。此时，利用重点抽样法可以有效地缩减方差。其步骤是先估计出投资组合一个较高的损失值L，随后对投资组合收益分布的概率测度进行适当变换（如指数变换），使得在新的概率下抽取到资产组合损失超过L的样本的可能性增大，在此基础上计算的VaR的可靠性与准确性显然更高。置信水平越高，这一方法的效果越显著。

4. 分层抽样法

蒙特卡罗法使用随机数生成随机变量模拟样本轨迹，而随机数自身的随机性决定了其在取值范围上的落点可能是不均匀的，甚至是留下缺口的，从而可能较少或者无法抽取到随机变量在某些取值范围内如尾部区域的样本，造成较大的模拟误差。避免上述问题的方法是在样本的取值范围内均匀地抽样，这一方法被称为分层抽样法。

假设某随机变量的分布函数为F，欲抽取该随机变量的n个随机样本，并使得这n个样本均匀地分布在该随机变量的取值范围内，可先于［0，1］均匀分布上抽取n个样本，记为U_i，$i=1$，2，…，n。同时，令

$$V_i=\frac{j-1+U_i}{n},\ i=1,2,\cdots,n$$

显然，通过上式将［0，1］区间划分成了均匀的n等份，任意一个V_i的取值分布于第i个等份之间，如$V_1\in[0,\ 1/n]$，$V_2\in[1/n,\ 2/n]$。同时，每一个V_i的反函数$F^{-1}(V_i)$对应随机变量的一个随机样本Z_i（$Z_i=F^{-1}(V_i)$，$i=1$，2，…，n）。由于V_i均匀分布在［0，1］区间上，通过V_i所得到的随机样本Z_i自然也将均匀地分布在随机变量的取值范围内，即在n等份的每一个区间都能保证抽取到一个样本，从而减少蒙特卡罗法模拟结果的方差。

5. 矩匹配法

减少蒙特卡罗法模拟结果方差的方法还包括矩匹配法。其思路是对模拟数据进行调

整，使得调整后样本的一个或多个矩与被模拟分布的理论矩相匹配。由于调整后的样本数据有着理论上正确的矩，因此它不受样本误差的影响，能够确保模拟结果的可靠性与精确度。

以正态分布为例，假设样本值 Z_i 来自均值为μ、方差为σ^2 的正态分布，且样本均值与样本方差分别为m 和S^2。显然，m 和S^2 在通常情况下并不分别与其理论值μ、σ^2 相等。为此，对样本值进行调整变换，使得调整后的样本值 $\hat{Z}_i$ 满足：

$$\hat{Z}_i=\frac{(Z_i-m)}{S}\sigma+\mu \tag{3-131}$$

显然，$\hat{Z}_i$ 的均值和方差与其理论值μ、σ^2 完全匹配，基于 $\hat{Z}_i$ 数值运用蒙特卡罗法所计算的 VaR 显然应该具有更高的精确度。

本章小结

风险可以理解为结果的不确定性，而这种不确定性可以用概率与数理统计方法进行衡量。因此，对金融风险进行测度，首先要掌握各项风险结果的概率分布及其数字特征。尽管正态分布是自然界最普遍的连续随机变量概率分布形式，但实践中发现，金融风险数据通常呈现出厚尾特征。

金融风险测度经历了均值—方差框架、风险价值（VaR）以及以预期损失（ES）等为代表的一致性风险测度的三阶段演化历程。均值—方差框架只适用于风险（收益）服从正态分布的特殊情况，预期损失（ES）等一致性风险测度逻辑更为严谨，但计算难度亦更高。而风险价值（VaR）将不同类型风险资产及其组合的风险统一概括为一个简单易懂的数字，为不同类型的金融风险提供了一个可比的、直观的测度方法，从而被全球范围内的各类金融业务部门或金融监管机构广泛应用于风险比较、风险控制、业绩评估、风险资本估算、风险投资决策以及风险监管等诸多领域。

VaR 是给定置信水平下，一段时间内资产或其组合可能遭受的最大损失，为置信水平和样本时间段的函数。在已知风险收益分布的情况下，VaR 可以表示为该分布上与置信水平相关的一个分位数。在实践运用中，需根据不同的使用环境，合理地选择 VaR 的置信水平与样本时间段，以保证 VaR 的精度，并定期进行回测检验和改进 VaR 模型，同时运用边际 VaR、增量 VaR 以及成分 VaR 方法对投资组合结构进行修正，使 VaR 达到理想水平。

所有计算 VaR 的各种方法，其本质均为通过对金融风险因子的变化分布进行估计，找到金融风险因子变化影响下资产组合的未来收益分布规律，进而计算投资组合的风险价值。极值理论告诉了我们应该用何种分布形式来拟合风险极端值数据。历史模拟法运用历史数据刻画风险因子过去的变化情形，并将其作为风险因子未来变化的模拟情况。蒙特卡罗法则利用计算机生成随机数据（而非实际抽样数据），对风险因子的未来变化路径进行模拟，从而得到资产组合未来收益的可能分布。

关键术语

分位数　时间聚合　厚尾分布　一致性风险测度　风险价值（*VaR*）　回测 *VaR*　边际 *VaR*　成分 *VaR*　增量 *VaR*　极值理论　历史模拟法　蒙特卡罗法

思考题

一、选择题

1. 正态分布的峰度和偏度分别为（　　）。

A. 0和0　　B. 3和0　　C. 3和1　　D. 0和3

2. 以下性质中，风险价值（*VaR*）法不满足的是（　　）。

A. 单调性　　B. 同质性　　C. 位移不变性　　D. 次可加性

3. 当资产收益数据是连续变量时，风险价值（*VaR*）可以表示为与该分布相关的（　　）。

A. 中位数　　B. 分位数　　C. 平均数　　D. 众数

4. 投资组合的 *VaR* 可以表示为各项资产（　　）的和。

A. 增量 *VaR*　　B. 边际 *VaR*

C. 成分 *VaR*　　D. 分散化 *VaR*

5. 运用蒙特卡罗法管理金融风险的影响因素包括（　　）。（多选）

A. 随机模型的准确性　　B. 模拟抽样的独立性

C. 随机模拟的次数　　D. 历史数据的准确性

二、简答题

1. 简述厚尾分布的特征及其在金融风险管理与度量中的意义。

2. 什么是一致性风险测度？*VaR* 是一致性风险测度吗？

3. 简要介绍极值理论以及金融风险管理常用的极值分布形式。

4. 简述历史模拟法计算 *VaR* 的原理、步骤及优缺点。

5. 简述蒙特卡罗模拟法计算 *VaR* 的原理、步骤及优缺点。

三、判断题

1. 金融收益或风险数据的分布形式大多具有厚尾特征。（　　）

2. 金融风险随样本时间段的拉长而增大。（　　）

3. 在相同条件下，风险价值（*VaR*）要大于预期损失 *A*。（　　）

4. 回测 *VaR* 时，所选择的置信水平越高越好。（　　）

5. 在相同条件下，分散化的 *VaR* 大于无分散化的 *VaR*。（　　）

四、计算题

1. 假设股票A的收益率服从正态分布，且年标准差为30%（按252个工作日计算），某投资者购买了100万元的股票A，请问：(1) 在95%的置信水平下，样本观察时间段为

1天、1周的 VaR 分别为多少？（2）在置信水平为99%的情况下，样本观察时间段为1天、1周的 VaR 分别是多少？（每周按5个工作日计算。）

2. 某资产初始价值为10 000元，其未来收益的可能分布如下表所示：

	可能性1	可能性2	可能性3	可能性4	可能性5	可能性6	可能性7
收益率	−10%	−5%	3%	5%	8%	10%	12%
概率	0.01	0.04	0.23	0.45	0.20	0.06	0.01

（1）请分别计算95%置信水平下的风险价值（VaR）以及预期损失（ES）；

（2）若可能性1发生的概率不变，但收益率为−20%，试计算此时95%置信水平下的风险价值（VaR）以及预期损失（ES）；

（3）VaR 与 ES 前后结果是否相同？为什么？

3. 某银行2018年度有20天的日收入低于95%的置信水平下的 VaR 值，请判断该银行使用的 VaR 模型是否有误。

4. 投资者B的投资组合包括10 000元的资产1与10 000元的资产2，两项资产收益均服从正态分布，年波动率分别为10%和15%，且二者之间的相关系数为−0.4。在95%的置信水平下，试回答：

（1）该投资组合的无分散化 VaR 和分散化 VaR 分别是多少？

（2）假设资产1和资产2的收益率对投资组合收益率的敏感程度 β 值分别为0.9和1.1，则资产1和资产2的边际 VaR 是多少？

（3）资产1和资产2的成分 VaR 是多少？

（4）将资产1的头寸调整到5 000元，将资产2的头寸调整到15 000元，增量 VaR 是多少？

5. 投资者于2018年9月1日买入2 000股建设银行A股股票（股票代码601939），请使用历史模拟法和100个历史数据，计算该投资者在置信水平为95%时的每日 VaR。

6. 假设建设银行A股股价变动遵循漂移率 $\mu=0$、波动率 $\sigma=5\%$ 的几何布朗运动，使用蒙特卡罗法计算上一题中投资者A在置信水平为95%时的每日 VaR（每一天的时间取间隔100段，模拟次数100次）。

第 4 章 信用风险

本章要点

1. 度量信用风险大小的基本参数及传统度量方法；
2. 信用等级转移概率的计算；
3. 目前主要的信用风险度量模型和方法及其适用范围；
4. 信用风险管理的常用方法。

4.1 信用风险概述

信用风险源于信用过程的不确定性，随着信用交易规模的扩大，信用风险更加突出和严重。信用风险是各类企业尤其是金融机构出现流动性危机的主要根源，也是导致区域性乃至全球性金融危机的关键原因之一。

此外，随着全球金融环境的趋势变迁，例如，1997 年的亚洲金融风暴以及由银行次级贷款引发的信用风险，全球实体经济大幅衰退、欧洲国家主权债务濒临信用破产，使得信用风险不只是发生于一个国家，也可能迅速蔓延到全世界，形成全球性的信用危机，这就凸显了建构信用风险管理的重要性。

因此，如何对信用风险进行度量和管理是各国学术界和政府共同关注的重点，也是企业、金融机构风险管理的主要内容。事实上信用风险在整体投资环境和公司治理经营中一直是非常重要的一环。

对以银行为主的金融机构而言，其本质就是在经营风险，而信用风险正是金融机构面临的主要风险之一。信用风险不仅会直接影响到现代社会经济生活的各个方面，也会影响到一国的宏观经济决策和经济发展，甚至影响全球经济的稳定与协调发展。事实上，银行不仅在做信贷前必须排除有财务危机可能的公司与交易对手的信用风险，以提高银行资产的质量，而且在事后必须针对信用质量不佳的资产与高信用风险的交易对手，做出及时且适当的处理。在传统银行业务中，信用风险一直都是银行面临的最大、最难、最复杂的风险。为避免银行因信用风险的剧增而出现金融资产价值的剧减，甚至陷入信用危机，西方商业银行在信用风险管理上设计了一些较好的方法或产品类型，不过这些方法和产品仍然存在诸多需要解决的问题。随着国际银行业危机的不断发生，国际银行业和学术界开始深刻认识到研究信用风险模型对资产定价及风险管理工作具有越来越重要的作用，随后开发了大量的信用风险模型。

对市场投资人而言，不管是银行、债权人还是股东，一个公司的信用状况都关系着其投资决策的进行与风险仓位的评估。因此，信用风险在金融市场中一直处于不可忽略的重要地位。

巴塞尔银行监管委员会于2010年9月12日颁布的巴塞尔协议Ⅲ，对信用交易提出了更高的资本要求，为商业银行信用风险的防范提供了框架依据。那么，什么是信用风险？如何识别和度量信用风险？这将在本章中逐步展开。

4.1.1 信用风险概念

信用风险是一个不断发展的概念，它伴随着借贷关系的出现而产生，其历史可以追溯到原始社会末期的高利贷信用。在资本主义生产方式建立之前，家庭和手工作坊是信用及信用风险的主体。随着资本主义生产方式的建立和公司制度的普及，信用主体和信用形式发生了很大变化，但是这一阶段信用风险主要表现为违约风险。20世纪80年代以后，在技术进步和金融创新等的推动下，新的金融工具不断涌现，金融衍生品大量使用，信用形式发生了很大变化。风险的环境和管理技术也随之发展，传统的信用风险定义已经不能有效地反映现代信用风险的特征。从现代投资组合的角度考虑，投资者持有的投资组合不仅会因为债务人的违约而遭受损失，还会因为债务人的信用等级变化而遭受损失。

所谓信用风险，是指债务人或交易对手未能履行合约规定的义务或信用质量发生变化导致金融工具的价值发生变化，给债权人或金融工具持有人带来损失的风险。

从组成结构上看，信用风险主要分为两大类，即信用价差风险和信用违约风险。信用价差风险是指由于信用评级的变化引起信用价差的变化而导致的损失，具体由信用价差变动风险和信用价差波动风险组成。信用违约风险是指债务人还款能力的不确定性。在违约发生以前，没有办法准确地区分出哪些企业会违约、哪些企业不会违约，我们至多只能对违约的可能性做一个大概的估计。

从来源上看，信用风险可以分为交易对手风险和发行人风险两种类型，前者主要产生于商业银行的贷款和金融衍生品交易过程中，后者主要与债券相联系。

从发生层次上看，信用风险可分为三个层次：一是交易层次，与单笔的金融交易相联系；二是交易对手或发行人层次，产生于与一个交易对手或发行人的全部交易过程中；三是资产组合层次，与市场主体和全部交易对手以及发行人的全部交易相联系。与大多数市场风险不同，信用风险的性质使其分布产生严重的左偏，出现大额损失的概率要高于正态分布，这是因为信用风险的损益与期权中的空头类似。在最好的情况下，交易对手所支付的金额没有任何损失；在最坏的情况下，所有应收回的金额都将成为损失。

4.1.2 信用风险的度量

在实践中，除了对信用风险进行清晰界定之外，如何度量信用风险是交易双方关注的焦点。对借款人而言，信用风险度量的结果直接影响借款人能否从投资者那里获取资金、获取资金的多少和资金成本的高低等；对投资者而言，准确度量交易对手的信用风险值是对其资产价值的有力保障，从而可以帮助自己在竞争激烈的市场中稳健成长。

债务合约中通常有所谓的交叉违约条款，目的是保证不同级别债券的违约概率都一样。而违约对债务人履约能力的影响不总是相同的，这需要用回收率来度量。虽然违约损失率（违约损失率=1−回收率）取决于债务合约的具体条款，每一笔债务合约的具体损失率可能会有很大的差异，但企业的违约概率决定了该企业所有债务的违约概率。

下面对本节信用风险度量涉及的基本概念做简单介绍。

1. 信用风险暴露

信用风险暴露是指在一段时间内借款人（或债务人）的承诺清偿额。在商业银行经营中，商业银行对某一借款人的信用风险暴露一般由两部分组成：未清偿贷款（OS）和贷款承诺（COM）。

未清偿贷款一般指银行允许借款人未来偿付的债务，如长期贷款、流动资金贷款、信用卡透支、未到期债券以及其他应收款项。而贷款承诺是银行应债务人要求承诺将来贷出的金额，分为已提用部分和未提用部分。一旦借款人遇到资金需求甚至财务困境，他就可以在银行已承诺的信用限额内提用资金。因而如果借款人最后违约，那么除了未清偿贷款，贷款承诺同样会给银行资产带来损失。考虑到借款人在遇到资金需求或财务危机时不一定全额提取贷款承诺，因而在违约事件中，COM 和 $\alpha \times COM$（$0<\alpha\leqslant 1$，α 是贷款提取比例）具有相同的风险暴露。这样，银行对某一借款人调整后的信用风险暴露（AE）为：$AE=OS+\alpha\times COM$。

2. 违约概率

违约概率（PD）是指借款人未来一定时期内不能按合同要求偿付债务或履行相关义务的可能性。

3. 违约损失率

违约损失率（LGD）是指发生违约时的债务面值中不能收回部分所占的比例。与违约损失率对应的是违约回收率 δ（$=1-LGD$）。研究表明，违约损失率不是一个确定的数值，它取决于特定的债务种类、优先级别、风险缓释技术及商业周期，其中每一类要素都包含许多不确定因素。

4. 预期损失和非预期损失

商业银行所面临的损失分为预期损失、非预期损失以及极端损失三类。预期损失又称为期望损失，是指事前估计到的或期望的违约损失。对于这一损失，银行需要事前设置损失准备金计入损益加以弥补。

假设一个风险债券在到期日 T 时承诺支付 1 元，用 $V(t,T)$ 表示风险债券在 t 时刻的价值，$p(t,T)$ 表示 T 时刻 1 元的确定支付在 t 时刻的无风险贴现值，那么该风险债券的持有人在 t 时刻承担的预期损失 EL 可表示为

$$EL_t = E_t[p(t,T) - V(t,T)] \tag{4-1}$$

通常银行信用资产的预期损失（*EL*）可以表示为调整的风险暴露（*AE*）、违约概率和违约损失率的乘积。但在通常情况下，在计算预期损失的过程中，违约概率采用预期违约率（*EDF*）。

$$EL = AE \times EDF \times LGD \tag{4-2}$$

由于在资产的存续期内债务人可能发生违约和非预期信用等级转换，资产的价值在一段时间内会上下波动，资产的损失值也呈现某种不确定性，该风险可以用损失的标准差或资产价值的标准差来衡量，该衡量结果称为非预期损失（*RUL*）。非预期损失是银行在一定置信区间下超过预期损失的损失，它是对预期损失的偏差——标准差。换言之，非预期损失就是除预期损失之外的具有波动性的资产价值的潜在损失。通常用在一定置信度下的最大风险损失减去预期损失得到非预期损失（见图 4－1）。非预期损失随置信区间的改变而不同。形成非预期损失的原因比较容易理解。最直观的一点是，违约概率、违约损失率乃至风险暴露这三个变量本身都是波动的。风险因子的非预期波动必然造成风险损失的非预期波动。另外更加重要的一点是，违约事件或多或少都是彼此相关的，当违约同时发生时，资产的价值将因此发生巨大变化。不过，这里的预期是指事前估计的“平均”值，即统计学中所说的期望值。等式右端的变量——违约风险暴露、预期违约概率和违约损失率等——也都是期望值的概念。

银行的风险管理实践充分体现了预期损失和非预期损失的区别。银行通过提取坏账准备来抵御预期损失；通过经济资本来抵御非预期损失。预期损失所影响的只是银行的当期收益，而非预期损失影响的则是银行的生存机会和发展潜力。这两个概念不仅是理解信用风险模型的关键，也是理解银行财务体系和风险管理的重要环节。

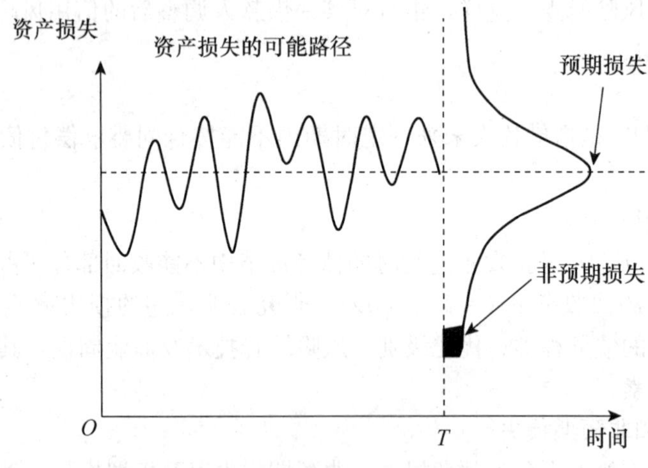

图 4－1　预期损失与非预期损失

资料来源：赵先信．银行内部模型和监管模型——风险计量与资本分配．上海：上海人民出版社，2004：216．

信用风险的分析方法根据分析技术和方法的不同可分为传统分析方法和现代分析方法。两者主要的区别是信用风险能否被单独剥离和定价。从时间的表现形式上分，20 世纪 80 年代中期以前多采用传统分析方法，20 世纪 80 年代中期以后多采用现代信用分析方法。

不过，所谓传统方法，仅意味着从时间上看它们是较早的方法论而已。那些新开发的现代信用风险模型不断地补充和完善着传统方法，“传统”和“现代”已经融合。

4.2 传统信用风险度量

信用风险度量的探索过程大致可分为三个阶段：一是 1970 年以前，大多数金融机构基本上采取专家分析法，即依据银行专家的经验和主观分析来评估信用风险，主要分析工具有 5C 分析法、LAPP 法（liquidity，activity，profitability，potentialities）、五级分类法等；二是大约在 20 世纪 70 年代初到 80 年代末，金融机构主要采用基于财务指标的信用评分方法，如线性概率模型、Logit 模型、Probit 模型、奥特曼（Altman）的 Z 值模型与 ZETA 模型等；三是 20 世纪 90 年代以来，世界一些著名的金融机构开始探索运用现代金融理论和数学工具来定量评估信用风险，建立了以风险价值为基础、以违约概率和预期损失为核心指标的度量模型，如信用监控模型（KMV 模型）、CreditMetrics 模型、信贷组合观点（credit portfolio view）和 CreditRisk＋模型等。与此同时，巴塞尔银行监管委员会颁布的资本协议提倡建立内部评级法，随后美国各大银行开始建立更加结构化的正式评级系统和度量信用风险的内部模型，用以审批贷款，鉴定资产组合的有效性，分析呆账准备金的充足性、盈利性以及对贷款定价等。与传统方法相比，这些方法更加注重应用现代金融理论和数理统计方法进行定量分析。

本节主要介绍信用风险度量的传统方法，包括专家方法、评级法和信用评分法。专家方法是基于主观判断的方法。评级法和信用评分法从方法论本质上看是一致的，其主要区别在于对现代数量模型的依赖程度不同。

4.2.1 专家方法

专家系统（expert systems），也称专家方法，是较早应用于商业银行等金融机构的一种信用风险度量方法。顾名思义，专家方法就是借助内行人的经验来进行决策的过程，是一种主观性较强的方法。

1970 年以前，大多数金融机构主要依据专家的经验和主观分析来评估信用风险。专家通过分析借款人的财务信息、经营信息、经济环境等因素，来对借款人的资信、品质等进行评判，以确定是否给予贷款。这个阶段评估信用风险的主要方法有 5C 法、5W 或 5P 法、LAPP 法、五级分类法等，其中最为常用的是 5C 法。

5C 法的名字来源于五组关键要素的英文首字母：character（品格）、capital（资本）、capacity（能力）、collateral（担保抵押品）和 cycle conditions（周期状态）。商业银行根据专家对借款企业的这五个方面进行考察评分，然后通过专家的主观判断给予各考察因素不同的权重，综合得出一个分值，分值的大小反映了借款人信用品质的好坏，可作为信贷决策的依据。下面以企业信用分析为例对该方法进行说明。

1. 品格

所谓品格，是对企业声誉的一种度量，信贷人员重点分析企业借款的真实目的、偿债的意愿及其偿债历史。许多研究证据显示，企业存续时间是企业偿债声誉的一个不错的指标。如果信贷人员认为企业在某些方面不够诚实，则不应发放贷款。

2. 资本

主要是指借款人的资产与负债之间的比率。对企业而言，应厘清企业所有者的出资情况及其对债务的比率（即杠杆率，有时也用权益资本与总资产的比率表示）。杠杆率是衡量企业负债风险和偿债能力的有效指标，杠杆率的倒数为杠杆倍数。杠杆倍数越高，意味着破产概率越大。如果银行决定贷款给杠杆倍数较高的借款人，必然会相应地提高风险溢价。

3. 能力

主要是指借款人的还款能力，反映了借款人收益的易变性（volatility of earnings）。假设两家企业未来面临同样的本息偿还要求，在期望收益相等的条件下，如果一家企业的收益不确定性较大，从而现金流相对波动性高，或者有一个较大的标准差，则该企业的偿债能力就会下降，更容易出现违约。商业银行希望借款人有能力产生足够、稳定的现金流来偿还贷款。现金流量的减少和波动的增加可能是企业走下坡路的前兆，商业银行将其作为信贷关系出现问题的预警机制。对一些新建或处于成长期的企业，由于其能力指标较低，商业银行往往会谨慎贷款，即使贷款，也会提高风险溢价。

4. 担保抵押品

没有抵押品的贷款请求很难获得批准。当违约发生时，在有担保的情况下，银行就对借款人提供的抵押物品有要求权。这一要求权的优先性越强、相关抵押品的市场价值越高，贷款的风险敞口就越小。信贷人员必须充分了解作为抵押品的资产的市场价值，以及抵押品的使用时间、状态、专用性、技术更新等信息，以保证抵押品的可出售性。

5. 周期状态

商业周期的状态是决定信用风险敞口的一个重要因素，对受周期影响较大的产业而言尤为如此。经济过热导致的通货膨胀、高利率等所引发的借款人的投机等行为，以及经济衰退导致的行业前景看淡、企业经营收入下降等，都会损害贷款的价值。考察商业周期状态，对政府宏观经济政策的分析具有重要作用。例如，在经济高涨时，对待房地产企业的贷款需求应当谨慎，因为宏观经济政策对房地产行业的限制措施会对一系列关联企业产生重大影响。

专家判断的最终结果是要提供一个可行的解决方案，其主要优势表现为操作简单，可以迅速地形成对事件的现状及其发展趋势的判断。

然而，专家方法也存在问题，一是专家具有的专业技能、知识和信息优势，是否意味着他们的判断必定是正确的呢？一般来说，在信息分析过程中，对某些关键因素的权衡是非常困难的，对人的素质要求较高。受主观因素的影响，专家的判断在一定程度上具有任意性，对于相似的借款者，不同的信贷负责人运用不同的评价标准可能得出不同的评价结果，并且他们评判时易受感情和外界因素干扰，进而做出偏差较大的分析。不同专家对信用风险的评估可能存在冲突，缺少一致性。二是什么样的人可以胜任专家的角色？选定代表性的“专家样本”的方法或标准也是有缺陷的。因此，近年来，金融机构已经逐渐放弃纯粹定性分析的专家分析法，而在此类方法中加入越来越多的客观定量分析的内容。

除了5C法所考虑的关键要素外，商业银行等金融机构根据具体情况还会使用包含其他关键指标的专家系统。例如，6C原则——品格（character）、能力（capacity）、现金（cash）、担保抵押品（collateral）、环境（circumstance）、监管（control）；或者针对公司信用的5P原则——借款人因素（people）、资金使用目的因素（purpose）、偿还因素（payment）、债权人权利保障因素（protection）和远景因素（perspective）；LAPP法则——借款人的流动性（liquidity）、活动性（activity）、盈利性（profitability）和发展潜力（potentiality）。这些方法的目的和实质性指标都基本一致。

4.2.2 评级法

与专家方法类似，评级系统（rating systems）或称评级法，也是一种定性的信用风险评估方法。信用评级（credit rating）就是评估受评对象信用风险的大小。从狭义上看，受评对象可以是债券，如长期公司债券、可转换公司债券等；也可以是债务人，如个人、公司，甚至是一个国家。从广义上看，随着金融创新和金融产品的不断增加，评级对象也包括固定收益评级（如资产证券化债券评级）、公司治理水平评级等。

通过评级机构进行信用评级被称为外部评级（external rating），正如学术界和实务界所强调的，评级也是商业银行等金融机构的使命之一。建立和完善内部评级系统（internal rating systems）是巴塞尔协议的核心内容。

一、评级机构与外部评级

1. 评级机构与外部评级的意义

评级机构是提供诸多分析服务的组织，这些服务建立在独立的、客观的、可信赖的和透明的评价原则之上。标准普尔、穆迪、惠誉是最知名的三大全球性评级机构。当然，也有许多规模不等的地区性评级机构。评级机构的数量与评级市场的发展同地区金融市场的发达程度存在较强的相关性。信用评级起源于美国，评级机构的早期形式是在美国出现的商业信用机构，它们提供的主要服务是对商人偿还债务的能力进行评估。随着金融市场日益复杂以及各类资金需求者迅速增加，投资者和监管者也越来越依赖于评级机构的信用评级，评级市场因而迅速成长。如今，信用评级主要用于对发行人的违约评级、对债务发行的损失或追偿风险的评级。评级机构还将业务拓展到非信用评级领域，如穆迪推出的对冲基金运行质量评级、信托质量评级等。

信用评级的确会给相关主体带来许多好处和便利，关键原因在于信用评级缓解了金融市场上的信息不对称难题，具体表现在三个方面。

第一，对债务发行人（借款人）而言，信用评级可以为其拓宽筹资渠道、降低筹资成本和稳定资金来源。一方面，信用评级使用多渠道信息，评价原则独立、客观、可信和透明，有助于提高借款人在市场上的透明度和信誉度。现实中，许多大型机构投资者因董事会要求或监管机构规定，禁止购买未经评级或低于某一评级的债券。对有评级的借款人，发行债务时还可以享受免担保或者降低担保费用的待遇，从而节省发行成本。另一方面，在正常情况下，信用评级连续性强、前后一致，通常考虑到债务人所面对的外部环境和经济状态，充分估计不确定因素对债务人的影响，从而有利于稳定投资者信心和市场情绪，帮助债务人稳定资金来源。

第二，对投资者而言，虽然信用评级不是直接可用的获利指标，但是投资者可以迅速了解债务人的信用风险等级、趋势等信息，以做出投资判断，估计投资收益率。如果投资者所关注的是投资组合，那么信用评级的动态调整有助于其优化投资组合。

第三，对金融中介机构，如投资银行而言，信用评级可作为其对证券定价与销售的重要参考指标，对新发行的有价证券尤其具有价值。

2. 评级流程与评级等级

由于信息是评级的根本所在，评级机构尽量对来自各种可能渠道的公开和非公开信息进行深入分析。评级过程既包含数量分析，如查阅和分析公司的债务结构、财务报表、资产负债表等数据，也包括定性分析，如评估公司的管理质量、竞争力、增长前景等方面。

首先，各种评级分析依赖于充足的信息。公开的信息，如宏观经济形势报告、行业信息报告、上市公司的财务报告等比较容易获取，而要搜集公司的内部信息可能并不简单。通常，评级机构委派工作小组，通过与被评级公司（发行人）高管访谈和举行小型会议等形式取得公司的非公开信息。整个评级过程由首席分析师牵头，并进行监督指导。

其次，当获得充足的信息后，评级机构就使用定量和定性方法分析公司业绩，并与同行业中的其他公司进行比较。定量方法采用特定的数学模型来测定信用风险的大小，模型中的变量既有量化指标，如公司财务数据，也有管理质量等定性指标。定性方法主要是评估人员根据其自身的知识、经验和综合分析判断能力，通过对企业内外部的经营环境进行分析，对照评价标准，对各项评价指标的内容进行分析并形成定性评价结论。

随后，评级机构召开评级委员会会议。其成员包括首席分析师、不同领域的评级专家和被评级公司的高管（通常是首席财务官和首席执行官）。会议首先采纳首席分析师推荐的等级，随后与被评级公司的高管充分沟通。沟通的主要内容包括管理制度、投资项目和计划、发展规划、主营业务和其他业务、长期和临时的财务计划、财务制度、资产状况、市场状况、公司规范及运营状况等影响企业信用等级的关键因素。

最终，委员会投票得出一个评定等级，随之公开发布。专家修正的目的在于将评级模型难以量化或者十分特殊的因素，如市场中的某些微小变化考虑进来。不过，对模型评定的等级一般不会做出过度修正，从而确保在不同发行人之间评级的客观性、一致性和稳定性。最后，在评级过程中新的信息会随时被采用，评级之后出现的新信息会经常性地更新，以便评级机构实时监控与调整等级。

信贷评级的考量内容至少包括：债务人偿还的可能性、能力与意愿；债务的性质与合同条款；当遇到破产、重组或在破产法律下的其他安排时，由债务合约所提供的保障，以及其他影响债权人利益的法律。根据债务市场上的期限，信用评级可分为长期和短期两类（见表 4-1 和表 4-2）。

表 4-1　长期信用评级

等级	简释
AAA	最高等级，债务人偿债能力极强。
AA	债务人偿债能力很强。
A	债务人偿债能力易受到负面因素干扰，但偿债能力依旧较强。
BBB	债务人目前有足够的偿债能力，但在不利状况下偿债能力可能较弱。

续前表

等级	简释
BB	相对于其他投机债务，违约的可能性较低。持续的不利条件会导致债务人没有足够的能力偿还债务。
B	比BB级债务更容易发生违约，短期债务人目前仍有能力偿还债务。
CCC	目前就有可能违约，债务人必须依托有利的商业、金融和经济条件才能履约。在不利条件下，债务人很可能会违约。
CC	当前违约的可能性很高。
C	濒临破产，债务清偿能力极弱。
D	债务已经违约。

资料来源：王勇，隋鹏达，关晶奇．金融风险管理．北京：机械工业出版社，2014：164.

表4-2 短期信用评级

等级	简释
A-1	最高等级，短期债务偿债能力较强。
A-2	相对于A-1评级来讲，该等级的偿债能力易受到外部条件影响，但债务人偿债的能力依旧令人满意。
A-3	该等级的短期债务具有足够的偿还保障，但不利的经济条件或者外部环境的变化有可能削弱债务人的偿债能力。
B	短期债务具有显著的投机特征。债务人当前仍有偿债能力，但持续的重大不确定性会导致债务人没有足够的能力偿还债务。
C	短期债务当前可能违约，债务人必须依托有利的商业、金融和经济条件才能履约。
D	短期债务已处于违约状态。

资料来源：王勇，隋鹏达，关晶奇．金融风险管理．北京：机械工业出版社，2014：164.

二、银行与内部评级

贷款是商业银行的传统服务之一，也是最受关注的信用风险点。长期以来，银行在做出贷款决策时主要依靠专家方法，必要时参考外部评级来评估特定债务和债务人的信用风险。尽管外部评级覆盖了众多对象，但是银行账册上仍有许多对象没有可参考的外部评级。另外，随着商业银行服务的多元化，表外业务的扩张速度远远超过表内业务，可利用的金融工具也越来越多。因此，银行必须直面除贷款之外越来越多其他金融工具中所包含的信用风险。

巴塞尔协议Ⅲ包括三大支柱：最低资本要求、监管当局的监督检查和信息披露。在最低资本要求的相关内容中，有关于对信用风险度量的内部评级法和标准法的内容，其中内部评级法又可分为内部评级基本方法和高级方法。标准法是指基于商业银行资产的外部评级结果，以标准化方式度量信用风险，其使用对象是业务复杂程度不高的商业银行。内部评级法是商业银行根据内部数据和完备的评级标准，对银行客户的信用风险及债项的交易风险进行评价，并估计违约概率及违约损失率，作为信用评级和分类管理的标准，故侧重于定量分析。对于信用风险，巴塞尔协议Ⅲ明确规定，在计算信用风险时，一般的商业银行可以使用标准法，风险管理水平高的国际大型商业银行可以使用内部评级法。

1. 标准法

巴塞尔协议Ⅲ中的标准法与巴塞尔协议Ⅱ中的大致相同。按照要求，银行根据风险暴露（exposures）可观察的特点，将信用风险暴露划分为监管当局规定的几个档次。按标准法的要求，监管当局规定的每一个档次对应一个固定的风险权重，同时采用外部信用评级提高风险敏感度（巴塞尔协议Ⅱ的敏感度不高）。按照外部信用评级，对主权、银行同业、公司的风险暴露的风险权重各不相同。对于主权风险暴露，外部信用评级可包括经济合作与发展组织（OECD）的出口信用评级以及私人部门评级公司公布的评级。

标准法还规定了各国监管当局决定银行是否采用某类外部评级所应遵守的原则。然而，使用外部评级计量公司贷款仅作为该协议下的一项备选方法。若不采用外部评级，标准法规定在绝大多数情况下，风险权重为100%，就是相当于在巴塞尔协议Ⅱ下资本要求为8%。出现这种情况时，监管当局在考虑特定风险暴露的违约历史后，确保资本要求相当充足。标准法的一项重大创新是将逾期贷款的风险权重规定为150%，除非针对该类贷款银行已经计量了达到一定比例的专项准备。

标准法的另一个重要内容是扩大了银行可使用的抵押、担保和信用衍生产品的范围。总的来说，巴塞尔协议Ⅲ将这类工具统称为信用风险缓释工具（credit risk mitigants）。此外，标准法还扩大了合格担保人的范围，使其包括符合一定外部评级条件的各类公司。标准法还包括对零售风险暴露的特殊处理方法。相对巴塞尔协议Ⅱ而言，巴塞尔协议Ⅲ对住房抵押贷款和其他一些零售业务的风险权重做了下调，其结果是该权重低于未评级公司贷款的风险权重。从设计角度上看，标准法对风险暴露和交易做了一些区分，从而提高了计算出的资本比率的风险敏感度。此外，委员会还制定了“简易标准法”（simplified standardized approach），总结了计算风险加权资产的各种最为简化的方法。

2. 内部评级法

计算信用风险的内部评级（IRB）法包括两种形式，一是IRB初级法，二是IRB高级法。IRB法与标准法的根本不同表现在，在IRB法中，银行对重大风险要素（risk drivers）的内部估计值将作为计算资本的主要参数。该法以银行自己的内部评级为基础，有可能大幅度提高资本监管的风险敏感度。然而，IRB法并不允许银行自己决定计算资本要求的全部内容。相反，风险权重及资本要求的确定要同时考虑银行提供的数量指标和委员会确定的一些公式。

$$\begin{matrix}\text{巴塞尔协议}\\\text{资本充足率}\end{matrix}=\begin{matrix}\text{合格}\\\text{资本}\end{matrix}\Big/\left[\begin{matrix}\text{信用风险}\\\text{加权资产}\end{matrix}+12.5\times\left(\begin{matrix}\text{市场风险}\\\text{资本要求}\end{matrix}+\begin{matrix}\text{操作风险}\\\text{资本要求}\end{matrix}\right)\right]$$

其中，12.5是资本充足率8%的倒数。接下来的问题是如何度量信用风险加权资产并评判其准确性。IRB法包括许多不同的资产组合，各类风险暴露所采用的资本计算方法也不尽相同。下面以对公司、银行、主权的风险暴露为例，对初级IRB法和高级IRB法之间的区别做一介绍。

IRB法对主权、银行和公司风险暴露采用相同的风险加权资产计算方法。该法依靠四方面的数据：一是违约概率（probability of default，PD），即特定时间段内借款人违约的可能性；二是违约损失率（loss given default，LGD），即违约发生时风险暴露的损失程度；三是违约风险暴露（exposure at default，EAD），即对某项贷款承诺而言，发生违约时可能被提取的贷款额；四是期限（maturity，M），即某一风险暴露的剩余经济到期日。在同时考虑了四项参数后，公司风险权重函数为每一项风险暴露规定了特定的资本要求。

此外，对于界定为年销售量在 5 000 万欧元以下的中小企业贷款，银行可根据企业的规模对公司 IRB 风险权重公式进行调整。IRB 高级法和初级法主要的区别反映在数据要求上，前者要求的数据是银行自己的估计值，而后者要求的数据则由监管当局确定。两者的区别见表 4－3。

表 4－3 IRB 初级法和 IRB 高级法的区别

数据	IRB 初级法	IRB 高级法
违约概率（PD）	银行提供的估计值	银行提供的估计值
违约损失率（LGD）	巴塞尔银行监管委员会规定的监管指标	银行提供的估计值
违约风险暴露（EAD）	巴塞尔银行监管委员会规定的监管指标	银行提供的估计值
期限（M）	巴塞尔银行监管委员会规定的监管指标或者由各国监管当局自行决定允许采用银行提供的估计值	银行提供的估计值

资料来源：巴塞尔银行监管委员会. 巴塞尔新资本协议（征求意见稿）（第三稿），2003.

4.2.3 信用评分法

一、信用评分法概述

信用评分系统（credit scoring systems）或称信用评分法，是一项得到广泛应用的信用风险管理传统技术。根据借款人的特征变量和信贷历史记录等信息，信用评分法利用相关理论与统计技术计算出借款人的信用分数（credit scores），以揭示借款人在未来某一时间段内违约的可能性，从而决定是否核准贷款或信用额度以及对贷款定价等。信用分数的高低反映了借款人的风险水平。

信用评分系统拥有形式各异的评分模型，但是评分的结果指向唯一的目标，即对借款人进行信用分类或分级，为信贷决策提供依据。信用评分模型的发展，与消费信贷产业的繁荣、计算机技术与数据库技术的发展、数理统计方法的进步、社会征信体系的完善等历史因素有关。信用评分模型根据不同的特征可以进行不同的归类，按照模型的实证性程度划分，可以分为专家评分模型、半客户化评分模型及完全客户化评分模型。专家评分模型正如前文所述，其操作相对简便，但是稳定性差。一个高质量的评分系统必须具有高度的判别能力，这意味着所建立的评分模型必须具有高度的稳定性，因此通常需要采用统计学上的回归方法。半客户化评分模型是一种过渡性的方法。相比专家方法而言，银行拥有一定量可供使用的数据，但数据尚不全面、充分。而完全客户化评分模型建立在银行完整的实际数据的基础上，一般具有很强的稳定性和预测能力。

从数学和统计方法的发展上看，研究人员将数理模型技术引入信用风险分析的脚步从未停止过。信用评级模型大致可以分成三类：第一类是以财务信息作为数据基础的多元统计分析模型，如线性概率模型、定性响应（qualitative-response）模型、奥特曼的 Z 值模型与 ZETA 模型；第二类是以市场信息作为数据基础、基于复杂数学公式建立的模型，如 KMV 模型；第三类是基于人工智能技术的模型，如神经网络、决策系统、模糊分析等。

二、信用评分的统计模型

构建或选择恰当的信用评分模型是信用评分中最为关键的步骤。信用评分模型种类较多，每一种模型都有其独特的构造思路，适用于不同的环境。下面，我们首先介绍信用评分模型的基本构建或选择方法，然后分析几种比较重要的模型。由于信用评分和评级之间的内在一致性，这里介绍的统计模型的构建和选择方法对评级系统也是适合的。

1. 建立信用评分模型的基本方法

信用评分是一个从数据输入到结果输出的完整过程，非常依赖数据和统计技术，包含数据挖掘、样本选择、变量界定与筛选、模型建立、模型检验、模型实施及其绩效反馈等步骤。

第一，信用评分方法需要大量数据的支持，主要是金融机构自身经营过程中积累的数据、行业共享的数据以及专门机构（如信用局）提供的数据。在获得相关数据后，就要进行一些数据挖掘工作，主要包括：整理原始数据，减少数据瑕疵；对数据进行初步加工，如对数据进行合并、排序、剔除等；对数据进行统计分析，发现数据中所暗藏的特征、关系、模式等。

第二，信用评分模型使用历史数据而非当前数据对客户的未来行为模式进行预测，其执行前提是数据库存量相当大。因此，出于数据处理效率和建模效率的考虑，评分模型往往不是建立在总体的基础上，而是建立在一定的样本的基础上。抽样的方法对模型的预测能力有较大的影响。

第三，信用评分模型涉及的变量有两种：充当因变量的表现变量，作为自变量的预测变量。

实践中，确定预测变量可能更加重要，分析人员往往根据直觉、经验或统计方法来从众多具有预测能力的变量中挑选若干个变量作为预测变量。例如，通过相关性分析来确定哪些财务指标对借款人违约行为影响最大、不同财务指标之间是否具有替代性等。

第四，模型的建立。根据所要分析的目标，选择适当的模型。例如，当我们需要判定借款人的信用属于“好”还是“坏”时，可以选择 Logit 模型和 Probit 模型。然后，我们还必须筛选进入模型的变量，或者确定模型所需的变量组合及其权重。选择恰当的模型、变量和权重对结果具有重要的影响。常用的模型包括线性或非线性回归分析、逻辑回归模型、神经网络模型、决策树模型、判别分析、线性或非线性规划等。

第五，对于已建立的模型，需要进行仔细的检验，即评估模型的解释力度、稳健性等内容。模型的检验有两种方式：样本内检验和样本外检验。前者是利用开发模型时所用的数据库中预留的其他样本对模型进行检验，不同的样本出自同一个总体；后者是用其他总体中的样本进行检验。在验证模型合格之后，就可以进入模型的应用阶段，对客户进行信用评分。此外，对一个可以商业化推广的模型，其成功不仅有赖于前期的开发和检验工作，还有赖于及时了解模型在实际使用中的反馈，并不断进行改良。

2. 信用评分的多元统计模型

基于多元统计理论的信用评分模型有两类：一类是基于判别分析的 Z 评分模型和 ZETA 信用风险模型；另一类是利用回归分析的 Logit 模型和 Probit 模型。多元统计模型的理论基础是计量经济学，其基本思路比较简单：根据研究人员的经验判断，搜集与公司违约相关的财务指标，根据统计分析，筛选出最具统计显著性的财务指标，拟定违约判别和财务指标之间的函数形式，使用判别法或回归方法，最终确定最佳的判别方程或回归方程。

(1) Z 评分模型。

Z 评分模型和 ZETA 信用风险模型都是针对公司这样的法人客户进行评分的模型。Z 评分模型的基本假设是：存在一种度量方法可以将“好信用”与“坏信用”划分为两个不同的分布，多变量模型的预测效果应该优于单变量模型。1968 年，美国纽约大学教授奥特曼分析了美国破产企业和非破产企业的 22 个财务指标，运用多元判别分析法从中选出了最能够反映借款人财务状况、对贷款质量影响最大、最具有预测或分析价值的五个关键指标，建立了著名的 Z 评分模型（Z-score model），以最大限度地区分贷款风险度。其判别模型如下：

$$Z=1.2x_1+1.4x_2+3.3x_3+0.6x_4+0.99x_5 \tag{4-3}$$

式中，x_1、x_2、x_3、x_4、x_5 分别为营运资本/总资产、留存盈余/总资产、息税前收益/总资产、股权的市场价值/总负债的账面价值以及销售额/总资产。根据判别分值，以确定的临界值对研究对象进行信用风险的定位。如果企业的 Z 值高于 2.99，那么认为该企业的信用状况良好；如果企业的 Z 值低于 1.81，那么认为该企业的信用状况不好且可能具有破产的风险。

由于模型简便、成本低、效果佳，Z 评分模型已商业化，广泛应用于美国各商业银行，取得了巨大的经济效益。受美国影响，日本、德国、英国、法国、澳大利亚、加拿大等许多发达国家，以及巴西等发展中国家的金融机构都纷纷提出了各自的判别模型。虽然在变量的选择上各有千秋，但总体思路与 Z 评分模型如出一辙。

然而，在实践中，评分模型的预测能力因以下几个方面的缺陷而大打折扣：第一，模型依赖财务报表的账面数据，忽视了各项资本市场指标；第二，模型假设解释变量中存在线性关系，而现实经济现象是非线性的，削弱了预测结果的准确性，使模型不能精确地描述经济现实；第三，模型无法计量企业的表外信用风险，且对某些特定行业的企业如公用企业、财务公司、新公司及资源企业也不适用，因而该模型的使用范围受到较大限制。

(2) ZETA 信用风险模型。

1977 年，奥特曼等人提出了第二代 Z 评分模型——ZETA 信用风险模型，该模型主要用于公共或私有的非金融类公司，其适用范围更广，对违约概率的计算更精确。ZETA 信用风险模型的考察指标增加到 7 个，分别为：资产收益率指标（x_1），等于息税前利润/总资产；收益稳定性指标（x_2），是指公司资产收益率在 5～10 年的变动趋势的标准差；偿债能力指标（x_3），等于息税前利润/总利息支出；盈利积累能力指标（x_4），等于留存收益/总资产（该指标能够反映公司经营寿命长短、股利政策、盈利历史等信息，因此它在对公司的信用评估中非常重要）；流动性指标（x_5），即流动比率，等于流动资产/流动负债；资本化程度指标（x_6），等于普通股/总资本（其中，普通股一般将年市场价值的平均值代入总资本，除了普通股之外，总资产中还包括优先股、长期债务以及融资租赁资产，该比率越大，说明公司资本实力越强，违约概率越小）；规模指标（x_7），用公司总资产的对数表示。于是，ZETA 信用风险模型为

$$ZETA=ax_1+bx_2+cx_3+dx_4+ex_5+fx_6+gx_7 \tag{4-4}$$

由于 ZETA 信用风险模型无论在变量选择、变量的稳定性方面，还是在样本开发、统

计方法的应用方面，都比 Z 评分模型有了长足进步，所以 ZETA 信用风险模型比 Z 评分模型更加准确、有效，而且在企业破产前预测的年限越长，该模型预测的准确度就越高。但是，ZETA 信用风险模型在应用过程中存在的最大问题仍然是违约或破产临界值的设定问题。如果临界值定得太高，那么在排除较差信贷的同时，也有可能将一些好的信贷排除在外，从而临界值在降低了第Ⅰ类错误（即因接受差信贷而遭受损失）的同时却增加了第Ⅱ类错误（即因拒绝好信贷而遭受损失）。如果临界值定得过低，就会出现相反的情况。

Z 评分模型与 ZETA 信用风险模型都是多变量的线性分辨模型，都可以用于度量债务人在一定时期内违约或不违约、破产或不破产等信用状况，并可对债务人经营前景做出早期预警，因而两个模型都具有较强的操作性、适应性和较强的预测能力，在许多国家和地区得到广泛应用。但两个模型也存在一些缺陷和不足，主要表现为：1）过于依赖财务报表的账面数据而忽视日益重要的各种市场指标，这将会削弱预测结果的可靠性和及时性；2）关于违约的理论基础和支撑薄弱，结论难以完全令人信服；3）为保证模型的准确性，要求模型中的变量必须符合正态分布假设，而事实上财务比率指标很难达到；4）两个模型皆是线性模型，而现实经济问题多是非线性的，这必然会降低预测的准确度；5）难以估量企业的表外信用风险，应用范围受到限制。

（3）Logit 模型和 Probit 模型。

Probit 模型和 Logit 模型用以预测某一时期开始时生存的某一公司在该时期（一个月、一年等）结束时生存的概率。两种模型旨在改进线性模型的预测值可能落在区间［0，1］外的缺陷，即研究者假设事件发生的概率服从某种累积概率分布，使模型预测值落在［0，1］内。若假设事件发生的概率服从累积标准正态分布，则称为 Probit 模型；若假设事件发生的概率服从累积 Logistic 分布，则称为 Logit 模型。

Probit 模型和 Logit 模型采用一系列财务比率指标预测公司破产或违约的概率，根据风险偏好程度设定风险警戒线并以此进行信用风险定位和决策。Probit 模型的基本形式与 Logit 模型相同，差异仅是用于转换的累积概率函数不同：前者为累积正态概率函数，后者则为 Logistic 概率函数。Probit 模型和 Logit 模型在信用风险度量中都得到了相当广泛的应用。

三、评分与评级方法的比较

信用评分方法在从消费者信贷到商业信贷的各种信用风险分析中都有广泛运用，但不管用于什么地方，信用评分的思路在本质上是相同的：事先筛选出某些决定违约概率的关键因素并按属性划分，然后根据数据特征赋予评分的权重，最终计算出一个数量化的分值。在某些情况下，我们可以将此分值解释为违约概率；在另一些情况下，这一分值可以被用作一种分类或分级的基准。因此，信用评分和信用评级都提供了一种信用风险度量。当通过信用评分所得到的分值被归入不同的分值段（如 80～85 分都被归入 80～89 分这一分值段）或风险等级时，就形成了由分值转换而成的“评级”。实际上，评分与评级方法的相似性大于它们的不同性，这也给区分二者带来了一定的困难。二者的关系主要体现在四个方面。

第一，从目标市场的角度来看，评分主要出现在商业银行等金融机构的零售市场环境下，商业银行使用各种评分模型在异常庞大的消费者数据库中进行客观的自动评分，进行快速信贷决策。评级方法主要用于资本市场下的大型债务发行环境。一般而言，评级并不像评分方法那样可以从数据库中自动生成，所需的时间从几天到几周不等。它要同时考虑客观与主观因素，其目的主要是充分考虑不确定性因素，对评级对象的未来状况进行展望。虽然评级机构拥有现代计量模型技术，但它们仍然强调经验判断的重要性。

第二，从评估结果是否公开的角度来看，评分系统主要供商业银行内部信贷决策使用，一般来说，内部信用评分或评级通常不会公开。与之相反，发行评级通常涉及在市场上公开交易的债务，债务发行人出于融资策略考虑，往往愿意公布其评级，以降低融资成本，提高融资弹性。因此，外部评级是评级机构为市场投资者提供的公开评级信息。对银行的大型贷款，虽然评级机构会对其进行评级，但通常情况下，银行不会主动要求评级机构对其贷款进行评级。

第三，从评估结果的使用目的来看，信用评级典型地表现为一种序数性的风险度量，评级机构公布评级结果，但并不对发行人的违约风险做出任何担保或承诺。投资者出于各种投资需求，如投资决策、定价、组合管理等来使用外部评级，但他们仅仅是参考评级结果而在相应的等级上做出规划。信用评分的使用有多种目的，如申请评分[①]和行为评分[②]对零售客户来讲是最重要的评分形式。

随着金融监管理念的发展，内部评分和评级都可用于内部风险管理和监管资本的计算。银行出于对内部评估方法校准的目的常常使用外部评级。同时，出于计算资本充足率的目的，银行也被允许使用外部评级。

第四，从评分和评级的发展趋势看，基于监管要求，银行的内部评分和内部评级之间的差异正在逐渐消失。对银行而言，为了保证与外部评级的一致性，银行往往参考外部评级的方法与标准，将内部评级建立在数学模型的基础上，首先为内部决策提供一个分数或者评级范围。在此基础上，银行专家委员会最终决定受评对象的一个内部评级。同时，为了确保内部评级的客观性，重新定义评级方法会受制于成文的银行内部规则和相关政策。因此，除了存在专家委员会的主观因素影响之外，内部评级和内部评分没有系统性的差异。此外，由于内部评级与外部评级使用的方法相似，被评级的资产类别相似，所以内部评级的结果与外部评级的结果是非常相似的。

4.3 信用等级转移

前面介绍了信用评级体系与信用评级方法。无论是金融机构、公司还是某项具体债务，其信用等级状况都并非一成不变，而是会随着时间的推移因为宏观基本面因素和公司内部因素及其他一些因素的影响而发生相应的变化。信用等级的变化一般用信用等级转移概率来度量，在确定信用等级转移概率时，初始等级和期限是最重要的两个因素。

---

① 申请评分主要根据申请人的基本信息进行评分。

② 行为评分主要根据客户的行为信息，如房贷、还款记录等进行评分。

4.3.1 信用等级转移概率

一、信用等级转移事件的计数

假设按照从高到低的顺序排列，共有 1 到 d 个信用等级，其中 1 级信用等级最高，而 d 级表示违约；同时假设有 n 个发行人。发行人 i 的信用等级从第一期的 e_{i1} 级（记为 j）转移到第二期的 e_{i2} 级（记为 k），称为信用等级转移事件，记作 $(e_{i1}, e_{i2})=(j, k)$，其中 $j=1, 2, \cdots, d-1$；$k=1, 2, \cdots, d$。通过计算第 1～2 期相同的信用等级转移事件的数量，即计算相同的 (e_{i1}, e_{i2}) 的数量，可以得到 $(d-1)\times d$ 的转移数量矩阵 C，该矩阵的元素为 $c_{jk} = \sum_{i=1}^{n} 1\{(e_{i1},e_{i2}) = (j,k)\}$，即信用等级从 j 转移到 k 的事件数量，显然 $\sum_{j=1}^{d-1}\sum_{k=1}^{d} c_{jk} = n$。

二、信用等级转移的概率与信用等级转移矩阵

假设 e_{i2} 为随机变量，e_{i2} 的条件概率分布为

$$p_{jk} = p(e_{i2} = k \mid e_{i1} = j), \sum_{k=1}^{d} p_{jk} = 1 \tag{4-5}$$

式中，p_{jk} 为信用等级从初始的 j 级转移到 k 级的概率，即信用等级转移概率，且 $\{(e_{i2}=k \mid e_{i1}=j)\} \sim B(p_{jk})$，$B(p_{jk})$ 表示伯努利分布。从等级 j 开始信用转移的事件数量为 $n_j = \sum_{k=1}^{d} c_{jk}$，$j=1, 2, \cdots, d-1$，假定 $n_j>0$，则未知的信用等级转移概率 p_{jk} 可以用观察到的从 j 到 k 时的转移频率 $p_{jk}=\frac{c_{jk}}{n_j}$ 来代替。

按照上述方式得到信用等级转移概率以后，还需要在初始评级的基础上考虑由权威评级机构评估的企业所经历的各种历史事件的情况，并对信用等级转移概率做出进一步的修正。待确定了各种信用事件的信用等级转移概率以后，就可以得到相应的信用等级转移概率矩阵，简称信用等级转移矩阵。必须指出的是，信用等级转移事件是否发生以及违约概率的数值在这些年份是否发生很大变动，将依赖于经济是处于衰退状态还是扩张状态。因此，运用依赖于信用等级转移概率的模型时，应对平均历史数值进行适时调整，使其与当前的经济环境相吻合。

表 4-4 为穆迪的信用等级转移概率。

表 4-4　穆迪信用等级转移概率

最初等级	最后等级							
	AAA	AA	A	BBB	BB	B	CCC	违约
AAA	0.894	0.098	0.006	0.002	0.001	0.000	0.000	0.000
AA	0.009	0.909	0.071	0.008	0.001	0.002	0.000	0.000
A	0.001	0.026	0.901	0.060	0.008	0.004	0.000	0.001
BBB	0.001	0.003	0.063	0.851	0.063	0.015	0.002	0.003
BB	0.000	0.002	0.006	0.074	0.789	0.102	0.012	0.015

续前表

最初等级	最后等级							
	AAA	AA	A	BBB	BB	B	CCC	违约
B	0.000	0.001	0.004	0.006	0.061	0.830	0.038	0.061
CCC	0.002	0.000	0.002	0.010	0.015	0.120	0.660	0.191

资料来源：赵先信. 银行内部模型和监管模型——风险计量与资本分配. 上海：上海人民出版社，2004：331.

三、信用等级转移概率变动范围的估计

估计出信用等级转移概率后，我们通常还必须了解信用等级转移概率估计值的误差大小。下面分两种情况考察。

一是信用等级转移事件相互独立的情况。根据前面的讨论，c_{jk}是服从二项分布的随机变量，即 $c_{jk}\sim B(n_j,\ p_{jk})$，所以 $\hat{p}_{jk}$ 的标准差为 $\sigma_{jk}=\sqrt{\dfrac{p_{jk}(1-p_{jk})}{n_j}}$，于是可用 $\hat{\sigma}_{jk}=\sqrt{\dfrac{\hat{p}_{jk}(1-\hat{p}_{jk})}{n_j}}$来估计$p_{jk}$的变动范围。

二是信用等级转移事件相关的情况：假设这些伯努利变量两两之间的相关系数为 ρ_{jk}，那么 p_{jk} 的无偏估计 $\hat{p}_{jk}$ 的方差为$\sigma_{jk}^2=\dfrac{p_{jk}(1-p_{jk})}{n_j}+\dfrac{n_j-1}{n_j}\rho_{jk}p_{jk}(1-p_{jk})$，于是可以用$\hat{\sigma}_{jk}^2=\sqrt{\dfrac{\hat{p}_{jk}(1-\hat{p}_{jk})}{n_j}+\dfrac{n_j-1}{n_j}\rho_{jk}\hat{p}_{jk}(1-\hat{p}_{jk})}$来估计 p_{jk} 的变动范围。

4.3.2 联合信用等级转移概率

前面所述的信用等级转移概率仅适用单项贷款的情况。如果我们面对的是一项包含两种或两种以上贷款的贷款组合，那么如何确定这项组合在一定时期内的等级转移概率呢？我们首先以两种贷款构成的组合为例加以说明。

1. 两笔贷款独立时联合信用等级转移概率的计算

若两笔贷款相互独立，此时，两笔贷款的相关系数为零，则联合信用等级转移概率就等于各自概率的乘积。

2. 两笔贷款相关时联合信用等级转移概率的计算

在大多数情况下，贷款组合中的各项贷款并不独立，而且两项贷款的相关系数常常不为零。此时，我们计算两笔贷款相关时的联合信用等级转移概率，一般需要两个步骤；一是需知道贷款组合的信用等级转移服从的模型。最常用的模型是根据默顿（Merton，1974）的公司债务定价模型将债务人的信用等级转移规律与其资产价值或收益率的波动率联系起来得到的。二是需估计债务人的资产价值或收益率之间的相关系数。但债务人的资产价值或收益率之间的相关系数难以直接观测，人们常常用影响债务人股票收益的多因素模型进行估计。

下面运用默顿（Merton，1974）的公司债务定价模型和思想，计算信用等级分别为A级和BB级，并具有相关关系的两笔贷款的联合信用等级转移概率。首先对默顿模型做简要介绍。

假设一个企业只通过股权价值 S_t 和一种零息债券进行融资，其中债券的当前市场现

值为 B_t，在 T 时刻到期，到期时本息合计为 D。于是，该公司的资产价值 V_t 满足 $V_t=S_t+B_t$。当 T 时刻公司价值 V_T 小于负债 D 时，公司就可能违约，即存在信用风险。这也表明债务的市场价值 $B_0<De^{-rT}$，r 为无风险利率。那么只有当折现债务的到期收益率 y_T 大于 r 时才有 $B_0=De^{-y_TT}$。显然，y_T-r 代表用于补偿债权人所承担的违约风险的信用价差，记为 CS_T。当 T 时刻公司价值 V_T 大于负债 D 时，债权人可以取得负债 D；当公司价值 V_t 小于负债 D 时，债权人可以得到公司价值 V_t。如果债权人购买了一个欧式卖出期权，期权的执行价格为 D，到期日为 T，那么就可以完全消除债券的信用风险。也就是说，债权人在 0 时刻买入 T 时刻到期的面值为 D 的零息债券的同时再购入一个现值为 P_0 的欧式卖出期权，就可以将风险零息债券转化为面值为 D 的无风险零息债券。P_0 为违约成本或者可看作卖出期权的现值，显然有 $B_0+P_0=De^{-rT}$。根据布莱克-斯科尔斯（Black-Scholes）期权定价公式，可以求出欧式卖出期权的价值为

$$P_0=-\Phi(-d_1)V_0+De^{-rT}\Phi(-d_2)^{①} \tag{4-6}$$

其中，$d_1=\dfrac{\ln(V_0/D)+\left(r+\dfrac{\sigma^2}{2}\right)T}{\sigma\sqrt{T}}=\dfrac{\ln(V_0/De^{-rT})+\dfrac{\sigma^2}{2}T}{\sigma\sqrt{T}}$；$d_2=d_1-\sigma\sqrt{T}$，$\sigma$ 为该资产收益率的标准差；De^{-rT}/V_0 称为杠杆比率。将 P_0 代入 $B_0+P_0=De^{-rT}$，很容易求出 B_0，进而可以求出 y_T。关于公司债务定价模型就简述到此。

第一，等级转移临界值的确定。为了不失一般性，假设所考察的公司的信用等级为 X 级，公司未来有从低到高 8 种可能的信用转移状态，分别为 D 级（违约级）、CCC 级、B 级、BB 级、BBB 级、A 级、AA 级、AAA 级，其中 X 可以是除了违约 D 级以外的 7 种可能级别的任何一级。

先讨论违约的情况。显然，当 T 时刻公司价值 V_T 小于负债 D，即违约概率 $P(V_T<D)>0$ 时，就存在信用风险。假设 X 级债务人的违约概率已知，为 PD_X；$V_{T,D}$表示到期违约的临界值，即 $PD_X=P(V_T\leqslant V_{T,D})$，又由 $V_t=V_0\exp\left\{\left(\mu_v-\dfrac{\sigma_v^2}{2}\right)t+\sigma_v\sqrt{t}\varepsilon\right\}$，得到

$$PD_X=P\left\{\varepsilon\leqslant-\frac{\ln(V_0/V_{T,D})+\left(\mu_v-\dfrac{\sigma_v^2}{2}\right)T}{\sigma_v\sqrt{T}}\right\}=\Phi(Z_{X,CCC}) \tag{4-7}$$

式中，$\Phi(\cdot)$ 为累积标准正态分布函数。

$$Z_{X,CCC}=-\frac{\ln(V_0/V_{T,D})+\left(\mu_v-\dfrac{\sigma_v^2}{2}\right)T}{\sigma_v\sqrt{T}} \tag{4-8}$$

令 $r_t=\dfrac{\ln(V_T/V_0)+\left(\mu_v-\dfrac{\sigma_v^2}{2}\right)t}{\sigma_v\sqrt{t}}$，容易看出 r_t 服从标准正态分布，则根据资产价值变化得到的对数收益率 $\ln(V_t/V_0)$ 服从均值为$\left(\mu_v-\dfrac{\sigma_v^2}{2}\right)t$、标准差为 $\sigma_v\sqrt{t}$的正态分布。实际

① 在本节中，如无特殊说明，$\Phi(\cdot)$均表示累积标准正态分布函数。

上，式（4-7）给出的是将服从几何布朗运动的公司资产价值 V_t 的对数收益率 r_t 进行标准正态化处理的过程，于是，我们称 r_t 为标准正态化的资产对数收益率，简称标准化资产收益率。

由于 PD_X 已知，所以，通过式（4-7）可以求得 $Z_{X,CCC}$，再利用式（4-8）得到 $V_{T,D}$。$V_{T,D}$为到期违约的临界值，所以，$Z_{X,CCC}$是 X 级公司进行标准正态化后对应于 $V_{T,D}$ 的违约临界值。显然，在标准化资产收益率的概率分布中，$Z_{X,CCC}$的左边即为 X 级公司发生违约的概率。$Z_{X,CCC}$实际上是 X 级公司由 X 级转移到违约级后的标准化资产收益率的临界值，这反映了评级转移和资产变动之间的关系。

同理，我们可以得到 X 级公司在 T 时刻从 X 级转移到 CCC 级的标准化资产收益率的临界值，记为 $Z_{X,B}$。假定 X 级公司从 X 级转移到 CCC 级的概率为 $P(CCC_X)$，$V_{T,CCC}$表示 X 级公司在 T 时刻从 X 级转移到 CCC 级的公司资产价值的临界值，类似于上面的推导，可得

$$P(CCC_X)=P(V_{T,D}\leqslant V_T\leqslant V_{T,CCC})=\Phi(Z_{X,B})-\Phi(Z_{X,CCC}) \tag{4-9}$$

由上面已知可求出 $Z_{X,CCC}$的值，在给定 $P(CCC_X)$ 的情况下，可求得 $Z_{X,B}$。在标准资产收益率分布中，$Z_{X,CCC}$到$Z_{X,B}$之间的区域对应于等级为 X 的公司在 T 时刻由 X 级转移到 CCC 级的概率。依此类推，我们就可以依次得到等级为 X 的公司在 T 时刻由 X 级分别转移到 B 级、BB 级、BBB 级、A 级、AA 级、AAA 级所对应的标准化资产收益率的临界值，下面将这些临界值简称为等级转移临界值。

第二，A 级和 BB 级债务人 1 年后的标准化资产收益率的临界值的计算。假定 A 级和 BB 级债务人满足第一步的假设要求，到期日 $T=1$ 年。我们首先可以运用前文方法得到 A 级债务人 1 年后从 A 级转移到其他级别的概率，然后完全仿照第一步的方法得到对应于各个级别的临界值。

第三，联合转移概率的计算，假设 BB 级和 A 级债务人两种资产的标准化资产收益率（分别记为 r_{BB}、r_A）服从联合正态分布，两种资产的标准化资产收益率之间的相关系数是可知的，为 ρ，则（r_{BB}，r_A）的联合概率密度函数为

$$f(r_{BB},r_A;\rho)=\frac{1}{2\pi\sqrt{1-\rho^2}}\exp\left\{\frac{-1}{2(1-\rho^2)}(r_{BB}^2-2\rho r_{BB}r_A+r_A^2)\right\} \tag{4-10}$$

利用上式，我们就可以计算出 BB 级和 A 级债务人 1 年后转移到各个不同等级的联合转移概率。如果贷款组合的贷款数超过两笔，则贷款组合的联合转移概率与组合中仅两项贷款的联合转移概率的计算方法完全类似，只需进行更多变量的积分求解即可。

4.3.3 条件信用等级转移概率

由于违约率和信用等级转移概率都和宏观经济状况有着密切的联系，在经济衰退时期，违约和降级概率要高于相应的历史平均水平，而繁荣期的情况则正好相反。因此，在使用基于信用等级转移矩阵建立的模型时要根据经济情况对信用等级转移矩阵进行调整，也就是要建立受宏观经济因素影响的信用等级转移矩阵，即条件信用等级转移概率矩阵。一般地，处理和解决宏观经济因素影响的方法主要有以下两种。

一是将过去的样本期间划分为衰退年份和非衰退年份，并计算出两个单独的、分别对应衰退年份和非衰退年份的历史信用等级转移概率矩阵。根据这两个矩阵，可解决对应于不同时期的信用资产风险度量问题。

二是直接建立信用等级转移概率与宏观经济因素之间的关系模型。若模型是拟合的，就可以通过该模型来观测、模拟宏观经济因素对信用等级转移概率的影响，并在用历史数据得到的信用等级转移概率矩阵（称为无条件信用等级转移概率矩阵）的基础上，建立可以反映宏观经济因素影响的无条件信用等级转移概率矩阵。这个模型和方法就是麦肯锡公司（McKinsey）的威尔逊（Wilson）于 1997 年提出的信用组合观点（credit portfolio view）的核心内容。按照信用组合观点，模型将更适用于投机级债务人，因为相对于投资级债务人，投机级债务人的违约率随着信用周期的变化将会更加剧烈地变动。

目前，运用信用组合观点来估算条件信用等级转移概率的方法得到了最为广泛的应用和肯定，下面给予详细介绍。

假设 M 是一个不考虑宏观因素情况的无条件信用等级转移概率矩阵（见图 4－2），P_{CD} 表示一个 C 级借款人在下一年度违约的概率，该概率将随着经济周期因素的变化发生很大变动，而且在衰退期将更加严重。信用等级转移概率矩阵 M 中的概率将随经济衰退的发展而沿着右下角方向逐渐增加。显然，P_{CD} 随着时间的变化受宏观经济因素的影响最大。

$$M=\begin{bmatrix} \text{期初} & \text{期末} & & \\ AAA & AAA & \cdots & D \\ \vdots & & & \vdots \\ \vdots & & & \vdots \\ C & \cdots & \cdots & P_{CD} \end{bmatrix}$$

图 4－2　无条件信用等级转移概率矩阵

为了不失一般性，我们用 P_t 表示某投机级债务人在未来 t 时刻违约的概率，用 γ_t 表示 t 时刻受 n 种宏观经济因素（例如失业率、GDP 增长率、长期利率水平、政府支出等）X_{it}（$i=1, 2, \cdots, n$）影响的宏观指数变量，于是令

$$P_t=f(\gamma_t) \tag{4-11}$$

$$\gamma_t=g(X_{it},\varepsilon_t),\ i=1,2,\cdots,n \tag{4-12}$$

式中，ε_t 为假设独立于 X_{it} 且服从正态分布 $N(0, \sigma_\varepsilon^2)$ 的误差项，主要由一些一般性随机冲击或经济体系的创新导致。显然 $\frac{df}{d\gamma}<0$，表示违约概率与经济发展状况呈反方向变化关系。假设 t 时刻的各个宏观经济变量 X_{it}（$i=1, 2, \cdots, n$）可由该宏观经济变量本身过去的 m 期历史情况所决定，则有

$$X_{it}=h(X_{it-1},X_{it-2},\cdots,X_{it-m},e_{it}) \tag{4-13}$$

式中，e_{it} 为独立且服从正态分布 $N(0, \sigma_{e_{it}}^2)$ 的误差项，表示 t 时刻对第 i 个宏观经济变量的随机冲击或创新因素。将式（4－13）代入式（4－12），再代入式（4－11），可得

$$P_i=F(X_{it-j},\varepsilon_t,e_{it}),\ i=1,2,\cdots,n;j=1,2,\cdots,m \tag{4-14}$$

在式（4－14）中，X_{it-j}是过去的历史数据，可以预先获得，至于其中的随机冲击或创新因素项 ε_t 和 e_{it}，可以使用蒙特卡罗方法[1]模拟得到。于是，可以利用式（4－14）确定投机级债务人在未来 t 时刻违约的概率 P_t。此处要说明的是，运用蒙特卡罗方法模拟一组随机冲击变量 ε_t 和 e_{it} 所得到的 P_t 一般误差很大，在实践中，必须多次重复上述模拟，产生更多个（例如 10 000 个）P_t 值，才可以得到一个对应于 P_t 值的分布。按照计算 VaR 的方法，从 P_t 值分布中选择对应于某置信度（例如要求 99%）的最大违约 P_t 值，即为在未来 t 时刻的违约概率。

在实际应用中，取代式（4－11）的最简单的函数形式为

$$P_t=f(\gamma_t)=\mathrm{e}^{-r_t} \tag{4-15}$$

X_{it} 和 γ_t 则可以通过回归分析等方法得到，即可分别用形如式（4－16）和式（4－17）的多因素线性模型来表示，即

$$X_{it}=\alpha_{i0}+\alpha_{i1}X_{it-1}+\cdots+\alpha_{im}X_{it-m}+e_{it} \tag{4-16}$$

$$\gamma_t=\beta_0+\beta_1X_{it}+\cdots+\beta_nX_{nt}+\varepsilon_t \tag{4-17}$$

非投资级债务人的违约概率在经济衰退时比正常情况下要高，此时信用降级事件会增多，升级情况会减少。经济扩张时情况正好相反。可以用式（4－18）和式（4－19）表示

$$\frac{P_t}{P_{XD}}>1,\text{经济衰退时} \tag{4-18}$$

$$\frac{P_t}{P_{XD}}<1,\text{经济扩张时} \tag{4-19}$$

式中，P_t 是根据式（4－15）模拟出的投资级债务人 X 在 t 时刻的违约概率，P_{XD} 为投资级债务人 X 的无条件违约概率。信用组合观点建议依据式（4－19）中的这些比率来调整无条件信用等级转移概率矩阵 M 中的信用等级转移概率，生成以宏观经济因素为条件的一个信用等级转移矩阵 M_t：

$$M_t=M(P_t/P_{XD}) \tag{4-20}$$

一般的调整原则为：$\frac{P_t}{P_{XD}}>1$ 时，将相应的概率调整为低一级或者违约的概率；当 $\frac{P_t}{P_{XD}}<1$ 时，按相反方向调整。

需注意的是，由于信用等级转移概率矩阵中每一行的概率之和必须等于 1，所以，当运用无条件信用等级转移概率矩阵 M 将违约概率 P_{XD} 调整为 P_t 时，若$\frac{P_t}{P_{XD}}>1$，就必须对矩阵 M 中 P_{XD} 所在行的其他概率做相应的下调；若$\frac{P_t}{P_{XD}}<1$，就做相反的调整。

按照上述方法可以分别模拟出条件信用等级转移矩阵 M_t，$t=1$，2，…，T。假定信用等级转移服从马尔可夫（Markov）过程，我们就可以得到一个 T 期的条件信用等级转移矩阵

① 该方法的具体介绍见 3.6 节。

$$M_t = \prod_{t=1}^{T} M_t = \prod_{t=1}^{T} M(P_t / P_{XD}) \tag{4-21}$$

利用式（4-21），就可以得到任何时间段上的条件信用等级转移矩阵。实证研究表明，信用等级转移常常具有自相关性，并非严格服从马尔可夫过程，此时可采用第二个或更高的马尔可夫过程去试一试。

4.4 KMV模型

KMV模型全称为KMV Credit Monitor Model，其起源可追溯至1972年布莱克、斯科尔斯和默顿有关期权定价的研究（BSM模型），以及1974年默顿将期权定价理论运用于风险贷款和证券估价的开创性思想，为分析公司违约风险提供了理论框架。20世纪后半期，世界金融市场迅速发展，金融脱媒、证券化日益突出，金融创新日新月异，传统的信用风险管理手段不能反映债务人的实际状态，迫切需要新的管理方式。自默顿（1974）提出运用期权定价理论对风险债券和贷款等非交易性信用资产进行观测和估值的模型以后，默顿的思想和模型得到了不断的推广和扩展，其中最著名的就是KMV公司发展的信用监控模型（credit monitor model），称为KMV模型。KMV模型作为运用现代期权定价理论建立起来的违约预测模型，是对传统信用风险度量方法的一次重要革命。KMV模型以计算预期违约概率（expected default frequency，EDF）见长。模型以默顿期权定价理论为基础，通过企业自身的财务特征而非最初的信用评级来预测企业的违约前景。同其他模型相比，该模型没有就信用评级以及评级转移做任何假设，而是通过企业的财务结构、企业资产回报波动率以及企业资产的当前市值来推导预期违约率。KMV模型的违约率反映了每一单个企业的具体风险特征，也可以通过相应的评级系统转换为信用评级。

4.4.1 KMV模型的基本原理

KMV模型的基本思想是：债务人的资产价值变动是驱动信用风险产生的本质因素，所以只要确定了债务人资产价值变动所遵循的规律和模型（例如服从某个随机方程），就可实现估计违约率的目的。

该模型的结构包含两种理论联系：一是将股权看作以公司资产价值为标的资产、以公司债务的账面价值为执行价格、以负债的还款期限为到期日的看涨期权；二是公司股票价值波动率与公司资产价值波动率之间存在函数关系。在实践中，通过观察一定违约距离（DD）的公司在一年内有多少比例违约，来衡量任何一家具有同样违约距离的公司的违约概率，从而为企业信用评级提供一种新方法。

KMV模型比较适用于上市公司，首先由股票市场公开的数据和信息来确定公司权益的价值，再据此确定公司资产的价值，进而估计违约概率。当然，KMV模型是建立在债务人公司股票价格被正确评估的基础之上的。如果不能正确评估股票价格或者股票市场处于非正常情形，基于KMV模型的结论就可能产生较大偏差。而决定一家公司违约概率的主要因素有三个。

(1) 资产价值 (V_t)，即企业资产的市值。该市值相当于企业资产未来所产生的现金流经过适当折现后的现值。该指标主要反映了企业的前景，也包含了企业行业以及宏观经济的有关信息。

(2) 资产风险 (σ)，即企业资产价值的不确定性。该指标衡量的是企业的商业风险和行业风险。企业的资产价值是一个估计值，因而是不确定的。在谈到企业资产价值这一概念时，应该从商业以及行业风险的意义上来理解。

(3) 杠杆比例即债务账面价值 (D) 与企业资产价值 (V_t) 的比例，合同的债务账面价值是企业必须偿还的。

随着企业资产价值逐渐接近债务账面价值，违约风险逐渐上升，直至企业市值最终不足以偿还债务时发生违约。根据KMV的研究，一般说来，当资产价值接近全部债务账面价值时，企业不会违约。虽然有一些企业在这一点上会违约，但许多企业仍然会继续履行偿债义务，长期债务的长期性为债务人提供了一个喘息的空间。KMV的研究进一步表明，违约点的资产价值处于全部债务价值与短期债务价值之间。实证研究显示，大量的违约发生在短期债务加上50%的长期债务这一水平。KMV将企业的相对净值定义为企业的资产价值减去企业的违约点价值 (V_{DEF})。当企业的相对净值等于零，即企业资产价值抵达违约点时，企业将违约。

4.4.2 模型的基本假设及度量信用风险的步骤

一、模型的基本假设

(1) 为简化起见，假设一个企业只通过股权价值 S_t 和一种零息债券进行融资，其中债券当前市场现值为 B_t，在 T 时刻到期，到期时本息合计为 D。于是，该公司的资产价值 V_t 满足 $V_t=S_t+B_t$。

(2) 公司的资产价值服从几何布朗运动，即 $\frac{dV_t}{V_t}=\mu dt+\sigma_v dW_t$。其中，$\mu$ 和 σ_v 分别表示公司资产的期望（预期）收益率和标准差，$dW_t=\varepsilon\sqrt{dt}$，$W_t$ 表示标准布朗运动。ε 服从均值为0、方差为1的标准正态分布。于是

$$V_t=V_0\exp\left\{\left(\mu-\frac{\sigma_v^2}{2}\right)t+\sigma_v\sqrt{t}\varepsilon\right\} \tag{4-22}$$

式中，V_0 为始点 ($t=0$) 时的资产价值；σ_v① 为公司资产收益率的波动系数。

(3) 没有交易成本和卖空限制、存在无风险资产，交易可以连续进行。

(4) 假定公司资产价值大于负债账面价值时公司不会违约。反之，如果资不抵债，则公司会选择违约。

二、KMV模型的计算过程

KMV模型包含三个主要内容，也是计算预期违约率的三个基本步骤：第一，估计资

① σ_v 和 σ 表示的含义不同，但可以相互推导。

产价值 V_t 和资产收益率的波动系数 σ_v。通过股票市值、股票收益率的波动系数以及债务账面价值来估计企业的资产价值和资产收益率的波动系数。第二，计算违约距离 DD。通过上一步计算出的资产价值、资产收益率的波动系数以及债务账面价值来计算违约距离。第三，计算预期违约率（EDF）。直接通过违约距离以及给定的违约距离上的违约率来确定预期违约率。

1. 资产价值和资产收益波动率的估计

如果能够得到股票的市场价格，使用期权定价方法就可以直接决定资产价值和资产收益率的波动系数。期权方法将企业的标的资产看作一个买入期权。例如，考虑一种极其简单的企业财务结构，其中只有一种债务和一种股权。股权的有限责任意味着股东有权利而不是义务去支付债务人，并承接余下部分的企业资产。也就是说，只有当企业的债务被股东全额支付时，企业的其他债权人才算真正拥有企业。事实上，公司的所有者权益本质上是对公司资产的或有索偿权。当债务到期时，公司资产价值 V_t 大于借款 D，公司偿还债务以后，股权所有者将保有资产的剩余价值 V_t-D，而且公司资产价值越大，股权所有者所保有的资产剩余价值就越大；否则，公司的股权所有者将无法偿还贷款，在经济上失去清偿能力。因此，我们可以将公司股权所有者持有的股权价值 S_t 看作一个执行价格等于企业债务的账面价值（D）的欧式看涨期权。在到期日 T，如果公司资产价值 V_T 大于负债账面价值，股东会全数清偿债务，继续拥有公司的经营权。反之，如果资不抵债，股东会选择违约，将公司经营权转移给债权人。于是，只要确定了资产价值服从的随机方程，就可以利用期权定价方法得到股权价值。用一般形式表示，股权价值 S_t 可用下式估值：

$$S_t=h(V_t,\sigma_v,r,D,\tau) \tag{4-23}$$

即股价 S_t 由公司资产价值 V_t、公司资产收益率的波动系数 σ_v、无风险利率 r、负债 D 和到期期限 τ（$\tau=T-t$，T 为到期日，t 为当前时刻）决定，其中参数 S、r、D、τ 的值可以通过市场直接观察到。关于 $h(\cdot)$ 的确定，最简单的方式就是假设公司资产由权益和零息负债两部分构成；资产的市场价值服从几何布朗运动等。因此，在到期日时，公司股权价值可视为欧式买权的到期收益，如下所示：

$$S_t=\max(V_t-D,0) \tag{4-24}$$

其标的物为买权到期时的公司价值 V_T，履约价格为到期时负债的账面价值 D。我们将利用把股东权益看成买权的性质，以股票市值 S_t 和股票收益率的波动系数 σ_s 反向推导出隐含的资产市值和资产收益率的波动系数。

假设 σ_v 为固定的，引用布莱克-斯科尔斯期权定价公式求解式（4-24），则股东权益价值的定价模型为

$$S_t=V\Phi(d_1)-De^{-r\tau}\Phi(d_2) \tag{4-25}$$

式中，$d_1=\dfrac{\ln(V_t/D)+\left(r+\dfrac{\sigma_v^2}{2}\right)\tau}{\sigma_v\sqrt{\tau}}$；$d_2=d_1-\sigma_v\sqrt{\tau}=\dfrac{\ln(V_t/D)+\left(\mu-\dfrac{\sigma_v^2}{2}\right)\tau}{\sigma_v\sqrt{\tau}}$，$\tau=T-t$ 为距到期日的时间。

默顿的违约模型是根据公司的资本结构（公司价值、股权价值和负债）来估计公司违约的概率，所以违约来自公司内部因素，因此该模型被称为结构式模型（structural model）。显然，要确定 V_t 和 σ_v，还需要另外一个关系式。KMV 模型找到了可观察到的公司股票收益波动率 σ_s 和不可观察到的公司资产收益波动率 σ_v 之间的关系式，可用一般形式表示为

$$\sigma_s = g(\sigma_v) \tag{4-26}$$

关于 $g(\cdot)$ 的确定，对 $S_t = V_t\Phi(d_1) - De^{-rt}\Phi(d_2)$ 等式两边做一阶微分：

$$\begin{aligned}
dS_t &= \left(\frac{\partial S}{\partial t} + \frac{\partial S}{\partial V} rV_t + \frac{\sigma_v^2}{2} V_t^2 \frac{\partial^2 S}{\partial V^2}\right) dt + \frac{\partial S}{\partial V} \sigma_v V_t dW_t \\
&= rS(V_t, t) dt + \sigma_v V_t \Phi(d_1) dW_t \\
&= rS_t dt + \left(\sigma_v \frac{V_t}{S_t} \Phi(d_1)\right) S_t dW_t
\end{aligned}$$

$$\frac{dS_t}{S_t} = r dt + \left(\sigma_v \frac{V_t}{S_t} \Phi(d_1)\right) dW_t \tag{4-27}$$

得到 $\sigma_s = \frac{\sigma_v V_t}{S_t}\Phi(d_1)$，利用 S_t、σ_s 即可计算出 V_t 和 σ_v。

举例来说，假设某企业是一个高杠杆比率的共同基金或信托基金。企业的资产是股票，可以在任何时候通过观察证券的市场价格来估值。为了不考虑货币的时间价值（折现因素不仅无助于我们理解眼下的问题，反而会把问题变得更加复杂），进一步假设该企业非常小，5 年以后企业自动终止。也就是说，5 年以后企业的资产将被变现，由股东和债权人分摊所得收入。

一开始假设我们感兴趣的是通过资产市值来决定股本市值。该假设虽然同我们目前的实际情形相反，但为我们理解基本的期权关系提供了一个更加简化的视角。为了更有针对性，假设我们一开始向企业投资了 20 美元，从银行借了 80 美元，然后将这 100 美元完全投资于该企业。5 年以后，股权的市值是多少？例如，如果第五年末资产的市值是 60 美元，股本的市值将变为 0；如果资产的市值是 110 美元，则股本的市值为 30 美元；如此等等。因此，股权的市值是第五年末企业资产市值的函数。

现在假设我们感兴趣的是企业最终终止以前（例如，假设企业设立 3 年后，企业距离终止还剩下 2 年的时间）股权的价值。进一步假设我们对股票资产进行盯市，其市值为 80 美元。那么股本的市值是多少？肯定不是 0。因为真正起作用的是 2 年以后企业的市值，因此在 2 年内资产市值仍然有可能大于 80 美元。资产市值越高，2 年后出现高资产市值的可能性就越大。例如，如果我们对于 3 年以后企业的表现不满意（资产市值从 100 美元下降为 80 美元），我们可能倾向于投资高回报、高风险的股票资产，由此导致股本市值增加。波动率更高的资产其市值上升的概率也更大，相应地，对股本的支付也更多。当然，由于波动率的变化是双向的，也存在资产市值较低的可能性，但在有限责任的制度条件下，这并不影响企业的股权市值。对股本而言，由于对股东的支付都是 0，在第 5 年年末，最终的资产市值是 79 美元还是 9 美元没有差别。

股本的价值增加来自何处？肯定不是来自资产价值的增加。我们简单地卖掉了最终的

组合，用所得的 80 美元购买了一个新的具有更高风险的投资组合，这里没有价值创造。价值当然来自持有我们债务的银行。因此，在资产市值不变时，股本市值增加的唯一方式是从债务市值中汲取价值。当我们将企业的资产重新投资时增加了债务的违约风险，并相应减少了债务的市值。债务和股权的市值紧紧缠绕在一起，实际上它们都是以企业资产为标的的衍生证券。我们可以利用期权的性质，将股权市值和债务账面价值联系起来，以此来决定标的资产的预期市值。实质即从观察到的股本市值推导资产市值。在实践中需要考虑更加复杂的资本结构以及现实中存在的其他复杂情况，如债务的多种期限和性质（如长、短期债券，可转换债券等）、股本的持久性、货币的时间价值等。与此同时，还要求解资产的波动性。因此，在实践中 KMV 模型同时求解下面两种关系：

[股权市值]=期权函数([资产市值],[资产市值波动率],[资本结构],[利率])

[股权市值波动率]=期权函数([资产市值],[资产市值波动率],[资本结构],[利率])

因而，通过当前的股权市值及其波动率和资本结构，可以进一步得出资产市值及其资产波动率。

2. 违约距离的计算

当假定公司资产价值服从几何布朗运动时，假定违约概率 $PD=P(V_t<D)$，进而推出

$$PD=P\left[\varepsilon<-\frac{\ln(V_0/D)+\left(\mu-\frac{\sigma_v^2}{2}\right)T}{\sigma_v\sqrt{T}}\right]=\Phi(-d_2)$$

$$\Rightarrow d_2=\frac{\ln(V_0/D)+\left(\mu-\frac{\sigma_v^2}{2}\right)T}{\sigma_v\sqrt{T}} \tag{4-28}$$

由前文可知，在 T 时刻公司资产价值低于总债务的账面价值（D）时的概率，并非准确的违约率，因而需要求出 T 时刻的违约临界值，此处仍记为 V_{DEF}。KMV 模型将违约临界值设定为短期负债（STD）加长期负债（LTD）的一半。然后，按照式（4-25）推导，可得到违约距离（DD）为

$$DD=\frac{\ln(V_t/D_{DEF})+\left(\mu_v-\frac{\sigma_v^2}{2}\right)\tau}{\sigma_v\sqrt{\tau}} \tag{4-29}$$

式中，T 为到期日；t 为当前时刻；$\tau=T-1$；V_t 为资产当前的市场价值；μ_v 为资产的预期收益率；σ_v 为资产收益率的波动系数。

由于公司资产价值并不一定服从几何布朗运动，公司资本结构的简化也会导致估计的失真，所以 KMV 模型给出了一个直接计算违约距离的方法，即

$$DD=\frac{V_T-V_{DEF}}{V_T\cdot\sigma} \tag{4-30}$$

式中，V_T 为 T 时刻的预期资产价值；V_{DEF} 仍为 T 时刻的违约临界值；σ 表示 T 时刻资产价值的波动系数。

在实践中需要调整违约距离，使其不仅包括由 $\left(\mu_v-\frac{\sigma_v^2}{2}\right)$ 表示的资产价值增加，也包括

任何由支付债务所导致的资金流出。此外，正态分布在定义违约概率方面不是一个好的选择。其中最重要的原因是，违约点事实上也是一个随机变量。也就是说，我们已经假设通过调整债务和分期偿还计划来描述违约点。当然，我们知道事实并非如此。特别是，当接近违约时，企业会调整其债务承担。一个普遍的现象是，当工商企业接近违约时，债务会增加，而金融企业在接近违约时，债务会减少。这种差别主要反映了两者的资产流动性差异，以及遇到财务困境时，调整其财务杠杆的能力差异。遗憾的是，由于我们无法在事前设定债务的变化模式，所以必须从其他方面来获取债务调整上的不确定性。从违约距离到违约概率（*EDF*）的映射包含了这种不确定性。违约率的经验分布尾部比正态分布的尾部宽。例如，与4个标准差的违约距离对应的违约概率大约为45个基点。在正态分布中，同样的违约距离对应的违约概率为0。

通常认为有6个变量决定了一家企业在某一段时间内的违约概率。这6个变量依次是：(1) 当前的资产市值；(2) 资产市值在时间T的分布；(3) T点的资产市值的波动率；(4) 违约点的水平，即相应水平上债务的账面价值；(5) 资产市值在该时间段内的预期增长率；(6) 时间区间的长度T。

通常认为前4个变量是关键变量，资产市值的增长率对于区分违约率几乎不起作用，时间区间的长度由分析人员自己设定。

如果资产市值跌入违约点以下，则企业违约，因此所谓违约概率即资产市值跌入违约点以下的概率，在图4-3中阴影表示的违约点以下的区域。

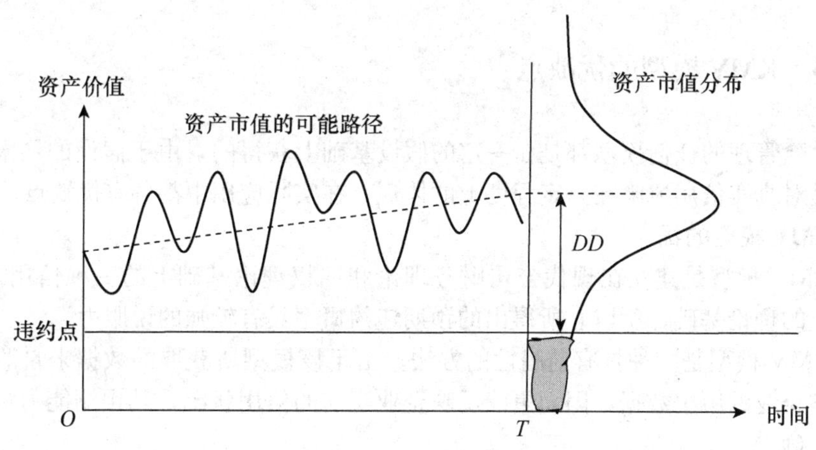

图4-3 企业资产市值分布

资料来源：赵先信. 银行内部模型和监管模型——风险计量与资本分配. 上海：上海人民出版社，2004：220.

图4-3也表明了变量之间的因果关系和权衡取舍关系。因果关系设定为分析人员提供了一个有力、可靠的框架，借此可以就模型的多个输入变量做各种不同的假设，可以估计任何资本重组方案所产生的影响，比如大幅的股价下跌以及兼并收购等。

如果资产市值的未来分布是已知的，则违约概率（*EDF*）就简化为最终资产市值低于违约点的概率（图4-3中的阴影区域）。但在实践中，资产市值的未来分布很难计量，此外，也很难使用通常的正态分布或对数正态分布假设。在准确测定违约概率方面，真正重要的是资产市值发生大幅度负面变化的可能性。Credit Monitor用资产市值距离违约点多少个标准差来衡量违约距离，使用经验数据来决定对应的违约概率。

3. 基于违约距离的预期违约率（*EDF*）的计算

当假定公司资产价值服从几何布朗运动时，将利用式（4-29）得到的违约距离（DD）代入累积标准正态分布函数 $\Phi(\cdot)$ 中，即得到预期违约率 $EDF=\Phi(-DD)$。下面给出对应于式（4-30）的违约距离计算 *EDF* 的更一般的方法，包括两种：一是基于资产价值分布（例如正态分布）的 *EDF* 的计算，称为理论 *EDF*；二是基于历史违约数据的 *EDF* 的计算，称为经验 *EDF*。

关于理论 *EDF* 的计算步骤如下：假设某公司年初的违约距离（*DD*）为 2.33，且公司资产价值分布服从正态分布。于是，我们知道，若该企业下一年违约，那么资产价值将在违约临界值的基础上下降 2.33 个标准差。也就是说，公司下一年的资产价值将在违约临界值 V_{DEF} 的基础上降低 2.33 个标准差的概率为 $\Phi(-DD)=\Phi(-2.33)=1\%$，该概率即为理论违约率。

关于经验 *EDF* 的计算步骤如下：假设拥有大量有关企业违约与不违约的历史数据和信息，可以估计出期初在某给定违约距离（*DD*）的所有企业中，在期末 *T* 时刻后实际发生违约的企业比例数，即

$$\text{经验 } EDF=\frac{\text{期初违约距离为 } DD \text{ 且期末发生违约的企业数目}}{\text{期初违约距离为 } DD \text{ 的企业总数}} \tag{4-31}$$

4.4.3 KMV 模型的优缺点

信用风险管理的任何模型都是在一定的假设基础上获得的，由于假设的局限性，任何模型都只是对真实信用风险在一定程度上的体现，在实际应用中都各有优缺点。

一、KMV 模型的优点

（1）KMV 模型是建立在现代公司财务理论和期权理论基础上的一种信用监测模型。由于有很强的理论基础，所以它所得出的预期违约概率具有较强的说服力。

（2）KMV 模型是一种具有前瞻性的方法。由于该模型所获取的数据来自股票市场的资料，而非企业的历史数据，因而更能反映企业当前的信用状况，其预测能力更强、更及时，也更准确。

（3）KMV 模型所提供的 *EDF* 指标在本质上是一种对风险的定量分析，它不仅可以反映不同企业风险水平的高低，而且可以反映风险水平差异的程度，因而更加精确。同时，这也更加有利于对贷款的定价。

二、KMV 模型的缺点

（1）KMV 模型的使用范围有一定的局限性。该模型主要适用于评估上市公司的信用风险，而运用于非上市公司时，需要借助一些会计信息或其他能够反映借款企业特征值的指标来替代模型中的一些重要变量，通过对比分析最终得出该企业的期望违约概率，因此在一定程度上降低了最终计算结果的准确性。

（2）KMV 模型关于企业资产价值的对数服从正态分布，而实际中企业的资产价值一般会呈现非正态的统计特征。

(3) KMV 模型不能对长期债务的不同类型加以分辨。实际上，可以根据长期债务的优先偿还顺序、是否有担保、能否转换等来区分不同的长期债务，因而可能会造成在违约点的确定上不准确这一问题，导致模型的产出变量不准。

(4) KMV 模型基本上属于一种静态模型。该模型的基础是默顿的模型假设，即借款企业管理层一旦将企业的债务结构确定下来，则随后企业的债务结构就不变；无论其资产价值增长多少，企业的债务结构都不会变动，但实际情况往往不是这样。

4.5 CreditMetrics 模型

CreditMetrics 模型是由 J. P. 摩根、美洲银行、KMV 和瑞士银行等金融机构于 1997 年合作推出的一种 *VaR* 计算框架和方法，特别适用于贷款、私募债券这样的非交易性信用资产的估值与风险计算。CreditMetrics 模型在应用时，本质上是根据信用等级转移、债务人信用质量以及违约事件来确定信用资产的市场价值并基于信用资产价值来计算风险价值（即 *VaR*）的，所以该模型也称为基于信用等级转移的盯市模型。由于 CreditMetrics 模型具有很强的理论基础，而且考察的因素比较全面，计算精度较高，适用性和有效性也比较强，所以一直是应用最为广泛、影响也最大的模型之一。

4.5.1 CreditMetrics 模型的基本原理

CreditMetrics 模型的基本思路是，通过考虑债务人在一定时期内（通常为 1 年）违约、信用等级转移及其所导致的信用价差变化等因素，来确定信用资产组合的市场价值及其波动。再根据债务人期末可能转移到的信用等级所对应的信用资产组合价值，建立信用资产组合的价值分布。最后，根据期末的价值分布可得到一定置信水平下信用资产组合的 *VaR*，即信用风险价值或 *CVaR*。与市场价值的 *VaR* 相比，信用风险价值明显存在以下两个问题。

(1) 信用资产组合的价值分布远非正态分布，分布不对称（即有左偏现象），且有明显的厚尾特征。这主要是由于信用质量的变化会引起信用资产组合的价值波动，而且信用质量的改善和恶化所引起的信用资产组合的价值波动幅度严重不对称。这与市场风险价值区别很大。

(2) 计量信用资产组合的信用 *VaR*，要比计量市场资产组合的市场 *VaR* 复杂得多。原因主要有两点：一是由于信用资产组合的价值不符合正态分布，所以关于计算信用风险价值的第一步——信用资产组合的价值分布的确定，不能像市场资产组合一样，只要简单地利用抽样分布数估计出均值和方差就可以得到，而是必须先根据债务人违约、信用等级转移等因素进行模拟才能完成。二是在计算信用资产组合的价值时，需估计信用资产组合中两两信用资产之间的相关性。由于大多数信用资产（例如贷款等）不能像股票一样在市场上频繁交易，而且有关信息系统完整并能得到充分披露，所以信用资产之间的相关性并不能直接观测到，往往需经过比较复杂的程序和方法进行估计。

图 4-4 为 CreditMetrics 模型的分析流程。

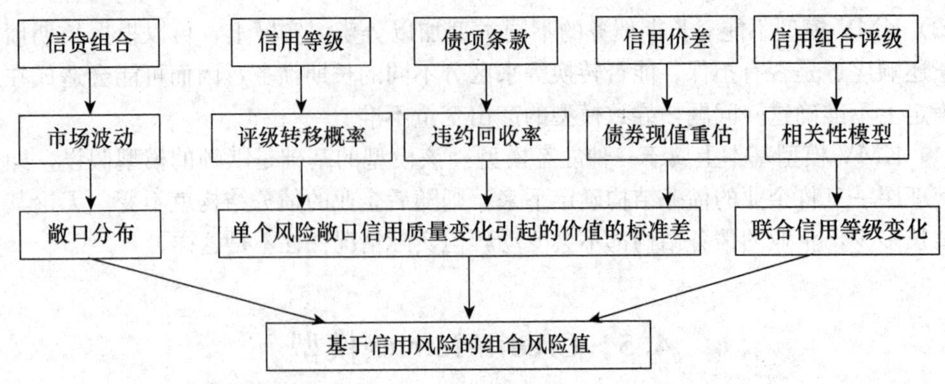

图 4－4　CreditMetrics 模型的分析流程

资料来源：赵先信．银行内部模型和监管模型——风险计量与资本分配．上海：上海人民出版社，2004：264．

4.5.2　CreditMetrics 模型应用的基本程序

应用 CreditMetrics 模型一般需要以下四个基本步骤。

1．评级体系的选择与信用等级转移矩阵的确定

根据信用资产组合的实际情况选定一个适用的评级体系，该体系有评级分类方法的说明和既定期限内信用等级从一个等级转到另一个等级的概率。关于信用等级转移矩阵的确定，4.3 节已做了详细阐述，这里不再赘述。

2．信用期限长度的确定

信用期限长度一般设定为 1 年，应与所选定的信用评级体系和信用等级转移矩阵相一致。当然，也可以根据会计数据的可得性和评级机构处理过的财务报表的可得性来设定信用期限长度。

3．远期信用定价模型的确定

为了不失一般性，我们将信用期限长度设定为 1 年，并以贷款为例来解释信用资产的远期价值确定问题。

我们现在评估一笔 n 年期、信用等级从年初的 k 级转移到年末的 j 级、每年定期支付利息为 C、本金为 F 的贷款在第一年年末的价值，用 V_j 表示。其中 $k=1$，…，$d-1$；$j=1$，…，d；d 表示按从高到低的顺序排列共有 1 到 d 个信用等级，1 级信用等级最高，而 d 级表示违约。于是，在非违约状态下在第一年年末的远期信用定价公式为

$$V_j=\sum_{i=0}^{n-1}\frac{C}{(1+f_{ij})^i}+\frac{F}{(1+f_{n-1,j})^{n-1}} \tag{4-32}$$

在式（4－32）中，f_{ij} 为信用等级为 i 的贷款从第一年年末开始的 i 年期的年化远期利率，$f_{0j}=0$；对于 $i=1$，2，…，$n-1$，则 f_{ij} 可做如下分解：$f_{ij}=r_i+s_{ij}$，其中 r_i 为从第一年年末开始的 i 年期的年化远期无风险利率，s_{ij} 为信用等级为 j 的贷款从第一年年末开始的 i 年期的年化远期信用风险价差。

对 f_{ij} 的估值是从与债务人信用等级相对应的当期零息曲线推导出来的。关于当期零息曲线，可以利用处于同一信用等级的息票债券和零息债券之间的无套利定价关系，由息

票债券的当期收益率曲线推导出当期零息曲线。因为除了违约以外有 $d-1$ 个可能的信用等级，所以需要有 $d-1$ 条相对应的当期零息曲线。然后，用与 j 级对应的当期零息曲线来导出 1 年期远期利率 f_{ij}，再借助式（4-32）求出该笔贷款的 1 年期远期价值。关于 1 年期远期无风险利率 r_i 的估值，一般利用国库券的当期零息曲线进行；关于信用风险价差的定义和计算方法，已在前面的第三节给出。表 4-5 给出了我们惯常应用的 7 个信用等级 1 年后对应的 1 年期、2 年期、3 年期、4 年期远期利率，据此也可以绘出 7 个信用等级各自对应的 1 年期远期零息曲线。

表 4-5　各信用等级 1 年后不同期限的远期利率（%）

种类	1 年期	2 年期	3 年期	4 年期
AAA	3.5	4.06	4.73	5.12
AA	3.35	4.12	4.78	5.17
A	3.62	4.29	4.93	5.32
BBB	4.5	4.67	5.25	5.63
BB	5.65	6.02	6.58	7.27
B	6.05	7.02	8.03	8.52
CCC	15.05	15.02	14.03	13.52

资料来源：J. P. Morgan，CreditMetrics，1997.

当第 1 年年末债务人处于违约状态时，贷款的价值由债务本金（F）和违约损失率（LGD_j）决定，即

$$V_d = F \times (1 - LGD_j) \tag{4-33}$$

显然，r_i、s_{ij} 和 LGD_j 都具有不确定性，这将导致 V_j 和 V_d 的不确定性。如果将这种不确定性考虑进来，信用资产价值分布的不确定性将更大，从而导致 VaR 更高。需注意的是，违约时的债务回收率还会受到债务优先级别的影响。

4. 信用资产远期价值的分布与 VaR 计算

利用式（4-31）和式（4-32），我们就可以得到一个 k 级债务人在第 1 年年末从 k 级分别转移到 d 个信用等级的转移概率及其所对应贷款 1 年后的价值。然后，可求出这笔贷款在第 1 年年末价值的均值和方差，即

$$\bar{V} = \sum_{j=1}^{d} p_j V_j,\ \sigma^2 = \sum_{j=1}^{d} p_j (V_j - \bar{V})^2 \tag{4-34}$$

式中，p_j 和 p_d 分别表示债务人在第 1 年年末信用等级转移到 j 级的概率和违约概率。我们还可以进一步求出对应于均值的贷款价值的方差，以确定贷款价值的波动范围。

4.5.3 信用资产组合的 CreditMetrics 模型

我们在前面介绍了 CreditMetrics 模型的基本原理和基本步骤，并顺势给出了单项信用资产的远期价值分布及其 VaR 值的确定方法。我们在这一部分中将进一步介绍如何运用 CreditMetrics 模型计算信用资产组合的远期价值及 VaR 值。

一、信用资产组合模型的应用局限性

与交易性资产组合相比，信用资产组合模型在应用时存在很大的障碍，即信用资产收益率的非正态分布和不可观测性以及信用资产组合中资产收益率之间相关系数的不可观测性。导致出现应用障碍的主要原因是：

（1）信用资产的收益率分布左偏，且具有尖峰厚尾性。

（2）多数信用资产具有非交易性或者在场外交易，时间间隔也非常不规则，并缺乏相关的历史数据。

因此，要计算信用资产组合的 VaR，首先要估计出各种信用资产收益率之间的相关系数以及信用资产组合的收益率分布状况，下面将分别进行介绍。

二、基于多因素股票收益率模型的相关系数的计算

为解决相关系数的不可观测性，KMV 应用多因素股票收益率模型导出相关系数。由于不存在可观察的资产相关性数据，CreditMetrics 选择用企业股票回报的相关性来代替企业资产回报的相关性，这等于隐含地假定企业的资本结构全部由股本金构成。这种简化处理虽然在理论上是一个缺陷，但在实践上却非常容易处理。

假设两个企业的资产相关性为 ρ，CreditMetrics 认为，企业的资产回报波动率主要有两个来源：系统性风险（共同风险）和企业特定风险，其中系统性风险可以通过国别/行业股票指数的波动率以及两两相关性来体现。给定国别/行业股票的波动率和两两相关性是已知的，经过标准化以后，两个特定资产的回报率可以像下面那样分解成两个部分：

$$r = \sum_i w_i x_i + w\varepsilon \tag{4-35}$$

$$r' = \sum_j w_j x_j + w'\varepsilon \tag{4-36}$$

式中，r、r'分别为两种资产的标准化回报率；x_i、x_j 分别为两种资产所涉及的国别/行业股票指数的标准化回报率；w_i、w_j 为对应的股票指数回报在解释两个企业资产回报波动率方面所占的权重（通过敞口比重、股票指数波动率以及相关性可以直接计算得到）；w、w'分别表示企业特定因素（ε）在解释企业资产波动率方面所占的权重，由于资产回报已经标准化，通过该权重以及系统性风险因子权重计算出的企业资产波动率必须等于 1。例如，给定某企业资产在两行业 A、B 的 w_A、w_B 以及 $Corr(x_A, x_B)$，可以求出 $w=\sqrt{1-w_A^2-w_B^2-2Corr(x_A, x_B)}$。

由于企业特定因子是独立同分布的正态随机变量，通过下式，资产相关性可以转化为股票指数的相关性：

$$\rho(r,r') = \sum_i \sum_j w_i w_j Corr(x_i, x_j) \tag{4-37}$$

CreditMetrics 建立了包括 29 个国家和地区 24 个行业的股票指数数据库。通过该数据库可以查出任意两对股票指数的波动率和相关性 $Corr(x_i, x_j)$。

上面针对两笔债券的组合的计算过程仅仅是分析性的，在实践中的组合规模很大，不可能采用这种做法。CreditMetrics 是通过蒙特卡罗模拟产生组合在风险期内的价值分布。具体做法可参考 CreditMetrics 网站相关资料。

三、正态分布下两笔信用资产组合的 *VaR* 计算

我们首先考察在两笔信用资产构成的组合价值收益率服从正态分布的情况下，如何计算该信用资产组合的 VaR。VaR 的计算共分为以下五步：

第一，先计算两种信用资产收益率之间的相关系数。

第二，计算两种信用资产的联合信用等级转移矩阵 $(p_{ij})_{d\times d}$，其中，p_{ij} 表示两种信用资产分别处于信用等级 i 和 j 时的联合转移概率，d 表示共有 d 个信用评级，在 4.3 节已有介绍。

第三，利用前面给出的信用资产远期价值的计算方法得到每笔信用资产对应期限的远期价值。

第四，确定每个联合转移概率 p_{ij} 所对应的信用资产组合的价值 V_{ij}，即

$$V_{ij}=V_i^{(1)}+V_i^{(2)}\text{，}i,j=1,2,\cdots,d \tag{4-38}$$

式中，$V_i^{(1)}$、$V_i^{(2)}$ 分别为第一种资产处于 i 级、第二种资产处于 j 级时的价值，共有 $d\times d$ 种可能的信用资产组合价值，然后求出均值和方差：

$$\bar{V}=\sum_{i=1}^{d}\sum_{j=1}^{d}P_{ij}V_{ij}\text{，}\sigma^2=\sum_{i=1}^{d}\sum_{j=1}^{d}P_{ij}(V_{ij}-\bar{V})^2 \tag{4-39}$$

第五，在信用资产组合价值收益率服从正态分布的情况下，可直接得到信用资产组合对应于置信度 c 的 VaR，即

$$cVaR=\Phi^{-1}(c)\times\sigma \tag{4-40}$$

式中，$\Phi(c)$ 为累积标准正态分布函数。

四、实际分布下两笔信用资产组合的 *VaR* 计算

上面对信用资产组合的 VaR 计算是以信用资产组合价值收益率服从正态分布为前提的，但信用资产组合价值收益率的实际分布往往并不服从正态分布，而是呈现出明显的非对称性和尖峰厚尾性。所以，我们要考察在实际分布下信用资产组合的 VaR 计算。

在实际分布下的计算步骤完全类似于在正态假设下的情况，只是在第五步的计算中不能再直接利用公式（4-40）。事实上我们在第四步求得每个联合转移概率 P_{ij} 所对应的信用资产组合的价值 V_{ij} 后，得到的就是信用资产价值组合的实际分析。我们可以利用实际分布将所有信用资产组合的价值从小到大排列，然后，从最大值开始，由大到小将信用资产组合的价值所对应的联合转移概率依次列出并逐个相加，直到其和不小于 c 为止，等于或超过 c 的第一个联合转移概率所对应的信用资产组合的价值就是我们所要找的目标，不妨记作 $V_{i_0j_0}$，则实际分布下对应于置信度 c 的 VaR 为：$cVaR=\bar{V}-V_{i_0j_0}$，其中 $\bar{V}$ 是信用资产组合价值的均值。

由于信用资产组合价值的实际分布存在左偏和尖峰厚尾等问题，所以人们按正态分布情形计算出的某置信水平的受险价值量 VaR，一般都大大低于实际分布下同一置信水平的值。

五、*N* 项信用资产组合的 *VaR* 计算

当将信用资产组合中的风险由两笔扩展到 N（$N>2$）笔时，从理论上来说，完全可以仿照两笔信用资产组合的计算方法进行。但是，随着 N 的增加，计算将变得越来越复

杂。假设$N=5$，有8个信用评级，则要计算8^5个联合信用等级转移概率和其对应的8^5个信用资产组合的价值，这在实践中很难实现。于是，我们需要寻求其他可行的方法来解决。

当假设N项信用资产组合的价值服从正态分布时，我们只要求出N项信用资产组合价值的方差或标准差即可。我们用（V_1，V_2，…，V_N）表示N项信用资产价值的组合，则N项信用资产组合价值的方差为

$$\sigma_P^2=\sigma^2(V_1+V_2+\cdots+V_N)=\sum_{i=1}^{N}\sigma^2(V_i)+2\sum_{i=1}^{N-1}\sum_{j=i+1}^{N}Cov(V_i,V_j) \qquad (4-41)$$

式（4-41）中的$\sigma^2(V_i)$可用各个单项信用资产的方差计算公式（4-34）得到，而$Cov(V_i，V_j)$则可根据两笔信用资产组合的方差计算公式（4-39）求得。最后，利用公式（4-40）计算得到一定置信度下N项信用资产组合的VaR。

我们前面已经多次提到，一般情况下信用资产组合的价值并不服从正态分布。此时，我们可以根据每笔信用资产的评级转移概率和信用资产之间的相关系数，运用蒙特卡罗方法来模拟10 000次或者更多次N项信用资产组合的价值，然后，得到对应于一定置信水平下N项信用资产组合的VaR。利用蒙特卡罗方法的具体步骤以及应用时的优缺点，请参考3.6节。

六、信用资产组合的边际风险度量

除了可以对信用资产组合进行整体分析以外，CreditMetrics模型还可以用来考察单项资产对资产组合的边际风险影响，从而可以利用单个资产的边际风险贡献量来对组合进行积极管理，使组合的风险和收益达到最佳状态。

假设有一个N项信用资产组合，考察其中一笔B级信用资产的情况。该B级信用资产对组合的边际风险，事实上也是该B级资产在组合中的总风险，即B级资产对组合的边际风险等于含某B级资产的N项信用资产组合的总风险减去不含该B级资产后其余$N-1$项信用资产的总风险。

其中，单项信用资产的风险和信用资产组合的风险可利用上文介绍的计算公式得到。

实证研究结果表明，单项信用资产的总风险总是不小于该笔资产对组合的边际风险，或者说不小于该笔资产在组合中的总风险，所以贷款组合可以降低风险，管理人员可以借此管理信用风险。

4.5.4 CreditMetrics模型的适用范围与优缺点评述

CreditMetrics模型的最大优点在于其框架具有广泛的兼容性，它既可以用于度量贷款、债券等传统工具的信用风险，又可以度量贷款承诺，以及由市场因素驱动的诸如互换、远期等较复杂的现代金融工具的信用风险。当然，在考察现代信用工具的风险时，除了前文提到的几个传统变量外，还要引入其他变量或参数，例如，在贷款承诺的风险度量中，要考虑贷款额度使用部分和未使用部分的比例以及使用部分的风险价差和未使用部分的费用随债务人信用等级变化而产生的变化；在度量由市场因素驱动的金融工具的信用风险时，要深入了解风险暴露的有关情况。另外，借助CreditMetrics模型，可以使信用风

险管理者有针对性地搜集、处理有关信息，提高识别、度量和管理信用风险的能力；可使风险管理职能部门准确地评估各业务部门信用风险管理的绩效，并在此基础上更有效地配置信用风险资产。但是，CreditMetrics 模型也存在一些缺陷和不足，主要表现在以下几个方面。

(1) 应用该模型对信用资产组合远期价值的估算，本质上是以远期利率期限结构为基础，或者说是建立在对远期信用价差正确估计的基础之上的。但是，在估算过程中该模型忽略了远期信用价差的随机性。

(2) 模型中的违约率实际上是用过去的统计数据得到的平均历史违约率，不能很好地体现目前和之后的宏观经济状况、市场风险等因素的影响，而且不能适时地进行调整。另外，往往假定处于同一信用等级的债务人，无论行业如何、资产规模有多大，他们的信用等级转移矩阵都是相同的。

(3) 违约回收率或违约损失率的正确与否，决定了能否准确估计违约时信用资产组合的价值。同所有其他信用模型一样，在 CreditMetrics 模型中所使用的违约回收率或违约损失率的可靠性，也缺乏理论基础和验证，尤其对期限长、信用评级低的债券的违约回收率或违约损失率的估计误差将更大。

(4) 模型常常假设信用等级的变化是独立的。事实上，信用资产的等级变化有关联性，同一行业、同一地区的企业关联性将更大。例如，在经济萧条时期，大部分信用资产的信用价值变小、信用等级降低。

(5) 信用资产的价值或收益一般不服从正态分布，同时，CreditMetrics 模型对资产价值收益的实际分布的确定还有待进一步研究和改进。

(6) 该模型假定公司资产收益率之间的相关系数可以用公司股票收益率之间的相关系数来替代，模型的计算结果对这一假定的敏感性和依赖性都很强，但目前该假设缺乏充分的理论基础和验证。

上述缺陷的存在极大地限制了 CreditMetrics 模型的有效性和适用性，这也是要进一步研究和改进的地方。

4.6 CPV 模型

CreditMetrics 模型是以无条件信用等级转移概率矩阵为基础的，假定信用等级转移概率在不同借款人之间以及商业周期不同阶段之间都是稳定的，这并不符合实际，所以麦肯锡公司通过对 CreditMetrics 模型的改良进一步提出了信用组合观点，即根据宏观经济因素调整无条件信用等级转移概率矩阵并得到更符合实际的条件信用等级转移概率矩阵的方法，在此基础上计算信用资产组合的风险价值。信用组合观点的核心内容和最大创新，同时也是与 CreditMetrics 模型的不同之处，就体现在我们在 4.3 节已经详细介绍过的对条件信用等级转移概率的估算和使用上。至于利用信用组合观点去计算信用资产组合的受险价值的步骤，除了使用条件信用等级转移概率矩阵来替代无条件信用等级转移概率矩阵以外，完全仿照 CreditMetrics 模型的计算方法即可。信用组合观点模型主要适用于投机级债务人，而不太适合于投资级债务人。因为投资级债务人的违约率相对稳定，而投机级债务人的违约率会受周期性宏观经济因素的影响而剧烈变动，所以要根据宏观经济状况适时调整违约概率及其对应的信用等级转移概率矩阵。从本质上来说，麦肯锡的信用组合观点是对 CreditMetrics 模型的发展和改进。我们将在本节中给予介绍。

4.6.1 CPV 模型的基本原理

CPV 模型重点集中在组合层面而不在个体层面，在违约率而不在概率。其基本假设是：在一个组合部分中，公司的信用状况具有同质性。这与个体借款者的信用状况模型形成了对比。CPV 模型认为，驱动债务人信用风险的影响因素是经济、行业等变量，除了特定因素外，公司不同程度地对共同的外部条件敏感。一旦外部宏观条件发生变化，整个市场的信用变化都会受到影响，单个公司很难独善其身，这就是系统性风险。举例而言，在一个经济衰退期中，即使一个公司经营状况良好，但如果业务相关联的公司出现问题甚至破产，那么该公司的应收账款也会出现问题，直接影响现金流状况并累及企业的债务清偿能力。

CPV 模型就是要考虑即时宏观环境的影响，将信用风险中的系统部分和非系统部分都考虑进去，从而改善信用风险模型的评估能力。CPV 模型的核心就是通过建模技术清楚地体现信用风险的周期动态变化。

因此，CPV 模型建模主要有三个操作步骤：

第一步，通过多元计量经济模型建立转移概率变动以及违约概率变动和宏观因素、行业因素变动的关联，来模拟宏观经济状态。

第二步，将经济状态与协同的条件违约概率和等级转移概率对应起来。

第三步，通过第二步获得的转移概率对历史转移概率矩阵进行调整，然后可以通过 CreditMetrics 的方法计算风险，得到信贷组合的损失分布。

4.6.2 CPV 模型的基本假设

(1) 违约事件依赖于经济条件，经济条件由经济变量 y_j 表示，y_j 总结了地区行业因素 X_j 的影响 j，j 表示组合部分，X 表示特定因素。

(2) 违约率是违约频率与公司子样本之比，因此 CPV 模型处理的是组数据而不是单个数据。

(3) 需要用到影响违约率的要素预测值。

(4) 将要素预测值转换成违约率，CPV 模型采用 logit 形式。

4.6.3 模型及其求解步骤

根据假设，违约概率是一个逻辑函数，其中因变量是信用评级为投机级的交易对手的违约概率，自变量是一个特定部门的投机级指数，该指数取决于一系列当前以及滞后的宏观经济变量，部门可以按照国别或产业类别划分。写成公式即

$$p_{j,t}=\frac{1}{1+e^{y_{j,t}}} \tag{4-42}$$

式中，$p_{j,t}$为一个位于j国家/产业部门、信用等级为投机级的债务人在时间t的条件违约概率；$y_{j,t}$为经由多元计量模型计算出的与特定部门对应的宏观经济指数。由于选择了逻辑函数的形式，产生的违约概率总是落在［0，1］区间。

宏观经济指数代表了每一个国家宏观经济所处的状态，取决于一系列宏观经济变量，如失业率、GDP增长率、政府支出增长率、地区住房价格指数等，采取以下形式：

$$y_{j,t}=\beta_{j,0}+\beta_{j,1}X_{j,1,t}+\beta_{j,2}X_{j,2,t}+\beta_{j,3}X_{j,3,t}+\upsilon_{j,t} \tag{4-43}$$

式中，$y_{j,t}$为第j个部门在时间t的指数值；$\beta_j=(\beta_{j,0}，\beta_{j,1}，\beta_{j,2}，\beta_{j,3})$为第$j$个部门的回归参数，该参数有待估计；$X_{j,t}=(X_{j,1,t}，X_{j,2,t}，X_{j,3,t})$为第$j$个部门在$t$时期的宏观经济变量，如GDP增长率、失业率等；$\upsilon_{j,t}$为独立同分布的正态随机变量。

$$\upsilon_{j,t}\sim N(0，\sigma_j^2)\text{ 或 }\upsilon_t\sim N(0,\textstyle\sum_{\upsilon}) \tag{4-44}$$

式中，υ_t为累积的指数变化向量$\upsilon_{j,t}$；$\sum_{\upsilon}$为该指数变化的$j\times j$协方差矩阵。

式（4－43）决定了特定部门的平均投机级违约概率，其中系统性风险包含在（加权后的）宏观经济变量当中，来自特定部门的“干扰”或“噪声”包含在误差项υ中。

为了让模型适用于特定部门的具体情况，在应用式（4－43）时，可以针对不同部门选择不同的解释变量，以便估计出适用于特定部门的宏观经济指数方程$y_{j,t}$以及平均投机级违约概率$p_{j,t}$，换句话说，只要数据允许，我们可以将式（4－42）以及式（4－43）校正到特定的国别/产业类别水平上。

关于宏观经济变量，可以假设其时间序列服从自回归AR(2)过程，或其他的自回归移动平均过程：

$$X_{j,i,t}=\alpha_{j,i,0}+\alpha_{j,i,1}X_{j,i,t-1}+\alpha_{j,i,2}X_{j,i,t-2}+\varepsilon_{j,i,t} \tag{4-45}$$

式中，$X_{j,i,t}$为在t时期第j个产业部门中的第i个宏观经济变量；$X_{j,i,t-1}$，$X_{j,i,t-2}$为同一变量的滞后变量；$\alpha_{j,i,t}(j=1，2，3)$为需要估计的参数；$\varepsilon_{j,i,t}$为误差项，假设它是独立同分布的，即

$$\varepsilon_{j,i,t}\sim N(0，\sigma^2_{e_{j,i,t}})\text{以及 }\varepsilon_t\sim N(0，\sigma_i^2) \tag{4-46}$$

式中，ε_t为$j\times i$个AR(2)方程的累积误差项$\varepsilon_{j,i,t}$向量；$\sum_{\varepsilon}$为误差项ε_t的$j\times i$协方差矩阵。

将宏观经济指数模型［式（4－43）］和宏观经济变量模型［式（4－45）］合并起来，得到

$$y_{j,t}=\Big(\beta_{j,0}+\sum_i\beta_{j,i}\big(\alpha_{i,0}+\sum_k\alpha_{i,k}X_{i,t-k}\big)\Big)+\sum_i\beta_{j,i}\varepsilon_{i,t}+\upsilon_{j,t} \tag{4-47}$$

或

$$y_{j,t}=U_j+V_jm_j \tag{4-48}$$

其中

$$U_j=\beta_{j,0}+\sum_i\beta_{j,i}\big(\alpha_{i,0}+\sum_k\alpha_{i,k}X_{i,t-k}\big)$$

$$V_j=\sqrt{Var(\upsilon_{j,t})+\sum_i2\beta_{j,i}Cov(\upsilon_{j,t},\varepsilon_{i,t})+\beta_{j,i}^2Var(\varepsilon_{i,t})+\sum_{l\neq1}\beta_{j,i}\beta_{j,l}Cov(\varepsilon_{i,t},\varepsilon_{l,t})},\ m\sim N(0,1)$$

条件违约概率可以表示为

$$p|m=\frac{1}{1+e^{U+V_m}} \tag{4-49}$$

在 CPV 模型中，不同子组合之间的违约相关性体现为各自的宏观指数之间的相关性。在函数形式上，相关性是宏观指数参数、宏观变量参数以及两者的随机变化的函数，即

$$\begin{aligned}\rho(y_{j,t},y_{j',t}) &= \frac{E[y_{j,t},y_{j',t}]-E[y_{j,t}]E[y_{j',t}]}{\sqrt{Var(y_{j,t})Var(y_{j',t})}} \\ &= \frac{Cov(\upsilon_{j,t},\upsilon_{j',t})+\sum_{i}(\beta_{j,i}Cov(\upsilon_{j,t},\varepsilon_{i,t})+\beta_{j',t}Cov(\upsilon_{j',t},\varepsilon_{j,t})+\sum_{i'}\beta_{j,i}\beta_{j',i'}Cov(\varepsilon_{j,t},\varepsilon_{i,t}))}{V_jV_{j'}}\end{aligned} \tag{4-50}$$

其中

$$V_j=\sqrt{Var(\upsilon_{j,t})+\sum_{i}2\beta_{j,t}Cov(\upsilon_{j,t},\varepsilon_{i,t})+\beta_{j,t}^2Var(\varepsilon_{i,t})+\sum_{l\neq i}\beta_{j,i}\beta_{j,l}Cov(\varepsilon_{i,t}\varepsilon_{l,t})}$$

式（4－42）、式（4－43）以及式（4－45）决定了特定国别/产业的投机性违约率的联合变化。给定不同宏观经济变化的一个特定实现，以及逻辑函数的变化，通过求解上述方程，可以推导出全部 j 个国别/产业部门的投机性违约率。为便于阅读，下面重写该方程系统：

$$p_{j,t}=\frac{1}{1+e^{y_{j,t}}} \tag{4-51}$$

$$y_{j,t}=\beta_{j,0}+\beta_{j,1}X_{j,1,t}+\beta_{j,2}X_{j,2,t}+\beta_{j,3}X_{j,3,t}+\upsilon_{j,t} \tag{4-52}$$

$$X_{j,i,t}=\alpha_{j,i,0}+\alpha_{j,i,1}X_{j,i,t-1}+\alpha_{j,i,2}X_{j,i,t-2}+\varepsilon_{j,i,t} \tag{4-53}$$

$$E=\begin{bmatrix}\upsilon\\ \varepsilon\end{bmatrix}\sim N(0,\Sigma),\Sigma\equiv\begin{bmatrix}\Sigma_{\upsilon} & \Sigma_{\upsilon,\varepsilon}\\ \Sigma_{\varepsilon,\upsilon} & \Sigma_{\varepsilon}\end{bmatrix} \tag{4-54}$$

式中，E 为 $(j+i)\times1$ 误差项向量，即宏观指数和宏观变量的随机变化向量，该向量决定了上面方程组的随机变化；Σ 为该随机变化向量的 $(j+i)\times(j+i)$ 协方差矩阵。

为了模拟所有这些部门在某个时间段的联合投机性违约率，第一步需要定义 A 作为 Σ 的 $n\times n$ 克莱斯基分解，即

$$\Sigma=AA' \tag{4-55}$$

第二步是随机抽取一个向量 z_t，即 z_t 的一个实现序列，t 从 1 到 T。z_t 是随机向量 $(j+i)N(0, I)$，其中 I 是 $(j+i)\times(j+i)$ 单位矩阵。

第三步是计算 E_t：$E_t=A'z_t$。

第四步是使用前面的方程组计算 $y_{j,t}$ 和 $p_{j,t}$。

第五步是给定计算出子组合（或特定部门）的条件违约率 $p_{j,t}$，通过二项式分布模拟该子组合的损失分布：

$$B(k;n,p)=\frac{n!}{k!\ (n-k)!}p^k(1-p)^{n-k} \tag{4-56}$$

第六步，加总得出全部组合在各种经济状态下的损失分布。上一步模拟出的投机级债券的条件违约概率矩阵 $p(t)$ 包含了宏观经济状态以及违约相关性方面的重要信息，通过该矩阵可以继续模拟出信用评级转移的概率分布情况。方法是从历史的信用等级转移概率矩阵开始，通过将条件违约概率矩阵 $p(t)$ 映射到该历史转移矩阵上，得出想要的信用等级转移概率矩阵。由于信用评级转移与投机性债券违约率紧密相关，这种映射在理论上是合理的。新的矩阵包含了宏观经济状态以及违约相关性方面的信息，是真正可用于预测的信用评级转移矩阵。

因此，模拟模型的起点是经由历史数据得出的信用等级转移概率矩阵。该矩阵可以来源于评级机构的矩阵，也可以来自金融机构本身的经验数据或 J. P. 摩根估计的转移矩阵（J. P. Morgan，1997）。该矩阵是 1 年内信用等级从一个级别转移到另一个级别的平均概率，在估计概率时使用了众多国家和产业好几年的数据（见表 4-4）。该矩阵是无条件的，称为无条件的马尔可夫转移矩阵（表示为 ΦM），表示长期的平均转移概率，没有考虑经济周期的当前状态。但是在现实经济中，像信用等级一样，这些概率都是随着经济周期以一种可以预测的方式在改变着，因而可以变为有条件的概率。

映射的主要基准是模拟的投机级债券的违约率与历史统计的投机级债券平均违约率的比例关系。假设用 SDP_t 表示模拟出的投机级债券的违约率，用 ΦSDP 表示无条件（历史平均）的投机级债券违约率，直观上，可以有以下判断：

如果 $SDP_t/\Phi SDP=1$，则条件转移矩阵等于无条件转移矩阵；

如果 $SDP_t/\Phi SDP>1$，则意味着经济处于衰退状态，将有更多的信用等级集中向下调整；

如果 $SDP_t/\Phi SDP<1$，则意味着经济处于扩张状态，将有更多的信用等级集中向上调整。

CPV 模型采用上述模拟违约率与平均违约率之间的比例作为调整因子，通过调整历史的等级转移概率矩阵，得到以经济状态为条件的新的转移矩阵。如果该比例大于 1，则将等级集中向下调整，否则，集中向上调整。由于前面模拟出的违约率可以跨越多个时期，即 $t=1,\cdots,T$，以 1 年期马尔可夫条件矩阵为基础，采用以下公式，可以计算任何时间长度（年度）的累积条件转移概率：

$$M_t=\prod\nolimits_{i=1,\cdots,t}M(SDP_t/\Phi SDP) \tag{4-57}$$

式中，M_t 为 t 年期条件累积评级分布对于投机性违约率的给定的未来路径；$M(SDP_t/\Phi SDP)$ 表示依赖于投机性违约率的 1 年期条件等级转移概率矩阵；SDP_t 是在 t 时期实现的投机性违约率；ΦSDP 是平均的投机性违约率；$\prod_{i=1,\cdots,t}$ 是一个连乘算子。

4.6.4 模型评述

总结来说，CPV 是唯一用经济状态来模拟违约事件的信用风险模型。此模型将宏观经济状况纳入模型中，用于模拟信用事件的信用风险，其优点是显而易见的。但同时，该模型也存在一些局限性。

（1）该模型要求每个国家甚至每个国家内的每个产业部门都要有完备可靠的违约数据，这显然是很难实现的，退一步来说，即使能够实现，但模型中所包含的行业越多，关于违约事件的信息就会相对变得越少，这也将不利于条件违约概率的确定，并影响模型的应用效果。

（2）模型忽略了关系到违约事件的一系列微观因素，尤其是企业的个体特征。例如没有考虑诸如债务的剩余期限及其对债务的偿还情况等微观经济因素的影响，而是完全依赖宏观经济因素来决定信用等级转移概率，这有点过于武断和片面。

（3）模型对企业信用等级变化所进行的调整，容易受银行在信贷方面积累的经验和对信贷周期的主观认识等人为因素的影响，从而有可能降低调整后模型的客观性、可信性。

（4）模型有可能受到调整信用等级转移概率矩阵的特定程序的限制，而且无法判定在实践中是否一定比简单的贝叶斯模型表现更好。

4.7 CreditRisk+模型

1990年，维特（Allen Wheat）从当时任职的信孚银行加入瑞士信贷第一波士顿（CSFB），成立了专门从事衍生品交易的金融产品部（CSFP），并创立了自己的信贷风险模型CreditRisk+。CSFP实行独立管理，交易获得了巨大成功，1997年曾获利4.09亿美元。同年维特升职为CSFB的董事会主席兼CEO。后来，CSFP连同CreditRisk+也一并整合进了CSFB。此后，CSFB在互联网上公布了CreditRisk+的技术文档，目前CreditRisk+与CreditMetrics及KMV并称为三大银行风险模型。

CreditRisk+模型只考虑违约或不违约两种状态，不考虑评级下调风险。根据假设，违约风险与债务人的资本结构无关，违约事件纯粹是一个统计现象，同时假定违约率是随机的。基于此假设，在建模方法上，CreditRisk+既没有像CreditMetrics那样依赖于统计分析，也没有涉及KMV的期权模型，而是采用精算学的分析框架来分解信用风险，给出信用资产组合的损失分布，这使得CreditRisk+模型具有非常规整的数学形式。

CreditRisk+模型度量预期损失、未预期损失及其变化，而CreditMetrics模型得到的是预期价值、未预期价值及其变化。所以，CreditMetrics模型是一个盯市模型（MTM），而CreditRisk+模型则是一个违约模型（DM）。

信用风险管理涵盖信用风险建模、信用风险准备金以及积极的组合管理，而CreditRisk+模型给出了组合的违约事件数分布和违约损失分布，较好地协调了信用风险管理的三个内容。CreditRisk+模型与现行的巴塞尔协议相比，它关于风险资本金的配置规定更加合理，这为积极的组合管理提供了决策依据，可用于贷款、债券组合、衍生工具等的信用风险管理。

4.7.1 CreditRisk+模型的基本原理

CreditRisk+模型的基本思想来源于财产保险（例如住房火灾保险）方法。先考察已

投保火灾险的房屋，其实每处房屋被烧毁的概率是很小的，而且一般情况下不同处房屋烧毁事件之间是相互独立的。然后，再观察诸如抵押贷款和小企业贷款等许多类型的贷款，这些贷款的违约风险也具有类似的特点，即每笔贷款具有很小的违约概率，而且每笔贷款的违约独立于其他贷款的违约，这个特点恰好符合泊松分布的特征。瑞士信贷银行金融产品部首先意识到了贷款违约事件的上述特点及其泊松分布的特征，据此创立了CreditRisk＋模型。利用 CreditRisk＋模型可得到贷款组合的损失分布情况。下面将对CreditRisk＋模型给予详细介绍。

图 4-5 为 CreditRisk＋模型的分析流程。

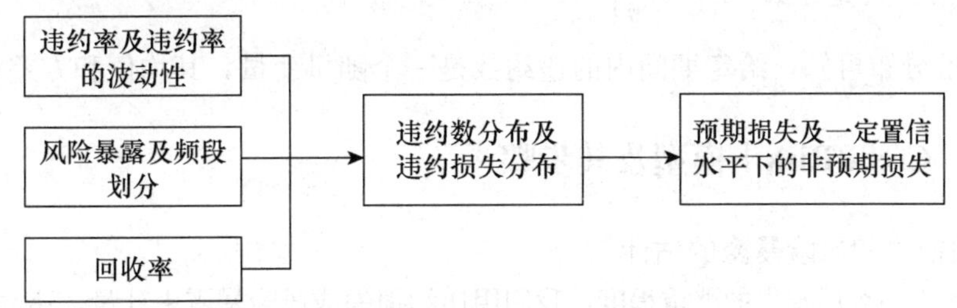

图 4-5 CreditRisk＋模型的分析流程

4.7.2 CreditRisk＋模型的基本假设

(1) 假定模型考虑的时间期限为 1 年。

(2) 风险资产组合包括 N 个债务人，组合中每一个债务人在 1 年内违约是随机的，记违约概率为 $p_i(i=1, 2, \cdots, N)$。

(3) 在组合中，任何特定的债务人的违约概率都很小，不同期间内的违约互不相关，不同债务人的违约相互独立。

(4) 组合中，不同的风险暴露相互独立。

(5) 给定期间内，违约的概率分布服从泊松分布。

为了得到组合的违约数分布，我们定义违约分布的概率生成函数为

$$F(z) = \sum_{n=0}^{\infty} P(\text{债务人违约数} = n) z^n \tag{4-58}$$

对于单个债务人或者违约或者不违约，其概率生成函数为

$$F_i(z)=(1-p_i)\times z^0+p_i z^1=1+p_i(z-1), i=1,\cdots,n \tag{4-59}$$

由于违约事件的独立性，组合的概率生成函数是各个概率生成函数的乘积，即

$$F(z) = \prod_{i}^{n} F_i(z) = \prod_{i}^{n} [1 + p_i(z-1)] \tag{4-60}$$

对上式两边取对数，利用泰勒展开式可得

$$\ln F(z) = \sum_{i}^{n} \ln[1 + p_i(z-1)] = \sum_{i}^{n} p_i(z-1) \tag{4-61}$$

因而有

$$F(z)=e^{\sum_{i}^{n}p_i(z-1)} \\ =e^{\lambda(z-1)}$$

该式是参数为 λ 的泊松分布的概率生成函数。其中，$\lambda=\sum_{i}p_i$ 表示整个组合在一年内的期望违约数。因此，我们可以得到在每个债务人的违约概率值都很小的条件下，组合中有 n 个债务人违约的概率是

$$P(\text{债务人违约数}=n)=\frac{\lambda^n e^{-\lambda}}{n!} \tag{4-62}$$

根据泊松分布可知，给定期间内的违约数是一个随机变量，其均值和方差均为 λ。

4.7.3 CreditRisk+模型及其步骤

1．违约损失和风险暴露的估计

关于债务人违约后损失的严重程度，我们用违约损失或风险暴露来计量，违约损失或风险暴露等于违约损失率和信用暴露的乘积。据此我们可估计出所有贷款的违约损失或风险暴露。

2．风险暴露频段分级法

我们以 N 笔贷款构成的组合为例，具体介绍频段分级法。

第一，先根据所有贷款的风险暴露情况设定风险暴露频段值，记为 L。例如可以取 $L=2$ 万美元作为一个频段值。

第二，用 N 笔贷款中最大一笔贷款的风险暴露值除以频段值 L，将计算数值按照四舍五入的规则凑成整数，称为风险暴露的频段总级数，设为 m，于是就得到 m 个风险暴露频段级，依次为 v_1，v_2，…，v_m，v_i 所对应的风险暴露量为 L_i。

第三，将每笔贷款的风险暴露量除以频段值 L，再按照四舍五入的规则将计算数值凑成整数，然后将该笔贷款归类到该整数值所对应的频段级，类似地，可将所有贷款归类。

例如，假设有 100 笔贷款，其中最大一笔贷款为 11 万美元，选频段值 $L=2$ 万美元，按照上述方法可得到风险暴露的频段级数 $m=6$，于是，得到 6 个风险暴露频段级，依次为 v_1、v_2、v_3、v_4、v_5 和 v_6，各级所对应的风险暴露量分别为 2 万美元、4 万美元、6 万美元、8 万美元、10 万美元、12 万美元。对于其中一笔 4.8 万美元的贷款，按照上述计算方法，可归类到频段级 v_2，该频段级所对应的风险暴露量为 4 万美元。

3．各个频段级的贷款违约概率分布及损失分布

假设处于 v_i 频段级的贷款的平均违约数为 λ_i，同时设将 N 笔贷款划级归类后处于 v_i 频段级的贷款数目为 N_j，显然 $N_1+N_2+\cdots+N_m=N$。于是，按照式（4-62）可求出处于 v_i 频段级的 N_i 笔贷款中有 j 笔违约的概率 $P_i(j)$ 及其对应的预期损失 $EL(i, j)$，即

$$P_i(j)=\frac{\lambda_i^j e^{-\lambda_i}}{j!},\ EL(i,j)=j\cdot L\cdot i\frac{\lambda_i^j e^{-\lambda_i}}{j!},\ j=0,1,2,\cdots,N_i \tag{4-63}$$

式中，$L_i=L\cdot i$ 为 v_i 频段级对应的风险暴露数；L 为频段值。于是，我们就可以得到处于 v_i 频段级的违约概率分布及其对应的损失分布。

4．N 笔贷款组合的违约概率和损失分布

求出各个频段级的贷款违约概率及预期损失后，要加总共 m 个风险暴露频段级的损

失，以得到 N 笔贷款组合的损失分布。

首先要考虑各种预期损失可能的结合来计算概率。假设 N 笔贷款中处于 v_i 频段级的违约数为 v_i，这样得到一个依次对应于 m 个频段级的违约组合（n_1，n_2，…，n_m），于是据 $L_i=L\cdot i$ 可计算出该违约组合对应的风险暴露量为

$$L_1n_1+L_2n_2+\cdots+L_mn_m=nL \tag{4-64}$$

式中，$n=n_1+2n_2+\cdots+mn_m$ 为大于或等于 0 的正整数。根据贷款违约事件的独立性假设和式（4-64），我们可得到对应于违约组合 n_1，n_2，…，n_m 的 N 笔贷款组合的违约概率为

$$P_n(n_1,n_2,\cdots,n_m)=\prod_{i=1}^{m}\frac{\lambda_i^{n_i}\mathrm{e}^{-\lambda_i}}{n_i!} \tag{4-65}$$

我们用 G 表示满足 $n=n_1+2n_2+\cdots+mn_m$ 的所有不同的违约组合（n_1，n_2，…，n_m）的集合，即

$$G=\{(n_1,n_2,\cdots,n_m)\mid n=n_1+2n_2+\cdots+mn_m,n_1,n_2,\cdots,n_m=0,1,2,\cdots\} \tag{4-66}$$

则由贷款违约事件的独立性假设和式（4-64）可知，N 笔贷款组合的风险暴露或违约损失$=nL$ 的概率及其对应的预期损失分别为

$$P(\text{损失}=nL)=\sum_{(n_1,n_2,\cdots,n_m)\in G}P_n(n_1,n_2,\cdots,n_m),\ EL_n=P(\text{损失}=nL)$$

其中，$n=0$，1，2，…。于是，通过式（4-66）就可以得到 N 笔贷款组合的违约概率和损失分布。

5. N 笔贷款组合的预期损失、非预期损失和资本要求

根据上一步计算的 N 笔贷款组合的违约概率分布及其损失分布，可估计出 N 笔贷款组合的预期损失和给定置信度 c 下的最大损失，即为非预期损失。置信度 c 下的非预期损失与预期损失的差额即为经济资本。

经济资本也可以作为监管机构对银行的资本要求。银行应按照既定置信度持有可防范非预期损失的资本准备金，以确保将银行在给定时间段内遭受超过资本准备金损失的可能性限定在 $1-c$ 的范围内。

4.7.4 CreditRisk+模型的适用范围和优缺点

CreditRisk+模型可以替代 CreditMetrics 模型、KMV 模型，主要用来计算信用资产组合的损失分布和经济资本或资本要求。

CreditRisk+模型只考虑违约或不违约两种状态，不像 CreditMetrics 模型还要考虑降级风险；CreditRisk+模型也与 KMV 模型不同，它不要求建立违约风险与企业资产价值间的关系，对违约发生的原因也没有做任何假设，而是基于财险精算的思想直接假定债务人违约数量为服从泊松分布的随机变量。因此，CreditRisk+模型具有很多优势，主要表现在：首先，该模型计算简单，便于实施；其次，该模型要求的估计量和数据输入较少，仅需要债务工具的违约和风险暴露的数据，因此，模型的应用较为便捷；最后，该模型可

以完整地推导出债券、贷款等信用资产组合的违约概率和损失分布。

当然，CreditRisk＋模型也存在局限性，具体表现在以下几方面。

第一，该模型事实上蕴含着利率是确定的这一假设，这意味着信用风险同市场风险水平没有关系，这显然与实际不符。

第二，与计算 VaR 的其他模型不同，该模型只考察违约所导致的信用资产组合的损失分布，而没有关注信用资产组合的价值变化；同时，该模型假定每一个债务人的风险暴露都是固定的，而且对该债务人的信用质量将来可能发生的变化不敏感，或者说对远期利率变动不敏感，因而忽略了“信用转移风险”。

第三，该模型假定各频段的违约率是固定的，忽视了各个频段级的违约率会受国家宏观经济等因素的影响并随时间而发生变化的可能性。

第四，与实际违约率相比，该模型利用泊松分布所得到的平均违约率较低，所得到的损失分布也比实际的损失分布有更小的尾部，从而低估了违约率和损失。

其实，CreditRisk＋已意识到上述问题，并为此做了一些改进和修正：首先假设平均违约率服从一个期望为 n、标准差为 $\sigma\sqrt{n}$ 的 Γ 分布，然后用泊松分布来描述违约过程。另外，对于诸如期权和外汇互换等非线性产品的处理也不能令人满意。

4.7.5 不同信用风险度量模型的比较

KMV 模型、CreditMetrics 模型、CPV 模型、CreditRisk＋模型四个模型是当今国际上最具代表性的、主要用于金融机构内部的信用风险度量模型。不少学者以及巴塞尔银行监管委员会等都对这些模型做了许多比较分析。信用风险度量模型的研究和应用虽然不像市场风险那样，有一个多数人一致同意的模型和方法，但这些模型之间的实质差异并非像各自的表述形式那样差别很大。表 4－6 对四个模型进行了基本的对比分析。

表 4－6　KMV 模型、CreditMetrics 模型、CPV 模型、CreditRisk＋模型的对比分析

	KMV 模型	CreditMetrics 模型	CPV 模型	CreditRisk＋模型
风险定义	违约损失（*DM*/*MTM*）	市场价值（*MTM*）	市场价值（*MTM*）	违约损失（*DM*）
风险来源	资产价值	资产价值	宏观因素	违约率
信用事件	连续违约概率	信用级别变化或违约	信用级别变化或违约	违约
概率	条件概率	无条件概率	条件概率	无条件概率
波动性	变量	常量	变量	变量
相关性	来自股权	违约过程	来自宏观因素	违约过程
可回收率	不变或随机	频段级内为常量	随机	频段级内为常量
求解方法	分析的	分析的或模拟的	模拟的	分析的

资料来源：张金清．金融风险管理．上海：复旦大学出版社，2013：220.

表面看来，这几个模型的理论基础和计算结果都有较大差异，但实际上，它们在某种程度上是相通的。例如，在根据债务人违约率的不同对债务人的信用情况做出等级划分后，违约模型也可以转化为盯市模型，反之，盯市模型也可以转化为违约模型。戈迪（Gordy，2000）的研究表明，透过具体的表述方式，CreditMetrics 与 CreditRisk＋两个模型具有相同的数理结构及相似的模拟结果。

事实上，将几个关键变量充分协调之后，运用上述几个模型也可得到类似结果。我们相信，随着信用风险管理理论的发展和实践经验的积累，应该可以在已有风险度量模型的基础上，建立一个更加完善、统一、适用的信用风险度量框架。

4.8 信用风险管理

识别、评估、度量和监测信用风险不过是把握风险大小的手段而已，最终目的在于是否采取以及采取何种技术手段有效缓释风险，这是信用风险管理周期中唯一直接影响实际风险状况的环节。在决定采用哪种信用风险控制方法时，首先要分析信用风险的性质和大小。一般有风险缓释和转移、风险规避、组合管理等方法。

采用信用风险缓释方法，主要是针对那些风险与收益匹配的中等风险客户，通过抵质押、保证、净额结算、信用衍生品等缓释工具转移信用风险，实现主动、灵活地管理信用风险。采用信用风险规避方法，主要是针对高风险、低收益或低风险、低收益客户，通过限制客户准入等措施来管理；采用组合方法，主要是针对存在弱相关性且风险可控的客户，通过组合内部分散化效应，抵消特定因素风险。

4.8.1 信用风险缓释

信用风险缓释（credit risk mitigate，CRM）是指商业银行运用合格的抵质押品、净额结算、保证和信用衍生工具等方式转移或降低信用风险。商业银行采用内部评级法计量信用风险监管资本，信用风险缓释功能体现为违约概率（PD）、违约损失率（LGD）或违约风险敞口（EAD）的下降。信用风险缓释技术（credit risk mitigation technique，CRMT）被全面有效地运用于授信业务，可使银行节约资本资源。巴塞尔协议体系鼓励银行运用合格信用风险缓释工具，并按照风险缓释程度，降低监管资本要求；银行若能合理评估缓释技术的作用，运用合格缓释工具的种类和范围可相应地扩大。不过巴塞尔协议体系也明确指出，信用风险缓释技术本身也可能带来新的风险，因此对信用风险缓释技术降低资本要求提出了最低标准要求。

当前，信用风险缓释技术已成为银行从事信用风险管理的重要组成部分，尽管很早以前银行便已采用了抵押、担保等信用风险缓释工具，但直到巴塞尔协议Ⅱ发布以后，银行监管机构才将信用风险缓释工具的使用规范化和系统化，并鼓励银行有效运用信用风险缓释工具，降低信用风险。

自巴塞尔协议Ⅱ之后，迄今为止在初级内评法（FIRB）下认可的风险缓释工具包括：抵质押交易、表内净额结算、保证与担保、信用衍生工具。下面就前两项做详细介绍。

一、运用抵质押品缓释信用风险

1. 运用抵质押品缓释信用风险的基本原则

银行开展授信业务时，常使用的抵质押品分为金融质押品、应收账款、商用/居住用房地产以及其他抵质押品。抵质押品是通过风险分散和补偿，提高贷款偿还的可能性。贷款抵押并不一定能确保贷款得到偿还，取得贷款担保也并不能保证贷款如期偿还。银行可影响或控制一个潜在还款来源，但并不能确保会产生足够的现金流量来偿还贷款。被迫处置抵押物，如将其出售或转让，往往会使资产的现金价值受到侵蚀，因为资产在处理时，只能按照清算价值进行转让。此外，一旦银行被迫出售抵押物或向保证人行使追索权，其花费的成本与精力将使一笔贷款由盈利变为亏损。因此银行控制的作为第二还款来源的担保，并不能保证有足够的现金来偿还债务。担保形式主要有抵押、质押、保证和附属协议。

2. 合格抵质押品的认定和处理

巴塞尔协议Ⅱ不仅认可实物资产和应收账款作为抵押品，还认可金融抵押品。抵押品本身的价值容易波动，如金融担保容易受到担保人信用状况的影响，而房地产等非金融抵押品的价值也是经常上下波动的。因此，巴塞尔协议Ⅱ建议使用“估值折扣”来调整金融资产抵押品的价值，即将抵押品价值在其市场价值的基础上进行扣减。设定估值折扣的合理性在于需要考虑抵押品价值可能随着时间不断发生变化。因此，估值折扣的大小取决于抵押品的类型、交易条款、抵押品流动性以及抵押品重新定价的频率等因素。

根据巴塞尔协议Ⅲ，使用初级内评法计量信用风险资本要求的银行，除了标准认定的合格抵押品外，初级内评法中认定的其他形式的抵押品也被视为合格抵押品，包括应收账款、商用或个人住房，以及其他抵押品。

3. 商用或个人住房抵押认定和处理

商用或个人住房作为抵押品，必须符合以下监管要求：

第一，合格商用或个人住房作为抵押品，尽管要考虑宏观经济因素对抵押品价值的影响，但其借款人风险实质上不取决于财产或项目的表现，而取决于借款人从其他来源偿还债务的能力，同样，贷款的偿还实质上不取决于作为抵押品的商用房地产或个人住房的现金流。

第二，商用房地产或居民住房作为债权的抵押品，必须在法律上具有可实施性，必须具备使抵押品生效的抵押品协议和法律过程，可在合理时间内实现抵押品价值；抵押品必须按照当前的公平价值或低于公平价值来估值；必须根据市场状况对抵押品经常性（至少每年一次）予以监控，一旦信息显示抵押品市价降低或发生信用事件（比如违约），合格专业人员必须及时评估。

第三，合格抵押品通常被局限于贷款方对抵押品具有第一占有权。毫无疑问，在抵押品的债权法律上可实施，同时抵押又是有效风险缓释工具的情况下，也可考虑次级留置。

第四，银行接受抵押品贷款政策必须清晰记录在文件中，必须采取步骤保证作为抵押品的财产足额保险，以防损害和变质；必须连续监控允许在处置抵押品之前的债券（如税收）范围；必须正确监控抵押品环境负债风险，如房地产上存放有毒物质等。

对于购买不动产贷款来说，监管抵押是最为常见的担保形式，但各国抵押不动产的取消赎回权或清算方面的做法可能各不相同。在取消不动产的赎回权时，银行发生时间和金钱两方面的成本。一旦得到不动产，还将产生不动产维护和营销方面的连带成本。在许多国家，通过法院变现被抵押不动产的过程非常冗长，由于法律制度的缺陷或低效率的破产程序，这个过程甚至可能花费数年时间，这使债权人对拖欠债务的借款人无法采取有效的法律行动。在没有法院干涉的情况下，一些国家允许银行销售抵押品。取消赎回权和销售质押财产的不同做法和法律要求，使抵押品的价值差异很大。

4. 应收账款的抵押认定和处理

对应收账款作为抵押品的认定和处理，必须满足以下基本监管要求：

第一，合格的金融应收账款是对初始期少于或等于1年，而通过借款人抵押资产的商品流或资金来还款的债权。合格应收账款抵押品还必须满足法律确定性及相关的风险管理要求，必须建立连续的监控过程、抵押的应收账款的分散化和非相关性等。

第二，银行必须建立确定应收账款信用风险的合理程序。过程应包括对借款人经营状况、行业情况、借款人客户类别的分析。依赖借款人确定客户信用风险的银行，必须检查对借款人的信贷政策，搞清楚借款人的稳健性和可信度。

第三，借款数量和应收账款价值之差必须反映所有适当的因素，包括清收成本、单个借款人抵押的应收账款池内的风险集中度以及银行总贷款中潜在的集中性风险。

第四，借款人抵押的应收账款应分散化，与借款人的相关性不应过强。当两者相关性过强，如应收账款的发行人依赖于左右其生存的借款人或借款人和发行人都属于同一行业时，在设定抵押品整体效益时，应该考虑两者的伴生风险。来自借款人分支机构的应收账款不可作为风险缓释工具。

第五，对经济困境情况下的应收账款，银行应建立成文的程序。即使是银行一般情况下对借款人进行清收，有关清收的各项措施也必须完善。银行必须建立确定应收账款信用风险的合理过程。过程应该包括对借款人经营状况、行业情况、借款人客户类别的分析。依赖借款人确定客户信用风险的银行，必须检查对借款人的信贷政策，搞清楚借款人的合理性和可信度。对于抵押品用来作为风险缓释工具的特定贷款，银行必须建立连续的（或者是及时的，或者是偶然的）监控过程。这个过程包括账龄报告、贸易单据的控制、借款证、对抵押品经常审计、账户的确认、对付款账户收益的控制、稀释状况的分析（借款人给发行人的贷款），特别是少量大规模的应收账款作为抵押品时对借款人和应收账款发行人常规的财务分析。银行全面的集中性限额的遵守情况应该被监控。此外，对是否遵守贷款合约、环境方面的限制及其他法律要求也应进行常规性检查。

5. 对其他合格实物抵押品的处理

其他实物抵押品由监管当局认定，但必须满足两个标准，一是存在及时、经济、有效处置抵押品和流动性强的市场；二是存在公开、可得的抵押品市场价格。

银行认定的其他实物抵押品，除必须满足上述合格的商用房地产/居民住房抵押品的所有操作要求外，还必须满足以下条件：优先受偿权、贷款协议中应详细规定抵押品情况及重新估值的方式和频率、内部信贷政策和程序中明确可接受的抵押品种类、操作方法、抵押品的适当水平、顺利清算抵押品的能力、客观确定价格或市场价值的能力、评估价值的频率、抵押品价值的波动等。对存货（如原材料、在建工程、成品、交易商汽车存货）及设备，定期评估的过程必须包括对抵押品实物的检查。

二、运用净额结算协议缓释信用风险

表内净额结算（netting）是指银行使用交易对象的债权（存款）对该交易的债务（贷款）做扣减。根据巴塞尔协议Ⅱ，在标准法下，如银行有法律上可执行贷款和存款净额结算安排，在符合相关条件的情况下，可进行表内净额结算，计算净风险敞口资本要求。这些条件包括：(1) 无论交易对象无力偿还债务还是破产，都有完善的法律基础确保净额结算协议实施；（2）在任何情况下都能确定同一交易对象在净额结算合同下的资产和负债；（3）在净头寸基础上监测和控制相关敞口；（4）监测和控制后续风险，在净头寸基础上监测和控制相关敞口。

利用净额结算，银行可以很好地降低信用风险。如一家银行与其交易对手之间有三笔互换交易合约，这三笔交易合约的交易金额分别是 2 400 万美元、－1 700 万美元以及 800 万美元；假如交易对手遇到财务困境，对该行的债务发生违约，那么对该交易对手来说，三笔合约的金额分别是－2 400 万美元、1 700 万美元以及－800 万美元；在没有净额结算条款的情况下，该交易对手只对第一、第三笔交易合约发生违约，而对第二笔合约没有发生违约，因此银行的损失就是 3 200 万美元（＝2 400 万美元＋800 万美元）；若与该交易对手交易前有净额结算条款，那么交易对手第一笔和第三笔合约违约，也意味着第二笔合约违约，该交易对手给银行造成的损失就是 1 500 万美元（＝2 400 万美元＋800 万美元－1 700 万美元）。

从上面的计算中可以看到，具有净额结算协议的信用等值额显著低于没有净额结算协议的信用等值额，可以大大缓解银行机构的信用风险。

4.8.2 信用风险转移

一、信用风险转移的定义

信用风险是商业银行在经营管理中面临的主要风险，信用风险转移（credit risk transfer，CRT）是指金融机构，一般是指商业银行通过使用各种金融工具把信用风险转移到其他银行或其他金融机构。随着金融及市场的发展，非金融机构也可能进入信用风险转移市场进行交易。信用风险转移市场的参与机构主要是各种金融机构，主要的市场参与者包括商业银行、各种机构投资者和证券公司。在信用风险转移市场出现以前，商业银行在发放贷款以后只能持有至贷款违约或到期日，信用风险管理手段主要是贷前审查、贷后监督和降低信贷集中度等，而信用风险转移市场的出现使得商业银行可以根据自身资产组合管理的需要对信用风险进行转移，从而更加主动灵活地进行信用风险管理。

在信用风险转移市场，那些把信用风险转移出去的机构称为信用风险转出者（或称保险购买者、风险出售者或被保险者），那些接受信用风险的机构称为信用风险接受者（或称保险出售者、风险购买者或保险人），主要的信用风险转移工具包括贷款销售、资产证券化以及近年来迅速发展的信用衍生产品。

二、信用风险转移的主要方式

信用风险转移的主要方式包括融资型信用风险转移与非融资型信用风险转移。

1. 融资型信用风险转移

融资型信用风险转移，是指在向金融市场或金融机构转移信用风险的同时实现资金的融通。工商企业可以通过办理保理业务或者福费廷业务，将应收账款无法收回所带来的信用风险转移给专业的金融机构。保理业务是为以赊销方式进行销售的企业设计的一种综合性金融业务，企业通过将应收账款的票据卖给专门办理保理业务的金融机构而实现资金融通。

商业银行利用外部市场转移资产业务信用风险的融资型手段有贷款出售和贷款资产证券化两种。贷款出售指商业银行将贷款视为可销售的资产，将其出售给其他机构。贷款资产证券化是贷款出售的更高发展形式，是资产证券化的主要内容之一，在资产证券化中，发起人将资产出售给特殊目的机构（special purpose vehicle，SPV），并转化成以资产产生的现金流为担保的证券，通过证券的发售实现资产的流动变现。商业银行利用资产证券化，在将资产转移出去达到融资目的的同时，也转移了资产的信用风险。

2. 非融资型信用风险转移

与融资相分离的信用风险转移手段有信用担保、信用保险和信用衍生品。信用担保是灵活的信用风险转移工具，通过双边合约，担保人作为信用风险的承担者，当第三方（债务方）不能履行其义务时，承担相应的补偿或代为支付的义务，金额限于潜在风险敞口的损失。信用保险就是企业通过和保险机构签订保险合同，支付一定的保费，从而在指定信用风险范围内蒙受损失时获得补偿。信用衍生品是指一种双边的金融合约安排，在这种安排下，合约双方同意互换事先商定的或者是根据公式确定的现金流，现金流的确定依赖于预先设定的在未来一段时间内信用事件（credit event）的发生。信用事件的定义非常严格，当前主要采用国际掉期和衍生品协会（International Swaps and Derivatives Association，ISDA）的定义，通常与违约、破产登记、价格出现较大幅度的下跌等情形相联系。

信用衍生产品转移信用风险的过程可以通过信用衍生产品市场最常见的品种——信用违约互换——来说明。信用违约互换是指交易双方达成合约，交易的买方（信用风险保险的买方）通过向另一方（信用风险保险的卖方）支付一定的费用，获得在指定信用风险发生时对其贷款或证券的风险敞口所遭受损失进行补偿的安排。从某种意义上讲，一份信用违约互换合约类似于一份信用保险合同，但信用违约互换合约所指的信用事件所涵盖的信用风险远远大于信用保险合同的涵盖范围。更重要的是，信用保险合同一般是不能转让的，而信用违约互换合约可以在市场上转让，从而使信用管理具有流动性，体现其转移信用风险的基本功能。

商业银行是信用衍生产品市场上最重要的买方。商业银行利用信用衍生产品可以使自己在借款方不知情的情况下转移贷款的信用风险，又不必将该笔资产业务从资产负债表中转出，从而不影响和客户的关系。此外，为防止贷款过于集中而造成过大的信用风险敞口，商业银行也必须控制对老客户和重点客户的贷款，由此就会面临控制和分散风险与业务发展扩张之间进退两难的困境，即“信用悖论”。信用衍生产品市场有利于商业银行走出“信用悖论”。商业银行可通过信用衍生产品市场购买信用保护，转移信用风险，在发展信贷业务的同时，实现对信用风险的有效管理。

信用衍生品市场的发展，使信用衍生品的供需关系得到了最新界定，也使信用风险在现代金融市场有了更丰富的内涵。信用风险不仅指传统的交易对手直接违约而引起损失的可能，而且包括交易对手信用评级的变动和履约能力的变化导致其债务市场价值变动从而引起损失的可能性。更为重要的是，信用衍生品使信用风险从贷款、融资、债券交易中分离出来，从而将资产业务的信用风险和市场风险真正分开，为独立地管理信用风险创造了条件。

三、信用风险转移的工具

信用风险转移的工具可以从两个方面进行分类：一是转移的信用风险是单笔贷款还是贷款组合；二是风险的接受方是否出资。在二级市场出售贷款是出资的风险转移，而某些信用风险转移工具如保险合约，虽然将风险进行了转移，但在风险被转移时接受方并不提供资金。

1. 信用风险转移的工具类别

(1) 不出资风险转移。

是否出资的信用风险转移工具可以从风险出让者或风险承受者角度来区分，从前者看就是风险出让者是否在交易中收到资金，从后者看就是风险承受者在交易中是否提供前端资金。如果从风险承受者角度界定不出资风险转移概念，其主要的工具为信用违约互换。信用违约互换的结构非常接近担保，但是，它与担保有三个重要的区别：一是引发支付的信用事件的范围在衍生合约下更广；二是不要求风险出让者证明自己已经遭受了损失以获得支付；三是信用违约掉期是以标准化的文件为基础，目的是鼓励交易。

1）担保。担保是一种双边合约，合约下风险承担者（担保人）有义务为风险出让者的利益尽力。担保是灵活的风险转移工具，因为它可以根据需要设计成抵补具体的敞口或交易。通常，担保人要尽力履行债务人的义务，如果后者不能履行，则金额限于潜在敞口的损失。担保需严格遵循债务人与风险出让者之间合约的性质与内容。

2）保险产品（保险债券、信用保险和金融担保保险）。保险债券一般是由美国的保险公司提供，以支持一项债务的受益人的业绩，包括对银行的金融业务。信用保险一般由专业保险公司提供，支持交易信贷而且经常被受益人使用，以取得银行对应收账款的融资。金融担保保险作为对债券持有人支付的无条件担保而发展起来，由美国 Btonoline 信用保险公司提供。

3）不出资的合成证券化（组合信用违约互换）。合成证券化将证券化技术与信用衍生品融合在一起，在组合违约互换中，通过一系列的单笔担保债务凭证（collateralized debt obligation，CDO）或可供组合中所有信贷参照的单个信用违约掉期，实现风险转移而没有潜在资产合法所有权的变化。不出资的合成证券化（一篮子信用违约互换）与违约互换类似，其中信用事件是一个具体的信用篮子中的某种组合的违约。这种设置可以非常灵活，如以整体篮子第一次违约产品为例，则参考该篮子中的第一笔信用违约发生作为支付的条件。也有以第二笔违约或第三笔及其他次序违约作为支付条件的。相应地，次序越靠后，这种合成证券化对债权人的保护越弱，因而其收取的“保费”也越低。

(2) 出资风险转移。

1）贷款交易。在二级贷款市场中，单笔贷款被出售时，需要得到借款人的同意。原始贷款人对借款人是唯一的直接贷款人，并与另一机构签订合约以划分敞口中不符合其偏好的部分。出资的合成证券化［信用联结票据（credit linked notes，CLN）］是出资的资产负债表资产，该资产提供对参考资产组合的（合成）信用敞口。CLN 将信用衍生品嵌入风险出让者发行的证券。票据的表现并不与参考资产组合的表现直接联系。投资者接受零息支付，该支付包括风险升水和到期的平价赎回。随着票据发行的收入被直接交给风险出让者，风险承担者面临着风险出让者的交易对手风险，但反之不成立。如果风险承担者要避免交易对手风险就要利用特殊目的机构，从而就变成了合成 CDO。

2）资产抵押证券（asset backed security，ABS）。在传统的证券化结构中，发起人组合中的贷款、债券或应收账款被转移到特殊目的机构那里，作为抵押持有支持向投资者发行的证券。资产的信用风险从发起人转移到投资者，保护前端出资，证券发行的收入则被转移到发起人处。资产抵押证券的结构特征与高级 CDO 类似，但潜在的资产集合如抵押或信用卡应收账款是更同质的。为了使发行的证券得到更高的评级，多数证券化结构的信用和流动性得到了增强。外部信用增强（credit enhancement），一般简称增信，包括高级别银行或保险公司的信用证或担保。当潜在资产的期限与发行证券的期限不吻合时，流动性增强用于弥补现金流的不匹配，以补偿利息支付的不安全同步或抵补滚动风险。

2. 次级抵押贷款产品的设计和交易分析

(1) 资产证券化的基本参与者。

次级抵押贷款就是一种典型的资产证券化产品。一般来说，资产证券化的基本参与者包括：发起人（通常是金融机构，也可以是一般企业）、特殊目的机构（SPV，购买发起人的原始资产，整合后包装出售证券）、承销商（投资银行承担；获取发行收入）、增信机构（可以是母公司、子公司、担保公司、保险公司或者其他金融机构；属于第三方实体，按比例收取服务费）、信用评级机构、托管人、投资者等。

总体上看，其交易结构是：发起人将交易的金融资产组合与发起人完全剥离．过户给特殊目的机构进行运作，特殊目的机构将金融资产经过信用评级后在资本市场上发行资产支持证券，确保有关资产现金流收入在不太理想的情况下向投资者的本息回报的流向仍然畅通。

(2) 资产证券化的基本运作程序。

资产证券化的基本运作程序主要包括以下几个步骤：

1）确定资产证券化标的（target），组成资产池（pool）。

2）组建特殊目的机构，实现资产真实地由原始贷款人处出售，该资产移出原始贷款人的资产负债表。

3）完善交易结构，进行信用增级。信用增级包括内部信用增级（超额抵押、利差账户、优先/次级结构等）和外部信用增级（第三方担保、保险公司保险、银行开具信用证等）。

4）资产证券化的评级。资产证券化的评级与一般债券评级相似，但有自身特点。信用评级由专门评级机构应资产证券发起人或投资银行的请求进行。评级考虑因素不包括由利率变动等因素导致的市场风险，而主要考虑资产的信用风险。被评级的资产必须与发起人的信用风险相分离。由于出售的资产都经过了信用增级，一般地，资产支持证券的信用级别会高于发起人的信用级别。

5）安排证券销售，向发起人支付购买价格。在信用增级和评级结果向投资者公布之后，由投资银行负责向投资者销售资产支持证券，销售的方式可采用包销或代销。特殊目的机构从投资银行处获取证券发行收入，再按资产买卖合同中规定的购买价格，把发行收入的大部分支付给发起人。

6）证券挂牌上市交易，资产售后管理和服务。

(3) 次级抵押贷款的资产证券化。

次级抵押贷款公司为了分散风险和拓展业务，通过资产证券化的方式把次级抵押贷款出售给投资银行。资产支持证券的核心是寻找能够有稳定现金流的资产作为支持，来发行债券并获得直接融资。基于次级抵押贷款而发行的资产支持证券，就是次级债券。

(4) 担保债务凭证。

担保债务凭证是一种固定收益证券，它以一个或多个类别且分散化的抵押债务为基础，重新分配投资回报和风险，以满足不同风险偏好投资者需要的衍生品。

四、信用风险转移监管的分析

1. 信用风险转移业务对金融系统的影响

信用风险转移市场为商业银行等金融机构提供了新的风险管理方式和收益机会，有助于降低信用风险的集中度，但是信用风险转移市场也会成为影响金融系统稳定性的因素：

首先，信用风险转移市场增加了承担信用风险金融机构的数量，提高了信用事件导致连锁反应的可能性。

其次，它降低了金融市场的透明度，导致信用风险在金融系统中的分布情况更为复杂且难以统计。

再次，信用风险转移市场既可以提高信用风险的分散度，也有造成信用风险重新集中的可能性。

最后，金融监管当局必须清醒地认识到，信用风险转移只是将信用风险分散化，并不能消弭风险，必须继续强化金融机构在原始业务中的风险识别、评估与控制，而非对信用风险转移过于迷信，忽视了风险产生的源头。

2. 信用风险转移业务给市场参与者带来的风险

在信用风险转移交易中，商业银行等市场参与机构都会面临新的风险，主要包括交易对手风险、合约不完全风险以及模型风险等。如果在并不完全了解这些风险的情况下进入信用风险转移市场，市场参与机构就难以达到降低风险集中度或增加收益的目的，还有可能蒙受巨大损失。此外，信用风险转移工具的复杂性大大提高了对参与机构风险管理能力的要求，如果缺乏足够的风险管理能力和经验，参与机构就不可能准确地选择交易时机，也无法对信用风险进行合理的定价。即便对于商业银行这样具有丰富的传统信用风险管理经验的机构来说，随着各种新的数学模型、新型金融工程工具、新型产品的出现和参与程度的提高，进入信用风险转移市场也会面临新的风险。而对于那些以前没有信用风险业务的参与机构来说，进入信用风险转移市场就会面临更大的挑战。

3. 信用风险转移业务对监管机构的挑战

因为市场参与机构可能在不完全了解信用风险转移市场的潜在风险或缺乏相应的风险管理能力的情况下进入信用风险转移市场，所以监管当局必须在掌握信用风险流向及风险承担机构管理能力的情况下，制定出恰当的资本要求和市场准入政策，才能保证金融机构稳定经营，但目前多数国家的相关监管政策还不完善。有些国家还没有制定针对信用风险转移业务的监管政策。此外，信用风险转移交易增加了承担信用风险的主体数量，导致最终风险承担者的信息和风险的分布情况更加复杂，而近期发展迅速的结构型产品进一步加剧了这种复杂性。所以，如何获取相关信息，准确评估各参与机构所承担的风险以及信用风险向银行系统外转移的程度，已经成为监管当局面临的重要问题。不仅如此，信用风险转移市场还提高了商业银行、证券公司与机构投资者等市场参与机构间的关联程度，加大了金融风险跨部门、跨行业传染的可能性，这大大提高了对不同市场参与机构监管当局间的沟通协调要求。在我国这样的分业监管模式下如何获得信用风险转移市场的完整的交易信息、制定出完善的监管措施也是监管当局面临的严峻挑战。

本章小结

信用风险是银行等金融机构面临的最主要风险之一，信用风险一旦发生将会使金融机构蒙受重大损失，甚至引发流动性风险等其他风险，继而引起金融危机和经济危机。因此，全面认识信用风险和衡量信用风险就尤为重要。

信用风险，是指债务人或交易对手未能履行合约规定的义务或因信用质量发生变化导致金融工具的价值发生变化，给债权人或金融工具持有人带来损失的风险。信用风险的度量涉及信用风险暴露、违约概率、违约损失率、预期损失和非预期损失等方面。传统的风险度量方法有专家判断法、信用评级方法和信用评分方法。信用评级法中，信用等级是可以变化的，而信用等级的变化一般用信用等级转移概率来度量。

随着监管部门和金融机构对信用风险的重视以及金融理论的发展，对于信用风险的度量由传统的定性分析发展为定量分析。在此方面，应用较多的有KMV模型、CreditMetrics模型、CPV模型、CreditRisk+模型等。KMV模型作为运用现代期权定价理论建立起来的违约预测模型，是对传统信用风险度量方法的一次重要革命。CreditMetrics模型是由J. P. 摩根、美洲银行、KMV和瑞士银行等金融机构于1997年合作推出的一个*VaR*计算框架和方法，特别适用于贷款、私募债券等非交易性信用资产的估值与风险计算。麦肯锡公司通过对CreditMetrics模型的改良进一步提出了信用组合观点（credit portfolio view），根据宏观经济因素调整无条件信用等级转移矩阵并得到了更符合实际的条件信用等级转移矩阵的方法，即CPV模型。CreditRisk+模型是维特在1990年加入瑞士信贷第一波士顿并成立了专门从事衍生品交易的金融产品部之后，创立的自己的信贷风险模型。目前，CreditRisk+与CreditMetrics及KMV并称为三大银行风险模型。

在准确度量信用风险之后，要进行有效的信用风险管理。常用的信用风险管理方法有信用风险缓释和信用风险转移。信用风险缓释是指商业银行运用合格的抵质押品、净额结算、保证和信用衍生工具等方式转移或降低信用风险。而信用风险转移是指金融机构，一般是指商业银行通过使用各种金融工具把信用风险转移到其他银行或其他金融机构。

关键术语

信用风险　专家分析法　内部评级　外部评级　违约率　违约损失率　信用风险暴露　信用损失分布　信用价差　信用等级转移概率　信用等级转移矩阵　条件信用等级转移　Z评分模型　ZETA信用风险模型　KMV模型　CreditMetrics模型　CPV模型　CreditRisk+模型　信用风险缓释　信用风险转移

思考题

1. 简述风险度量的发展历程。

2. 列举风险度量涉及的主要因子及其含义。

3. 选取一家上市公司，用默顿公司债务定价模型估算其信用价差。

4. 简述专家判断法的优缺点。

5. 简述外部评级机构及外部评级体系。

6. 简述内部评级。

7. 阐述 Z 评分模型和 ZETA 信用风险模型。

8. 某企业持有 A、B、C 三种债券，其面值和违约率见下表，假定违约的损失率为 1。

债券	债券面值（万元）	违约率（%）
A	20	5
B	30	10
C	50	20

（1）计算各种可能的信用损失及其分布。

（2）求出预期损失和给定置信度为 95%时的未预期损失。

9. 某公司当前资产的市值为 2 500 万元，资产的增长率预计为每年 20%，公司资产波动率预计为 14%，公司 1 年后的违约临界值为 870 万元。求违约距离。

10. 一张 BBB 级债券的面值为 10 万元，3 年后到期，年利率为 6%，违约回收率及其标准差分别为 38.52%、23.81%。求该债券 1 年后的价值分布（信用等级转移见表 4 - 4，远期利率见表 4 - 5）。

11. 某机构有 10 笔相互独立的贷款，假定风险暴露频段值为 $L=3$（万元），可将 10 笔贷款分为两个频段级，其中 4 笔位于 v_1 频段，其余位于 v_2 频段，在每个频段内，贷款违约数平均为 $\lambda=2$，违约数服从泊松分布。

（1）求 v_1、v_2 频段级内，对应于不同违约数的违约率及违约损失分布。

（2）求出不同频段级内预期损失和 99%置信水平下对应的非预期损失。

（3）求出两笔贷款组合可能的违约概率以及对应的损失分布。

（4）求两笔贷款组合的预期损失和 99%置信水平下对应的非预期损失。

第 5 章

市场风险

本章要点

1. 市场风险的定义和分类；
2. 市场风险度量；
3. 市场风险监测、报告与控制。

5.1　市场风险概述

5.1.1　市场风险的定义

20 世纪 60 年代初资产组合理论和期权定价模型的发展，使得人们开始了解市场风险因素分析，并逐渐奠定了风险价值模型的基础。市场风险在大多数银行风险敞口中仅占很小比例，在数量上无法与信用风险敞口相提并论。不过从发展趋势来看，银行参与市场交易活动日益频繁，在从事传统的贷款业务的同时，涉足新兴金融业务。随着金融机构对这些业务的参与加深，市场风险会逐渐产生和扩大，因此认识和管理市场风险是它们必然要面临的挑战。市场风险有广义和狭义之分。广义的市场风险是指金融机构在金融市场的交易头寸由于市场价格因素的变动而可能获得的收益或遭受的损失。广义的市场风险充分考虑了市场价格可能向有利于自己和不利于自己的方向变化，可能带来潜在的收益或损失，对于正视市场风险、避开市场风险乃至利用市场风险具有积极作用。狭义的市场风险是指金融机构在金融市场的交易头寸由于市场价格因素的不利变动而可能遭受的损失。在实务中，投资部门会更多地关注市场风险的收益性，而传统的风险管理部门可能会更加关注市场风险的损失性。

国际清算银行定义的市场风险是资产负债表内和表外的资产价格由于股票、利率、汇率、商品价格的变动而发生变化的风险。

1990 年，J. P. 摩根公司给出的市场风险定义是由市场条件的改变而引起的金融机构收入的不确定性。定义中的市场条件主要是指资产价格、市场波动、利率、市场流动性等。

2004年12月16日，中国银行业监督管理委员会颁布的《商业银行市场风险管理指引》中对市场风险给出了全面而完整的定义：市场风险是指因市场价格（利率、汇率、股票价格和商品价格）的不利变动而使商业银行表内和表外业务发生损失的风险。市场风险存在于商业银行的交易和非交易业务中。

5.1.2 市场风险的分类

一、利率风险

利率风险是市场利率变动的不确定性给金融机构造成损失的可能性。金融机构所面临的利率风险主要有两种情形：一是利率不匹配的组合利率风险，如贷出资金采用浮动利率而借入资金采用固定利率，若此时利率不断下降，金融机构的利差收益会因此而不断减少，甚至出现利息倒挂的亏损现象。二是期限不匹配的组合利率风险，如以存贷款业务为主的商业银行资产和负债的期限结构通常是不匹配的，这就意味着利率的上升或下降会使银行的价值和收益发生巨大变动。利率风险按照来源的不同，可以分为收益率曲线风险、重新定价风险、基准风险和期权性风险。

1. 收益率曲线风险

收益率曲线风险，也称利率期限结构变化风险，指的是由收益曲线斜率的变化导致期限不同的两种债券的收益率之间的差幅发生变化而产生的风险。收益率曲线是由不同期限但具有相同风险、流动性和税收的收益率连接而成的曲线，用于描述收益率与到期期限之间的关系。通常情况下，金融产品的到期期限越长，收益率越高。但由于重新定价的不对称性，收益率曲线的斜率和形态会发生变化（即出现收益率曲线的非平行移动），对金融机构收益和内在价值产生不利影响，从而形成收益率曲线风险。

2. 重新定价风险

重新定价风险也称为久期错配风险，是最主要和最常见的利率风险形式，来源于银行资产、负债和表外业务到期期限（就固定利率而言）或重新定价期限（就浮动利率而言）所存在的差异。这种重新定价的不对称性会使银行的收益或内在经济价值随着利率的变动而变化。例如，如果银行以短期存款作为长期固定利率贷款的资金来源，那么当利率上升时，贷款的利息收入仍然是固定的，但存款的利息支出会随着利率的上升而增加，从而使银行的未来收益减少，经济价值降低。

3. 基准风险

基准风险也称为利率定价基础风险，是另一种重要的利率风险来源。在利息收入和利息支出所依据的基准利率变动不一致的情况下，虽然资产、负债和表外业务的重新定价特征相似，但因其现金流和收益的利差发生了变化，也会对银行的收益或内在经济价值产生不利影响。

4. 期权性风险

期权性风险是一种越来越重要的利率风险，来源于金融机构资产、负债和表外业务中所隐含的期权。一般而言，期权赋予其持有者买入、卖出或以某种方式改变某一金融工具或金融合同的现金流量的权利，而非义务。期权可以是单独的金融工具，如场内（交易所）交易期权和场外期权合同，也可以隐含于其他的标准化金融工具之中，如债券或存款的提前兑付、贷款的提前偿还等选择性条款。期权和期权性条款都是在对买方有利而对卖方不利时执行，因此，此类期权性工具因具有不对称的支付特征而给卖方带来风险。比如，若利率变动对存款人或借款人有利，存款人就可能选择重新安排存款，借款人可能选择重新安排贷款，从而对银行产生不利影响。如今，越来越多的期权品种因具有较大的杠杆效应，还会进一步增加期权头寸，从而可能会对银行财务状况产生不利影响。

二、汇率风险

汇率风险也称外汇风险或外汇暴露，是指由特定货币敞口或者特定货币资产的不完全对冲引起的风险。汇率风险的产生可能是由于为满足客户需求或金融机构自营需要进行不同币种的相互折算或兑换时因汇率在一定时间内发生变化而遭受的不利变动。汇率风险因产生原因主要分为两类。

1. 外汇交易风险

外汇交易风险源自金融机构由于自身对某种外币未来走势的判断而持有的短期没能抛售的外汇敞口头寸，或因满足客户需求未能及时进行对冲的外汇敞口头寸。

2. 外汇结构性风险

外汇结构性风险是由于金融机构资产负债表中各种负债、资产之间因币种匹配不畅而产生的。

三、股票价格风险

股票价格风险是指金融机构在一段时间内持有的股票等有价证券或期货等金融衍生品因其价格发生不利变动，给金融机构带来非预期损失的市场风险。由于造成股票价格波动的因素既有宏观经济因素，也有许多行业中观因素、企业微观因素等等，且这些因素往往掺杂在一起，相对于汇率和利率的波动来说，股票等有价证券的价格变动更难寻找规律，也不易被金融机构风险管理者所察觉。

四、商品价格风险

商品价格风险是指所持有的各类商品及其衍生头寸商品因价格发生了不利变动而可能给金融机构带来损失的风险。这里的商品是指在二级市场上交易的一些实物产品，如农产品、矿产品以及某些实物商品，尤其以商品期货形式为主。商品价格波动取决于国家宏观经济形势、商品市场供求情况和国际炒家的投机行为等。

值得注意的是，商品价格风险中所述的商品不包括黄金这种贵金属。因为黄金曾经长时间在国际结算体系中发挥国际货币职能，充当外汇资产。随着布雷顿森林体系的崩溃，黄金不再充当法定国际货币，但黄金仍然是各国外汇储备资产的一种重要形式。所以，黄金价格的波动被纳入金融机构汇率风险范畴。

另外，与金融产品不同，商品“入账”交易通常会产生成本，因为商品合约要设定交割的形式和地点，比如铜的合约要规定用于交割的铜块的纯度、形状和仓库地址等，所以在远期合约定价中，运输、储藏和保险都是影响因素。

五、信贷息差风险

信贷息差风险通常指息票和期限合理调整后的政府债券和公司债务之间的收益差额。信贷息差风险是用来衡量发债人/借款人由于信贷息差的变化而对债券持有机构所产生的影响。该风险根植于交易员所进行的公司债券交易中，相应的避险工具包括各种信贷衍生品，如信贷违约掉期、总收益互换和信贷期权。

5.2 市场风险度量

5.2.1 日风险收益

从本质上讲，金融机构关注的是若下一个交易日市场条件向不利方向变动，其潜在的损失会有多大，即

$$\text{市场风险}=\text{在不利市场环境中所估计出的损失} \tag{5-1}$$

更为具体地说，金融机构日风险收益（daily earning at risk，DEAR）有三个可测量的组成部分：

$$\text{日风险收益}(DEAR)=\text{头寸的本币市场价值}\times\text{头寸的价格敏感性}\times\text{收益率的潜在不利变动} \tag{5-2}$$

后两项的乘积实际上就是某项资产价格的波动，式（5-2）可以表示为

$$\text{日风险收益}(DEAR)=\text{头寸的本币市场价值}\times\text{价格波动} \tag{5-3}$$

价格敏感性和收益率的潜在不利变动的测量，取决于不同的金融机构对价格敏感性模型的选择，以及它们对收益率的潜在“不利变动”的认识。

5.2.2 固定收益证券的市场风险

假设一家金融机构有一笔市场价值为100万元的零息债券，剩余期限为6年，面值为1 609 042元，该债券的到期收益率为8.25%。这些债券是该银行交易性组合资产的一部分。因此

$$\text{头寸的市场价值}=100\text{万元}$$

当利率向不利方向变动时，该金融机构面临潜在的风险敞口。当给定银行债券的市值时，该银行可能面临的损失就取决于债券价格的波动。通过久期模型，我们知道

$$\frac{\mathrm{d}p}{p}=-MD\times\mathrm{d}R$$

$$\text{价格的日波动}=(-MD)\times\text{日收益率的不利变化} \tag{5-4}$$

由于该债券是零息债券，所以它的久期就是剩余期限，即修正的久期为

$$MD=\frac{D}{1+R}=\frac{6}{1.082\,5}=5.543(\text{年})$$

参考第3章的方法，我们可以将上述分析拓展到2天、3天直到N天的潜在损失。我

们假定收益率的冲击是独立的，而且每一天的波动大体一致，金融机构持有该资产 N 天，那么 N 天的风险收益与 $DEAR$ 的关系如下：

$$VaR = DEAR \times \sqrt{N}$$

因此，当利率朝着对金融机构不利的方向变动时，金融机构持有债券的风险价值是日风险收益和持有天数的函数。由这个函数可知，在债券日风险收益不变的情况下，N 越大，即持有的时间越长，风险收益就越大，金融机构面临的损失就越大。加之市场不流动性的影响，金融机构往往需要几天来卖出其持有的债券头寸。所以，市场不流动性使金融机构面临更大的损失。

【例 5-1】 现在我们假设该债券的不利变动如图 5-1 所示。假定收益的变化服从正态分布，可以根据历史数据来估计当前收益率的变化。为方便起见，我们定义“不利”变动存在一个最大的变化值，无论收益如何，超过该最大值的概率只有 5%。由统计学知识可知，在正态分布下，90%的值落在均值±1.65 个标准差（即 1.65σ）的范围内。假设上一年 6 年期零息债券的收益率均值为 0，而标准差为 10 个基点[①]（0.001），因此 1.65σ 就等于 16.5 个基点。从图 5-1 中可知，全年有 10%的可能超过 16.5 个基点，仅有 5%的概率收益率向不利的方向变动，债券的价格下降，即 20 天中仅有一天损失会超过 16.5 个基点。

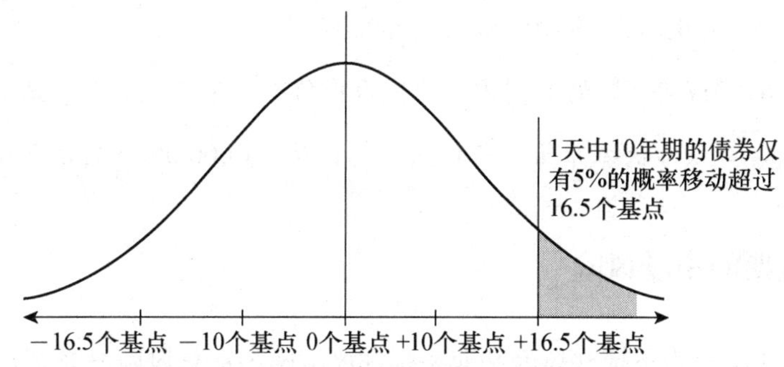

图 5-1　6 年期零息债券收益率的不利变化

【解答】

现在我们就可以用公式（5-4）来计算 6 年期零息债券潜在的价格的日波动：

$$\begin{aligned}\text{价格的日波动} &= (-MD) \times \text{收益率的潜在不利变动} \\ &= (-5.543) \times (-0.001\,65) \\ &\approx 0.915\%\end{aligned}$$

给出这个价格的日波动与最初的 6 年期债券资产组合的市场价值，运用式（5-3），就可以得到

$$DEAR_z = 1\,000\,000 \times 0.915\% = 9\,150(\text{元})$$

也就是说，100 万元的零息债券，20 天里至少有一天的损失为 9 150 元。

① 1 个基点为 0.000 1，即 0.01%。

5.2.3 外汇的市场风险

如果金融机构积极进行外汇交易，其外汇的市场风险仍使用风险度量模型：

日风险收益($DEAR$)＝头寸的本币市场价值×价格波动

在计算外汇的市场风险时，我们需要先将其兑换成本币。

【例 5-2】 假设某金融机构在 2018 年年初的某个交易日结算时有 125 万港币即期头寸，其经营者想知道该头寸的日风险收益，即下一个交易日市场条件的不利变化给该机构可能带来的损失。经营者更倾向于用本币衡量。

【解答】

首先我们要计算该头寸的本币市场价值，假设此时港币/人民币的即期汇率为 1.250 0，即 1.25 港币等于 1 元本币，那么该机构持有的本币市场价值为 100 万元人民币。

假设我们回顾 2017 年港币/人民币的汇率变化得知，即期汇率的标准差（波动程度）为 55.8 个基点。同时该金融机构经营者仅关心不利变化，不利变化的概率不超过 5%。从统计学的角度来看，如果汇率的变化在历史上呈正态分布，那么汇率向不利方向变化的程度就为 1.65σ，于是

外汇波动＝1.65×55.8×0.000 1＝0.920 7%

换句话说，在 2017 年 5%的时间内，人民币价值至少下降 92.07 个基点，这样就有

$DEAR_{HKD}$＝头寸的本币市场价值×价格波动＝1 000 000×0.009 207＝9 207(元)

5.2.4 股票的市场风险

股票的市场风险分为系统性风险和非系统性风险两类：总风险＝系统性风险＋非系统性风险，即 $\sigma^2=\beta_i^2\sigma_m^2+\sigma_{ei}^2$。

系统性风险反映该股票与市场组合的同步变动（通过该股票的贝塔系数 β_i 与市场资产组合的波动性 σ_m 反映），而非系统性风险是与该公司本身相关的风险 σ_{ei}，在充分分散的资产组合中，非系统性风险大部分可以被分散掉，也就是组合的非系统性风险等于 0，只剩下系统性风险。如果金融机构的交易资产组合服从或近似服从股票市场指数组合，则该资产组合的贝塔系数为 1，因为该金融机构资产组合回报率的变动和市场的变动是一一对应的关系。同时，资产组合的标准差就等于股票市场指数的标准差。在不是很分散的资产组合中，或单个股票的资产组合中，非系统性风险 σ_{ei} 对交易头寸价值的影响需要考虑进去。

【例 5-3】 现假设某金融交易机构的股票头寸为 100 万元，这一股票能完全反映市场指数，也就是说 $\beta=1$，因此该股票的 $DEAR$ 应该为

$DEAR$＝头寸的本币市场价值×股票市场收益率的波动＝1 000 000×$1.65\sigma_m$

如果上一年股票市场指数收益率的日变化率是 3%，那么 $1.65\sigma_m=4.95\%$。就是说，股票市场的不利变动或每日收益率下降幅度超过 4.95%的概率只有 5%。

$DEAR_s = 1\,000\,000 \times 0.0495 = 49\,500$（元）

这就是说，如果下一个交易日市场向不利方向变动，金融机构可能损失 49 500 元。

5.2.5 资产组合的市场风险

上面我们分析了单笔交易头寸的 *DEAR*，并列举了 6 年期零息固定收入证券、即期港币的头寸、一笔股票市场指数头寸（它们的币值为 100 万元）作为例子。表5-1列出了三种资产的日风险价值。

表 5-1　固定收益证券、外汇、股票的 *DEAR* 表　单位：元

交易性资产	*DEAR*
6 年期零息债券	9 150
港币即期头寸	9 207
股票	49 500

然而，金融机构的管理层想要知道整个交易头寸的总风险。显然，计算总风险时，如果仅对单个风险简单地加总，即 9 150＋9 207＋49 500＝67 857（元），是有问题的，因为这样会忽视固定收益债券、外汇以及股票头寸之间的相关性（协方差）。比如，一些资产之间呈正相关性，一些资产之间呈负相关性。根据现代资产组合理论，资产间的相关性为负可以减少资产组合的总风险。

【例 5-4】如果上述三种资产的相关系数矩阵如表 5-2 所示，从中可以看到 6 年期零息债券与港币即期头寸的相关系数（$\rho_{z,HKD}$）为－0.4，与股票的相关系数（$\rho_{z,s}$）为 0.2，即期港币头寸与股票的相关系数（$\rho_{HKD,s}$）为 0.1。

表 5-2　资产间的相关系数（$\rho_{i,j}$）表

	6 年期零息债券	港币即期头寸	股票
6 年期零息债券	—	－0.4	0.2
港币即期头寸	－0.4	—	0.1
股票	0.2	0.1	—

知道三种资产间的相关系数以及单个资产的 *DEAR*，我们就可以使用相关系数矩阵计算出整个交易性资产组合的总风险或标准差：

$$\begin{aligned}\text{资产组合的 } DEAR = [&(DEAR_z)^2 + (DEAR_{HKD})^2 + (DEAR_s)^2 \\ &+ (2 \times \rho_{z,HKD} \times DEAR_z \times DEAR_{HKD}) \\ &+ (2 \times \rho_{z,s} \times DEAR_z \times DEAR_s) \\ &+ (2 \times \rho_{s,HKD} \times DEAR_s \times DEAR_{HKD})]^{1/2}\end{aligned}$$

上面的式子实际上是现代资产组合理论的直接应用，因为 *DEAR* 基本上类似于标准差。因此，我们将表 5-1 和表 5-2 中的数据代入该式，就可以得到

$$
\begin{aligned}
\text{资产组合的 } DEAR = & [9\,150^2+9\,207^2+49\,500^2 \\
& +[2\times(-0.4)\times9\,150\times9\,207] \\
& +(2\times0.2\times9\,150\times49\,500) \\
& +(2\times0.1\times9\,207\times49\,500)]^{1/2}=53\,138.17(\text{元})
\end{aligned}
$$

这一式子揭示了在计算资产组合的 DEAR 时，不仅要考虑资产组合中每一项产出的 DEAR，还要考虑资产间的相关系数。上面计算出的资产组合的 DEAR（53 138.17 元）比三项资产简单相加的风险（67 852 元）要低。如果我们假设固定收益证券、外汇、股票三种交易性资产间的相关系数为 1，那么可迅速得出资产组合的 DEAR 为 67 852 元。所以，当我们假设资产间的收益完全相关时，我们计算交易风险暴露时就放大了实际的市场风险暴露。

大多数金融机构都对自己的交易资产组合的风险价值、日风险收益、头寸和亏损等设有最大限额。这样，将实际业务与这些限额相比较，就能对每天的交易情况进行监控。如果某种风险超出被认可的限额，管理层就必须采取策略，使风险水平维持在限额以内。

5.3 市场风险管理

5.3.1 市场风险管理体系

就银行类金融机构而言，《商业银行市场风险管理指引》指出，商业银行应当建立与本行的业务性质、规模和复杂程度相适应的、完善的、可靠的市场风险管理体系。市场风险管理体系包括如下基本要素：董事会和高级管理层的有效监控；完善的市场风险管理政策和程序；完善的市场风险识别、计量、监测和控制程序；完善的内部控制和独立的外部审计；适当的市场风险资本分配机制。

商业银行实施市场风险管理，应当适当考虑市场风险与其他风险类别，如信用风险、流动性风险、操作风险、法律风险、声誉风险等的相关性，并协调市场风险管理与其他类别风险管理的政策和程序。

商业银行应当制定适用于整个银行机构的、正式的书面市场风险管理政策和程序。市场风险管理政策和程序应当与银行的业务性质、规模、复杂程度和风险特征相适应，与其总体业务发展战略、管理能力、资本实力和能够承担的总体风险水平相一致，并符合银监会关于市场风险管理的有关要求。市场风险管理政策和程序的主要内容包括：可以开展的业务，可以交易或投资的金融工具，可以采取的投资、保值和风险缓释策略和方法；商业银行能够承担的市场风险水平；分工明确的市场风险管理组织结构、权限结构和责任机制；市场风险的识别、计量、监测和控制程序；市场风险的报告体系；市场风险管理信息系统；市场风险的内部控制；市场风险管理的外部审计；市场风险资本的分配；对重大市场风险情况的应急处理方案。

应根据市场风险状况和外部市场的变化，及时修订和完善市场风险管理政策和程序。商业银行的市场风险管理政策和程序及其重大修订应当由董事会审批，商业银行的高级管理层应当向与市场风险管理有关的工作人员阐明本行的市场风险管理政策和程序，与市场风险管理有关的工作人员应当充分了解其与市场风险管理有关的权限和职责。

5.3.2 市场风险管理流程

就金融行业的发展趋势来看，银行参与市场交易活动将日益增多，在从事传统信贷业务的同时，又涉及新兴业务。在混业经营模式下，越来越多的银行涉足债券市场、期货市场、股票市场，从而面临着利率风险、汇率风险、股价风险以及商品风险。银行交易头寸对金融市场变化的敏感性增强，市场风险也日益增加。

银行账户面临的风险以结构性市场风险为主，主要是利率风险、汇率风险和流动性风险；交易账户面临的风险以交易性市场风险为主，主要是利率风险、汇率风险、股价风险以及商品风险。银行账户和交易账户中的利率风险、汇率风险在驱动因素上基本一致，按驱动因素又可将利率风险细分为基差风险、重新定价风险、收益率曲线风险以及期权性风险等；将汇率风险细分为交易风险、会计折算风险、经济风险或经营风险等。市场风险分类如图5-2所示。

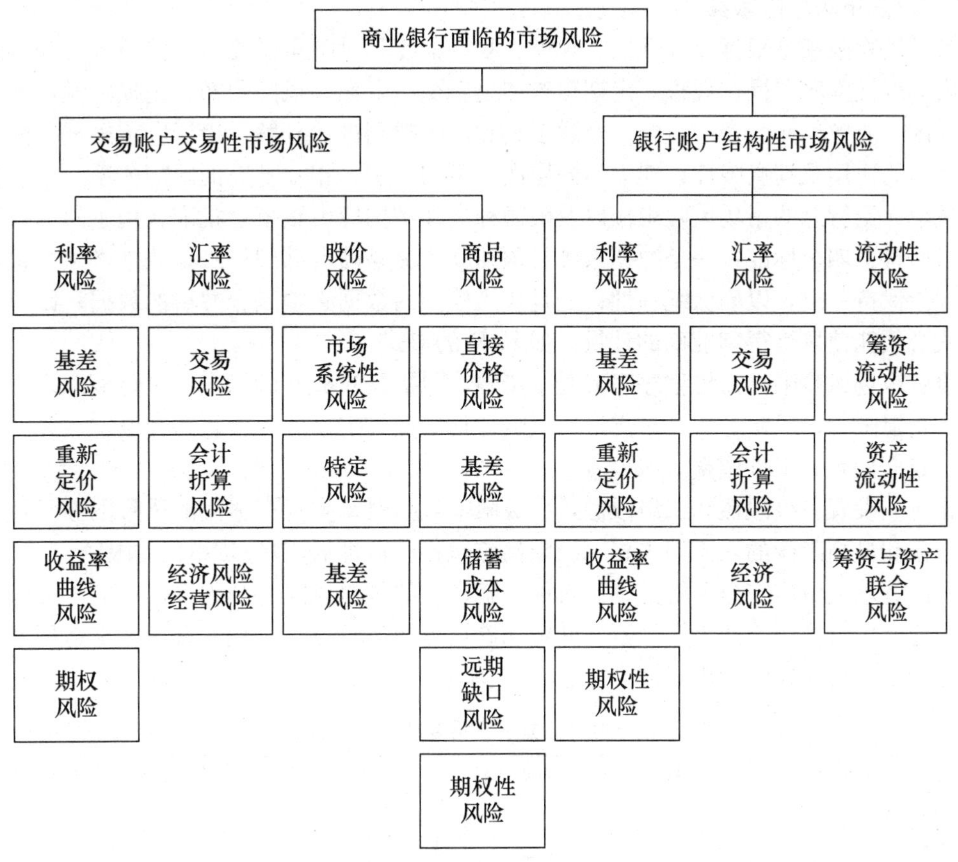

图5-2 银行面临的市场风险

银行家们必须采用定性和定量相结合的方法来管理市场风险。定性管理应在董事会和高级管理层的监督管理之下，建立完善的治理机构、组织结构、政策程序、管理流程、信息报告、内审流程等，主要集中在六个方面：一是确定由董事会主导的统一的市场风险管理概念；二是适应业务流程和性质的市场风险组织架构；三是建立与时俱进的市场风险管理政策和程序；四是明晰市场风险报告路径、报告频率和反馈机制；五是建立内部市场风险监督审核机制和对外信息披露机制；六是建立高素质的市场风险管理队伍。

市场风险管理一般分五步走：收集全部交易记录→汇总交易记录，形成交易组合→将决定组合价值的因子分解成基本潜在因子→用相关风险因子的现行市场价分解后的资产组合定价并确定组合收益→通过运用一套模拟市场价格对资产组合进行重新定价来计量风险大小。银行所承担的市场风险应与资本实力相匹配。必须将市场风险内部模型整合到业务管理流程中，参照内部模型和风险计量系统结果，结合管理经验，才能科学决策。

1. 确定市场风险预算

市场风险预算是指董事会及高级管理层所确定的对于一个给定时期内（通常为 1 年）由市场风险所带来的损失的承受程度。风险预算分为两类，这两种类型对于把损失限制在确定水平上（风险预算）都很必要。一类是止损约束，它是控制由盯住市场规则产生的现有头寸相对于基准组合的累计损失。另一类是头寸约束，用于对未来市场价格的不利变动所导致的潜在损失进行控制，这类市场风险控制政策就是头寸限额政策。

2. 设置市场风险限额

市场风险限额是根据业务性质、规模、复杂程度和风险承受能力，按照各类和各级限额的内部审批程序和操作规程，定期审查和更新交易限额、风险限额、止损限额，并且可以按地区、业务单元、资产组合、金融工具和风险类别进行分解。银行应该根据不同限额控制风险的作用及其局限性，建立不同层次、不同类别、相互补充的限额体系，有效控制市场风险，银行总的市场风险限额以及限额种类和结构应由董事会批准。用于限额控制的数据必须符合四个标准：一是数据来源必须独立于交易前台部门；二是数据必须与银行的正式记录保持一致，以确保统一性；三是代入模型的数据必须是合并后的数据；四是数据的形式必须能使风险得到准确的计量，如 VaR 的形式。

设置市场风险限额需按程序完成九个步骤，包括风险战略的设定、风险概念定义、预算分配止损限额、风险分析计量方法、风险评估限额设定、风险报告路径设定、风险限额监控、定期检查、事件调整。

银行应设置一级限额和二级限额，一级限额包括对每类资产适用的风险限额以及压力测试限额和最高限额的累积损失；二级限额应包括已审批的市场/货币工具限额。

风险管理人员应充分了解并确认每种金融产品的价格风险特征因素，且应尽可能明确所有可能产生价格风险的市场因素，并定期确认金融工具评估公式的正确性与适用性。金融产品中带来价格风险的市场因素如表 5-3 所示。

表 5-3　影响金融产品交易价格变动的市场因素

产品/市场因素	汇率	本国利率	国外利率	利率波动性	汇率波动性
即期外汇	√				
远期外汇	√	√	√		
货币市场		√			
债券市场		√			
远期利率协议		√			
互换		√			
交叉货币交换	√	√	√		

续前表

产品/市场因素	汇率	本国利率	国外利率	利率波动性	汇率波动性
汇率期权	√	√	√		√
利率期权		√		√	
利率期货		√			
互换期权		√		√	
债券期权		√		√	
国外交易	√	√	√		

不论哪种金融产品，价格风险量化指标都只有两项：一是价格敏感程度，即市场风险变动 1 单位，金融工具或投资组合价值会有多大幅度的变化；二是最高潜在损失，即金融工具或投资组合在特定期间内一定置信度下可能出现的最大损失额。

5.3.3 市场风险监测与报告

风险报告是为监管市场风险头寸，并监控敞口是否符合风险限额的报告。该报告有助于资产负债管理委员会确定风险限额的充足性（相对于其使用不充分或过度使用的情况而言）。为更好地反映金融机构的战略，风险限额应定期进行必要的调整。风险报告是确保及时采取补救措施限制损失的关键。可靠、及时的风险报告也可使金融机构应对监管部门呈报方面的要求。所有风险和收益状况（包括关于预期风险、各种业务的绩效和例外情况等的详细信息）都必须及时向各相关管理层进行报告。

一、风险报告体系应坚持的原则

1. 独立性

风险报告部门必须独立于风险承担部门。主要的市场风险报告部门是营运部门和风险管理部门。

2. 可靠性

风险头寸和估价信息渠道必须经授权并且前后一致。假设、公式、方法和风险术语的描述必须清晰界定。

3. 时效性

风险报告必须及时，以便采取相应的补救措施。

4. 恰当性

风险报告程序必须结构清晰，向上报告给有效的高级管理层，以便其能采取恰当的补救和处罚措施。

5. 有效性

数据管理层应具有高效使用数据库的能力，以使人为干预和调整最小化。

二、市场风险报告的内容和种类

风险管理部门应当能够运用有效的风险监测报告工具，及时向高级管理层和交易前台提供有价值的风险信息，以辅助交易人员、高级管理层和风险管理专员进行决策。

风险报告是市场监测的主要内容，是风险管理者用于了解和量化金融机构的风险来源、估计其市场总风险的基础。风险报告的过程由三个阶段组成：收集市场数据构建风险头寸→用适当的方法计算风险头寸→综合组合风险。

市场风险报告应当包括如下全部或部分内容：

(1) 按业务、部门、地区和风险类别分别统计/计量的市场风险头寸；

(2) 对市场风险头寸和市场风险水平的结构分析；

(3) 头寸的盈亏情况；

(4) 市场风险识别、计量、监测和控制方法及程序的变更情况；

(5) 市场风险管理政策和程序的遵守情况；

(6) 市场风险限额的遵守情况，包括对超限额情况的处理；

(7) 事后检验和压力测试情况；

(8) 内部和外部审计情况；

(9) 市场风险经济资本分配情况；

(10) 对改进市场风险管理政策、程序以及市场风险应急方案的建议；

(11) 市场风险管理的其他情况。

向董事会提交的市场报告通常包括金融机构的总体风险头寸、风险水平、盈亏状况、对市场风险限额及市场风险管理的其他政策和程序的遵循情况等内容。向高级管理层和其他管理人员提交的市场报告通常包括按地区、业务经营部门、资产组合、金融工具和风险类别分解后的详细内容。先进的风险管理信息系统是提高市场风险管理效率和质量的基础工具。从国外的市场风险管理实践看，市场风险报告具有多种形式和作用。

(1) 投资组合报告，以总结的方式完整列示投资组合里的所有风险。

(2) 风险分解"热点"报告，计算每个头寸的变化率，如果报告变化为正则是"风险热点"，报告变化为负则是"风险冷点"。

(3) 最佳投资组合组织报告，通过简化投资组合来解释复杂投资组合的主要风险来源。

(4) 最佳风险规避策略报告，提供金融机构需要实际购买和出售的头寸规模。

三、市场风险报告的路径和频度

有关市场风险情况的报告应当定期、及时向董事会、高级管理层和其他管理人员提供。不同层次和种类的报告应当遵循规定的范围、程序和频率。

(1) 在正常市场条件下，通常每周向高级管理层报告一次；在市场剧烈波动的情况下，需要进行实时报告，但主要通过信息系统直接传递。

(2) 后台和前台所需的头寸报告，应当每日提供，并完好打印、存档、保管。

(3) 风险值和风险限额报告必须在每日交易结束之后尽快完成。

(4) 应高级管理层或决策部门的要求，风险管理部门应当有能力随时提供各种满足特定需要的风险分析报告，以辅助决策。

5.3.4 市场风险控制的基本方法

一、限额管理

金融机构实施市场风险管理，应当确保将所承担的市场风险控制在可以承受的合理范

围内，使市场风险水平与其风险管理能力和资本实力相匹配，限额管理正是对市场风险进行控制的一项重要手段。市场风险限额管理体系主要包括交易组合定义、限额结构与限额指标设定和审批、限额监控与报告、限额调整、超限额管理等。其中，风险限额的设定是整个限额管理流程的重要基础。风险限额的设定分为四个阶段。

第一阶段，全面风险计量，即金融机构对各项业务所包含的信用风险、市场风险、操作风险、流动性风险分别进行量化分析，以确定各种敞口的预期损失（EL）和非预期损失（UEL）。

第二阶段，利用信息系统，对各类业务敞口的收益和成本进行量化分析，其中制定一套合理的成本分摊方案是一项有待解决的重要任务。

第三阶段，运用资产组合分析模型，对各业务敞口确定经济资本的增量和存量。

第四阶段，综合考虑监管机构的政策要求以及金融机构战略管理层的风险偏好，最终确定各业务敞口的风险限额。

市场风险限额应该在分析市场未来变动的情况下，同时考虑历史上市场风险变动情况和金融机构管理层处置风险敞口所需要的时间，限额也可以参考利率数据的分布情况来制定。通常它使用基于 *VaR* 的风险限额和基于敏感度的风险限额。风险限额是全部预算和计划过程的一部分，是损失发生前对风险进行控制，并以名义本金表示。

常用的市场风险限额包括交易限额、风险限额、止损限额和敏感度限额等。

（1）交易限额（limits on net and gross positions）是指对总交易头寸或净交易头寸设定的限额。总头寸限额对特定交易工具的多头头寸或空头头寸给予限制，净头寸限额对多头头寸和空头头寸相抵后的净额加以限制。在实践中，银行通常将这两种交易限额结合使用。

（2）风险限额是指对按照一定的计量方法所计量的市场风险设定的限额，如对内部模型计量的风险价值设定的限额（value-at-risk limits）和对期权性头寸设定的期权性头寸限额（limits on options positions）等。期权性头寸限额是指对反映期权价值的敏感性参数设定的限额，通常包括：对衡量期权价值对基准资产价格变动率的 Delta、衡量 Delta 对基准资产价格变动率的 Gamma、衡量期权价值对市场预期的基准资产价格波动性的敏感度的 Vega、衡量期权临近到期日时价值变化的 Theta 以及衡量期权价值对短期利率变动率的 Rho 设定的限额。

（3）止损限额（stop-loss limits）即允许的最大损失额。通常来说，当某项头寸的累计损失达到或接近止损限额时，就必须对该头寸进行对冲交易或将其变现。典型的止损限额具有追溯力，即止损限额适用于一日、一周或一个月等一段时间内的累计损失。

（4）敏感度限额（sensitivity limits）是指在保持其他条件不变的前提下，对单个市场风险要素（利率、汇率、股票价格和商品价格）的微小变化对金融工具和资产组合收益或经济价值影响程度所设定的限额。例如，Vega 限额是对期权标的物波动率单位变动所允许的期权价值的最大变动值进行限制。

制定出金融机构市场风险限额之后，就要求有关实施部门实施有效的执行政策，但是严格限额管理并不是指限额权限不可突破。金融机构应当对超过限额情况制定监控和处理程序，且应将超过限额情况及时向相应级别管理层报告。该级别管理层应当根据限额管理的政策和程序决定是否批准，以及预计超出此限额的情况会持续多久，对未经批准的超额情况应当按照限额管理的政策和程序处理。管理层应当根据限额发生的情况来决定是否对限额管理体系进行调整。执行委员会应当根据风险职能部门提出的建议，并考虑到相关风险的影响，定期批准汇报总风险限额。特别提醒，一旦头寸超过特定水平，限额体系应该立即引起风险管理部门的注意，并进行相应的控制和监督。

二、市场风险对冲

现代金融业的发展和金融工具的创新为消除或转移市场风险提供了手段和条件。除了运用限额管理来控制市场风险外，金融机构还可以有效地使用相关金融工具，在一定程度上实现对冲市场风险，即当原风险敞口出现亏损时，新风险敞口能够盈利，并且尽量使盈利能够弥补全部亏损，使金融机构处于一种免疫状态。市场风险对冲有两种方法。

1. 表内对冲——配对管理

表内对冲又叫自我对冲，即通过资产负债结构的有效搭配，使金融机构处于风险免疫状态（表内套期保值）。

2. 表外对冲——利用金融衍生品

表外对冲也可以理解为市场对冲。衍生金融工具可以被简单定义为一种其价值取决于另一种或多种资产或指数的价值合约。它们既可以被投资者用作管理风险的工具，也可以被用来获取利益。当金融衍生品被用作风险管理的工具时，在转移风险的同时，也需付出相应的代价。具体地说，利用衍生品对冲风险具有较大的优势，比如构造方式多种多样，交易灵活便捷，但其自身也会有风险，如交易对手的信用风险，因此要注意使用。商业银行必须正确认识和理解各种金融衍生产品的风险特征，又有能力把握多种金融产品组合在一起所形成的复杂状况，并且具备风险对冲所需的知识和技术支持。此外，使用衍生产品对市场风险对冲还需要面临透明度、会计处理、监管要求、法律规定、道德风险等诸多问题。

三、经济资本配置

除了采用限额管理、风险对冲两种方法外，银行还可通过合理配置的经济资本来降低市场风险敞口。经济资本配置通常采取自上而下或自下而上法。要注意二者的使用范围。

(1) 自上而下法通常用于制定市场风险管理战略规划。商业银行可根据前期业务部门、交易员或交易产品的 VaR 占市场风险整体 VaR 的比例，在当期将经济资本自上而下逐级分解到对应的业务部门、交易员或交易产品。根据投资组合原理，由于资产组合整体 VaR 小于其所包含的单个 VaR 之和，所以在计算经济资源分配比例时，应当对单个 VaR 进行适当的技术调整。

(2) 自下而上法通常用于当期绩效考核。商业银行可根据各业务部门、交易员或交易产品的实际风险状况分别计算其所占用的经济资本，然后自上而下逐级累积。同样根据投资组合原理，累积所得的整体层面的经济资本应小于各单个经济资本的简单加总。

本章小结

金融机构的交易性组合资产与投资组合资产在期限和流动性上是不一致的。交易资产组合包括了能够很快在有组织的金融市场上买卖的资产、负债以及衍生金融工具合约。投资性资产组合包括那些缺乏流动性和持有期较长的资产和负债。市场风险存在于金融机构的交易和非交易业务中。市场风险是指因市场价格（利率、汇率、股票价格和商品价格）的不利变动而使商业银行表内和表外业务发生损失的风险。市场风险可分为收益率曲线风险、重新定价风险、基准风险、期权性风险和信贷息差风险。

对市场风险的度量通常使用 *VaR* 法。然而，金融机构经营者关注的是下一个交易日市场条件向不利方向变动时，其潜在的损失会有多大。

市场风险控制的基本方法有限额管理、风险对冲、经济资本配置。常用的市场风险限额包括交易限额、风险限额、止损限额和敏感度限额。市场风险对冲有表外对冲和表内对冲两种方法。经济资本配置通常采取自上而下法或自下而上法，但要注意二者的使用范围。

关键术语

日风险收益　　收益率曲线风险　　重新定价风险　　基准风险　　期权性风险　　风险限额管理

思考题

1. 请简要说明市场风险和日风险收益。

2. 简述市场风险的分类。

3. 假设银行有5年期零息债券头寸100万元，该债券的到期收益率为7.00%。历史上该债券的平均收益率为0.0%，标准差为12个基点，置信水平为95%。试求：

(1) 该债券的修正久期；

(2) 该债券的价格波动率；

(3) 债券的 *DEAR*。

4. 一家银行的 *DEAR* 为8 500元，问10天的 *VaR* 为多少？20天的 *VaR* 为多少？为什么20天的 *VaR* 比10天的 *VaR* 的两倍少？

5. 美国本土某银行有3 000万瑞士法郎（SWF）和2 000万英镑（GBP）面临市场风险。二者对美元（USD）的即期汇率分别为0.30USD/SWF、1.25USD/GBP。瑞士法郎和英镑兑美元的汇率标准差分别为65个基点和45个基点，置信水平为95%。求两种货币10天的 *VaR* 分别是多少？

6. 假设某金融机构股票、外汇和债券的 *DEAR* 分别为30万元、25万元和25万元，根据下面资产的相关系数矩阵，求组合资产的 *DEAR*。

	股票	外汇	债券
股票	—	−0.14	0.75
外汇	−0.15	—	0.20
债券	0.70	0.2	—

7. 简述市场风险度量的方法。
8. 简述市场风险度量模型。
9. 市场风险报告的内容有哪些?
10. 简述市场风险控制的基本方法。

第 6 章

利率风险

本章要点

1. 利率风险概述；
2. 利率风险度量；
3. 利率风险管理。

利率风险是金融机构面临的又一主要风险。20 世纪 70 年代以前，和采取固定的汇率制度一样，发达国家对利率实行了严格管制，利率长期稳定，利率风险很小，也并未受到各国监管当局的重视。但是，随着 20 世纪 80 年代美国滞胀的发生及世界宏观经济形势的大变化，发达国家逐步放松或取消了对利率的管制，利率可以在相当短的时间内发生巨大的变化，直接对金融机构的经营利润产生显著影响。因此，如何识别、测定和管理利率风险成为金融机构日常管理的一个重要内容。

6.1　利率风险概述

按照巴塞尔银行监管委员会颁布的《有效银行监管的核心原则》，利率风险是指银行的财务状况在利率出现不利变动时所面临的风险，具体来说就是指由市场利率波动造成金融机构净利息收入（=利息收入－利息支出）损失或资本损失的金融风险。利率风险取决于两个条件：市场利率的波动和银行的资产负债期限或总量的不匹配。一旦同时具备以上两个条件，银行就将面临利率风险。风险大小取决于利率的波动程度和资产负债的不匹配程度。下面分别举例说明金融行业和非金融行业的利率风险。

6.1.1　金融行业的利率风险

通常情况下，储蓄机构和保险公司的盈利都存在利率风险暴露，这主要是这些金融机构资产和负债的到期日不匹配造成的。一般的储蓄机构和保险公司的负债到期日较短，但资产的到期日较长。因此，当利率上升时，公司资金成本率就会比资产收益率上升得更快，换句话说，这些金融机构负债的再融资成本更高，从而导致了利率风险。

6.1.2 非金融行业的利率风险

与金融机构不同，非金融企业一般仅仅是资金的借入者，且长期借款较多，因此它的风险损失或者收益变动没有金融机构那么敏感，但变动方向一致。市场利率的上升，就意味着资金成本的上升，即生产成本的上升；而市场利率的下降，则能使其资金成本随之下降。

6.2 利率风险度量

利率风险的识别和测量模型主要有三种：重定价模型、到期日模型和久期（有效期）模型。重定价模型主要是基于银行账面利率敏感性资产（interest rate sensitive assets，IRSA）和利率敏感性负债（interest rate sensitive liabilities，IRSL）的不匹配构建的。到期日模型是从市场价格的角度入手，通过衡量银行资产和负债的期限差额来度量利率风险。久期模型则是到期日模型的改进版，它不仅衡量了资产和负债的期限不同，还衡量了到期日之前的现金流。

6.2.1 重定价模型

重定价模型又称融资缺口模型，从本质上来说，它是对金融机构一定时期内的账面投资收益与资金成本之间差额的现金流分析。它被世界各国的金融机构广泛应用。比如，美国政府每年要求商业银行按季度汇报按不同期限分类的资产和负债的重定价缺口：1天、1天～3个月、3～6个月、6个月～1年、1～5年、5年以上等。

一、重定价缺口

在重定价模型中，银行通过计算资产负债表中相同期限范围内的利率敏感性资产和利率敏感性负债的差额，来报告每一个期限内的重定价缺口。利率敏感性是指按照当期的市场利率对某段时间内的资产或负债进行重新定价。换句话说，它意味着金融机构的管理者在改变每项资产或负债所公布的利率之前需等待的时间。而重定价缺口是指利率敏感性资产和利率敏感性负债之差，用IRSG（interest rate sensitive gap）表示，即

$$\text{重定价缺口}(IRSG)=\text{利率敏感性资产}(IRSA)-\text{利率敏感性负债}(IRSL) \quad (6-1)$$

表6-1描述了一家金融机构的六个期限段的重定价缺口。重定价模型的优点在于它简洁明了地显示出不同期限的利率变化下金融机构面临的利息净收入风险。比如表6-1中第三行，1天～3个月这一期限，缺口为正的500万元，这意味着该金融机构面临再投资风险：由于这一期限内利率敏感性资产大于利率敏感性负债，因此，这一期限内利率的

下降将使得金融机构的净利息收入下降。也就是说，当利率敏感性资产和利率敏感性负债对应的利率下降同样的幅度时，利息收入的减少将会大于利息支出的减少。反之，当某一期限内的缺口为负且利率上升时，金融机构将会面临再融资风险。

表 6－1 **重定价缺口** 单位：百万元

	IRSA	*IRSL*	*IRSG*	累计缺口（*CIRSG*）
1 天	35	40	－5	－5
1 天～3 个月	50	45	5	0
3～6 个月	45	30	15	15
6 个月～1 年	50	40	10	25
1～5 年	80	60	20	45
5 年以上	20	65	－45	0
合计	280	280		

接着上面的例子，我们这里假设：

$IRSG_i$＝第 i 个期限内的重定价缺口；

ΔIR_i＝在第 i 个期限内，对资产和负债造成影响的利率变动值；

ΔNII_i＝在第 i 个期限内，净利息收入的变化值。

其中，假设利率下降了 1%，那么，代入表 6－1 中 1 天～3 个月期限的数据，500 万元的正缺口表示净利息收益下降了 5 万元。

表 6－2 总结了当利率发生变化时，不同重定价缺口的利息收入、利息支出以及净利息收入变化（假设利率敏感性资产和利率敏感性负债的利率变动额相等）。

表 6－2 **重定价缺口分析表**

	IRSG	ΔIR	ΔNII
正缺口	＞0	＋	＋
	＞0	－	－
负缺口	＜0	＋	－
	＜0	－	＋

一般情况下，金融机构的管理者会估计出不同种类、不同重定价期限的累计缺口。比如说，我们可以依据表 6－1 计算出 1 年期期限内的累计重定价缺口：

$$CIRSG=(-5)+5+15+10=25$$

如今，我们已经了解了重定价缺口和累计缺口的计算，也知道了在不同的重定价缺口下，利率变动对整个金融机构利息收入的影响。下面，我们具体讨论一下哪些资产是利率敏感性资产、哪些负债是利率敏感性负债。

二、利率敏感性资产和利率敏感性负债

如果一种资产或负债的利率在下一年可能发生变化，则它就是 1 年期利率敏感的，否则就是利率不敏感的。需要注意的是，判断一项资产或者负债的利率敏感性是以剩余的到期期限而非合同上注明的存续期作为标准的。因此，我们可以得出利率敏感性资产（负

债）就是指在一定期限内即将到期的或需要重新确定利率的资产（负债）。根据以上定义，在确定了期限类别之后，我们可以通过资产负债表及其附注来识别哪些是利率敏感性资产（负债），特别地，浮动利率的贷款、存款等都是典型的利率敏感性资产或负债，它们的头寸是利率风险的主要管理对象。

通过表 6－3 的信息，我们可以列举表 6－4 和表 6－5 来说明利率敏感性资产及负债的分类。

表 6－3　　某金融机构资产负债表　　单位：百万元

<table>
<tr><th colspan="2">资产</th><th colspan="2">负债</th></tr>
<tr><td>短期消费贷款（1 年期）</td><td>50</td><td>活期存款</td><td>20</td></tr>
<tr><td>长期消费贷款（2 年期）</td><td>20</td><td>3 个月期 CD（Certificate of Deposite，定期存单）</td><td>30</td></tr>
<tr><td>3 个月期短期国库券</td><td>15</td><td>3 个月期银行承兑汇票</td><td>25</td></tr>
<tr><td>6 个月期中期国库券</td><td>40</td><td>6 个月期商业票据</td><td>30</td></tr>
<tr><td>10 年期固定利率抵押贷款</td><td>30</td><td>1 年期定期存款</td><td>15</td></tr>
<tr><td rowspan="2">30 年期浮动利率抵押贷款（每 6 个月调整一次利率）</td><td rowspan="2">50</td><td>2 年期定期存款</td><td>40</td></tr>
<tr><td>5 年期定期存款</td><td>25</td></tr>
<tr><td></td><td></td><td colspan="2">所有者权益</td></tr>
<tr><td></td><td></td><td>股本</td><td>20</td></tr>
<tr><td>合计</td><td>205</td><td></td><td>205</td></tr>
</table>

表 6－4　　利率敏感性资产（1 年期）

利率敏感性资产	分类原因
短期消费贷款、3 个月期短期国库券、6 个月期中期国库券	其到期日均小于或等于 1 年，因此在 1 年之内其一定会重新确定利率
30 年期浮动利率抵押贷款（每 6 个月调整一次利率）	虽然其到期日远大于 1 年，但是其每 6 个月调整一次利率，也就是说半年它就会重新确定利率
非利率敏感性资产	**分类原因**
长期消费贷款（2 年期）、10 年期固定利率抵押贷款	其到期日大于 1 年，且其利率在到期日之前并不进行调整

表 6－5　　利率敏感性负债（1 年期）

利率敏感性负债	分类原因
3 个月期 CD、3 个月期银行承兑汇票、6 个月期商业票据、1 年期定期存款	其到期日均小于或等于 1 年，因此在 1 年之内其一定会重新确定利率
活期存款	市场利率的变化会影响活期存款的头寸金额，假如利率上升，存款者会减少活期存款的持有，转而投资于其他利率敏感性产品*
非利率敏感性负债	**分类原因**
2 年期定期存款、5 年期定期存款	其到期日大于 1 年，且其利率在到期日之前并不进行调整

* 关于活期存款的类别问题，还有一种观点：因为银行对活期存款不支付利息，或者只支付很少一部分利息，并且活期存款也是银行的核心存款之一，总体来看并不会随着时间而变化，是银行存款的长期资金来源，因而应将其归为非利率敏感性负债。

三、重定价模型的应用

下面以表6-3为例来展示金融机构使用重定价模型来测定利率风险的过程。

(1) 当一个金融机构的管理者需要使用重定价模型测量利率风险的时候，首先要做的是选取一个期限类别，这里我们依旧选择1年期。

(2) 翻开资产负债表及其附注，找出选择的期限类别下的利率敏感性资产及负债。依据表6-4和表6-5，我们可以得出1年期的利率敏感性资产包括短期消费贷款（1年期）、3个月期短期国库券、6个月期中期国库券和30年期浮动利率抵押贷款，1年期的利率敏感性负债包括3个月期CD、3个月期银行承兑汇票、6个月期商业票据、1年期定期存款及活期存款。

(3) 计算利率敏感性资产和负债。

$$IRSA=50+15+40+50=155(\text{百万元})$$
$$IRSL=30+25+30+15+20=120(\text{百万元})$$

(4) 通过代入相应的利率变动值，计算该金融机构的净利息收益。

1) 当利率敏感性资产和负债相应的利率都上涨1%时，净利息收益为

$$\begin{aligned}\Delta NII_1 &= IRSG_1\times\Delta IR_1=(IRSA_1-IRSL_1)\times\Delta IR_1\\ &=(155-120)\times 1\%=0.35(\text{百万元})\end{aligned}$$

2) 当利率敏感性资产和负债相应的利率非等额变动时。我们假设利率敏感性资产的相应利率上涨1%，利率敏感性负债的相应利率上涨1.5%，则净利息收益为

$$\begin{aligned}\Delta NII_1 &= IRSA_1\times\Delta IR_1^A-IRSL_1\times\Delta IR_1^L=155\times 1\%-120\times 1.5\%\\ &=-0.25(\text{百万元})\end{aligned}$$

因此，我们可以看出，当利率非等额变动时，表6-2就不适用了，净利息收益不仅没有增加，还减少了25万元。

四、重定价模型的缺陷

虽然重定价模型在现实生活中有着广泛的应用，它也有着计算方便、易于使用等优点，但是它仍有先天的不足。

1. 仅以账面价值为基础

由前文可知，重定价模型忽视了市场价值，仅以账面价值为基础。但是，我们知道，利率的变换不仅会影响到以账面价值计算的净利息收入，还会直接影响资产和负债现值，从而影响其市场价值。因此，以账面价值为基础的重定价模型只能部分地衡量金融机构的实际风险暴露程度。

2. 期限长度选择的随意性

规定一个期限长度，使其包含不同期限类别的资产和负债，而忽略这个期限长度中资产和负债的分布情况，这将直接导致这个期限长度衡量的资产和负债的不匹配。比如说，再次以表6-3为例，1年期内，包括了短期消费贷款、3个月期短期国库券、6个月期中期国库券以及30年期浮动利率抵押贷款。非常明显，以上四类利率敏感性资产都被归为一类，未做区分，但它们的利率敏感性是有明显差异的。因此，规定的期限越长，不匹配的问题越突出，我们也可以通过将期限缩短（如以日为单位）来解决这个问题。

3. 忽略现金流

重定价模型是按到期日来衡量，其忽略了到期日来临之前的现金流情况。假如有一笔还剩 25 年到期的 30 年期抵押贷款，虽然它对利率不敏感，但是其会每年支付一些本金或利息给金融机构，因此金融机构每年都会收回部分本金和利息，然后使用这笔现金进行再投资。换句话说，某项非利率敏感性资产和负债所产生的现金流本身是具有利率敏感性的，而这种现金流对利率的敏感性被重定价模型所忽略，这是重定价模型的又一缺陷。

4. 表外业务

重定价模型仅仅包含了资产负债表中的资产和负债，而利率的变化对表外资产与负债的现金流也会产生很大的影响。比如说，一些互换合约可以对冲掉很大一部分利率风险，但这并没有体现在资产负债表上。

6.2.2 到期日模型

重定价模型的一大缺陷是以账面价值计算。大多数国家的银行都采用账面价值记账法来填写资产负债表，这种方法记录的是证券购买、贷款发放和负债的原始价值。重定价模型也是基于此，这就直接导致了其不能衡量现实资产与负债的利率敏感情况。为了解决这个问题，出现了以市场价值记账法为基础的到期日模型和久期模型。市场价值记账法意味着金融机构的资产负债组合按记账日的证券价格而非买卖时的原始价格变现记录，这样可以反映现实的经济情况及资产和负债的真实价值。

一、到期日模型

简单来说，到期日模型其实是通过计算资产和负债各自的组合加权平均期限，并对其进行比较，来衡量风险暴露的方法。假如资产组合的加权平均期限大于负债组合的加权平均期限，利率上升将导致资产组合的市场价值下降大于负债组合的市场价值下降，对所有者权益造成损失，反之亦然。下面，我们来具体分析到期日模型。

我们假设 M_A 为金融机构资产的加权平均期限，M_L 为金融机构负债的加权平均期限，则

$$\begin{cases} M_A = W_{A,1}M_{A,1} + W_{A,2}M_{A,2} + \cdots + W_{A,n}M_{A,n} \\ M_L = W_{L,1}M_{L,1} + W_{L,2}M_{L,2} + \cdots + W_{L,n}M_{L,n} \end{cases} \tag{6-2}$$

其中，

$W_{A,j}$ = 第 j 项资产的市值与全部资产的市值之比，$j=1$，…，n；

$W_{L,j}$ = 第 j 项负债的市值与全部负债的市值之比，$j=1$，…，n；

$M_{A,j}$ = 第 j 项资产的期限，$j=1$，…，n；

$M_{L,j}$ = 第 j 项负债的期限，$j=1$，…，n。

以上公式表明，金融机构资产（负债）的加权平均期限为组合中所有资产（负债）的期限的加权平均。期限缺口（M_A-M_L）与利率的变化方向决定了金融机构对于利率风险的损益。

表 6-6 总结了期限缺口、利率变化方向与净值变化方向的关系。

表 6-6　　期限缺口、利率变化方向与净值变化方向

	利率上升	利率下降
$(M_A-M_L)>0$	NV下降	NV上升
$(M_A-M_L)<0$	NV上升	NV下降

说明：NV表示金融机构的净值。

下面我们首先来分析单个金融资产（负债）相较于利率变动的市场价值变动。

二、证券的市场价值

证券的市场价值取决于其未来现金流的现值，而利率也正是计算现值的必要变量。

（1）利率上升（下降）通常导致证券市值下降（上升）。

直观上来看，假如市场利率上升，那么一个具有固定利率的债券在每个付息期付出的利息将低于市场上同样本金支付的利息，人们将会更愿意购买以即期市场利率计息的债券，因此原固定利率债券的价格将下降。反之亦然。

从定量上来看，我们可以通过下面的例子得出以上结论。

假定该固定利率债券面额为100元，还有1年到期，票面利率为10%。此时市场利率亦为10%。那么，该固定利率债券的市值为

$$P_1=\frac{10+100}{1+10\%}=100(\text{元})$$

假如此时央行加息，市场利率上升至12%，则该固定利率的市值将变为

$$P_1^*=\frac{100+10}{1+12\%}=98.21(\text{元})$$

利率的上升使债券的市值下降到了98.21元，从而给债券投资者造成了1.79元的损失，即

$$\Delta P_1=98.21-100=-1.79(\text{元})$$

（2）对于任意既定的利率上升（下降），证券的期限越长，它的市场价值下降（上升）幅度越大。

我们依然先从直观上来解释。假如固定利率债券B的期限长于债券A，那么当市场利率上升时，因为B在将来的现金流多于A，因此B受到的影响将大于A，而我们前面已经讨论过，利率上升将导致债券市值下降，因此，B的市值下降幅度将大于A。

从定量上来看，假如债券A面额为100元，还有1年到期，票面利率为10%；债券B面额为100元，还有2年到期，票面利率为10%。现在市场利率为10%，因为票面利率等于市场利率，A、B现在的市值都应该是100元。

假如此时央行加息，市场利率上升至12%，则A、B的市值将分别变为

$$P_A=\frac{10+100}{1+12\%}=98.21(\text{元})$$

$$P_B=\frac{10}{1+12\%}+\frac{10+100}{(1+12\%)^2}=96.62(\text{元})$$

从上面我们可以看出，A的市值下降了1.79元，B的市值下降了3.38元，B的市值下降

幅度接近A的两倍。

(3) 组合价值随着期限的延长（缩短）而下降（上升），但是其下降（上升）的幅度是递减的。

直观上来看，因为期限越长，其部分现金流离现在越遥远，因利率变动产生的现金流现值的变化将越小，因此其变化的幅度是递减的。

从定量上来看，假设存在债券C，其还剩3年到期，其他的条件与A、B相同，则当市场利率上升至12%时，其市场价值为

$$P_C=\frac{10}{1+12\%}+\frac{10}{(1+12\%)^2}+\frac{10+100}{(1+12\%)^3}=95.20(\text{元})$$

则我们可以得出，C的市值下降了4.8元，B的市值下降了3.38元，A的市值下降了1.79元，B的市值下降的幅度比A大1.59元，C的市值下降的幅度比B大1.42元，我们可以看出，变化幅度是随着期限的延长而逐渐减小的。

三、到期日模型的应用

上文我们提到，期限缺口（M_A-M_L）与利率的变化方向决定了金融机构对于利率风险的损益。下面我们以正的期限缺口来举例讨论。

当（M_A-M_L）>0时，资产的加权平均期限大于负债的加权平均期限，大多数商业银行和储蓄机构属于这种类型。这些金融机构倾向于持有期限相对较长的固定资产，同时发行期限较短的负债。表6-7显示了一家以市场价值记账的金融机构的资产负债表。其中净值（NV）其实是金融机构的资产净值或实际的权益价值，由$LA-SL$得出，即

$$NV=LA-SL \tag{6-3}$$

表6-7　　金融机构以市值记账的资产负债表

资产	负债
长期资产（LA）	短期负债（SL） 净值（NV）

表6-7中，NV即为金融机构所有者所拥有的权益的经济价值。换句话说，如果金融机构所有者将持有的资产变卖，用以偿还负债，剩下的资金就是所有者得到的货币量。

我们也可以将式（6-3）写成差分形式：

$$\Delta NV=\Delta LA-\Delta SL \tag{6-4}$$

式（6-4）表示净值的变动等于资产市值变动与负债市值变动之差。

然后，我们在表6-7中代入具体数值，得到表6-8。

表6-8　　利率变动前的资产负债表　　单位：万元

资产	负债
长期资产（LA）=100	短期负债（SL）=80 净值（NV）=20
100	100

又假设表6-8中的长期资产都还有2年到期，短期负债还有1年到期，面额分别为100万元和80万元，票面利率均为10%，初始市场利率也为10%。

现在，由于央行加息，市场利率上升到了12%，因此，长期资产和短期负债的市值分别变为

$$LA^*=\frac{10}{1+12\%}+\frac{10+100}{(1+12\%)^2}=8.93+87.69=96.62(\text{万元})$$

$$SL^*=\frac{8+80}{1+12\%}=78.57(\text{万元})$$

由此我们可以计算出长期资产和短期负债的变动量，从而得到净值的变动量：

$$\Delta LA=LA^*-LA=96.62-100=-3.38(\text{万元})$$
$$\Delta SL=SL^*-SL=78.57-80=-1.43(\text{万元})$$
$$\Delta NV=\Delta LA-\Delta SL=(-3.38)-(-1.43)=-1.95(\text{万元})$$

从表6-9可以看到，因为资产的期限是2年，而负债的期限为1年，即$M_A-M_L=1$，存在一个正的期限缺口，故当利率上升时，资产价值的下降额大于负债价值的下降额，使得净值减少了1.95万元。

表6-9　　利率变动后的资产负债表　　单位：万元

资产	负债
长期资产（LA）=96.62	短期负债（SL）=78.57 净值（NV）=18.05
96.62	96.62

四、到期日模型的缺陷

虽然说到期日模型采用了市场价值作为计算基础，相对于重定价模型，它能更好地帮助金融机构管理者规避利率风险，但它仍有不足，具体体现为它对财务杠杆和期限内现金流的忽略。

1. 财务杠杆的影响

依照到期日模型的观点，当$M_A-M_L\neq0$时，利率的变化才会导致净值的变化。当$M_A-M_L=0$时，利率风险是被完全规避的。但事实是否如此呢？

回到表6-8的例子，假如其中的长期资产和短期负债的期限都变为1年，则期限缺口为0，若其他假设不变，则当利率上升至12%时，我们可以得出长期资产和负债在利率变动后的市值：

$$LA^*=\frac{10+100}{1+12\%}=98.21(\text{万元})$$

$$SL^*=\frac{8+80}{1+12\%}=78.57(\text{万元})$$

$$\Delta NV=\Delta LA-\Delta SL=(98.21-100)-(78.57-80)=-0.36(\text{万元})$$

由此我们可以看出，虽然期限缺口为0，但是利率的上升仍然使金融机构投资者获得的净值减少。这是因为虽然长期资产和短期负债的期限匹配，但是它们仍有总量上的不

同，100 万元的资产受到利率的影响，但相应地受到利率影响的负债只有 80 万元。显然，财务杠杆的存在造成了总量上的不匹配，从而使金融机构暴露在利率风险之中。

2. 期限内现金流

之前我们假设的都是每年付息，到期还本。其实我们忽略了在到期日之前存在归还本金的情况。试想，假如一个 2 年期的资产和负债，它们的初始市值相等，期限也相等，依照之前的说法，它们应该没有风险暴露。但是，假如负债是每年支付利息，到期支付本金，而资产是每年既收到本金又收到利息，那么，由于资产有提前偿还的情况，利率的变动引起的资产的变动会与负债的变动不匹配，造成利率风险暴露。

下面我们通过具体的例子来说明。

假设银行持有的金融资产和负债的市值都是100 万元，票面利率是 10%，期限都是 2 年，两者都是年末付息，但是资产会在第 1 年年末收回一半的本金，而负债只在到期日偿还本金。初始利率为 10%，此时，期限缺口为 0，资产和负债各自总量也相等。

假如央行加息，市场利率上涨到 12%，那么，我们可以计算出是否有净值的变动。

$$LA^*=\frac{10+50}{1+12\%}+\frac{5+50}{(1+12\%)^2}=53.57+43.85=97.42(\text{万元})$$

$$SL^*=\frac{10}{1+12\%}+\frac{10+100}{(1+12\%)^2}=8.93+87.69=96.62(\text{万元})$$

$$\Delta NV=\Delta LA-\Delta SL=(97.42-100)-(96.62-100)=0.80(\text{万元})$$

从上面的计算我们可以看出，净值随着利率的上升增加了。这主要是由于，提前还款使资产的期限缩短了，实际上产生了负的期限缺口，这也导致利率的上升增加了净值。

6.2.3 久期模型

1938 年弗雷德里克・R. 麦考利（Frederick R. Macaulay）在其关于收益的不朽之作《1856 年以来美国利率、债券收益率及股票价格变动所提出的一些理论问题》中研究铁路债券的平均还款期限时，提出了久期（duration）的概念，因此久期也称麦考利久期。久期又称为持续期，麦考利将久期定义为债券在未来产生现金流的时间的加权平均，其权重是各期现金流现值在现金流现值总额中所占的比重。

久期不仅仅是一个时间范畴，其重要作用在于可以体现价格波动对利率波动的敏感性。一般而言，久期越长，价格对利率的敏感性越强，利率风险也就越大。与到期日模型相比，久期模型不仅考虑了资产和负债的市场价值和它们的到期期间问题，还考虑了每笔现金流的情况（其中就包括现金流的金额与时间），从而完善了到期日模型。

一、麦考利久期与修正久期

我们可以使用下面的麦考利久期的一般公式来计算任何一种每年支付一次利息的固定收益证券的久期：

$$D=\frac{\sum_{t=1}^{n}\frac{tCF_t}{(1+r)^t}}{\sum_{t=1}^{n}\frac{CF_t}{(1+r)^t}}=\frac{\sum_{t=1}^{n}t\times PV_t}{\sum_{t=1}^{n}PV_t} \tag{6-5}$$

其中，

D=久期；

CF_t=证券在第 t 期期末收到的现金流；

PV_t=证券在第 t 期期末收到的现金流现值；

t=时间（以年为单位）；

n=证券剩余的期限。

同理，对于每半年支付一次利息的债券来说，其久期为

$$D=\frac{\sum_{t=1/2}^{n}\frac{tCF_t}{(1+r/2)^{2t}}}{\sum_{t=1/2}^{n}\frac{CF_t}{(1+r/2)^{2t}}}=\frac{\sum_{t=1/2}^{n}t\times PV_t}{\sum_{t=1/2}^{n}PV_t} \tag{6-6}$$

其中，$t=1/2$，1，3/2，…，n。

久期不仅仅是一个时间概念，其真正价值在于它能反映债券价格对利率变动的敏感性，是度量利率风险的一个重要工具。

我们知道，债券价格就是该债券未来现金流的现值之和，即

$$P=\sum_{t=1}^{n}\frac{CF_t}{(1+r)^t} \tag{6-7}$$

若债券价格对收益率求一阶偏导数，则可得

$$\frac{\mathrm{d}P}{\mathrm{d}r}=-\sum_{t=1}^{n}\frac{tCF_t}{(1+r)^{t+1}}=-\frac{1}{1+r}\sum_{t=1}^{n}\frac{tCF_t}{(1+r)^t} \tag{6-8}$$

在式（6-8）的两边同时除以价格，则可得

$$\frac{\mathrm{d}P}{\mathrm{d}r}\times\frac{1}{P}=-\frac{1}{1+r}\frac{\sum_{t=1}^{n}\frac{tCF_t}{(1+r)^t}}{P} \tag{6-9}$$

根据麦考利久期的一般公式（6-5），得

$$\frac{\mathrm{d}P}{P}=-\frac{D}{1+r}\times\mathrm{d}r \tag{6-10}$$

把$\frac{\mathrm{d}P}{P}$看作一个微小的变量，则有

$$\frac{\Delta P}{P}=-\frac{D}{1+r}\times\Delta r \tag{6-11}$$

从式（6-11）可以看出，债券价格变动的百分比是久期和市场收益率变动的百分比的函数。也就是说，市场收益率变动幅度越大或久期越长，债券价格变动幅度越大，债券

的利率风险越大。在收益率变动水平一定时，债券的久期是影响债券价格变动的唯一因素。因此，久期可以作为度量债券利率风险的一种工具。

式（6-11）中的负号表示债券价格的变动与利率变动的方向相反。

令 $D_{mod}=\frac{D}{1+r}$，其中 D_{mod} 为修正久期（modification duration），则式（6-11）可写为

$$\frac{\Delta P}{P}=-D_{mod}\times\Delta r \qquad (6-12)$$

修正久期比久期能更直接地表示利率变动对债券价格变动的影响。从式（6-12）可知，修正久期直接表示与利率变动相关的债券价格变动的百分比。显然，与久期相比，修正久期作为度量利率风险的指标更具有科学性和直观性，可以直接用它与利率变化相乘，以获得预期价格变化的百分比。

久期与修正久期的另一个非常重要的作用是对未来债券价格做出近似估计，对式（6-12）稍加变化，则有

$$P'=P(1-D_{mod}\times\Delta r) \qquad (6-13)$$

二、麦考利久期与修正久期的运用

下面将通过几个例子来解释久期的运用。

1. 息票债券的久期

【例6-1】　　5年期国库券的麦考利久期与修正久期

假设现有一张5年期国库券，面额为100元，票面年利率为8%，每年年末支付利息，现在的市场利率为6%，计算该国库券的市场价值、麦考利久期与修正久期。假设市场利率上涨到7%，计算国库券的市场价值。

【解答】

通过久期的一般公式可以得出表6-10：

表6-10　　票面利率为8%的5年期息票国库券久期表

t	CF_t	$\frac{1}{(1+r)^t}$	$CF_t\times\frac{1}{(1+r)^t}$	$CF_t\times\frac{1}{(1+r)^t}\times t$
1	8	0.943 4	7.547 2	7.547 2
2	8	0.890 0	7.120 0	14.240 0
3	8	0.839 6	6.716 8	20.150 4
4	8	0.792 1	6.336 8	25.347 2
5	108	0.747 3	80.708 4	403.519 4
总计			108.429 2	470.804 2
D=470.804 2/108.429 2=4.342 0（年）				
$D_{mod}=D/(1+r)$=4.342 0/(1+0.06)=4.096 2（年）				

由上面的计算可知，该国库券现在的市场价值为108.429 2元，久期为4.342 0年，修正久期为4.096 2年，也就是该国库券的平均期限为4.342年，在108.429 2元的市场价格下，利率变动1个百分点，该国库券的市场价格变动4.096 2%。并且，我们可以通过式（6-12）得出当市场利率上涨到7%时，价格变动为

$$\frac{\Delta P}{P}=-D_{mod}\times\Delta r=-4.0962\times1\%=-4.0962\%$$

变动额为

$$\Delta P=P\times(-4.0962\%)=108.4292\times(-4.0962\%)=-4.4415(元)$$

变动之后的价格为

$$P+\Delta P=108.4292-4.4415=103.9877(元)$$

2. 零息债券的久期

所谓的零息债券是指以低于票面价值的价格发行的、到期日一次性支付票面金额的债券，其在到期日之前不支付任何现金流，比如说利息和本金给投资者。

其久期为

$$D=\frac{\sum_{t=1}^{n}\frac{tCF_t}{(1+r)^t}}{\sum_{t=1}^{n}\frac{CF_t}{(1+r)^t}}=\frac{\sum_{t=1}^{n}t\times PV_t}{\sum_{t=1}^{n}PV_t}=\frac{t\times PV_t}{PV}=t$$

因为是零息债券，则当 $t=1$，2，…，$n-1$ 时，$CF_t=0$。

从上面的推导可以看出，零息债券的久期等于到期期限。显然，任何在到期日之前有现金流流向投资者的债券的久期都小于到期期限。只有这种零息债券的久期才会等于到期期限。

【例6-2】　5年期零息债券的麦考利久期与修正久期

假设现有一张5年期国库券，面额为100元，到期日支付票面金额100元，中间不支付利息，现在的市场利率为6%，计算该国库券的市场价值、麦考利久期与修正久期。假设市场利率上涨到7%，计算该国库券的市场价值。

【解答】

通过久期的一般公式可以得出表6-11。

表6-11　票面利率为8%的5年期零息债券久期表

t	CF_t	$\frac{1}{(1+r)^t}$	$CF_t\times\frac{1}{(1+r)^t}$	$CF_t\times\frac{1}{(1+r)^t}\times t$
1	0	0.9434	0	0
2	0	0.8900	0	0
3	0	0.8396	0	0
4	0	0.7921	0	0
5	100	0.7473	74.73	373.65
总计			74.73	373.65
$D=373.65/74.73=5$				
$D_{mod}=D/(1+r)=5/(1+0.06)=4.7170$				

由上面的计算可知，该国库券现在的市场价值为74.73元，久期为5年，修正久期为4.7170年，也就是该国库券的平均期限为5年，在74.73元的市场价格下，利率变动1

个百分点，该国库券的市场价格变动 4.717 0%。并且，我们可以通过式（6-12）得出当市场利率上涨到 7%时，价格变动为

$$\frac{\Delta P}{P}=-D_{\text{mod}}\times\Delta r=-4.7170\times1\%=-4.7170\%$$

变动额为

$$\Delta P=P\times(-4.7170\%)=74.73\times(-4.7170\%)=-3.525(\text{元})$$

变动之后的价格为

$$P+\Delta P=74.73-3.525=71.205(\text{元})$$

三、久期的性质

一般认为久期有以下性质：

（1）当到期收益率为零时，麦考利久期等于平均到期期限。实际上，平均到期期限是久期的一种忽略到期收益率的特殊情形。

到期收益率即为市场利率，当 $r=0$ 时，式（6-5）可以写成：

$$D=\frac{\sum_{t=1}^{n}\frac{tCF_t}{(1+r)^t}}{\sum_{t=1}^{n}\frac{CF_t}{(1+r)^t}}=\frac{\sum_{t=1}^{n}t\times CF_t}{\sum_{t=1}^{n}CF_t}=\text{平均到期期限} \tag{6-14}$$

（2）当只有未来一次付款即到期一次还本付息时，久期等于到期期限；当有两次及两次以上未来付款时，久期小于到期期限。这一点我们在讨论零息债券时已经得出。

（3）久期是到期收益率的减函数，即 $\frac{\mathrm{d}D}{\mathrm{d}r}<0$。这是因为当到期收益率提高时，式（6-5）中的分子具有较高 t 值的那些项比具有较低 t 值的那些项会打更大的折扣，这就使得 t 的总体加权平均值即久期减少。

（4）其他条件相同时，债券的息票利率与久期存在反向关系 $\left(\frac{\mathrm{d}D}{\mathrm{d}R}<0\right)$，即息票利率越高，久期越短。这是因为息票利率越高，较早支付的权重就越大，支付的加权平均期限就越短。

（5）债券的到期期限与久期呈正向关系。对具有相同票面利率和收益率的债券，期限越长，则久期越大，即 $\frac{\mathrm{d}D}{\mathrm{d}t}>0$。在其他条件不变的情况下，久期以递减的速度随着到期期限的增加而增加，即 $\frac{\mathrm{d}^2D}{\mathrm{d}t^2}<0$。更确切地说，对按面值或溢价出售的债券而言，久期随着到期期限的增加而增加，但增加的速度是递减的；对折价出售的债券，在相当长的时期内，久期以递减的速度随着到期期限的增加而增加，然后减少。

（6）久期最重要的性质是可加性。若资产组合的久期为 D_c，资产组合的价值为 V_c，$V_c=\sum_{k=1}^{n}V_k=\sum_{k=1}^{n}P_kN_k$，其中 V_k 为每项资产的持有总价值，P_k 为每项资产的价格，N_k 为每项资产的数量。则 $D_c=\sum_{k=1}^{n}W_kD_k$，其中 D_k 为组合中每项资产的久期，W_k 是第 k 种资

产在组合中所占的比例。组合久期的应用在下一节会具体说明。

四、麦考利久期的局限性

麦考利久期模型是度量利率风险的重要工具，但它的简单性以及它的几个重要假设极大地限制了其作为利率风险管理工具的可用性和精确性。

麦考利久期模型隐含的四个假设使得其在实际应用中存在很大的局限性。

假设一：价格收益率曲线是线性的。麦考利久期只考虑了价格变化和收益率之间的线性关系。实际上，债券价格和收益率之间的真实关系是非线性的，这种非线性的特征被称为收益率曲线的凸性。因此，只有当收益率变化幅度很小时，麦考利久期所代表的线性关系才能近似成立；当收益率出现较大幅度变化时，用麦考利久期来估计价格的变化就会出现较大的误差。

假设二：利率期限结构是平坦的。麦考利久期对所有现金流均采用同一贴现率，这意味着假定利率期限结构是平坦的。实际上平坦的利率期限结构只是一种极特殊的情况，一般情况下，利率期限结构是不平坦的，且大多呈上翘的非线性形状。

假设三：当利率变化时，未来的现金流不会发生变化。麦考利久期模型假定随着利率的波动，债券的现金流不会发生变化。然而，对于具有隐含期权的金融工具而言，其未来的现金流一般会随利率的波动而变化，其价格也会发生相应的变化。

假设四：收益率曲线是平行移动的。麦考利久期只考虑收益率平行移动的情况。实际上，由于时间因素的影响，不同期限债券的收益率对市场影响因素的反应是不同的，即不同期限收益率的变化幅度是不一致的，从而导致收益率的变化可以呈现出很多种形式，如蝶形和扭曲形等。

五、凸性

久期准确地描述了当利率变动一个基点时，固定收益证券价格的变动幅度。但是利率变动较大的时候，用久期衡量的证券变动幅度就没那么准确了。这也是在上一小节里曾经提到的久期理论的缺陷之一。如图6-1所示，真实的价格变动与利率变动的关系是非线性的，久期只能在利率变动很小时准确地度量价格变动幅度，当利率突然有很大的变动时，用久期衡量的价格变动由于非线性的关系会与真实的变动额有很大的出入。此时就需要凸性（convexity）理论来对久期模型进行补充。

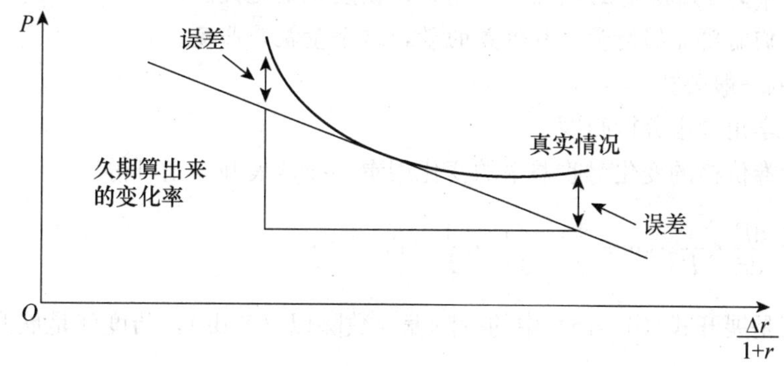

图6-1　久期模型与真实情况的比较图

1. 凸性的定义

凸性指的是债券价格—收益率曲线的曲率，是衡量价格—收益率曲线弯曲程度的变量，其量化指标为凸度。价格—收益率曲线越弯曲，则凸度越大；直线的凸度为零。如果价格—收益率曲线也是一条直线，那么此曲线的凸度为零。由于凸性的存在，当收益率下降时，债券价格以较大的曲率增长；当收益率上升时，债券价格以较低的曲率降低。换句话说，当收益率下降时，价格以增速度上升；当收益率上升时，价格以减速度下降。下面用具体的例子来说明用凸性理论补充久期模型的必要性。

【例 6-3】　　久期的偏误

假设某国债的息票率为 8%，20 年到期，面值为 1 000 元，每年年末支付利息，到期还本。当前的成交价为 908 元，所以到期收益率为 9%，有效久期为 9.42 年。具体的计算结果如图 6-2 所示。

【解答】

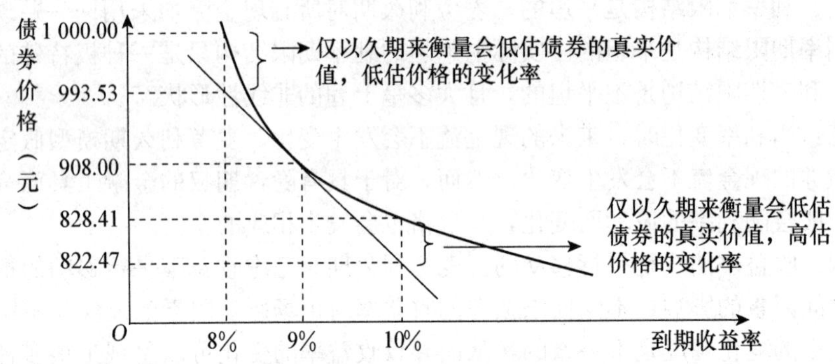

图 6-2　久期缺陷示例

从图 6-2 中可以看到，当收益率下降 1 个百分点时，债券的真实价值是 1 000 元，而用 9.42 年这个久期计算出来的价值却是 993.53 元，低估了债券的真实价值。当收益率上升 1 个百分点时，债券的真实价值是 828.41 元，而用 9.42 年这个久期计算出来的价值却是 822.47 元，低估了债券的真实价值。

只要债券的价格—收益率曲线不是直线，用久期来估计债券价格变化就会产生偏差。而且随着价格—收益率曲线的弯曲程度逐步增加，这种偏差会越来越大。此外，收益率的变化（将上文中的 1%换成 2%、3%）越大，偏差也就越大。

因此，我们需要能够衡量这种偏差的量，这个量就是凸度。

2. 凸度的一般公式

下面从数学角度来分析凸度。

如果将债券价格的变化对收益率的变化用泰勒级数展开，则可得

$$\frac{\mathrm{d}P}{P}=\frac{\mathrm{d}P}{\mathrm{d}r}\times\frac{1}{P}\times\mathrm{d}r+\frac{1}{2}\times\frac{\mathrm{d}^2P}{\mathrm{d}r^2}\times\frac{1}{P}\times\mathrm{d}r^2+\cdots \tag{6-15}$$

修正久期是展开式（6-15）中的一阶偏导数除以（$-\mathrm{d}r$），凸度就是展开式中的二阶偏导数除以$\frac{1}{2}\mathrm{d}r^2$，即

$$D_{\mathrm{mod}}=-\frac{\mathrm{d}P}{\mathrm{d}r}\times\frac{1}{P} \tag{6-16}$$

$$C=\frac{d^2P}{dr^2}\times\frac{1}{P} \tag{6-17}$$

把式（6-16）和式（6-17）代入式（6-15），可得

$$\frac{dP}{P}=-D_{mod}\times dr+\frac{1}{2}\times C\times dr^2+\cdots \tag{6-18}$$

若忽略比二阶无穷小更高阶的无穷小量，式（6-18）可以写成

$$\frac{dP}{P}=-D_{mod}\times dr+\frac{1}{2}\times C\times dr^2 \tag{6-19}$$

或

$$\frac{\Delta P}{P}=-D_{mod}\times\Delta r+\frac{1}{2}\times C\times\Delta r^2 \tag{6-20}$$

把式（6-20）稍加变化，可得

$$P'=P\left(1-D_{mod}\times\Delta r+\frac{1}{2}\times C\times\Delta r^2\right) \tag{6-21}$$

显然，式（6-21）更精确，它预测的债券价格要高一些。修正久期和凸性的结合使用能以二阶无穷小的精度把握债券价格与利率之间的关系，基本上满足了对利率风险控制的实际需要。

由于价格—收益率曲线是凸性的，其斜率是不断变化的，凸度度量斜率的变化率。因此，可以得到凸度的一些重要性质。

（1）若其他条件相同，通常到期期限越长，久期越长，凸度越大。

（2）给定收益率和到期期限，息票率越低，债券的凸度越大。如相同期限和收益率的零息票债券的凸度大于附息票债券的凸度。

（3）给定到期收益率和修正久期，息票率越高，凸度越大。

（4）久期增加时，债券的凸度以增速度增长。

（5）与久期一样，凸度也具有可加性。即一个资产组合的凸度等于组合中单个资产的凸度的加权平均。

对于久期相同、凸度不同的两种债券来说，当利率出现较大的变化时，会有不同的价格变化。一般来说，投资者更喜欢凸度较大的债券。如图6-3所示。

从图6-3可以看出，债券A和债券B在收益率 r_0 处有共同的切线，即有相同的久期，这意味着它们对收益率变化的敏感度相同，至少对较小的收益率变化的敏感度相同。但是债券B比债券A具有更大的凸度，当收益率出现较大的变化时，投资者更喜欢债券B。这是因为当利率下降时，如下降到 r_2，债券A的价格从 P_0 上升到 P_3，债券B的价格从 P_0 上升到 P_4，显然 $P_3<P_4$；当利率上升时，如上升到 r_1，债券A、B的价格分别下降到 P_1、P_2，显然 $P_2>P_1$。所以，无论是利率上升还是下降，债券B均有更大的价格上升潜力和较少的价格下跌空间。当然，如果市场是有效的，这种凸性不会是免费的，投资者可能不得不对更具凸性的债券付出更多，或接受一个较低的到期收益率。

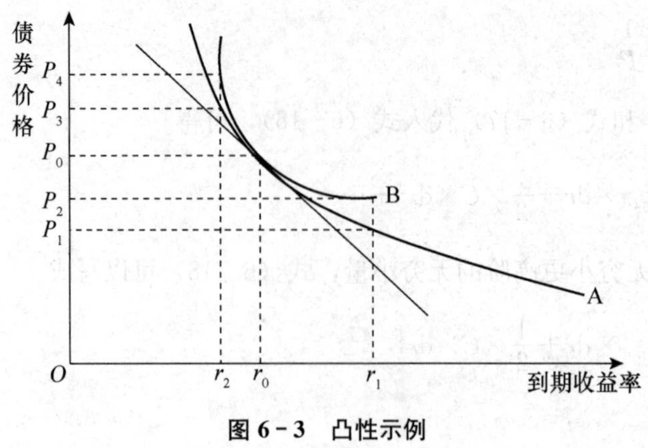

图 6-3　凸性示例

【例 6-4】 某国债的息票率为 8%，当前的成交价为 908 元，到期收益率为 9%。给定 9.42 年的久期与 68.33 的凸度。分别计算收益率提高 1 个百分点和降低 1 个百分点时债券价格的变化情况。

【解答】

收益率下降 1 个百分点：

$$久期作用=-9.42\times(-0.01)=0.0942=9.42\%$$
$$凸度作用=68.33\times(-0.01)^2=0.683\%$$
$$总作用=9.42\%+0.683\%=10.103\%$$

收益率上升 1 个百分点：

$$久期作用=-9.42\times0.01=-9.42\%$$
$$凸度作用=68.33\times0.01^2=0.683\%$$
$$总作用=-9.42\%+0.683\%=-8.737\%$$

若价格—收益率曲线是正凸的，则凸度作用始终是正值，若价格—收益率曲线是负凸的，则凸度作用始终是负值。

6.3　利率风险管理

在第二节里，我们介绍了常用的利率风险衡量方法，有了这些方法，金融机构就可以以此来管理它们的利率风险。因此，从本节开始，我们首先会介绍一些依照上述指标得出的利率风险管理办法，然后分析远期利率协议、利率期货、利率期权、利率互换等衍生金融工具在利率风险管理中的运用。

6.3.1　利率敏感性缺口管理

利率敏感性缺口用来衡量一定期限内利率敏感性资产和利率敏感性负债的差异。其主要是基于重定价模型。当利率敏感性资产大于利率敏感性负债时，存在正缺口，依照表 6-2，我们可以得出，其净利息收入将随着利率的上升而增加；当利率敏感性资产小于利率敏感性负债时，存在负缺口，其净利息收入将随着利率的上升而减少；当缺口为零时，利率的变动对净利息收入没有影响。

因此，金融机构一般可以通过两种方法来对利率敏感性缺口进行管理。一种是消极型，就是使其自身的缺口为零，那么无论利率怎么变化，金融机构都不会有亏损的风险。另一种是激进型，就是金融机构对利率的变化方向进行准确的预测，当预测利率将要上升的时候，则使其利率敏感性资产大于利率敏感性负债，达到正缺口，以获得收益。反之亦然。但是这也存在亏损的风险。选取哪一种方法，取决于金融机构对利率趋势的预测能力、缺口控制能力、资产债务管理能力等诸多因素。

一般地，运用利率敏感性缺口管理利率风险需要首先制定定期缺口分析报告，用来衡量利率敏感性缺口。为了与到期日模型区分，一般来讲，利率敏感性缺口为“定期缺口”。在定期缺口分析报告中，各种机构对资产和负债的敏感性分类不尽相同。不仅如此，确定分类的期限长度也有区别。一般地，规模较大的金融机构的时间期限会分得比较细致，比如分为 1～7 天、8 天～1 个月、1～3 个月、3 个月～半年、半年～1 年等若干时间段，确定每个时间段到期或可能出现的重定价金额，并以此作为基础来确定利率敏感性缺口。而相对于大的金融机构来说，小的金融机构分的期限类别就比较少，往往是以 1 年为标准。分完类之后，金融机构就把同一类别的利率敏感性资产或负债加总，计算缺口。有了这个缺口，就可以对利率风险进行管理了。

我们仍然通过表 6－3 的例子进行说明。表 6－3 为某金融机构的资产负债表，首先对其进行利率敏感性分类，得到了表 6－4 和表 6－5。通过这些分类就可以计算出 1 年期的利率敏感性资产有 15 500 万元，而 1 年期的利率敏感性负债有 12 000 万元，因此 1 年期的总缺口为正 3 500 万元。如果该机构预计在这一年内市场利率将上升，那么这个正的利率敏感性缺口将会使其获得较高的利息收入。而如果预计 1 年内利率将下降，那么减少利率敏感性资产的持有，直到其小于利率敏感性负债将是明智之举。而如果该机构无法预计未来 1 年内利率的走势，那么最佳做法就是减持利率敏感性资产，直到利率敏感性资产等于利率敏感性负债为止。这样，无论将来市场利率如何变化，该机构都会遭受利率风险带来的损失，当然，也不会获得利率变动带来的收益。

6.3.2 久期缺口理论

相比利率敏感性缺口理论，久期缺口理论因为既使用了资产和负债的市场价值，又考虑了期限内的现金流，所以能够更加精确地衡量和管理利率风险。其主要思想是通过保持资产和负债的久期缺口为零，使利率的变化不能影响企业持有资产和负债的市场价值，从而有效地规避了利率风险。

【例 6－5】假设某金融机构只持有一种资产，价值 1 000 万元，且其修正久期为 5 年，该金融机构的负债却由两部分组成：一部分为短期负债，修正久期为 2 年；另一部分为长期负债，修正久期为 6 年。请计算该金融机构应该持有多少比例的短期负债，才能使其自身规避利率风险。

【解答】

我们知道，资产或者负债组合的久期是可以通过组合里单个资产或者负债的久期的加

权平均来计算的，也就是 $D_C=\sum_{k=1}^{n}W_kD_k$。依据题意，有

$$W_1^d\times D_1^d+W_2^d\times D_2^d=D^d$$
$$W_1^d+W_2^d=1$$

其中，D^d 是负债组合的修正久期，D_1^d、D_2^d 分别是短期负债和长期负债的修正久期，W_1^d 和 W_2^d 是它们相应的持有比重。若要使该金融机构对利率风险免疫，需要使 $D^d=D^a$，即负债组合的久期等于资产组合的久期。我们可以将 $D^d=D^a=5$、$D_1^d=2$、$D_2^d=6$ 代入，从而得出 $W_2^d=0.75$、$W_1^d=0.25$。也就是当持有25%的短期负债、75%的长期负债时，其对市场利率的变动不敏感。

6.3.3 远期利率协议

远期利率协议（forward rate agreement）是一个规定双方在将来某一时间点以固定利率进行协议本金贷款的远期合约。通常情况下，这些合约都采用现金交割的方式，但是在交割日并不发生实际的贷款交付。这也就是说在确定协议利率的时候不需要考虑合约双方的信用程度、无风险利率，如 LIBOR 就经常被用作协议利率。

远期利率协议的买方是指将来借款的一方（以协议利率借入款项的一方），卖方是指将来贷款的一方（以协议利率贷出款项的一方）。协议利率也称合约利率，是指由交易双方所商定的合约期间的远期利率。这一利率正是交易双方希望通过远期利率协议的买卖而锁定的利率。如果在合同到期时的浮动利率（LIBOR 或 SHIBOR）高于远期利率协议中的协议利率，协议的多头方就有权利以低于市场利率的价格借入款项，接受交割额。反之亦然。远期利率协议主要涉及 6 个方面的内容：本金、协议利率、参照利率、买方、卖方和期限。

一、远期利率协议的特征

与一般的远期协议一样，远期利率协议拥有场外交易和非标准化合约两个特征。

1. 场外交易

与期货只能在交易所交易不同，远期利率协议市场没有实际的交易场所和设施，也不存在任何建筑物或者作为市场的有序的公司体制，其交易范围仅限于场外交易市场，也就是由主要金融机构之间的直接交流而形成的市场。

2. 非标准化合约

远期利率协议的合约是由交易双方直接签订的，其中的要素规定也是通过双方协议决定的。

二、应用

下面我们通过例子来说明如何利用远期利率协议来管理利率风险。

【例 6-6】 某银行在 30 天后需要借入 100 万美元 90 天，现在市场上的利率为 5%，该银行担心在 30 天后市场上的利率上涨，导致它的融资成本增加。那么它可以以买方的身份进入一个交割日在 30 天后的远期利率协议，本金为 100 万美元，协议利率为 5%，参照利率为 LIBOR。从而不论在 30 天后市场利率如何，该银行都把其借款成本控

制在5%。

假定真实的90天LIBOR在30天后为6%，计算交割日的现金结算额并且说明该银行因进入远期利率协议而得到的收益或产生的亏损。

【解答】

如果买方可以以协议利率（即5%）而不是市场利率（6%）借入，那么对于这笔100万美元的90天贷款，其节省下的利息为

$$1\,000\,000\times(6\%-5\%)\times\frac{90}{360}=2\,500(\text{美元})$$

在这个90天的贷款到期之前，节省下来的2 500美元利息是不能实现的。所以在交割日交割的数额实际上是这些利息的现值。在计算现值的时候应该使用真实的市场利率6%，而不是协议利率5%。

在交割日空头方应实际支付给多头方的款额为

$$\frac{2\,500}{(1+6\%)\times\frac{90}{360}}=2\,463.05(\text{美元})$$

此时该银行通过进入远期利率协议获得了2 463.05美元的收益，这个收益其实抵消了市场利率上涨导致的借款成本的增加额。从而该企业仍然是以5%的利率借到了100万美元。

从上面的例子可以得到买方在远期利率协议中交割金额的计算公式为

$$\text{交割金额}=\text{本金}\times\frac{(\text{协议利率}-\text{市场利率})\times\frac{\text{借款期限(天)}}{360}}{1+\text{市场利率}\times\frac{\text{借款期限(天)}}{360}}$$

同理，卖方在远期利率协议中交割金额的计算公式为

$$\text{交割金额}=\text{本金}\times\frac{(\text{市场利率}-\text{协议利率})\times\frac{\text{借款期限(天)}}{360}}{1+\text{市场利率}\times\frac{\text{借款期限(天)}}{360}}$$

在计算交割金额的时候，一定不能将远期利率协议的期间同“贷款”期间弄混，这二者是不能互换的。交割日可以为未来的任何一天，实际应用中，远期利率协议经常为30天的倍数。我们用以计算合约价值的市场利率经常是相似的：30天、60天、90天或者180天的LIBOR。如果我们将一个远期利率协议描述为：基于90天LIBOR的60天远期利率协议，其交割日为60天后，但是实际的交割金额则是基于60天后的90天LIBOR计算得出的。这样的远期利率协议可以描述为2×5远期利率协议。2是指合约的期限为2个月，5是指2个月的合约期限再加上合约到期后3个月的贷款期限总共为5个月。

6.3.4 利率期货

所谓利率期货，是指交易双方在集中性的市场上以公开竞价的方式约定在未来某一时

刻，合约的买方从合约的卖方处，以特定的利率买入一定数量的债券或短期存款。不同于远期利率协议，利率期货是一种标准化合约。目前，在期货交易比较发达的国家与地区，利率期货已成为成交量最大的一个类别。利率期货之所以有如此迅猛的发展，主要是因为20 世纪 70 年代中期以来，西方各国相继实行金融自由化，纷纷放松甚至取消利率管制，利率波动日益频繁而剧烈，利率风险成为各经济主体尤其是各种金融机构普遍面临的一种最重大的金融风险。

一、利率期货合约的要素

利率期货合约主要由以下 5 个要素组成。

1. 交易标的

交易标的是指有息资产的种类，在国际上一般为美国短期国债、欧洲美元存款、各种期限的商业票据、美国市政债券及中长期国债等。

2. 交易单位

交易单位是指利率期货合约中规定以面值为多少金额的标的资产进行交易，例如美国长期国债期货的交易单位是面值为 10 万美元的美国长期国债。

3. 合约期限与交割日

利率期货的合约期限一般为 3 个月、6 个月、9 个月和 12 个月。美国短期国债期货交割日为合约期里的第三个星期拍卖国债以后的第二个工作日；长期国债期货的交割日为合约期的任意工作日。

4. 最小价格变动幅度

以美国短期国债期货交易为例，最小价格变动幅度表现为刻度或基点，它是百分点的1%，即 0.01%，它所对应的期货合约价格变化值为 25 美元。

5. 有无每日价格波动限制

一般情况下，美国短期国债的期货和欧洲美元存款期货没有每日价格波动限制，长期国债期货则有每日价格波动限制，约为每合约 3 000 美元。这与远期利率协议一致。

二、利率期货合约与远期利率协议的异同

利率期货合约与之前我们学习的远期利率协议非常类似，它们有以下两个共同点：

（1）都是可以交割或现金结算的合约。

（2）在签订合约的时候，对于签约双方来说合约的价值都为零，双方都不需要支付任何费用。

利率期货合约与远期利率协议在以下几方面存在不同：

（1）利率期货合约是在规范的交易所进行的。远期利率协议是一种私人合约，是不能在交易所进行交易的。

（2）利率期货合约是标准化的合约，远期利率协议是双方根据自身需求编制的。

（3）所有利率期货合约都受到清算所的监督，远期利率协议则不用受保证金的制约。

（4）所有利率期货合约都是受到政府管制的，远期利率协议通常都不受到政府管制。

从上面可以看出，利率期货合约相比远期利率协议，最重要的特点就是标准化，以及由此而来的流动性及规范性。而远期利率协议就更加多样化，它们其实是一种互补的关系。

三、利率期货合约的特点

1. 场内交易

利率期货合约在有组织的交易所内进行交易。

2. 标准化

利率期货合约同远期利率协议的一个主要区别就是期货合约是标准化的合约。每一个期货合约中标的物的质量、数量、交割时间和方式都是由交易所规定好的。同时，交易所也规定了最小价格波动幅度，以美国国库券期货交易为例，最小波动幅度表现为刻度或基点，它是百分点的1%，即0.01%，它所对应的期货合约价格变化值为25美元。标准化使得投资者对交易的标的物以及交易条件都非常了解。标准化提高了市场流动性。

购买期货合约的一方称为买方，卖出期货合约的一方称为卖方。对于每一个交易合同，都有一个买方和相对应的卖方。合约规定买方在合约到期时有权按照合同规定利率借入本金，卖方有义务按照合同利率贷出本金。

3. 保证金要求

保证金是交易双方缴纳的、用以确保履约并承担价格风险的货币资金。交易者在下单交易时，要按规定比例向其保证金账户存入初始保证金。当交易者买入或卖出一定数量的利率期货合约后，交易所的结算单位将根据每天的结算价格计算出未平仓头寸的盈亏金额，并增减其保证金账户的余额。

4. 清算中心

每一个交易所都有一个清算中心。清算中心确保了交易商在交易中按照合同履行自己的义务。对于每个买方来说，清算中心就是他的一个卖方；对于每个卖方来说，清算中心就是其买方。由此，清算中心使得合约的一方在将来某个时间能够与交易所签订一个相反的利率期货合约进行平仓。有结算中心作为每笔期货交易的另一方，交易商都不用担心违约风险。

5. 交割方式

利率期货主要采取现金交割方式，有时也有现券交割。现金交割是以银行现有利率为转换系数来确定期货合约的交割价格。

四、利率期货合约的操作

利率期货是应人们管理利率风险的需要而产生和发展起来的，人们在利用利率期货管理他们所面临的利率风险时，首先必须对利率期货交易的基本规则有一个比较明确的认识。然而，与其他期货类别相比，利率期货不仅品种繁多，而且各个品种的交易规则又都比较复杂。下面就以美国短期国债的期货套期保值来进行简单的介绍和说明。

当投资者准备在未来买入美国短期国债进行投资时，为了规避利率下降导致的美国短期国债价格上涨的风险，他可以从期货市场买进面值相当的美国短期国债期货合约。反之亦然。

【例6-7】某年9月10日，现货市场的3个月美国短期国债收益率为10%，也就是说在市场上100万美元面额、3个月期美国国债的价格为97.5万美元$\left(=1\,000\,000-1\,000\,000\times10\%\times\frac{90}{360}\right)$。某银行预期在3个月后可收到一笔总额为2 000万美元的款项，该银行准备将这笔款项投资于3

个月的美国短期国债。但是该银行担心在最近这3个月中市场利率下降，从而导致美国短期国债价格上涨。因此，该银行想通过利率期货合约的方式规避利率风险。于是该银行买进20份面额为100万美元的美国短期国债期货合约进行保值，假设此时3个月100万美元的美国短期国债期货的价格为9%，3个月后该短期国债的收益率为8%，市场价值为970 000美元［=975 000−(10−8)÷1%×25，其中25为贴现率变动0.01%时市场价值变动的额度］。其套期保值的具体操作见表6-12。

表6-12　　某银行通过利率期货合约套期保值分析

日期	现货市场	期货市场
9月10日	收益率为10%。并准备在3个月后把2 000万美元投资于美国短期国债。	以9%的价格买入20张3个月期美国短期国债期货合约。
12月10日	公司收到2 000万美元，全部投资于3个月期美国国债，收益率降为8%。	以9%的价格卖出20张3个月期美国短期国债期货合约。
损益	$20\,000\,000\times(8\%-10\%)\times\frac{90}{360}=-100\,000$（美元）	$(9-8)\div0.01\times25\times20=50\,000$（美元）
结果	总盈亏=50 000−100 000=−50 000（美元）	

从表6-12可知，该银行通过进入美国短期国债期货进行了套期保值，使其亏损额从100 000美元降到50 000美元。

6.3.5　利率期权

自20世纪80年代以来，利率期权已经成为最活跃的金融期权之一，1982年3月，澳大利亚悉尼期货交易所创造出了世界上第一种利率期权——银行票据期货期权，用于银行票据利率风险防范。

一、利率期权的定义

利率期权是一种买卖权利的合约，期权合约的买方以支付一定的货币为代价，获得在未来的某一时间以事先约定的协议利率借入或贷出一定数量的资金的选择权。具体来说，利率期货指的就是以各种利率相关品或利率期货合约作为标的物的期权交易形式。

二、利率期权合约的内容

期权合约的内容主要包括：合约名称、交易单位、报价单位、最小变动价位、每日价格最大波动限制、执行价格、执行价格区间、合约月份、交易时间、最后交易日、合约到期日、交易手续费、交易代码、上市交易所等。

合约月份指利率期权合约的交易月份。

最后交易日是某一利率期权合约能够进行交易的最后一日。

到期日是期权买方能够行使权利的最后一日。

三、利率期权的分类及运用

利率期权品种繁多，从大类来看，既有现货期权，也有期货期权；既有短期利率期权，也有长期利率期权；既有场内交易期权，也有场外交易期权。当然，也有人以利率期权的功能进行分类，比如有利率看涨（看跌）期权、利率上限（interest rate cap)、利率下限（interest rate floor)、利率两头封（interest rate collar)。下面，我们按照功能分类来对利率期权进行讲解。

1. 利率看涨（看跌）期权

利率看涨（看跌）期权与股票期权相同，只是执行价格为一定利率水平并且标的资产为一个参考利率，比如 LIBOR。利率期权与远期利率协议类似，因为都没有可交割的资产。两者都为现金结算，结算额为执行利率与参考利率之差再乘以一定的名义值。大多数利率期权都为欧式期权。

为了明白利率期权是如何运作的，假设有一个看涨利率期权，名义值为 1 000 000 美元，执行利率为 5%，参考利率为 LIBOR。这里，我们假设该期权是没有成本的。如果在到期日，LIBOR 高于 5%，则期权持有者会执行期权并且收到 1 000 000×(LIBOR−5%)。如果 LIBOR 低于 5%，则期权持有者将不会执行期权。

现在我们来考虑看跌利率期权的卖方，其他条件都相同。同样，假设这个期权是没有成本的，执行利率为 5%，名义值为 1 000 000 美元。如果在到期日，LIBOR 比 5%低，则该看跌期权的卖方就必须支付给买方 1 000 000×(5%−LIBOR) 美元。如果 LIBOR 高于 5%，则期权不会被执行，期权卖方不用支付任何金额。

注意该利率期权一方的到期收益。当为看涨期权时，一方面，如果 LIBOR 高于执行利率，则买方收到到期收益，低于 5%则没有任何收益。另一方面，如果 LIBOR 低于执行利率，则看跌期权的卖方要为买方支付收益，反之则不用。

看涨利率期权的买方头寸加上一个看跌利率期权的卖方头寸与远期利率协议有相同的到期收益。考虑一个固定利率为 5%、面值为 1 000 000 美元、参考利率为 LIBOR 的远期利率协议。如同我们的多头看涨头寸，固定利率的支付者会收到 1 000 000×(LIBOR−5%) 美元。并且，如同我们的空头看跌头寸，固定利率的支付者将会支付 1 000 000×(5%−LIBOR) 美元。

2. 利率上限（下限）

利率上限是指一系列的看涨利率期权，在浮动利率制下，期权的买卖双方事前约定一个最高利率，当市场利率高于其协定利率时，期权的卖方便向买方进行补偿，支付其高于利率上限的利息。其到期日是相对于一个浮动利率贷款的重置利率日。利率上限通常是为了保护浮动利率的借款人，使利率上限的买方锁定借款成本，避免利率上升带来的损失。实际上，利率上限对于浮动利率贷款来说就是限制了利率的最高水平。

当浮动利率高于利率上限时，借款人就支付以利率上限计算出的利息。由此，利率上限可以看作一系列的看涨利率期权，其执行价格为利率上限。该利率上限中的每个期权都称为一个 caplet。但是，与看涨期权不同的是，在实际运作中，期权持有者并不需要正式通知期权出售方准备执行期权，只要市场利率高于期权的执行利率，期权就会自动执行。

利率下限是指一系列的看跌利率期权，它与利率上限相反，利率下限的买卖双方事前约定一个最低利率，当市场利率低于其协定利率时，利率下限的卖方便向买方进行补偿。利率下限通常是用来保护浮动利率的贷款人，使利率下限的买方锁定利息收益。避免利率下降带来的损失。利率下限对于浮动利率借款来说就是限制了利率的最低水平。

利率下限的运作恰好与利率上限相反。利率下限是一个浮动利率贷款利息支付的最低水平。

当浮动利率低于利率下限时，借款人就以利率下限向贷款人支付利率。由此，利率下限可以看作一系列的看跌利率期权，其执行价格为利率下限，该利率下限中的每个期权都称为 floorlet。

3. 利率两头封

利率两头封包括一个利率上限和一个利率下限。一笔贷款的借款人可以买入一个利率上限来防止利率高于上限，并且卖出一个利率下限来支付购买利率上限的成本。

通过图 6－4，我们可以看出一个利率上限与利率下限的到期收益。在每一个浮动利率贷款的重置日期，下一期利息的利率水平（比如说，90 天）就由一定的参考利率确定了。这里，我们假设 LIBOR 为参考利率，并且该贷款的利息支付日期为每季度一次。

图 6－4 表示，利率上限设置为 10%，如果 LIBOR 超过 10%，则利息的支付者就可以以 10%的利率来支付利息。一个利率上限可能涉及整个贷款寿命中的一些特定期间。如图 6－4 所示，利率上限的支付是基于参考利率与利率上限之间的差额。支付的金额为利率上限合同中所列明的名义量乘以参考利率与利率上限之间的差额。当使用利率上限来防范借款风险时，名义量经常等同于借款量。

图 6－4 同样展示了一个 5%的利率下限。当 LIBOR 低于利率下限时，对于任何利率支付，利率下限都要求有一个额外的支付来确保所有的支付为 5%。注意到一个浮动利率票据的发行人同时为利率上限的买方，以及利率下限的卖方。当 LIBOR 高于利率上限时，发行人收到大于利率上限的收益，从而抵消利率升高导致的借款成本增加；当 LIBOR 低于利率下限时，发行人支付低于利率下限的收益，从而抵消利率降低导致的借款成本减少。如此，其发行票据的成本便限制在利率上限与利率下限之间。

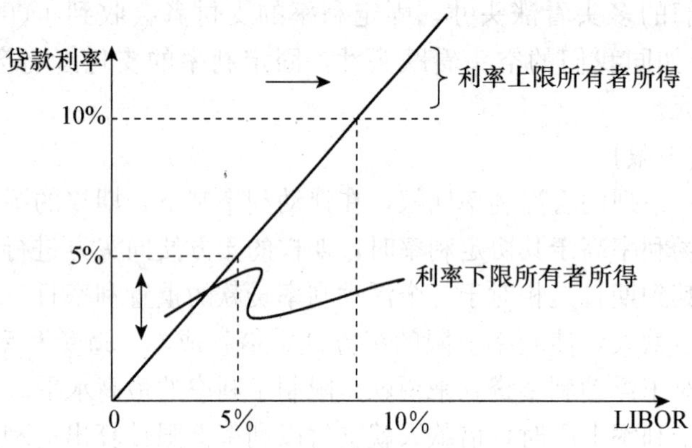

图 6－4　利率上限与利率下限的到期收益

6.3.6　利率互换

利率互换就是双方制定的在一定期间内的一系列周期性结算日（比如说，两年之内的季度支付），交换一系列与利率相关的现金流的协议。在最简单的利率互换协议中，一方向合同另一方支付合同名义量的固定利率利息，另一方支付合同名义量的浮动利率利息。在每一个计算日，合同双方只有应支付利息相对较高的一方支付款项，款额为两种利息的净值。利率互换都有一个规定的期限，并且合约在期限末的到期日终止。一个利率互换合约可以看作一系列远期利率协议，每个远期利率协议的到期日为相应的清算日。

在利率互换市场，存在利率互换合约的活跃者，它们将有相反需要的双方结合在一起。此外，也有交易商，比如说大银行以及经纪公司，它们扮演的角色和它们在远期合约中的一样。利率互换合约是一项很大的业务，在国际金融市场上交易的一份远期利率协议的本金额度可达到 5 000 万美元甚至更大。

一、利率互换合约与远期利率协议的相似点

利率互换合约其实是一系列的远期利率协议，因此，在很多方面，利率互换合约都与远期利率协议类似。

（1）在签订利率互换合约的时候，合约双方都不需要支付任何费用。

（2）利率互换合约为自定义工具。

（3）大部分利率互换协议是不规则的。

（4）合约双方都面临很大的违约风险。

（5）利率互换合约的大多数参与者都为大的金融机构。

（6）利率互换合约的参与者很少为个人。

二、利率互换的种类

利率互换的品种很多，最基本的利率互换主要有息票互换、基础互换和交叉货币利率互换。

1. 息票互换

利率互换协议包括一个固定利率利息和浮动利率利息支付的互换。希望得到浮动利率的合约一方，在合约中承诺支付固定利率，成为利率互换协议中支付固定利率的一方。希望得到固定利率的合约另一方，承诺支付浮动利率，成为利率互换协议中支付浮动利率的一方。

这里的浮动利率通常指的都是 LIBOR，或者在 LIBOR 上加上一个利差。

以下列明的是在这个息票互换协议中产生的现金流的特点：

（1）对于合约双方来说，本金在数量和货币上都是相同的，所以没有必要交换本金。因此在单一货币的利率互换合约中，本金是不交换的。

（2）虽然在结算期的开始就确定了浮动利率的水平，但真实的支付是在结算期结束的时候。由于利息支付是采用相同的货币，所以对于双方来说，没有必要交换利息的全额，只用将固定利率利息与浮动利率利息的差额支付给相应的一方即可，即仅有一方支付净利息。

（3）在利率互换合约到期的时候，由于合约初期并没有交换本金，所以合约到期时也不需要交换任何本金。

互换协议是一个零和博弈，合约一方的收益即为另一方的损失。

对于固定利率利息支付方来说，在到期日应该支付的净利息公式为

$$\text{固定利率支付额}=(\text{协议固定利率}-\text{LIBOR})\times\frac{\text{支付利息周期(日)}}{360}\times\text{本金} \quad (6-22)$$

该公式是以 360 天为一年计算的，并且以 LIBOR 为合约中的浮动利率。

如果按这个公式计算出来的值为正，则固定利率支付者要向浮动利率支付者支付利息差额；如果按这个公式计算出来的值为负，则固定利率支付者收到浮动利率支付者支付的利息差额。

【例 6－8】　利率风险

有一家银行，其存款是其负债，而且本质上都是短期负债。也就是说，存款代表着浮动利率负债。银行的资产以贷款为主，而大部分贷款都是固定利率贷款，即银行的资产为固定利率贷款，而负债为浮动利率的。试解释银行面临的利率风险的本质并且描述如何利用利率互换协议来规避风险。

【解答】

银行面临的风险为短期利率上涨，使得存款利息上升，如果现金流随着利率的上升而增长，这就不是一个大问题，但是对于一个固定利率的贷款组合来说，这就是一个严重问题了。如果银行不采取措施规避利率上升带来的风险，则尽管现金流增加，但银行利润还是会下降。

银行可以通过签订一个固定利率—浮动利率的互换协议来规避风险，收到的浮动利率利息可以对冲任何要支付给客户持有的银行存款的浮动利息。如果利率下降，银行的成本并不会下降，它们仍然需要支付固定利率给合约另一方并且收到（更低的）浮动利率。

【例 6－9】　计算息票互换协议的利息支付

银行 A 签订了一个 1 000 000 美元季度支付的 plain vanilla 息票互换协议，并且是作为固定利率的支付方，年固定利率为 6%。浮动利率的支付者同意支付 90 天的 LIBOR 再加上一个 1%的利差。90 天 LIBOR 到目前为止为 4%。

90 天 LIBOR 为：4.5%，90 天后
5.0%，180 天后
5.5%，270 天后
6.0%，360 天后

计算银行 A 在 90 天、270 天、360 天后要支付或者将收到的利息额。

【解答】

90 天后的支付基于目前的 LIBOR（别忘记还有一个 1%的利差），并且以固定利率（别忘记还有一个 1%的利差）支付。

固定利率支付者支付

$$\left[0.06\times\left(\frac{90}{360}\right)-(0.04+0.01)\times\left(\frac{90}{360}\right)\right]\times 1\,000\,000=2\,500(\text{美元})$$

270 天后的利息支付是基于 180 天后的 LIBOR，为 5%，再加上 1%的利差，浮动利率为 6%，等于固定利率，所以在第三季度没有任何支付发生。

360 天后，银行需要支付

$$\left[0.06\times\left(\frac{90}{360}\right)-(0.055+0.01)\times\left(\frac{90}{360}\right)\right]\times 1\,000\,000=-1\,250(\text{美元})$$

由于在第四季度浮动利率利息支付大于固定利率利息支付，所以银行收到 1 250 美元。

2. 基础互换

基础互换是指两种不同浮动利率之间的互换。这里支付双方可以以不同的利率作为基准。比如说 A 公司与 B 公司签订基础互换协议，协议中约定本金为 1 000 万美元，A 公司以 LIBOR 为计息标准支付给 B 公司，B 公司以 Prime（美国优惠利率）支付给 A 公司。其具体的操作方式与息票互换相差不大，在此不再赘述。

3. 交叉货币利率互换

交叉货币利率互换其实是货币互换与利率互换的结合，在这种互换中，互换双方将自己所持有的以一种货币表示的、采用一种计息方式的资产或负债调换成以另一种货币表示的、采用另一种计息方式的资产或负债。互换双方将同时达到两个目的：一是改变资产或负债的货币种类，二是改变资产或负债的计息方式。因此，在金融风险管理中，这种互换具有双重作用。也就是说，它既能管理利率风险，又能管理外汇风险。它因此也被广泛用于金融风险管理中。

以下是一个货币互换的例子：

一家美国公司 A 希望在澳大利亚开展业务，并且希望能以澳大利亚元进行融资。但是这家公司发现，如果在澳大利亚发行债券会比发行美元债券成本高，因为它们对澳大利亚的金融市场并不是很了解。另一种能发行澳大利亚元债券的方法就是进入一个美元/澳大利亚元的货币互换合约。通过一个互换合约的中介，该美国公司找到一家澳大利亚公司 B，其面临着相反的问题——它们希望能够发行澳大利亚元债券并以美元融资。

有四种可行的货币互换合约：

(1) A 支付收到的澳大利亚元的固定利率，B 支付收到的美元的固定利率；

(2) A 支付收到的澳大利亚元的浮动利率，B 支付收到的美元的固定利率；

(3) A 支付收到的澳大利亚元的固定利率，B 支付收到的美元的浮动利率；

(4) A 支付收到的澳大利亚元的浮动利率，B 支付收到的美元的浮动利率。

在此，我们仅以第一种可能进行分析，余下的请读者自己思考。

对于固定利率—固定利率互换合约的交换过程为：

在合约签订的时候就互相交换本金，A 将美元支付给 B，并收回澳大利亚元。为什么？因为 A 的初衷为得到澳大利亚元，而 B 的初衷为得到美元。名义量在一开始就互相交换。

利息支付是全额支付，并不是净值。A 收到澳大利亚元，支付澳大利亚元的利息额给 B，B 收到美元，支付美元的利息额给 A。由于这些利息都是以不同货币支付的，所以在每个结算日都需要全额支付，而不能取净值。

在互换合约到期的时候，双方将最初交换的本金换回，相当于名义量在合同到期日又交换了一次。对于该货币互换合约，其现金流如图 6－5 所示。

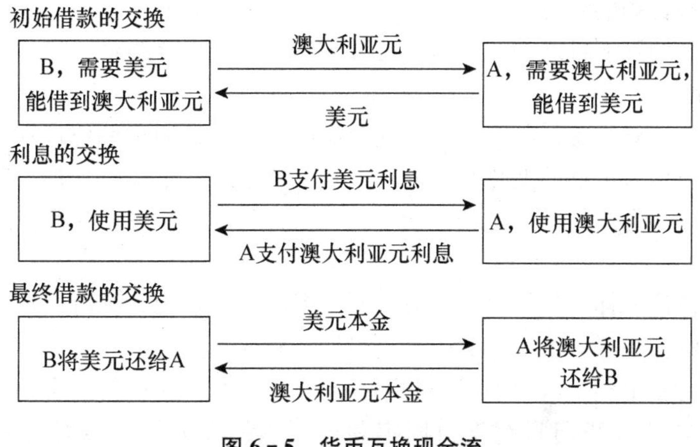

图 6－5　货币互换现金流

【例 6－10】　固定利率—固定利率货币互换合约

公司 BB 可以在美国以 9%的利率借入美元，如果公司 AA 要借入美元，则必须支付 10%的利息，但是 AA 在澳大利亚可以以 7%的利率借入澳大利亚元，然而如果公司 BB 要借入澳大利亚元，则必须支付 8%的利息。BB 将会在澳大利亚开展业务并且需要澳大利亚元，AA 将会在美国开展业务并且需要美元。汇率水平为 2 澳大利亚元/美元。AA 需要 100 万美元，而 BB 需要 200 万澳大利亚元。双方决定都在当地进行本地货币借款，然后签订一份货币互换协议，双方都为对方支付利息，互换合约的期限为 5 年，计算该货币互换合约的现金流。

【解答】

AA 与 BB 都在当地银行借款：

(1) AA 借入 200 万澳大利亚元，利率为 7%。

(2) BB 借入 100 万美元，利率为 9%。

AA 与 BB 交换货币：

AA 从 BB 处得到 100 万美元，并每年向 BB 支付 10%的美元利息。BB 从 AA 处得到 200 万澳大利亚元，并每年向 AA 支付 8%的澳大利亚元利息。

它们每年支付给对方的利息：

(1) AA 每个结算日要支付给 BB10 万美元的利息。

(2) BB 每个结算日要支付给 AA16 万澳大利亚元的利息。

它们每年支付给其本地银行的利息：

(1) AA 支付给澳大利亚银行 14 万澳大利亚元/年（但是，实际从 BB 处获得 16 万澳大利亚元/年，所以有一个 2 万澳大利亚元/年的收益）。

(2) BB 支付给美国银行 9 万美元/年（但是，实际从 AA 处获得 10 万美元/年，所以有一个 1 万美元/年的收益）

(3) 通过该货币互换协议，它们都从中获益。

5 年后，它们再将本金换回。

(1) AA 从 BB 处得到 200 万澳大利亚元，并还回澳大利亚银行；

(2) BB 从 AA 处得到 100 万美元，并还回美国银行。

三、利率互换合约的终止

在利率互换合约到期日之前，有以下几种方法可以中止合约：

1. 互相终止

合同一方可以给对方支付其可接受的现金额度。如同远期利率协议，互换合约随着利率变化累计价值。如果市场的变化对合同一方是不利的，其希望将互换合约的价值现在支付给合同另一方，而合同另一方也同意接受，则双方可以互相终止互换合约。

2. 对冲合约

同远期利率协议一样，如果合同一方不同意提前终止合约，则可以选择签订对冲合约来终止原互换合约。如果一个 5 年的季度支付浮动利率互换合约还有 2 年到期，我们可以选择签订一个支付固定利率（收取浮动利率）的互换合约，这个新的合约将会为原合约提供浮动利率支付，并且我们只有支付固定利率利息的义务，而不需要再支付浮动利率利息。

和远期合约一样，退出一个互换合约可能会承担一定的损失。比如说，我们收到平均3%的浮动利率利息，然而在对冲合约中我们必须支付4%的固定利率利息。我们在这个过程中“锁定”了损失，但必须多支付1%。我们必须在今后两年里每季度都支付一次，而不会有任何回报。通过与第三方签订对冲合约来退出原互换合约的方法，同远期合约一样，都面临着很大的违约风险。

3. 重新卖出

只要原互换合约的另一方同意，将原互换合约卖给第三方就是可行的。但这种方法并不经常使用，因为在互换市场上，并不存在一个很有效的二级市场。

本章小结

利率风险是指银行的财务状况在利率出现不利变动时所面临的风险。其取决于两个条件：市场利率的波动和银行的资产负债期限或总量的不匹配。一旦同时具备了以上两个条件，银行就将面临利率风险。风险大小取决于利率波动程度和资产负债不匹配程度。

利率风险的识别和测量模型主要有三种：重定价模型、到期日模型和久期（有效期）模型。重定价模型主要是基于银行账面利率敏感性资产和利率敏感性负债的不匹配构建的。到期日模型是从市场价格的角度入手，通过衡量银行资产和负债的期限差额来度量利率风险。久期模型则是到期日模型的改进版，它不仅衡量了资产和负债的期限不同，还衡量了到期日之前的现金流及其现值。

利率风险管理的方法主要有利率敏感性缺口管理理论和久期缺口理论，以及一些金融衍生工具的使用：远期利率协议、利率期货、利率期权和利率互换。

关键术语

利率风险　缺口　重定价模型　利率敏感性　到期日模型　久期模型　麦考利久期　修正久期　凸性　利率敏感性缺口管理　久期缺口理论　远期利率协议　利率期货　利率期权　利率互换

思考题

1. 如何分析企业所面临的利率风险及其对企业的影响？

2. 什么叫利率互换？基础互换、息票互换和交叉货币利率互换的区别是什么？

3. 假设现在的市场利率为5%，请解释联想公司如何对6个月后为期1年的5 000万元借款进行利率锁定？假设此时市场上的6个月远期利率为5.5%，6个月后1年期的市场利率为6%，那么联想公司通过这种锁定利率的方式可获得的收益是多少？

4. 什么是利率敏感性资产？什么是利率敏感性负债？什么是重定价缺口？如何运用

重定价模型？其缺陷主要有哪些？

5. 计算下列各种情况下的重定价缺口，并计算上升 1 个百分点对净利息收入的影响（假设下述利率敏感性资产和利率敏感性负债的期限均为 1 年）：

（1）利率敏感性资产＝300 万元，利率敏感性负债＝200 万元；

（2）利率敏感性资产＝750 万元，利率敏感性负债＝900 万元。

6. 什么是到期日模型？金融机构应该如何运用到期日模型来管理其资产负债组合的利率风险？到期日模型的主要缺陷是什么？

7. 久期的概念是什么？久期的经济意义是什么？久期与期限有何不同？

8. 假设持有一种面值为 5 000 元的债券：

（1）期限为 5 年、年利率为 10%、收益率为 13%的久期为多少？

（2）其修正久期为多少？

9. 思考下列问题：

（1）期限为 8 年、市场利率为 10%、纯贴现国库券的久期为多少？

（2）期限为 8 年、市场利率为 10%、票面利率为 7%、每年年末付息、到期还本的国债的久期为多少？

（3）期限为 8 年、市场利率为 10%、票面利率为 7%、每半年付息、到期还本的国债的久期为多少？

（4）根据以上结果可以得出什么结论？

10. 假定市场利率为 10%，某金融机构持有两种资产：（1）A 公司的 5 年期债券，到期收益率为 10%，简称 A 债券；（2）B 公司的 3 年期债券，到期收益率为 13%，简称 B 债券。

试计算：当该金融机构持有的资产中 30%为 A 债券、70%为 B 债券时，该金融机构的加权平均到期日是多少？

第 7 章

流动性风险

本章要点

1. 了解流动性风险分类及来源；
2. 熟悉资产流动性风险度量方法；
3. 掌握资产流动性风险 La_VaR 计算方法；
4. 熟悉并掌握融资流动性风险度量方法；
5. 了解流动性风险管理策略与方法；
6. 掌握资产负债流动性管理与方法；
7. 了解金融机构现代流动性风险管理的步骤。

7.1 流动性风险概述

7.1.1 流动性的概念

关于流动性（liquidity）主要有两种不同的理解：一是筹资流动性（fund liquidity），也称现金或负债流动性（或资金流动性和机构流动性），主要描述金融机构满足资金流动需要的能力。某一业务具有流动性指其产生的现金流能够满足支付要求。它不仅包括现实的流动性，即实际拥有的支付能力及将资产变现的能力，而且包括潜在的流动性，即经济主体采用各种融资方式、金融工具从居民、同业、金融市场等渠道获得现金用于支付的能力。二是市场流动性（market liquidity），也称产品或资产流动性，主要指金融资产在市场上的变现能力，即市场上金融资产与现金之间转换的难易程度。如果交易者能够按有利的价格迅速完成一定量的某种资产的交易，就表明市场流动性好。流动性由资产的流动性和负债的流动性两个方面构成。资产的流动性是指现实资产在不发生损失或少发生损失的情况下迅速变现的能力，负债的流动性是指资金需求主体以较低的风险、最合理的成本通过负债手段随时获得所需资金的能力，故大多是潜在的、可能的，其面对的不确定因素更多，从而使不同的经济主体以及同一经济主体在不同时点获得负债流动性的能力可能大相径庭。当然，流动性是以机会成本为代价的，流动性越强，机会成本越高，资产的收益率就越低。

区分偿付能力（solvency）与流动性（liquidity）的不同十分重要。有偿付能力是指金融机构的资产大于负债，因此该机构的净价值为正；流动性是指在指定付款日，金融机构有足够的现金进行支付。一家有偿付能力的金融机构有时可能因为流动性问题而破产。考虑一家银行，其资金大部分是由流动性不好的按揭贷款构成，假定资产融资的90%来自存款、10%来自股权，银行有良好的偿付能力。但如果市场上出现挤兑现象，假定有25%的存款人突然想抽取资金，这很有可能造成该银行破产。

7.1.2 流动性风险的概念

金融机构的流动性风险是指流动性不足导致资产价值在未来发生损失的可能性。负债方面的流动性风险要求银行能随时满足存款人提现或投资者收回投资的需求，资产方面的流动性要求金融机构能随时满足借款人融通资金和正当的贷款需求。如果不能随时满足这两方面的需求，就会出现流动性风险。流动性风险是由资产和负债的差额及期限差异引起的，当负债大于资产时便出现资金盈余，这种情形下不会产生流动性风险，但可能产生利率风险，因为对盈余资金进行投资的收益是不确定的；当资产超过负债时便会出现资金紧缺，此时就产生了流动性风险，金融机构存在无法从市场获得流动性以及为满足资金需要必须支付比正常成本高的成本的风险。

金融机构面临两种流动性风险：一种与特定的产品或市场相关，另一种与金融机构的总体资金状况相关。前者指由于市场深度不足或市场流动性的中断，而不能或不易以原市场价或与之相近的价格对冲某一头寸的风险；后者指它不能在清算时履行付款义务或支付保证金的风险。金融机构面临流动性风险往往意味着其持有的资产流动性差和对外融资能力枯竭。如果金融机构没有足够的现金支付到期的债务，就会被迫出售资产；如果资产的流动性差，该资产就很难以正常的价格出售，金融机构会因此遭受损失；如果金融机构根本无法出售资产，它就必须依赖对外融资来支付到期债务；如果金融机构的对外融资渠道也丧失了，那么该金融机构就会因无法履行到期债务而宣布破产。1990年2月，德崇证券（Drexel Burnham Lambent）的倒闭就是一例。当时由于该机构持有流动性极差的资产，而且外部融资能力枯竭，所以尽管其持有的流动性差的资产的预期未来收益率很高，但不能满足存款人提现需要，只能宣布倒闭。从总体上讲，金融机构的流动性与风险性是相互统一的关系，流动性越强，风险越小；流动性越差，风险越大。

7.2 流动性风险分类

7.2.1 资产流动性风险

资产流动性风险（asset liquidity risk）有时又称为市场/产品流动性风险，这是由于一笔交易头寸的规模相对于正常交易量而言很大，而该笔交易不能以当前的市场价格来完成而产生的。资产流动性能用价格—数量函数来衡量，它也被称为市场冲击（market impact effect），描述了价格如何受交易量影响。有时候这也被称为内生流动性（endogenous liquidity），意思是价格的下跌取决于头寸规模的扩大。相反，在正常市场容量以内的头寸由外生流动性（exogenous liquidity）描述。高流动性资产（如主要货币或国库券）的特征是具有交易活跃的市场，其头寸交易对价格的影响很小。而交易清淡市场（如新生衍生工具市场或新兴股票市场）的任何交易对价格的影响都很大。

这种价格函数的说明参见图 7－1，它的起点是当前的中间价（mid price），它是买入价和卖出价的平均数，通常用于按市场价格计算投资组合的价值。买卖价差是 0.25 美元，直到某个有效限额，比如说 10 000 股。它通常也被称为标准市场规模（normal market size）。然而，对于超出这一点的数量，其售价是数量的一个递减函数，反映出要求清算市场的价格压力。反之，对于购买价格也是如此。虽然各种资产在不同时间内随参数的变化也可能存在其他形态，但它们的关系一般被认为是线性的。

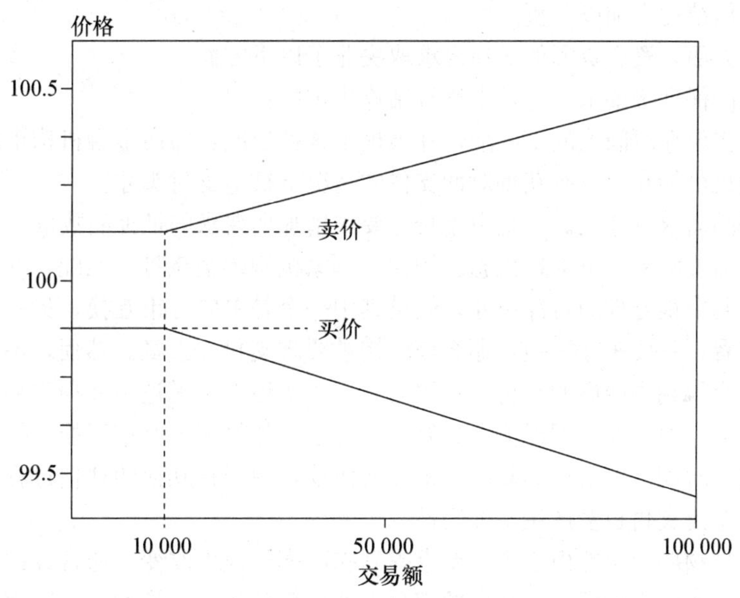

图 7－1 价格—数量函数

流动性好的资产具有较紧的买卖价差。紧性（tightness）用来度量实际交易价和市场报价之间的偏差，流动性好的资产也可以用好的深度（depth）来描述，它是不会对价格产生影响的交易量的度量。它和浅度（thinness）正好相反。

当一个市场做市商对一个金融资产给出买入价和卖出价时，金融机构能够以给出的买入价买入或以给出的卖出价卖出一定数量的资产。但是，做市商给出的价格只适用于一定数量。在一定数量之上，市场做市商会提高买入卖出的价差，这是因为当交易数量增加后，对风险暴露的对冲也会变得更加困难。

当一个金融产品没有做市商时，市场上仍会有一个隐含的买卖价差。如果一家金融机构想同另外一家金融机构（也许是中间商）进行交易，产品交易价格取决于金融机构是希望买入还是卖出。买卖价差可能为资产中间价的 0.05%～5%，甚至高达 10%。

买卖价差与交易数量有关，买入报价及卖出报价与交易数量的关系如图 7－1 所示。当交易数量增大时，买入价会逐渐降低，卖出价会逐渐上升。对于某种产品，如果市场上有做市商，当交易数量在做市商交易额度之内时，买入卖出价不会发生变化，一旦超出做市商的额度，买入卖出价就会逐渐分离。

传统的资产流动性风险是用头寸限额（position limit）来控制的。头寸限额的目的是限制单个投资工具的风险，即它能够分散市场风险，这样可避免因被迫清算而对市场造成巨大影响。

7.2.2 融资流动性风险

融资流动性风险指一家金融机构缺乏资金且没有能力筹集新资金来偿还到期债务而产生的风险。通常，这将使投资组合被迫清算。值得注意的是，筹资流动性风险来自杠杆的运用，即金融机构借入资金来扩大其资产规模。这种类型的风险必须通过研究金融机构的资产范围和负债结构来加以分析。

考虑资产方面，资金资源的潜在要求取决非于以下方面：

（1）不同的保证金要求。它是由逐日结算决定的。

（2）担保支付在时间上的不匹配，并出现了这种情况：即使金融机构市场风险完全匹配，一家机构也可能在还没有获得对冲支付的情况下被迫支付头寸。

（3）抵押品需求的变化。它是由于贷方要求增加所要求的抵押品数量。

在这里，需要解释一下上述概念。例如，一家机构现金流量不匹配，并拥有按不同信用期限构建的两个很合理的对冲头寸，假设其中一个是单向盯市互换，另一个是双向盯市互换。对于前者，只要头寸亏损，那么该机构被要求支付亏损额。然而，不管怎样，只要头寸获利，就会得到中间商的支付。相比而言，对于后者，无论头寸损失还是获利，该机构都能获得报酬。由于在套期保值上具有不对称性，如果单向盯市互换亏损，机构将不匹配抵押物的支付时间。即使运用双向盯市互换协议，由于在互换的评估过程中操作的失误或差异，以现金流支付也会产生不确定性。

此外，抵押物要求可能由于借方要求提高扣减率而发生改变。通常经纪人要求抵押物的价值要稍高于所借出的资金，高出的部分占所借部分的比例被称为扣减率，其目的是提供一个缓冲以降低抵押物价值减少所带来的风险。如果市场的波动性变大，经纪人可能会提高扣减率以要求增加现金，除非合约条款禁止这样做。

这些例子为不同风险类型之间复杂的相互关系提供了另一种解释。逐日结算制度的发展主要是为了控制信用风险，问题是可能因此产生其他风险，如现金流风险。进一步说，如果一家金融机构没有足够的现金来满足保证金要求，该机构可能被迫以较低的价格清算其持有的头寸，因此产生资产流动性风险。

然而考虑负债方面也是很重要的。机构可能会通过其他来源（如贷款或发行新股）的筹资来满足保证金的要求。但问题是，当机构的经营十分糟糕且需要的资金缺口很大时，要及时筹集到新资金是非常困难的。

另外，机构也必须顾及赎回的可能性，或股权持有者或债权人的现金需求。当机构的处境很差时，这种情况最有可能发生。因此这样一个小问题就可能成为一个关键问题。要避免在债务合约或期权合约中包含更早地赎回借入资金的“触发”条款也是很重要的。

7.3 流动性风险来源

7.3.1 流动性风险的内部来源

一、金融机构资产负债结构的影响

金融机构不同于工商企业的重要特征之一是其高资产负债率，正是这一特征导致了金融机构流动性风险始终处于重要的地位。以商业银行为例，商业银行的资产主要包括四大类，即现金资产、贷款、证券投资和固定资产，对流动性风险影响较大的主要是前三类资产。商业银行的负债主要是由存款和借入款组成，其稳定性的强弱决定了银行是否需要将资产变现或借入其他负债以维持流动性。资产结构和负债结构及资产负债总量的对应变动成为影响流动性风险的主要因素。如果商业银行在不能保证有稳定资金来源的情况下，盲目扩大资产规模，特别是盲目扩大长期资产规模，必然导致风险资产权重的增加，引发流动性风险甚至流动性危机。同样，如果把大量的短期资金来源用于长期投资，则必然加重流动性风险。在资产负债对应关系方面有效回避流动性风险的方法是实行资产负债比例、总量的平衡，即在资产和负债两个方面各自保持合理比例的基础上，使资产规模符合负债的量的限度。

二、决策者的经营思想和行为的影响

一般来说，金融企业盈利性与流动性成反比，资产的流动性强，那么盈利性就差，反之，资产的流动性差，盈利性就相对好。金融企业决策者的经营思想和行为如果过于注重盈利性，那么流动性就会较差，反之亦然。

三、金融企业信誉的影响

金融企业信誉好，能为客户提供较高质量的多方面服务，从而使客户对金融企业的信任感增加，其资金流动性会增强；相反，金融企业如果不讲信誉，长期贷款要短期收回，活期存款不能随时支取，那么必然引起客户的不信任，其资金流动性会减弱。

四、资产质量的影响

资产质量好，有足够的资产准备，资产结构合理，资产变现能力强，那么流动性就会好。相反，如果呆滞资产多，现金资产和短期有价证券保持不多，金融企业的总储备（一级准备加二级准备）不足，长期贷款、长期投资所占比重过多，资产变现能力极弱，或要有大的损失才能变现，在这种情况下，流动性就会差。

五、负债结构的影响

金融企业负债结构合理，能保持较多的可以随时取得的主动型负债，如向中央银行借款，同业拆借，发行大额可转换定期存单、金融债券等，那么流动性就好。相反，金融企业负债不合理，很少甚至没有保持可以随时提取的负债，定期存款和长期借款所占比重较大，那么流动性就差。

六、其他业务的影响

除资产与负债业务外，金融企业还有中间业务。由于中间业务范围广，经营品种不同，期限也有长短之分，因而对金融企业流动性有不同方面的影响。

7.3.2 流动性风险的外部来源

一、中央银行政策的影响

中央银行的金融政策与商业银行的流动性风险之间有着密切的关系。中央银行的金融政策主要是靠货币政策来传递，货币政策是经济政策的重要组成部分，一般包括政策工具、中介工具和最终目标几个方面，是中央银行为实现特定目标而采取的各种控制、调节货币供应量或信用总量的方针、政策、措施的总称。中央银行主要通过公开市场操作、存款准备金、贴现率等间接调控手段作用于货币政策的中间目标——货币供给量和利率，进而影响和调节货币政策的最终目标。当中央银行采取扩张性货币政策时，商业银行较容易获得资金，客户的贷款要求容易得到满足，社会信用增加，流动性风险基本上不会发生。此时商业银行面临的不是流动性问题，而是如何运用资金进行盈利的问题。如果中央银行采取紧缩性政策，那么商业银行向中央银行的借款数额受到控制，整个社会货币数量和信用总量减少，资金呈紧张趋势，存款数额减少，挤兑的可能性增加，贷款的需求量很大，商业银行无法筹集到足够的资金满足客户的需求，造成收益损失，此时，商业银行的管理重点是满足流动性需求、避免流动性风险。

二、金融市场发育程度的影响

金融市场的发育程度直接关系到商业银行资金的变现能力和主动取得负债的能力，从而影响商业银行流动性风险的大小。商业银行的流动性来源于资产和负债两个方面。从资产方面看，短期证券和票据是商业银行保证流动性需求的工具，第一准备不够充足时，商业银行就要抛售一部分短期证券和票据来获得流动性。这种抛售行为必须以发达的金融市场为前提。如果金融市场不完备，证券和票据就不能以合理的市场价格买卖，交易成本就会加大。从负债方面来看，金融业务创新为商业银行大量吸收资金和不断获得流动性提供了多种手段。伴随着负债业务的多样化，负债业务的二级市场也日趋完善，这不仅会促进一级市场的发展，而且会为商业银行随时获得流动性开辟途径。比如，大额可转让定期存单之所以盛行，就是因为它有一个完备而发达的二级市场。

三、客户信用风险的影响

商业银行向客户贷款的主要目的是盈利，但也是有风险的。这些风险有些来自客户的经营不善，有些来自银行决策失误，也有些来自客户恶意欺诈骗取贷款。信用风险一旦发生，直接后果就是贷款本息无法按期收回，银行遭受损失。商业银行在进行资产运用时，一般根据资产负债结构对应管理的原则，将未来资金的收回纳入流动性计划，即将贷款的收回纳入流动性计划，并用于偿还债务或重新安排投资。信用风险的发生破坏了流动性的良性循环，扰乱了商业银行的资金运用计划，可能引发流动性危机。信用风险对流动性的影响还在于贷款本身的流动性差，缺乏活跃的二级市场。因此，贷款一旦贷放出去，即使银行预见到风险的存在，也无法在到期前出售或转让贷款，只能寄希望于客户境况的好转，此时银行失去了回避风险的主动权。总之，信用风险的防范与化解过程也就是流动性风险的防范与化解过程。

四、利率变动的影响

如果商业银行处于利率管制较松的金融环境中，利率的波动会对商业银行的流动性风险产生很大的影响。当预期利率上升时，流动性充足，不会发生流动性风险。唯一的问题是把闲置资金投资于中长期资产会使收益增加。此时，商业银行的管理重点应侧重于投资放宽和盈利性管理。但当预期利率下降时，商业银行的存款会因为社会投资和消费过度膨胀而急剧下滑，存款余额的急速减少迫使银行调动一切可利用的流动性，包括动用第二准备金和出售资产。更为糟糕的是，此时获得主动性负债的能力已经很小，资金来源相当紧张。社会对贷款的需求会因为投资过旺而成倍地扩大，商业银行会因不能贷款而失去盈利机会。短期证券因存款利率下降而提供了较高的收益率。但此时商业银行已很难再筹措到投资资金，这样流动性在需求方面产生了很大的缺口，流动性风险也就出现了。

7.4 流动性风险度量

7.4.1 资产流动性风险度量

一、买卖价差

为了评估资产流动性风险，我们首先对资产交易的市场条件进行描述。买卖价差（bid-ask spread）度量了买卖正常市场容量下的交易成本。

首先，最容易衡量的是公布的买卖价差，对此进行定义，即

$$S=\frac{P(\text{卖出价})-P(\text{买入价})}{P(\text{中间价})} \tag{7-1}$$

分母中的市场中间价等于买入价与卖出价的平均值。表7-1提供了各种典型的买卖价差和波动率。

表7-1　　典型买卖价差和波动率

资产	买卖价差（%）（买入价与卖出价）	波动率（%）	
		日	年
货币			
主要货币（欧元、日元等）	0.05～0.20	0.3～1.0	5～15
新兴货币（浮动）	0.05～1.00	0.3～1.9	5～30
债券			
流通国库券	0.03	0.0～0.7	0～11
非流通国库券	0.06～0.20	0.0～0.7	0～11
公司债券	0.10～1.00	0.0～0.7	0～11
短期国库券	0.003～0.02	0.0～0.1	0～1
股票			
美国股票	0.05～5.00	0.250	20～60
纽约股票交易所平均数	0.250	1.0	15
所有国家平均数	0.40	1.0～1.9	15～30

资料来源：菲利普·乔瑞. 风险价值VAR. 北京：中信出版社，2010：348.

我们看到，价差变化从主要货币、大型美国股票和流通国库券大约5%的低值，到流动性较差的货币、股票和公司债券的高值。国库券属于同一分类且存在极小的价差。这些价差只能根据市场状况来表示。做市商也是根据价差进行交易的。

根据市场微结构理论，价差实际上反映了三个不同类型的成本：指令处理成本、非对称信息成本和存货持有成本。

指令处理成本（order-processing cost）包括提供流动性服务的成本及反映交易成本、成交量、技术和竞争状况的成本。对于固定运营成本而言，指令处理成本随交易量的增加而下降。非对称信息成本（asymmetric information cost）反映了一些指令可能来自消息灵通的交易商的事实，这不利于通过扩大价差来保护自己的做市商。最后，存货持有成本（inventory-carrying cost）是指为了保持开放式头寸的成本，该成本随着更强的价格波动性、更高的利率持有成本和更低效的交易活动或周转而增加。

二、平仓费用

当对某资产的一个头寸进行平仓时，金融机构付出的费用为 $p/2=s\alpha/2$，其中 p 为卖出价与买入价的差额，s 为买卖价差比率，α 为头寸的货币价值（市场中间价），这反映了市场交易并非建立在中间市场价格上，而是买入交易以买入价格执行，卖出交易以卖出价格执行。

一种检验交易组合流动性的手段是计算在一定的时间段，在正常市场条件下，对交易组合进行平仓的费用。假定 s_i 为某金融机构持有的第 i 个产品的买入卖出价差比率，α_i 为相应头寸的货币价值，因此，

$$\text{平仓费用(正常市场条件下)}=\sum_{i=1}^{n}\frac{1}{2}s_i\alpha_i \tag{7-2}$$

式中，n 为头寸的总数量。注意，虽然产品的多元化会减少市场风险，但多元化并不一定会自动降低交易流动性风险。如前所述，随着第 i 个头寸的增大，s_i 会有所增大。持有许多小的头寸而不是一个大的头寸会降低流动性风险，设定关于头寸的额度（position limit）是减小交易流动性风险的一种手段。

另外一种检验流动性的方法是计算在一定时间区间内，在受压市场条件下的平仓费用。定义 μ_i 和 σ_i 为买入卖出价差比率的均值和标准差，因此，

$$\text{平仓费用(受压市场)}=\sum_{i=1}^{n}\frac{1}{2}(\mu_i+\lambda\sigma_i)\alpha_i \tag{7-3}$$

参数 λ 定义了价差的置信区间。例如，如果我们想求得在“99%的最差情形”下，即买入卖出价差只有在1%的情形下被超出的情况下的平仓费用，假定价差服从正态分布，那么对于所有的 i，$\lambda=2.326$。

三、调整流动性 *VaR*

有流动性调整的 VaR（La_VaR）实质上度量的是由流动性风险因子和市场风险因子构成的集成风险，而给予流动性风险因子和市场风险因子的集成风险因子 I 可以表示为

$$I=M+L \tag{7-4}$$

式中，M 为市场风险因子，L 为流动性风险因子。通过考察传统的 VaR 定义不难看出，

一定置信水平下的最大可能损失（VaR），事实上既应包含由中间价格波动所导致的可能损失，也应包括流动性风险所带来的可能损失。所以，从定义上来看，运用传统的 VaR 方法对集成风险因子 I 进行度量并不存在障碍，所得到的计量值为 La_VaR，即有

$$La\_VaR = VaR(I) = VaR(M+L) \tag{7-5}$$

假设 M 和 L 完全正相关，即

$$La\_VaR = VaR(I) = VaR(M) + VaR(L) \tag{7-6}$$

式中，$VaR(L)$ 表示流动性风险的度量值。对于外生流动性风险的度量，目前普遍采用此式计算。对内生流动性风险的度量也是如此，只是不像度量外生流动性风险那么容易观察。

由于买卖价差可分为固定和非固定两种情况，所以这里又把基于买卖价差的外生性 La_VaR 法按照买卖价差分为固定和非固定两种情况来讨论。

1. 基于买卖价差固定时的 La_VaR 法

如果买卖价差（设为 s）是固定的，采用公式（7－6）在传统的风险价值上增加一项便可以简单地得到外生性 La_VaR 为

$$L\_VaR_k = VaR(I) = VaR(M) + VaR(L) = W\alpha\sigma + \frac{1}{2}Ws \tag{7-7}$$

式中，W 为初始资本或组合价值；σ 为盯市价格的波动率；s 为买卖价差；α 为一定置信水平下的分位数。

例如，如果我们用 1 000 万美元投资于一只股票，该股票的日波动率 $\sigma=1\%$，价差 $s=0.25\%$，再假设 95%的置信水平所对应的分位数为 1.645，那么在 95%的置信水平下的日 La_VaR 为

$$La\_VaR = (1\,000\times1.645\times0.01) + 1/2\times(1\,000\times0.002\,5) = 17.7(\text{万美元})$$

此时，流动性风险占总风险的比重为 7%，是对传统 VaR 值的修正。

这种调整可对投资组合的全部资产重复进行，从而可得到一系列修正值，总修正值为 $\frac{1}{2}\sum_i[\omega_i]s_i$。显然，总修正值将随着资产数量的增加而增加，但与之相反，传统的 VaR 值往往会因为存在资产分散化效应而出现随着资产数量的增加而减小的情况。可见，随着组合中资产数量的增加，流动性风险占总风险的比重将越来越大。因此，总修正值对于大型资产组合而言尤为重要。

2. 买卖价差不固定时的 La_VaR 法

在现实市场中，买卖价差一般并不固定，相反还具有随机波动的特性。此时，只有在准确估计中间价格的波动以及价差波动的基础上，才能计算出更加真实的市场风险值。下面将详细介绍该情形下 La_VaR 的计算。

定义 t 时间的资产价格的对数收益率 r_t 为

$$r_t = \ln(P_t) - \ln(P_{t-1}) = \ln(P_t/P_{t-1}) \tag{7-8}$$

式中，P_t 为 t 时刻的市场中间价。那么，考虑了流动性风险后的 VaR 值计算公式为

$$La\_VaR = P_t\{1-\exp[E(r_t)-\alpha\theta\sigma_t]\}+\frac{1}{2}[P_t(\bar{S}+\gamma\bar{\sigma})] \quad (7-9)$$

式中，公式右边前半部分测度的是市场风险；后半部分测度的是流动性风险。式中$E(r)$、σ_t为资产回报的两个参数，分别表示对数收益率r_t的均值和方差。α是一定置信水平下的分位数。θ为一个调整参数，即有$\theta=1+\phi\ln(k/3)$，表示对数收益率分布与正态分布偏离的程度；这里ϕ由尾部概率决定，如取1%；k是对数收益率分布的峰度：若是正态分布，k等于3，此时θ等于1；若$k>3$，则$\theta>1$，表明存在厚尾现象。$\bar{S}$、$\bar{\sigma}$分别表示买卖价差的均值和标准差。γ是一定置信水平下买卖价差实际分布的分位数，γ值取决于具体的买卖价差的统计分布特征。

假设对数收益率服从正态分布，买卖价差具有不确定性，则再次运用公式（7-6）可得出一定置信水平下由流动性调整的VaR为

$$L\_VaR = VaR(I) = VaR(M)+VaR(L) = W\alpha\sigma+\frac{1}{2}W(\bar{S}+\alpha\sigma) \quad (7-10)$$

与传统的VaR相比，La_VaR因为考虑了外生市场流动性风险的影响，对总市场风险的度量将更加客观合理，但La_VaR法并非完全令人满意：首先，该法只考虑了外生的流动性风险，也就是交易成本中的买卖价差部分，而忽略了资产的交易数量对流动性的影响。这可能仅适用于一个小型的投资组合，但一般不适用于变现头寸非常大的投资组合。其次，该法在传统VaR方法的基础上直接加上流动性调整项即得到La_VaR，这意味着中间价格的波动与买卖价差的波动完全正相关且同步，但在通常情况下这很难与实际相符，只有在极端市场条件下才有可能出现。

7.4.2 融资流动性风险度量

本节将详细介绍以定量为主的一些重要的筹资流动性风险度量方法，主要包括指标体系分析法、缺口分析法、期限结构分析法、现金流量分析法以及基于VaR的流动性风险价值法。

一、指标体系分析法

指标体系分析法是指通过构建基于财务数据的指标体系度量金融机构流动性状况的方法，主要包括流动性指数法（liquidity index ratio）、存款集中度法（loan concentration ratio）和财务比率指标法（financial ratio）三类。

1. 流动性指数法

流动性指数法是由美国联邦储备银行提出的，主要用以度量银行在特定状况下所面临的风险损失，即与正常的市场状况相比，银行必须立即出售资产时所承担的价格损失。在正常的市场状况下，银行可以经过较长时间的搜索和协商过程，以公平的市场价格出售资产，而在必须即时出售资产的情形下，银行可能不得不以低于公平市场价格的价格出售。设即时出售资产的价格与公平的市场价格依次为P_i和P_i^*，于是流动性指数的计算公式可以表示为

$$I=\sum\omega_i^*(P_i/P_i^*) \quad (7-11)$$

式中，ω_i^* 为每项资产在金融机构资产总额中所占的比重。一般情况下有 $P_i \leqslant P_i^*$，所以流动性指数通常处于0至1之间。显然，流动性指数越小，表明即时出售资产的价格与公平的市场价格之间的差距就越大，银行资产的流动性也就越缺乏。为更好地分析流动性指数的合理性，可对同类型银行的流动性指数进行横向比较。

【例7-1】 假定银行有两种资产：占比50%的一个月期国债和占比50%的房地产贷款。如果银行必须在今天出售国债，则只能以90元的价格售出面值为100元的国债，而如果在到期日出售，银行将收回面值100元；如果银行必须在今天出售房地产贷款，则只能从每100元中收回85元，而如果在一个月后出售该贷款，它将收回95元。于是，该银行资产组合一个月的流动性指数为

$$I=0.5\times(90/100)+0.5\times(85/95)=0.90$$

2. 存款集中度法

存款集中度法主要度量银行所面临的提前支取的风险，可以反映银行对大额存款的依赖程度。存款集中度的计算公式为

$$L=\sum_{i=1}^{n} E_i\omega_i \tag{7-12}$$

式中，E_i 表示存款规模等级 i 的存款份额；ω_i 表示存款规模等级 i 的权重。存款集中度的值越大，说明存款集中度越高，即潜在的存款提前支取的风险就越大，从而银行所面临的筹资流动性风险也越大。

3. 财务比率指标法

财务比率指标法是指根据会计报表的有关数据计算出的流动性指标来度量银行流动性状况的方法。在实践中，通过将流动性指标与银行自身该指标的历史水平以及行业平均水平相对照，可以分析金融机构的流动性状况。度量银行流动性状况的指标主要有两大类：资产流动性指标和负债流动性指标。

(1) 资产流动性指标。

现金状况比率。现金状况比率是商业银行的现金项目与总资产的比率，即

$$\text{现金状况比率}=\frac{\text{现金项目}}{\text{总资产}} \tag{7-13}$$

现金项目包括法定准备金、超额准备金、应收现金、同业存放和托收资金。现金项目虽然盈利性很低，但是银行资产流动性的重要保证。现金状况比率越高，意味着银行可动用的付现资产比率越高，流动性状况就越好。

(2) 流动性证券比率。流动性证券比率是指银行持有的1年以内的政府债券（包括政府机构债券）与总资产的比率，即

$$\text{流动性证券比率}=\frac{\text{政府债券总额}}{\text{总资产}} \tag{7-14}$$

1年以内的政府债券是信誉高、期限短、流动性强的资产，可以在任何时候以最小的交易成本出售。该比率越高，表明银行的流动性越强，当银行出现流动性缺口时，可随时出售短期政府债券以弥补流动性缺口。

（3）净同业拆借比率。净同业拆借比率是指商业银行同业之间资金拆出和资金借入净额与资产总额之间的比率，即

$$净同业拆借比率=\frac{资金同业拆出-资金同业拆入}{资产总额} \tag{7-15}$$

同业之间的资金拆借是商业银行调节现金头寸的重要渠道。该比率越高，表明银行的资金越充裕，资金流动性越强。

（4）能力比率。能力比率指净贷款和租赁资产与总资产的比率，即

$$能力比率=\frac{净贷款+租赁资产}{总资产} \tag{7-16}$$

净贷款和租赁资产是银行获利的主要资产，流动性一般比较低。能力比率是流动性的反向指标，该指标越高，表明银行的流动性越差。

（5）抵押证券比率。抵押证券比率是银行持有的抵押证券与证券总额的比率，即

$$抵押证券比率=\frac{抵押证券}{证券总额} \tag{7-17}$$

抵押证券是银行借款时用作抵押品的证券。如在回购协议借款和向中央银行借款时，往往需要以证券作抵押。抵押证券在债务偿还之前是不能出售的，因此，作为抵押的证券应该从流动性资产中剔除。该比率越高，说明能够满足银行流动性需求的证券比率越小，银行证券资产的流动性越差。

4. 负债流动性指标

（1）货币资产负债比率。货币资产负债比率是指银行的货币市场资产与货币市场负债的比率，即

$$货币资产负债比率=\frac{货币市场资产}{货币市场负债} \tag{7-18}$$

其中，货币市场资产是指银行流动性极强的短期资产，包括现金、短期政府债券、中央银行超额准备金拆出、央行短期票据及逆回购协议等。货币市场负债是银行流动性极强的负债，包括大额存单、中央银行超额准备金头寸的拆入及回购协议借款等。该指标可以反映银行平衡货币市场资金头寸的能力，指标值越大，表明银行资产的流动性越高。

（2）短期资产比率。短期资产比率是指银行的短期资产与敏感性负债的比率，即

$$短期资产比率=\frac{短期资产}{敏感性负债} \tag{7-19}$$

其中，短期资产是指短期内能够迅速变现的资产，主要包括在其他银行的短期存款、中央银行超额准备金的拆出和银行持有的短期证券。敏感性负债是指对利率变化反应敏感的负债，主要包括大额存款、外国官方存款、回购协议中的证券出售、政府的即期票据和其他票据等。这些负债对市场利率变化的敏感性很强，很容易从银行中流出。该比率越高，表明银行的流动性越强。

（3）经纪人存款比率。经纪人存款比率是指经纪人存款与存款总额的比率，即

$$\text{经纪人存款比率}=\frac{\text{经纪人存款}}{\text{存款总额}} \tag{7-20}$$

其中，经纪人存款是指证券经纪人代客户存入银行的资金，其特点是数额大、期限短，并以获取高利息收入为目的，因此对利率变化的敏感性很强。该比率越高，银行陷入流动性危机的可能性越大。

（4）核心存款比率。核心存款比率是指核心存款与总资产的比率，即

$$\text{核心存款比率}=\frac{\text{核心存款}}{\text{总资产}} \tag{7-21}$$

其中，核心存款是商业银行存款中最稳定的部分，其特点在于对利率敏感性不强，且不随经济条件和周期性因素的变化而变化。由于核心存款到期前被提取的可能性很小，所以该比率越高，表明银行的流动性压力越小。

（5）存款结构比率。存款结构比率是指银行活期存款与定期存款的比率，即

$$\text{存款结构比率}=\frac{\text{活期存款}}{\text{定期存款}} \tag{7-22}$$

该比率用来度量银行资金基础的稳定性。该比率上升，意味着银行存款的稳定性减弱，流动性需求增加。

上述三类方法的基本思想都是根据某特定的指标来分析流动性状况。其最大的优点是计算简便、较为直观。需注意的是，上述指标易受季节性和周期性因素的影响。在经济繁荣时，由于贷款需求增加，流动性指标往往是下降的，而在经济衰退时，流动性指标又会上升。因此，整个行业的流动性指标并不稳定。一家金融机构在运用流动性指标时，应与同类机构（包括同等规模、同等地位、同一运作环境）进行比较，以合理分析流动性指标变化的原因。此外，前面得到的流动性指标与流动性的关系，是在某些条件相同的情况下得出的。如果一些条件发生变化，仅仅根据单一指标判断银行的流动性状况容易产生很大的偏差。在实际应用中，往往需要通过综合分析各种指标来判断银行的流动性状况。

二、缺口分析法

所谓缺口分析法是指通过分析资产负债之间的差额来评估流动性大小的方法，该法主要有两类：一是流动性缺口分析法；二是净资产缺口分析法。

1. 流动性缺口分析法

流动性缺口管理的基础是对未来的资金供给量（例如存款等）与资金需求量（例如贷款需求量）做出及时准确的预测，从而可以从容地安排资金，以满足银行潜在的流动性需求。所谓流动性缺口是指在未来某预测期中预计的资金需求量与预计的资金供给量之间的差额。若流动性缺口为正，表明银行在预测期的流动性不足，需要增加资金来源，而且差额越大，流动性不足就越严重。若流动性缺口为负，表明银行在预测期的资金过剩，即出现流动性过于充分的情况。

流动性缺口主要受资金需求与资金供给的基本趋势以及季节性、周期性、随机性等因素的影响，所以对流动性缺口的预测可以从上述因素入手进行考察。通常情况下，出现流动性缺口的情形主要有两种：一是资金需求量与资金供给量之间的不匹配；二是资金需求

量与资金供给量的不断变化。为更加有效地反映资金需求量与资金供给量的变化对流动性的影响，又进一步提出了边际流动性缺口的概念。所谓的边际流动性缺口是指未来某预测期内预计的资金需求量与资金供给量的变化值之间的差额。边际流动性缺口为正，表明，银行在某预测期内资金需求量变动的代数值大于资金供给量变动的代数值；反之亦然。例如，当资金需求量与资金供给量在不断减少时，正的边际缺口表明资金需求量减少的幅度小于资金供给量减少的幅度，此时资金需求量与资金供给量的变化会降低银行在未来的流动性；而负的边际缺口所反映的状况则正好相反。

流动性缺口分析法也存在明显的不足：该方法将资金需求量与资金供给量进行简单的相减，忽略了不同的资金来源渠道和不同的资金运用方式之间的流动性差异。针对上述不足，人们提出了一种修正的流动性缺口分析法——加权流动性缺口分析法，即采用一个流动性排序程序对资金来源和运用按其流动性程度进行加权，然后计算加权流动性缺口。具体操作步骤如下：

首先，把资金来源按照稳定性程度进行排序，资金运用也按同样方式排序，如表 7-2 所示。

表 7-2　　资金来源表

公开市场业务	直接融资	非传统方式	核心存款	资本市场资金
不稳定←→稳定				
经纪人或交易商（可转让 CD）	批发性融资（如大额 CD 回购和联邦基金等）	定期性融资（如 5 年期 CD）	DDA MMA 储蓄存单	普通权益 优先权益 长期票据 长期债券

资料来源：张金清. 金融风险管理. 上海：复旦大学出版社，2013.

然后，给每一个稳定性级别打分。打分标准为：根据稳定性程度对每个稳定性级别赋予相应的正的分值，而且稳定性程度越高，得分越高。该标准同时适用于流动性提供和流动性运用双方。例如，根据表 7-2，可以从流动性提供的角度对公开市场业务到资本市场资金的五个稳定性级别依次打分为＋1，＋2，＋3，＋4，＋5；同样，也可以从流动性运用的角度对公开市场业务到资本市场资金的五个稳定性级别依次打分为＋1，＋2，＋3，＋4，＋5。

最后，对流动性的提供和使用两方分别以所得分数为权重进行加总后即可得到流动性提供方和使用方的加权值，或依次称为资金供给加权值和资金需求加权值。将资金需求加权值减去资金供给加权值即为加权流动性缺口。

2. 净资产缺口分析法

所谓的净资产缺口是指银行流动性资产和不稳定负债的差额。计算净资产缺口的方法称为净资产缺口分析方法。采用该法时，银行首先将其资产负债表两边的项目按照流动性状况重新进行划分：在资产负债表的左边，资产被分为流动性和非流动性两类；在资产负债表的右边，负债被分为不稳定性和稳定性两类。如果流动性资产大于不稳定性负债，净资产缺口为正，否则为负。通过正负流动性缺口的估计，可以大致了解目前是否有足够的流动性资产能够为即将到期的负债项目提供资金来源。

缺口分析法主要用于分析由于资产负债的规模不匹配所引致的筹资流动性风险，但无法很好地考察资产负债的期限不匹配所带来的流动性风险。这恰好是下文要介绍的期限结构分析法要解决的问题。

三、期限结构分析法

众所周知，对于负债，银行必须无条件地按期偿付；对于资产，银行只能在资产到期以后才依法收回，因此，商业银行的资产和负债确实存在期限结构的匹配问题，在银行经营中必须将两者的期限搭配合理。一般来讲，银行资金来源的期限结构在一定程度上制约着资金运用的期限结构，即短期负债主要与短期资产搭配，长期负债主要与长期资产搭配。这就是所谓的偿还期对称原理。当商业银行资产和负债期限不能很好地匹配，或者说短期负债过度用于长期资产投资时，就容易导致资金周转不灵，不能及时偿付到期的负债，从而产生流动性风险。相反，如果资产负债的期限结构匹配得比较好，流动性风险发生的可能性就较小。资产负债管理应该尽量使资产收入现金流的时间和数额与负债支出现金流的时间和数额相匹配。用以考察资产与负债的期限结构匹配问题的方法就是所谓的期限结构分析法。该法主要包含久期缺口（duration gap analysis）和到期日结构法（maturity structure）。

1. 久期缺口

一个资产组合的久期等于各单个资产久期的加权平均，其中权重是各单个资产的市场价值占资产组合总市场价值的比重。例如，一个资产组合由数量分别为 x_1，x_2，…，x_n 的 n 种资产组成，该组合的久期分别为 D_1，D_2，…，D_n。则这个资产组合的久期为

$$D_p = \sum_{i=1}^{n}\left[\frac{x_i}{\sum_{i=1}^{n} x_i} D_i\right] \tag{7-23}$$

可以利用久期公式（7-23）来分析商业银行资产和负债的结构是否合理。如果金融机构的资产和负债在一定时期内的平均久期比较接近，则表明该时期的流动性状况较好，反之则较差。

不妨假设某商业银行的资产共有 s 种，数量分别为 x_1，x_2，…，x_s；负债共有 t 种，数量分别为 y_1，y_2，…，y_t。根据公式（7-23）可以分别计算出资产组合和负债组合的久期，依次记为 D_a，D_l。令 $\Delta = D_a - D_l$，于是可得到如下结论：

（1）当 $\Delta > 0$ 时，说明在这一时期内，资产的平均到期期限大于负债的平均到期期限。此时，如果主动性负债同时遇到困难，银行就容易面临支付困难，进而产生流动性风险。

（2）当 $\Delta < 0$ 时，说明在这一时期内，资产的平均到期期限小于负债的平均到期期限，表明银行的流动性状况较好。

2. 资产负债到期日结构法

资产负债到期日结构法主要通过比较在不同时段内到期的资产和负债额，以确定缺口的大小，即每个时段内资金来源不足的程度或者资产过剩的程度。

结构性缺口的计算公式为

$$\text{结构性缺口} = \text{资产} - \text{负债} \tag{7-24}$$

当资产大于负债，即流动性缺口为正值时，说明到期资产总额大于到期负债总额，出现资金盈余，这时不会产生流动性风险；当资产小于负债，即流动性缺口为负值时，说明到期资产总额小于到期负债总额，出现资金紧缺，此时流动性风险增大。银行面临无法从金融市场获得资金以及为满足资金必须承担比正常情况更高的成本的风险。为了经营的稳健性，巴塞尔银行监管委员会要求银行在计算其到期资产额时，要充分考虑到资产的市场风险及变现成本风险。

该方法主要用于未来流动性分析，操作相对复杂，对数据的要求较高。在估算流动性缺口时，银行需要预测未来各个时段内的新增贷款量、新增存款量以及到期的资产和负债等关键变量。实际操作中，我们一般通过资产负债表的到期结构表格，清晰地列明未来各个时段内到期的资产和负债，计算出每个时间段的流动性缺口大小。对于即期和一周以内的差额，银行要给予必要的关注，因为这是银行最缺乏控制力的时段。

四、现金流量分析法

现金流量分析法通过考察实际和潜在的现金流量来评估金融机构的流动性大小。该方法不仅阐述了现金流量的概念，还特别强调了所谓“实际和潜在的现金流量”的概念。“实际现金流量”仅指那些按合同规定发生的现金流量，例如即将到期的资产（现金流入）和即将到期的负债（现金流出）。在实际业务中，还存在大量潜在的现金流量，例如，一部分即将到期的资产和负债可能被展期，机构可能会出售部分资产等，因此机构的大多数现金流量为潜在的现金流量。表 7－3 大致反映了一家金融机构实际和潜在的现金流量。通过分析实际和潜在的现金流量，可以评估银行的流动性大小，并找到流动性风险的来源，以进行有效管理。

表 7－3　　　　现金流量表

现金流入量	现金流出量
实际的现金流量	
即将到期资产	即将到期的批发性负债及固定的贷款承诺
尚未到期资产产生的利息	尚未到期负债支付的利息 零售存款的季节性变动
潜在的现金流量	
可变现的未到期资产	无固定期限的零售存款
已经建立的信贷额度	不固定的贷款承诺和其他表外活动

资料来源：张金清．金融风险管理．上海：复旦大学出版社，2013．

时间数列预测法是常用的计算潜在现金流的方法，该法又可以分为平均数预测法与趋势移动平均法。

1．平均数预测法

平均数预测法又分为算术平均法和加权平均法。

（1）算术平均法。

$$\bar{x}=\frac{x_1+x_2+\cdots+x_n}{n} \tag{7-25}$$

式中，$\bar{x}$ 为算术平均数；x_n 为变量值；n 为项数。

(2) 加权平均法，设变量值为 x_1，x_2，…，x_n，对应的权数为 m_1，m_2，…，m_n，则加权平均数 x 的测算公式为

$$x=\frac{m_1x_1+m_2x_2+\cdots+m_nx_n}{m_1+m_2+\cdots+m_n} \tag{7-26}$$

2. 趋势移动平均法

采用与预测期相邻的几个数据的平均值作为预测值，随着预测值向前移动，相邻几个数据的平均值也向前移动。若考虑各个时期距预测期的时间因素，应对不同时期的数据赋予不同的权数。

无论是资产负债的规模不匹配还是期限不匹配，往往都集中体现为现金流量的不匹配。从这个角度看，现金流量分析法是一种比缺口分析法和期限结构分析法更一般的方法。当然，该方法在估计潜在现金流量时对数据的要求较高。

五、基于 *VaR* 的流动性风险价值法

基于 *VaR* 的流动性风险价值法，就是借助 *VaR* 方法，通过计算净现金流量的流动性风险值来评估流动性风险的方法。为计算净现金流量的 *La_VaR*，首先要给出计算现金流量的公式以及现金流未来变化的概率分布，最后得到一定显著性水平下的 *La_VaR*。一定显著性水平下的 *La_VaR* 表示在该显著性水平下流动性不足时的最大可能净现金流量或流动性过剩时的最小可能净现金流量。下面分别予以介绍。

1. 净现金流量与远期支付结构

假设仅考虑单种货币、一个支付系统、一个经济实体。记 d 为一笔交易，$CF(d,k)$ 为交易 d 在 k 日产生的实际现金流，有

$$CF(d,k)=CF_+(d,k)+CF_-(d,k) \tag{7-27}$$

其中，$CF_+(d,k)$ 为交易 d 在 k 日产生的现金流入，取正值；$CF_-(d,k)$ 为交易 d 在 k 日产生的现金流出，取负值；$CF(d,k)$ 就是交易 d 在 k 日产生的实际净现金流量，也就是此处拟要考察的对象。

净现金流量 $\{\text{cum}CF(d,1),\ \text{cum}CF(d,2),\ \cdots,\ \text{cum}CF(d,k)\}$，$\forall k\in\{1,2,\cdots,K\}$ 称为交易 d 的远期支付结构，其中 $\text{cum}CF(d,k)=\sum_{t=1}^{k}CF(d,t)$。根据定义，远期支付结构就是交易所产生的累计净现金流量。通过远期支付结构可以考察一定时间内一项交易、一个资产组合以及一个机构的偿付能力。

假设一个资产组合的交易集合为 $D=(d_1,d_2,\cdots,d_i,\cdots,d_n)$，$d_i$ 为构成资产组合的每一笔交易。把交易 d_i 在每一日 k 发生的现金流划分为正的现金流 $CF_+(d_i,k)$ 和负的现金流 $CF_-(d_i,k)$，其中 $i\in\{1,2,\cdots,n\}$。对于 k 日，将所有交易的现金流入相加，可得到资产组合的总现金流入：

$$CF_+(D_i,k)=\sum_i CF_+(d_i,k)=CF_+(d_1,k)+\cdots+CF_+(d_n,k) \tag{7-28}$$

同样，对于 k 日，将所有交易的现金流出相加，得到资产组合的总现金流出：

$$CF_{-}(D_i,k)=\sum_i CF_{-}(d_i,k)=CF_{-}(d_1,k)+\cdots+CF_{-}(d_n,k) \tag{7-29}$$

则 k 日资产组合的净现金流量为

$$CF(D_i,k)=CF_{+}(D,k)-CF_{-}(D,k),\forall k\in\{1,2,\cdots,K\} \tag{7-30}$$

同理，资产组合的远期支付结构可表示为

$$\mathrm{cum}CF(D,k)=\sum_{t=1}^{k}CF(D,t) \tag{7-31}$$

2. 对净现金流量未来变化分布的估计

目前，估计净现金流量未来变化分布的方法主要有两大类：一是概率模型，包括蒙特卡罗模拟模型和期限结构模型；二是行为模型，包括趋势模型、周期模型和关联模型等。

（1）蒙特卡罗模拟模型。

蒙特卡罗模拟模型可以对未来时刻不同情况下的净现金流量进行模拟。其基本思路是：给定某一变量（如利率、波动率）及其变化范围，对随机过程不断进行足够多的重复模拟之后，即可得到目标时刻净现金流量的概率分布。

要进行模拟，首先必须建立可以描述净现金流行为的随机模型。使用蒙特卡罗方法对净现金流量的概率分布进行模拟的过程基本类似于第 3 章中基于蒙特卡罗模拟的 VaR 计算方法，只不过在 VaR 计算中采用的是现值，而此处则应用现金流而已。其中随机模型需要符合一定的要求，包括能够描述金融工具的现金流特性、使用变量不能太多、能够描述新业务带来的现金流等。

运用蒙特卡罗模拟方法获知净现金流未来变化的概率分布后，就可以通过计算概率分布的均值得到预期现金流（ECL），同时可获得一定置信水平下净现金流量的最大可能值或最小可能值。

（2）对利率变量使用期限结构模型。

另一种常用的方法是计算余额与利率之间的相关性。当存款余额与短期利率有明显的相关关系时，就可以用短期利率作为变量建立简单的回归模型，也可以通过考察历史余额、时间趋势、利率变动等变量建立更复杂的回归模型。

建立了与短期利率相关的模型后，就可以用各种利率期限结构模型来计算存款余额对收益率的敏感性，再运用这些敏感性数据来计算活期存款的存续概率。

（3）行为模型。

行为模型是指通过分析历史时间序列来确定该序列的“行为”特征的方法，这些“行为”特征主要包括趋势、周期性、发生频率以及同其他时间序列的相关关系与自相关性。行为模型既可以用来考察一个没有到期日的资产或负债组合，例如活期存款就是一个很好的例子，其支付日和支付金额都是未知的，其与利率曲线的相关程度低；也可以用来直接考察历史的净现金流量，对其行为特征进行建模拟合，以预测未来。

3. 净现金流量的流动性风险值 La_VaR 的估计

由于预期现金流所能预测的只是某一日最可能发生的净现金流，但并没有估计在最坏的情况下的净现金流量，即流动性风险，另外，由于闲置的流动性资产收益率低于市场收益率，过多的现金头寸有可能导致损失，所以我们不仅应考虑流动性不足处于最坏情况下的风险，还要考虑流动性头寸过多所带来的机会成本。

与 VaR 的计算相似，当按照上述方法获得了净现金流 $CF(d, k)$ 的概率分布之后，就可以度量一定显著性水平下的 La_VaR。

对于给定的显著性水平 α 和 β，定义 l_k 和 h_k 如下：

（1）l_k 是使得 $CF(d, k)$ 小于 l_k 的概率为 α 的最大值，即

$$P\{CF(d,k)<l_k\}=\alpha \tag{7-32}$$

（2）h_k 是使得 $CF(d, k)$ 大于 h_k 的概率为 β 的最小值，即

$$P\{CF(d,k)<h_k\}=\beta \tag{7-33}$$

l_k 和 h_k 可以分别看作给定显著性水平 α 和 β 下净现金流 $CF(d, k)$ 在 k 日的最高和最低的净现金流量。l_k 通过现金流 $CF(d, k)$ 的左尾分布计算得到，反映了在给定的显著性水平 α 下在 k 日出现流动性不足的最大可能净现金流量；h_k 通过现金流 $CF(d, k)$ 的右尾分布计算得到，反映了在给定的显著性水平 β 下在 k 日出现流动性过剩的最小可能净现金流量。显然，在通常情况下公式 $l_k \leqslant h_k$ 成立。其中，显著性水平 α 和 β 的值一般由风险管理部门根据需要设定。

无论是单笔交易还是组合，l_k 和 h_k 都是从统计描述或从风险部门为某项产品所做的统计假设中推导出来的，因此构造合理的概率分布就成为解决该问题的关键和难点。需注意的是，目前对单笔交易的方法无法直接扩展到整个组合，即不能通过对组合各元素 $CF(d, k)$ 的 l_k 和 h_k 简单加总得到组合的 l_k 和 h_k。这是因为各交易之间有可能是相关的，而且不同交易之间的相关关系还没有达到可以忽略的程度。因此，在运用 l_k 和 h_k 估计组合的 l_k 和 h_k 时，应充分考虑所涉及的各交易之间的相关性水平。

下面就以单笔交易 d 为例，类似于 VaR 的计算，考察一定显著性水平下某交易在未来一定时间内的流动性风险值 La_VaR。假定考察从现在时刻起未来 1 天到 k 天的最高可能净现金流量和最低可能净现金流量，分别为

$$La\_VaR\_l_k = cuml_k = \sum_{t=1}^{k} l_t \tag{7-34}$$

$$La\_VaR\_h_k = cumh_k = \sum_{t=1}^{k} h_t \tag{7-35}$$

其中，$l_k \leqslant CF_{expect}(d, k) \leqslant h_k$，$CF_{expect}(d, k)$ 表示交易 d 在 k 日的预期现金流量，因此，$cuml_k \leqslant cumCF_{expect}(d, k) \leqslant cumh_k$，当 k 增加时，最低值和最高值两条曲线与累计预期现金流的差别越来越大，呈现出分散的趋势。由于 $cuml_k$ 和 $cumh_k$ 给出了所在区间的极端情况，但是极端情况一般不容易发生，因此，这种方法有可能夸大了流动性风险。为此，这里提出一种修正做法：假设只考虑第 k 日极端波动的影响，把 l_k 和 h_k 与累计净预期现金流量相加，所得结果与 $cumCF(d, k)$ 的值就不会相差太大，即

$$La\_VaR\_l_k = cuml_k = \sum_{t=1}^{k-1} CF(d,t) + l_k \tag{7-36}$$

$$La\_VaR\_h_k = cumh_k = \sum_{t=1}^{k-1} CF(d,t) + h_k \tag{7-37}$$

这种做法与前述的累计最高净现金流量 l_k 和最低净现金流量 h_k 的做法还是有明显区别的，该法剔除了众多极端事件的影响，不是一个过分保守的估计。当 k 增加时，最低值和最高值两条曲线基本上围绕着累计预期现金流曲线以一定幅度上下波动，表现比较稳定。可见，流动性风险价值法考虑到了一定置信水平下现金流量的最好和最坏情况，对于机构进行流动性风险管理更具有现实指导意义。

7.5 流动性风险管理

7.5.1 流动性风险管理策略与方法

一、资产流动性风险管理策略与方法

从资产负债表上来看，所有银行的资产基本可以分为四种：现金资产、证券资产、贷款及固定资产，其中固定资产通常只占很小的比重。资产的筹资流动性风险管理，就是将资金在前三类金融资产中进行合理分配，从而保持合理的流动性。

具体来说，资产管理策略就是通过提高资产的变现能力、“储存”流动性来满足银行的流动性需求。该策略所采取的主要措施是保留一定量的现金、超额准备金和大量持有信誉好、流动性强、易变现的债券或国库券。当银行流动性需求突然增加，超出银行正常资金备付时，可以通过出售部分国债来满足流动性需要。资产管理策略是比较传统但也是银行常用的一种流动性管理策略。该策略的最大优势在于，当银行遭遇到流动性压力时，可以通过资产变现迅速满足流动性需求，银行拥有较大的自主权。但是，持有的流动性过多，会降低银行资产的收益率，因此，银行在“储存”流动性时应当平衡资产的流动性与盈利性。资产流动性管理的核心和实质，就是使资产保持在最佳的状态。银行保持资产流动性的方法主要有三种。

1. 保持足够的准备资产

准备资产包括现金资产和短期有价证券两大部分。现金资产被称为第一准备或一级准备，具有十足的流动性。银行持有的短期有价证券被称为第二准备或二级准备，一般是指到期日在一年以内的债券，主要是一年以内的政府公债。一级准备加二级准备就是银行的总储备，银行的总储备减去法定准备金就是超额储备。一家商业银行应当准备的资产数量主要取决于两个因素：一是银行监管当局的有关规定；二是银行所面临的主客观环境。换句话说，一家商业银行所要保持的准备资产的多少，是这家银行在遵守银行监管当局有关规定的前提下，根据自己所面临的主客观环境进行决策的结果。这种决策是否正确取决于银行的经营管理水平以及银行经营管理者的素质。

2. 合理安排资产的期限组合，使之与负债相协调

银行资产的期限组合问题，实质上就是资产的结构问题。银行四种不同资产的流动性程度和期限亦不相同，比如贷款资产的流动性期限一般要比证券投资长，而固定资产的流动性期限一般要比贷款长，因此，在这四种不同的资产中，要注意保持合理的比例，使之与负债相协调，并在总体上尽量提高盈利资产变现的可能性。同时，合理安排资产的期限组合，不仅要注重各种不同资产彼此之间期限的比例关系与对应的负债相协调，而且

要注重在同一资产内期限上的最佳组合与相应的负债相协调。举例来说，贷款资产有5年以上的长期贷款，也有1年以下的短期贷款，还有1～5年期的中期贷款，由于贷款期限不同，其流动性程度明显不一，银行在发放贷款时，必须注重期限结构的合理性，使贷款的期限与存款的期限相吻合，不能搞“短存长贷”。

3. 通过多种形式增加资产流动性

对于一些原本流动性很差的资产，要通过多种形式增加其流动性。前述的保持足够的准备资产、合理安排资产的期限组合，属于传统方法，增加资产流动性是在金融创新条件下产生的新型方法。比如，一部分抵押贷款或应收信用卡账款可以通过证券化的形式在市场上出售，从而大大提高了这部分贷款资产的流动性。也就是说，资产的证券化使原来流动性很差的贷款具有了较强的流动性。

二、负债流动性风险管理策略与方法

按照资产管理策略的观点，负债的数量和结构是由客户决定的，所以流动性是一个资产管理的问题，资产结构的合理搭配是保持流动性的唯一手段。于是，对流动性的满足，无论是提款需求还是贷款需求，都只以既定负债为前提。金融机构所做的只是对资产的种类和规模进行安排、调整各类资产的比例结构，以使其与负债的数量和结构相适应。

金融机构（以商业银行为例）的负债管理方法主要有以下几种：

1. 开拓和保持较多的可以随时取得的主动性负债

开拓和保持较多的可以随时取得的主动性负债是银行负债流动性管理最基本和最主要的方法。这种方法实际上就是非存款负债管理方法，因而也是银行负债管理理论发展的实际基础和具体体现。广泛运用这种方法的四项业务包括：发行大额可转让定期存单、发行银行债券、同业拆借以及向中央银行借款。

2. 对传统的各类存款进行多形式的开发和创新

为了增强负债的流动性、盈利性和安全性，除了对非存款进行负债管理外，对传统的活期、定期等各项存款，也必须进行多形式的开发和创新。事实上，商业银行从20世纪60年代以来一直在努力实践着，不断进行存款账户创新。以美国为例，自1972年以来金融创新创造的存款账户多达8种，即可转让支付命令（NOW）、自动转账服务账户（ATS）、超级可转让支付命令账户（Super Now）、货币市场存款账户（MMDA）、个人退休金账户（IRAS）、股金汇票账户（SDA）、协定存款账户（NA）、定活两便存款账户（TDA）。这些开发和创新的存款账户，从总体上讲大大增加了负债流动性。

3. 开辟新的有利于流动性的存款服务

为了增加客户存款，增强负债流动性，商业银行应在存款服务上进行创新：加强柜台服务，主要是高效迅速地办理收存兑现、转账结算和提供咨询等，同时热情、友好地接待客户；加强外勤服务，存款外勤人员坚持定期不定期主动到企业和居民家中去争取存款，提供咨询、改善形象，与客户建立友谊；为顾客提供各种各样的服务，包括提供市场咨询服务、保险服务、投资服务、信用卡服务、银行支票服务、货币兑现服务等，以密切银行和客户的关系；代理企业向职工发放工资，代理企业及个人缴纳各种费用和代收业务；大力推广使用自助存取款机，为客户提供存取上的便利。

三、资产负债流动性风险管理与方法

上述两种流动性风险管理策略具有明显的片面性和不足。为此，银行开始采取资产负债综合管理的策略，即将资产与负债、资金的来源与使用等相关方面综合起来加以考虑、统筹安排。对于事前可以预测或控制的流动性需求，如正常客户提取存款、基本客户新增贷款等，银行可以通过适当安排资产结构、“储存”流动性来解决；对于一些突发性的流动性需求，如客户临时性大额贷款、提款要求，则通过主动负债的形式解决。现代的资产负债综合管理方法运用了许多新的管理分析手段。

1. 资金汇集法

资金汇集法的基本思想是：银行首先将各种负债（资金来源）汇集为一个资金池，再按照银行的业务需要在不同的资产之间进行分配，如图 7-2 所示。

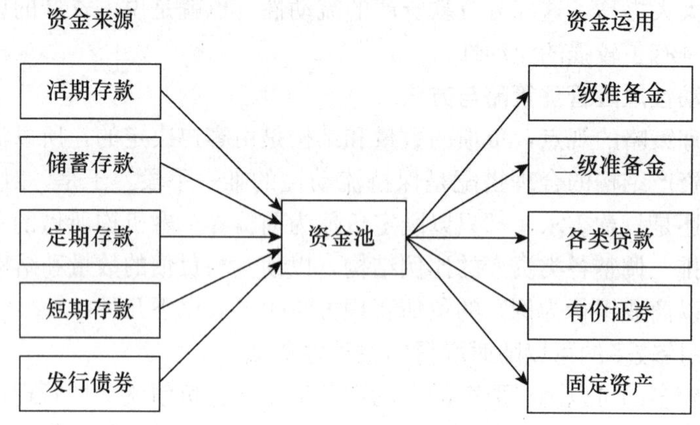

图 7-2　资金汇集法示意图

资料来源：刘园．金融风险管理．北京：首都经济贸易大学出版社，2008.

银行应确定盈利目标和流动性标准，然后按照盈利目标和流动性标准根据图 7-2 的顺序分配资金。第一级准备金是由库存现金、央行存款、同业存放和托收资金组成，第一级准备金是银行流动性的首要来源。第二级准备金是非现金性流动资产，主要包括各种短期的公开市场证券，如国库券、市政债券等。这部分资产不仅能够为银行提供较高的流动性，而且可以带来一定的收益，从而可以增强银行的盈利能力。第一级准备金和第二级准备金共同为银行提供了流动性，剩余资金可以用于投资中长期证券和固定资产。总之，资金在各部分的分配比重应视不同时间、地点、条件而定，同时还应考察各个银行自身的经营重点和经营方针。

资金汇集法重点强调的是资产管理，其缺陷在于忽略了负债方面的流动性，忽略了不同来源的资金具有不同的流动性和稳定性，没有在对资产和负债两方面进行分析的基础上去解决流动性问题。

2. 资金匹配法

资金匹配法是针对资金汇集法的不足而提出来的，该法认为金融机构的流动性状况与其资金来源密切相关。因此，资金匹配法要求银行按资金来源的不同性质确定资金在各项资产之间的分配，实际上是按照资金来源的稳定性进行分配。具体做法如图 7-3 所示：按照不同的资金来源，建立数个“流动性—盈利性中心”。每个中心根据自己资金的稳定性对各个资产项目确定相应的资金分配量。各项资金来源及运用与各个资金中心交叉对应，与之对应的资金分配量应根据盈利目标、流动性标准和资金的稳定性进行相应的配置。

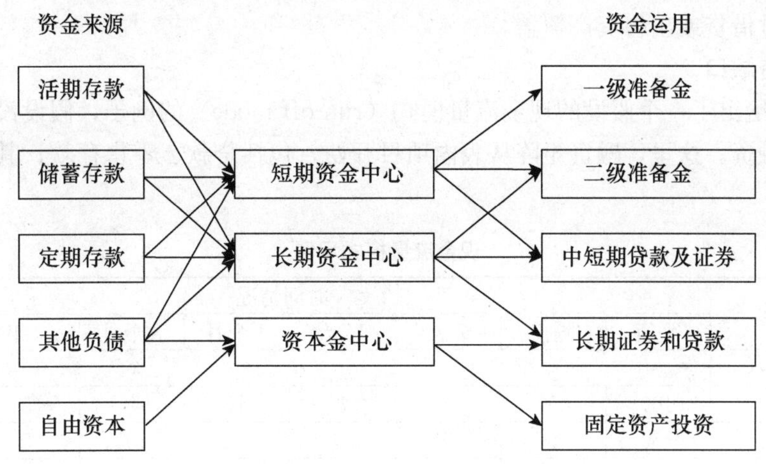

图 7-3 资金匹配法示意图

资料：刘园．金融风险管理．北京：首都经济贸易大学出版社，2008.

资金匹配法的主要优点在于从资产负债两方面统筹安排，从而减少了多余的流动性资产，增加了对贷款和证券投资的资金分配，提高了银行的盈利能力。

3. 线性规划法

线性规划法就是在一定的流动性条件下，采用运筹学和数学模型来确定各项资产的数量，使银行经营目标最大化。建立线性规划模型，首先要建立目标函数，即需要一个明确的最优化目标。对于银行经营而言，资产管理的目标一般是在一定的约束条件下，通过资产配置实现最大盈利。银行的资产负债综合管理涉及的约束条件主要有四类：(1) 金融监管法规的约束，主要是法定准备金率和资本充足率；(2) 流动性需求的约束；(3) 安全性的约束；(4) 贷款需求量的约束。于是根据目标函数和约束条件，就可以建立相应的线性规划模型，再利用线性规划模型的求解技术即可得到该模型的最优解。该最优解表示在既定约束条件下，为实现盈利最大化的目标，在各项资产之间所做的资金分配。通过上述资金配置过程，就可以实现流动性和盈利性的统一。

7.5.2 金融机构流动性风险管理的步骤

尽管没有单一的流动性风险度量，但是可以用一定范围的度量方法去评估资产流动性风险。流动性风险管理从经营流动性（operational liquidity）开始，它展示每日的支付序列，预测所有的现金流入和流出。然而这不是一件简单的事情。近年来，在设计支付和结算系统上的改进，例如实时总结算系统和用于净外汇支付的 CLS 银行（CLS Bank)，都为支付压缩了时间，尽管它们降低了信用风险和操作风险，但是它们也给流动性风险管理带来了更多障碍。

下一步是策略管理，它评估非担保融资的准入标准和投资性资产的流动性特征。这涉及了对资产流动性风险的评估。最后，这个信息需要和战略方面结合起来，从当前的资产和负债以及表外项目开始。这个信息可用来建立融资矩阵（funding matrix），它展示了不同期限的融资需求细节。任何融资缺口（funding gap）都应当由发起附加融资计划所覆盖，可以通过借贷或出售资产覆盖。

一、融资缺口

表 7－4 给出了一个假设的现金流量模式（run-off mode）的例子，假设没有新业务并且没有滚动融资。这里，融资矩阵从表内项目开始，包括贷款、零售存款、其他短期债务和长期债务。

表 7－4　　现金流量模式示例

	时间情况							
	平衡	隔夜	7天	14天	1个月	3个月	1年	累计
融资矩阵								
贷款	100	5	5	3	15	5	5	38
零售存款	－50	－5	－5	－5	－8	－5	－5	－33
短期债务	－30	－10	－5	－5	－5	－5	0	－30
长期债务	－30	0	0	0	－5	0	0	－5
合计：融资缺口		－10	－5	－7	－3	－5	0	－30
缺口闭合								
现金	5	5	0	0	0	0	0	5
无负担证券	20	10	8	2	0	0	0	20
合计		15	8	2	0	0	0	25
净融资缺口		5	3	－5	－3	－5	0	－5
累计		5	8	3	0	－5	－5	

资料来源：菲利普·乔瑞．金融风险管理师考试手册：第六版．北京：中国人民大学出版社，2012.

这些项目的现金流和期限既可以是固定的也可以是随机的。例如，固定利率债务的分期息票支付具有固定的现金流和期限；浮动贷款和债券项目的现金流是随机的但期限是固定的；可赎回债券或者具有灵活重置日期的贷款项目的期限是随机的但现金流是固定的；零售存款、承诺的信用业务和滚动贷款的现金流和期限都是随机的。

在表 7－4 中，初始资产负债表中含有贷款 100。该表展示了来自不同期限贷款的现金流。这些贷款的一部分会在下一年偿还。接下来是零售存款、短期和长期债务，它们用于预测在期限内的现金流出。注意到所有的短期债务预期在一年内偿还。加总起来就产生了一个时间的融资缺口。在本例中，一年的累计融资缺口为－30。

表中接下来的部分展示了缺口闭合（gap closure）项目。例如，现金可以用来即刻覆盖现金流出。没有抵押负担的证券可以作为解决资产流动性风险的工具随时出售。融资缺口和缺口闭合项目的总和产生了预期净融资缺口。正现金流的时期越长，银行越安全。在本例中，存活时期（survival period）是直到累计净融资缺口变为负值的时间，为 1 个月。

二、压力测试

进行风险管理是为了应对非预期损失。因此，金融机构应当评估现金流偏离预期路径和融资来源突然被切断的压力情景，应当考虑一个宽泛的情景范围，包括机构本身的特殊情况、国家的特殊情况和市场范围的特殊情况。

此外，在极端压力的情况下，融资流动性风险可能与资产流动性风险相互反作用，因为在这些情况下很难出售资产。由于声誉风险的自我修复特点，出现流动性问题的机构可能会低估其以合理价格出售资产的能力。

三、控制流动性风险

流动性风险可以通过不同的途径来控制，包括将融资放在更多、更平稳的渠道上，实现融资来源、地域和债务期限的分散化。同样，资产流动性风险可以通过设立特定市场或产品的限额和分散化来控制。融资缺口还与不同时间范围的限制有关。一些监管者设定了流动性资产的最低水平、期限错配的限制或依赖于某一特定融资来源的限制。

另一个控制流动性风险的工具是惩罚出现流动性问题的业务或金融工具。根据高级监管集团（2007）的报告，在危机中表现出色的机构都采纳了一个明确考虑流动性风险的公司范围系统。这些公司准确地检查各项业务以建立或有的流动性风险暴露来反映在较不利的市场环境中获得流动性的成本。表现出色的机构同时也具有对融资流动性、资本和其资产负债表的有效的管理系统。

四、应急计划

仔细观察流动性风险管理就会发现，流动性风险管理者大多数时候都在耗费时间与精力进行日常的融资、风险计量和控制，但是真正的危险来自那些低频率/高损失事件。这些低频率/高损失事件的集合就是流动性风险中的应急部分，应急流动性风险是所需现金量超过银行预期的未来可能风险，也就是没有足够资金应付突发的未预期短期债务的风险。

未预期债务可能来自现金流事件期限的非正常偏离，例如贷款未按合同约定偿还而导致延期，也可能来自贷款承诺的非预期使用或存款的非预期提取，同时银行还面临获取现金能力非预期下降的风险。图7-4列示了上述突发流动性风险的来源。

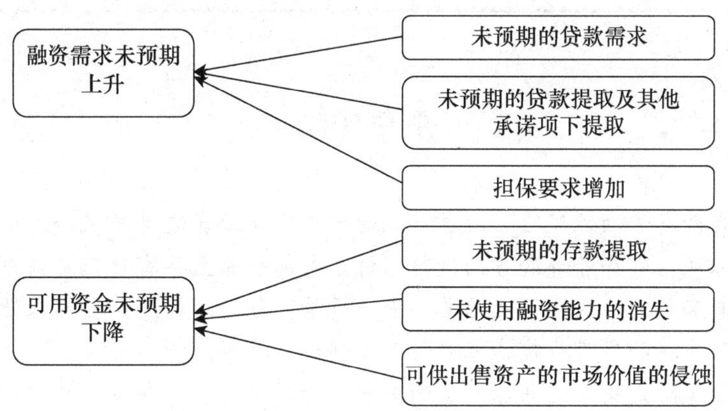

图7-4　突发流动性风险的来源

资料来源：伦纳德·麦茨，彼得·诺伊. 流动性风险计量与管理. 北京：中国金融出版社，2010.

应急计划（contingency funding plans，CFP）的目标是建立一个关于流动性压力情景的行动计划。在危机情况下，管理系统通常没有很多时间去做出反应，这就是预先建立好计划的有用之处。CFP应当定义触发事件、业务的明确责任，以及更换融资来源的计划。它也应当考虑声誉效应对执行融资计划的影响。

一般地，对公众公开流动性风险管理系统可以帮助投资者确定机构已经开发了应对流动性危机的系统。具有流动性管理系统的银行不太可能会使资金提供者失去信心，更容易摆脱流动性危机。下面的案例来自德意志银行公开的流动性风险管理系统。

案例 7-1

德意志银行（DB）是一家著名的德国商业银行。在 2007 年 12 月，它拥有 20 200 亿欧元的资产和 3 290 亿欧元的风险加权资产。它的股本为 370 亿欧元，一级资本充足率为 8.6%。德意志银行的流动性风险管理方法开始于当日层级，对当天的现金流变动及中央银行的结算进行预测。接着是应对未担保融资来源和其资产流动性特征的策略流动性风险管理。比如，该银行 25%的未担保融资来自零售存款、20%来自资本市场。对于资产流动性项目，该银行给不同资产分配不同的流动性价值，它同时还持有 250 亿欧元的高度流动性证券投资组合来抵御短期的流动性挤压。最后，在战略方面，将所有表内资产和负债的期限情况及它们的保险战略结合起来。

该银行采用了压力测试和情景模拟来分析评估其流动性头寸受到突然压力事件的冲击影响。假设的事件包括外部冲击事件，如市场风险事件、新兴市场危机和系统性风险，以及内部冲击事件，如操作风险事件、评级下调（比如从 AA 下调至 AA—）。在每一种情况下，该银行都假设所有客户的到期贷款届时均需要滚动展期并需要融资，而债务滚动会导致融资缺口。然后该银行会对净短缺融资的平衡进行建模，包括出售资产和从未担保融资转向担保融资。

资料来源：德意志银行的公开材料，包括 Philippe Jorion. *Financial Risk Manager Handbook*. Sixth Edition. John Wiley&Sons，Inc.

本章小结

市场上存在两类流动性风险，即资产流动性风险和融资流动性风险。金融机构的流动性风险来源可以从内部和外部两方面进行探讨。内部来源主要有资产负债结构的影响、决策者的经营思想和行为、金融企业信誉、资产质量、负债结构等；外部来源有中央银行政策的影响、金融市场的发育程度、客户信用和利率变动等。

资产流动性风险是关于交易账户上的头寸平仓的难易度。在某一特定时刻，一个资产的流动性风险可以以买入和卖出价差比率来测定，一个头寸的平仓费用与资产价格的比等于买入卖出价差比率的一半。金融机构应监测，在正常即受压市场下，平仓全部交易账户资产的费用。在度量资产流动性风险时，我们用到了流动性调整的 La_VaR 计算方法。与传统的 VaR 相比，La_VaR 因为考虑了外生市场流动性风险的影响，所以对总市场风险的度量将更加客观合理，但 La_VaR 法并非完全令人满意。首先，该法只考虑了外生的流动性风险，也就是交易成本中的买卖价差部分，而忽略了资产的交易数量对流动性的影响。

融资流动性风险与金融机构在有需求时是否可以获得足够的资金有关。金融机构要在正常和受压市场条件下，对现金需求进行预测，并保证对持有的现金可以满足要求有相当大的把握，金融机构对现金的需求与存款人提取资金、贷款人使用信用额度的多少、金融机构的担保承诺、交易对手违约等因素有关。定量测量融资流动性风险的主要方法有指标体系分析法、缺口分析法、期限结构分析法、现金流量分析法以及基于 VaR 的流动性风险价值法。

银行单靠对资产进行管理或者单靠对负债进行管理都难以达到资产的安全性、流动性和盈利性三者的均衡。银行需要对资产和负债两方面的业务进行全方位、多层次的管理，保证资产负债管理结构调整的及时性、灵活性，并最终保证其资产流动性的供给能力。

不应该将应急计划的编制和维护作为偶尔的例行公事，为最坏情况做打算是避免或减少最坏情况的好方法。良好的应急计划编制提供了必要的结构、工具、信息及反应的综合机制，一个良好的计划本身也可以通过提高危机中的生存能力来减少流动性风险。

关键术语

资产流动性风险　融资流动性风险　标准市场规模　买卖价差　平仓费用　流动性调整 VaR 法　缺口分析法　期限结构分析法　久期缺口　资金汇集法　资金匹配法　融资缺口　压力测试　应急计划

思考题

1. 下列关于流动性风险的说法哪一项是正确的?

（1）当金融机构无法履行支付义务时会产生资产流动性风险。

（2）安全投资转移通常反映在公司债券和政府债券收益率价差的缩小上。

（3）热门证券和非热门证券之间的收益率价差主要反映了流动性溢价，并不反映市场和信用风险。

（4）融资流动性风险可以通过设定资产限额以及分散化投资的方式进行管理。

2. 下列关于流动性较强的资产和流动性较差的资产（其他条件一样）的说法哪一项是错误的?

（1）大量交易流动性资产而不对价格产生影响是可能的。

（2）流动性较强资产的买卖价差很小。

（3）流动性较强资产的价格波动率很大，因为它们交易频繁。

（4）流动性较强资产的交易量很大。

3. 在市场崩溃情景中下列哪个说法是正确的?

Ⅰ. 通过卖空国债和期货进行对冲的固定收益投资组合比用利率互换对冲的具有相同久期的固定收益投资组合损失得少。

Ⅱ. 买卖价差由于缺乏流动性而变大。

Ⅲ. 非热门债券和基准债券之间的价差变大。

（1）Ⅰ、Ⅱ和Ⅲ。

(2) Ⅱ和Ⅲ。

(3) Ⅰ和Ⅲ。

(4) 以上均不对。

4. 要求回顾一个市场流动性风险如何被金融系统的冲击所影响的备忘录。下列在备忘录中的观测哪一个是错误的？

(1) 在实际市场压力时期，市场流动性通常在流动性最强的市场增加，产生一个自我修正循环并最终除去资产价格下跌的压力。

(2) 市场流动性的消失是一个确定金融困境是否变为以及以何种速度变为产生潜在系统性冲击威胁的金融震荡的重要因素。

(3) 市场冲击可能不会立即以盯市的投资组合价反映非流动性资产组合。因此，市场冲击可能对金融机构具有滞后效应。

(4) 市场冲击对特殊资产流动性的冲击依赖于拥有这项资产的投资者的特征。

5. 以下哪些是预警潜在流动性问题的指标？

Ⅰ. 快速的资产增长率，特别是购买具有潜在波动性的负债。

Ⅱ. 资产或负债的集中增长。

Ⅲ. 负债平均加权久期的增加。

Ⅳ. 头寸符合或违反内部或监管限制的频率下降。

Ⅴ. 债务或信用违约互换价差缩小。

Ⅵ. 交易对手需要提高信用风险暴露的保证金。

Ⅶ. 到期前 CD 的赎回增加。

(1) Ⅰ、Ⅱ、Ⅵ和Ⅶ。

(2) Ⅰ、Ⅲ、Ⅴ和Ⅵ。

(3) Ⅱ、Ⅳ、Ⅴ和Ⅶ。

(4) Ⅰ、Ⅴ、Ⅵ和Ⅶ。

6. 假如你持有 100 股 Wheelbarrow 公司的股票，当前价格为 50 美元。股票每日收益率的均值和波动率分别为 1%和 2%。*VaR* 需要相对初始价值进行度量。股票的买卖价差随时间变化。每日价差的均值和波动率分别为 0.5%和 1%。收益率和价差都服从正态分布。计算在 99%置信水平下的每日流动性调整 *VaR*。

7. 假如你是一个著名的对冲基金的经理，分析一个 1 000 股的非流动性股票 BNA 的价值，当前股价为 72 美元（以买卖价差中间值的形式）。BNA 的每日收益率的波动率估计为 1.24%，平均买卖价差为 0.16 美元。假设 BNA 的收益率服从正态分布，那么使用固定价差方法估计的 95%置信水平的每日流动性调整 *VaR* 是多少？

8. 假定一家金融机构买入 1 000 万份某公司的股票，并同时买入了 5 000 万盎司某种大宗商品。每份股票价格的买入价为 89.5 美元，卖出价为 90.5 美元；每盎司大宗商品的买入价为 15 美元，卖出价为 15.1 美元。那么市场的平仓费用为多少？

9. 我们进一步假定上题 8 中股票买入卖出价差比率的均值和标准差分别为 0.011 11 及 0.022 22，大宗商品买入卖出价差比率的均值和标准差均为 0. 006 645。假定价差均服从正态分布，在 99%的置信水平下，平仓费用为多少？

10. 某银行 2018 年 7—12 月的定期存款增长额如下表所示：

2018年7—12月定期存款增长额

单位：万元

月份	7	8	9	10	11	12
定期存款增加额	228	217	230	237	206	203

若2018年7—12月数据的权重分别取1、2、3、4、5、6，则2019年1月的预测值为多少？

案例分析

1984年春，作为当时美国十大银行之一的大陆伊利诺伊银行经历了一次严重的流动性危机。早在20世纪70年代初，大陆伊利诺伊银行最高层就制订了一系列雄心勃勃的信贷扩张计划。但与其他大银行不同，大陆伊利诺伊银行并没有稳定的核心存款来源，其贷款主要由出售短期可转让定期存单、吸收欧洲美元及工商企业和金融机构的隔夜存款来支持。1970年以后，该银行的资金来源很不稳定，资金使用又不谨慎。由于向一些问题企业大量发放贷款，大陆伊利诺伊银行的问题贷款份额越来越大。1982年，该银行没有按时付息的贷款额占总资产的4.6%，比其他大银行高一倍以上。到1983年该银行的流动性状况进一步恶化，易变负债（volatile liability）超过流动资产的数额约占总资产的53%。在1984年的头三个月，问题贷款的总额已达23亿美元，而净利息收入比上年同期减少了8 000万美元，第一季度的银行财务报表中出现了亏损。

1984年5月，当市场上开始流传大陆伊利诺伊银行将要倒闭的消息时，其他银行拒绝购买该银行发行的定期存单，原有的存款人也拒绝延展到期的定期存单和欧洲美元，公众对这家银行的未来已经失去信心。5月11日，该银行从美国联邦储备银行借入36亿美元来填补流失的存款，以维持必需的流动性。5月17日，联邦存款保险公司向公众保证所有的存款户和债权人的利益将能得到完全的保护，并宣布将和其他几家大银行一起注入资金，而且联邦储备委员会也会继续借款给该银行。但这类措施并没有从根本上解决问题，大陆伊利诺伊银行的存款还在继续流失，在短短的两个月里，该银行共损失150亿美元的存款。1984年7月，联邦存款保险公司接管该银行（拥有该银行80%的股份）并采取了一系列其他措施，才帮助大陆伊利诺伊银行度过了此次危机。

分析思考题：

1. 请问大陆伊利诺伊银行在流动性管理方面有哪些失误？
2. 如果你是该银行的CEO，你将会怎样规避流动性风险？

第 8 章 汇率风险

本章要点

1. 汇率风险的来源与影响；
2. 汇率风险的类型及度量；
3. 汇率风险管理原则、战略与方法。

8.1 汇率风险概述

人类活动一开始就离不开经济活动。即使是自给自足的年代，男耕女织的生活模式也是人类与自然之间时间精力与原材料交换的经济行为。古代君王为了国家的统一造就了经济活动的中心媒介——货币。不同国家不约而同地造就了不同的货币。由于交通不发达、货币等值化（货币本身价值与使用价值）的原因，不同国家之间极少有经济往来，即使有也是国家层面的朝贡，往来的也是黄金、白银等硬货币。作为如今经济全球化前身的丝绸之路，它促成了不同国家物种、生产技术等的大交换，但其交易模式实质是以物易物而不是如今的以物得纸币。

纸质货币被国家强制赋予的使用价值与其作为商品的实际价值的巨大差异，使得货币发行本身具有很大的主观风险。考虑到推动经济繁荣的目的，国家一般都会多发一部分货币拉动经济向更繁荣的目标发展，但要把握好这个度却并不是那么容易。许多国家就由于货币过度超发面临通货膨胀、货币贬值的局面，日本、韩国等国家的大面额货币就是最好的印证，中华民国时期的金圆券更是。国内本币币值不稳定的现实，加上经济全球化的大形势，使得以营利为目的的经济体无论跨国经营与否都会受到本国货币与外国货币币值波动的影响。不同国家相似的货币演变史塑造了现今的经济格局，引发了汇率风险这个课题。

8.1.1 汇率

汇率，亦称“外汇行市”或“汇价”，是一国货币兑换另一国货币的比率，是以一种货币表示另一种货币的价格。从短期来看，一国的汇率由该国货币兑换外币的需求和供给决定。外国人购买本国商品、在本国投资以及利用本国货币进行投机会影响本国货币的需求。本国居民想购买外国产品、向外国投资以及进行外汇投机会影响本国货币供给。在长期中，影响汇率的主要因素有：相对价格水平、关税和限额、对本国商品相对于外国商品的偏好以及生产率。

西方汇率决定理论主要有购买力平价说、利率平价说、货币分析说等。

购买力平价说是20世纪20年代初瑞典经济学家卡塞尔率先提出的，其基本思想是：人们之所以需要外币是因为外币在其发行国国内具有购买力，之所以需要本币也是因为本币在本国国内具有购买力。因此两国货币汇率的决定基础应是两国货币所代表的购买力之比。购买力平价理论是最有影响力的汇率理论。

利率平价说的基本思想可以追溯到19世纪下半叶，在20世纪20年代由凯恩斯首先提出来。该理论表明汇率的远期升贴水率等于两国货币的利率之差，如果本国利率高于外国利率，则本币在远期将贬值；如果本国利率低于外国利率，则本币在远期将升值，即汇率的波动会抵消两国间的利率差异，从而使金融市场处于平衡状态。利率平价说是从资本流动的角度进行研究，指出了汇率与利率之间的密切关系，这对正确认识资金流动非常频繁的外汇市场的汇率形成机制是非常重要的。与购买力平价理论相比，利率平价理论为众多实证检验所支持，尤其是短期的情况。

货币分析说认为汇率变动是由货币市场失衡引发的，引发货币市场失衡的因素有多种：国内外货币供给的变化、国内外利率水平的变化以及国内外实际国民收入水平的变化等，这些因素通过对各国物价水平的影响而最终决定汇率水平。

要确定两种不同货币之间的比价，先要确定用哪个国家的货币作为标准。根据这一标准可将汇率分为直接标价法与间接标价法。直接标价法又叫应付标价法，是以一定单位（1、100、1 000、10 000）的外国货币为标准来计算应付出多少单位本国货币。在国际外汇市场上，包括中国在内的世界上绝大多数国家目前都采用直接标价法。如日元兑美元汇率为119.05，即1美元兑119.05日元。间接标价法又称应收标价法，它是以一定单位（如1个单位）的本国货币为标准，来计算应收若干单位的外汇货币。在国际外汇市场上，欧元、英镑、澳大利亚元等均采用间接标价法。如欧元兑美元汇率为0.97，即1欧元兑0.97美元。

汇率不仅仅是国家经济发展水平的衡量标尺，其自身变动还受到国家货币政策等政治因素的影响。汇率制度（exchange rate regime）是指一国货币当局对本国汇率水平的确定、汇率变动方式等问题所做的一系列安排或规定。

从历史上看，汇率制度的演变大致经历了三个阶段：国际金本位制下的固定汇率制（1880—1929年为金本位制阶段、1929—1933年为金汇兑本位制阶段，这两个阶段通称国际金本位制阶段）、布雷顿森林体系下的固定汇率制（1944—1973年）和牙买加体系下的浮动汇率制（1976年至今）。国际金本位制是依靠自发机制形成的，布雷顿森林体系和牙买加体系都是通过国际会议谈判形成的。

汇率制度改革与一国汇率衍生品市场的发展是相互联系的。汇率制度改革深化对汇率衍生品市场提出了现实的需求，但是目前我国外汇衍生品市场的发展非常滞后，外汇衍生品体系尚不健全，已有的交易品种不够活跃。

8.1.2 汇率波动的影响因素

作为权力象征的货币铸造权一直都是掌握在国家手中的，这就暗示宏观层面对货币币值的影响力要远远强于微观企业买卖的作用。换言之，国家宏观经济状况和实力是影响该国货币汇率变动的最基本的因素。如果国家生产发展速度快，财政收支状况良好，出口贸易增加，那么该国货币升值；反之，国家生产迟缓，财政赤字扩大，通货膨胀频发，出口贸易减少，那么该国货币必然贬值。具体而言，宏观经济中对汇率产生影响的因素主要有以下几个（分析所说汇率均为间接标价法汇率）。

1. 国际收支说

国际收支说是凯恩斯主义的国际收支理论在浮动汇率制下的变形，在20世纪70年代实行浮动汇率制的早期占据着突出的地位。

国际收支说认为，外汇供求是由国际收支引起的（实际上就是汇率的供求决定论），如果一国的国际收支为顺差，则不仅外汇的流入增加、流出减少，而且别国对顺差国的货币需求增加，顺差国货币的供不应求引起顺差国货币汇率上升；反之，当一国的外汇支出大于外汇收入时，外汇的需求大于供给，本国货币汇率下降。当进入收支阶段的外汇供求相等时，汇率便处于均衡状态。如果顺差国的经济现状持续时间长而稳定，那么该国的货币在国际外汇市场上将成为强势货币或硬货币，其汇率将不断走高。美国的美元、英国的英镑等就是如今经济全球化的硬货币。

2. 通货膨胀

通货膨胀意味着国家发行的货币量超出了流通中正常需求的货币量，使单位货币代表的实际价值减少，表现为货币购买力下降、物价上涨，相应的货币的对外价值也下降。所以，当一国发生通货膨胀之后，对内表现为物价上涨，对外表现为货币贬值。

3. 利率

通常情况下，一国利率提高，银根紧缩，国内市场流通货币减少吸引大量外国短期资金流入，使该国货币升值；相反，一国利率降低，银根放松，国内富余的流动资金短期外流，该国对外币的需求增加，最终导致该国货币汇率下跌。从另一个角度来看，利率升高说明银行必须提高吸储成本才能获得资金，暗示国内市场货币供不应求的现实，因而本国货币升值。各国利率的变化，特别是各国利率水平之间的差异，是当今影响汇率变动的十分重要的因素，尤其是在金融全球化趋势日趋明显的今天，国际市场上大量的游资使得利率状况对汇率变动的影响更大。

4. 宏观经济政策

国家的宏观经济政策通过影响其自身的经济增长、国际收支、就业率、物价水平和利率等经济变量，最终作用于汇率变动。其中，货币政策对汇率的影响最为直接和明显。例如，当一国实施紧缩的货币政策时，将促使该国货币汇率上升；反之，将促使该国货币汇率下降。

5. 投资者的心理预期

投资者的心理预期在目前的国际金融市场上表现得尤为突出。汇兑心理学认为外汇汇率是外汇供求双方对货币主观心理评价的集中体现。评价高，信心强，货币升值。当人们预期未来汇率会下降时，就会不断抛出该种货币，使得市场上该货币供大于求，汇率水平下跌；反之，则不断买进该货币，造成供不应求的局面，从而汇率水平上升。这一理论在解释无数短线或极短线的汇率波动方面起到了至关重要的作用。

6. 其他因素

除以上列举的汇率影响因素外，外汇储备、国家汇率政策、自然灾害、国际政治局面等也是作用于汇率水平的影响因子。

8.1.3 汇率风险的含义与特点

一、汇率风险的含义

汇率风险，又称外汇风险，是指一定时期的国际经济交易当中，以外币计价的资产（或债权）与负债（或债务），由于汇率的波动其价值出现涨跌的可能性。

对外币资产或负债所有者来说，外汇风险可能产生两个不确定的结果：遭受损失和获得收益。风险的承担者包括政府、企业、银行、个人及其他部门。

从国际外汇市场外汇买卖的角度看，买卖盈亏未能抵消的那部分，就面临着汇率波动的风险。人们通常把这部分承受外汇风险的外币金额称为“受险部分”或“外汇敞口”，其包括直接受险部分（direct exposure）和间接受险部分（indirect exposure）。前者指经济实体和个人参与以外币计价结算的国际经济交易而产生的外汇风险，其金额是确定的；后者是指因汇率变动、经济状况变化及经济结构变化的间接影响，那些不使用外汇的部门和个人也承担风险，其金额是不确定的。

在当代金融活动中，国际金融市场动荡不安，外汇风险的波及范围越来越大，几乎影响到所有的经济部门。即使风险敞口为零也可能间接受汇率波动的影响，这使风险管理变得十分重要。

二、汇率风险的特点

外汇风险具有或然性、不确定性和相对性三大特点。

1. 或然性

外汇风险的或然性是指外汇风险可能发生也可能不发生，不具有必然性。

2. 不确定性

外汇风险的不确定性是指外汇风险给持有外汇或有外汇需求的经济实体带来的可能是损失也可能是盈利，它取决于在汇率变动时经济实体是债权地位还是债务地位。

3. 相对性

外汇风险的相对性是指，如果外汇风险给一方带来的是损失，那么给另一方带来的必然是盈利。

8.1.4 汇率风险的影响

汇率风险是汇率波动造成未来收益变动的可能性，对国民经济的影响主要表现在宏观和微观两个层面。从宏观来看，汇率风险会对一国国际贸易条件、国际收支、物价水平、外汇储备和就业等总量产生影响；从微观来看，汇率风险主要对营运资金、收益、成本和经营战略产生影响。这里从金融机构的角度看待汇率风险，其中以商业银行为主进行分析。

涉外经济部门及涉外企业由于日常经营活动中涉及两种及以上货币，因而不可避免地面临交易风险、会计风险、经济风险及国家风险。实际上，纯国内企业也要面临汇率风险的间接影响。原因在于，纯国内企业要应对外资企业以及涉外企业的竞争压力。而且，纯国内企业往往不如涉外企业那般容易转移汇率风险，所承担的间接风险影响更大。当然，纯国内企业的“受险部分”测算起来比较复杂，汇率风险对它的影响受到传递渠道、行业性质和时间等因素的制约。本章将不讨论纯国内企业受汇率风险影响的情况，而是主要讨论汇率风险对涉外金融企业经济活动的影响。

涉外企业主要指那些从事商品和劳务进出口业务的企业，从事国际生产许可证转让、国际特许权转让及国际技术转让活动的企业，国际合资企业，从事外汇交易及国际投资和筹资活动的商业银行及其他金融机构。汇率风险对涉外企业的影响集中在经营战略、业务安排和企业信用三个方面。

1. 经营战略

经营战略是指人力、物力、财力的合理配置和总体安排。经营战略决定着企业的筹资与投资安排、利润分配等。汇率风险带来的成本核算的不确定性，预期收益因汇率波动而面临意料之外的损益，同时引起现金流量的增减变化，这些都会影响管理者的经营决策。如果汇率波动有利于资金营运，企业就会采取大胆的、开拓的、冒险的经营战略，如扩大海外投资、开辟新产品和新市场。相反，如果汇率波动不利于企业资金营运，企业就会采取保守的、稳妥的、谨慎的经营战略，不敢贸然进行提高国际竞争地位的活动。

2. 业务安排

汇率波动对业务活动的正常运行有较大的影响。对商业银行、信托公司等金融机构来讲，汇率波动出现一面倒的趋势时，银行业务量会下降；汇率波动还会造成银行的债务人因额外增加的债务负担而无力偿债或破产，导致银行呆坏账可能增加；汇率波动还会引发大量投机和套期保值，要求银行具有高超的分析头寸管理技巧，否则银行就会面临灭顶之灾。

3. 企业信用

信用是企业的无形资产，它取决于企业规模、经营能力、盈利能力和经理形象等因素。企业信用等级越高，与之往来的客户对其的信任度就越高，企业受益就越多。信用等级高的企业能够以较低的成本筹集所需资金，能够获得较高的投资收益，还能够在交易中赢得有利的交易条件。汇率风险对资产负债表和损益表影响很大，因为涉外企业的业务一般涉及多种货币，这种折算完全依赖于汇率波动，故汇率波动对账面反映的企业经营能力影响巨大。虽然账面数据并不代表实际经营状况，而且汇率有涨有跌，易造成账面资产负债的不断变化，但是一定时期的财务报表却是公众审查企业经营状况的手段，也是评定企业信用等级的标准，不能不对其予以高度重视。与会计风险相关的另一影响企业信用的因素是税收，企业因汇率变动而发生账面上的折算收益时，所得税就会增加；当然，当出现折算损失时，所得税也就会相应地减少。在累进式所得税下，应税收入变动对企业的盈利水平有很大的影响。因此，汇率波动会通过税收增减间接影响企业信用等级。

8.1.5 汇率风险的类型

根据汇率风险的作用对象及表现形式，汇率风险可以划分为三类。

一、交易风险

交易风险（transaction exposure）主要指商业银行与客户进行外汇买卖或在以外币进行的借贷、投资活动中，因未预料的汇率波动遭受到汇兑损失的可能性。交易风险又可分为交易结算风险和外汇买卖风险。

交易结算风险，指银行经营外币存款和汇兑业务时，必须随时买入或卖出外汇而产生的风险。这是因为银行在结算交易中处于被动地位，在日常经营中需要持有一部分未平盘头寸。

外汇买卖风险，指银行在进行外汇买卖及以外汇资金借贷时，因出现敞口头寸多头而承担的交易风险。例如银行的代客购汇业务，在客户下订单和交割时点之间如果汇率变动，就可能给银行带来损失。银行外汇存、贷款的币种头寸错配也会带来汇率风险。银行承担的汇率风险主要是外汇买卖风险。银行以外的企业承担的外汇买卖风险存在于以外币进行借贷或伴随外币借贷而进行的外汇交易之中。

【例8-1】中国银行买进1亿美元，卖出9 000万美元，还剩下1 000万美元。通常将这1 000万美元视为外汇多头，这种多头将来在卖出时会因汇率水平变化而发生盈亏。如果当日收盘价为1美元合8.6元人民币，该银行卖出1 000万美元应收回8 600万元。但如果第二天外汇市场美元兑人民币比价跌至1美元合8元人民币，那么银行只能收回8 000万元，损失600万元。

【例8-2】中国某金融机构在日本筹集一笔总额为100亿日元的资金，以此向国内某企业发放1年期美元固定利率贷款。按当时日元兑美元汇率，1美元合200日元，该机构将100亿日元折成5 000万美元。1年后，日元兑美元汇率变成1美元合110日元，仅100亿元日本本金就需要9 090.9万美元。而该金融机构到期收回本金5 000万美元与利息（按年利率14%计）700万美元，总计5 700万美元，连借款的本金都难以弥补，这就是该金融机构因外币汇率上浮所蒙受的风险。

近年来，商业银行的业务国际化使之成为外汇交易的主要参与者，日常的外汇交易业务使其在外币交易中持有一定程度的外汇敞口。银行的这种外汇敞口风险则是交易风险的主要表现形式，其产生的主要原因在于，交易账户的外汇买卖导致的表内外货币错配和银行账户外汇资产与外汇负债的不匹配。

商业银行会出于各种原因进行外汇交易，一般可以将外汇业务分为两类：一类是作为中间媒介进行的外汇交易，向涉外企业提供贸易融资或者外汇存贷款、办理结售汇，代客进行境外理财业务，为满足客户境外投资需要与客户之间的外汇买卖，取得手续费及佣金收入；另一类是基于自身风险管理进行的外汇交易，为了套期保值或者投机的目的进行买卖等。平衡性外汇买卖和套期保值性外汇买卖不会产生汇率风险，而中介性外汇买卖和投机性外汇买卖会不可避免地出现买进和卖出外汇之间的不平衡。如果买进多于卖出，则会形成多头；反之，则会形成空头。这种多头或者空头就是敞口头寸，都将承担因汇率波动产生的风险。商业银行会对自身资金情况、金融市场的供求状况进行分析，对未来汇率变动趋势做出预测，决定保留或“轧平”外汇头寸。商业银行有时为了规避汇率风险，会依照买卖平衡的原则去“轧平”头寸。即使是这样，商业银行也会由于买进与卖出某种外币的期限不同而暴露于风险之中。

二、会计风险

会计风险（accounting exposure），又称折算风险，是指由汇率波动引起商业银行资产负债表某些外汇项目变动的风险，因为银行进行会计处理时将外币折算成本国货币时不同时期使用的汇率是不一样的，因此可能出现会计账面损益。

会计风险是一种存量风险。虽然当汇率波动时其外币资产负债数额没有发生变化，但在会计账目中其本币数目却发生了变化。会计风险尽管只是一种账面上的评价，并非真实的损益，但这并不是不会对未来产生实质性影响。账面上的资产负债是要向股东和社会公众公布的，汇率的大幅波动会影响投资者对企业的评价，进而影响股价，以致减弱企业的融资能力。

【例 8-3】美国某银行在其英国分行的往来账户余额为 1 000 万英镑。年初时 GBP1＝USD1. 600，即账户余额是 1 600 万美元。年末美元升值，英镑贬值，GBP1＝USD1. 500，那么到了年末，英国分行账户余额折算成美元只有 1 500 万美元，英镑余额价值降低了 100 万美元。根据美国会计制度规定，这笔损失应计入公司损益中，或通过一个备抵账户直接冲销股东收益。

在以外币表示的资产负债折算成以母国货币表示的资产负债时，产生的折算风险受不同国家会计制度的影响。在不同的折算方法下，外汇资产和负债的评价各异，损益状况也不一样。货币折算时，可以选择现行汇率和历史汇率（即资产平衡表和损益表中的项目发生时使用的即期汇率）。在选择哪些项目使用现行汇率、哪些项目使用历史汇率时产生了流动/非流动法、货币/非货币法、时间度量法和现行汇率法。

1. 流动/非流动法（the current/non-current method）

这是较早采用的一种方法。它将流动资产和流动负债按现行汇率折算，而将非流动资产和非流动负债按资产负债形成时的历史汇率折算，收益表中的费用和收入除了一些与非流动性资产和负债有关的项目（固定资产折旧和无形资产摊销）外，一般采用报告期的平均汇率来换算。

这种折算方法有一个明显的缺陷，比如按此法存货会面临外汇风险而长期外债则不会。但很显然，长期外债遭受的风险更大，以外币计值的信贷资金无论是应收款还是应付款，当它们以本币表示时，其本币值均随汇率波动，这使得流动/非流动法渐渐被淘汰。

2. 货币/非货币法（the monetary/non-monetary method）

这种方法是将资产负债表中所有货币性资产（包括现金和应收账款）和负债（应付账款和长期债务）用现行汇率计算，而将非货币性资产（存货和固定资产）和负债（包括股本）用历史汇率折算。收益表中各项目的折算除折旧、摊销费按历史汇率折算外，所有费用、收入项目均按平均汇率折算。存货是流动资产，但仍按历史汇率折算。这种方法是从流动/非流动折算法到现行汇率法的过渡。

3. 时间度量法（the temporal method）

这种方法类似第二种方法，但对真实资产的处理略有不同。真实资产以现行市场价表示，则按现行汇率折算；以历史成本表示，则以历史汇率折算。收益表中的项目一般按报告期内平均汇率折算，但摊销费用、折旧费用按历史汇率折算。1975 年这种方法被美国确立为公认会计准则。

比如存货，在货币/非货币法中以历史汇率折算；而在时间度量法中，如果存货在资产负债表中以历史成本计价，则以历史汇率折算。这种方法与货币/非货币法的区别在于：前者是基于成本的估价方法（按历史成本还是按市场成本），后者是基于资产和负债类型。

4. 现行汇率法（the current rate method）

这种方法的会计处理方法最简单，是将资产负债表中的所有项目均按现行汇率折算。这种方法首先由英格兰和威尔士特许会计师协会（ICAEW）及苏格兰会计师协会（ICAS）倡导，被英国公司广泛应用。

美国在 1981 年财务会计准则第 5 号公告中推荐现行汇率作为可参考的公认会计准则，与时间度量法同时适用。

三、经济风险

经济风险（economic exposure）是指未预期到的汇率变动对商业银行以本币衡量的未来收益现值的损失的不确定性。经济风险所反映的汇率变动的风险，不仅在时间上有相当久远的影响，而且影响的范围也非常广泛，可能引起市场利率、市场价格、市场需求等各种经济变量的变化，这些又将直接或间接对银行的资产负债、授信业务、结售汇、国际结算业务等产生影响，从而影响商业银行价值。

【例 8-4】 2006 年，某银行将筹集的 8 120 万元人民币以现时 1 美元＝8.120 元汇率折合 1 000 万美元，按 3 年期的贷款授信给美国 A 企业，并按 3 年共计 15%计息，一次还本付息。到 2009 年，由于人民币升值的影响，汇率变为 1 美元＝6.120 元人民币，此时该银行仅能收回 7 038 万元人民币。在不考虑通货膨胀的情况下，该银行损失 1 082 万元。

经济风险与前两个风险相比，它产生的影响是长期、复杂的，而交易风险和会计风险是一次性的。需要注意的是，第一，经济风险针对的是意料之外的汇率变动，意料之中的汇率变动不会带来经济风险；第二，经济风险针对的是计划收益，由于意料之中的汇率变动对收益的影响已经在计算计划收益的过程中加以考虑了，所以经济风险并未包含汇率变动对收益的全部影响。

经济风险能否避免很大程度上取决于企业的预测能力，预测的准确度将直接影响其在销售和融资等方面的战略决策。因而，经济风险不但影响国内经济行为与效益，还直接影响到涉外经营效益或投资效益。在汇率风险中，交易风险和经济风险是最主要的汇率风险。

虽然交易风险、会计风险与经济风险都是未预期的汇率变动引起外汇资产或负债在价值上的变动，但侧重点各有不同。

第一，从损益结果的计量来看，交易风险可以在会计程序中体现，用一个具体的数字表示，具有静态性和客观性的特点。而经济风险的测量不是来源于会计程序，而是来源于经济分析，侧重于全局，是从整体上进行预测、规划和分析，它涉及财务、价格、市场等方面，带有一定的动态性和主观性。

第二，从测量时间来看，交易风险和会计风险只突出过去已经发生的交易在某一时点的汇率风险的受险程度。而经济风险则要测量将来某一时间段出现的汇率风险。

汇率风险会出现获利或损失两种可能性，但稳健经营的企业不是想从汇率波动中获得好处，而是尽量规避或减少汇率波动的风险。因为损失一旦发生，其灾难性后果是不可小视的。因而，对以上三种风险进行分析测量，并采取措施加以防范管理是必不可少的。

8.2 汇率风险度量

在世界经济一体化的今天，实体经济与金融相互融合，加上国际资本市场融资业务的竞争加剧，商业银行的经营风险加大。为了自身的利益，商业银行积极拓展国际业务，扩大收益增长点。这使更多的金融机构跨出国门开展外汇业务，在商业银行经营外币业务的过程中，必然面临着外币币种、存贷款数量以及外币存贷款时间等方面的不匹配，使商业银行面临着较大的外汇风险敞口。如果商业银行没有选择合适的套期保值、对冲措施或者其他保值手段，汇率的大幅不利波动必然导致银行遭受汇率风险带来的损失。

金融体系由银行以及非银行金融机构组成。其中，银行直接或间接参与外汇交易活动的程度最高。相比制造业、信息技术产业、房地产等，银行业是受外汇风险影响最大的行业。非银行金融机构的经营活动与银行也具有很大的相似性，其风险管理手段在很大程度上都是借鉴银行风险管理的方法与技术操作。

因而，下面对于汇率风险度量、汇率风险管理的介绍将以商业银行为例进行。

随着我国商业银行业务经营发展逐步走向国际化，人民币汇率变动对商业银行的影响变得广泛且深远，具体来说，商业银行面临的汇率风险现状包括授信业务引起的信贷资产质量风险，结售汇业务带来的外汇敞口头寸风险，外汇存贷款引起的外汇流动性风险，国际贸易结算业务引起的经济风险，外汇资金业务影响外汇产品的销售、外汇资本金及资本充足率引起的折算风险，会计报表的折算风险等方面。

狭义的商业银行汇率风险是由汇率的波动导致商业银行持有的外汇敞口头寸的价值发生变化，从而使商业银行面临损失的可能性，而广义的商业银行汇率风险既包括狭义的汇率风险，也包括利率风险、信用风险、会计风险、流动性风险等。商业银行日常经营的外汇业务主要包括国际结算、外汇存贷款、外币兑换、结售汇、境外分行业务、外币有价证券的发行与买卖等。商业银行经营这些业务可能发生的损失与收益的不确定性就是广义的商业银行汇率风险。

8.2.1 交易风险

一、交易风险的计量方法

外汇交易风险是企业或个人未了的债权、债务在汇率变动后进行外汇交割清算时所出现的风险。这些债权债务虽然在汇率变动之前已然发生，但在汇率变动后才清算。这些债权债务既可以来源于应收应付账款，又可能来自直接的资金借贷。汇率具有高度的易变性，因而交易风险是最常见的汇率风险，也是汇率风险管理的重点。

汇率风险的识别在商业银行汇率风险管理中具有很重要的地位。根据国外商业银行汇率风险的管理经验，识别汇率风险的基本方法有两种，一是资本市场法，二是外汇敞口法。

一般地，计算交易风险需要两个步骤：第一步，确定各外币预计的流入量或流出量净额，即风险敞口。第二步，确定这些货币的总体风险。

外汇敞口主要是银行表内、表外业务中货币不相匹配，在某时段内，银行多头头寸、空头头寸存在差异时，差额即为外汇敞口。在此情况下，银行在该时段内，可能会受汇率变动影响，进而产生汇率风险。外汇敞口包括两种情况：一种是单一币种，一种是多个币种。前者是表内与表外结构不匹配，后者是敞口折成报告币种加总轧差后的外汇总敞口，用公式表示为

$$\begin{aligned}\text{净外汇风险敞口(净暴露)}&=(\text{外币资产}-\text{外币负债})+(\text{外币购入}-\text{外币售出})\\&=\text{净外币资产}+\text{净外汇购入}\end{aligned} \tag{8-1}$$

对于单一币种的外汇敞口，我国通常用以下公式表示：

$$\text{以本币计价的某种外币的亏损或盈利}=\text{以本币计价的净外汇风险敞口}\times\text{汇率变动值} \tag{8-2}$$

其关系可用表8-1表示：

表8-1　　净外汇风险敞口与银行风险的关系

净外汇风险敞口	外币对本币	外汇损益
正值	升值	盈利
	贬值	亏损
负值	升值	亏损
	贬值	盈利

资料来源：马改霞．我国上市商业银行市场风险的压力测试研究．山西财经大学硕士学位论文，2013：24.

二、交易风险的类型

以商业银行为例，其涉及外汇的业务主要有外币存贷款、中间业务［合格境内机构投资者（QDII）投资、合格境外机构投资者（QFII）进入国内则相应地需要通过国内银行托管资产，同时能够及时提供资金清算、汇兑、资产估值等服务］、汇兑、结售汇、跨境人民币贸易结算等。

金融机构外汇市场的头寸一般反映了四种交易活动：

（1）为了使客户能够参与和完成国际贸易交易活动而买卖外汇。

（2）为了使客户（或金融机构自身）能够参与国外的实际投资和金融投资而买卖外汇。

（3）出于套期保值目的，为了抵消与客户（或金融机构）进行某种外汇交易时的风险敞口而进行外汇买卖。

（4）出于投机目的，通过预测汇率将来的变化走势而买卖外汇。

总体而言，金融机构外汇业务主要有外币资本借贷、外汇交易、金融衍生品交易三大类（见表8-2）。

表 8-2　　商业银行不同业务交易风险

业务类型	内涵
外币资本借贷	银行在国际金融市场上从事外币资本借贷，外币资本的借入或贷出至外币资本的清偿有一定的时间间隔，如果外币汇率在清偿日内上涨，债务人就要蒙受多支付本币或其他货币的经济损失；如果外币汇率在清偿日内下跌，债权人就要蒙受少收本币或其他货币的经济损失，由此导致在外币资本借贷过程中出现交易风险。
外汇交易	银行在外汇买卖过程中会出现外汇头寸，如果某种外汇头寸出现空头，当外汇汇率头寸轧平日上涨时，银行就会在轧平外汇空头头寸时蒙受多支付本币的损失。
金融衍生品交易	银行从事外币金融期货或外币金融期权的买卖时，需要进行本外币兑换，若外币汇率在外币金融期货或外币金融期权的建仓日至平仓日内上涨或下跌，银行将蒙受多支付本币或少收本币的经济损失。

资料来源：胡剑．基于利率、汇率、股价联动性商业银行市场风险综合度量的阶段性研究．北京交通大学硕士学位论文，2010：26.

企业对结售汇业务的需求增大，使商业银行在扩大中间业务收入的同时，承担了企业转嫁而来的结售汇敞口头寸，从而商业银行面临市场的结售汇敞口头寸风险，而商业银行主要依靠银行间外汇市场进行风险对冲。

具体以结售汇为例，当结汇规模超过售汇的时候，商业银行外币资产头寸上升，如果本币升值，这部分外币资产就会面临缩水的风险；当售汇规模超过结汇的时候，商业银行外币资产负债上升，如果本币贬值，商业银行就会面临损失。那么在汇率波动趋势不明朗的现在，商业银行控制汇率风险，首先要尽量压低外币资产净头寸，尽量不要产生外币资产的多头或者空头；其次要充分利用好外汇期权、远期外汇协议等金融衍生工具进行风险规避。

法亚（Faia，2008）在比较了新兴市场国家的制造业部门以及银行部门的汇率偏好之后认为，与制造业偏好对本币贬值不同，本币升值对于本国的银行业更为有利。相对于中国来说，从长期来看，其他的新兴市场国家则主要是依赖短期的外币借款，为国内企业长期本币贷款融资，从而导致了时间以及货币两方面的“错配”，这也被部分学者认为是亚洲金融危机（1997）、俄罗斯金融危机（1998）、巴西金融危机（1999）和阿根廷金融危机（2001）等一系列新兴市场国家的货币危机爆发的重要原因：当本币处于升值阶段的时候，银行系统的外债负担的账面数值大大减轻，从而激励了本国银行进一步大举借入短期的外币资金；一旦本币在投机攻击下，被迫急剧贬值，那么由于资不抵债，包括银行在内的整个金融体系就有很大可能陷于破产境地。

三、交易风险的计算

下面以一个具体实例介绍计算交易风险的步骤、技巧。

【例 8-5】 中国一家跨国银行 A 在接近年末时，其两家子银行 M 和 N 的外汇资产、现金情况分别见表 8-3、表 8-4。

表 8-3　　A 银行 M 分行外币资产、现金

	外币资产	外币负债	净外币资产	外币购入	外币售出	净外币购入
美元	8 000 000	5 000 000	3 000 000	6 500 000	5 500 000	1 000 000
欧元	500 000	3 500 000	−3 000 000	2 000 000	1 000 000	1 000 000
日元	500 000	1 500 000	−1 000 000	500 000	4 500 000	−4 000 000

表8-4 A银行N分行外币资产、现金

	外币资产	外币负债	净外币资产	外币购入	外币售出	净外币购入
美元	3 000 000	4 000 000	−1 000 000	2 300 000	1 300 000	1 000 000
欧元	2 500 000	1 000 000	1 500 000	500 000	1 000 000	−500 000
瑞士法郎	3 800 000	300 000	3 500 000	700 000	1 200 000	−500 000

为了把握A银行总的外汇敞口头寸情况，A银行将M分行、N分行两个分支机构的外汇资产、现金进行汇总，得出该行各种货币的净外汇风险敞口。A银行对年末相关货币的汇率进行了预测，给出了与敞口对应的预期汇率。以美元为例，从表8-5可以看出，涉及美元的净外币资产为2 000 000美元、净外币购入为2 000 000美元，总的美元风险敞口为4 000 000美元。当预计美元汇率为6.15时，A银行美元敞口的本币价值为24 600 000元（人民币）。

表8-5 A银行外汇合并净额

	净外币资产	净外币购入	净外汇风险敞口	预期汇率	敞口净值（元）
美元	2 000 000	2 000 000	4 000 000	6.15	24 600 000
欧元	−1 500 000	500 000	−1 000 000	8.22	−8 220 000
日元	−1 000 000	−4 000 000	−5 000 000	0.059	−295 000
瑞士法郎	3 500 000	−500 000	3 000 000	6.98	20 940 000

当预计的美元汇率为另一数值时，A银行美元外汇敞口对内净值就会出现变动。实际上，未来汇率是一个相对于当前的预测值，它并不是一个准确的值，存在一定的偏差。因而，仅用一个确定的预期汇率来计算年末的本币价值是不太科学的。同时，预期汇率通常不是一个点估计值，而是一个相对可能发生的波动区间。通过预测未来汇率的波动区间，银行未来外汇敞口的价值也就被确定在对应的取值区间了。区间越大，说明该货币外汇敞口价值波动幅度越大，承担的风险越大；区间越小，说明该货币外汇敞口价值波动的范围也就越小，蒙受的风险也就相应越小。

确定银行外汇敞口风险的一个简单方法就是只考虑极值情况，即在确定了净外汇风险敞口的情况下，预测银行对应外汇货币风险波动的最大值及最小值，然后乘以该货币外汇敞口净额，计算出每一种货币期末风险敞口人民币价值的最大值及最小值。

表8-6更为直观地介绍了极值预测法所估计的外汇敞口期末人民币价值。

表8-6 估计的A银行的风险敞口净值范围及交易风险

	净外汇风险敞口	期末汇率波动范围	敞口净值范围（元）	不确定金额（元）
美元	4 000 000	6.11～6.21	24 440 000～24 840 000	400 000
欧元	−1 000 000	8.15～8.35	−8 150 000～−8 350 000	−200 000
日元	−5 000 000	0.039～0.059	−195 000～−295 000	−100 000
瑞士法郎	3 000 000	6.73～7.08	20 190 000～21 240 000	1 050 000

表8-6第三行，欧元的净外汇风险敞口为−1 000 000欧元，期末预计的欧元汇率可能出现的范围为1欧元兑换8.15～8.35元人民币。因此，预期的净现金流出至少为8 150 000元人民币，最高为8 350 000元人民币，不确定金额为人民币200 000元。相较而言，不同外汇币种汇率的波动幅度是存在差异的。从该例子中可以看出，瑞士法郎的波

动幅度最大，为 0.35；日元的波动幅度最小，为 0.02。相同量级的法郎和美元相比，尽管美元的头寸更大，但由于瑞士法郎的汇率波动幅度很大，瑞士法郎的不确定金额（1 050 000 元人民币）高于美元的不确定金额（400 000 元人民币）。

需要注意的是，外汇风险不仅与货币汇率波动幅度有关，而且与外汇敞口的大小有关。外汇敞口数额越大，承受风险的量级越大。

在 A 银行的例子中，为了重点说明汇率波动对银行交易风险的影响，假设每一种货币的净外币资产、净外币购入量是一直不变的，只有期末汇率是可变的。但是，现实中由于银行在不断地进行货币的买卖以及借贷活动，每一种货币的净外币资产、净外币购入是无时无刻不在变化的。也就是说表 8-6 第四列的敞口净值不是一个确定的点值，而是同汇率一样是一个波动的数值范围。因而，实际的外汇风险计量更加复杂。

值得注意的是，本例子采用的估计时间区间虽然是一年，但这并不是说风险预测的期间只有这一种取值，它可以是一个月、一个季度或一年。不过，外币交易风险估计的时间跨度越长，其准确度一般而言就会越低。这是由于每一种外币的净外汇风险敞口、未来汇率都会随时间的延长具有更大的不确定性。因此，大多数银行或企业更加看重一年以内的外币交易风险的计量管理方式。

8.2.2 会计风险

一、会计风险管理的重要性

会计风险是跨国金融机构合并财务报表时所面临的汇率波动风险。如果跨国金融机构子公司的资产或负债在编制合并报表时不按照历史汇率折算，将会因为货币价值波动而受到影响。另外，子公司的所得利润收益在折算为报告货币并入损益表时也会受到汇率变化的影响。

我国商业银行的资本金主要是由本币和外币（以美元为主）两部分组成。我国商业银行业的外币资本金来源主要有三个部分：一是境外所募集到的外汇资金；二是由境外战略投资者认购的部分股权所形成的外币资本金；三是国家通过外汇储备注资所形成的外汇资本金。当人民币汇率水平变化的时候，商业银行的外币资金就面临不同汇率折算的风险。其集中反映在商业银行外汇风险敞口与商业银行资本充足率两个指标上面。

商业银行资本金外币比例较高的现状，使得会计期末进行财务汇总时需要承担巨大的风险，尤其是在近年来人民币升值的背景下，外币（以美元为主）的资本金就会存在很大幅度的缩水。虽然这种缩水并不是实质上的，只有到最终结算时才会落实成真，但会影响投资者对银行经营能力的评价，进而影响银行等上市金融企业在股票、债券、基金等资金市场上募集资金的能力，尤其是在个人投资者群体中。例如，1996 年 6 月，美国 IBM 公司的财务主管宣布，由于来自国外的子公司受美元升值的不利影响，国外子公司的利润合并报表表现为总公司总利润下降，第二季度的每股收益减少 0.25 美元。按理讲，IBM 公司的利润下降仅仅是财务数据上的变化而已，实际现金流量并没有发生多大的变化，理性投资者不应该对该信息做出反应。遗憾的是，投资者却的的确确做出了反应，而且反应不小，IBM 公司股票被大量抛售，以致其公司股价大幅下跌。

巴塞尔协议规定：商业银行的全部资本占全部加权风险资产的比率应达到 8%以上，

其中核心资本占风险资产的比率应达到4%以上。

巴塞尔协议Ⅲ将最低资本充足率要求设定为4.5%，并首次额外附加了2.5%的资本缓冲区间，总体合计7%。其中处于缓冲区内的银行，在发放股息以及自行决定的奖金方面将面临限制。

从长远看，人民币汇率波动幅度和波动频率加大，汇率弹性加强，从而导致了计算资本充足率公式中分子资本金的不确定性增大，同时商业银行会加大力度运用外汇衍生工具规避汇率风险，而外汇衍生品交易的风险权重较大，会使资本充足率公式中的分母增加，因此，人民币汇率形成机制的改革将会给商业银行资本充足率的管理带来更为艰巨的挑战，同时也增加了资本充足率的管理成本。

二、会计风险的决定因素

通常，跨国金融机构会计风险的大小取决于三个因素，即在国外经营的程度、国外子公司所在地和所使用的会计方法。

1. 在国外经营的程度

跨国金融机构的国外子公司在业务总收入中所占比重越大，其财务报表项目的会计风险越大。相应地，国外子公司开展业务所占比重很小，合并报表将不会因汇率波动受到较大影响。换言之，外汇风险敞口越小，会计风险也会相应地越小。

2. 国外子公司所在地

由于每个主权国家都要求在其境内的企业使用该国法定货币进行财务核算，因此跨国金融机构的子公司也需要使用所在地本国的货币进行交易活动并编制财务报表。在之前的交易风险分析中已经看到，不同货币在不同的历史时间阶段呈现出百花齐放的差异性。因此，即使是相同的交易额，由于计量货币不同，转换母公司货币时呈现的结果也是有区别的。例如，一家中国的跨国银行在德国设有分行，位于德国分行的资产、负债、利润等以欧元计量，而该公司按照我国会计准则的要求，必须编制季度合并报表，把分行的财务信息转化为以人民币为计量单位反映。2003年上半年欧元对人民币升值幅度高达两位数，该跨国银行的合并报表出现了较大的会计风险。相反，另一家在加拿大设有分行的跨国银行则由于加拿大元对人民币汇率相对稳定，会计风险就没有多少。

3. 所使用的会计方法

合并报表时，折算使用的会计制度、会计方法会极大地影响跨国金融机构的会计风险。是采用现行汇率，还是历史汇率，抑或是核算阶段平均汇率，其合并出来的财务报表结果是不同的。

以美国为例，美国公司需要根据1981年12月发布的《财务会计准则公告第52号》(FASB—52）编制合并报表。其中，以下一些规定成为美国跨国企业会计风险的重要来源：

(1）国外子公司适用的功能货币是其经营所在地的本国货币；

(2）按照报告日的市场汇率把国外公司的资产和负债从功能货币折算为报告货币。功能货币指经济主体与经营活动中流转使用的各种货币。报告货币指在编制综合财务报表时使用的记账货币，通常是本国货币。

(3）运用加权平均汇率把国外子公司的收入、费用、利得和损失先从功能货币转化为报告货币。

（4）因外币折算价值变动形成的折算利得或损失不在本期净收入中计列，而报告为股东权益的第二要素，位于高通货膨胀地区的国外子公司不适用本条。

（5）因外汇交易而实现的利得或损失，计入本期净收益，但也有例外情况。

【例 8-6】 美国的一家跨国银行在英国的子银行第一年赚得 10 000 000 英镑，第二年赚得 10 000 000 英镑。当这些利润和其他子银行的利润一起合并时，它们要按照当年的加权平均汇率折算。假设第一年的加权平均汇率为 1 英镑兑 1.90 美元，第二年为 1 英镑兑 1.50 美元。

报告期	英国子银行的当地利润（英镑）	报告期英镑的加权平均汇率（美元/英镑）	折算后英国子银行的收益（美元）
第一年	10 000 000	1.90	19 000 000
第二年	10 000 000	1.50	15 000 000

尽管在英国的子银行第一年和第二年的英镑利润额相同，但第二年英国公司折算的合并美元利润还是减少了 400 万美元。造成该跨国银行会计风险的原因在于，第二年英镑的平均汇率下跌了 21%。财务分析人士、投资者有可能因为第二年子银行美元利润减少而给予该跨国银行较低评价。然而，利润下降并不是子银行经营方面出了什么问题，而是走弱的英镑使第二年的利润在账面上用美元计量时变少了。

中国会计制度规定编制折合人民币会计报告时应将所有以美元计价的资产、负债类项目按照合并会计报表日银行公布的官方中间价折算为人民币，所有者权益类项目除“未分配利润”项目外，均按照发生时的历史汇率折算为人民币，由于汇率原因产生的折算差额计入外币报表折算差额。对现金流量表中的有关收入、费用项目，也参照上述汇率进行折算。对于海外分公司以非美元货币为记账本位币的，先按当地官方汇率折算为美元，再折算为人民币。

跨国公司合并财务报表并不影响公司的现金流。合并财务报表并不需要子公司将资产或收益汇回母公司。跨国公司普遍重视折算风险，因为它直接影响公司利润报表，进而影响公司股价。

当跨国金融机构的国外子公司在当地有许多增长机会时，它们会倾向于将大部分或全部利润再投资于那个国家。在此情况下，子公司很少在乎会计风险，因为利润不必兑换成母国货币。然而，子公司在当地没有增长机会时，利润要被兑换成母国货币，会计风险就较为严重，此时还会伴随着经济风险。如果子公司分布在同一国家，那么国家经济萧条带来的会计风险一次兑现的冲击是不容小觑的。因而，设立分公司进行投资也要尽量分散才行，最好选择币值相对稳定、有增长前景的国家。

8.2.3 经济风险

如果说汇率风险中的交易风险、会计风险可以人为控制以减少影响程度及范围，经济风险则完全是一颗不知深藏在何方的不定时炸弹。因为经济风险一般是无法预计的，你不知道它什么时候在什么地点引爆。但有一点是确定的，即一旦爆发，直接或间接关联方必定或多或少受损，其影响范围不会太小，时间也会持续很长。

金融机构作为资金运转的调拨者，其业务往来很大程度上都以进出口企业为据点涉及外汇市场。宏观经济环境的恶化在影响进出口企业活动频度和体量的同时，也会缩减商业银行等金融机构的收益，二者是唇亡齿寒的关系。

以国际贸易结算业务为例，如果人民币升值，国际贸易结算业务受到的结构性影响表现在：一方面，人民币升值会降低进口产品的价格，进口贸易量增加进而使对外付汇增加，促进进口贸易结算业务的发展；另一方面，人民币升值会使我国产品和劳务对外出口量在一定程度上受到抑制，出口贸易量下降进而收汇减少，从而影响出口贸易结算业务的发展；反之，出口贸易结算业务受益而进口贸易结算受抑。

不像交易风险、会计风险那般不会影响外币的数量，经济风险不仅作用于风险敞口的量，也同时受汇率波动影响。对于进出口企业而言，经济风险最直观的体现是销售收入；对商业银行来说，国际结算业务则是探测经济风险程度最好的风向标。

表8-7列出了跨国进出口企业一些典型的、现金流量有经济风险的国际业务，以及货币汇率对这些业务交易量的影响。

表8-7　　汇率波动的经济影响

	本币升值	本币贬值
影响公司本币流入量的交易		
本国销售收入（与本国市场的外国竞争者相比）	减少	增加
以本币标价的出口	减少	增加
以外币标价的出口	减少	增加
影响公司本币流出量的交易		
以本币标价的进口	无变化	无变化
以外币标价的进口	增加	减少

资料来源：刘园. 金融风险管理. 北京：首都经济贸易大学出版社，2012：95.

相较于考虑一个期间汇率经济风险引起该企业发生的利润变化，上市公司股票价格受到的经济风险冲击更值得被关注。因此，在考虑经济风险对企业的影响时，可以采用股票价值代替财务报表资产利润，以此作为企业价值的反应变量，计量股价如何随着货币汇率波动而变化，可以采用回归分析计量出其汇率敏感性曲线。

【例8-7】　中信泰富投资澳大利亚铁矿项目失败

中信泰富（HK，00267）在澳大利亚有SINOIRON铁矿投资项目，该项目亦是西澳最大的磁铁矿项目。整个投资项目的资本开支，除初期的16亿澳大利亚元（澳元）之外，在项目进行的25年期内，还将至少每年投入10亿澳元，很多设备和投入都必须以澳元来支付。为降低澳元升值的风险，公司于2008年7月与13家银行共签订了24款外汇累计期权合约，对冲澳元、欧元及人民币升值影响，其中澳元合约占绝大部分。

由于合约只考虑对冲相关外币升值的影响，没有考虑相关外币贬值的可能性，在全球金融危机迫使澳大利亚减息并引发澳元币值下跌的情况下，2008年10月20日，中信泰富公告因澳元跌破锁定汇价，澳元累计认购期权合约公允价值损失了约147亿港币。11月14日，中信泰富发布公告，称中信集团将提供总额为15亿美元（约116亿港币）的备用信贷，用于重组外汇衍生品合同的部分债务义务，中信泰富将发行等值的可换股债券，用来替换上述备用信贷。据香港《文汇报》报道，随着澳元持续贬值，中信泰富因外汇累计期权已亏损186亿港币。截至2008年12月5日，中信泰富股价收于5.80港币，在一个多月内市值缩水超过210亿港币。

【例8-8】 俄罗斯金融危机

1998年俄罗斯金融市场动荡加剧。继5月19日股价和债市价格大幅下跌后，8月份，国内经济恶化，8月17日，俄罗斯政府在无路可退的情况下被迫宣布实行新的卢布“汇率走廊”，使得俄罗斯金融市场投资者的心理防线崩溃，最终引发了一场俄罗斯独立以来积蓄已久的、最为严重的金融危机。

1998年8月17日，俄罗斯政府及中央银行发表了“联合声明”，对俄罗斯国内出现的金融危机采取“三大措施”，具体内容包括：

(1) 扩大卢布汇率浮动幅度。放弃1997年11月11日宣布的1998—2000年“汇率走廊”，即6.2卢布兑1美元，浮动幅度为±15%。从8月17日起，这一走廊扩大到6～9.5卢布兑1美元，卢布在此范围内浮动。外汇市场当天的成交价即央行的官方汇率。

(2) 延期清偿内债。1999年12月31日前到期的国家短期债券转换成新的国家有价证券，期限和收益率等条件另行公布。在转换手续完成前国债市场停止交易。前些时候，俄罗斯政府曾号召国债持有者在自愿基础上将债券转换成7年期和20年期的外汇债券，利率在12%以上。但在700多亿美元的内债市场上，响应者寥寥，同意转换的债券仅有44亿美元，没能解决内债问题。

(3) 冻结部分外债。俄罗斯商业银行和公司从国外银行、投资公司等处借到的贷款、用有价证券作担保的贷款的保险金，以及定期外汇契约，其支付期冻结90天。同时禁止国外投资者将资金投入偿还期在一年以内的卢布资产。政府强调，“冻结”不涉及政府借的外债。

“三大措施”出台后，俄罗斯国内金融危机并未得到缓解，相反，对俄罗斯政治、经济和社会产生了巨大的负面影响。

(1) 金融市场上出现汇市乱、股市跌、债市瘫的局面。卢布同美元的比价由8月17日的6.3：1暴跌为9月9日的22.4：1，贬值257%，6天后又反弹为8.9：1，升值150%。俄罗斯交易系统股价综合指数从上年的230点跌为约40点；日交易额从危机前的近亿美元跌至最低时期的数十万美元。进入欧洲企业500强的俄罗斯14家工业企业的股票总市值由一年前的1 140亿美元缩水为160亿美元。俄罗斯债市停业近4个月，4 360亿卢布债券的重组方案迟迟未能实施，政府债券在国际市场上的市值仅为面值的6%。

(2) 受冲击最大的是尚处于“婴幼儿时期”的银行系统，其总资本、存款和贷款均减少了1/3。1998年第三季度，俄罗斯1 500家银行中有590家亏损。在即将开始的银行系统重组中，近一半银行将被迫宣布破产。

(3) 金融危机使卢布贬值70%，失业人数大幅上升，生活在贫困线以下的人口由年初的1/5增至年底的1/3，90%以上的居民生活水平下降。

8.3 汇率风险管理

在风险管理理论发展的历史过程中，商业银行应该以风险管理理论作为指导，在实践

中重视汇率风险，积极主动地管理汇率风险。不过全面评估一家银行所面临的汇率风险比较困难，使用金融衍生工具进行套期保值只是管理汇率风险的一个方面。汇率风险管理的主要目标是减少商业银行受汇率不利变动的影响，因此，商业银行的汇率风险管理必须确认和承担其所面临的潜在汇率风险并采取相应的防护措施。

8.3.1 汇率风险管理原则

外汇风险是涉外企业经济活动中不可避免的一种市场风险，其影响对象从一国政府、企业到个人，外汇风险管理因此成为经营管理的重要组成部分。外汇风险管理的目的在于减少汇率波动带来的现金流量的不确定性，控制或消除业务活动中可能面对的由汇率风险导致的不利影响。为了实现这一目标，外汇管理需要在遵循一定的指导思想和原则的前提下灵活机动地选择具体的方式方法。这些原则是：收益最大化原则、全面重视原则、管理多样性。

一、收益最大化原则

收益最大化原则要求涉外企业或跨国公司精确核算外汇风险管理的成本和收益，在确保实现风险管理预期目标的前提下，支出最小的成本，追求最大化的收益。这是企业外汇风险管理的基石和出发点，也是企业确定具体的风险管理战略、选择外汇管理方法的准绳。外汇风险管理本质是一种风险的转移或分摊。例如采用远期外汇交易、期权、期货、互换等金融工具进行套期保值，都要以支付一定的成本为代价，以达到维持未来固定收益或支出的目的。按常理而言，外汇风险管理支付的成本越低，进行风险管理后得到的收益就越大，企业对其进行风险管理的积极性也就越高。

二、全面重视原则

外汇风险有交易风险、会计风险、经济风险三类，但并不是每一个政府部门、企业、个人对这三种风险都有涉及。有的可能只有交易风险，有的可能除此之外还有会计风险和经济风险。有的可能就只有经济风险，比如专攻国内市场的企业面临外国企业竞争压力的情况。再则，不同的风险对企业的影响有差异，有的影响是有利的，有的影响是不利的。因此，涉外企业和跨国公司需要对外汇买卖、国际结算、会计折算、未来资金运营、国际筹资成本及跨国投资收益等项目下的外汇风险保持清醒的头脑，做到有条有理、思维清晰，避免顾此失彼，造成重大的损失。

三、管理多样性原则

由于企业业务经营范围、运营特点、管理风格各不相同，涉及外币的波动性、外币净头寸、外币之间的相关性，因此每个企业都应该具体情况具体分析，寻找最适合自身风险状况和管理需要的外汇风险战略及具体的管理方法。实际上，没有一种外汇风险管理办法能够完全消除外汇风险，所以，认为某一种风险防范措施必然比另一种措施更优越、效果更佳的论断是有失偏颇和较为武断的。在选择风险管理办法时，需要考虑企业发展战略、风险头寸的规模和结构、涉外业务范围和性质、相关国家的外汇管理政策、金融市场发达程度等约束因素。随着时间的推移，外部约束因素会不断变化，因此，外汇风险管理战略也需要相应地更改，不能抱残守缺，长期只采用一种外汇风险管理方法。

8.3.2 汇率风险管理战略

不同企业对风险偏好的态度不同，它所采用的汇率风险管理策略实施也就不同。外汇风险管理战略主要有以下三种，表现为风险厌恶与风险爱好两种心理。

一、全面避险的管理战略

在采取全面避险的管理战略时，企业试图对经营中出现的外汇风险一律进行套期保值，强调绝对安全，不留下任何可能来自汇率方面的不稳定因素。

采取这种战略的企业属于风险厌恶者。完全套期保值战略使得企业实现风险中立目标，汇率不管向哪一个方向波动都将与其经营活动现金流量无关。采取完全套期保值战略，是对外宣布自己稳健经营的一个信号，有利于维护企业社会形象和声誉，吸引稳健型投资者。但是，完全套期保值的代价是三种风险管理战略中成本最高的。因为汇率波动是双向的，其风险利弊共存。完全套期保值不仅要支付高昂的成本，还牺牲了汇率波动带来收益的机会。

不过，有些企业有条件采取这种战略，因为它们的经营特点决定了其拥有低成本的风险管理优势。比如，有风险的外币如果有发达的衍生工具市场，在市场上处于价格优势，就有可能将风险管理成本转嫁到产品销售价格中去。一般来说，稳健经营要求高的商业银行大多采用这一战略，基本实现了外汇风险中立，即使持有外汇，保有的外汇风险头寸也是极少的。

二、消极的管理战略

表面上来看，采取消极的管理战略的企业对其面临的外汇风险听之任之、不采取任何措施进行控制或消除，是一种无为而治的管理理念。实际上，之所以选择任市场变化的方法，是在赌那有50%可能性的有利汇率变动，以获取意外的汇率波动福利。当然，正因为是赌，所以也存在潜在的风险，那就是另外那有50%可能性的不利影响。

采取这种外汇风险管理战略的一般是风险偏好者，之所以敢这么下注，是因为其有以下判断依据：

(1) 认为获取的信息足够多，对外汇市场行情的判断是准确的，知晓外汇风险是朝有利于自己还是不利于自己的方向发展的，因而保留外汇风险敞口，以尽可能获得额外的风险收益。

(2) 相信市场这只“看不见的手”的力量，认为市场机制运行遵循利率平价和购买力平价，是高度有效的。那么采取任何措施进行保值或投机都是没有必要或无效的，只会是画蛇添足，多做吃力不讨好的无用功。

(3) 坚信外汇风险不足为惧，即使有不利影响也只是伤及皮毛、不触及筋骨，无伤大雅。抑或是觉得进行风险管理的成本要高于汇率风险带来的损失，套期保值反而多此一举。

但在现实中，这一战略很难经得起挑战，因为企业经营很难避开外汇风险，做到独善其身。特别是从短期看，汇率波动很少有符合利率平价和购买力平价的。汇率波动不仅带来名义价值上的变动，还会影响营运资产和真实资产的实际价值。因此，除特殊情况外，涉外企业一般很少采用这种消极的保值战略。

三、积极的管理战略

积极的管理战略是指积极地预测汇率走势，并根据不同的预测对不同的涉险项目分别采取不同的措施的风险管理策略。例如，在预期汇率变动对其不利时，企业采取完全或部分避险的管理手段；在预期汇率变动对其有利时，企业承担汇率风险以期获取风险报酬。

积极的保值战略可以分为两类：一类是利用汇率的波动谋取利润的投机，一类是以平衡外汇风险头寸为目的的套期保值。采取这种战略一般要求企业把外汇风险纳入企业总体的经营管理战略，对外汇进行周密的安排，有一整套的管理制度和约束机制，而且对风险管理水平有较高的要求。否则，由此带来的损失和代价将可能远远大于完全套期保值战略和消极保值战略。

现实中，大部分企业都选择积极保值的风险管理战略，对于外汇风险采取部分弥补、部分保值的处理方式。根据自身经营特点和管理经验，对比外汇风险大小和允许的外汇风险承受能力，确定是否进行保值以及对哪些货币币种、多大金额进行套期保值等一系列问题，必须建立在精确的成本收益核算的基础之上。再则，对未来汇率走势准确的预测是最为关键的一步。所谓谋定而后动，如果预测失误，带来的损失将比无为更大。

8.3.3 汇率风险管理方法

一、资产负债配对管理

外汇资产负债配对管理，是指通过对外汇资产、负债的时间、币种、利率以及结构的配对，尽量减少经营外汇存贷款业务、投资业务等需要进行的外汇买卖所造成的损失，以避免汇率风险。

1. 远期头寸到期日匹配

在未来任一时点上，银行应该尽可能地使到期的资产能够恰好抵付到期的负债。因此，银行需要按不同币种分别统计，报告资产与负债头寸到期日的搭配情况，对账户进行现金流量管理，对到期日不搭配的资产和负债进行调整，必要时对负债不足资产的部分进行融资，对负债多于资产的部分进行投资，制造新的期限相同的资产。

2. 币种匹配

在外汇的存贷款上做好币种的配对，银行应该遵循筹集什么外币，借出什么外币，贷款到期时收回什么外币，筹资合同到期时银行付出什么外币的原则。通俗地讲，就是银行应该努力做到外币借、贷、还的统一。

3. 外币存贷款到期日的匹配

银行外币存贷款的到期日不对称，不仅存在外汇风险，还存在融资风险。银行应该做好外汇存贷款到期日统计，及时掌握各个时期存贷款是否有超借或超贷情况，检查某种外币负债和资产的累计不对称金额，评估、监督银行因此而发生的融资或流动性风险，防止出现太严重的外币存贷款到期日不对称。

4. 外币资产与负债的利率匹配

由于银行从国外借入的现汇资金是以伦敦银行间同业拆借利率（LIBOR）计算利息的，因此，银行在国内发放外汇贷款的利率也应按浮动利率计收利息，不定期地将利率根据 LIBOR 进行调整并予以公布，尽可能减少外币资产与负债之间的利率基础差异，以规避由利率不同而产生的汇率风险。

5. 合理调整外汇资产负债期限结构

当出现短期外汇负债长期使用时，应适当增加长期存款，压缩长期外汇贷款，活化沉淀资金，提高资金的流动性。当出现长期外汇负债短期运用时，不能盲目增加长期外汇贷款而机械地追求期限对称，必须调整负债结构，增加低成本负债。外汇负债结构的调整可以通过增量的调节来实现。

银行资金业务、外汇交易业务本质上是一种中介服务，要为最终客户的外汇资金需求服务，因此其外币的资产负债结构随时都在变化，远期外汇交易到期日不匹配、币种不匹配、资产负债期限和利率不匹配，是经营中经常发生的现象。调整这些失衡的状态，银行主要可以采用两种手段：一种是货币市场运作，通过外币的短期投资或者拆借来获得理想的资产负债结构；另一种是衍生金融工具买卖，通过远期合约、期货合约、互换合约、期权合约来获得理想的资产负债结构。实际上，衍生金融工具不仅能够锁定银行资金交易、外汇交易的价格，起到控制、减少外汇风险的作用，它还因不需要像现货交易那样的大规模现金流动而成为高效的资产负债管理工具，但是要注意衍生工具本身也具有一定的风险。

二、套期保值

最早提出的两种管理汇率风险的策略有：金融性对冲策略和运营性对冲策略。金融性对冲策略指运用以货币衍生产品为主的金融工具进行套期保值，其主要管理对象是交易风险和会计风险，而运营性对冲策略则关系到运营战略，主要用来管理经济风险。

对于我国的商业银行来说，为了达到有效的风险管理，首先必须测量出其所面临的具体的外汇风险有多大。传统的风险敞口分析、敏感性分析、情景分析等都是当前我国商业银行进行汇率风险计量必不可少的方法。在此之外，压力测试、风险价值及风险调整的资本收益率，都是当前国外银行进行风险管理所采用的主要方法。在外币衍生品市场较为发达的国家，由于提供多种规避风险的衍生产品，所以其商业银行就可以进行套期保值。

1. 表内套期保值

金融机构如何通过表内调整来控制风险呢？答案是通过直接使自己的外汇资产和负债账户相匹配，谋求一笔稳定的正的收益或利差，而不用担心投资期间汇率朝哪个方向变化。比如，即使国内银行业务的利润相对较低（即资产收益和资金成本之间的利差较小），总体上金融机构也能获得可观的利润。具体而言，金融机构可以锁定外国存贷利率之间所存在的大额的正利差。

【例 8-9】 假设利率为 15% 的 1 亿美元英国贷款投资的资金不是来自美国的定期存单，金融机构是以利率为 11% 的英镑定期存单为 1 亿美元英国贷款筹资。此时，银行的资产负债表如下：

资产	负债
1 亿美元美国贷款（9%）	1 亿美元美国定期存单（8%）
1 亿美元英国贷款（15%）（按英镑发放）	1 亿美元英国定期存单（11%）（吸收的英镑存款）

在这种情况下，金融机构资产负债账户的期限和货币种类都是匹配的。我们可以分析下列两种情况下金融机构的盈利能力，即资产收益和资金成本之差：一是这一年内英镑兑美元从1.60美元/英镑贬值为1.45美元/英镑；二是这一年内英镑兑美元从1.60美元/英镑升值为1.70美元/英镑。

(1) 英镑贬值。

当英镑贬值为1.45美元/英镑时，英镑贷款组合的收益率为1.45/1.6×(1+15%)−1=4.22%。现在我们以美元来衡量1亿美元英镑债务的成本。

年初，金融机构按11%的利率发行价值为1亿美元的一年期英镑定期存单。按1.60美元/英镑的汇率计算，需要借取的英镑为：100 000 000/1.6=62 500 000（英镑）。

年底时，银行向英镑定期存单持有者支付的本息为：62 500 000×(1+11%)=69 375 000（英镑）。

如果英镑这一年内贬值为1.45美元/英镑，那么以美元衡量的还款额为：69 375 000×1.45美元/英镑=100 593 750（美元），即以美元衡量的资金成本为0.59%。

资产平均收益= 0.5×0.09+0.5×0.042 2=0.066 1=6.61%
美国资本的收益+英国资本的收益=总收益
资金平均成本= 0.5×0.08+0.5×0.005 9=0.0429 5=4.295%
美国资本的成本+英国资本的成本=总成本
净收益=资产平均收益−资金平均成本=6.61%−4.295%=2.315%

(2) 英镑升值。

当英镑一年间从1.60美元/英镑升值为1.70美元/英镑时，英镑贷款的收益率为1.70/1.6×(1+15%)−1=22.188%。

现在来看，年底美国金融机构向英国一年定期存单的持有者支付的本息为：69 375 000×1.70=117 937 500（美元）。即按美元衡量的资金成本为17.937 5%。

年底时

资产平均收益=0.5×0.09+0.5×0.221 88=0.155 94=15.594%
资金平均成本= 0.5×0.08+0.5×0.179 375=0.129 69=12.969%
净收益=15.594%−12.969%=2.625%

需要指出的是，如果国内外利差之间的这种不平衡长期存在，那么金融服务企业进入国外市场时必将面临巨大的障碍。具体而言，如果实际资本和金融资本都可以自由流动，那么金融机构将越来越多地把自己的业务向外转移。国内市场竞争的减弱会使存贷利差扩大，而转移地国家由于竞争加剧，利差会收缩，直至国内金融机构从国外获取利润的机会消失。

同时规避外汇汇率风险和外汇利率风险，要求金融机构使该种外汇资产和负债的规模及有效期限都达到匹配。这一点是影响金融机构从事跨国投资及其投资能力的局限所在。

2. 远期外汇合约

银行可以利用远期外汇市场对表内的外币资产头寸进行保值，这种远期外汇合约并不反映在银行的资产负债表内，而是作为表外的或有资产。利用远期外汇合约可以抵消因外币贷款期满时的外币汇率不稳定而产生的风险。在银行看来，与其年末按照合同约定的未知的汇率将外币本息兑换成本币，不如现在就按照已知的本币兑外币的远期汇率将预期的外币贷款本息收入以远期合约的形式予以出售，以便年末以外币向远期合约的买方换回本币。正是通过出售这种外币远期合约，银行可以避免未来现货汇率变动对外币贷款收益率所产生的负面影响。

简而言之，远期外汇合约可以消除金融机构未来即期汇率的不确定性，因而也间接消除了贷款投资收益以及借款成本等的不确定性。

【例 8－10】 金融机构通过直接在远期外汇市场出售 1 年期英镑贷款预期收益来进行外汇套期保值时，将采用下列交易步骤：

（1）美国金融机构按今天的即期汇率出售美元并购买英镑：100 000 000/1.6＝62 500 000（英镑）。

（2）然后，金融机构立即按 15％的利率向英国客户提供 62 500 000 英镑的一年期贷款。

（3）同时，金融机构按今天的远期汇率将预期的英镑贷款本息收益在一年的远期市场出售。假设英镑兑美元的一年远期汇率为 1.55 美元/英镑，即比即期英镑贴水 5 美分；折算出的贴水百分比为：(1.55－1.60)/1.60＝－3.125％。

这说明一年后，金融机构向远期买方支付 71 875 000 英镑的贷款本息收益时，远期英镑的买方承诺将向金融机构（远期卖方）支付：62 500 000×(1＋15％)×1.55＝71 875 000×1.55＝111 406 250（美元）。

（4）一年后，英国借款人向金融机构偿还英镑贷款的本息 71 875 000 英镑。

（5）金融机构将 71 875 000 英镑交付给一年远期合约的买方，并按承诺收到 111 406 250 美元。

如果英镑借款人不对贷款违约，且远期的买方不对远期合约违约，那么金融机构在投资之初就知道，它肯定能将英镑贷款的收益锁定为

$$\frac{111\ 406\ 250-100\ 000\ 000}{100\ 000\ 000}\approx 0.114\ 06=11.406\%$$

具体而言，持有一年期的贷款的投资收益，完全不会受到任何英镑兑美元汇率变化的影响。在英镑贷款收益既定的情况下，金融机构资产组合的总预期收益率为

$$0.5\times 0.09+0.5\times 0.114\ 06=0.102\ 03=10.203\%$$

由于假设金融机构 2 亿美元定期存单的资金成本为 8％，因此，这一年它能锁定的无风险利差为 2.203％，而不管初始外国（贷款）投资的即期汇率与一年后外国贷款收益汇回国内时的即期汇率如何变化。

3. 外汇期货

商业银行也可以使用外汇期货对表内的汇率风险进行套期保值。外汇期货实际上是金额、期限与到期日都标准化的远期外汇合约，在交易中需要交纳保证金，交易一方违约将损失保证金。外汇期货的流动性强，商业银行可以根据实际外汇头寸的变化和市场汇率水平调整期货头寸。假如本国银行对某外国公司提供了一笔外币贷款，为了防止在贷款合同期间因外币对本币的汇价发生不利变动造成亏损，银行可以使用外汇期货合约对其贷

款进行套期保值。这样银行就可以在合同期限内锁定银行的预期收益，规避了汇率的不利变动造成的损失。但是，外汇期货是标准化的合约，其金额、期限和到期日与现货交易很难完全一致，期货价格的变动也可能与现货价格的波动不完全一致，从而出现基差风险。

外汇期货交易主要是作为一种定价机制，而不是作为转移财富的手段。因此，外汇期货合约的实际交割率不足2%，大部分外汇期货合约都在交割日前通过一笔反方向的相同数量和交割时间的期货交易对冲。远期外汇交易则主要是以实际交割为目的的履约，主要为外汇的全额现金交收，其交割率达90%以上。另外一个原因是，每笔远期合约都是交易双方协定而成的，因而在外汇市场上很难找到一笔反方向、同规格的合约。因而，对银行而言，期货比远期更具操作灵活性。外汇远期虽然是一种零成本的金融工具，但由于存在很大的信用风险，其收益一般要大于外汇期货交易。

外汇期货交易与期货远期类似，这里就不详细举例了。

4. 利率平价理论

前面我们介绍过，即期外汇市场风险可以通过签订远期外汇合约来降低。一般情况下，某种货币即期汇率与远期汇率是不同的。远期汇率是由即期汇率以及两国之间的利差来决定的。反映即期汇率、利率和远期汇率之间特定联系的理论被称为利率平价理论。

直观上来看，利率平价理论意味着这样一个事实：通过远期市场进行套期保值，投资者在国内和国外投资的收益相等。这就是所谓的无套利联系，因为投资者不可能通过在国内外市场进行相反的交易来获得无风险收益。也就是说，外国投资的套期保值收益正好等于国内投资收益。国内资金成本和外国资产套期保值收益之间最终的等价关系——利率平价理论，以美元和英镑为例可以表示为美国投资的收益＝外国（英国）投资的套期保值收益，即

$$1+r_{ust}^{D}=\frac{1}{S_t}\times(1+r_{ukt}^{L})\times F_t \tag{8-3}$$

式中，r_{ust}^{D}为金融机构在t时间面对的美国定期存款利率；r_{ukt}^{L}为t时间英镑贷款的利率；S_t为t时间的即期汇率（美元/英镑）；F_t为t时间的远期汇率（美元/英镑）。

但需要指出的是，利率平价理论成立的一个前提条件是市场充分有效，而且市场参与者大多是理性投资者，这样才有通过套利抹平两地市场利率差异和汇率偏差的投机可能性。如今，所有的经济体（国家）市场还都没有发展到利率平价理论所要求的水平。

5. 外汇期权

大部分银行对于外汇风险的套期保值都是确认承诺，即套期保值的时机和数量都是已知的。商业银行签订期权合约，然后在约定的交割日期用一定数量的外汇来交付海外的货物。如果银行决定用期权进行保值，它能够使用不同的期权策略，但是没有哪种策略最好，每种策略都为企业提供不同程度的保护，此外，银行还可以根据自身情况选择其他的交易策略。期权一个很大的优点就是灵活性较大，可以使银行按照愿意支付的成本选择需要的保护。又因为汇率风险经常成为战略性因素，进而影响银行和海外对手的有效竞争力，所以商业银行的风险管理政策应当直接与其业务经营、营销政策相联系。

【例 8-11】某银行预计三个月后有一笔100 万美元的应收账款。为了对冲美元可能贬值带来的风险，该银行决定购买美元看跌期权，执行价为 1 美元/6.825 元人民币，90 天到期。期权的期权费为 0.06 元人民币/美元。90 天到期时，汇率有三种情况：美元升值、贬值、不变。

(1) 在到期日，无论汇率上升还是下降，银行都至少能收到人民币 6 825 000 元。扣除期权费人民币 60 000 元，可获得的应收款净额为人民币 6 765 000 元。

(2) 如果美元升值至高于执行价，该银行可以放弃看跌期权，以较高汇率将100 万美元兑换成人民币，以获取更多账款。

收益曲线为：

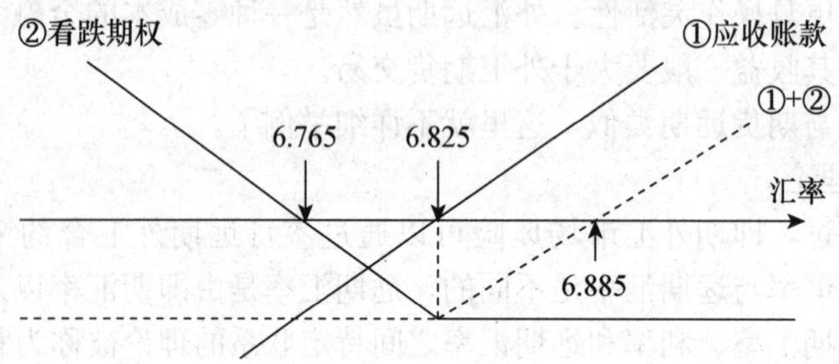

6. 货币互换

货币互换是交易双方交换支付实际债务本金与利息的责任。首先双方按固定利率在期初互换两种不同货币的本金，然后按照约定的日期和利率进行一系列的利息交换；到期再按照事先约定好的汇率将本金交换。这样，货币互换可以用来对冲银行的汇率风险——主要是由交易产生的风险敞口。

例如，一家美国银行签订合同，向一家德国的银行以固定的欧元提供信贷。只要美元的欧元价值保持不变或者下降，美国银行就很高兴（如果美元的欧元价值下降了，美国银行收到的相同的欧元可以兑换成更多的美元），当然令人担忧的是美元会升值。为了预防汇率向相反方向变动，这家美国银行可以进行一个货币互换，支付固定数额的欧元，同时从交易对手那里收到固定数额的美元。互换合约将欧元收入转换为美元收入，从而消除了汇率风险。

目前，我国外汇衍生品市场的发展比较滞后，外汇衍生品体系尚不健全，已有的交易品种也不够活跃。例如，我国于 2011 年 4 月 1 日推出了外汇期权交易，但是广大的外贸企业很少参与，2012 年 4 月期权交易量只有 0.7 亿美元，不能发挥套期保值、规避汇率风险的功能。

我国外汇衍生品种主要包括人民币与外汇间的即期、远期结售汇交易，银行间远期交易和互换交易，指定外汇间的衍生品交易，人民币无本金交割远期交易。近年来交易品种不断增多，但是品种仍然较少。

会计风险虽然影响的是合并资产负债表的价值，但并不代表母公司经济价值的损益。不过，会计风险也不容忽视，因为会计账目是政府税收、信用评级以及投资者考察业绩的主要依据，关系到在资本市场上的融资能力，风险管理者需要采取措施来避免不利影响。其基本原则为：增加强势货币资产，减少强势货币负债；减少弱势货币资产，增加弱势货币负债。

表8-8总结了会计风险的几种对冲策略（防止外币资产随该国货币的贬值而贬值）。

表8-8　　会计风险的对冲策略

本币很可能升值的情况	本币很可能贬值的情况
提前付清外币负债	延迟支付外币债券
延迟外币应收账款的收款	加快外币应收账款的收款
减少外债或增加外币贷款	在需要的时候借用外币债务或减少外币贷款
增加外国债券持有	卖出或减少外币标价证券的持有
增加外币现金持有	卖出或减少外币持有
提前支付国外子公司的负债	延迟支付国外子公司的债务
延迟国外子公司应收账款的收款	加快国外子公司外币应收账款的收款
提前支付国外子公司的应计利息、红利和开支	延迟支付国外子公司的应计利息、红利和开支

资料来源：陈松男．金融风险、避险策略与风险值．北京：机械工业出版社，2014：15.

总体而言，当外币升值可能性很大时，应该尽量增加外币资产的持有量，并且减少外币负债和支出；反之，当预计外币将要贬值时，要尽量减少该国外币的持有，同时，如果确实有负债需求，可以考虑增加该种外币所在国作为融资渠道。

虽然汇率风险中的交易风险、会计风险可以通过表外的衍生工具进行规避，但经济风险却很难像前两个风险那般进行表外操作达到目的。因为在经济大环境出现危机，大众预期趋于一致时，远期、期货、外汇、期权可能出现仅有买方/卖方的局面，商业银行等金融机构作为做市商将不得不填补另一卖方/买方的角色以维持市场平衡，否则市场运行将会出现僵局。由于这种被动附加的责任压力，商业银行要想平稳绕过经济周期中的暗礁，必须寻找新的投资市场以弥补损失。

实际上，汇率风险管理目标的选择可以在商业银行长期利益和短期利益之间进行权衡后再确定。汇率风险的经济暴露影响金融机构的未来现金流量，折算暴露和交易暴露仅对其价值产生短期影响。因此，若银行侧重于长期股东利益最大化，就应把汇率的经济风险暴露作为管理的首要目标。相反，若重视短期收益，则应注重交易风险和折算风险的管理。当然，这样的区分只是相对的，完全忽视短期利益或长期利益都是不可能的，二者之间的界限本来就不是泾渭分明的。由于折算暴露反映的只是商业银行的账面损益，不是商业银行的经营现金流量，因此把主要管理目标集中于经济暴露和交易暴露是合适的。不过，把折算暴露管理保持在何种位置是合适的，主要取决于各国对外币折算损益的处理方式。有些国家要求将折算损益计入当期损益表，而有些国家则允许将折算递延到实际清算年份，所以银行要合理进行管理。

本章小结

各国之间汇率变动不仅影响国家经济，还关系国民生活水平。汇率风险作为衡量汇率变动的指标，主要体现在交易风险、会计风险与经济风险三方面。准确控制汇率风险敞口，分析国际经济大环境以判断汇率变动走势，运用期权、利率互换等套期保值衍生工具使风险尽可能降低是控制汇率风险的三种不同视角。一般而言，综合运用三种手段的风险调控效果最佳。汇率管理战略主要有全面避险战略、积极战略与消极战略，选择主要在于风险敞口持有者对风险的预期与态度。对于汇率未来走势，还可以根据利率平价理论进行预先判断，为后续选择提供参考依据。

关键术语

汇率　汇率风险　风险敞口　交易风险　会计风险　经济风险　现行汇率　历史汇率　会计准则　套期保值　利率互换　利率平价理论

思考题

1. 汇率是什么？直接标价法与间接标价法的区别有哪些？

2. 金融机构面临哪几种外汇风险？

3. 外汇风险管理中的风险敞口法的两大关键要素是什么？

4. 外汇风险管理的原则是什么？

5. 金融机构可以使用哪两种主要方法进行外汇风险套期保值？进行完全的表内套期保值必须具备哪两个条件？与表内套期保值相比，表外套期保值具有哪些优势？

6. 下表是某金融机构以人民币表示的外汇头寸：

	外币资产	外币负债	外币购入	外币售出
英镑	150 000	220 000	10 000	15 000
日元	275 000	300 000	32 000	20 000
瑞士法郎	125 000	50 000	120 000	80 000

（1）金融机构的英镑净裸露（净敞口）是多少？

（2）金融机构的日元净裸露（净敞口）是多少？

（3）金融机构的瑞士法郎净裸露（净敞口）是多少？

（4）如果英镑、日元、瑞士法郎（SF）的汇率分别变化1%、−1%、2%，金融机构预期的损益是多少？

7. 中国银行最近按10%的年利率发放了一笔价值为1 000万美元的一年期贷款。贷款资金来源于年利率为8%的一年期瑞士法郎存款。目前的即期汇率为1.60瑞士法郎/美元。

（1）如果年底时的即期汇率为1.58瑞士法郎/美元和1.85瑞士法郎/美元，一年期的贷款按美元衡量的利息净收益为多少？

（2）当瑞士法郎贬值到多少时，就会给银行的该笔交易带来损失？

（3）假设年底时的即期汇率与题（1）中的相同，那么该笔交易对利息净收益和本金的总体影响有多大？

8. 某银行按6.5%的年利率吸收了一笔价值为100万美元的6个月欧洲美元存款。它将这笔资金投资于年利率为7.5%的6个月瑞典克朗（SK）债券。目前的即期汇率为0.18美元/瑞典克朗。

（1）瑞典克朗6个月远期报价为0.1810美元/瑞典克朗。如果银行利用远期市场进行外汇风险保值，那么这笔投资的净利差收益是多少？

（2）使利差仅为1%的远期汇率是多少？

（3）请解释利差扩大时，远期和即期汇率将如何发生变化？

（4）在知道利率平价通常会消除利差所带来的套期机会的情况下，银行为什么还能获得1%的利差？

9. 某金融机构拥有10万美元的英镑净头寸和−3万美元的瑞士法郎净头寸。汇率变化导致的净头寸标准差为：瑞士法郎1%，英镑1.3%。英镑和瑞士法郎汇率变化的相关系数为0.8，只考虑汇率波动的1个标准差。

（1）英镑兑美元汇率波动给金融机构带来的风险裸露有多大？

（2）瑞士法郎兑美元汇率波动给金融机构带来的风险裸露有多大？

（3）英镑和瑞士法郎头寸共同带来的风险裸露有多大？

10. 美元与瑞士法郎汇率报价为：1.2704/1.2709，一个月的掉期率为18/12，计算一个月的远期汇率。

11. 伦敦市场上年利率为12%，纽约市场上年利率为9%，即期汇率为1英镑=1.6200美元，则6个月远期汇率是多少？

12. 已知伦敦外汇市场英镑兑美元即期汇率为1.6640/50，一年期远期汇率升水为200/190，两地金融市场利率分别为伦敦5%、纽约3%，请问有无套利机会？有的话，如何套利？

第 9 章 操作风险

本章要点

1. 操作风险的定义及分类；
2. 操作风险的度量方法；
3. 操作风险的管理方法。

9.1 操作风险概述

9.1.1 操作风险的定义

1995 年 2 月，巴林银行驻新加坡的衍生证券交易员尼克·里森违规买进大量期货合同并隐瞒累积亏损，使得该银行损失 11 亿美元，最终导致这家“百年老店”破产。2002 年 2 月，由于交易员约翰·鲁斯南克把他 3 年来外汇交易中的损失一直隐藏在该行的一个分支机构里，爱尔兰联合银行损失 6.91 亿美元。2008 年 1 月，法国兴业银行爆出丑闻，该行的交易员违规进行期指买卖，导致该银行损失高达 71.4 亿美元。更可笑的是，德国国家发展银行在 2008 年 9 月 15 日，也就是雷曼兄弟公司提交破产申请的同一天，通过自动付款系统向雷曼兄弟公司转入 3 亿欧元。这使得德国国家发展银行在金融危机原有损失的基础上，平添了 3 亿欧元（约合 4.35 亿美元）的损失。

可见，操作风险一直以来都在银行业中大量发生。但是长期以来，操作风险作为“其他风险”的一种，未能受到如同信用风险、市场风险那般的重视，学术界对操作风险的定义也没有达成共识。

英国银行家协会最早给出了操作风险的定义，它们认为：操作风险与人为失误、不完备的程序控制、欺诈和犯罪活动相联系，它是由技术缺陷和系统崩溃引起的。

德意志银行认为，操作风险是因员工、契约条款和文件、技术、基础设施故障和灾难、外部影响和客户关系等招致损失的潜在可能。

还有人认为，操作风险是各公司业务和支持活动中内生的一种风险，这类风险表现为各种形式的错误、中断或停止，可能导致财务损失或给公司带来其他方面的损害。

1998年，在IBM公司发起的操作风险论坛上，操作风险被定义为“遭受潜在损失的可能，是指由于客户、设计不当的控制体系、控制系统失灵以及不可控事件导致的各类风险。损失可能来自内部或外部事件、宏观趋势以及不能为公司决策机构和内部控制体系、信息系统、行政机构组织、道德准则或其他主要控制手段和标准所洞悉并组织的变动。它不包括已经存在的其他风险种类，如市场风险、信用风险及决策风险。”

全球风险专业人员协会则把操作风险定义为与业务操作相联系的风险，包括两个部分：一是人为因素、流程和技术失败、外部因素等使得业务操作失败所造成的操作失败风险；二是银行竞争对手业务流程更新、相关政治和监管制度发生变化等环境因素造成银行发生损失而引起的操作战略风险。

目前，国际上公认的定义是在巴塞尔协议中的描述：“操作风险是指由不完善或有问题的内部程序、人员及系统或外部事件所造成损失的风险”，“包括法律风险，但不包括策略风险和声誉风险”。巴塞尔银行监管委员会的定义基于因果关系，将引发操作风险的原因类型（内部程序、人员、系统以及外部事件）罗列出来，同时加以“包括法律风险，但不包括策略风险和声誉风险”的补充，旨在将操作风险与信用风险、国家风险、市场风险、利率风险、流动性风险、法律风险以及声誉风险区别开来。这一定义的侧重点在于操作风险的形成原因，从银行内部原因和外部因素两个方面进行了界定，涵盖了银行所面对的大多数操作风险。

我国银监会对操作风险的定义出现在2007年发布的《商业银行操作风险管理指引》中。该指引将操作风险定义为：“操作风险是指由不完善或有问题的内部程序、员工和信息科技系统，以及外部事件所造成损失的风险”，“其中包括法律风险，但不包括策略风险和声誉风险”。该定义基本上沿用了巴塞尔银行监管委员会的定义，有利于我国银行业与国际惯例接轨。

虽然学者们对操作风险的定义尚未统一，但从上述不同定义中，我们不难发现操作风险具有以下特征：

1. 风险来源以内生为主

绝大部分操作风险都来自银行的内部业务操作失误、内部系统失灵、内部人员控制和制度失效等，只有很少一部分来源于外部欺诈、自然灾害等。与信用风险和市场风险相比，信用风险是由借款人的主客观情况所决定的违约风险，市场风险则与市场价格波动相联系，都主要产生于银行外部。

2. 操作风险包括的范围广泛，具有普遍性

商业银行中的每一个人、每一个操作环节都可能产生一些业务失败，因此操作风险发生的可能性遍布银行所有业务环节，涵盖所有部门，既包括发生频率高、损失相对较低的日常业务流程处理上的小纰漏，也包括发生频率低，但只要发生就会造成极大损失，甚至危及银行存亡的自然灾害、大规模舞弊等。而信用风险和市场风险发生的环节仅限于与之相关的部分业务环节，如发放贷款、吸收存款，主要涉及业务发展部门和业务管理部门。

3. 风险与收益的不对称性

对于信用风险与市场风险来说，存在风险越大收益越高、风险越小收益越低的对应关系。而操作风险产生于企业内部控制行为，是一种纯粹的风险，损失与收益之间没有必然的联系，商业银行承担这种风险并不一定能够获得收益。

4. 操作风险损失数据呈现厚尾特征

由于大部分操作风险事件属于高频率/低损失类型，只有极少数属于低频率/高损失类型，所以在损失数据的统计中，操作风险的损失分布明显不同于正态分布，它的大部分损失观测值接近零，这种极端值出现的概率要比正态分布数据出现极端值的概率大的现象即叫作厚尾。

9.1.2 操作风险的分类

根据巴塞尔银行监管委员会对操作风险的定义中对造成操作风险损失来源的表述，我们可以把操作风险分为人员因素导致的操作风险、内部程序因素导致的操作风险、系统因素导致的操作风险以及外部因素导致的操作风险四类。其中，前三种操作风险是由商业银行内部原因所导致的，包括未授权交易、泄露秘密、头寸计价错误等。第四种为商业银行外部因素所导致的，包括黑客攻击、盗窃、抢劫以及台风、地震等自然灾害。

对操作风险进行分类，其目的在于加强对操作风险的认识，为商业银行的风险管理提供依据。但由于操作风险往往是由多种因素造成的，在实际情况中一个损失事件往往要归咎于多个原因，也就是说，某个具体的损失事件会同时隶属于几个风险类型，难以达到分类的目的，所以按照上述方法进行操作风险的分类很难达到区分风险类型的要求。为此，巴塞尔协议Ⅲ采用了一种二维分类方式。首先，按照事件类型，将损失事件分为内部欺诈，外部欺诈，就业政策和工作场所安全性，客户、产品及业务操作，实体资产损坏，业务中断和系统失败，执行、交割及流程管理 7 类，并进一步把 7 类事件划分为 2 级目录和 3 级目录（详见表 9-1）。同时，巴塞尔银行监管委员会还根据发生操作风险的业务环节，将商业银行的业务分为 8 个类型：公司金融、交易和销售、零售银行业务、商业银行业务、支付和清算、代理服务、资产管理以及零售经纪（详见表 9-2）。通过事件类型和产品线两个维度的划分，对任意的操作风险损失事件都可以在事件类型和产品线构成的7×8矩阵中找到唯一对应的位置。

除了上述分类方法，学术界还存在一些其他的分类方法。

一种常见的分类方式是按照操作风险发生的频率以及损失的程度将操作风险进行划分。

操作风险发生的频率指一定时间内操作风险损失事件发生的数目，操作风险的损失程度指操作风险事件发生时产生的影响。按照这种思路，可以把操作风险分为低频率/低损失、低频率/高损失、高频率/低损失、高频率/高损失四种类型（如图 9-1 所示）。同样，我们还可以把频率分为低频率、中频率、高频率三类，把损失分为低损失、中损失、高损失三类，由此得到一种九类的分类方法。这种分类方法从发生频率和损失程度两个方面反映了不同类型操作风险的性质，因此在对操作风险进行分析时常常会用到。

表9-1　　损失事件分类详表

事件类型（1级目录）	定义	2级目录	业务举例（3级目录）
内部欺诈	故意骗取、盗用财产或违反监管规章、法律或公司政策导致的损失，此类事件至少涉及内部一方，但不包括性别/种族歧视事件	未经授权的活动	交易不报告（故意） 交易品种未经授权（存在资金损失） 头寸计价错误（故意）
		盗窃和欺诈	欺诈/信贷欺诈/假存款 盗窃/勒索/挪用公款/抢劫 盗用资产 恶意损毁资产 伪造 多户头支票欺诈 走私 窃取账户资金/假冒开户人等 违规纳税/逃税（故意） 贿赂/回扣 内幕交易（不用企业的账户）
外部欺诈	第三方故意骗取、盗用财产或逃避法律导致的损失	盗窃和欺诈	盗窃/抢劫 伪造 多户头支票欺诈
		系统安全	黑客攻击损失 盗窃信息（存在资金损失）
就业政策和工作场所安全性	违反就业、健康或安全方面的法律或协议，个人工伤赔付或者因性别/种族歧视事件导致的损失	劳资关系	薪酬、福利、雇佣合同终止后的安排 有组织的劳工行动
		环境安全性	一般责任（滑倒和坠落等） 违反员工健康及安全规定的事件 工人的劳保开支
		性别及种族歧视事件	所有涉及歧视的事件
客户、产品及业务操作	因疏忽未对特定客户履行分内义务（如信托责任和适当性要求）或产品性质或设计缺陷导致的损失	适当性、披露和信托责任	违背信托责任/违反规章制度 适当性/披露问题（了解你的客户等） 违规披露零售客户信息 泄露私密 冒险销售 为多收手续费反复操作客户账户 保密信息使用不当 贷款人责任（lender liability）
		不良的业务或市场行为	反垄断 不良交易/市场行为 操纵市场 内幕交易（不用企业的账户） 未经当局批准的业务活动 洗钱
		产品瑕疵	产品缺陷（未经授权等） 模型误差
		客户选择、业务提起和风险暴露咨询业务	未按规定审查客户 超过客户的风险限额 咨询业务产生的纠纷

续前表

事件类型（1级目录）	定义	2级目录	业务举例（3级目录）
实体资产损坏	实体资产因自然灾害或其他事件丢失或毁坏导致的损失	灾害和其他事件	自然灾害损失 外部原因（恐怖袭击、故意破坏）造成的人员伤亡
业务中断和系统失败	业务中断或系统失败导致的损失	系统	硬件 软件 电信 动力输送损耗/中断
执行、交割及流程管理	交易处理或流程管理失败和因交易对手方及外部销售商关系导致的损失	交易认定、执行和维持	错误传达信息 数据录入、维护或登载错误 超过最后期限或未履行义务 模型/系统误操作 会计错误/交易方认定记录错误 其他任务履行失误 交割失败 担保品管理失败 交易相关数据维护
		监控和报告	未履行强制报告职责 外部报告失准（导致损失）
		招揽客户和文件记录	客户许可/免责声明缺失 法律文件缺失/不完备
		个人/企业客户账户管理	未经批准登录账户 客户记录错误（导致损失） （客户资产因疏忽导致的损失或毁坏）
		交易对手方	非客户对手方的失误 与非客户对手方的纠纷
		外部销售商和供应商	外包 与外部销售商的纠纷

资料来源：巴塞尔银行监管委员会．统一资本计量和资本标准的国际协议：修订框架，2004-06.

表9-2　产品线对应表

1级目录	2级目录	业务群组
公司金融	公司金融	兼并与收购，承销、私有化，证券化，研究，债务（政府、高收益），股本，银团，首次公开发行上市，配股
	市政/政府金融	
	商人银行	
	咨询服务	
交易和销售	销售	固定收入，股权，外汇，商品，信贷，融资，自营证券头寸，贷款和回购，经纪，债务，经纪人业务
	做市	
	自营头寸	
	资金业务	
零售银行业务	零售银行业务	零售贷款和存款，银行服务，信托和不动产
	私人银行业务	私人贷款和存款，银行服务，信托和不动产，投资咨询
	银行卡服务	商户/商业/公司卡，零售店品牌（private labels）和零售业务

续前表

1级目录	2级目录	业务群组
商业银行业务	商业银行业务	项目融资，不动产，出口融资，贸易融资，保理，租赁，贷款，担保，汇票
支付和清算	外部客户	支付和托收，资金转账，清算和结算
代理服务	托管	第三方账户托管，存托凭证，证券贷出（消费者），公司行为(corporate actions)
	公司代理	发行和支付代理
	公司信托	
资产管理	可支配基金管理	集合，分散，零售，机构，封闭式，开放式，私募基金
	非可支配基金管理	集合，分散，零售，机构，封闭式，开放式
零售经纪	零售经纪业务	执行指令等全套服务

资料来源：巴塞尔银行监管委员会．统一资本计量和资本标准的国际协议：修订框架，2004-06．

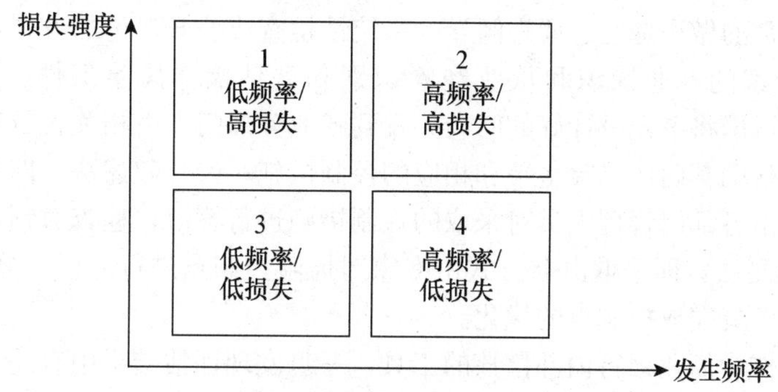

图9-1 根据损失强度和发生频率对操作风险分类

9.2 操作风险度量

9.2.1 定性分析

目前，各种定量分析操作风险的模型已经在各国商业银行中得到了运用，对提高商业银行操作风险管理水平起到了积极的作用。但经验表明，单纯利用定量方法度量操作风险对商业银行而言并不是很好的选择。对于某些操作风险，尤其是低频率/高损失的操作风险，其可获得的数据是有限的。而大多数的计量模型都是建立在大量损失数据和历史数据的基础之上的。如果数据缺乏，可能会使模型计量的准确性受到影响。一般说来，定量的方法通常过于严格，而定性的方法又过于模糊。所以，对操作风险的度量总的趋势是由以定性分析为主的传统操作风险度量方式向以定量方式为基础的定量与定性相结合的现代操作风险度量方式过渡。

定性分析常采用的方法有自我评估法、关键风险指标法以及计分卡法等。

一、自我评估法

自我评估是商业银行识别和评估潜在操作风险以及自身业务活动的控制措施、适当程度及有效性的操作风险管理工具。操作风险自我评估法涵盖了商业银行的所有业务部门，在产品线层次上展开，包括每条产品线的每个流程中的固有风险、控制风险和剩余风险。其中，固有风险是指在没有任何管理控制措施的情况下，经营管理过程本身所具有的风险；控制风险是指对操作风险没有良好的内部控制或内部控制无效，致使经营活动中的操作风险不能被及时发现而造成损失；剩余风险是指在实施了旨在改变风险可能性和影响强度的管理控制活动后仍然保留的风险。

自我评估的内容包括银行的组织管理、人力资源、风险操作流程、信息系统等内在因素，以及社会环境变化、产业结构、市场环境和科技发展等外部因素对操作风险发生的可能性和损失程度两个方面的影响。可能性是指每一种潜在风险识别出的风险暴露或每一类主要的风险事件类型在未来一定时期内转化为实际损失的概率大小；损失程度是指某一特定操作风险事件发生的情况，即如果不对潜在风险采取任何控制措施，风险实际发生后可能对机构造成的影响。

自我评估通常的做法是通过调查问卷、系统性检查或公开讨论的方式，利用银行内部人员以及外部专家的专业知识和从业经验识别和评估操作风险事件。具体方法包括：(1) 调查问卷法，即将事先设计好的问卷分发到各业务部门，由相关人员对业务和产品控制点进行回答，帮助其确认风险水平和相应的控制措施；(2) 叙述法，即从业务部门的目标和风险出发，由各部门管理人员对采取的控制措施进行答辩，检查对预期控制的执行效果；(3) 专家预测法，即采取匿名方式由专家对风险控制点进行考核、分析，提出意见，经修改、论证、汇集完成控制点的优化。

自我评估法作为商业银行内部稽核的工具，一旦发现评估结果中有违背机构政策或准则的项目，立即上报给高级主管人员，还可以监督改正的进度，有助于对操作风险的评估。同时，自我评估法还能够充分调动操作风险管理各方的积极性，促使员工自发地对风险、内控体系、风险防范手段进行分析和评价，激励员工提高对操作风险的认知程度，最终有效地提高对操作风险的监督和管理水平。

二、关键风险指标法

根据银监会发布的《商业银行操作风险管理指引》，关键风险指标是指代表某一风险领域变化情况并可定期监控的统计指标。关键风险指标可以告诉我们当前的风险是什么、将会有什么损失，可以为操作风险管理者提供当前特定业务部门中风险水平的相关数据，高级管理层可据此迅速对症下药，采取有效措施，及时控制存在的潜在风险。所以，关键风险指标可用于监测可能造成损失事件的各项风险及控制措施，并作为反映风险变化情况的早期预警指标。关键风险指标法就是通过对关键风险指标进行分析来反映银行的风险水平，监督风险变化，对风险状况进行早期的预警。

实施关键风险指标法，首先要选取具体的指标。这一步是其能否准确评估操作风险的关键。关键风险指标既可以是财务指标，也可以是非财务指标，具体可以包括：每亿元资产损失率、营业额增幅降低百分比或业绩下滑金额、关键岗位人员流失数、系统遭受黑客攻击次数、设备的老化程度、顾客投诉次数等。由于可供选择的指标很多，所以在选择关键指标时，首先要考虑到所选指标的代表性，要求所选指标能够反映某一业务种类的风险水平；其次，所设计的指标要能够敏感地反映相关业务操作风险的变化；最后，指标要易于观察、获得、测量和跟踪。当指标确定之后，就需要为各个指标设置各种水平基准，当关键风险指标值超过某基准水平时，相关部门或责任人就应该采取相应的措施。

三、计分卡法

计分卡法是巴塞尔银行监管委员会提出的三种操作风险高级计量法之一。它是银行对操作风险与内控的自我评估，评估内容包括风险事件、风险拥有者、风险发生的可能性、风险影响力、缓释风险的控制措施、控制实施者、控制设计等。此外，银行可以用计分卡，根据各部门在管理和控制各类操作风险方面的业绩，来决定经济资本的分配。

计分卡法实质上是商业银行赋予每个操作风险损失事件一个数值（这个值既可以是影响值，也可以是损失事件发生的可能性），并根据这个数值对不同的操作风险进行排序、比较和分析，进一步估计出操作风险的预期损失，达到量化操作风险的目的。计分卡法的关键是找出与操作风险相关的风险因素，设计出具有前瞻性的风险指标，在此基础上由专家对其打分，最终估计出操作风险的发生频率进而计算出风险资本金。通过给每一类操作风险打分，银行可以发现这类操作风险的规律和现有内控措施的不足之处，并将其提供给业务部门和风险管理部门，帮助其采取改进措施。

实施计分卡法评估操作风险，首先需要将银行业务划分为若干产品线或者损失组合；然后为属于同一产品线或损失事件的所有操作风险损失事件赋值，用来表示不同操作风险的影响程度或发生频率；最后，由专家在综合考虑各项因素后为该事件打分，得到评估结果。

计分卡法与其他高级计量方法的区别在于计分卡法较少依赖历史数据，而是以专家的判断代替了历史数据在模型中的作用，其本质是一种定性分析的专家判断法。因此，计分卡法的主观性较强，依赖于专家的直觉和经验。这就要求做出判断的专家有丰富的理论知识和从业经验以及对整个银行业务流程的深刻理解。

9.2.2 定量分析

与其他风险相比，操作风险具有原因多样性、机构差异性、损失无限性、数据匮乏性等特点，很难确切计量。所以，长期以来，各国学者和银行家认为操作风险只能通过定性的方式进行分析和评估。1995年，杜坎·威尔逊（Duncan Wilson，1995）提出，操作风险同市场风险和信用风险一样，可以采用风险价值技术进行测量。在此之后，各国银行纷纷投入了大量的人力和财力到操作风险的量化工作中，但由于缺乏统一的衡量标准和技术支持，操作风险管理只能停留在理论阶段，而无法与实际相联系。2004年，巴塞尔银行监管委员会发布了巴塞尔协议Ⅱ，抛弃了过去“操作风险无法计量”的观念，提出应对操作风险计提资本金，并给出了三种计算操作风险资本的方法，操作风险的计量研究重点开始由操作风险的界定转向操作风险的计量、评估、控制和缓释。

现阶段，操作风险度量模型大致可以分为自上而下法和自下而上法两种类型。

自上而下法是从宏观入手，着眼于整体损失，而不必分别考虑各种风险事件和损失因素的影响。自上而下法的优点在于不需要花费很多的时间和精力来收集各种资料、数据并进行计算。这一类模型主要包括操作杠杆模型、收入模型、开支模型等。

操作杠杆模型主要用来衡量操作性杠杆风险。所谓操作性杠杆风险主要指由外部因素引起的操作风险，如外部冲击导致金融机构收益的减少。与之对应的是操作性失误风险，即由金融机构的内部因素引起的操作风险，这些内部因素主要包括处理流程、信息系统、人事等方面的失误。操作杠杆模型可以用来度量操作费用和总资产之间的关系。一般地，我们选取固定资产和运营费用的简单函数进行计算。例如，银行可以将操作杠杆定义为固定资产的10%加上3个月运营费用的25%。操作性杠杆风险虽然是操作风险的重要组成部分，但它不是全部的操作风险。操作杠杆模型只能度量操作风险的一部分，其计量不一定准确。

收入模型的着眼点在于企业的收入。它将企业历史收入作为目标变量，将市场风险、信用风险以及其他风险作为解释变量，将这些解释变量不能解释的历史收入的方差值作为企业的操作风险。收入模型对数据的要求较高，在实际的运用过程中，往往用季度数据甚至月数据代替年收入数据进行建模。

而开支模型则是将企业的开支历史和操作风险联系起来。由于开支的波动部分地反映了银行在经营过程中由于非预期操作风险带来的损失，所以银行能够利用历史支出数据的波动率作为操作风险值。

自下而上法则是从微观入手，在识别风险事件和损失因素的基础上，将各种潜在损失纳入总资本要求。自下而上法的优点是能够解释银行的操作风险是怎样形成的。这一类模型主要包括精算模型、随机模型和可靠性模型等。

精算模型是根据操作风险损失数据对损失事件的发生频率和损失程度进行估计，并利用估计出来的结果计算一年总损失的风险价值，用以衡量操作风险资本。

随机模型是把操作风险历史损失数据和主观上对损失事件的因果关系假设结合起来估计某一存在潜在损失的事件发生的条件概率。

可靠性模型是以操作风险损失事件的频率分布和间隔时间为基础，测量某一特定事件在某个时间点或某个时段发生的可能性。

但不管是自上而下法，还是自下而上法，在操作风险的计量中都应该遵循一些共同的原则，这些原则包括：(1) 客观性。操作风险度量必须有一套客观、正式的衡量标准，要尽可能减少人为主观因素对度量过程的干扰。(2) 一致性。操作风险有不同的种类，针对同一类或相似的操作风险，应采用一致的衡量标准，并且度量结果应是相似的。这些操作风险可能潜藏于银行的不同部门。(3) 可操作性。银行完成操作风险的度量后需要向高级管理层汇报，这些风险报告应便于高级管理层采取相应的操作风险管理行动，或者说，风险报告中的内容应是可操作的。(4) 透明性。风险报告是操作风险度量中非常重要的环节。银行的高级管理层很少直接参与具体的风险管理活动，而是通过风险报告获取银行的风险信息。为确保银行高级管理层能获得全面、充分、真实的信息，银行所做的风险评估报告应确保所有实质性操作风险都以高级管理层便于理解的方式进行报告和估计。(5) 全行性。操作风险评估结果及报告应可以在全行范围内传递，且不会引起误解。为此，评估报告的制作者应仔细设计操作风险的度量方式和标准，以使该项评估结果可以在全行范围内进行累计和加总。(6) 完备性。一个完备的操作风险度量框架应确保所有实质性操作风险都能得到识别和考察，而不存在任何遗漏。

9.2.3 巴塞尔协议指导的操作风险计量框架

根据巴塞尔协议（包括巴塞尔协议Ⅱ和巴塞尔协议Ⅲ），操作风险资本计量方法，依照业务复杂程度及风险敏感性，由简至繁分别为基本指标法（BIA，basic indicator approach）、标准法（TSA，the standardized approach）及高级计量法（AMA，advanced measurement approach）。

一、基本指标法

采用基本指标法时，银行持有的操作风险资本应等于前三年总收入的平均值乘以一个固定比例（用α表示）。资本计算公式如下：

$$K_{BIA} = \alpha \times \frac{\sum_{j=1}^{n} GI_J}{n} \tag{9-1}$$

其中，

GI_J 代表前三年总收入；

n 代表前三年总收入是正值的年数；

$\alpha=15\%$，由巴塞尔银行监管委员会设定，旨在将行业范围的监管资本要求与行业范围的指标联系起来。

总收入定义为净利息收入加上非利息收入。① 这种计算方法旨在：

（1）反映所有准备（例如，未付利息的准备）的总额；

（2）不包括银行账户上出售证券实现的利润（或损失）②；

（3）不包括特殊项目以及保险收入。

鉴于基本指标法计算的资本比较简单，巴塞尔协议未对该方法的采用提出具体标准。但是，委员会鼓励采用此法的银行遵循委员会于2003年2月发布的指引——《操作风险管理与监管的稳健做法》。

二、标准法

在标准法中，银行业务分为8个业务条线：公司金融、交易和销售、零售银行业务、商业银行业务、支付和清算、代理服务、资产管理和零售经纪。业务条线分类详见表9-2。

在各业务条线中，总收入是个广义的指标，代表业务经营规模，因此也大致代表各业务条线的操作风险暴露。计算各业务条线资本要求的方法是：用银行某业务条线的总收入乘以一个该业务条线适用的系数（用β值表示）。β值代表整个银行业在特定业务条线的操作风险损失经验值与该业务条线总收入之间的关系。应该注意到，标准法是按各业务条线计算总收入，而不是在整个分支机构层面计算，例如，公司金融指标采用的是全行公司金融业务产生的总收入。

总资本要求是各业务条线监管资本的简单加总。总资本要求如下所示：

$$K_{TSA} = \frac{\sum_{j=1}^{3} \max\{\sum_{k=1}^{8} GI_{jk} \times \beta_k, 0\}}{3} \tag{9-2}$$

---

① 巴塞尔协议Ⅱ规定：以各国的监管当局和/或各国会计规定为准。

② 巴塞尔协议Ⅱ规定：总收入定义中也不包括“持有至到期日”和“可供出售”证券实现的利润（或损失），这两个科目一般是银行账户的科目（例如根据美国或国际会计准则委员会发布的会计标准）。

其中，

GI_{jk} 代表遵循基本指标法关于总收入的定义，8 个业务条线中各产品线（或业务条线）过去三年的年均总收入；

β_k 是由巴塞尔银行监管委员会设定的固定比率。β 系数详见表 9－3：

表 9－3　　业务条线及 β 系数

业务条线	β 系数	业务条线	β 系数
公司金融（β_1）	18%	支付和清算（β_5）	18%
交易和销售（β_2）	18%	代理服务（β_6）	15%
零售银行业务（β_3）	12%	资产管理（β_7）	12%
商业银行业务（β_4）	15%	零售经纪（β_8）	12%

资料来源：The Basel Committee on Banking Supervision. International Convergence of Capital Measurement and Capital Standards，Jun.，2006.

2004 年 6 月发布的巴塞尔协议Ⅱ建议采用替代标准法，在替代标准法下，零售银行业务线（RB）和商业银行业务线（CB）是根据贷款与垫款（LA）的总数作为操作风险披露指标来计算的，而不是根据总收入。因素 β 进一步乘以一个尺度因素（用符号 m 表示，等于 0.035）。对于这两个业务线，资本要求（K_{RB} 和 K_{CB}）计算见下式：

$$K_{RB}=\beta_{RB}\times m\times\frac{\sum_{j=1}^{3}LA_{j,RB}}{3} \tag{9-3}$$

$$K_{CB}=\beta_{CB}\times m\times\frac{\sum_{j=1}^{3}LA_{j,CB}}{3} \tag{9-4}$$

标准法和替代标准法的优点与基本指标法相同，由于不同业务线的操作风险披露程度被考虑进去了，所以它们比基本指标法更精确。

但是，标准法和替代标准法存在四个缺点。

（1）它们对风险不够敏感：使用业务线总收入的固定部分并没有考虑到对于一个特定银行而言，这类业务线可能具有的不同特点。

（2）不同业务线之间隐含着相关性。

（3）可能导致高估了真实的操作风险资本。

（4）对于大型国际活跃银行不适用。

为了有资格使用标准法和替代标准法，银行必须使其业务活动纳入业务线。采用这种方法的银行必须经常对操作风险资料和变化进行监测和控制。这包括有规律的操作风险披露报告、内部和外部审计、有效的操作风险自我监测历程和监督。

三、高级计量法

高级计量法是指银行采用一定的定量和定性标准，通过内部的操作风险计量系统计算监管资本的方法。使用高级计量法必须获得监管当局的批准。

巴塞尔银行监管委员会鼓励商业银行采用高级计量法计算操作风险资本。采用高级计量法时，银行除了将经营活动划分为 8 个业务条线外，还必须把各种操作风险损失划分为 7 种类型（见表 9－1）。

（1）内部欺诈：损失来自欺诈、资产损失或者规避监管、公司政策；

（2）外部欺诈：损失来自第三方欺诈、资产误用或逃避法律；

（3）就业政策和工作场所安全性：由于违反有关雇佣、健康及安全法律或协议而造成的损失，以及对于个人伤害、差别待遇索赔的支付；

（4）客户、产品及业务操作：损失来自无意识或粗心大意，对特定客户不能提供专业服务，或来自产品特性、设计；

（5）实体资产损坏：损失来自自然或其他事件的破坏；

（6）业务中断和系统失败：损失来自业务异常、系统失误；

（7）执行、交割及流程管理：损失来自交易处理或流程管理的失误、与交易对手的关系破裂。

这样，银行的操作风险将被分为 56 个业务条线/损失类型组合。

实践中，由于高级计量法是基于银行内部管理体系和业务构架的，因此各银行具体的计量方法各不相同，但大致有以下几种。

1. 内部衡量法

内部衡量法根据表 9-2 的银行业务条线和表 9-1 的损失类型，构成 56 个业务条线/损失类型组合，银行用内部的历史损失数据来计算每一组合的期望损失（EL），风险资本则由期望损失 EL（损失分布的均值）和非预期的损失 UL（损失分布的尾部）的关系来确定。如果二者之间呈线形关系，则风险资本为

$$K_{IMA}=\sum_{i}\sum_{j}\gamma_{ij}EL_{ij} \tag{9-5}$$

式中，i 代表业务条线；j 代表损失类型；γ_{ij} 是计算 i 类产品中的 j 种期望损失 EL_{ij} 所需风险资本的参数。

如果二者之间不具备线性关系，则风险资本为

$$K_{IMA}=\sum_{i}\sum_{j}\gamma_{ij}EL_{ij}RPI_{ij} \tag{9-6}$$

式中，RPI_{ij} 为风险特征指数。

2. 损失分布法

损失分布法是根据每种业务条线/损失类型估计操作风险损失在一定期间（如 1 年）内发生的概率。这种方法通常要使用蒙特卡罗模拟等或者事先假设具体的概率分布形式，如假定损失次数服从泊松分布，损失强度（损失金额）服从对数正态分布或威布尔分布等。损失分布法主要通过计算 VaR 值来直接衡量非预期损失，而不是通过假设期望损失与非预期损失之间的关系来得到的，因此，损失分布法具有更强的风险敏感性。

例如，假定（X_1，X_2，…，X_n）表示操作风险损失的随机变量，则其分布函数为

$$F(x)=P\{X_i\leqslant x\}\leqslant q \tag{9-7}$$

式中，q 为一定的置信水平，如 $0.95\leqslant q\leqslant 1$。给定 q，对于分布函数 $F(x)$，可以确定其 VaR 值：

$$VaR_q = F^{-1}(q) \tag{9-8}$$

式中，F^{-1}为分布函数的反函数。相应地，全行操作风险就是每种业务条线/损失类型 VaR 值的简单加总。

损失分布法的不足之处在于没有充分考虑各种业务条线/损失类型之间的相关性，使用这种方法计算的操作风险资本比实际的经验值高。

3. 极值理论法

在操作风险中，较为危险的并非日常的高频率/低损失类事件，而是类似于里森事件的低频率/高损失的极端事件。从统计角度看，极端损失的存在使得操作风险的损失分布具有明显的厚尾特点，因此，极值理论被许多国际活跃银行用于测量操作风险。关于极值理论的详细介绍参见本书 3.4 节。

极值理论法的特点在于：

（1）极值理论模型直接处理损失分布的尾部，且没有对损失数据预先假设任何分布，而是直接利用数据本身说话，而且对可能超过 VaR 值的操作风险损失做出了预测，因此它更适合对低频率/高损失类型的操作风险进行防范。

（2）运用极值理论需要处理一系列的不确定性，首先是参数的不确定性：即使有足够的高质量的数据来处理以及有良好的模型，参数估计仍存在偏差。其次是模型的不确定性，即可能有很好的数据，但模型很差；最后是数据的不确定性，即从某种意义上讲，在极值分析中永远不会有充足的数据。

4. 信度理论法

信度理论（credibility theory）又称经验费率理论或信度模型，是非寿险精算学中经验费率厘定最重要的方法，它起源于 20 世纪 60 年代。简单来说，在保险业实践中，往往需要对一组保险合同确定一个保费水平，保险公司有关该组的一些理赔记录，同时在与其相关的更大的一组保险合同上有更多的理赔记录。在确定保费的时候，不但要考虑该组理赔记录，还要考虑到集体理赔记录。为确定合理的保费水平，布尔曼（Bühlmann，1970）提出了信度模型。

传统信度模型是研究如何利用本保单组合近期损失数据（又称为经验数据，据此确定的保费假设为 $\overline{X}$）和主观选择的类似险种同期损失数据（又称为先验信息数据，据此确定的保费假设为 M），加权平均得出后验保费的估计。下一年保费 $\hat{\mu}$ 定价为：$\hat{\mu}=(1-Z)M+Z\overline{X}$，其中，$Z(0\leqslant Z\leqslant 1)$ 称为信度因子，它表示 $\overline{X}$ 在保费 $\hat{\mu}$ 中的权重。$\overline{X}$ 为某保单近期赔付额的平均值，M 为根据其他类似保单得到的赔付额的估计值。信度因子 Z 刻画了未来保费对自身经验数据的依赖程度。当信度因子 $Z=1$ 时，未来保费完全依赖于自身经验数据 $\overline{X}$，此时称为完全信度。当 $0<Z<1$ 时，未来保费同时依赖于自身数据 $\overline{X}$ 以及 M，$\overline{X}$ 的权重小于 1，此时称为部分信度（卡斯等，2004；杨静平，2006）。如前所述，商业银行在采用极值理论计量操作风险时，往往由于数据不充足导致较大的误差。因此，可以借鉴信度理论，将行业的数据用于估计本银行的操作风险。

2005 年，布尔曼（2005）在传统信度模型的基础上，结合德·维尔德（De Vylder，1976）的思想提出了一种新的保险精算理论，用于解决保险标的的损失存在极值时的定价问题。当存在数额较大的索赔时，使用布尔曼传统信度模型会导致数额较小的损失无法被反映出来，因而不同保单的信度保费定价差异就变得很小，这显然与事实不符。为了克服这个缺点，布尔曼根据德·维尔德提出的对原数据进行转换的思想，将原数据和转换后的数据相结合来计算下一期的保费定价。该理论在非寿险的保费厘定领域得到了广泛应用。尽管非寿险领域和银行领域的数据存在一定的差异性，如保险损失相对于银行操作风险损失多为低强度的，但由于这种方法在对数据进行转换时对转换函数并没有严格要求，所以可以采用任何形式的函数转换数据，并结合银行领域数据的特点选择转换函数，因此，数据的差异性并不影响信度理论在银行操作风险领域的应用，可以将半线性信度理论引入商业银行操作风险领域，实现对低频高危风险的计量。陆静（2015）的研究表明，将信度理论用于商业银行操作风险的估计，不但可以提高估计精度，还可以达到节约操作风险资本的目的，其估计的平均每家样本银行操作风险资本比采用POT极值法或LDA损失分布法少90亿元左右，根据估计期样本银行的经营情况，90亿元的资本可望给银行带来约40亿元的营业收入或17亿元的净利润。

9.2.4 基本指标法、标准法与高级计量法的比较

一、基本指标法

在以上三种方式中，基本指标法的最大优点是操作简单，它不需要复杂的数学计算和收集大量操作风险损失数据。但是，该方法的缺点在于不能真实反映银行操作风险的实际程度与所计量指标间的关联性，而且无法将各业务条线实施操作风险管理的努力程度直接反映到操作风险资本的计提上。因此，尽管该方法适用于所有银行，但巴塞尔银行监管委员会仍然建议国际活跃银行和具有较高操作风险的银行使用更为精确的衡量方法。

二、标准法

首先，标准法虽然可以作为基本指标法的改进方法，但仍无法充分反映各业务条线的实际风险程度与所计提资本之间的关联，也无法将采用操作风险缓释技术所带来的效益直接反映到资本计提中，因而银行可能失去改善内控制度、提升操作风险管理水平的动力。其次，如何准确划分银行的所有业务，并将相关营业收入在各业务条线之间妥善分配，以符合巴塞尔银行监管委员会的规定，是采用该方法必须考虑的重点。最后，标准法除了必须达到巴塞尔银行监管委员会所规定的最低要求，即一般性标准外，仍需符合其他要求，如具备识别操作风险的能力，定期检查识别过程，评估发生高频率/低损失和低频率/高损失类型的操作风险事件，持续运用关键风险指标或计分卡等方式监督操作风险，建立操作风险评估架构与管理通报系统，将操作风险与银行战略充分整合，并且恰当地运用保险加以缓释，系统地记录操作风险数据等。

三、高级计量法

高级计量法的最大优点是依赖于过去的损失数据计量资本，使得银行致力于操作风险管理所带来的效益直接反映在资本计提上。采用该方法必须符合巴塞尔银行监管委员会所订立的质量标准，主要体现在银行必须建立独立的操作风险管理部门，负责操作风险管理架构的规划与落实，拟定政策与施行程序，规划和实施操作风险计量方式与风险

通报机制，制定识别、衡量、监督与控制操作风险的战略。另外，对于操作风险计量系统部分，不论在内外部数据的使用、情景分析还是内控系统等方面，都必须达到相应的监管标准。

对于从未发生或发生操作风险损失事件频率很低的金融机构而言，若采用基本指标法或标准法，则按照巴塞尔银行监管委员会的要求，操作风险资本计提额大约为现行最低法定资本计提额的15%，这会略显偏高。此时，若采用高级计量法，即按历史操作风险损失数据加以分析评估，作为计提操作风险资本之基础，显然较为有利。

不过，该方法的难点在于如何建立系统性、透明且可验证的数据收集与跟踪程序，突破损失数据缺乏的瓶颈。

9.2.5 中国银监会提出的计量方法

中国银监会于2007年5月颁布了《商业银行操作风险管理指引》，该指引提出商业银行应当建立与该行的业务性质、规模和复杂程度相适应的操作风险管理体系，有效地识别、评估、监测和控制/缓释操作风险。对于操作风险管理体系的具体形式没有作具体要求，但规定其至少应包括以下基本要素：董事会的监督控制；高级管理层的职责；适当的组织架构；操作风险管理政策、方法和程序；计提操作风险所需资本的规定。

在2008年9月颁布的《商业银行操作风险监管资本计量指引》中，明确了计量监管资本的方法为：标准法、替代标准法和高级计量法。

为了达到巴塞尔协议Ⅲ的资本监管要求，2011年8月12日，中国银监会发布了《商业银行资本管理办法（征求意见稿）》（以下简称《意见稿》），在社会各界征求意见后自2012年1月1日起实施。该《意见稿》取消了2008年《商业银行操作风险监管资本计量指引》中的替代标准法，增加了基本指标法，将商业银行操作风险资本的计量确定为：基本指标法、标准法或高级计量法。

一、基本指标法

商业银行采用基本指标法，以总收入作为其操作风险暴露指标，并应按照以下公式计量操作风险资本要求：

$$K_{BIA}=\frac{\sum(GI_{1-n}\times\alpha)}{n} \tag{9-9}$$

式中，K_{BIA}为商业银行用基本指标法计算的操作风险资本要求；GI为过去三年中每年正的总收入，总收入为净利息收入和净非利息收入之和；总收入范围参照表9-4的规定；n为过去三年中总收入为正的年数；α为18%。

总收入定义为净利息收入加上净非利息收入。总收入未扣除营业费用，应扣除银行账户上“持有至到期日”和“可供出售”两类证券出售实现的损益，扣除保险业务收入。各业务总收入组成项目，应遵循相关的企业会计准则。表9-4为总收入的构成说明。

表9-4 总收入的范围

	项目	内容
1	利息收入	金融机构往来利息收入，贷款、投资利息收入，其他利息收入等
2	利息支出	金融机构往来利息支出、客户存款利息支出、其他借入资金利息支出等
3	净利息收入	1－2
4	手续费和佣金净损益	手续费及佣金收入－手续费及佣金支出
5	净交易损益	汇兑与汇率产品损益、贵金属与其他商品交易损益、利率产品交易损益、权益衍生产品交易损益等
6	证券投资净损益	证券投资净损益等，但不包括银行账户“持有至到期日”和“可供出售”两类证券出售实现的损益
7	其他营业收入	股利收入、投资物业的公允价值变动等
8	净非利息收入	4＋5＋6＋7
9	总收入	3＋8

资料来源：中国银监会．商业银行资本管理办法（征求意见稿），2011-08-12。

二、标准法

商业银行采用标准法，应将其业务划分为公司金融、交易和销售、零售银行业务、商业银行业务、支付和清算、代理服务、资产管理、零售经纪和其他业务9个业务条线。

标准法计算操作风险监管资本的公式为

$$K_{TSA}=\frac{\sum_{j=1}^{3}\max\{\sum_{k=1}^{9}GI_{jk}\times\beta_k,0\}}{3} \tag{9-10}$$

$\sum_{j=1}^{3}\max\{\sum_{k=1}^{9}GI_{jk}\times\beta_k,0\}$ 是前三年操作风险监管资本的算术平均数，$\max\{\sum_{k=1}^{9}GI_{jk}\times\beta_k,0\}$ 的含义是当年的操作风险资本要求为负数的，用零表示。GI 为各业务条线当年的总收入，总收入为净利息收入和净非利息收入之和，总收入范围与基本指标法规定的总收入范围相同。β_k 是各业务条线对应的系数（见表9-5）。与表9-3相比，中国银监会规定的 β 系数比巴塞尔银行监管委员会的 β 系数多了一个——其他业务，这是指未能划入公司金融等8类业务条线的业务。

表9-5 各业务条线对应的 β 系数

业务条线	对应的 β 系数
公司金融（β_1）	18%
交易和销售（β_2）	18%
零售银行业务（β_3）	12%
商业银行业务（β_4）	15%
支付和清算（β_5）	18%
代理服务（β_6）	15%
资产管理（β_7）	12%
零售经纪（β_8）	12%
其他业务（β_9）	18%

与基本指标法一样，总收入指净利息收入加上净非利息收入。总收入未扣除营业费用，应扣除银行账户上“持有至到期日”和“可供出售”两类证券出售实现的损益，扣除保险业务收入。各业务总收入组成项目应遵循相关的企业会计准则。总收入的具体构成见表 9-4。

对于业务条线的划分，《商业银行操作风险监管资本计量指引》也做了明确规定（见表 9-6）。

表 9-6　　业务条线的划分

1 级目录	2 级目录	业务种类示例
公司金融	公司和机构融资	并购重组服务，包销、承销、上市服务，退市服务，证券化，研究和信息服务，债务融资、股权融资、银团贷款安排服务，公开发行新股服务，配股及定向增发服务，咨询见证、债务重组服务，财务顾问与咨询、其他公司金融服务等。
	政府融资	
	投资银行	
	咨询服务	
交易和销售	销售	交易账户人民币理财产品、外币理财产品、在银行间债券市场做市、自营贵金属买卖业务、自营衍生金融工具买卖业务、外汇买卖业务、存放同业、证券回购、资金拆借、外资金融机构客户融资、贵金属租赁业务、资产支持证券、远期利率合约、货币利率掉期、利率期权、远期汇率合约、利率掉期、掉期期权、外汇期权、远期结售汇、债券投资、现金及银行存款、中央银行往来、系统内往来、其他资金管理等。
	做市商交易	
	自营业务	
	资金管理	
零售银行业务	零售业务	零售贷款、零售存款、个人收入证明、个人结售汇、旅行支票、其他零售服务。
	私人银行业务	高端贷款、高端客户存款收费、高端客户理财、投资咨询、其他私人银行服务。
	银行卡业务	信用卡、借记卡、准贷记卡、收单、其他银行卡服务。
商业银行业务	商业银行业务	单位贷款、单位存款、项目融资、贴现、信贷资产买断卖断、担保、保函、承兑、委托贷款、进出口贸易融资、不动产服务、保理、租赁、单位存款证明、转贷款服务、担保/承诺类、信用证、银行信贷证明、债券投资（银行账户）、其他商业银行业务。
支付和清算	客户	债券结算代理、代理外资金融机构外汇清算、代理政策性银行贷款资金结算、银证转账、代理其他商业银行办理银行汇票、代理外资金融机构人民币清算、支票、企业电子银行、商业汇票、结售汇、证券资金清算、彩票资金结算、黄金交易资金清算、期货交易资金清算、个人电子汇款，银行汇票、本票、汇兑、托收承付、托收交易、其他支付结算业务。
代理服务	托管	证券投资基金托管、QFII、QDII 托管、企业年金托管、其他各项资产托管、交易资金第三方账户托管、代保管、保管箱业务、其他相关业务。
	公司代理服务	代收代扣业务、代理政策性银行贷款、代理财政授权支付、对公理财业务、代客外汇买卖、代客衍生金融工具业务、代理证券业务、代理买卖贵金属业务、代理保险业务、代收税款、代发工资、代理企业年金业务、其他对公代理业务。
	公司受托业务	企业年金受托人业务、其他受托代理业务。

续前表

1级目录	2级目录	业务种类示例
资产管理	全权委托的资金管理	投资基金管理、委托资产管理、私募股权基金、其他全权委托的资金管理。
	非全权委托的资金管理	投资基金管理、委托资产管理、企业年金管理、其他全权委托的资金管理。
零售经纪	零售经纪业务	执行指令服务、代销基金、代理保险、个人理财、代理投资、代理储蓄国债、代理个人黄金业务、代理外汇买卖、其他零售经纪业务。
其他业务	其他业务	无法归入以上8个业务条线的业务种类。

资料来源：中国银监会．商业银行资本管理办法（征求意见稿），2011-08-12.

中国银监会发布的《意见稿》规定，商业银行使用标准法计量操作风险资本要求，应符合以下条件：

（1）商业银行应建立清晰的操作风险管理组织架构、政策、工具、流程和报告路线。董事会应承担监控操作风险管理有效性的最终责任，高级管理层应负责执行董事会批准的操作风险管理策略、总体政策及体系。商业银行应指定部门专门负责全行操作风险管理体系的建设，组织实施操作风险的识别、监测、评估、计量、控制、缓释、监督与报告等。商业银行应在全行范围内建立激励机制鼓励改进操作风险管理。

（2）商业银行应建立与本行的业务性质、规模和产品复杂程度相适应的操作风险管理系统。该管理系统应能够记录和存储与操作风险损失相关的数据和操作风险事件信息，能够支持操作风险及控制措施的自我评估和对关键风险指标的监测。该管理系统应配备完整的制度文件，规定对未遵守制度的情况进行合理的处置和补救。

（3）商业银行应系统性地收集、跟踪和分析与操作风险相关的数据，包括各业务条线的操作风险损失金额和损失频率。商业银行收集内部损失数据应符合相关规定。

（4）商业银行应制定操作风险评估制度，将风险评估整合进业务处理流程，建立操作风险和控制自我评估或其他评估工具，定期评估主要业务条线的操作风险，并将评估结果运用到风险考核、流程优化和风险报告中。

（5）商业银行应建立关键风险指标体系，实时监测相关指标，并建立指标突破阈值情况的处理流程，积极开展风险预警管控。

（6）商业银行应制定全行统一的业务连续性管理政策措施，建立业务连续性管理应急计划。

（7）商业银行负责操作风险管理的部门应定期向业务管理部门、高级管理层和董事会提交全行的操作风险管理与控制情况报告，报告中应包括主要操作风险事件的详细信息、已确认或潜在的重大操作风险损失等信息、操作风险及控制措施的评估结果、关键风险指标监测结果，并制定流程对报告中反映的信息采取有效行动。

（8）商业银行的操作风险管理系统和流程应接受内部独立审查，内部独立审查应覆盖业务部门活动和全行各层次的操作风险管理活动。

（9）商业银行应投入充足的人力和物力支持在业务条线实施操作风险管理，并确保内部控制和内部审计的有效性。

（10）商业银行的操作风险管理体系及其审查情况应接受银监会的监督检查。

三、高级计量法

与巴塞尔协议一样，中国银行监管机构对于高级计量法只给出了使用要求和原则，没有提出具体的计量方法。《商业银行资本管理办法（征求意见稿）》（2011）规定：商业银行采用高级计量法，可根据业务性质、规模和产品复杂程度以及风险管理水平自行选择操作风险计量模型，可选用的计量模型包括内部度量模型、损失分布模型、计分卡模型及其他模型等；用于计量操作风险资本要求的模型的置信度应为99.9%，观测期为1年；商业银行采用高级计量法，其建模应基于内部损失数据、外部损失数据、情景分析以及业务经营环境和内部控制因素四项要素；商业银行用于建模的内部损失数据应充分反映本行操作风险实际情况。

在使用高级计量法的前提条件方面，中国银监会从治理结构、数据处理、模型建立和计量等三方面提出了要求。

1. 治理结构

（1）商业银行的操作风险计量应成为操作风险管理流程的重要组成部分，相关计量体系应能促进商业银行改进全行和各业务条线的操作风险管理，支持向各业务条线配置相应的资本。

（2）商业银行应根据《资本计量高级方法验证要求》［《商业银行资本管理办法（征求意见稿）》（2011）附件13］的要求，建立对操作风险资本计量系统严格的独立验证程序。验证应包括操作风险高级计量模型及支持体系，证明高级计量模型能够充分反映低频率/高损失事件风险，审慎计量操作风险的监管资本。商业银行的操作风险管理系统和流程应接受第三方的验证，验证应覆盖业务条线和全行的操作风险管理，验证的标准和程序应符合《意见稿》的规定。

2. 数据处理

商业银行操作风险计量系统的建立应基于内部损失数据、外部损失数据、情景分析、业务经营环境和内部控制四个基本要素，并对其操作风险计量系统中的作用和权重做出书面合理界定。上述四项基本要素应至少分别符合以下要求：

（1）内部损失数据。

1）商业银行应具备至少5年观测期的内部损失数据。初次使用高级计量法的商业银行，可使用3年期的内部损失数据。

2）商业银行应书面规定对内部损失数据进行加工、调整的方法、程序和权限，有效处理数据质量问题。

3）商业银行的内部损失数据应全面覆盖对全行风险评估有重大影响的所有重要业务活动，并应设置合理的损失事件统计金额起点。

4）商业银行操作风险计量系统使用的内部损失数据应与规定的业务条线归类目录和损失事件类型目录建立对应关系。

5）商业银行除应收集损失金额信息外，还应收集损失事件发生时间、损失事件发生的原因等信息。

6）商业银行对由一个中心控制部门（如信息科技部门）或由跨业务条线及跨期事件引起的操作风险损失，应制定合理具体的损失分配标准。

7）商业银行应建立对损失事件的跟踪和检查机制，及时更新损失事件状态和损失金额等的变化情况。

8）商业银行应收集记录没有造成任何损失或带来收益的事件，此类事件可不用于建模，但应通过情景分析等方法评估其风险及损失。

9）商业银行对因操作风险事件（如抵押品管理缺陷）引起的信用风险损失，如已将其反映在信用风险数据库中，应视其为信用风险损失，不纳入操作风险监管资本计量，但应将此类事件在操作风险内部损失数据库中单独做出标记说明。

10）商业银行对因操作风险事件引起的市场风险损失，应反映在操作风险的内部损失数据库中，纳入操作风险监管资本计量。

11）商业银行的操作风险内部损失数据收集情况及评估结果应接受银监会的监督检查。

（2）外部损失数据。

1）商业银行的操作风险计量系统应使用相关的外部数据，包括公开数据、银行业共享数据等。

2）商业银行应书面规定外部数据加工、调整的方法、程序和权限，有效处理外部数据应用于本行的适应性问题。

3）外部数据应包含实际损失金额、发生损失事件的业务规模、损失事件的原因和背景等信息。

4）实施高级计量法的商业银行之间可以以适当的形式共享内部数据，作为操作风险计量的外部数据来源。商业银行之间汇总、管理和共享使用内部数据，应遵循事先确定的书面规则。有关规则和运行管理机制应事先报告银监会。

5）商业银行对外部数据的使用情况应接受银监会的监督检查。

（3）情景分析及业务经营环境和内部控制因素。

1）商业银行应综合运用外部数据及情景分析来估计潜在的操作风险大额损失。

2）商业银行应对操作风险计量系统所使用的相关性假设进行情景分析。商业银行应及时将事后真实的损失结果与情景分析进行对比，不断提高情景分析的合理性。

3）商业银行在运用内部、外部损失数据和情景分析方法计量操作风险时，还应考虑到可能使操作风险状况发生变化的业务经营环境、内部控制因素，并将这些因素转换成为可计量的定量指标纳入操作风险计量系统。

3. 模型建立和计量

（1）操作风险计量系统应具有较高的精确度，考虑到非常严重和极端损失事件发生的频率和损失的金额。

（2）商业银行如不能向银监会证明已准确计算出了预期损失并将其充分反映在当期损益中，就应在计量操作风险监管资本时综合考虑预期损失和非预期损失之和。

（3）商业银行在加总不同类型的操作风险监管资本时，可以自行确定相关系数，但要书面证明所估计的各项操作风险损失之间相关系数的合理性。

（4）商业银行可以将保险作为操作风险高级计量法的缓释因素。保险的缓释最高不超过操作风险监管资本要求的20%。

9.3 操作风险管理

“为了进行操作风险的有效管理，必须建立起操作风险管理框架”，这已成为国际银行界的共识。建立合理的操作风险框架，使得银行家们可以站在整个商业银行的角度，为有效管理来自商业银行各项业务和管理活动的操作风险的关键因素进行自上而下的基本安排。

根据我国银监会的要求，操作风险管理框架至少应包括以下基本要素：董事会的监督控制，高级管理层的职责，适当的组织架构，操作风险管理政策、方法和程序以及计提操作风险所需资本的规定。一般说来，操作风险管理最核心的要素是：操作风险管理战略、组织框架和管理流程。

9.3.1 操作风险管理战略

操作风险管理应当在风险管理战略的指引下进行，风险管理战略为银行设定了包括业务目标、风险容忍度和操作风险管理政策在内的最终目标和基本方法。

银行的风险管理战略与业务目标应是一致的。风险管理的作用在于帮助银行更好地实现业务目标。为此，风险管理战略的制定必须充分考虑银行的业务目标。业务目标也称业务发展目标，具体指银行将重点发展哪类业务、将要达到的水平等。商业银行作为营利性机构，其存在的目的就是实现收益的最大化。但银行在实现收益增加的同时必然会伴随着风险的增大，所以银行不得不在高收益和高风险中做出取舍，以追求价值和风险之间的最优平衡。这其中最重要的体现就是业务目标。例如，如果银行准备定位于零售银行，即主要服务于个人客户和中小企业客户，就必须做好承担较大操作风险的准备。因为个人金融业务和中小企业金融业务是操作风险高发领域，所以通过制定科学合理的业务目标能够使银行的资源得到充分合理的配置，实现收益与风险之间的最优平衡。

风险容忍度是风险战略的核心内容。所谓风险容忍度是指银行的风险承受水平，简单来说，就是“银行准备接受什么风险”“在多大程度上接受这些风险”。商业银行在充满各种风险的环境中经营，进行风险管理，实现收益与风险之间的最优平衡，并不等于排斥所有的风险。因为根据风险—报酬理论，风险带来的是收益，排斥所有风险就意味着排斥了所有的收益。当然，银行也必须考虑本身的资源条件，量力而行，对能承受的风险水平做出正确的判断。

操作风险管理政策就是在坚持遵循商业银行总体目标的前提下，对操作风险管理过程中各相关部门所负有的职责、所采用的技术和方法等问题的具体规定。操作风险管理政策是商业银行操作风险管理的总纲领，它可以为商业银行操作管理提供细致的辅导，有助于将与操作风险相适应的行动范围和尺度清晰地传达给所有人员，以提高银行对操作风险监控、衡量和控制的水平。操作风险管理政策的主要内容应包括：操作风险的定义；适当的操作风险管理组织架构、权限和责任；操作风险的识别、评估、监测和控制/缓释程序；操作风险报告程序，其中包括报告的责任、路径、频率，以及对各部门的其他具体要求；应针对现有的和新推出的重要产品、业务活动、业务程序、信息科技系统、人员管理、外部因素及其变动，及时评估操作风险的各项要求。所以，商业银行在制定操作风险管理政策时，首先应当从本行操作风险的特点出发，使管理政策与银行的业务性质、规模、复杂程度和风险特征相适应；其次，需要考虑操作风险容忍度与经营战略目标的一致性。

9.3.2 操作风险管理的组织框架

有什么样的业务管理模式，就有什么样的风险管理组织框架。目前，常见的操作风险管理组织框架可分为三种模式：集权式、分权式和内部稽核功能引导式。集权式管理模式指在总行设置专职单位和人员，负责拟定操作风险的管理架构与政策，如操作风险管理主管综合处理操作风险管理相关事宜，操作风险管理人员提供银行或个别业务部门的必要支持，并向首席风险官呈报。业务部门的操作风险管理人员负责执行总行政策。其他业务功能，如合规、人事和信息技术等，因与操作风险管理的完善与否息息相关，因此也需要纳入操作风险管理组织架构中。分权式管理模式是总行不设置专门的操作风险管理单位和人员，而是由一个或多个部门负责执行操作风险管理。这种模式可达到成本和效益的最优配置且能维持独立运作，有助于风险自我评估及风险指标的监控。内部稽核功能引导式则是由稽核部门执行操作风险管理职能，其执行的方式可以分为两种：一种是将操作风险管理作为各业务部门日常工作一部分的内部稽核式。另一种是通过稽核部门与各业务部门对操作风险进行共同识别、监控、控制和报告的扩充内部稽核式。采用内部稽核功能引导式可能会导致隐含利益冲突及内部稽核独立性与客观性不易维持的问题。

为了保证操作风险管理活动得到有效的执行，商业银行应该选择合适的操作风险管理组织结构，并为组织结构中的每个部门和个人设定其应承担的任务和责任。

商业银行操作风险管理的最终责任应该由其董事会承担。董事会的主要职责包括：(1) 制定与本行战略目标相一致且适用于全行的操作风险管理战略和总体政策；(2) 通过审批及检查高级管理层有关操作风险的职责、权限及报告制度，确保全行的操作风险管理决策体系的有效性，并尽可能地确保将本行从事的各项业务面临的操作风险控制在可以承受的范围内；(3) 定期审阅高级管理层提交的操作风险报告，充分了解本行操作风险管理的总体情况、高级管理层处理重大操作风险事件的有效性以及监控和评价日常操作风险管理的有效性；(4) 确保高级管理层采取必要的措施有效地识别、评估、监测和控制/缓释操作风险；(5) 确保本行操作风险管理体系接受内审部门的有效审查与监督；(6) 制定适当的奖惩制度，在全行范围内有效地推动操作风险管理体系的建设。这就要求董事会对本行的产品、业务过程和相关风险有全面的了解，能够制定与本行战略目标相一致的操作风险管理战略和总体策略并对高级管理层的工作进行有效的审查和评估，以保证全行操作风险管理决策体系的有效性。

在董事会之下是高级管理层，其主要任务是负责执行董事会批准的操作风险管理战略、总体政策及体系，具体职责包括：(1) 在操作风险的日常管理方面，对董事会负最终责任；(2) 根据董事会制定的操作风险管理战略及总体政策，负责制定、定期审查和监督执行操作风险管理的政策、程序和具体的操作规程，并定期向董事会提交操作风险总体情况的报告；（3）全面掌握本行操作风险管理的总体状况，特别是各项重大的操作风险事件或项目；（4）明确界定各部门的操作风险管理职责以及操作风险报告的路径、频率、内容，督促各部门切实履行操作风险管理职责，以确保操作风险管理体系的正常运行；（5）为操作风险管理配备适当的资源，包括但不限于提供必要的经费、设置必要的岗位、配备合格的人员、为操作风险管理人员提供培训、赋予操作风险管理人员履行职务所必需的权限等；（6）及时对操作风险管理体系进行检查和修订，以便有效地应对内部程序、产品、业务活动、信息科技系统、员工及外部事件和其他因素发生变化所造成的操作风险损失事件。

在高级管理层之下是操作风险管理的职能部门，其任务是辅助高级管理层完成操作风险管理责任。这一任务一方面要求操作风险管理的职能部门建立并组织实施操作风险识别、评估、缓释和检测方法以及全行的操作风险报告程序，达到评估、监控和向高级管理层报告银行整体操作风险的目的；另一方面要求操作风险管理的职能部门对已采用的操作风险管理方法和措施进行检测和评估，评定操作风险管理活动是否已按照操作风险管理战略和政策执行。

以中国工商银行为例，工商银行风险管理的组织架构由董事会及其专门委员会、高级管理层及其专业委员会、风险管理部门和内部审计部门等构成（见图 9-2）。对于操作风险，工商银行实行“统筹管理、分工控制”的操作风险管控模式，董事会承担监控操作风险管理有效性的最终责任，高级管理层负责执行董事会批准的操作风险管理战略、总体政策及体系。高级管理层下设的操作风险管理委员会是操作风险管理的组织协调机构，负责审议操作风险管理的重大事项，按照操作风险管理委员会工作规则开展工作，各级内控合规部门是本级行操作风险管理的牵头部门，统筹管理本行操作风险，各营销及产品部门、风险管理部门、综合管理部门、支持与保障部门按照职能分工依据全行统一的基本政策和标准分别负责本业务领域的操作风险管控。

9.3.3 操作风险管理流程

操作风险管理流程指商业银行在日常工作中开展操作风险管理的业务程序和环节。操作风险管理应在商业银行全行范围内完成，并同时实施激励等政策。

最基本的操作风险管理流程包括风险识别、操作风险计量与评估、操作风险的控制以及提交操作风险报告。在此基础上，可以根据不同的实际情况和侧重点进行改变。如著名学者卓志教授就把操作风险管理的流程分为风险识别、风险估测、风险评价、风险控制以及管理效果评价五个步骤。同时，也有学者认为操作风险管理流程的第一步应该是制定操作风险政策。

一、风险识别

操作风险识别就是从商业银行的经营管理中找出潜在的操作风险事件并对其进行分类，其目的在于通过对操作风险事件的分析将其进行定位和归类，为管理的后续工作提供信息。可以说，正确地识别操作风险，既是准确计量和评估操作风险的基础，也是合理选

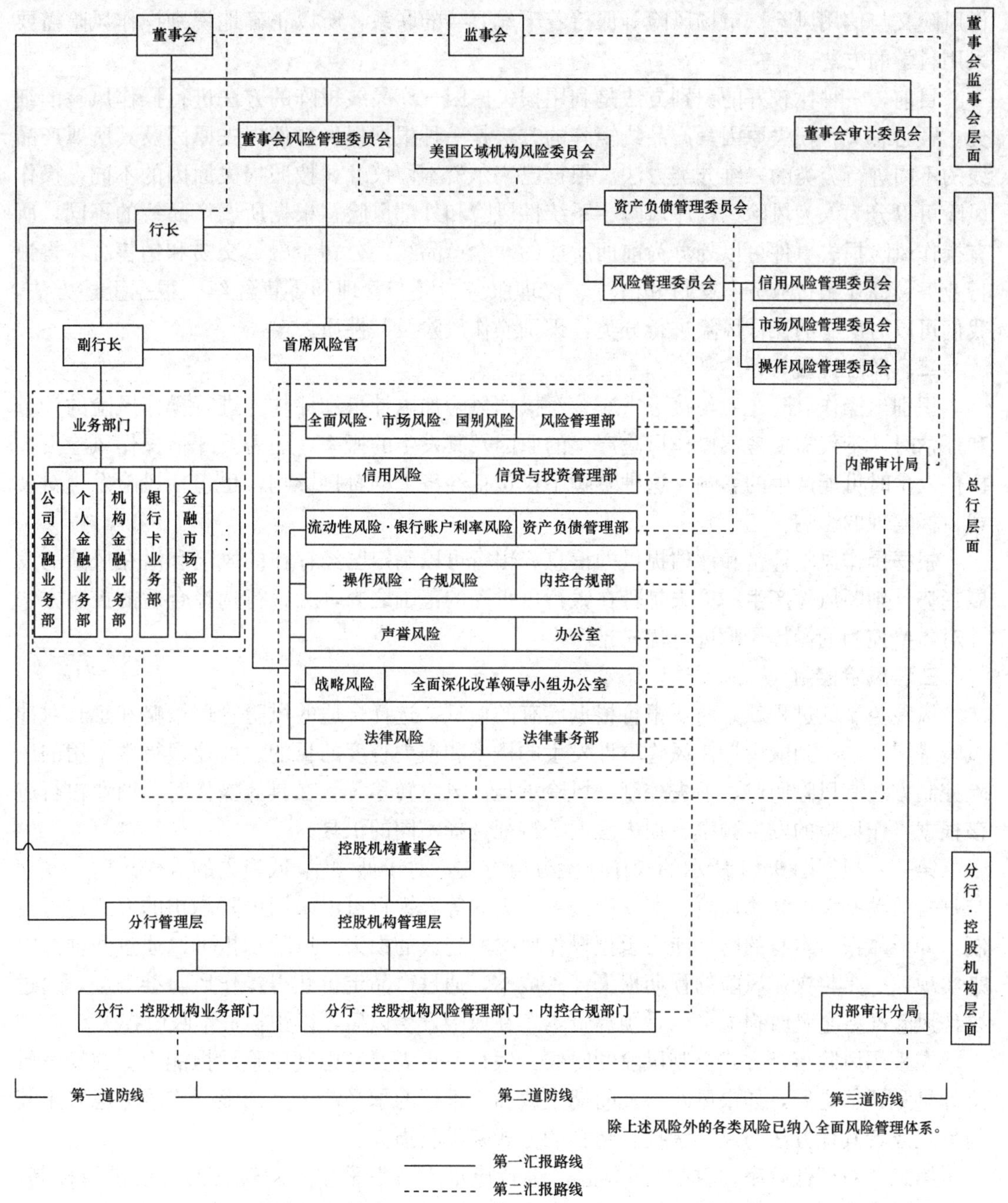

图 9-2　中国工商银行风险管理架构

资料来源：中国工商银行 2017 年年报.

择风险控制工具的前提。

风险识别的工作主要包含两个方面的内容，一是操作风险的确定，二是操作风险的定位。其中的工作既包括损失事件的识别，也包括对引发损失事件的原因的追溯和对损失事件所造成影响的预测。但是，由于操作风险与银行的整个体系有关，其产生的原因往往不是线性的，而是由内部因素和外部因素、硬件因素和软件因素等交织所形成的。同时，操作风险又与信用风险、市场风险等保持着千丝万缕的联系，所以正确地识别操作风险需要采用科学的方法。

目前，一种比较好的识别方法是利用损失原因—产品线矩阵的方法进行操作风险的细分。顾名思义，损失原因—产品线矩阵的方法是一种根据损失事件损失原因及其所属产品线的不同进行分类的二维分类方法。根据巴塞尔资本协议Ⅱ，按照损失原因的不同，操作风险可以分为人为风险、程序风险、系统性风险和外部风险；根据所属产品线的不同，所有操作风险损失事件可以划分为前面所述的八个产品线：公司金融、交易和销售、零售银行业务、商业银行业务、支付和清算、代理服务、资产管理和零售经纪。根据上述方法，我们可以对所有的操作风险进行分类，识别操作风险及其性质。

二、风险计量与评估

识别出操作风险之后，接下来应该对操作风险加以计量和评估。进行操作风险的计量和评估时，不仅需要考察操作风险产生的原因及其发生的概率，还需要评估操作风险损失事件发生时可能产生的影响。这种影响不仅包括经济上的直接影响，也包括风险发生对公司目标实现的影响。

根据操作风险计量和评估提供的信息，银行可以确定已经存在的风险和潜在风险的发展趋势，判断风险产生的损失是否在银行可承受的范围之内，为银行选择合适的控制方法并对需要控制的操作风险进行优先排序。

三、风险控制

风险控制的过程就是商业银行根据已有的信息，选择合适的风险管理策略和工具对冲风险暴露，以达到减少操作风险事件发生的概率和损失程度的目的。商业银行常采用的风险控制方法有风险回避、损失控制、风险承担、风险转移等。在具体操作时，商业银行应该根据操作风险的发生频率、损失程度等特征选择不同的工具。

第一，根据图 9-1 所示的操作风险分类方式，对于低频率/低损失的操作风险，例如与日常活动有关的结算风险、交易中的人为失误等，银行可以采用风险承担的方式进行控制，即依靠银行本身的财务能力承担操作风险所造成的损失。风险承担可以通过两种方式来实现：一是将操作风险的预期损失计入成本，通过产品定价获得操作风险准备金，通过操作风险准备金吸收损失；二是预提资本，在风险发生以后，以预提资本吸收损失。

在采用风险承担方式控制风险的时候，银行重点需要考虑其风险承担能力。在经过风险计量和评估之后，如果风险损失的期望值高于银行的承受能力，则银行应该考虑采用其他方式或者其他方法与风险承担相结合的方式来吸收损失。

第二，对于低频率/高损失的风险，银行应重点考虑采用风险转移的方法进行控制。由于此类操作风险计量困难、损失巨大，所以对银行而言是风险控制中的薄弱环节。在面对此类风险时，商业银行应将处理此类风险的责任转移给其他金融机构。如果其他金融机构也不能消除此类风险，则要对其进行积极的管理。

在实际操作中，银行常常采用的风险转移方法有保险和业务外包两种。其中，保险是最被广泛认可和采用的方法，而适合采用保险方式规避的操作风险包括火灾、员工滑倒和坠落造成的一般性责任等。与单个银行面对的缺少数据的窘况不同，保险通过承接银行的操作风险保险业务可以收集大量的操作风险损失数据。在此基础上，保险公司能够采用统计方法来预测操作风险的损失，并用银行转移风险的代价——保费——来支付损失并获得利润。所以，在操作风险控制的问题上，保险公司的管理水平更高，更擅长控制低频率/高损失的操作风险。但是，由于存在保险公司不能及时赔付以及部分操作风险不适合保险的问题，保险只能作为一种辅助手段，而不能作为银行操作风险损失的救世主。因此，巴塞尔银行监管委员会在允许保险作为风险转移的一种手段之外还规定，“高级计量法允许银行出于计算最低监管资本的需要，在计量操作风险时认可保险的风险缓释影响。保险的缓释作用不超过操作风险总资本要求的20%”，以此降低银行运用保险进行风险转移的动力。

业务外包指受监管实体持续地利用外包服务商（为集团内的附属实体或集团以外的实体）来完成以前由自身承担的业务活动。在商业银行的经营过程中，总是存在一些并不擅长或在战略上不愿意重点拓展的业务或管理环节，比如计算机的硬件设备和软件系统的采购和维护等。如果由商业银行本身来完成这些业务，则可能会出现差错或提高经营成本。所以，商业银行会选择将这些业务或管理环节交由专业机构完成，而银行在将其外包的同时，也将该业务中的操作风险转嫁给了承担该业务的服务商。因此，业务外包能够达到银行转移风险的目的。

第三，对于高频率/高损失的风险，银行应采取风险规避的方式进行控制。同样，对于那些对操作风险管理水平要求比较高，但经济效益比较差的业务，银行业可以采取回避的方法控制其操作风险。

所谓风险回避指对于某些操作风险事件，考虑到其损失程度较大，银行应该降低该业务的业务量或者干脆退出此类业务，从而避免可能的损失。但银行在采取风险回避作为风险控制工具时应该保持谨慎的态度，因为高风险业务带来的是高盈利，银行应该综合考虑其风险和报酬因素，而不应该轻易地选择退出某一业务领域。

第四，对于高频率/低损失的操作风险，银行应采取损失控制的方式，而损失控制是最积极的风险控制方式，它是指银行在面对那些无法回避的风险时，采取必要措施，如员工培训、拟定规则制度、建立风险报告机制等，及时察觉潜在风险，减少风险事件发生的频率，降低损失程度。

通过各种措施进行风险控制之后，银行也可能仍没有完全地避免损失。所以，银行还必须配置相应的资本来吸收非预期操作风险的损失。

四、提交风险报告

操作风险报告是向操作风险管理层反馈操作风险管理信息的工具，其内容应该包括风险评估结果、损失事件、风险诱因、关键指标、控制状况、资本金水平和建议等。通过操作风险报告，操作风险管理者可以掌握操作风险来源、整体风险状况、操作风险发展趋势和其他重要信息，并以此为依据对已存在的管理体系进行改进，以提高操作风险的管理水平，适应不断变化的外部环境和内部环境。

本章小结

本章介绍了操作风险的定义及分类，归纳了操作风险损失事件的详细分类；从定性和定量两方面介绍了操作风险的度量方法，其中定性方法包括自我评估法、关键风险指标法和计分卡法，定量方法包括基本指标法、标准法和高级计量法；在操作风险管理方面，介绍了操作风险管理战略、组织架构、管理流程等内容。

关键术语

操作风险　损失事件　产品线　关键风险指标　计分卡法　基本指标法　标准法　高级计量法　内部衡量法　损失分布法　极值理论法

思考题

1. 操作风险有哪些分类方法？
2. 目前计量操作风险的模型或方法有哪些？
3. 与市场风险、信用风险相比，操作风险有什么特点？
4. 保险也是进行操作风险管理的有效工具，试分析保险在操作风险管理中的作用。
5. 试为关键风险指标法选择合适的指标。
6. 我国银行操作风险管理的现状如何？
7. 选择10家上市商业银行，采用基本指标法估计它们在最近3年中，每一年的操作风险资本，并与这些银行年报中公布的操作风险相比较，分析其中差异存在的原因。

第 10 章 其他风险

本章要点

1. 国家风险的特点和类型；
2. 国家风险的识别和衡量；
3. 声誉风险和战略风险的识别和基本做法；
4. 合规、合规风险与合规风险管理的定义；
5. 合规风险计量和管理流程。

10.1 国家风险

10.1.1 国家风险概述

一、国家风险的概念与特征

自亚洲金融危机以来，国家风险对商业银行安全性的影响日益显现。中国加入 WTO 后，经济开放度迅速提高，大批跨国公司涌入国内市场。同时，我国商业银行海外分支机构不断增加，使得各项业务活动越来越多地涉及国家风险管理，这对现有风险监控体系和分析工具提出了更高的要求。

金融风险中的国家风险是指跨国界从事信贷、投资与金融交易时可能蒙受损失的风险，具体包括因保存外汇或其他方面的原因不能或不愿意完成对贷款者或投资者的外汇偿付义务所造成的风险，其他借款者由于贷款或者投资本身以外的原因不能完成对贷款者或投资者的偿付义务而造成的风险。对国家风险的理解，我们应把握两点：(1) 凡是跨国信贷，不论其授信的对象为该国政府、私人企业还是个人，都有可能遭遇国家风险损失。因而，国家风险的概念较主权风险或者政治风险的概念更为宽广。主权风险仅指某一主权国家政府贷款可能遭受的损失。(2) 必须是政府能控制的事故所导致的损失风险才是国家风险。例如，若一国政府经济政策失当导致企业破产，从而无法履约，就属于国家风险；但如果是企业本身经营不善而倒闭，一直无法履约偿债，则属于商业风险。与一般商业风险相比，国家风险有鲜明的特征。

(1) 国家风险存在或产生于跨国的金融经贸活动中，属于国家之间经济交往的风险。

(2) 国家风险是和国家主权有密切联系的风险，表现在东道国制定的有关法律、法令对外国投资者或外国经营者的一些不利规定或歧视待遇。

(3) 国家风险源于东道国法律和法规有强制执行性，从而导致这种风险的合同或契约条款能够被改变或免除。

(4) 国家风险是指一国的个人、企业或机构作为投资者或债权人所承担的风险，这种风险是由不可抗拒的国外因素所造成的。

二、国家风险的分类

1. 按引发国家风险事故的性质划分

(1) 经济风险，就是指由债务人所在国家的经济原因，如经济长期低增长、工人罢工、生产成本剧增、出口收入持续下降、国际收支恶化、外汇资金短缺等所引起的风险。

(2) 政治风险，就是指一国的国际关系发生重大变化而引起的风险，如对外战争、领土被占，或者国内动荡不安、恐怖事件不断发生、社会骚乱、地方争斗、政党分裂等因素所可能造成的风险。

(3) 社会风险，就是指一国的社会矛盾所引起的风险，如发生内战、种族纠纷、宗教纷争以及社会分配不均所引起的结群格斗、社会阶层对立等所造成的风险。

2. 按借款者的行为划分

(1) 间接风险。这是指当一国意外遭受经济困难或者政局动荡时，银行在该国的贷款收益虽然不会马上遭受损失，但此后也会间接遭受损失，主要表现为收回时贬值；还有就是要改变因贷款的国别分配而产生的成本。

(2) 到期不还风险。这是指债务到期后利息和本金得不到偿还的风险。

(3) 债务重新安排风险。这是指跨国银行、有关国家政府或其他金融机构共同协商，就债务国有关债务的支付做出新的协议安排的风险，主要有借新还旧、延期还本付息以及变更还本付息的条件等。无论何种情况，在重新安排债务上都会受到损失。

(4) 债务勾销风险。这是指跨国银行迫于债务国的严峻形势对其债务勾销而遭受损失的风险。

3. 按借款者的形态划分

按借款者的形态划分，国家风险可分为政府（主权）风险、私人部门风险、公司风险、公司主权以及个人风险等。主权风险是与主权贷款相关的特定风险。这种贷款的特定含义在于其还本付息与具体项目或企业的经营好坏没有直接联系，因而通过法律行为保证赔偿贷款损失是不可能的，因为借款者可以请求免于诉讼或不履行裁决。

4. 按贷款的目的划分

依据贷款目的，国家风险可划分为信用额度、输入融资、计划性融资、国际收支融资以及开发性融资等不同放款类型的风险。

5. 按风险程度划分

依风险程度划分，国家风险可划分为高度风险、中度风险以及低度风险，这是根据借款者采取行动所导致的风险程度的不同而做出的判别。

三、国家风险的表现形式

1. 国家风险的一般表现形式

(1) 国际信贷：债务国否认债务，拒绝还债；债务国中止还款，造成债权国损失；债务国要求减免、重组债务；等等。

(2) 国际投资：政府征用投资者资产，或没收资产；投资利润无法汇回母国；发生战争，造成投资者损失；政府动乱、革命、倒台，造成投资损失等。

(3) 国际贸易：贸易对方国单方面破坏契约；贸易对方国强行关闭国内市场；贸易对方国实行外汇管制；战争、革命、政变造成贸易损失等。

2. 商业银行跨国经营国家风险的表现形式

商业银行跨国经营国家风险的表现形式多种多样，但是如果从国家以及国外经济组织对其债务的负责程度和处理方式分析，可以将其分为两大类。

一是债务拒绝，即拒绝履行本国或该经济体所应偿付的一切债务责任和义务，包括：(1) 债务拒付，即债务人拒绝履行偿债义务；(2) 债务取消，即债务人因经营困难而要求债权人取消全部或部分债务；(3) 违约，即债务人不否认其应承担的债务但确实无力偿债。

二是债务重组，指由于本国或该经济体发生经济或财务困难，与债权人协商通过某些方式减轻或者推迟对所应承担债务推迟履约或是降低债务负担程度，包括对债务期限和利率等内容的修改。具体包括：(1) 技术违约，即债务人未能及时履行债务合同中的要求，如未在规定时间内提供财务报告等；(2) 利率修订，即债务人因偿债困难而要求降低原定利率；(3) 债务延期，即债务人未能在合同规定期限偿还债务，从而要求进行债务展期；(4) 债务重组，即债务人为能够持续经营而要求债权方降低债务利息，延期偿还债务等一系列的债务调整。

案例 10-1

希腊主权债务危机

危机概述

2009年10月初，希腊政府突然宣布，2009年政府财政赤字和公共债务占国内生产总值的比例预计将分别达到12.7%和113%，远超欧盟《稳定与增长公约》规定的3%和60%的上限。鉴于希腊政府财政状况显著恶化，全球三大信用评级机构惠誉、标准普尔和穆迪相继调低希腊主权信用评级，希腊债务危机正式拉开序幕。

随着主权信用评级被降低，希腊政府的借贷成本大幅提高。希腊政府不得不采取紧缩措施，希腊国内举行了一轮又一轮的罢工活动，经济发展雪上加霜。至2012年2月，希腊仍在依靠德、法等国的救援贷款度日。

希腊债务危机的直接原因是政府的财政赤字，除希腊外欧洲大部分国家都存在较高的财政赤字，因此，希腊债务危机也引爆了欧洲债务危机。此次危机是继迪拜债务危机之后全球又一大债务危机。2012年5月，希腊人纷纷到银行去提领存款，银行出现挤兑现象。

危机起源

2001年，希腊加入欧元区。根据欧洲共同体部分国家于1992年签署的《马斯特里赫特条约》的规定，欧洲经济货币同盟成员国必须符合两个关键标准，即预算赤字不能超过国内生产总值的3%、负债率低于国内生产总值的60%。刚刚入盟的希腊远不符合这两项标准。这时希腊便求助于美国投资银行高盛。高盛为希腊设计出一套“货币掉期交易”方式，为希腊政府掩饰了一笔高达10亿欧元的公共债务，从而使希腊在账面上符合了欧元区成员国的标准。

这一被称为“金融创新”的具体做法是：希腊发行一笔100亿美元（或日元和瑞士法郎）的10～15年期国债，分批上市。除了这笔借贷，高盛还为希腊设计了多种敛财却不会使负债率上升的方法。如将国家彩票业和航空税等未来的收入作为抵押，来换取现金。这种抵押换现方式在统计中不是负债，而是变成了出售，即银行债权证券化。

希腊债务危机的根本原因是，该国经济竞争力相对不强，经济发展水平在欧元区国家中相对较低，经济主要靠旅游业支撑。金融危机爆发后，世界各国出游人数大幅减少，对希腊造成了很大的冲击。此外，希腊出口少、进口多，在欧元区内长期存在贸易逆差，导致资金外流，从而举债度日。

危机后果

（1）或退出欧元区。2009年12月11日，南非标准银行发布研究报告预测，希腊和爱尔兰等国的经济状况不能容忍，这或许将导致这两个国家接受外界救助，甚至可能被迫退出欧元区。

（2）股市下跌。由希腊主权信用评级遭调降所导致的该国主权债务危机在爆发之初，便显示出了巨大的威力：欧美各主要市场均在2009年12月8日开盘后迅速下挫1%以上；而其引发的全球投资者避险偏好，则通过推升美元的方式，向大宗商品期货市场施加了巨大压力。标准普尔周二（2010年4月27日）下调希腊评级至垃圾级，因担忧该国执行解决其高债务负担所需改革的能力，标准普尔之前还下调了葡萄牙评级，称鉴于其疲弱的经济前景，担忧葡萄牙应对高负债的能力。对援助希腊方案细节的担忧令欧元负面人气进一步加重，欧元兑其他主要货币普跌，欧元/美元周二跌至一年低点，录得一年内最大单日百分比跌幅。欧元/日元挫至122.57，跌幅超过2.5%，普遍的风险厌恶情绪令日元得益；美元指数大涨1%，报82.319，但美元/日元跌0.8%，报93.20，盘中低见92.82。

（3）信贷风险。希腊和德国公债收益率差扩大至12年最宽，因持有希腊债券的投资者要求更高的溢价，短期德债收益率跌至欧元面世以来最低点。希腊和葡萄牙债务的担保成本创下新高，反映出欧元区信贷风险扩大。

10.1.2 国家风险评估和衡量

一、国家风险评级以及评估机构

1. 专门的国家风险评估机构

国家风险评级是国际评估机构根据一国与其他国家相比在外债偿还中的信誉对借款国家做出的评价。国际银行或金融机构在从事国际贷款活动时，为避免经营上遭受重大损失，除需考虑一般性的金融风险外，还需考虑借款国家本身独有的政治、社会、经济与累积债务等风险。目前世界上著名的评估机构有商业环境风险信息机构、《欧洲货币》杂志的评估、《机构投资者》杂志的评估和“国际报告集团”的评估。

（1）商业环境风险信息机构。美国商业环境风险信息机构（BERI）是最早提供国家风险资料的国际机构，由 F. T. 汉纳教授在 20 世纪 60 年代创立。主要提供三种服务：

1）商业风险服务。主要是 BERI 指数，分别对外国贷款者的商业气候、债务国的政治稳定性以及货币和支付风险三个部分进行评估，用 0～100 来表示风险程度高低。

2）国家远景报告。重点评价债务国的投资气候和外国投资者在该国盈利的可能性与途径，目的是为银行业和商业实体提供前景分析报告，预测债务国的政治、经济和金融的变化情况。

3）国家风险预测。就是通过定量和定性分析来评价一个国家（重点是对 50 个国家）的信誉情况。它采用几种定性与定量标准对一国未来 5 年的情况进行预测，并把国家风险评级具体分成定量评级、定性评级和环境评级三类。其中，定量评级主要考虑偿债能力（占 50%）；定性评级主要考虑债务结构、竞争力等（占 25%）；环境评级主要考虑现行该国的政治环境（占 25%）。最后综合用 0～100 的自然数表示风险高低。

（2）《欧洲货币》杂志的评估。《欧洲货币》杂志是世界著名的金融月刊，其对国家风险的评估结果具有一定的权威性。其评估开始于 1979 年 10 月。其评估方法可分为三个阶段：

第一阶段，主要采用加权平均利差分析法，即根据主权借款者在欧洲货币市场上的加权平均利差来确定该国与其他国家相比较的风险地位。差额越大，风险越高。

第二阶段，从 1982 年 9 月开始，根据一国进入市场的能力、实际获取信贷的条件以及在市场上能否销售完该国发行的债券来评价其国家风险程度。

第三阶段，从 1987 年后，采取分类指标分析法来衡量国家风险。三类指标是市场指标，主要是进入市场的能力，债券销售情况等（权重占 40%）；信用指标，主要是偿债记录，重新安排债务的困难情况（权重占 20%）；分析指标，包括政治风险及该国的经济指标（权重占 40%）。三大类共有九个经济指标，即经济表现、政治风险、债务指数、银行贷款的进入、短期融资的进入、资本市场的进入、偿付债券和贷款本息的记录、信用等级和违约重新安排债务。

（3）《机构投资者》杂志的评估。《机构投资者》杂志也是著名的国际金融刊物，它每年根据对 100～105 个国际活跃银行的调查（根据不同银行的情况给予不同的权重），分两次公布其对国家风险的评估结果。同样也是在 0～100 范围内给每一个国家评级。与《欧洲货币》杂志评估不同的是，《机构投资者》杂志评级的依据是世界上主要银行的国家风险评估系统的评级结果，而《欧洲货币》杂志是以市场反应为依据。

（4）“国际报告集团”的评估。美国纽约的“国际报告集团”对国家风险的评估具体体现在其每月出版的《国家风险国际指南》中。它是用自己的国家风险评估体系得出的，其总值分为三个部分，即政治风险、金融风险及经济风险。政治变量权重为 50%，共有 13 个指标；金融变量权重为 25%，共有 5 个基本指标；经济变量权重为 25%，共有 6 个指标。评级的最终结果也是用 0～100 的自然数表示风险的高低。

2. 其他评估机构

（1）国际资信评估公司。

主要有穆迪、标准普尔、惠誉等。这些评估公司的业务日益专业化和系统化。它们可根据客户的不同要求，对不同方面给予评估。影响力越来越大。

（2）国际性大银行。

一些国际性大银行通常也都是国家风险评估的主体。它们有专门的机构和人员从事国家风险分析工作。如比较有名的瑞士银行就是一家拥有丰富的国家风险评估经验的银行，还有美国的一些大银行都设有国家风险管理委员会。此外，国际货币基金组织、世界银行也对借款国的国情进行分析。

二、国家风险的评估方法与模型

1. 国家风险的评估方法

（1）结构定性分析法。

结构定性分析法主要是根据标准化的国家风险评估报告，结合部分经济统计，对不同国家的贷款风险进行比较。它综合了对政治社会因素的定性分析和对经济金融因素的定量分析，具体有政策因素（主要是该国的经济财政政策的质量）、经济因素（主要有自然资源、劳动力资源、经济发展战略、经济发展所需资金的提供能力以及出口多样化程度）、金融地位（主要是国际收支、外债规模、外汇储备及特别提款权）和政治因素（主要是政局稳定与政策的连续性）。

这种方法的优点是国家风险分析趋于标准化，使各国的国家风险在定性上的比较成为可能，能更加全面地分析国家风险，所以得出的结论一般比较合理。不足之处是方法复杂，实施困难，一般只有实力雄厚的大银行才能运用。

（2）清单分析法。

清单分析法就是将有关的各种指标和变量系统地排列成清单，各个项目还可以根据其重要性赋予权数，然后进行比较、分析、分数评定，具体来说就是一张需要回答待评估国家风险的统计问题表。清单一般包括经济发展水平、经济增长率和国际清偿能力三方面的内容。定量分析也采用清单分析，但偏重计量经济学的方法，通过建立模型来分析。

这种方法的优点是：分析指标的量化使国家风险评估的结果相对客观；被分析的每个国家都有一个国家风险的总分值，所以也比较方便。不足之处是评价的主观色彩还是比较浓，特别是权重赋值。

（3）德尔菲法。

德尔菲法是指由多名专家分别独立地对一国的国家风险做出评估，评估汇总后，再反馈给各专家，由其对原来的评估结果进行修正，反复几次缩小差距，最后达成比较一致的看法。优点是集中了大家的智慧；缺点是精确度有限。

（4）政治经济风险指数。

这种指数通常是由银行外的咨询机构（如前面的国家风险评估机构）提供，每过一段时间修正一次，如果指数大幅度下降，说明风险增大。优点是银行分析起来一目了然，缺点仍然是精确性不够。

（5）情景分析法。

情景分析法就是假设各种可能出现的情景，尤其是极端不利的情景，然后分析在此情景下一国所处的状况，据此来判断其国家风险的大小。

2. 国家风险的计量模型

（1）多重差异分析模型。

多重差异分析就是利用该国的经济变量进行分析。1971年弗兰克（Frank）和克莱因（Klein）采用了8个指标进行实证分析，结论是：偿债率、进口与国际储备比率、分期还款与债务的比率对国家风险的影响比较显著。他们还以此为基础进行了多重差异分析，以较低的误差正确地解释了13次重新安排事件中的10次。后来格里诺斯（Grinois）和阿巴西（Abbassi）等都对此采用了更多的指标和数据进行分析研究，找出了更多的影响指标。

（2）逻辑分析模型。

假定某一经济变量依据其综合效应确定一国所处的某种状态：重新安排状态和非重新安排状态。逻辑分析所处理的就是多重伯努利实验，确定一国是否重新安排其外债事件。具体的判别函数可构造成n个解释变量的线性组合，即$Z=f(X_i)$，$i=1$，2，3，…。其原理与信用风险中的Z评分模型类似。1984年克莱因采用10个指标建立模型进行了分析。

（3）政治不稳定分析模型。

前面的模型分析中只涉及了经济因素或者说经济变量，没有考虑到政治因素。于是西特尤（Citron）和尼科尔斯伯格（Nickelsburg）在1981年把政治不稳定作为一个重要变量考虑到了模型之中，所以该模型被叫作政治不稳定分析模型。他们认为，虽然把重新安排债务作为减少政府预算中债务偿付额的途径成本很高，但对于政治不稳定而言还是可以接受的，否则如果加税还债，就会加速政府垮台。只有当政府稳定时，“偿付能力”才显得重要。

10.1.3 国家风险管理

一、国家风险管理的基本准则

有的银行在发放贷款时仅考虑借款人的信用风险而忽视其国家风险，往往做出错误判断，从而带来风险损失。同时，国家风险与信用风险在风险损失补偿方面也有很大区别，如果只是信用风险而交易双方又处于同一法律制度约束下，那么当信用风险发生时，贷款人可以向当地法院寻求法律保护；而如果发生国家风险，那么银行不可能找到一个国际法庭使其可以向某国政府索取补偿，弥补风险损失的手段是非常有限的。这意味着向国外投资和借款的决策至少包括两个步骤：首先与一般国内投资和贷款一样对借款客户进行信用风险评级，其次评估借款人的国家风险，若借入方信用风险低但国家信用处于次级状态，则该贷款不应当执行。事实上在国际借款或投资决策中，国家风险的考察应当优于对单个信用风险的考虑，对于发展中国家尤其如此。

二、设定国家信贷风险限额

根据国际经验，在国家风险的管理中，应在国家风险评估与国家风险等级划分之后，将评估分析的结果应用于对每一贷款国家制定不同的信贷限额，以此作为信贷警戒线，分散信用风险和国家风险。具体方法可以分为：按资本额设定放款百分比、依据一国的偿债能力订定最高信用限额。因此，在我国商业银行跨国经营的过程中，应对此进行借鉴，银行对外资产的构成应反映分散风险的要求，避免对某个国家集中投入大量资产。贷款银行应经常监视国家贷款限额的执行情况，从而使风险资产保持在一定限度内，一般地，对某一国家或借款者的贷款一般限制在银行股本的10%至20%之间。

1. 对信贷国家设定放款最大百分比

对任何国家的信贷，皆依其可供贷款的资金订立一个固定百分比，限定对任一国家的信贷不超过该百分比。在实际操作时，则依每个国家的风险、政治情况、借款人的偿债能力与其他因素等，在此最高限额内采取弹性信贷。

2. 按资本额设定放款百分比

按资本总额订定贷款给任一国家的最高百分比，通常是就各个国家的风险程度设定不同的百分比。

3. 按外债状况设定信贷百分比

依据一国的偿债能力，就其所能承担的外债程度，分别设定最高信用限额，实际信贷额不得高于此最高信贷限额。

4. 按国家信用评级授予安全信贷限额

根据此方法，一国的信贷限额是按国家风险评级的差异加以个别设定。此法对信用评分高的市场给予较大的信贷限额，而对信用评分较低者给予较小的信贷限额。

5. 不预先设立信贷限额，而按交易性质个案决定信贷限额

对信用的核定是按个案性质审理，而非以年度为基础计算全年的信贷限额。然而，此种个案分析法仍需辅以全年度的审查，才能使当期的债务与当期偿债能力配合，并可按将来预期偿债能力，提供新的信贷额度。

三、国家风险的化解

1. 寻求第三者保证

国际性银行在从事跨国贷款时为减少风险损失，一般均要求借款人寻求第三者对贷款提供保证。在实务中，担任此种贷款的保证者通常为借款国的政府或中央银行，以及第三国银行或金融机构。在由借款国政府保证的情况下，债权银行所面临的国家风险便转为主权风险，风险程度相对减轻，如果债权银行对主权风险仍有疑虑，则往往要求借款人寻求第三国银行保证而使国家风险转移至信誉较佳的第三国。

2. 采用银团贷款方式

当国际贷款金额庞大且不易取得第三者保证时，通常采用银团贷款方式。由参加银团贷款的银行共同承担风险，从而减少个别银行单独放款的风险。商业银行亦可通过与世界银行或其他国际金融机构合作融资的方式达到化解风险的目的。

3. 贷款多元化

贷款多元化指投资国别分散化和贷款对象多样化。银行一般不是从单个国家的角度来管理国家风险，而是从银行资产组合的总体安全性角度来把握国家风险。在分散化的基础上，对于特定国家贷款项目的国家风险问题应当做到数量化分析。从理论上讲，就是把对债务国的风险估计结果变成银行资产组合的种种约束加入银行管理的决策函数之中，运用数学模型对目标国家的风险做出合理评估并采取应对措施。

4. 转贷和债转股方式

当债务国发生债务危机，不再有能力偿还到期的公共及私人的国外债务时，银行的直接损失就已经发生了，但为控制损失的程度，借贷双方往往共同协商，就债务的支付安排做出变动。目前债转股方法比较受债务国欢迎，虽然银行要接受比原有账面价值低得多的债权市场价值，但它至少为债权银行和债务国解决债务问题提供了一条途径。

5. 利用金融衍生工具缓解国家风险

传统贷款的可转让性极低，交易费用高加上许多银行贷款组合具有很大的相似性，因此贷款交易市场难以深入发展。同时，传统的利率浮动实质上不过是把利率风险由银行转移给债务国。一旦债务危机发生，对银行来说，结果就是利率风险转化为信贷风险。随着金融市场不断发展，为提高债务的市场可转让性以及便于控制债务国利率风险，西方银行趋于选择具有较高流动性的债务工具代替传统风险缓解手段。

6. 风险自留

对一些无法避免和转移的风险应采取一种积极务实的态度，在不影响国际投资者根本利益的前提下，承担所面临的国家风险。实际上自留风险是一种主动的风险控制手段，它会使投资者为承受风险损失而事先做好各种准备工作，努力将风险损失降到最小。

四、风险债权管理

不论以何种方法设定国家信用限额，其目的都是避免风险过度集中于某业务区域。为了控制国家风险，在实务上银行常常将国家风险评估结果应用于定期检查国家信贷额度，将最新的国家风险资料与实际风险债权分布和限额做比较，以随时反映风险变化。风险债权是指银行暴露于某一国家的风险性资产总额，在衡量风险债权时，最难的是归宿问题。若此笔国外放款完全与第三国无任何关联，则其风险归属极为明确，属借款者所在国；而当一笔放款涉及的国家不止一个时，风险归属识别便发生了极大的困难。

在观念上，通常银行对上述风险的归属采用两种方式。

1. 法律归属

此种归属方式是按最后应负偿还责任或保障责任的国家为归属，是法律责任的观点归纳。因此，一笔放款可经由第三国保证，而将风险转移至第三国。此种操作方法类似信用证通过第三国银行保兑，其作用在于将风险由信誉较差的国家转移至信誉良好的国家，从而降低国家风险。

2. 经济归属

此种归属方式是按借款来源所在国为归属。按此种归属方式，若一笔国外贷款由借款者所在国政府提供保证，则其风险归属与法定归属相同。

银行实际大多采取双重风险计算来处理，即一方面以借款者国为直接归属，另一方面估计到各种不同类型的风险转移归属。就一个分支机构庞大的国际性银行而言，对整个国家风险债券分布的了解与控制是非常重要的，通常，这种国际性银行除需明确其各个海外分行以及银行借款所暴露的风险债权外，还必须合并计算，全盘考虑银行整个集团的风险债权暴露情况。

案例 10-2

俄罗斯金融危机

1998年俄罗斯金融市场动荡加剧。继5月19日股价和债市价格大幅下跌后，8月份，俄罗斯国内经济恶化，8月17日，俄罗斯政府在无路可退的情况下被迫宣布实行新的卢布“汇率走廊”，使得俄罗斯金融市场投资者的心理防线崩溃，最终引发了一场自俄罗斯独立以来积蓄已久的、最为严重的金融危机。

1998年8月17日，俄罗斯政府及中央银行发表了“联合声明”，对俄罗斯国内出现的金融危机采取“三大措施”，具体内容包括：(1) 扩大卢布汇率浮动幅度；(2) 延期清偿内债；(3) 冻结部分外债。“三大措施”出台后，俄罗斯国内金融危机并未得到缓解，相反，对俄罗斯政治、经济和社会产生了巨大的负面影响，表现为：金融市场上出现汇市乱、股市跌、债市瘫的局面；在随后开始的银行系统重组中，近一半银行被迫宣布破产；金融危机使卢布贬值70%，失业人数大幅上升，生活在贫困线以下的人口占全国人口的比例由年初的1/5增至年底的1/3，90%以上的居民生活水平下降；俄罗斯经济发展迅速下滑；俄罗斯金融危机在全球引起震荡，尤其是拉丁美洲一些与俄罗斯相似的石油出口国家，如委内瑞拉、巴西、阿根廷等均受到很大冲击。

俄罗斯金融危机应当说是亚洲金融危机在国际上的延续，从其影响的深度和持续的时间来看，都堪称自俄罗斯独立以来最为强烈的金融震荡，它对俄罗斯政治、经济和社会产生了巨大的负面影响，使刚刚出现一线生机的俄罗斯经济再度跌入衰退的深渊。同时，危机客观上也对俄罗斯社会起到了荡涤尘埃、清除沉渣、杜绝浮躁进而刮骨疗毒的作用。此次危机至少带来了如下几点启示：

第一，政治稳定对金融市场的稳定具有重要意义。经济的平稳发展为政治稳定提供了基础；同时，政治稳定又反作用于经济的发展，为经济发展提供了安全稳定的社会、心理环境。严重依赖于信用的金融市场，对国家信用极为敏感。如在1998年3月下旬开始的持续近一个月的俄罗斯政府危机中，政府与议会严重对抗，随后出现了政府要员更迭，使得投资者对俄罗斯政策的连续性以及社会的稳定性产生了怀疑，从而重新评价已投资金的安全性。市场信心的下降，导致了外资的大规模撤离。

第二，金融市场的开放应与经济的发展和开放程度相适应。一个国家如果能够根据本国经济和发展水平科学地把握本国金融市场的开放程度并予以有效的、适度的管制，则能引导国际资本有序流入本国并发挥积极作用，使其参与本国的资产货币化、货币资本化的过程，使本国的实物财富转化为货币财富，进而使财富总量得以有效扩张；反之，如果一国不顾本国经济的客观发展水平而过度开放其金融市场，则有可能导致国际投机资本大量自由出入本国，泛滥成灾，进而引发金融危机或金融震荡。

第三，金融市场的发展应具有长期战略眼光，避免短期效应。俄罗斯金融市场特别是债市和股市基本上是以投机性炒作为主。如国债，从俄罗斯政府来讲，其短期国债的发行额占到国债总额的75%，其长期国债——联邦债券——仅发行600亿卢布（约合100亿美元），占国家级债券发行总量的15%。

10.2 声誉风险

过去摧毁一个金融帝国可能需要一个很漫长的过程，但是现在即便是经营了上百年的银行也可以在一夜之间倾塌。

——汇丰集团前主席庞约翰爵士

这句名言不幸在美国次贷危机引起的金融海啸中得以印证。自2007年7月以来，以美国次贷危机为导火索的金融危机迅速席卷全球金融市场，引发了全球性金融动荡。声誉风险在不同市场之间的传染而造成的不良影响，不可避免地起到了推波助澜的作用，彻底暴露了金融业在声誉风险冲击下的脆弱性。普华永道2006年11月至2007年1月对亚洲、欧洲、美洲420名商业银行高级管理人员的调查显示，在"您认为哪种风险对银行的盈利能力威胁最大"的调查中，有24%的人认为声誉风险是最大威胁，排在被调查的17类风险中的第二位。同时，在"能够有效地管理以下种类风险"的调查中，认为能够有效管理声誉风险的占16%，排在被调查的17类风险的第五位。

对于从计划经济时期成长起来，长期依靠"国家信誉"背书来拓展业务的中国银行业来说，加强声誉风险管理就显得尤为迫切。

10.2.1 声誉风险管理概述

一、声誉风险的定义与特征

商业银行通常将声誉风险看作对其经济价值最大的威胁，因为商业银行的业务性质要求其能维持存款人，贷款人和整个市场的信心。这种信心一旦失去，商业银行的业务及其所能创造的经济价值都不复存在。良好的声誉是商业银行的生存之本。

国外一些文献将声誉风险定义为：重大的负面公众评价所带来的资金和客户损失方面的风险。这种风险影响着银行建立新客户关系或服务渠道以及继续为现有客户服务的能力，会使银行面临诉讼、金融损失或者客户流失的局面。

中国注册会计师协会则将商业银行声誉风险描述为："由于商业银行经营管理不善、违反法规等导致存款人、投资者和银行监管机构对其失去信心的可能性。"

中国银监会2009年8月颁布的《商业银行声誉风险管理指引》将商业银行声誉风险定义为：声誉风险是指由商业银行经营、管理及其他行为或外部事件导致利益相关方对商业银行负面评价的风险。声誉事件是指引发商业银行声誉风险的相关行为或事件。重大声誉事件是指造成银行业重大损失、市场大幅波动、引发系统性风险或影响社会经济秩序稳定的声誉事件。

2009年1月，巴塞尔协议Ⅲ（征求意见稿）明确指出，银行应将声誉风险纳入其风险管理体系中，并在资本充足率评估和流动性应急预案中适当涵盖声誉风险。2009年8月，中国银监会正式发布《商业银行声誉风险管理指引》，要求商业银行声誉风险管理应当全面覆盖商业银行的各种行为、经营活动和业务领域，督促商业银行规范声誉风险管理，引导商业银行完善全面风险管理体系，并通过审慎有效监管，保护广大存款人和消费者的利益。声誉风险具有如下五点特征：

1. 突发性

商业银行日常工作中的任何一个错误甚至微小失误，以及外部一些不可预测的事件，都有可能引发银行的声誉风险，声誉危机对商业银行具有突发性。

2. 衍生性

声誉风险不可能完全脱离其他风险类别单独存在，更多地具有衍生特质。归根到底，声誉风险是一种负面评价。

3. 难计量

对声誉风险的计量研究还只是刚刚起步。总的来说，定性分析在声誉风险的评估中仍然占据主导地位，特别是对媒体报道进行系统全面的分析，正变得越来越重要，因为媒体报道直接影响利益相关者的感受和期望。

4. 影响广

声誉风险不仅会危害到商业银行的声誉质量乃至生存发展，还可能给员工、客户、股东等带来恐惧和惊慌，甚至会通过连锁反应威胁到大部分其他商业银行的声誉，导致银行业体系紊乱等更为严重的后果。

5. 传播快

随着互联网的迅速发展，社会新闻传播速度日益加快。关于银行的争议或负面报道一经转载，传播范围和社会影响会得到几何级数的放大。而且，媒体的报道很多时候是间接传播的，缺乏考证使得某些报道严重失实，给商业银行的声誉风险管理带来很大困难。

二、声誉风险管理体系的内容及重点

一般来说，商业银行规模越大，抵抗风险的能力越强，同时意味着商业银行面临的风险因素越多，对其声誉的潜在威胁也越大。管理和维护声誉需要考虑内、外部风险因素。有效的声誉风险管理体系应当重点强调以下内容：

（1）明确商业银行的战略愿景和价值理念；

（2）有明确记载的声誉风险管理政策和流程；

（3）深入理解不同利益持有者（例如股东、员工、客户、监管机构、社会公众等）对自身的期望值；

（4）培养开放、互信、互助的机构文化；

（5）建立强大的、动态的风险管理系统，有能力提供风险事件的早期预警；

（6）努力建设学习型组织，有能力在出现问题时及时纠正；

（7）建立公平的奖惩机制，支持发展目标和股东价值的实现；

（8）利用自身的价值理念、道德规范影响合作伙伴、供应商和客户；

（9）建立公开、诚恳的内外部交流机制，尽量满足不同利益持有者的要求；

（10）有明确记载的危机处理/决策流程。

商业银行所面临的风险不确定因素，不论是正面的还是负面的，都必须经过系统化的管理，因为几乎所有的风险都有可能影响声誉风险，声誉风险是一种多维风险。建立良好的声誉风险管理体系，能够持久有效地帮助商业银行减少各种潜在风险。

三、声誉风险管理的原则

1. 预防第一原则

声誉风险管理首先是事前管理，必须坚持预防第一的原则，及时准确地识别、评估现有和潜在的各种声誉风险因素，从源头上控制和缓释声誉风险。

2. 积极主动原则

应按照声誉风险管理的目标要求，积极主动地创建、维护、巩固和提升银行的良好声誉。处置声誉事件时应当迅速反应，果断作为，争取主动。

3. 全局利益原则

在管理声誉风险和处置声誉事件时，要从全局利益出发，将声誉风险和声誉事件对银行中心工作和整体发展目标的损害程度降到最低。

4. 及时报告原则

对于各类声誉事件，各当事机构和员工应当在规定的时限内向上级行直至总行如实报告，严禁各类拖延和瞒报行为。

5. 全员参与原则

声誉风险管理涉及银行经营的各个层面和环节，全行每个机构、部门和员工都负有维护银行声誉的责任，都应该积极防范声誉风险。

10.2.2 声誉风险管理

一、明确董事会和高级管理层的责任

董事会是声誉风险管理的最高决策机构，承担声誉风险管理的最终责任。董事会通过其下设的风险管理委员会的协助，负责制定与战略目标相匹配的声誉风险管理战略和政策，并监督战略和政策的执行，确保声誉风险管理体系的有效性；负责履行相关法律法规、规章或银行章程规定的应由董事会承担的其他声誉风险管理职责。

高级管理层负责领导全行的声誉风险管理工作，执行董事会制定的声誉风险管理战略和政策，审定声誉风险管理的有关制度、办法、操作规程和特别重大声誉事件的处置方案，确保声誉风险管理体系正常、有效运行。

二、建立清晰的声誉风险管理流程

1. 声誉风险识别

声誉风险可能产生于银行经营管理的任何环节，通常与信用风险、市场风险、操作风险和流动性风险等交叉存在、相互作用。各机构及其基层组织应定期汇总辖内面临的主要风险以及所包含的风险因素，并将其中可能影响银行声誉的风险因素提炼出来。重点关注但不限于以下声誉风险驱动因素：一是业务、产品运行中可能引发声誉风险的因素。二是内部组织机构变化、政策制度变化、财务指标变动、系统调整、机构裁撤变更和产品价格调整等可能引发声誉风险的因素。三是新闻媒体报道、网络舆情动向、客户投诉、内外部审计和监管部门合规检查等揭示出的声誉风险因素。四是司法性事件或群体性事件等可能引发声誉风险的因素。

声誉风险识别的核心在于：正确识别信用、市场、操作、流动性风险中可能威胁商业银行声誉的风险因素。商业银行通常要求各业务单位及重要岗位定期通过清单法详细列明其当前所面临的主要风险及其所包含的风险因素，然后将其中可能影响到声誉的风险因素提炼出来，报告给声誉风险管理部门（见表 10－1）。

表 10－1　利用清单法识别声誉风险

风险类别	风险因素/事项	可能影响声誉风险的风险因素
信用风险	优质客户违约率上升 不良贷款率接近 5% 贷款损失准备金充足率低于 100% 非房地产业贷款比例超过 30%	信用风险状况恶化

续前表

风险类别	风险因素/事项	可能影响声誉风险的风险因素
市场风险	国债交易损失扩大 衍生产品交易策略错误 持有外汇品种单一 跨国投资账面损失扩大	市场风险管理能力薄弱/技术缺失
操作风险	内外勾结欺诈/骗贷 经常遭到监督管理处罚 信息系统故障导致业务瘫痪 地震造成营业场所损失	内部控制机制严重缺失 技术部门和外包机构能力欠缺
其他风险	流动性缺口显著扩大 逐步丧失业务特色/市场份额	资产/负债管理薄弱/缺失 战略风险管理薄弱/缺失

资料来源：中国银行业从业人员资格认证办公室．风险管理．北京：中国金融出版社，2016：297.

2．声誉风险评估

声誉风险管理部门应当将收集到的声誉风险因素按照影响程度和紧迫性进行排序。各单位对于已经显现的声誉风险，应认真评估其危害程度和发展趋势。同时，要综合分析潜在声誉风险因素转化为具体声誉事件的可能性，评估其对银行业务、财务状况和声誉的影响，并将潜在声誉风险因素按照影响程度和紧迫性进行排序。

3．监测、评价和报告

声誉风险的监测。各单位应当实时监测各类声誉风险因素的演变和发展，在此基础上及时重新评估声誉风险管理策略和控制措施，确保声誉风险管理的有效性。

声誉风险管理的评价。总行声誉风险牵头管理部门负责定期对全行声誉风险管理工作进行评价，根据对声誉风险的识别、评估、控制、监测、报告等相关情况，对声誉风险进行情景分析和压力测试，并将评价结果通报全行。

4．内部审计

声誉风险管理应成为日常单位日常工作的重要组成部分。虽然很多商业银行已经将声誉风险管理政策融入业务领域和相关金融产品中，但是商业银行仍然需要通过定期内部审计和现场检查，保证声誉风险管理政策有效实施。

三、采取恰当的声誉风险管理方法

有效的声誉风险管理是有资质的管理人员、高效的风险管理流程以及先进的信息系统共同作用的结果。截至目前，国内外金融机构尚未开发出有效的声誉风险管理量化技术，但普遍认为声誉风险管理的最佳实践操作是推行全面风险管理理念、改善公司治理，并预先做好防范危机的准备，确保各类风险被正确识别、有效排序，并得到有效管理：（1）强化声誉风险管理培训；（2）确保实现承诺；确保及时处理投诉和批评；尽量保持大多数利益持有者的期望与商业银行的发展战略相一致；增强对客户/公众的透明度；将商业银行的社会责任感和经营目标结合起来，是创造公共透明度、维护商业银行声誉的另一个重要层次；保持与媒体的良好接触；制定危机管理规划。

四、声誉风险管理规划

商业银行处理危机的结果有可能是进一步提高商业银行的声誉，也可能是导致声誉毁于一旦。商业银行有必要对危机管理的政策和流程做好事前准备，建立有效的沟通预案，制定有效的危机应对措施，并及时调动内外部资源以缓解致命风险的冲击。声誉风险管理规划通常包括以下几个方面的内容：(1) 制定战略性的危机沟通机制；(2) 提高解决问题的能力；(3) 危机现场处理；(4) 提高发言人的沟通能力；(5) 危机处理过程中的持续沟通；(6) 管理危机过程中的信息交流；(7) 模拟训练和演习。

案例 10-3

东亚银行48小时危机公关应对挤兑风潮

2008年，东亚银行一名交易员在未经授权的情况下，擅自操控衍生工具遭受损失后，又擅自修改交易记录，令该银行出现9 300万港币的交易损失，导致该行不得不将此前所公布的上半年净利润减记为1.09亿港币。于是，一些关于东亚银行财务不稳定面临倒闭的消息以一条手机短信的方式四处流传，引发9月24日香港储户对东亚银行的挤兑风波。这是自从亚洲金融危机爆发以来，香港首次遭遇银行挤兑。遭遇客户挤兑和不利传闻影响，东亚股价9月24日午后跌势加剧，跌幅高达11%。

48小时内，东亚银行和东亚银行在内地的法人银行东亚中国立即采取了应急措施：(1) 筹措资金，将其流动性比率提高了10%，增加柜台的现金供应等；(2) 与一些大客户和同业银行沟通，稳定客户信心，保证资金拆借渠道的畅通；(3) 拜访相关行政部门，获取官方支持；(4) 召开媒体发布会，澄清事实。经过惊心动魄的48小时的公关努力，时任香港金管局总裁任志刚9月26日表示，东亚银行挤兑情况已基本稳定下来。

从东亚银行48小时成功处理挤兑危机的成功案例中，我们可以归纳出以下三点重要经验：(1) 危机事件发生前，要建立一套规范、全面的危机管理预警系统；(2) 在危机事件发生时，冷静、积极、灵活地进行危机处理，最大限度地发挥危机公关的作用；(3) 危机事件之后，认真而系统地进行总结。

10.3 战略风险

10.3.1 战略风险概述

战略风险是指商业银行在追求短期商业目的和长期发展的过程中，因不适当的发展规划和战略决策给商业银行造成不利影响的风险。商业银行的战略风险管理具有双重内涵：一是商业银行针对政治、经济、社会、科技等外部环境和内部可利用资源，系统识别和评估商业银行既定的战略目标、发展规划和实施方案中潜在的风险，并采取科学的决策方法和风险管理措施来避免或降低可能的风险损失；二是商业银行从长期、战略的高度，良好规划和实施信用、市场、操作、流动性以及声誉风险管理，确保商业银行健康、持久运营。

战略风险管理（strategic risk management）一词首次出现于米勒（Miller）的文章《国际商业中的综合风险管理架构》中。在这篇文章中，米勒指出了企业对于战略环境不确定性的五种一般反应：规避（avoidance）、控制（control）、合作（cooperation）、模仿（imitation）以及适应（flexibility）。

战略风险管理能够最大限度地避免经济损失、持久维护和提高商业银行的声誉与股东价值。商业银行致力于战略风险管理的前提是，理解并接受战略风险管理的基本假设：

（1）准确预测未来风险事件的可能性是存在的；

（2）预防工作有助于避免或减少风险事件和未来损失；

（3）如果对未来风险加以有效管理和利用，其风险有可能转变为发展机会。

战略风险管理通常被认为是一项长期性的战略投资，其实施效果需要很长时间才能显现。实质上，商业银行在短期内便可以体会到战略风险管理的诸多益处。同声誉风险一样，战略风险也与其他主要风险密切联系且相互作用，因此也是一种多维风险。如果缺乏结构化和系统化的风险识别和分析方法，深入理解并有效控制战略风险是相当困难的。

10.3.2 战略风险管理

一、明确董事会和高级管理层的责任

董事会和高级管理层负责制定商业银行的战略风险管理原则和操作流程，并在其直接领导下，设置战略管理/规划部门，负责识别、评估、监测和控制战略风险。董事会和高级管理层对战略风险管理的结果负有最终责任。

二、建立清晰的战略风险管理流程

1. 战略风险识别

与声誉风险相似，战略风险产生于商业银行运营的所有层面和环节，并与市场、信用、操作、流动性等风险交织在一起。通常，战略风险识别可以从战略、宏观和微观三个层面入手。具体而言，商业银行所面临的战略风险可以细分为：（1）产业风险；（2）技术风险；（3）品牌风险；（4）竞争对手风险；（5）客户风险；（6）项目风险；（7）其他风险，例如财务、运营以及多种外部风险因素，都可能对商业银行的管理质量、竞争能力和可持续发展造成威胁。

2. 战略风险评估

战略风险是无形的，因此难以量化。在评估战略风险时，应当首先由商业银行内部具有丰富经验的专家负责审核一些技术性较强的假设条件，例如整体经济指标、利率变化/预期、信用风险参数等；然后由战略管理/规划部门对各种战略风险因素的影响效果和发生的可能性做出评估，据此进行优先排序并制定恰当的战略实施方案。

3. 监测和报告

商业银行通常采用定期（每月或季度）自我评估的方法来检验战略风险管理是否有效实施。战略管理/规划部门对评估结果的连续性和波动性进行长期、深入、系统化的分析和监测，非常有利于商业银行清醒地认识市场状况和运营状况的改变，以及各业务领域为实现整体经营目标所承受的风险。

4. 内部审计

内部审计部门应当定期审核商业银行的战略风险管理流程，保障战略风险管理实施质量。

三、采取恰当的战略风险管理方法

有效的战略风险管理应当定期采取从上至下的方式，全面评估商业银行的愿景、短期目的以及长期目标，并据此制定切实可行的实施方案，并将其贯穿于商业银行的日常风险管理活动中。

（1）商业银行战略风险管理的最有效方法是制定以风险为导向的战略规划和实施方案，并将其深入贯彻在日常经营管理活动中。

首先，战略规划应当清晰阐述实施方案中所涉及的风险因素、潜在收益以及可以接受的风险水平，并且尽可能地将预期风险损失和财务分析包含在内。

其次，战略规划必须建立在商业银行当前的实际情况和未来的发展潜力的基础之上，反映商业银行的经营特色。

最后，战略规划应当从战略层面开始，深入贯彻并落实到宏观和微观操作层面。

（2）战略风险管理的另一重要工具是经济资本配置。

战略风险管理则是在战略管理的基础上，进一步考虑商业银行的战略规划和战略实施方案中的潜在风险，准确预测这些风险可能造成的影响并提前做好准备。战略风险管理的最有效方法是制定以风险为导向的战略规划，并定期进行修正。

案例 10-4

2011 年 10 月 31 日，拥有长达 200 年历史的世界最大期货交易商——全球曼氏金融控股公司（简称全球曼氏金融）——向纽约南区破产法院提交了破产保护申请。表面上，终结这家公司的是欧债危机，而深层次的原因却是全球曼氏金融的风险管理体系出现了问题。

2010 年 3 月，原新泽西州州长和高盛掌门人乔恩·科尔津（Jon Corzine）被任命为全球曼氏金融新一任首席执行官。乔恩·科尔津上任后，一直致力于将全球曼氏金融打造成一家中型衍生品经纪公司，进而转型为投资银行。于是，他领导制定了从事高风险投资的非常激进的投机战略。

全球曼氏金融“看中”因信用评级下滑价格走低但收益率上升的欧洲国家主权债券，于是大量买入不被市场看好的欧债，并将其抵押以获取贷款，希望能够赚取差价。2011 年 2 月，乔恩·科尔津宣布了在 5 年内将全球曼氏金融转型为投资银行的计划。短短几个月，公司持有高达 63 亿美元的欧债敞口，分别来自西班牙、意大利、比利时、爱尔兰和葡萄牙等深陷债务危机的国家。全球曼氏金融错误地认为，欧债不会出现大规模的违约。

随着欧债危机的不断加深，2011 年 10 月 24 日，穆迪将全球曼氏金融债务评级下调到略高于垃圾级。穆迪在声明中表示，降级的主要原因在于全球曼氏金融激进的风险策略和公司在欧元区政府债务的风险敞口。10 月 25 日，全球曼氏金融提前公布了截至 9 月 30 日的第二财季的财务状况，披露损失高达 1.91 亿美元，创公司亏损的历史纪录，致使公司股价当天暴跌 48%。随后，在不到一周的时间内，全球曼氏金融市值蒸发超过 2/3。10 月 31 日，在寻求整体或至少部分出售公司资产以避免破产命运的多轮谈判失败后，全球曼氏金融只好提交了破产保护申请。

资料来源：银行业专业人员职业资格考试办公室. 风险管理. 北京：中国金融出版社. 2016：310.

10.4 合规风险

10.4.1 合规风险概述

一、合规、合规风险与合规风险管理

1. 商业银行合规

(1) 商业银行合规的定义。

“合规”一词来源于英文 compliance，其本意是“遵从、依从、遵守”等，中文的字面意思是“合乎规范”，但对其实质意思则有不同的理解。

巴塞尔银行监管委员会 1991 年发布的《有效银行监管的核心原则》将“合规”定义为：使商业银行的经营活动与法律、规则和准则相一致。瑞士银行家协会 2002 年发布的《内部审计指导》将“合规”定义为：一家公司的活动与法律、管制与内部规则相一致。巴塞尔银行监管委员会 2005 年发布的《合规与银行内部合规部门》对“合规”虽没有直接定义，但指出：商业银行的活动，必须与所适用的法律、监管规定、规则、自律组织制定的有关准则，以及适用于银行业务活动的行为准则相一致。根据中国银行业监督管理委员会 2006 年 10 月发布的《商业银行合规风险管理指引》（银监发［2006］76 号）文件，对合规的含义也进行了如下明确：“合规，是指使商业银行的经营活动与法律、规则和准则相一致。”《商业银行合规风险管理指引》所称的法律、规则及标准，是指适用于银行业经营活动的法律、行政法规、部门规章及其他规范性文件、经营规则、自律性组织的行业准则、行为守则和职业操守。

综合上述各种表达，我们将“合规”定义为：商业银行为了避免可能遭受法律制裁、监管处罚、重大财务损失和声誉损失等风险的发生，使其经营活动与其所适用的法律、法规、规则、准则等规范性制度相一致。

(2) 商业银行合规的特征。

商业银行合规具有强制性、劝诫性和内部约束性。

1) 强制性。对商业银行而言，无论认识与否、接受与否，都必须实施合规风险管理，其内部各个机构、员工都必须履行各自的合规风险管理职责。强制合规的主要原因是合规风险管理的成效比较慢，主动实施的积极性不高；同时遵纪守法、依法行为的意识并不强，商业银行违规的现象屡有发生。

2) 劝诫性。在管理上，从来都是禁止与疏导并存、处罚与奖励并重。对合规风险管理而言，也必须使用一些劝诫的方式，引导、激励员工的合规意识和合规行为。因此，劝诫与强制并不矛盾，虚虚实实、亦柔亦刚。

3) 内部约束性。合规的目的是促进商业银行内部管理水平、管理质量的提升，而不是向外宣扬，合规的对象是商业银行的内部经营管理行为和员工，合规的要求、措施、奖励、惩罚等仅在商业银行内部有效。

2. 商业银行合规风险

(1) 合规风险的定义。

商业银行合规风险，是指商业银行由于没有遵循适用的法律、规则和准则而可能遭受法律制裁、监管处罚、重大财务损失和声誉损失的风险。

1）法律制裁和监管处罚。主要是指监管当局对违规银行实施的各类监管惩罚，包括行政处罚（如对商业银行或者个人的行政罚款、业务市场强制退出、从业资格取消等）和刑事处罚（主要是针对责任人的刑事处罚）等。

2）声誉损失。主要是指市场对违规银行的负面评价、市场声誉贬损以及信用评级下降所导致的银行股票市值下跌、客户群的退出以及行业协会自律性惩戒措施等。

3）财务损失。这种损失主要是指商业银行违规经营造成业务损失，比如违规放款造成的呆坏账损失、违规投资造成的损失、违规进行金融衍生产品交易造成的损失等。

（2）商业银行合规风险的种类。

1）根据与商业银行经营管理流程的关系，合规风险可分为：①非流程风险，即因监管政策、管理模式等系统性原因产生的、非经营管理流程所固有的并且可以控制的合规风险。②流程环节风险，即贯穿于经营管理流程始终、流程环节所固有的合规风险，如内外勾结等。③控制派生风险，即针对流程中控制派生的合规风险，如增加人工授权控制环节后派生的外部欺诈风险等。

2）根据违规行为是否知情，合规风险可分为：①主动违规，即行为人明知自己行为违规，仍然实施这种行为。②无知违规，即行为人因对规章制度不了解，在不知情的情况下，实施了违规行为。

3. 商业银行合规风险管理

（1）商业银行合规风险管理的定义。

商业银行合规风险管理，是指商业银行为预防、控制、化解合规风险，实现合规经营目标，通过特定的组织机构，制定和实施一系列制度、标准和程序，促使自身的经营管理行为合规的动态过程。有效的合规风险管理是商业银行构建全面风险管理体系的基础，也是构建有效内部控制机制的核心。

商业银行是典型的风险管理企业，正是商业银行的管理特性，决定了其经营的内容和对象绝不仅仅是货币或者信用，商业银行合规风险管理正成为商业银行一项核心的风险管理活动。

（2）商业银行合规风险管理的基本原则。

1）合规从高层做起的原则。在《合规与银行内部合规部门》的高级文件中，巴塞尔银行监管委员会明确指出：合规应从高层做起，应成为银行文化的一部分。商业银行的高层应建立良好的公司治理机制作为支撑，使商业银行拥有一个良好的风险经营决策、执行和监督环境，建立起一套有效识别、监测和控制风险的制衡机制，以及良好的商业银行合规文化和正确的风险管理理念，只有这样其合规风险的管理才可能有效。要通过完善公司治理和培育良好的合规文化来加强合规风险管理，以实现自上而下和自下而上两种风险管理方法的有机结合，银行董事会应在全行推行诚信与正直的价值观念，并由银行高层做出表率，设定鼓励合规的基调。

2）合规人人有责的原则。合规是银行内部一项核心的风险管理活动，合规风险管理涉及商业银行所有业务领域和业务条线，因此，合规管理不仅仅是合规风险管理部门或合规风险管理人员的职责，而是商业银行所有员工的共同职责。只有合规成为每一个商业银行员工的行为准则，成为各级各岗位员工每日的自觉行动，才能共同保证合规法律、规则和准则得到遵循和贯彻落实。由于合规文化体现在每一个商业银行员工对合规理念的认知及其日常的行为规范和准则之中，因此，需要制定和执行清晰的员工行为准则和规范。只有商业银行的员工恪守高标准的职业道德规范，人人都能有效履行自身合规风险管理职责，商业银行合规风险管理才会有效。

3）合规创造价值的原则。合规风险管理本身并不能直接为银行增加利润，但能通过系列的合规活动增加盈利空间和机会，避免业务活动受到限制，进而为银行创造价值。一是通过密切关注和跟踪合规法律、规则和准则的最新发展，利用自身的行业影响，提出代表本行利益的意见和建议，积极争取有利于银行未来发展和业务创新的外部政策环境；二是有利于形成鼓励合规的诚信文化和合规意识，让银行员工更自信、更踏实地从事岗位工作；三是有利于形成一整套具有较强执行力的、程序化的内部制度，并通过对其持续修订和完善，积累和沉淀各种良好做法，清晰界定各项业务的尽职、问责和免责标准；四是合规活动有利于控制银行的成本与风险，提高资本回报。

4）有效互动的原则。合规管理有利于在商业银行与外部监管者之间形成互动，逐步扭转机械地执行规章制度、被动接受处罚的状况。商业银行要主动合规、有效合规，按照监管部门的引导，加强合规风险管理机制建设，定期进行深入分析和系统评价，并按照监管部门的要求加以改进，使监管部门对银行总体合规风险管理情况有清晰的认识和掌握。商业银行也应积极主动地争取和利用在法律、规则和准则制定过程中的话语权，围绕拟出台法律、规则和准则的可行性、未来执行效果、制约因素以及对银行经营与产品创新的影响等，有针对性地提出自己的意见和需求，主动争取有利于商业银行未来发展和业务创新的外部政策。

二、合规风险管理部门的基本职能

根据巴塞尔银行监管委员会在2005年4月29日发布的《合规与银行内部合规部门》的相关规定，合规与银行内部的每一位员工都相关。如果银行设立了专门的合规风险管理部门，那么应当对合规风险管理部门的职责进行明确的规定。根据《合规与银行内部合规部门》提出的有关原则，将合规风险管理部门的基本工作职责归纳为以下5项内容。

1. 合规建议

合规风险管理部门应针对银行应遵循的法律、规则和准则，向高级管理层提供合规方面的建议，使其充分了解相关方面的最新发展变化。

2. 合规风险的识别、计量、评估

（1）合规风险管理部门应当积极识别、核实并评估与银行商业活动相关的合规风险，包括新产品和服务的开发、新业务类型和客户关系以及上述关系性质发生的重大改变等方面。

（2）合规风险管理部门应当设定计量合规风险的方法，并采用这些计量方法促进合规风险评估工作。可以在执行指标的开发过程中运用一些技术性工具，如对表明可能存在合规问题的数据（如发现合规投诉、异常交易或支付行为的递增情形）进行统计或过滤。

（3）合规风险管理部门应当评估银行合规程序和指引的适当性，发现任何缺陷都要及时跟进，以书面报告形式提出改进意见。

3. 合规指导和培训

合规风险管理部门应当协助高级管理层及其他部门做好对员工的培训工作：

(1) 对员工进行合规培训，作为员工合规咨询的银行内部联络人。

(2) 制定书面政策或指引，指导员工如何通过政策、程序和其他文件如合规手册、内部行为规范和操作指引等形式贯彻应遵循的法律、规则和准则。

4. 监控、测试和报告

(1) 合规风险管理部门应当通过执行充分而有代表性的合规测试来监控和测试银行的合规状况，合规测试的结果应当根据银行内部风险管理程序，通过合规风险管理部门的报告路线向上报告。

(2) 合规主管应当定期向管理层（必要时向董事会）报告合规工作。报告应当包括报告期间的合规风险评估结果及在执行指标等相关计量基础上反映合规风险状况的变化，总结已确认的违规和不足以及建议采取的整改措施，并报告已采取的纠正行动。报告的形式应与银行合规风险状况和活动相称。

5. 法定职责和联络员

合规风险管理部门可以履行特定的法律职责（如作为银行的反洗钱官员），还可以作为银行与包括监管机构、法规制定者、外部专家在内的外部机构进行联系的桥梁。

三、合规风险与相关风险管理的关系

1. 合规风险管理与全面风险管理

合规风险管理是全面风险管理的组成部分。一方面，全面风险管理涉及商业银行的所有风险，合规风险是其重要的管理对象，因而合规风险管理是全面风险管理的一部分；另一方面，只有将合规风险管理纳入全面风险管理的框架之中，基于流程的合规风险管理才能成为提高全面风险管理执行力的支柱。

合规风险管理是全面风险管理的实施抓手。全面风险管理千头万绪，制定良性的内部规章制度是基本依据，严格遵守规章是重要保障。有效的合规风险管理，一方面可以通过规章制度管理，制定系统化的规章制度体系，解决规章制度成卷叠垒的问题，以及经常出现的制度冲突、规划矛盾、制度漏洞等问题，奠定好全面风险管理的基础；另一方面可以通过合规检查、合规考核、合规问责等方式，引导、推动商业银行员工养成按规矩办事、有规可依的合规意识和习惯。

2. 合规风险管理与操作风险管理

操作风险是指银行由于不完善或有问题的内部程序、人员、计算机系统或外部事件所遭受的损失。合规风险可以看作广义操作风险的内容，但和一般的操作风险又有所区别。尽管操作风险与合规风险的划分标准、风险诱因以及风险内涵有所区别，但合规风险是产生操作风险的最主要、最直接的诱因，所以在实践中容易把合规风险与操作风险等同看待，或是以操作风险替代合规风险。这些做法忽视了全面风险管理与巴塞尔协议所规范的风险管理之间的区别，更重要的是，这种做法不能有效地管理好操作风险和合规风险。虽然大多数操作风险表现在操作环节和操作人员身上，但其背后往往潜藏着操作环节设计不合理和操作人员缺乏合规意识等原因。如果把合规风险等同于操作风险，只是从业务操作环节和操作人员等方面去防范和控制，而不是反省内部操作规章的科学性，就会终日忙于发现和纠正错误，而改善效果却不理想。相反，从合规风险的角度，在制度设计上就予以高度重视，消除制度设计本身的缺陷，效果会事半功倍。

3. 合规风险管理与内部控制

从内部控制的主要内容可以看出，合规风险管理和内部控制既相互区别，又相互联系。

在范畴上，两者密不可分：(1) 内部控制包含了合规风险管理，或者说合规风险管理是内部控制的组成部分。(2) 合规风险管理是内部控制的基础，内部控制需要遵守合规性要求。

从内涵上看，两者存在重要的区别：(1) 两者的目的不同。内部控制的目的是提高质量与效率，其综合性更强；合规风险管理的目的是防御风险，目标直接、单一、明确。(2) 两者的内容不同。内部控制的内容更为广泛、全面，包括经营效率和效果，财务报告的可靠性，遵守相应的法律法规等；合规风险管理的专业性更突出，仅覆盖遵守相应法律法规。(3) 两者的方法不同。内部控制因内容的广泛性，开展每项工作、实现每个目的，都有相应的实施方法；风险管理的方法相对简单。(4) 两者的后果不同。内部控制失败和无效的后果多种多样，但多数可以通过内部改进予以弥补；合规风险管理失败或无效的后果虽然也多种多样，但所遭受的法律制裁、监督处罚、财务损失、声誉损失等，基本上难以弥补。

10.4.2 合规风险计量

如同其他类型的风险管理一样，合规风险管理也只有对合规风险进行量化之后，才能进行科学、定量的管理，对合规风险的量化正是合规风险管理的关键环节。然而，正如美国华盛顿互助银行合规风险负责人马丁内斯（Martinez）所言："合规风险目前还处在初期阶段，尤其是那些高级流程和度量技巧，不过，目前已经进入了突破阶段。"合规风险的计量是指对商业银行合规风险的概率、损失、资本占用、管理成本和管理成效等进行计算和度量。合规风险的计量，既是合规风险管理的关键环节，又是合规风险管理的困难所在。部分商业银行通过大胆尝试，在合规风险管理的部分领域，已迈出了风险计量的脚步。

一、合规风险计量的方法

精准计量合规风险还有待对合规风险数据的全面收集和深入研究，需要实务界和理论界的长期共同努力。目前，部分商业银行通过定性和定量相结合的方法，如问卷调查法、计分卡法、设立标准、情景测试、建立模型等，计量部分合规风险。如汇丰银行，每个年度的 6 月末，根据合规风险对各项法规、文件、惯例的影响和发生概率，评估合规风险措施，从而给出每一项合规风险的净值。但由于汇丰银行在 76 个国家和地区开展业务，风险净值的具体确定并不是完全一致的，而是有着一定的梯度。新加坡星展银行集团采用了热度图（heat maps）建立其法律与合规风险框架，通过对每一个业务线和营业区域内的风险状况与控制措施建立状况，对获得的答复进行评估，在坐标系中绘图，坐标系的两轴分别度量风险状况和控制状况；风险轴衡量监管体制和具体业务的规模与复杂程度；控制轴衡量管理层对风险的态度、培训水平和控制流程的质量。

二、合规风险计量技术

与信用风险、市场风险、操作风险一样，计量合规风险需要通过一定的计量工具。有效的合规计量技术还处于试验阶段。在实务中，一些商业银行所运用的合规风险计量工具，主要包括风险评估与控制的自评估、关键合规风险指标、风险数据库、风险地图、因果模型法以及其他的计量技术。

1. 风险评估与控制的自评估

风险评估与控制的自评估，是商业银行合规风险管理的常用技术，包括合规风险的自我评估和合规风险控制的自我评估两个部分。其作用主要有：一是业务流程识别出商业银行的经营活动中是否有相应的措施；二是结合损失金额和发生概率评估合规风险程度的大小，以及控制措施的实施效果；三是提出控制合规风险的优化方案，包括对因控制过度而导致效率低下的予以修正，对因控制不足而存在风险隐患的予以完善。

在风险评估与控制的自评估时，可使用计分卡，把定性评估转换为定量指标，实现对合规风险的精确计量，在此基础上，可以较为客观、准确地评估各机构合规风险管理的成效，也可以实现合规风险的资本管理。

2. 关键合规风险指标

关键合规风险指标是用于统计分析商业银行合规风险状况的数据或指标。科学的关键合规风险指标，可以对合规风险进行恰当的分类，客观比较分析合规风险状况；可以提前发出准确的合规风险预警信息，以便及时采取风险控制措施；可以提高合规风险管理质量，降低合规风险的不良影响。

由于合规风险涉及面广，业务流程和管理流程复杂，而专业性合规风险管理起步晚，关键合规风险指标还处于探索中。

3. 风险数据库

合规风险的识别评估、合规风险的计量和资本管理等，都离不开合规风险数据库的支持，因此，商业银行有必要突破合规风险计量数据缺乏的限制，建立合规风险数据库。根据巴塞尔协议，合规风险数据库的建设和使用，既要建立内部数据，也要建立外部数据。内部数据是对内部损失事件的跟踪记录、合规风险资本计量等，是历史数据。外部数据包括损失金额数、发生损失事件的业务范畴、损失的起因和情况以及其他有助于评估其他银行损失事件的相关信息。

4. 风险地图

风险地图是一种用图形技术表示识别出的合规风险信息，直观地展现风险的分布和发展趋势，方便合规风险管理者考虑采取怎样的风险控制措施的管理工具。

真实的合规风险地图，可以简洁明了地反映合规风险状况，目前部分商业银行都致力于合规风险地图的绘制，即纵轴表示合规风险发生的频率（极少、较少、中等、很可能、肯定等），横轴表示合规风险的严重程度（包括可忽略、较小、中等、严重、灾难等），再辅以红、黄、绿三种颜色来表示风险控制状况。这样绘制的图可基本反映合规风险的状况，但属于定性性质的地图，只能做宏观上的描述，精确度不高。

5. 因果模型法

因果模型法是一种在观察和推理的基础上，通过因果关系分析，推定不确定事件影响的分析方法。对合规风险管理而言，因果模型法有助于计量与业务流程相关联的合规风险发生的可能性大小，并能推断合规风险管理的可能效果。因果模型源于贝叶斯网络理论。

因果模型法一般采用以下步骤：（1）梳理经营管理流程，标示因果关系节点。（2）建立一个因果模型，反映流程、行为和风险因素之间的关系。（3）收集因果模型节点数据。（4）验证数据的真实性。（5）运用验证数据，通过因果模型生成合规风险的分布状况。

(6) 根据合规风险分布状况推断合规风险损失情况。(7) 根据因果模型、数据识别重要的合规风险。

10.4.3 合规风险管理

一、合规风险管理体系

合规风险管理体系，是指商业银行为有效实施合规风险而建立的管理体系。根据银行的风险管理指导思想，将其合规文化、合规政策、合规制度、合规组织、合规资源、合规流程等要素组合成一个有机整体。

根据《商业银行合规风险管理指引》第八条规定，商业银行应建立与其经营范围、组织结构和业务规模相适应的合规风险管理体系。

在全面风险管理体系下，完整的合规风险管理体系应该包括合规风险管理环境、合规风险管理目标与政策制定、合规风险监测与识别、合规风险评估、合规风险应对、内部控制与管理、合规风险信息处理与报告、后评价与持续改进八个相互联系的要素。这八个要素的关系如图 10 - 1 所示。

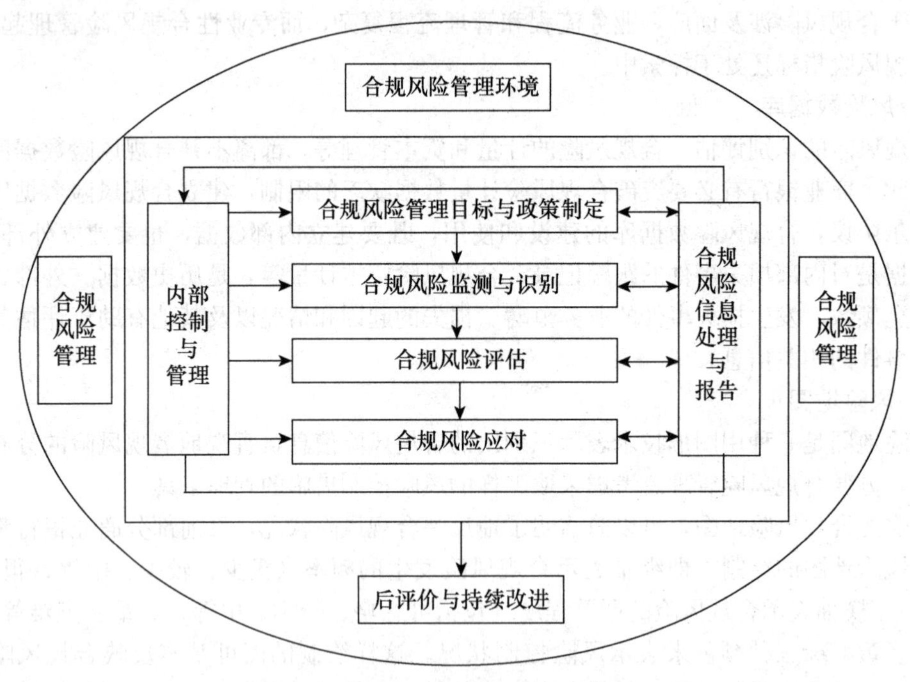

图 10 - 1 合规风险管理体系

资料来源：邵平．商业银行合规风险管理．北京：中国金融出版社，2010：119.

二、合规风险管理流程

嵌入经营管理流程，在流程中预防、控制、化解合规风险，才是科学的、有生命力的合规风险管理。要嵌入经营管理流程，就有必要梳理、优化合规风险管理流程。在全面风险管理体系下，合规风险管理的流程主要包括风险监测、风险识别与评估、风险计量、风险报告、风险控制/缓解、风险处置/补偿。各流程关系如图 10 - 2 所示。

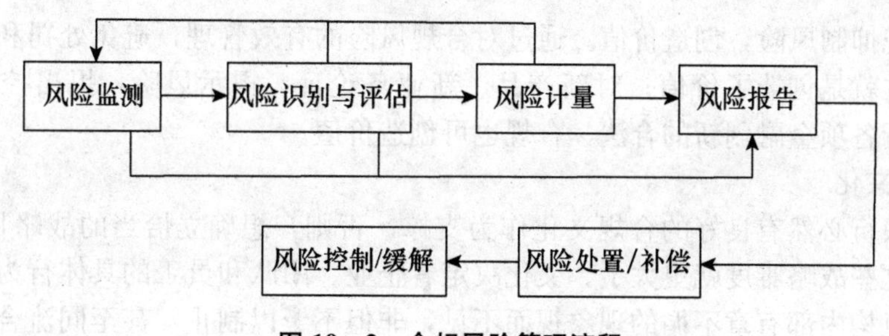

图 10-2　合规风险管理流程

1. 合规风险监测

商业银行所面临的合规风险状况是不断变化的，管理合规风险首先需要掌握合规风险。因此，有必要持续监测合规风险，以便及时采取恰当的风险控制措施。合规风险监测的重点有五个：一是已被识别的合规风险的变化情况，二是可能存在合规风险的情况，三是合规风险控制措施的效果，四是关键合规风险指标和环节，五是合规风险预警机制的效果。

2. 合规风险识别与评估

合规风险识别，是在合规风险发生前的一种分析；合规风险评估，是对潜在合规风险的发生可能性、已发生合规风险的后果做出的分析。合规风险识别与评估，是合规风险管理的基础，贯穿于经营管理的各个环节。

3. 合规风险计量

合规风险计量是在合规风险识别与评估的基础上，运用计量方法来评估和测定合规风险事件的概率以及合规事件发生以后损失程度的大小。精确的合规风险计量是合规风险管理走向科学化的重要标志。合规风险的计量方法还处于探索阶段，可以借鉴使用的主要有风险与控制自评法、计分卡法、情景分析法。

4. 合规风险报告

合规风险报告是合规风险管理的媒介，高质量的合规风险报告可以为管理层提供全面、及时和准确的信息，不仅有助于管理决策，也为日常经营活动和合理绩效考评提供有效支持。

5. 合规风险控制/缓解

合规风险控制/缓解，是在上述各个环节的基础上，对合规风险采取控制、化解或转移等管理措施。合规风险控制/缓解的主要手段有风险规避、风险整改、风险转移等。目前操作类的合规风险可以通过购买保险的方式转移给保险公司。

6. 合规风险处置/补偿

合规风险处置，是在合规风险发生并造成损失后进行的事后处置和补偿。其中，合规风险处置主要是由合规风险导致的剩余价值；合规风险补偿主要是通过资本补偿非预期损失。

三、合规风险管理办法

1. 政策确立的合规基调

(1) 主动合规。树立主动合规意识，克服被动合规心理。合规是全体员工主动、自觉的意识，而不是应付检查、表面合规的权宜之计。主动合规不仅是银行经营管理的需要，更是员工保护自己的一种手段。员工从事每一项业务行为时都应该想想什么是正确的，规定和要求是什么。

（2）合规抑制风险，创造价值。通过对合规风险的有效管理，避免处罚和损失，从另一个方面看它就是创造了价值；对新产品、新业务论证、揭示风险，提出控制措施和方案，保证银行各项金融创新的合法、合规也可创造价值。

2. 合规文化

一家好银行必然有良好的合规文化作为支撑，否则，想确立恰当的战略目标很困难，而要实施好这些战略难度就更大了。文化决定着企业、团队和员工的具体行为，管理者和员工如果对机构内部有章不循的现象视而不见，非但不予以制止，甚至同流合污，这家机构的管理就一定不会好，很容易导致重大违规事件甚至违法案件。这样的机构如果它的账面上还有很好的业绩表现，可能会更加糟糕，以后要付出的代价可能会更大。

3. 识别、评估、报告合规风险

（1）合规风险识别：通过内外部检查和监督活动，发现本行合规管理缺陷和已发生的违规问题，包括检查监督、原因分析、整改纠正等内容。

（2）合规风险评估：收集、整理已识别的合规风险并加以分析，估计和测定未来合规风险可能导致财务和声誉损失等相关风险损失的概率和损失大小，以及可能产生影响的程度。

（3）合规风险报告：有两个层面，一是本行各部门、各分支机构或人员按照规定的合规报告路线，将已识别的合规风险向管理层或合规部门报告；二是合规部门在汇总、分析的基础上，向管理层和董事会提交的合规风险管理情况报告。

4. 合规风险预警与整改

合规风险预警，是指合规部门针对外部法律、法规、监管政策和行业行为标准的变化，给商业银行经营管理带来的影响，或商业银行内部特定机构、员工或产品潜在的合规风险，对管理层或相关机构所做的预警性分析、判断和管理建议。

合规风险整改，是由合规部门牵头，督促相关机构，认真对待监管机构、稽核部门、合规部门等机构检查或审计中发现的问题，逐一改正，使已发生的问题得到解决。

5. 合规考核与问责

（1）考核手段：建立违规情况登记，结合定性分析与定量分析，对各单位打分，结果纳入绩效考核。

（2）考核指标：岗位与人员、制度执行、监督检查、整改纠正、违规问责、信息沟通及发案情况指标 6 大项 15 小项。

（3）考核方法：总行合规部统一设计评价指标、评分标准；各部门细化评分标准并按该标准评价打分。

合规风险问责要坚持违规必究，奖罚分明，以事实为依据，教育与惩戒相结合等原则。

6. 持续改进

合规风险管理并非一成不变，而是一个根据内外部规范、环境的变化而随时调整的过程。针对法规政策发生变化、制度流程发现缺陷等需要更新、修正的事项要适时做出反应，对行内规章制度进行相应调整和完善。

本章小结

金融风险中的国家风险是指跨国界从事信贷、投资与金融交易时可能蒙受损失的风

险。国家风险的一般表现形式是国际信贷、国际投资和国际贸易。商业银行跨国经营国家风险的表现形式多种多样，但是如果从国家以及国外经济组织对其债务的负责程度和处理方式上分析，可以将这种表现形式分为债务拒绝和债务重组两大类。国家风险由专门的评级机构参照不同的评估方法和评估模型进行评估。国家风险的评估方法有结构定性分析法、清单分析法、德尔菲法、政治经济风险指数和情景分析法。国家风险的计量模型有多重差异分析模型、逻辑分析模型和政治不稳定分析模型。

声誉风险是指由商业银行经营、管理及其他行为或外部事件导致利益相关方对商业银行负面评价的风险。声誉事件是指引发商业银行声誉风险的相关行为或事件。重大声誉事件是指造成银行业重大损失、市场大幅波动、引发系统性风险或影响社会经济秩序稳定的声誉事件。战略风险是指商业银行在追求短期商业目的和长期的发展过程中，因不适当的发展规划和战略决策给商业银行造成不利影响的风险。

合规是指商业银行为了避免可能遭受法律制裁、监管处罚、重大财务损失和声誉损失等风险的发生，使其经营活动与其所适用的法律、法规、规则、准则等规范性制度相一致。商业银行合规风险，是指商业银行由于没有遵循适用的法律、规则和准则而可能遭受法律制裁、监管处罚、重大财务损失和声誉损失的风险。合规风险的计量方法有风险评估与控制的自评估、关键合规风险指标、风险数据库、风险地图和因果模型法。

关键术语

国家风险　声誉风险　战略风险　合规　合规风险　合规文化

思考题

1. 什么是国家风险？它有哪些特点？
2. 简述国家风险在国际经贸以及金融活动中的表现形式。
3. 国家风险的评估机构有哪些？
4. 国家风险的评估方法和计量模型有哪些？
5. 什么是声誉风险？声誉风险管理的基本做法是什么？
6. 什么是战略风险管理？战略风险管理的基本做法是什么？
7. 什么是合规、合规风险、合规风险管理？
8. 合规风险部门的基本职能有哪些？
9. 简述合规风险与其他相关风险管理的关系。
10. 合规风险的计量技术有哪些？
11. 简述合规风险管理办法。

第 11 章 压力测试

本章要点

1. 压力测试概述；
2. 压力测试流程；
3. 信用风险压力测试；
4. 市场风险压力测试；
5. 流动性风险压力测试；
6. 操作风险压力测试。

11.1 压力测试概述

11.1.1 压力测试的定义

国际清算银行（BIS）和国际货币基金组织（IMF）将宏观压力测试定义为：宏观压力测试是指用于评定金融系统在“罕见但可能发生”的宏观经济冲击下的薄弱和脆弱点的一系列方法和技术。从定义可以看出，宏观压力测试的着眼点主要放在两个地方：一是压力测试的目的，用于评估金融体系的稳定性；二是压力因素，主要来源于宏观经济冲击。

在中国银监会发布的《商业银行压力测试指引》（以下简称《指引》）中，压力测试被定义为：“一种银行风险管理和监管分析工具，用于分析假定的、极端但可能发生的不利情景对银行整体或资产组合的冲击程度，进而评估其对银行资产质量、盈利能力、资本水平和流动性的负面影响。压力测试有助于监管部门或银行对单家银行、银行集团和银行体系的脆弱性做出评估判断，并采取必要措施。”

11.1.2 压力测试的发展历程

20世纪90年代初，一些国际著名的银行开始对其交易账户的头寸逐日进行风险评估和控制，也就是在每个交易日结束时计算下一个交易日的风险价值（VaR，Value at Risk），并基于此对各个交易柜台进行权限控制。

但在以VaR或者类似的风险价值度量为基础的管理中，人们也逐渐发现了这种方法的一些局限。首先，风险价值管理只是机械地度量风险，而没有分析造成损失的原因；其次，VaR通常代表可能很有规律地发生的潜在损失；最后，由于危机发生时，市场是剧烈波动的，按照VaR得到的风险度量非常大，实际上在这种时刻，这类度量结果已经没有什么警示作用了，如果在这种情况下要据此设计资本要求或者其他的风险控制措施似乎为时已晚，而且可能会加重危机。

面对VaR或者类似的风险度量的上述情况，人们开始探索其他的风险度量方法，最初主要是针对银行的交易头寸进行压力测试。银行交易头寸的主要风险是市场风险或者称市场价格风险，而这些价格都是可观测和适于模型化的。因此，所谓的压力测试情景也就是通过冲击基准模型而得到压力情景，然后仍采用与VaR类似的风险度量来计算风险，一般不会从根本上改变原来的分布。从实际的角度看，也就是说，只基于当前的信息考虑下一时刻的风险，而压力测试情景不仅会改变模型本身，还会提供新的信息集，例如选择历史的极值点进入当前的已知信息集，并基于该信息集导出下一时刻的分布，采用极值理论方法，利用历史的极值信息建立极值分布，并基于该分布预测下一时刻的分布。随后，商业银行也逐步将压力测试应用于分析极端条件的信用风险、流动性风险以及操作风险等领域可能造成的损失。

宏观层面的压力测试主要是监管部门主导的研究和实践，特别是国际清算银行和国际货币基金组织自2000年开始在这方面进行了大量的研究。前者主要是以银行风险管理实践中的压力测试方法论为研究对象，后者是以银行或银行体系的财务稳定分析中的压力测试方法为研究对象，前者的方法与银行日常风险管理的实践更为接近，后者更多地是为监管机构开展这方面的工作提供技术支持。

从学术领域来看，压力测试的发展最早可追溯到库皮克（Kupiec，1998）的一篇从交易账户的角度讨论压力测试与VaR的关系的文献。此后，伯克维茨（Berkowitz，1999）在一篇美联储的研究报告中强调了压力测试与日常风险管理的关系，该文强调压力测试的方法论不应该过度偏离机构日常采用的风险管理方法，否则测试结果不具有可比性和适用性。

11.1.3 压力测试的测试主体

1. 一国的监管机构

在西方发达国家和地区，监管机构会定期开展针对整个金融体系稳定性进行的压力测试，这时的测试主体为监管机构，测试目的为分析金融体系在极其不利情况下的稳定性。

2. 金融机构的最高决策和执行部门

压力测试的主要目的是通过测试该机构在极其不利的经营环境下的盈利性和偿付能力

情况，为相关测试主体提供技术支持。

3. 金融机构的风险管理部门或具有类似功能的部门

这个层次是风险管理部门和业务经营部门开展的压力测试，如投资管理部门一般会经常性地对某部分特定的资产负债业务组合的风险状况开展测试。

11.2 压力测试的流程

11.2.1 定义目标

从压力测试模型构建过程进行划分，压力测试可以分为驱动因子压力测试和资产组合压力测试。所谓驱动因子压力测试，是通过事前确定需要分析的风险驱动因子，来分析其极端变化对于银行所有或者某类资产组合的影响。所谓资产组合压力测试，一般是先确定了银行的目标资产组合，分析可能的风险驱动因子的变化对其产生影响的压力测试研究。当然，实际业务中区分不是绝对的，也有很多专项测试，例如研究房价对于开发贷款不良率的压力测试，驱动因子和资产组合目标都是确定的。

11.2.2 识别风险因子，建立压力测试模型

压力测试模型建设就是寻找驱动因子和测试目标之间的风险传导机制，是压力测试的核心内容。压力测试模型以统计回归模型为主，对于特殊的产品，例如金融衍生产品，需要利用金融工程模型。统计模型建立一般分为收集数据、样本选择、变量构造、变量选择、模型构造、返回检验等步骤。

即使是对于确定驱动因子的压力测试，也需要变量构造的步骤，因为测试目标与驱动因子不一定有直接的线性关系，而可能是倒数、二次函数等关系，甚至是间接的传导关系。

对于只确定了测试目标的压力测试，风险因子的分析和选择是压力测试的重要环节，建模选择的风险因子和因变量之间应当有明确的逻辑关系。例如研究宏观经济压力情景下的贷款质量，必须通过变量选择步骤选择合理的宏观经济驱动因子组合来构建模型。

在历史数据缺乏的情况下，也可以通过结合专家经验和数据的基本统计分析得出风险传导机制。

11.2.3 设计压力测试情景

压力测试情景设计，市场风险最为常见的是利率上升/下降、汇率上升/下降等；信用风险最为常见的是宏观经济下滑、房地产市场下滑等；流动性风险最为常见的是筹资能力缺失、资产流动性枯竭等。实际中也常常进行各类情景的整合设计。压力情景设计方法可以分为历史情景法、假设情景法（专家情景法）。

历史情景法将历史上曾经发生过的重大压力事件明确定义下来，再将该期间各种风险

因子的波动情景代入压力测试模型，得出该事件之下所产生的承压项目计算结果。该法的优点是比较客观，利用历史事件及其实际风险因子波动情形，在建立结构化的风险值计算上较有说服力，且风险因子之间的相关变化情形也可以把历史数据作为依据，使模型的假设性弱化许多。当然历史情景在使用上有一些先天的缺陷，一是需要进行压力测试的极端事件很有可能是历史上尚未出现的，二是随着社会经济变迁，历史情景已经不适用于当今的经济环境。

假设情景法（专家情景法）是基于专家经验和判断，对驱动因子的压力测试情景进行设定。该法的优点是结合了当前的社会和经济环境，压力情景具有前瞻性，而且相对容易构造；缺点也比较明显，一是在结构化的多因子情景设计方面缺乏说服力，二是主观性较强，缺乏一个可以比较的基准，造成在各银行机构间的压力测试结果难以进行统一比较。

历史情景法和专家情景法的结合，即在参考历史数据的基础上，结合专家经验和判断，对风险因素和其中的相关性进行设定，通过专家意见对压力测试系统的脆弱点进行判断，是对压力测试的完整情景设计的重要补充。

11.2.4 情景分析与敏感性分析

压力测试的基本结果就是情景分析，即基于压力测试模型，计算压力情景下资产组合的表现，反映压力情景下风险驱动因子与分析目标之间的关系，以模型的定量结果和定性分析为基础，判定承压体系中的弱点环节，并有针对性地制定相应的政策响应和反馈。

除了情景分析外，一般压力测试还会进行敏感性分析，即针对特定风险因子的小幅变动分析可能造成的损失，其目的在于了解风险因子在变动中对承压项目的总体影响效果和边际效果。如同情景分析，敏感性分析也可以分为历史敏感性分析和简单敏感性分析，如图 11－1 所示。

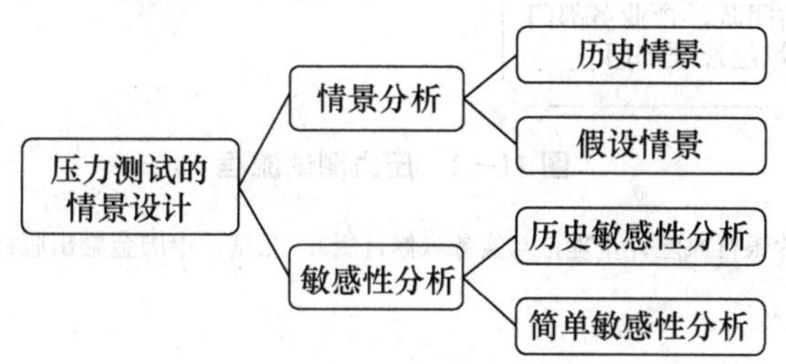

图 11－1 压力测试的情景设计

情景分析与敏感性分析的区别在于情景分析是具有清晰传导过程的，并且往往是多因素变动；而敏感性分析没有清晰设定传导过程，只能是单因素变动。举例来说，设置 GDP 增长率小幅波动为敏感性分析；设定事件为宏观经济崩溃，则 GDP 增长率下降，CPI 大幅上升。总体来说，压力测试还是以压力情景分析为主，敏感性分析只是辅助手段。

11.2.5 压力测试结果分析

压力测试过程不仅仅是建立模型，还应形成对建模结果的完整分析报告。该报告应该至少包含以下内容：压力情景的详细设定过程以及假设前提，压力测试的数据来源、模型假设以及承压项目在压力情景下可能导致的定量结果，并对该结果所揭示的金融机构脆弱环节进行研究分析，得出具有可操作性的政策建议或者压力测试反馈。

压力测试形成的政策建议应当是具体的、可执行的，否则压力测试工作就失去了意义。对特定产品或事项展开的压力测试，可以形成微观层面的政策，如银行限额、产品内部结构调整、加强风险缓释措施、最可能引发风险的脆弱环节认定等。

银行应该建立压力测试政策报告、响应和反馈路径。风险管理部的压力测试团队就某个专题展开压力测试，根据测试结果形成参考意见，该意见可能是一份风险提示书，也可能是一份压力测试报告。根据测试结果的严重程度，上述材料可能发送给不同的管理层级。管理层根据上报的参考意见进行决策，形成具体的、可操作的政策反馈，交由相关部门执行。风险管理部和相关政策执行机构可以某种形式组成联合政策评估团队，对该政策响应进行后续跟踪评估。相关的压力测试流程见图 11-2。

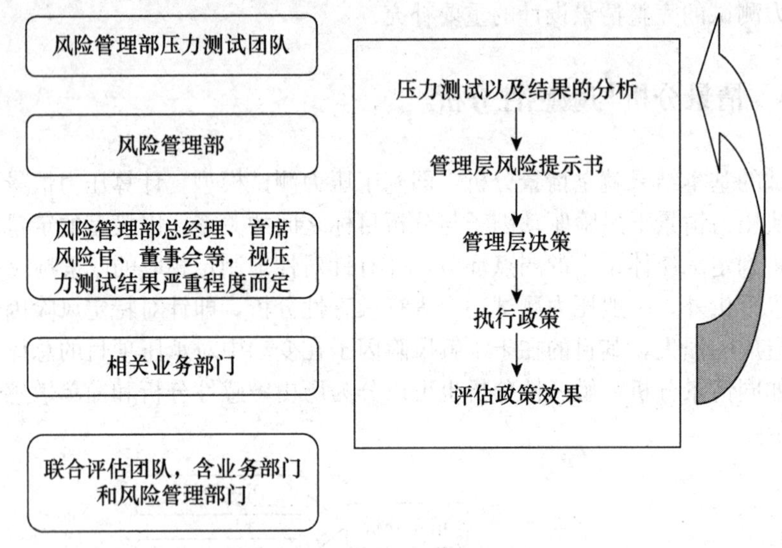

图 11-2 压力测试流程

资料来源：梁世栋. 商业银行风险计量理论与实务（修订版）. 北京：中国金融出版社，2011：293.

11.3 信用风险压力测试

自 20 世纪 90 年代以来，信用风险压力测试在世界知名金融机构中应用得越来越普遍，不仅各大国际组织如世界银行、国际货币基金组织和国际清算银行内部对信用风险压力测试做过较多的研究，其中的宏观压力测试（macro stress testing）更是国际货币基金组织和世界银行在 20 世纪 90 年代末的金融部门评估计划（financial sector assessment programs，FSAPs）的重要组成部分，并成为它们评估金融机构和金融体系稳定性的重要工具。由于国内银行的主要资产组合仍然是信贷资产，信用风险压力测试对中国银行业尤为重要。

信用风险压力测试对象是银行整体资产组合或者子资产组合的信用风险指标，可以是基于内部评级体系的指标，如违约率（PD）、违约损失率（LGD）、风险暴露（EAD）、预期损失（EL）、相关性（correlation）、非预期损失（UL）、经济资本（EC）、评级/评分（rating/score）；也可以是基于现有监管体系的指标，如不良贷款（NPL）、不良贷款率（NPR）等。

信用风险压力情景主要包含宏观经济情景、金融市场波动情景等几类，其中，宏观经济情景包括由于宏观经济增长率下滑而导致的失业率上升、房价大幅下跌等多种风险因素导致的银行整体或者某个业务条线风险的急剧增加，其风险因子有失业率、房价指数等指标。金融市场波动情景包括大宗商品价格大幅变动导致企业违约风险增加等情景，其风险因子有股价指数和商品价格指数等指标。

11.3.1 信用风险压力测试的基本框架

基于内部评级体系的信用风险压力测试的基本框架如图 11－3 所示，图左侧是正常情况下的内部评级计量体系，由各资产的 PD、LGD、EAD 和资产之间的相关性计算出损失分布和经济资本，图右侧利用压力测试模型的传导机制，计算压力情景下各资产的 PD、LGD、EAD 和资产之间的相关性，从而得到压力情景下的损失分布和资本要求。可以看到，在压力情景下，损失分布明显右移且呈厚尾状。

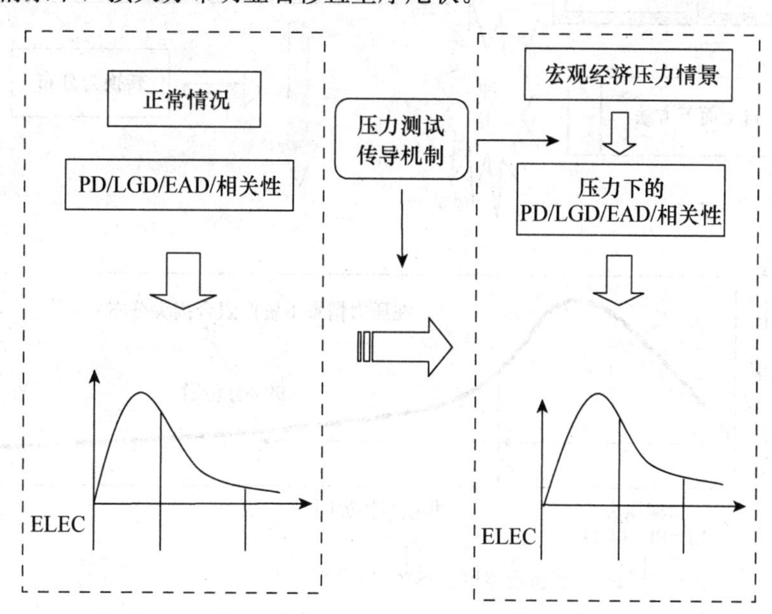

图 11－3 压力测试传导机制

资料来源：梁世栋. 商业银行风险计量理论与实务（修订版）. 北京：中国金融出版社，2011：293.

在压力情景下，承压损失分布整体右移，因而根据该分布计算出的承压的 EL 和 UL 均出现了较大幅度的变动，如图 11－4 所示。

信用风险压力测试可以分为自上而下方法和自下而上方法，相应的压力测试流程也有些区别。自上而下方法通过宏观经济变量和银行资产组合的信用风险参数直接建立模型关

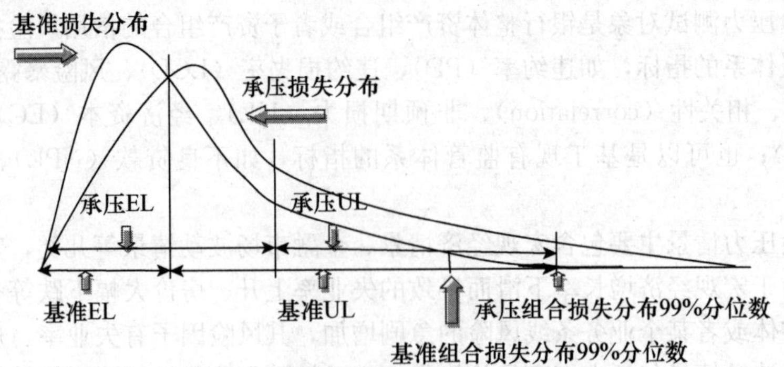

图 11-4　受压前后信用风险组合分布

资料来源：黄志凌．商业银行压力测试．北京：中国金融出版社，2010：58.

系，在情景分析时将压力情景代入计量模型中，得到压力情景下整体违约率与整体违约损失率以及整体风险暴露，进一步计算出压力情景下资产组合的损失分布，最终可计算出预期损失、非预期损失、经济资本等指标，从而分析压力情景对信用风险可能造成的影响。其流程如图 11-5 所示。

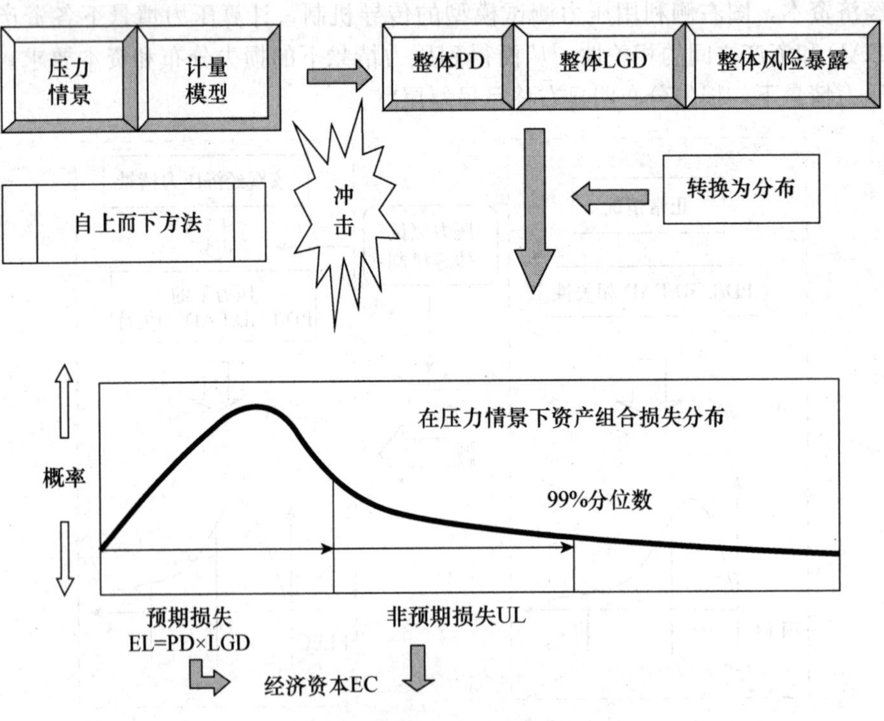

图 11-5　信用风险自上而下压力测试流程

资料来源：黄志凌．商业银行压力测试．北京：中国金融出版社，2010：58.

自下而上方法则是建立在宏观经济变量与单客户信用等级之间的传导机制。在压力情景下，根据上述公式可生成每个子资产组合相应风险参数的分布，结合子资产组合之间风险参数的相关性，自下而上逐笔汇总，最终也可生成总资产组合的损失分布。据此可计算出损失分布的 LE、UL、EC 等指标。其流程如图 11-6 所示。

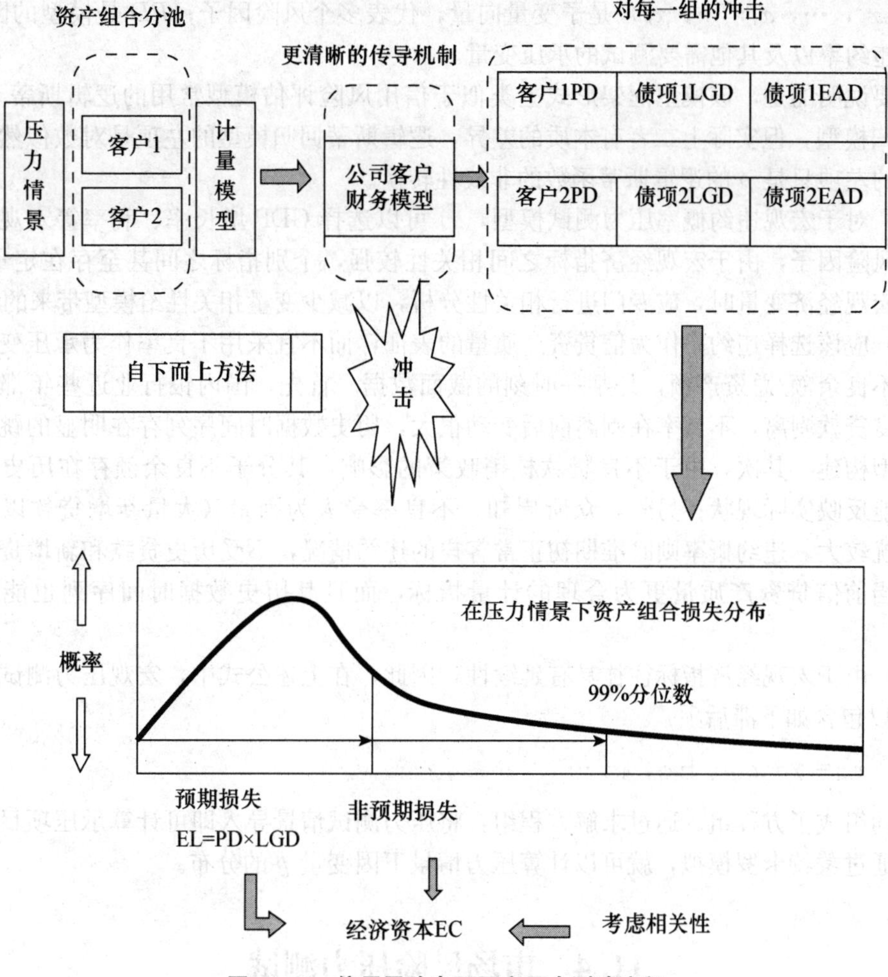

图 11-6 信用风险自下而上压力测试流程

资料来源：梁世栋．商业银行风险计量理论与实务（修订版）．北京：中国金融出版社，2011：295.

11.3.2 宏观经济压力测试模型

目前，国际上常见的压力测试模型框架源于 1997 年著名风险管理专家威尔逊（Wilson）发表在《风险》（*Risk*）杂志上的论文。该论文阐述的模型框架是麦肯锡公司（McKinsey）信用风险模型（credit portfolio view）的基础。该压力测试模型框架被包括香港金融管理局、芬兰银行、英格兰银行等机构在内的各大国际金融组织广泛采用，成为宏观压力测试的通行做法，并经常成为其他专项压力测试采用的方法。该模型属于自下而上法，框架如下：

$$y_t = \log\left(\frac{PD}{1-PD}\right) \tag{11-1}$$

$$y_t = \alpha_i + \beta_0 y_{t-1} + \sum_{i=1}^{n} \beta_i x_{i,t-1} + \varepsilon_t \tag{11-2}$$

式中，（x_1，…，x_i，…，x_n）是子变量向量，代表多个风险因子；PD 是模型的因变量，可以是违约率以及其他需要测试的承压变量。

需要说明的是，该模型框架形式上类似于信用风险评估模型常用的逻辑斯蒂（logistic）回归模型，但实际上二者有本质的差异，逻辑斯蒂回归模型的左项是对数似然比，而该模型的左项只是 p 的逻辑斯蒂函数的非线性转换。

（1）对于宏观违约概率压力测试模型，x_i 可以选择 GDP 增长率、利率等宏观经济指标作为风险因子，由于宏观经济指标之间相关性较强，个别指标之间甚至存在定量关系，在选择宏观经济变量时，应专门进行相关性分析，以减少变量相关性给模型带来的干扰。

（2）应该选择违约率作为信贷资产质量的表征，而不宜采用不良率作为承压变量。不良率＝不良余额/总资产额，是某一时刻的截面数据。首先，国内银行业近些年都进行了大量不良贷款剥离，不良率在剥离前后变动很大，历史数据时间序列存在明显的跳点，不利于模型构建。其次，由于不良贷款核销政策的影响，其分子不良余额存在历史累计影响，不能反映实际现状；另外，众所周知，不良率受人为因素（大量新增贷款以稀释分母）干扰较大。违约概率则盯准期初正常客户的违约情况，不受历史贷款和新增贷款的影响，是当前信贷资产质量更为合理的计量指标，而且其历史数据时间序列也能保持一致性。

（3）由于宏观经济指标往往具有延续性，因此，在上述公式中，宏观压力测试自变量 x_i 还可以包含如下滞后项：

$$x_{i,t}=\gamma+x_{i,t-1}+x_{i,t-2}+\cdots$$

于是共同组成了方程组。通过求解方程组，将压力测试情景导入即可计算承压项目的运算结果。通过蒙特卡罗模拟，就可以计算压力情景下因变量 p 的分布。

11.4　市场风险压力测试

市场风险压力测试是指度量极端市场条件下（金融市场发生大幅波动）资产组合可能的潜在损失的定量化方法。目前，许多金融机构和监管机构都将 VaR 方法和市场风险压力测试同时作为衡量市场风险暴露的重要方法。VaR 方法度量的是正常情况下的风险状况，而市场风险压力测试度量的是极端情况下的风险状况。因而，市场风险压力测试往往成为 VaR 方法的重要补充。

相对于信用风险压力测试而言，市场风险压力测试技术较为成熟，市场上也有许多成熟软件（如 Risk Manager）可供选择进行压力测试计算，因而大部分市场风险压力测试过程比较简单，金融产品一般都有定价公式，通过代入公式中的风险因子，就可得出单个产品乃至整个投资组合的损益。目前，国内的商业银行也开始利用这些软件展开压力测试工作了。

11.4.1　银行账户市场风险压力测试

银行传统的信贷业务记录一般被称为银行账户（banking book），如银行发放的贷款一般属于此类，银行账户通常承受着市场风险。对当前国内商业银行来说，利率变化是市场风险的主要来源。因此，通过利率的变化对贷款价值的影响进行压力测试，是商业银行市场风险压力测试的主要内容。银行账户市场风险压力测试对象可以选择净利息收入或者利率敏感性缺口，压力情景则是货币政策调整导致利率水平或者期限结构变动等，对应的风险因子是长短期利率和利差等因素。根据估值方法的不同，银行账户市场风险压力测试模型分为静态模型和动态模型。

一、静态模型

以下是利息理论的基本知识，重定价缺口模型可以表示为

$$\Delta NA = GAP \times \Delta R \tag{11-3}$$

式中，资产负债的久期缺口为

$$GAP = M^A - M^L \tag{11-4}$$

资产（A）和负债（L）的麦考利久期分布为

$$M^A = \sum_{i=1}^{n} \omega_i^A M_i^A \text{；} M^L = \sum_{i=1}^{n} \omega_i^L M_i^L \tag{11-5}$$

压力情景分析就是利率的变化带来净资产的变化。静态模型最大的特点就是简单易行，但缺点也很明显：首先是仅考虑账户价值，未考虑真实市场价值；其次是未考虑收益率曲线分布、基差风险、期权调整利差、利率较大幅度变化、提前还款等诸多因素；最后是未考虑资产负债的动态演变过程。

二、动态模型

以下是利息理论的基本知识。评估利率市场风险的指标——净资产利率敏感性——的公式为

$$\frac{\Delta PV}{PV} \tag{11-6}$$

式中，净资本现值为

$$PV = PV_A - PV_L \tag{11-7}$$

资产现值为

$$PV_A = B_0 + \frac{B_1}{1+r_1} + \cdots + \frac{B_n}{(1+r_n)^n} \tag{11-8}$$

负债现值为

$$PV_L = D_0 + \frac{D_1}{1+r_1} + \cdots + \frac{D_n}{(1+r_n)^n} \tag{11-9}$$

由于引入了利率期限结构，动态模型的压力情景设计可以考虑如下因素：

(1) 确定持有期；

(2) 计算各种久期，包括麦考利久期（Macaulay duration）、有效久期（effective duration）；

(3) 考虑凸性（covexity）；

(4) 设置利率演化路径（时间维度）；

(5) 考虑利率期限结构变化（空间维度）；

(6) 考虑提前还款（prepayment）等因素。

当然，不管压力情景有多么复杂，只要情景确定，根据动态模型的公式，就可以分别计算出在压力情景下的资产、负债和权益的价值。图 11－7 是以资产为例，呈现的是加入时间维度的复杂压力情景下价值变动的演化路径，该资产价值的变动综合考虑了利率水平的变动、利率期限结构的变动以及提前还款等情况对资产价值造成的动态演变。银行可以评估在不同压力情景下资产价值变动对银行可能造成的影响，从而做出相应的决策。

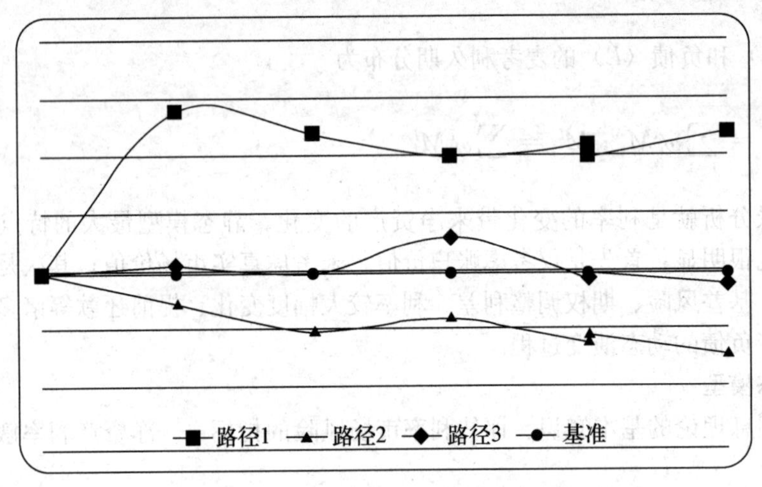

图 11－7　压力情景下资产价值演化路径

资料来源：梁世栋．商业银行风险计量理论与实务（修订版）．北京：中国金融出版社，2011：298.

11.4.2　交易账户市场风险压力测试

银行参与金融市场交易的记录一般被称为交易账户（trading book）。交易账户包括：银行从事自营而短期持有并旨在日后出售或计划从买卖的实际或预期价差、其他价格及利率的变动中获利的金融工具头寸；为执行客户买卖委托及做市而持有的头寸；为规避交易账户其他项目风险而持有的头寸。相对于银行账户，交易账户的持有时间短、交易频率高。

一、压力情景设计

交易账户的市场风险压力测试情景有历史情景法和假设情景法。历史情景相对丰富，例如 1987 年的“黑色星期一”、1997 年的亚洲金融危机等，具体如表 11－1 所示。

表 11-1 市场风险历史情景

历史情景	
年份	事件
1987	“黑色星期一”
1997	亚洲金融危机
1998	长期资本管理公司倒闭
2001	“9·11”事件
2007	次贷危机
2008	雷曼兄弟破产
2009	欧债危机

假设情景主要是利率、汇率、大宗商品价格、持有股权价值等，具体举例如表 11-2 所示。

表 11-2 市场风险假设情景

假设情景	
事项	情景
利率大幅上升	上升 1.5%
利率大幅上升，汇率大幅升值	分别上升 1.5%和升值 5%
大宗商品价格下跌	下跌 20%
持有股权价值大幅下降	下跌 30%

资料来源：梁世栋. 商业银行风险计量理论与实务（修订版）. 北京：中国金融出版社，2011：299.

交易账户的市场风险压力测试对象是银行（金融机构）持有金融市场工具组成的投资组合价值。具体压力情景对应的风险因子，需要根据测试对象进行识别。以持有海外股权的投资组合为例，该交易账户市场风险压力测试的风险因子可以选择所在国的股票市场指数和本国与所在国的汇率；如持有海外债券投资组合，则至少需要选择本国与所在国的汇率、所在国的基准利率以及所在国和本国的 CPI 等指标，如图 11-8 所示。

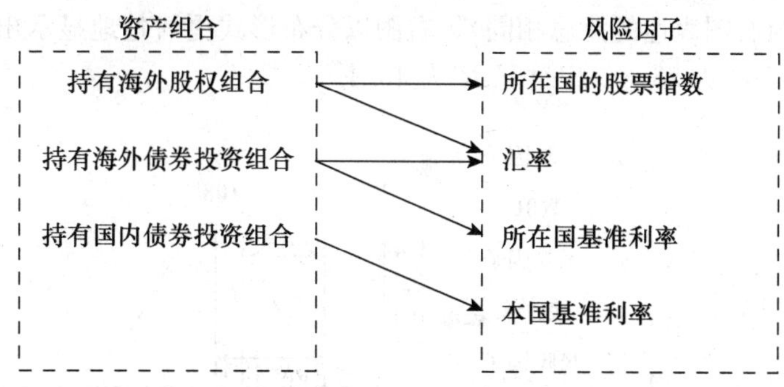

图 11-8 资产组合与风险因子

资料来源：梁世栋. 商业银行风险计量理论与实务（修订版）. 北京：中国金融出版社，2011：300.

完成压力情景设计后，下一步就是建立风险因子和测试目标之间的传导关系，方法主要有两类：重估值方法和基于 VaR 框架的方法。

二、重估值方法

假设银行持有美元债券投资组合 A，设置如下压力情景：收益率曲线变化和美元兑人民币汇率大幅升值。设基准利率期限结构为 $R(r_0, r_1, \cdots, r_n)$，汇率为 E，则投资组合价值为

$$PV_A=\left[\frac{B_0}{1+r_0}+\frac{B_1}{(1+r_1)^2}+\cdots+\frac{B_n}{(1+r_n)^{n+1}}\right]\times E \tag{11-10}$$

压力情景下利率期限结构为 $R'(r'_0, r'_1, \cdots, r'_n)$，汇率为 E'，则压力情景下投资组合价值为

$$PV'_A=\left[\frac{B_0}{1+r'_0}+\frac{B_1}{(1+r'_1)^2}+\cdots+\frac{B_n}{(1+r'_n)^{n+1}}\right]\times E' \tag{11-11}$$

得到压力情景下的投资组合价值，压力测试完成，方法类似于银行账户的动态模型。

可以看到根据压力情景参数，代入估值公式，重新计算组合价值，所得结果是一个“点”。当然，此处设置压力情景下的利率期限结构需要仔细考量，该期限结构要服从各种复杂的长短期利率的均衡关系。

三、基于 VaR 框架的压力测试方法

所谓风险价值（VaR），在前面已有详细阐述，是指在一定的置信水平下，某一金融资产（或证券组合）在未来特定的一段时间内的最大可能损失。假如 A 银行在 2008 年置信度为 95%的日 *VaR* 为 960 万元人民币，其含义是指 A 银行有 95%的把握保证，2008 年某一特定时点上的金融资产在未来 24 小时内，由于市场价格变动带来的损失不会超过 960 万元人民币。或者说，只有 5%的可能损失超过 960 万元人民币。

相对于重估值方法情景结果是“点”，基于 *VaR* 框架方法，通过压力情景参数和各种情景概率可以计算出组合价值分布，根据该价值分布，可以进一步计算出 *VaR*、预期损失等多个基于分布的风险指标。

基于 VaR 框架的压力测试方法的基本步骤是：(1) 设置一系列压力情景；(2) 给压力情景的不同状态设置不同的概率；(3) 使用估值模型对组合价值进行重估；(4) 结合重估价值和状态概率，计算出重估以后的组合价值分布；(5) 根据新的分布，重新计算 *VaR*。

图 11-9 左边表示某投资组合价值的正常情景——服从某分布（为方便起见，此处以离散概率表示，与右图表达的意思相同）。右图以分布形式更清楚地显示出 *VaR* 的计算原理。其中，绝对 *VaR* 为 38.6，相对 *VaR* 为 46.4。

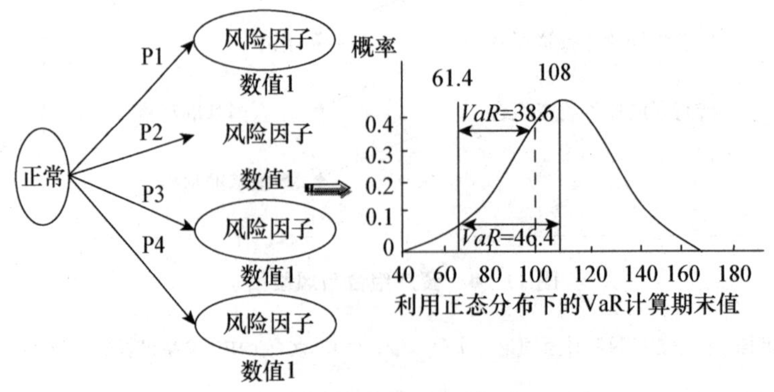

图 11-9　正常情景下的风险价值（*VaR*）

资料来源：梁世栋. 商业银行风险计量理论与实务（修订版）. 北京：中国金融出版社，2011：301.

该投资组合价值在某压力情景下的概率分布和 VaR 的计算如图 11－10 所示，左边表示在压力情景下，风险因子的不同概率和对应概率下的取值（离散表示），右图表示根据不同的概率得出的分布，该分布与正常情景下的分布发生了较大的偏移，分布尾部的概率也发生了较大的变化，根据此分布，可以计算出新分布下的 VaR 值。

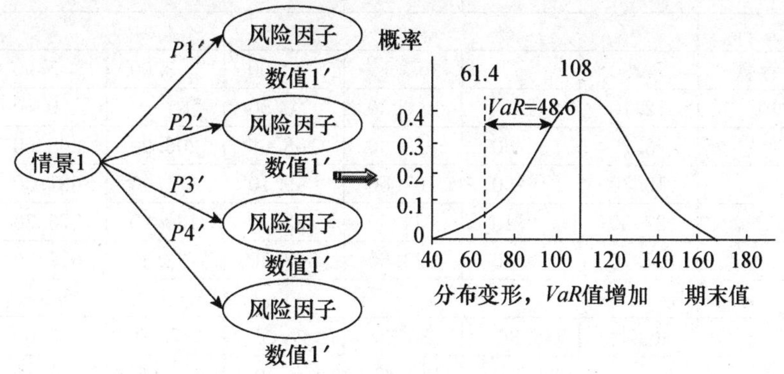

图 11－10　压力情景下的风险价值（VaR）

资料来源：梁世栋．商业银行风险计量理论与实务（修订版）．北京：中国金融出版社，2011：301.

11.5　流动性风险压力测试

根据流动性风险来源的不同，流动性风险可以分为融资流动性风险（funding liquidity risk）和资产流动性风险（asset liquidity risk）。融资流动性风险是指无法筹集资金应对客户取款要求的风险，这种风险是银行业与生俱来的风险，是由商业银行“短存长贷”的传统业务性质决定的。资产流动性风险是指无法以合适的价格在某段时间内将金融资产卖出的风险。随着银行与资本市场（如债券市场）的关系日益紧密，银行的融资越来越多地借助于资本市场，因而资本市场上的“流动性枯竭”也可能造成流动性风险。2007 年的英国北岩银行事件就是典型的流动性危机。金融机构或者银行在实施流动性压力测试时，必须对两类风险通盘考虑。

流动性风险压力测试的特点是不像信用风险和市场风险那样具有通用的量化模型，它十分依赖假设和专家经验，需要综合考虑定量和定性因素。流动性风险压力测试的基本步骤如下：

步骤 1：数据调查以及分析。

结合资产负债表，逐笔分析资产和负债，并按照流动性从高到低对每笔资产和负债排序，分析资金流入流出情况。

流动性风险压力测试的首要工作是要对银行的流动性情况进行调查。表 11－3 将银行的负债来源按照流动性和到期日划分成二维结构，以分析正常情况下资金流出流入的可能性分布。在压力情景下，银行可假设国内普通客户存款和大额存单出现了大量提取的现象，同时还需要假设资金在原来正常情景下在各到期日之间的分布出现转移的概率。打一个通俗的比喻，将下面的表格视为蓄水的池子，银行需要分析压力情景下，哪些池子最先出现干涸以及各个池子干涸的次序。下面我们以现金流量法为例，来具体解析流动性风险压力测试的过程。

表 11-3　　正常情景下的现金流量表　　单位：亿元

	1天	7天	1个月	3个月	6个月	1年	1年以上
资产							
现金、央行存款	72.90			3.00	3.00	5.90	625.20
存放同业款项	12.10		0.30	0.50		0.60	
投资	3.70	54.60	78.30	168.60	206.90	663.60	1 204.50
贷款	16.70	6.50	107.50	299.10	374.40	681.30	2 771.50
其他资产	22.30	9.10	34.50	92.10	138.20	276.30	91.40
资产合计	127.70	70.20	220.60	563.30	722.50	1 627.70	4 692.60
负债							
同业存款	0.80	5.80	20.30	49.00	77.00	143.00	321.30
一般性存款	1.90	32.70	175.80	485.50	658.90	1 243.70	2 918.20
融入资金	10.40	27.50	41.10			0.20	0.00
其他负债	0.90	8.00	11.00	5.00	6.00	9.00	0.00
负债合计	14.00	74.00	248.20	539.50	741.90	1 395.90	3 239.50
净缺口	113.70	−3.80	−27.60	23.80	−19.40	231.80	1 453.10
累计缺口	113.70	109.90	82.30	106.10	86.70	318.50	1 771.60

资料来源：黄志凌．商业银行压力测试．北京：中国金融出版社，2010：251.

从表 11-3 可以看出，正常情况下银行现金流比较充裕，短期和长期都没有资金缺口。

步骤 2：情景设计。

设计流动性风险的压力情景时，需要按照资金流入流出分类设置。一般情景设计如表 11-4 所示。

表 11-4　　流动性风险压力测试

恶性事件引发银行声誉风险，导致银行挤兑
中央银行调整存款准备金率
IT 系统出错（如清算系统死机）
主要交易对手违约
重大战略变化
评级下降（在国外银行比较常见，国内少见）

资料来源：梁世栋．商业银行风险计量理论与实务（修订版）．北京：中国金融出版社，2011：303.

在本例中，我们根据压力程度不同采用轻度压力、中度压力和重度压力三种情景：

轻度压力测试情景的假设条件：未来 2 个月央行连续每月上调人民币存款准备金率 0.5 个百分点，最终法定存款准备金率达到 17%。

中度压力测试情景的假设条件：未来 4 个月央行连续每月上调人民币存款准备金率 0.5 个百分点，最终法定存款准备金率达到 18%。

重度压力测试情景的假设条件：未来 4 个月央行连续每月上调人民币存款准备金率

0.5个百分点，最终法定存款准备金率达到18%；并且由于市场资金面过于紧张，各家银行吸收存款力度加大，导致银行间同业存款以每天5%的速度流失；为补充流动资金需要在市场上大量出售债券，由于资金面偏紧要9折出售。

步骤3：情景的压力评估。

压力评估的主要任务就是分析在压力情景下的资金净流动性缺口，也就是将所有可能的资金流出项和资金流入项列出，计算压力情景下的净资金流，其方法可以分为资产负债表方法（静态方法）和现金流方法（动态方法）。

1. 资产负债表方法

资产负债表方法就是结合资产负债表，识别压力情景下短期内可能被取走的负债，同时识别可以变现的资产，分析可能的流动性缺口。静态方法的特点是只考虑当前时点的流动性缺口。

2. 现金流方法

现金流方法是按照到期时间划分流入流出的现金流，计算现金流净流出缺口，如果筹资和卖出资产不能弥补缺口，则为流动性风险，动态方法的特点是只考虑当前时点的流动性缺口。现在以上面假设的情景为例，具体分析现金流方法的应用。

轻度情景测试结果：以银行存款准备金缴存基数5 183亿元计算，提高准备金率0.5个百分点，每次银行需多缴存准备金26亿元，两次共多缴存52亿元。调整后现金流缺口如表11-5所示。

表11-5　　轻度压力情景下的现金流量表　　单位：亿元

	1天	7天	1个月	3个月	6个月	1年	1年以上
资产							
现金、央行存款	72.90		−26.00	−23.00	3.00	5.90	625.20
存放同业款项	12.10		0.30	0.50		0.60	
投资	3.70	54.60	78.30	168.60	206.90	663.60	1 204.50
贷款	16.70	6.50	107.50	299.10	374.40	681.30	2 771.50
其他资产	22.30	9.10	34.50	92.10	138.20	276.30	91.40
资产合计	127.70	70.20	194.60	537.30	722.50	1 627.70	4 692.60
负债							
同业存款	0.80	5.80	20.30	49.00	77.00	143.00	321.30
一般性存款	1.90	32.70	175.80	485.50	658.90	1 243.70	2 918.20
融入资金	10.40	27.50	41.10			0.20	0.00
其他负债	0.90	8.00	11.00	5.00	6.00	9.00	0.00
负债合计	14.00	74.00	248.20	539.50	741.90	1 395.90	3 239.50
净缺口	113.70	−3.80	−53.60	−2.20	−19.40	231.80	1 453.10
累计缺口	113.70	109.90	56.30	54.10	34.70	266.50	1 719.60

资料来源：黄志凌．商业银行压力测试．北京：中国金融出版社，2010：252.

从表11-5可知，在法定存款准备金率调整到17%以后，银行流动性依然比较充裕，不存在现金流缺口。

中度情景测试结果：以银行存款准备金缴存基数5 183亿元计算，提高准备金率0.5个百分点，每次银行需多缴存准备金26亿元，4次共多缴存104亿元。调整后现金流缺口如表 11-6 所示。

表 11-6　　中度压力情景下的现金流量表　　单位：亿元

	1天	7天	1个月	3个月	6个月	1年	1年以上
资产							
现金、央行存款	72.90		−26.00	−49.00	−23.00	5.90	625.20
存放同业款项	12.10		0.30	0.50		0.60	
投资	3.70	54.60	78.30	168.60	206.90	663.60	1 204.50
贷款	16.70	6.50	107.50	299.10	374.40	681.30	2 771.50
其他资产	22.30	9.10	34.50	92.10	138.20	276.30	91.40
资产合计	127.70	70.20	194.60	511.30	696.50	1 627.70	4 692.60
负债							
同业存款	0.80	5.80	20.30	49.00	77.00	143.00	321.30
一般性存款	1.90	32.70	175.80	485.50	658.90	1 243.70	2 918.20
融入资金	10.40	27.50	41.10			0.20	0.00
其他负债	0.90	8.00	11.00	5.00	6.00	9.00	0.00
负债合计	14.00	74.00	248.20	539.50	741.90	1 395.90	3 239.50
净缺口	113.70	−3.80	−53.60	−28.20	−45.40	231.80	1 453.10
累计缺口	113.70	109.90	56.30	28.10	−17.30	214.50	1 667.60

资料来源：黄志凌．商业银行压力测试．北京：中国金融出版社，2010：253.

由表 11-6 可知，在 3 个月到 6 个月期间会出现 17.3 亿元资金缺口，该额度在银行的拆借融资能力范围内。可以通过拆借弥补该资金缺口，假设资金拆借期限为 3 个月，以 3 个月拆借利率 3.40%计算，大约需要付出 0.15 亿元利息支出。

重度情景测试结果：以银行存款准备金缴存基数 5 183 亿元计算，提高准备金率 0.5 个百分点，每次银行需多缴准备金 26 亿元，4 次共多缴存 104 亿元。目前同业存款余额为 600 亿元，按照假设未来 20 天每天流失 30 亿元。调整后现金流缺口如表 11-7 所示。

表 11-7　　重度压力情景下的现金流量表　　单位：亿元

	1天	7天	1个月	3个月	6个月	1年	1年以上
资产							
现金、央行存款	72.90		−26.00	−49.00	−23.00	5.90	625.20
存放同业款项	12.10		0.30	0.50		0.60	
投资	3.70	54.60	78.30	168.60	206.90	663.60	1 204.50
贷款	16.70	6.50	107.50	299.10	374.40	681.30	2 771.50
其他资产	22.30	9.10	34.50	92.10	138.20	276.30	91.40
资产合计	127.70	70.20	194.60	511.30	696.50	1 627.70	4 692.60
负债							
同业存款	30.00	180.00	390.00				
一般性存款	1.90	32.70	175.80	485.50	658.90	1 243.70	2 918.20
融入资金	10.40	27.50	41.10			0.20	0.00

续前表

	1天	7天	1个月	3个月	6个月	1年	1年以上
其他负债	0.90	8.00	11.00	5.00	6.00	9.00	0.00
负债合计	43.20	248.20	617.90	490.50	664.90	1 252.90	2 918.20
净缺口	84.50	−178.00	−423.30	20.80	31.60	374.80	1 774.40
累计缺口	84.50	−93.50	−516.80	−496.00	−464.40	−89.60	1 684.80

资料来源：黄志凌．商业银行压力测试．北京：中国金融出版社，2010：254.

在该种情景下银行流动性未来 6 个月内面临较大压力，资金最大缺口达到 516.8 亿元。银行拥有流动性资产储备 600 亿元，如果要在 1 个月内全部卖出非常困难，需要打折出售，以 9 折计算，可以增加 540 亿元，刚好能满足资金需求。

流动性压力测试的情景设置包含了上述所有单项的情景估计，这也是该类压力测试的难点所在。这是因为除了银行自身的流动性安排不完善会导致银行出现流动性危机外，信用、市场、操作等风险领域同样会导致银行流动性不足，因此银行在设置压力情景时，必须合理评估上述多种风险，全面考虑可能造成流动性风险的多种原因。

步骤 4：测试结果的分析与报告，按照规范的格式列出测试结果，并提出有效应对建议。

本案例在现金流计算中省略了表内外的现金流影响。对于大量投资的出售统一假设为 9 折，实际操作中可以依据情况对国债、金融债、企业债等采取不同折扣系数。

11.6 操作风险压力测试

信用风险、操作风险和市场风险是商业银行的三大风险。和发达国家的商业银行相比，我国商业银行面临更加复杂的经营环境，如法人治理结构不完善，收入分配制度不合理，尚未建立有效的激励约束机制，法律体系、IT 系统有缺陷，社会保障体系不健全，面临转型经济对道德、文化的冲击等，这些使得控制操作风险成为当前国内商业银行面临的一个重要课题。

操作风险压力测试流程主要分为四大步骤：

步骤 1：数据收集和分类。

按照对操作风险数据的定义，从各条线/部门收集操作风险数据，然后对所收集的数据进行分类，并分析某子类的统计特征。收集操作风险数据以后，可将操作风险损失按照业务条线和损失性质两个维度分别展开统计。在数据充分的情况下，可得出每类操作风险的发生频率（单位时间内发生的次数）、损失严重程度（平均发生金额）以及发生金额的发散程度（标准差）。

步骤 2：设置操作风险压力情景。

目前，操作风险压力测试很难通过开发计量模型进行分析，专家分析是主要的方法。操作风险压力测试中专家决策主要体现在情景设计过程中。根据表 11－7 可知（历史统计结果），专家可以设置某种压力事件，将该事件分解为对应业务条线和损失性质的可识别风险要素，并估计该要素发生的概率和损失的程度。从表 11－8 中可以看出，历史统计口径（发生次数小计、发生金额小计、发生金额均值、发生金额标准差）变成了专家估计预测口径（发生次数预计、发生金额预计、发生概率预计）。

步骤 3：压力情景下的损失分布估计。

操作风险计量模型为随机过程模型，损失发生概率和程度符合不同的分布。模型参数估计有两种方法，一种是历史分布法，另一种是参数法。如果数据足够，则可按照分类统计结果生成多个损失分布，如数据相对稀缺，可生成未经分类的损失分布。参数方法对于数据量的要求相对少一些。

历史分布法是利用历史数据直接画出损失发生频率和程度的分布（直方图），具体例子如图 11－11 所示。

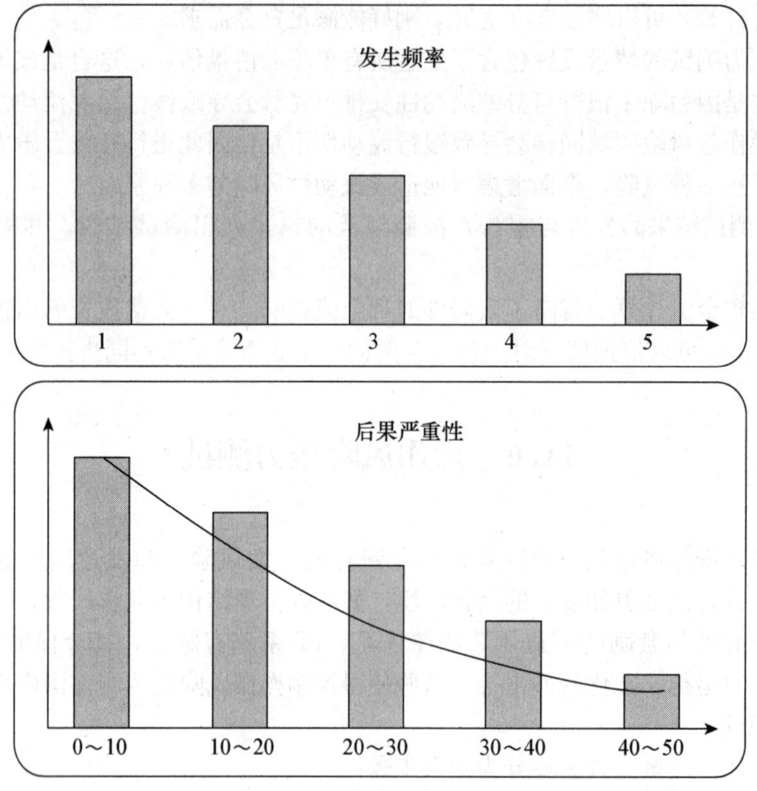

图 11－11　压力情景下的损失分布

参数方法一般假设损失过程为齐次泊松过程。泊松过程是一种累计随机事件发生次数的最基本的独立增量过程，用数学语言来说，满足下列三个条件的随机过程 $X=\{X(t), t\geqslant 0\}$ 叫作泊松过程：(1) $P\{X(0)=0\}=1$；(2) 不相交的区间上增量相互独立，即对所有 $0\leqslant t_1<t_2<\cdots<t_n, X(t_1)$，$X(t_2)-X(t_1)$，…，$X(t_n)-X(t_{n-1})$ 相互独立；(3) 增量 $X(t)-X(s)(t>s)$ 的概率分布服从均值为 $\Lambda(t)$ 的泊松分布，若 X 还满足 $X(t)-X(s)$ $(t>s)$ 的分布仅依赖于 $t-s$，则称 X 为齐次泊松过程；这时 $\Lambda(t)=\lambda(t)$，式中常数 $\lambda>0$ 称为过程的强度，因为 $EX(t)=\Lambda(t)=\lambda t$，$\lambda$ 等于单位时间内事件的平均发生次数。非齐次泊松过程可通过时间尺度的变换变为齐次泊松过程。

步骤 4：压力情景下总损失分布估计。

在已经估计出分布的情况下，可以通过蒙特卡罗模拟技术生成总的损失分布，就可以进一步计算操作风险压力情景下的 VaR 等指标，如图 11－12 所示。

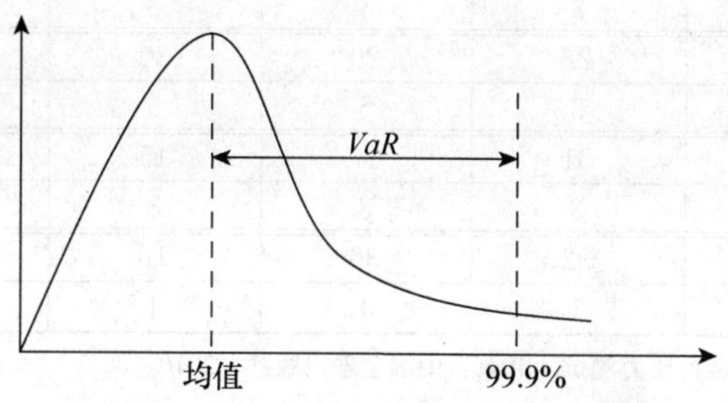

图 11－12 压力情景下操作风险价值

资料来源：梁世栋. 商业银行风险计量理论与实务（修订版）. 北京：中国金融出版社，2011：307.

【例 11－1】为了更好地理解操作风险压力测试的内容，我们应用损失分布法来具体讲解操作风险的压力测试原理。

一、情景假设

压力测试情景 1：假设银行“公司金融—外部欺诈”历史数据如表 11－8 所示。

表 11－8 “公司金融—外部欺诈”历史损失数据表

损失 \ 年份	2002	2003	2004	2005	2006	2007	2008
损失次数	12	18	20	17	26	24	23
损失金额（万元）	11 580	18 900	18 600	16 490	27 950	24 000	23 230
每次损失金额（万元）	965	1 050	930	970	1 075	1 000	1 010

资料来源：黄志凌. 商业银行压力测试. 北京：中国金融出版社，2010：300.

根据计算，每年损失次数平均值为 20 次，每次损失额的均值是 1 000 万元，标准差是 50 万元；使用原有的损失分布模型，但改变相应的参数；要求采用历史最差情景，即损失次数为 26 次，平均每次损失金额为 1 075 万元，标准差仍保持为 50 万元。

压力测试情景 2：假设银行“零售银行—内部欺诈”历史数据每年平均损失次数为 362 次，每次损失额的均值是 35 459 元，标准差是 5 694 元。现假定银行 2009 年业务量增加一倍，平均损失次数相应增加，达到 600 次，而每次损失金额的均值和方差保持不变。

压力测试情景 3：由于本行缺乏支付和清算业务—信息科技系统的历史事件，故直接采用国外相似银行的材料，为简化起见，不考虑损失次数，只考虑损失总金额服从指数分布，且指数分布的 λ 与清算业务总量有关。

二、模型构建

压力测试情景 1：

1. 估算损失次数

根据历史数据最多损失次数为 26 次，故假定 2009 年损失次数符合 $\lambda=26$ 的泊松分布，采用计算机模拟技术模拟 100 次的数据，通过模拟，可以得到表 11－9。

表 11-9　　“公司金融—外部欺诈”模拟损失概率表（%）

损失次数	26	25	27	29	24	21
发生概率	10	8	8	8	8	7
损失次数	34	22	20	30	23	28
发生概率	7	5	5	5	4	4
损失次数	33	31	17	15	19	18
发生概率	3	3	3	3	2	2
损失次数	35	32	36	16	14	
发生概率	1	1	1	1	1	

资料来源：黄志凌．商业银行压力测试．北京：中国金融出版社，2010：301.

通过该表可以知道在 100 次的模拟中，损失次数发生 26 次的有 10 次，25 次的有 8 次，其他依此类推，这样损失次数分布就已经基本确定了。

2．估计损失金额

损失金额是损失次数的累加，也进行 100 次模拟。

压力测试情景 2：损失次数的分布为 $\lambda=26$ 的泊松分布，而损失金额的均值为35 459 元，标准差为 5 694 元，假定该分布符合 Gamma 分布，根据公式符合该分布的两个参数 α 和 θ 满足 $\alpha\theta=35\,459$，$\alpha\theta^2=(5\,694)^2$，解该方程得：$\alpha=38.78$，$\theta=914$，所以该损失分布服从 $\alpha=38.78$，$\theta=914$ 的 Gamma 分布。

压力测试情景 3：

假定银行每年交易金额是 1 000 万元，而损失的均值是整个交易金额的万分之一，则损失的均值是 100 万元，该损失分布符合 $\lambda=1/1\,000$ 指数分布，可在此分布下计算均值和 VaR 值。

3．运算结果分析

对三种压力情景分别进行计算，并假定其完全正相关，最后结果如表 11-10 所示。

表 11-10　　损失分布法压力测试结果表

业务条线	压力事件	损失均值（万元）	99%置信区间下损失的 *VaR*（万元）
公司金融—外部欺诈	损失次数=26 次，损失均值=1 075 万元，标准差=50 万元	26 327	37 078
零售银行—内部欺诈	损失次数=600 次	2 127	2 334
支付和清算业务—信息科技系统	损失金额均值=100 万元	100	480
合计		28 554	39 892

资料来源：黄志凌．商业银行压力测试．北京：中国金融出版社，2010：303.

4．本实例值得说明的地方

（1）本实例的测试数据和模型都是假设的，与实际情况会有较大出入。

（2）采用损失分布法的关键是收集足够的历史数据以建立起合适有效的损失分布模型。

本章小结

VaR 型风险衡量的主要目的是在“标准”的市场条件下，量化潜在的损失。一般而

言，提高置信水平能够揭示出日益巨大但不太可能发生的损失。问题在于，基于最近的资料所做的 *VaR* 测量往往不能识别那些可能引起巨大亏损的情形。这就是在运用 *VaR* 方法时应该由压力测试的合理方案进行补充的原因。

压力测试可以被描述为一个识别和管理那些可能导致巨大损失的情形的过程。它由一系列方法组成，包括：(1) 情景分析；(2) 压力模型、波动性及相关性；(3) 政策回应。

关键术语

VaR　情景分析　压力测试　敏感性分析　置信水平

思考题

1. 请简述压力测试的定义及其分类。
2. 请简述压力测试的流程。
3. 信用风险压力测试的方法往往分为自上而下的方法和自下而上的方法，请分别画出它们的流程图，并做简要分析。
4. 写出有关银行账户市场风险压力测试的动态模型。
5. 历史情景法是压力测试常用的一种方法，查阅相关资料，列出你所知道的有关历史情景。
6. 假设在2010年某银行置信水平为98%的日 *VaR* 为900万元，根据你所学的知识，简要说明其含义。
7. 对比正常情况下的 *VaR* 图和风险情况下的 *VaR* 图，分析它们之间的不同。
8. 找到某家商业银行的财务报表，完善表11-3的内容，并做简要分析。
9. 流动性风险压力测试中，针对情景的压力评估，往往采用现金流方法，请画出现金流方法的示意图。
10. 简述操作风险压力测试的四大步骤。

第 12 章 巴塞尔协议Ⅲ

本章要点

1. 巴塞尔协议概述；
2. 巴塞尔协议Ⅲ对信用风险的监管；
3. 巴塞尔协议Ⅲ对市场风险的监管；
4. 巴塞尔协议Ⅲ对流动性风险的监管；
5. 巴塞尔协议Ⅲ对杠杆率的监管；
6. 巴塞尔协议Ⅲ对大额风险暴露的监管；
7. 巴塞尔协议Ⅲ的宏观审慎监管；
8. 巴塞尔协议Ⅲ对系统重要性金融机构的监管。

12.1 巴塞尔协议概述

巴塞尔资本协议（以下简称“巴塞尔协议”）综合反映银行业面临的各种风险，促使银行业强化风险管理意识和能力，增强银行体系的流动性、安全性，也为全球银行业提供了一个统一的、标准的公平竞争环境，现已成为全球最具影响力的银行业监管标准。

12.1.1 巴塞尔协议的发展进程

1988 年 7 月 15 日，巴塞尔银行监管委员会（Basel Capital Accord on Banking Supervision，BCBS）签订了巴塞尔协议，这是国际商业银行监管史上具有里程碑意义的金融协议。它第一次确立了国际活跃银行抵御金融风险所必须持有的资本的最低标准。这一协议称为巴塞尔协议Ⅰ，它基于相关的简单规则建立了抵御金融风险的资本要求。

巴塞尔协议Ⅰ建立了完整的、国际通用的以加权方式衡量银行表内和表外风险资本充足率的标准，第一次以统一的计算方法和标准从银行资本及资本金/风险资产比率的角度评价了银行抵御风险的能力。该协议规定了对不同资产分别给予的风险权重，要求银行资本金应该至少占风险加权资产总额的 8%，资本金分为核心资本金和附属资本金，核心资本金占资本金的 50%以上。该协议促使商业银行的经营由重视资产总量转为重视资本金与资产的比率、由扩张性的战略转为更为谨慎的经营、由注重银行的盈利性转为盈利性和安全性并重。使用不同的风险权重来对各种资产的信用风险进行粗略分类，其目的是抵御那些不可预测的金融损失，较高的资本充足率可以降低破产的概率，以保护存款和整个金融市场。同时，该协议也使监管机构的监管视角由银行外部转到银行内部，从资金标准及资本金/风险资产两方面对银行提出了明确的要求，建立了两位一体的资本充足率监管机制，为国际银行间监管和协调提供了便利，使国际银行业在国际经济全球化格局中顺利运营。随着许多银行增加了资产交易行为，1996 年巴塞尔银行监管委员会修正了资本协议，增加了有关市场风险的内容。修正法案把银行的资产分为两类，即交易账户和银行账户。修正案为交易账户的市场风险和银行账户的货币与商品风险设立了资本要求。

巴塞尔协议Ⅰ仅注重信用风险，未考虑市场风险、操作风险，在计算风险资产时未考虑对贷款主体的信用评级和贷款期限等隐私进行风险区分，在处理 OECD 成员国和非成员国之间国家信用和企业债券的资产风险权重时过于简单，对第三方担保抵押品以及信用衍生工具等信用缓释技术带来的好处也没有充分的认识。伴随着银行资产证券化的发展，最初的信用风险资本要求已经越来越跟不上金融形势的发展，更为糟糕的是，它促使一些银行采取了不安全的行为。2004 年 6 月，协议建立了对风险更为敏感的资本要求并且增加了抵御操作风险的资本要求。这一修正过的协议称为巴塞尔协议Ⅱ。

巴塞尔协议Ⅱ延续了巴塞尔协议Ⅰ中以资本充足率为核心的信用风险监管思路。巴塞尔协议Ⅱ把有关风险的定义扩大为信用风险、市场风险和操作风险的各种因素，基本涵盖了目前商业银行经营中所面临的风险。它提出了以内部评级法为核心的风险计量方法，要求银行不断提高风险计量的精确性和敏感性，鼓励有条件的银行建立并使用内部评价体系，以保证银行资本充足率能对银行业务发展和资产负债结构变化引起的风险程度变化有足够的敏感性。巴塞尔协议Ⅱ基于三大支柱，并且相互补充，它的结构如图 12-1 所示。

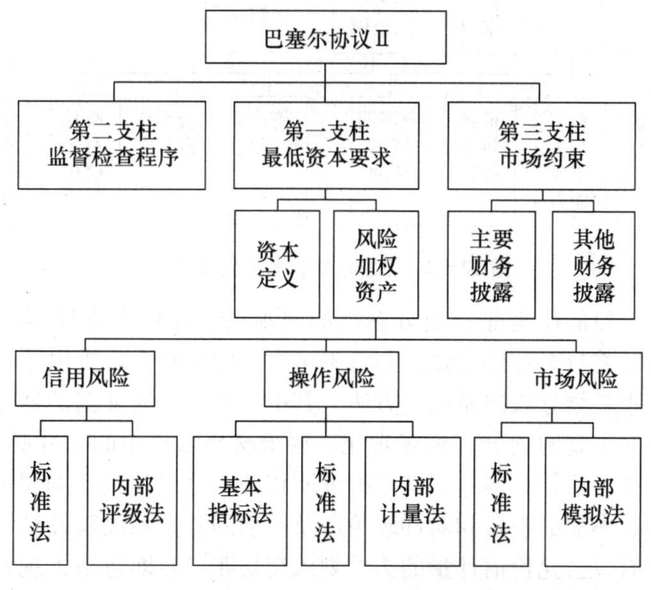

图 12-1 巴塞尔协议Ⅱ的结构图

2007 年开始的信用危机暴露了当前监管框架的制度缺陷。一些表面上看起来资本充足的银行遭受了巨大的损失，不得不靠政府救助。2010 年 12 月，巴塞尔银行监管委员会经过一系列修订，补充了巴塞尔协议Ⅱ，发布了基于资本监管和流动性监管的新协议。这个协议被称作巴塞尔协议Ⅲ。

12.1.2 巴塞尔协议Ⅲ的监管框架

一、监管结构

巴塞尔协议Ⅲ修订和完善了部分监管指标，主要包括对市场风险框架的改进、对流动性覆盖率指标的大幅修订、对杠杆率风险暴露计算方法的细化等。同时，引入了新的监管指标和风险计量方法，将大额风险暴露的监管要求从第二支柱中的软约束提高至类似第一支柱的硬约束，明确系统重要性银行的评估方法，提出了内部模型法和信用估值调整等方法，强化交易对手信用风险的度量，提出了计算证券化风险暴露的两种新方法，修订了第三支柱的信息披露要求。为了防范出现类似贝尔斯登的流动性危机的情况，设置了流动性覆盖率、净稳定资金比例等流动性监管类的指标。巴塞尔协议Ⅲ的结构如图 12-2 所示。

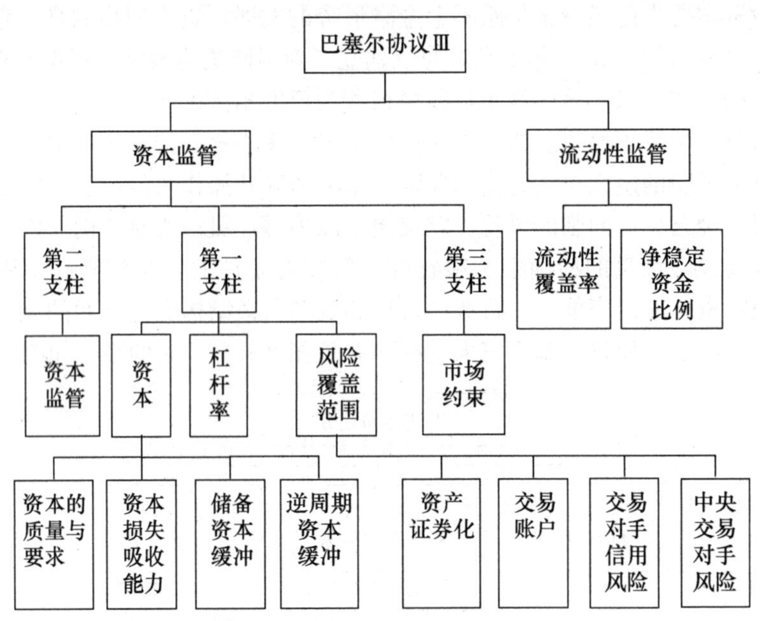

图 12-2 巴塞尔协议Ⅲ的监管框架

针对现行以交易目的作为账户划分标准的规则可能导致审慎性不足和监管套利的问题，巴塞尔银行监管委员会在确定账户划分不可取消的基础上，提出了基于交易证据和基于估值两种可选的重新划分账户属性的方法。其中，基于交易证据的划分方法旨在将现行基于交易动机的相对主观的划分方法客观化，要求交易账户中的头寸必须符合以下特征：相关头寸能够每日按市值计算损益，有证据证明相关头寸得到银行的积极管理，银行具备正式的政策和程序、书面的投资和对冲政策以及定期的监控和风险评估等。基于估值的划分方法则要求将所有以公允价值计量的头寸划入交易账户，即包括了现行会计准则下的交易金融资产、可供出售的金融资产和其他可以以公允价值计量的金融资产，旨在反映以公允价值计量的头寸的市场价值的变动对银行偿债能力的影响，显著扩大了交易账户的规模，增加了巴塞尔协议Ⅲ资本定义下市场风险的资本要求。

二、计量方法

计量方法是使用预期损失（expected shortfall，ES）法代替 *VaR* 指标。虽然 ES 比 *VaR* 的模型验证程序要求更加复杂且数据密集，但其对于尾部风险的捕捉明显优于 *VaR* 值。同时，要求风险度量必须经过压力历史时期数据的校准，包括直接校准和间接校准两种方法。直接校准法是根据风险因素全集或重要风险因素子集在整个历史时期的 ES 确定压力时期，更适用于较短历史时期的数据；间接校准法是基于重要风险因素子集和当前市场数据搜索压力时期的 ES 占风险因素全集 ES 的比例，按照这个比例对压力时期 ES 进行扩展。这种方法能够解决直接校准法中只能近似校准 ES 的缺陷，但其中的扩展因子会随着当前市场数据的变化而可能出现对周期性考虑不足的问题。

三、调整 *VaR* 模型

巴塞尔银行监管委员会建议用五种标准的流动期限来区分不同交易头寸的流动性特征，提出按照金融工具买卖价差、交易规模、报价频率和做市商数目、市场参与者性质等情况，划分 10 天、1 个月、3 个月、6 个月、1 年五种持有期类别。根据每个金融工具在相应情形下的压力情景计算参数模型或内部模型法下的资本要求，在进一步确定五大类别的划分规则后制定相应的流动性标准。同时，建议了三种可选方案，将不同的流动性期限纳入资本计量范围，即直接模拟更长期限的风险因素变化、风险因素变化的时间平方根法扩展以及风险计量结果的时间平方根法扩展，同时要求银行有条件地对历史数据无法充分反映市场流动性风险的头寸计提附加资本。对于流动性期限内到期的产品和对冲工具需要进行头寸展期处理，否则在流动性期末就会低估资本要求，但是如果进行完全的展期处理，对短期产品在流动性期限内多次展期则又会多计提资本，因此，巴塞尔银行监管委员会建议采取假定所有头寸在流动性期限内保持不变的瞬时冲击方法。

四、对冲和风险分散化

巴塞尔银行监管委员会提出只有在压力时期还能成立的对冲关系才能确认，并对跨越利率、汇率、股票、信贷、大宗商品等的更广泛的风险类别之间的相关性假设做出更严格的限制，提出基于统一的相关性系数来汇总不同风险类别资本的要求。而模型的审批将基于交易柜台的维度分解，只有当交易柜台的模型计算结果具备预测实际损益的能力时，交易柜台才能被认定为合格交易柜台。但是市场风险的资本计量仍然是基于风险因素的，为了限制过分分散化的效应，巴塞尔银行监管委员会提出了交易柜台和风险因素类型转化的两种方式：一是将交易柜台中固有的风险分解为风险因素组件并反射到五种主要的风险因素类型，例如可转换债券的相关风险因素被映射到相应的风险因素类型；另外则是根据影响交易柜台的主要风险因素类型将交易柜台进行组合，将基于不同风险因素交易柜台计算的 ES 作为资本计量的基础，例如股票交易柜台和股票期权交易柜台会被分类在不同的风险因素类型中分开管理，而对于暴露在多种风险因素下的交易柜台则需要主观判断其主要风险因素类型，以便更好地分类。同时，巴塞尔银行监管委员会建议对内部模型法和标准法制定统一的风险类别相关性系数，解决现有框架下两种方法在处理分散化效应方面存在的显著差异，也便于不同风险类别下资本要求的加总。

五、强化标准法和内部模型法的联系

针对目前标准法和内部模型法资本要求的显著差异和不可比性可能导致的监管套利，巴塞尔银行监管委员会通过提出以标准法作为内部模型法的底线或附加资本等四项方案，旨在提升标准法的重要性、优化标准法的计量、要求银行保持标准法的计算能力，以强化二者的关系。

六、流动性监管

2010年颁布的流动性风险监管改革是巴塞尔协议Ⅲ系列改革的重要组成部分。但近年来银行业面临的悲观背景为流动性监管规则的修订埋下了伏笔。经过两年的实践和研究，巴塞尔银行监管委员会于2013年推出了巴塞尔协议的修订版。

巴塞尔协议的修订版以流动性覆盖率作为短期监管指标。它的构造方式源于欧美银行业多年来在流动性风险管理，特别是压力测试方面的监管经验。该比率主要是从短期的时间角度来衡量机构应对流动性风险的能力，确保机构拥有足够的流动性资源来应对短期流动性风险，能够从为期一个月的压力环境中恢复。按照规定，商业银行流动性覆盖率的标准不得低于100%。此外，还以净稳定资金比例为长期监管指标，作为流动性覆盖率的一个补充。这两个指标在时间维度、分析角度上都有所差异，互补地构建了巴塞尔协议Ⅲ下流动性风险的核心框架。

12.1.3 巴塞尔协议Ⅲ的核心内容和实施计划

一、关于提高资本的标准

巴塞尔银行监管委员会召开央行行长及监管当局负责人委员会议并达成共识，普通股充足率最低要求由原来的2%提高到4.5%。该要求于2015年1月开始执行。一级资本(包括普通股和其他满足一级资本定义的金融工具）充足率最低要求由4%提高到6%。会议决定，在最低资本要求基础上，银行应保留2.5%的资本留存缓冲，以更好地应对经济和金融冲击。银行有权在危机时使用资本留存缓冲。资本充足率越趋近最低资本要求，银行的收益分配越会受到限制。这一规定有助于提高银行的公司治理水平，防止银行在资本状况恶化的情况下仍采取发放高额奖金和红利的错误做法。

各国可依据自身情况要求银行实施逆周期资本缓冲（占普通股的0～2.5%）或其他能充分吸收损失的资本。逆周期资本缓冲的设置是基于更广泛的宏观审慎目标，以保护银行体系免受信贷激增所带来的冲击。逆周期资本缓冲仅在信贷急剧扩张从而可能引发系统性风险时使用。在实际操作中，可将逆周期资本缓冲作为资本留存缓冲的延伸。

最低资本要求是建立在风险加权基础上的，而非经风险加权的杠杆率指标可作为最低资本要求的补充。2010年7月，在过渡期内就3%的一级资本杠杆率标准进行测试。测试结束后，最终的杠杆率标准于2017年上半年开始实施，并于2018年1月纳入第一支柱。

系统重要性银行应在上述最低资本要求的基础上具备更强的吸收损失能力，金融稳定理事会和巴塞尔银行监管委员会的有关工作组正在从事相关工作，制定针对系统重要性银行的相关政策，包括额外资本要求、应急资本和自救债券（bail-indebt）等。此外，有关风险处置的措施也在加紧研究，巴塞尔银行监管委员会最近发布了《确保监管资本在不可持续经营条件下吸收损失能力的建议》的征求意见稿，同意应增强非普通股一级资本和二级资本工具吸收损失的能力。

二、关于过渡期安排

金融危机以来，银行业已采取措施提高资本水平，然而巴塞尔银行监管委员会的定量影响评估结果表明，按照新标准计算，2009年年底大型银行需要补充相当数量的资本才能达到新资本框架的要求，而大多数服务于中小企业的小型银行的资本充足率已经能够达到新资本框架的要求。

会议对新准则的过渡期安排也达成了一致意见，过渡期安排将确保银行业通过收益留存和其他资本补充等方式达到新的资本要求，支持经济发展。

(1) 各成员国的过渡期从2013年1月1日起开始实行。各成员国必须在2013年1月1日前将新准则的内容纳入本国的法规中，而银行则要从此时起按照风险加权计算达到以下各项最低要求：普通股充足率3.5%、一级资本充足率4.5%、总资本充足率8%。

普通股充足率和一级资本充足率最低要求的过渡期为2013年1月1日至2015年1月1日。其中，2013年1月1日，普通股充足率最低要求从原来的2%提高到3.5%，一级资本充足率最低要求从原来的4%提高到4.5%；2014年1月1日，普通股充足率最低要求为4.0%、一级资本充足率最低要求为5.5%；2015年1月1日，普通股充足率最低要求为4.5%、一级资本充足率最低要求为6.0%。总资本充足率最低要求仍为8%且不设置过渡期。总资本充足率与一级资本充足率的差额部分应为二级资本或其他更高形式的资本。

(2) 资本的监管调整项（即扣减项和滤出）于2018年1月1日起全额扣除，监管调整项包括对未并表金融机构的重大投资、因时间性差异产生的递延税资产、按揭收款权(三项合计不应超过普通股的15%)。

(3) 从2014年1月1日起，资本监管调整项的扣除比例为20%，2015年1月1日为40%，2016年1月1日为60%，2017年1月1日为80%，2018年1月1日为100%。在过渡期间，不扣除的监管调整项仍由各国自行处理。

(4) 资本留存缓冲的过渡期为2016年1月1日至2018年年底，2019年1月1日起过渡期完全结束。从2016年1月1日起，资本留存缓冲要求为风险加权资产的0.625，以后每年提高0.625个百分点，2019年1月1日达到2.5%。信贷过度增长的国家应加快执行资本留存缓冲要求和逆周期资本缓冲要求，各国可根据具体情况设置更短的过渡期。

(5) 在过渡期内，已达到资本要求但普通股充足率低于7%的银行应执行收益留存政策，以尽快达到资本留存缓冲的要求。

(6) 对于由公共部门注入的资本，在2018年1月1日前实行祖父条款①安排，允许计入资本，2018年1月1日后必须全额剔除。不符合新的一级资本和二级资本定义的资本工具过渡期为10年。从2013年1月1日起进入过渡期，届时可以将这种资本工具名义本金的90%计入资本，以后每年递减10%，并在资本工具的有效期内逐步剔除。

(7) 不符合普通股计入标准的资本工具从2013年1月1日起从普通股中剔除，但符合下列三个条件的资本工具可按照上述过渡期安排逐步剔除：①由非股份制公司发行的；②按

---

① 祖父条款原来是指：法律规定南北战争前，享有选举权的白人后代，即使没有文化也有选举权。后来引申为一种规定，指某些人或者某些实体已经按照过去的规定从事一些活动，新的法规可以免除这些人或者这些实体的义务，允许其不受新法律法规的约束，继续依照原有的规定办事。

照通行会计准则可以计入所有者权益的；③在各国现行银行法下可以无限制计入一级资本的。

（8）只有在新闻公告发布前发行的工具才能适用上述过渡期安排。杠杆率的过渡期安排仍维持 2010 年 7 月会议公告的规定，即监管当局的监测从 2011 年 1 月 1 日开始，过渡期为 2013 年 1 月 1 日至 2017 年 1 月 1 日，杠杆率及其构成从 2015 年 1 月 1 日起开始披露。根据过渡期的实施结果，2017 年上半年进行最终调整，并在合理评估和校准的基础上，从 2018 年 1 月 1 日起，将杠杆率纳入第一支柱。流动性覆盖比率（LCR）从 2011 年 1 月 1 日开始监测，从 2015 年 1 月 1 日开始实施。修改后的净稳定融资比率（NSFR）从 2018 年 1 月 1 日开始实施。巴塞尔银行监管委员会将在过渡期内对两个流动性指标进行持续监测和报告，并观察这些指标对金融市场、信贷扩张和经济增长的影响，努力消除其非预期影响。

12.2　巴塞尔协议Ⅲ对信用风险的监管

12.2.1　标准法对信用风险的度量

巴塞尔协议Ⅲ标准法沿用了巴塞尔协议Ⅱ划分信贷风险的方法，做了适度的调整与保留，并将信贷进一步划分为主权贷款、公营机构贷款、多边发展银行、银行贷款、工商贷款、住房按揭贷款、商业楼宇贷款和其他贷款，并根据实际情况补充了证券公司贷款和高风险贷款两种业务量不断增大的贷款。标准法是对协议风险加权计算资本充足率的深化，是对风险加权的完善。即便如此，其仍然存在国家风险问题等。这让巴塞尔协议Ⅲ中的许多原则及市场适应性存在很大的问题。

标准法有几点新的变化：一是成员国标准地位退居次要位置。不再按照成员国和非成员国区分；成员国不再享受债券的优惠风险权重，而是按照外部信用评级的高低赋予风险权重。二是不同于巴塞尔协议Ⅱ下全部是 100%的风险权重，巴塞尔协议Ⅲ对借款公司按照外部评级分别给予不同的风险权重。三是增加了 50%、150%两个级次，并且风险权重结构由原来最大为 100%调整到了最大为 150%。这提高了银行资产的风险敏感度，体现了资产实际上存在的多样性差别。四是由于外部评级机构的结果不一定可靠，评级机构除增加了监管当局认可的外部评级公司外，还增加了出口信贷机构作为外部评级机构的补充。

（1）对主权国家和中央银行债券的风险权重。各国可以自主决定对银行持有的其所在国政府债券以本币计值，对以本币作为资金来源的债券给予较低的风险权重，如表 12-1 所示。

表 12-1　不同评级的债券的风险权重

信用评级	AAA 至 AA-	A+至 A-	BBB+至 BBB-	BB+至 B-	B-以下	未评级
风险权重	0	20%	50%	100%	150%	100%

（2）对银行债券有两个方案可供选择。各国监管部门应选择其中一个方案适用于管辖范围内的所有银行。若银行未评级，就不能获得低于其所在注册国债券的风险权重。

第一个方案是对在某一国注册的所有银行的风险权重应比该国主权信用的债券差一

档。但是，对于主权信用被评为BB+到B-和未评级的国家，高于银行的债券的风险权重最多为100%。具体如表12-2所示。

表12-2　风险权重的第一种方案

主权信用评级	AAA至AA-	A+至A-	BBB+至BBB-	BB+至B-	B-以下	未评级
风险权重	20%	50%	100%	100%	150%	100%

第二个方案是以银行的外部评级为基础来确定风险权重，对未评级银行的债券风险权重为50%。如果债券的原始期限为3个月或不足3个月（预计会续期，也就是实际期限长于3个月的不算在内），都可以得到更优惠的一档风险权重，但是最低不能低于20%。除了风险权重为150%的对银行的债券外，已评级和未评级银行的债券都可以享受这一优惠待遇，具体如表12-3所示。

表12-3　风险权重的第二种方案

银行的信用评级	AAA至AA-	A+至A-	BBB+至BBB-	BB+至B-	B-以下	未评级
风险权重	20%	50%	50%	100%	150%	50%
短期债券的风险权重	20%	20%	20%	50%	150%	20%

说明：这一方案中短期债券仅指原始期限在3个月或以下的债券。

证券公司债券的监管要求比照银行债券的监管要求，否则就按照公司债券来处理。

（3）对未评级公司的债券风险标准一般为100%，且不能获得低于其所在国主权机构的风险权重。对于已评级公司（包括保险公司）的债券的风险权重如表12-4所示。

表12-4　已评级公司的债券的风险权重

信用评级	AAA至AA-	A+至A-	BBB+至BBB-	BB-以下
风险权重	20%	50%	100%	150%

（4）符合监管定义的零售资产组合中的债券可以给予75%的风险权重，但是对于可归入零售资产的债券必须满足以下四条标准：①对象标准。风险暴露是对一个人、几个人或一家小企业。②产品标准。③分散性标准。确保通过零售资产多样化来降低风险，可规定一个数量限制。④数量值。单个风险暴露金额较少。此处风险暴露不包括上市或非上市的证券，如债券和股权凭证。

（5）以住房抵押的债券。对完全由借款人占有或将要占有或已出租的住房来作抵押的贷款，给予35%的风险权重。但是，同时监管部门应当确保：根据各国住房金融政策的有关规定，该项优惠风险权重严格限定于满足借款人居住用途的贷款，符合严格的审慎性标准。如果经过严格评估后，住房的价值大大超过贷款的金额，那么对贷款的超额保障充足。但是若监管部门认为不符合这些标准，就应适当提高风险权重的标准。

以商业房地产抵押债券为例。在过去几十年里，多个国家的经验表明，商业房地产抵押贷款是造成银行业出现不良贷款的原因。因此，商业房地产抵押贷款原则上只适合给予100%的风险权重。写字楼、多用途商业建筑物或多方承担的商业建筑物抵押的贷款，其中不超过抵押房产市值的50%或不超过抵押贷款价值与抵押房产比率的60%的部分，有可能获得50%的优惠风险权重。超过部分的风险暴露，其风险权重都为100%。以上处理方式需要满足严格的条件，尤其是必须满足两项测试标准：第一，在抵押房产市值的50%以内或以抵押贷款价值为基础的抵押比率为60%以内，商业房地产贷款发生的损失额不得超过任何一年内贷款余额的0.3%；第二，商业房地产贷款总的损失额不得超过任何一年贷款余额的0.5%。这就是说，如果在某一年内达到上述两项测试标准，就应立即取消享受优惠待遇的资格，并在将来重新恢复以前，确保已经满足原有的资格标准。实行这种优惠的国家必须公开声明，以上所列以及其他附加条件已经得到满足。当享受这些例外待遇的债券发生逾期时，其风险权重应为100%。

（6）对逾期90天以上的除了合格的住房抵押贷款之外的任何贷款中无担保的部分在扣减专项拨备（包括部分核销）以后，其风险权重按照以下方法确定：当专项拨备低于20%时，风险权重为150%；当专项拨备等于或大于贷款余额的20%时，风险权重为100%；当专项拨备等于或大于贷款余额的50%时，风险权重为100%，但是监管部门可以自主决定将风险权重降低到50%。

（7）以下高风险类债券应当给予150%甚至更高的风险权重：第一，评级在B－以下的主权、公共部门实体、银行和证券公司债券；第二，评级在BB－以下的公司债券；第三，上述（6）规定的逾期贷款；第四，评级在BB＋和BB－之间的证券化资产部分，其风险权重为350%。各国的监管部门可以自行决定对其他一些项目如风险投资和私募股权投资采用150%或更高的风险权重，以反映其高风险特征。

（8）对表外项目的风险权重。根据标准法规定，资产负债表外项目通过信用风险换算系数转换为等额的信用风险暴露。对衍生产品场外交易的交易对手的风险权重，将不再设定最高限额。第一，原始期限不超过1年和1年以上的承诺的信用风险换算系数分别为20%和50%。但是如果银行在任何时候无须事先通知就可无条件取消承诺，或者由于借款人的信用状况恶化，承诺可以有效地自动取消，此时承诺的信用风险换算系数为0。第二，银行的证券借贷或银行用作抵押物的证券，包括回购交易中的证券借贷，其信用风险换算系数也应是100%。第三，对于与货物贸易有关的短期自偿性信用证，无论对开证行还是对保兑行，信用风险换算系数均为20%。第四，当银行同意承诺时，银行可在两项可行的信用风险换算系数中采用数值较小的一个。

对于未清算的证券、商品和外汇交易，无论是预定交易还是已经入账的交易，从交易日起，银行即面临交易对手信用风险。因此，鼓励银行开发、实施和完善管理系统来监控和跟踪未清算交易产生的信用风险暴露，并为采取及时的行动提供管理信息。

12.2.2 内部评级法对信用风险的度量

在满足某些最低条件和披露要求的前提下，获得监管部门批准的银行可以采用内部评级法来自行估计风险参数，并以此决定某一风险暴露的资本要求。估计的风险参数包括违约的概率（PD）、违约损失率（LGD）、违约风险暴露（EAD）及有效期限（M）。在一些情况下，监管部门会要求银行提供一项或几项风险参数。内部评级法是以计量非预期损失和预期损失为基础的。风险权重函数产生的资本要求对应于非预期损失部分。

一、关键风险指标

1. 违约概率

违约概率的定义为债项所在信用等级一年内的平均违约率。为了得到不同级别客户的违约概率，巴塞尔银行监管委员会给出了违约的参考定义：银行认为借款人不可能全部偿还银行债务，对抵押品又没有追索权，就是违约。由于信贷质量恶化，银行遭受重大经济损失而进行贷款出售被认为是违约，但是到底银行以多大的折扣出售贷款算作重大经济损失还有待商榷。现在主要有判别分析、逻辑回归、主成分分析和神经网络四种违约概率分析的数学工具。常见的分析模型有：古典违约分析、奥特曼模型、决策树模型、KMV模型、宏观迁移模型和违约过滤器。

2. 违约损失率

违约损失率是指预期违约的损失占风险暴露的百分比，即损失的严重程度。违约损失率包括三种：损失的本金、不良贷款的持有成本和清偿成本。违约损失率＝1－回收率，从贷款回收的角度看，它决定了贷款回收的程度。构成一个完整风险概念的两个基本要素是损失的可能性以及损失发生后的损失规模（即损失的严重程度）。因此，违约损失率是除违约概率以外反映信用风险水平的一个重要参数，两者结合在一起才能全面地反映信用风险水平。

3. 风险暴露

风险暴露是指债务人的违约所导致的可能承受风险的信贷业务的余额，所有风险暴露均按扣除特别准备金后的净值计算。对风险暴露的测算分为初级法和高级法两种。在初级法下，对承诺、票据发行便利工具、循环授信工具和承诺等表外项目采用标准法提供的信用转换系数估算风险暴露，无论长期还是短期，其风险暴露均为承诺名义金额的75%，即信用转换系数为75%，但如果可以无条件取消，信用转换系数为0，而表内项目违约风险暴露的确定与标准法下相同。在高级法下，银行可采用内部测定的承诺项目的估计值，希望采取自定风险暴露估计值的银行需要表明它们能够满足额外的一些最低标准。

内部评级法下优先级风险暴露中的最低违约损失率如表12－5所示。

表12－5　内部评级法下优先级风险暴露中的最低违约损失率

	最低违约损失率	风险暴露的最低担保水平	抵押品价值超过贷款价值的程度
金融抵押品	0	0	—
应收账款	35%	0	125%
商用/居住房地产	35%	30%	140%
其他抵押品	40%	30%	140%

4. 期限

在高级法以及有明确期限标准的初级法中，银行必须为风险暴露提供一个期限测量值，并与违约概率、违约损失率一起计算出该项风险暴露的风险权重以及风险加权资产。在初级法下，回购交易的期限是6个月，其他公司风险暴露的期限是2.5年。在高级法下，银行自行估计有效期限，最短为一年，对于某些原始期限在一年以内的短期风险暴露不适用一年的最短有效期。有效期的计算公式为

$$期限=\frac{\sum_t t\times CF_t}{\sum_t CF_t} \tag{12-1}$$

二、风险暴露监管资本的计算

1. 公司、主权及银行

相关系数：

$$R=0.12\times\frac{1-e^{-50\times PD}}{e^{-50}}+0.24\times\left[1-\frac{1-e^{-50\times PD}}{e^{-50}}\right] \tag{12-2}$$

限期调整参数：

$$b=[0.118\,52-0.054\,78\times\ln(PD)]^2 \tag{12-3}$$

资本要求：

$$K=\frac{\left[LGD\times N\left(\frac{G(PD)}{\sqrt{1-R}}\right)\times G(0.999)-PD\times LGD\right]\times[1+(M-2.5)\times b]}{1-1.5b} \tag{12-4}$$

2. 零售业风险

个人住房抵押贷款的相关系数 $R=0.15$，合格循环零售业相关系数 $R=0.04$，其他零售业相关系数为

$$R=0.03\times\frac{(1-e^{-35PD})}{e^{-35}}+0.16\times\left(1-\frac{1-e^{-35PD}}{1-e^{-35}}\right) \tag{12-5}$$

个人住房抵押贷款、合格循环零售业、其他零售业资本要求均为

$$K=LGD\times N\left[(1-R)^{-0.5\times G(PD)}+\left(\frac{R}{1-R}\right)^{0.5\times G(0.999)}\right]-PD\times LGD \tag{12-6}$$

3. 专业贷款的风险权重

专业贷款的风险权重如表 12-6 所示。

表 12-6　专业贷款的风险权重

	优	良	中	差	违约
高波动性商用房地产贷款	5%	5%	35%	100%	625%
其他专业贷款	5%	10%	35%	100%	625%

12.3 巴塞尔协议Ⅲ对市场风险的监管

市场风险是由市场价格波动造成的表内外头寸损失的风险，即交易账户中属于利率相关的金融工具和股权的风险，遍及全行的汇率风险和商品风险。

12.3.1 巴塞尔协议Ⅲ对市场风险的计量框架

一、资本要求的覆盖范围

与信用风险一样，市场风险的资本要求应以全球合并报表为基础。在计算资本要求

时，可列入交易账户处理的头寸应符合以下基本要求：第一，对持有头寸/金融工具或投资组合，具有明确的交易策略，并经高级管理层批准。第二，具有明确的积极管理头寸的政策和程序必须包括交易室管理头寸，恰当地设置并监控头寸限额，交易员有权在经批准的限额内处理并管理头寸，交易头寸至少应该逐日按照市场价估值，头寸应报告给高级管理层，对交易头寸应给予密切监控。

二、计量市场风险的方法

主要使用预期损失法（ES）替代 *VaR* 指标。ES 要求更密集、更复杂的模型验证程序并且数据密集，但其对于风险的捕捉明显优于 *VaR* 值。要求风险度量必须经过压力时期数据的校准，包括直接校准和间接校准两种。直接校准是基于风险因素全集或重要风险因素子集搜索整个历史时期的 ES 以确定压力时期，更适用于较短历史时期的数据；间接校准是基于重要风险因素子集和当前市场数据搜索压力时期的 ES 占风险因素全集 ES 的比例，按照这个比例对压力时期的 ES 进行扩展，这种方法能够解决直接校准法中只能近似校准 ES 的缺陷，但其中的扩展因子会随着当前市场数据变化而可能出现对周期性考虑不足的问题。

三、交易账户中交易对手信用风险的处理

银行除了计算一般市场风险和个别风险的资本要求外，还要对交易账户上反映的场外交易衍生品、回购和其他交易计算交易对手信用风险的资本要求。对于交易账户中的信用衍生品交易，其交易对手信用风险的资本要求将使用如表 12－7 所示的潜在未来风险暴露附加系数。

表 12－7　　风险暴露附加系数

	信用保护的买方	信用保护的卖方
总收益互换		
“合格”参考债务	5%	5%
“不合格”参考债务	10%	10%
信用违约互换		
“合格”参考债务	5%	5%**
“不合格”参考债务	10%	10%**

** 表示对于信用违约互换中信用保护的卖方，只有在信用保护的买方无力偿还，但是基础资产仍然有偿债能力，交易需结清的情况下才能使用附加系数。附加额不得超过未支付保护费用的总额。

四、过渡安排

银行可以过渡性地自主决定混合使用标准法和内部模型法来计量市场风险。作为一个一般性的规则，任何这种“部分”模型都应该覆盖一个完整的风险类别，不允许在同一种风险类别中混合使用两种方法。但是鉴于大多数银行目前仍在实施或在进一步改进其风险管理模式，巴塞尔银行监管委员会允许银行在处理其全球所有业务时享有一定的灵活性，即使是在一个风险类别中。但是也必须说明，监管部门应该注意防范银行在同类风险中“摘樱桃”式地选用标准法和模型法来进行监管套利。

12.3.2　资本要求

一、标准化法

模块构筑法（building block approach）是在所有头寸上都增加一个附加项，然后放在组合内进行加总。计算时，首先按照特定的准则计算资产组合分别暴露于利率风险（IR）、股票风险（EQ）、外汇风险（FX）、商品风险（CO）以及期权风险（OP）下的风险大小。银行的总风险是这五类风险的加总。银行第 t 天的总风险通过将不同的风险 j 加总得到：

$$MRC_t^{STD}=\sum_{j=1}^{5}MRC_t^{j}=MRC_t^{IR}+MRC_t^{EQ}+MRC_t^{FX}+MRC_t^{CO}+MRC_t^{OP} \quad (12-7)$$

利率风险资本要求是一般市场风险资本要求和特殊风险资本要求的总和。一般市场风险资本要求通常会随着金融工具久期的增加而增加，特殊风险资本要求则覆盖了发行人的特殊风险。这种标准化计算除了资本要求很保守，是通过加总整个风险来源的资本要求得到的外，并没有考虑投资组合分散化带来的好处。这也使得银行没有分散资产的动力。

二、内部模型法

与简单标准化方法不同，内部模型法（IMA）基于银行内部建立风险管理系统计算市场资本要求。同时，监管部门并没有放弃自身的权威地位。银行必须得到监管机构的明确核准才能采用内部模型法。银行必须先满足以下要求：有独立的风险控制部门、建立事后测试程序、高层积极参与银行内部风险控制过程、内部风险模型需与日常风险管理结合在一起、建立内部交易和风险暴露的限额、定期对模型进行压力测试、模型与明文规定的政策相一致、定期进行独立审核。满足上述要求后，银行风险模型还需包含足够数量的风险因子，数量的多少由银行交易活动的范围和复杂程度决定。

12.4 巴塞尔协议Ⅲ对流动性风险的监管

12.4.1 短期监管指标

以流动性覆盖率[①]作为银行业短期监管指标。它源于欧美银行业多年来流动性风险管理，特别是压力测试的经验。该比率主要是从短期的时间角度来衡量机构应对流动性风险的能力，确保机构拥有足够的流动性资源来应对短期流动性风险，能够从持续一个月的压力环境中恢复。标准规定，商业银行流动性覆盖率不得低于 100%。

1. 优质流动资产的划分

2013 年版的巴塞尔协议Ⅲ系列中的优质流动资产储备由一级资产和二级资产构成。一级资产包括现金、央行储备金，以及由主权实体、央行等其他机构发行或担保的、可在市场上交易的证券。这类资产的价值最稳定、流动性也最高。二级资产包括：政府证券，至少 AA－级的公司债券和担保债券等相对应的扣减比率较低的这类划分为 2A 级的资产；A＋级至 BBB－级的公司债券（扣减比率为 50%），某些无产权负担的股票（扣减比率为 50%）和 AA 级以上的住房抵押贷款支持证券（扣减比率为 25%）这类划分为 2B 级的资产。2B 资产按照扣减比率进行折减后的总额不能超过优质流动性资产总额的 15%。二级

① 流动性覆盖率（LCR）＝优质流动性资产储备（HQLA）/未来 30 日现金净流出量≥100%。

资产占比最高不能超过银行优质流动性资产储备的40%。

2. 现金流出和流入系数

LCR的分母是净现金流出，它是特定压力下，未来30天内预期累计现金流出与预期累计现金流入的差额。巴塞尔银行监管委员会遵循融资来源越不稳定对应的流失比例越高这一点，将存款来源划分为零售存款和批发存款。2013年版的巴塞尔协议Ⅲ中完善了计算净现金流出时的流出和流入系数，总体来说较2010年版有所下降，最大幅度达70%，这将大幅降低金融机构必须持有的流动性资产的规模。

12.4.2 长期监管指标

以稳定资金比例作为长期监管指标，作为流动性覆盖率指标的一个补充。

净稳定资金比例(NSFR)＝可用稳定资金比例(ASF)/业务所需的稳定资金(RSF)

按照规定，商业银行的净稳定资金比例的标准应大于100%。

可用的稳定资金包括机构的资本、有效期大于一年的优先股、有效期大于等于一年的负债以及压力情景下有效期小于一年的、预期将留在机构内的非到期存款（或定期存款）和批发资金。可用的稳定资金数量的计算是将机构的权益资本和负债的账面价值乘以对应的折扣因子，加权平均的总和就是可用的稳定资金数量。所需的稳定资金数量是监管者基于该机构的表内外资产和其他相关活动下的整体流动风险情况进行假设而测量得出的。其计算是将机构所持有的或由融资而得的资产价值乘以对应的折扣因子，加权平均的总和就是所需的稳定资金数量。净稳定资金比例要求银行在持续的压力情景下，仍然有稳定的资金来源持续经营和生存1年以上，旨在让银行采用更加稳定、持久的融资渠道，在长期内提高应对流动性风险的能力，优化融资结构。

巴塞尔银行监管委员会为流动性监管指标的实施提供了较长的过渡期，并做出了过渡期的阶段性安排，旨在保证监管指标的平稳推进，并且希望在观察期针对两个指标可能对银行体系乃至金融体系造成的影响进行一个合理的评估。流动性覆盖率自2011年开始进入观察期，2015年引入最低标准。净稳定资金比例自2012年开始进入观察期，在2018年引入最低标准。

但是，我们也必须意识到监管措施的出台总是会倒逼追逐利益、寻求套利的金融机构做出相应的理性行为。流动监管的实施可能导致一些违背初衷的结果：首先，一级流动性资产设定为主要包括央行储备和国内公共债务，同时还假设央行在危机期间可以将这些资产变现，这一规定可能激励银行为保持短期流动性达标而远离私人部门债券，转而不断积累公共债券。其次，国家的主权债务往往具有较高的交易对手风险，自身的违约损失率可能也很高，从而增大了信用风险和市场风险。同时这些流动性资产也不具有低市场相关性和安全投资转移的特征。最后，新规定要求稳定零售存款的流失比例为5%。这将促使银行不断推出创新举措以吸收零售存款，但是可能加剧银行之间的竞争，激化银行间的矛盾，可能使零售存款也变得不稳定，反而让流动性成本因为利率弹性的增加而变大。

12.5 巴塞尔协议Ⅲ对杠杆率的监管

2008年金融危机的一个重要特征就是银行体系表内外杠杆的过度累积。在大多数情况下，虽然银行已经积累了过度的杠杆，但仍然显示出较高的风险资本比例。在危机最严重的时期，银行体系在市场压力下被迫降低杠杆率，放大了资产价格的下行压力，进一步加剧了资产损失、银行资本下降和收缩可获得信贷之间的恶性循环效应。巴塞尔银行监管委员会引入一个简单透明且不是基于风险的杠杆率，在经过校准后将其作为风险资本要求之外的一个可靠的辅助性指标。杠杆率的目的在于实现两个目标，一是限制银行体系杠杆的累积，帮助避免可能会对整个金融体系和实体经济产生破坏作用的不稳定的去杠杆化过程。二是用一个简单的、基于无风险的“最后防线”来加强风险资本的作用。2011年1月1日至2017年1月1日为过渡期。

杠杆率可以作为平行运作期的测试基础，按照资本总量和风险暴露总量的定义，计算过去一个季度里资本总量除以风险暴露总量的月平均值。具体来说，

杠杆率=(一级资本－资本扣减项)/表内外风险暴露总额

式中，资本总量以一级资本为基础。风险暴露总量一般按照风险暴露的会计方法来计量，与会计账户保持一致，做到监管披露与财务披露的对比。将会计科目的核算结果和杠杆率风险敞口的计算结果进行比较，且对其中差别较大的地方，银行要单独列出说明。信息披露的规范化有利于监管部门对杠杆率的计算进行监管，同时一致性的披露要求也体现了巴塞尔协议Ⅲ中市场约束的监管理念。在杠杆率监管的过渡期内，巴塞尔银行监管委员会将根据商业银行资本水平及风险敞口的变化情况及时对杠杆率的核算方式以及要求进行修订。在过渡期内，委员会将每半年检测一次银行的杠杆率，以评估资本杠杆率最低3%的设计要求在一个完整的信贷周期及不同业务模式类型下是否恰当。这一评估将包括考虑是否扩大风险暴露的定义以及抵消调整扣除项目是否可以更好地实现杠杆率的目标。巴塞尔银行监管委员会将密切关注各国会计准则和实践以解决各国会计准则差异可能会导致的校准的影响。商业银行应当每个季度都对杠杆率进行简明披露，内容主要包括：季度内各月杠杆率的平均值、期末一级资本、期末表内外风险暴露和其杠杆率。杠杆率指标仅按季度披露，每次披露均要提供期末杠杆率（L_3）以及统计区间内各月的平均值（L），因此能通过简单的数据变换得出统计区间内其他两个月的平均值（$1.5L-0.5L_3$）。再结合资本充足率的对应变化，就能大致算出剩余两个月杠杆率的数值。

从整体上来看，杠杆率机制实施后各月的杠杆率、各季度末的一级资本和表内外风险暴露、每半年度的涉及表内外风险暴露总额核算的各资产风险暴露都不同程度地受到了市场监督。巴塞尔银行监管委员会于2017年1月1日对杠杆率的定义和校准进行最终调整，在适当检查和校准的基础上，于2018年1月1日起将杠杆率要求纳入第一支柱处理。随着杠杆率信息披露在巴塞尔协议中地位的提高，它不仅是在风险、流动性上对商业银行进行限制，而且会像资本充足率指标一样对商业银行的经营结构和业务发展造成总规模上的束缚。

12.6 巴塞尔协议Ⅲ对大额风险暴露的监管

金融危机中得到的一个关键教训就是银行在其账簿及运营中不是总能一贯地测量、汇总及控制对单一交易对手的风险敞口。而且在历史上也有银行因为风险敞口集中于单一交易对手而倒闭的事例，比如 1984 年英国的马修银行案、20 世纪 90 年代末的韩国银行危机。由于个别交易对手方的突然违约产生蝴蝶效应、导致系统性风险的例子，在银行危机的历史中并不少见，如 1982 年的拉美债务危机、1984 年英国的庄信万丰银行破产、20 世纪 90 年代初的瑞士银行业危机以及 20 世纪 90 年代末的韩国银行业危机等。针对这一情况，各国监管当局分别制定了相应的集中度监管指标和要求，巴塞尔银行监管委员会也将集中度监管列入第二支柱，作为监督管理的重要组成部分，但始终没有明确统一的量化标准。

在 2008 年金融危机中得到的另一个关键教训就是一家系统重要性金融机构的实质性损失可以引发对其他系统重要性金融机构偿付能力的影响，由此可能会对全球金融稳定带来潜在的灾难性后果。巴塞尔银行监管委员会认为大额风险敞口框架这个工具可被用于缓和全球系统重要性银行之间的风险传染，由此支撑金融稳定。

12.6.1 大额风险暴露监管的历史沿革

大额风险敞口监管是一个为了将一家银行在交易对手突然倒闭的情况下可能面临的最大损失限制在不危及该银行的偿付能力的程度而被提出的工具。文件提议要加强与大额风险敞口有关的影子银行体系的监督和管理。特别是该提议包括了被设计用来捕获监管者所关心的由非银行机构进行的类银行业务活动的政策措施，目标是以一种方式保证银行及监管者测量、汇集和控制对于单一对手方风险敞口的更强的一致性。作为对以风险为基础的资本要求的补充支持，该标准将会补充现存的以风险为基础的资本框架，而这通过保护银行免受由一个对手方或一群相互联系的对手方突然违约所造成的严重损失来达到。

伴随着资产证券化业务和衍生产品等金融创新的不断发展，金融机构之间的关联性及其风险传染的速度和影响力产生了本质性的变化，单一交易对手方或关联交易对手方违约可能对银行乃至银行业造成的非预期性损失及连锁冲击的影响急速上升。面对这一情况，巴塞尔银行监管委员会于 2013 年 3 月发布了《大额风险暴露的测度与控制监管框架（征求意见稿)》，旨在降低银行在面临同一交易对手或关联交易对手突然违约时所造成的最大损失，维持银行持续经营，同时缓解全球系统重要性银行（G—SIB）间的危机传染，维持金融稳定。该咨询文件将会替代巴塞尔银行监管委员会 1991 年发布的《测量及控制大额风险敞口指引》。该监管框架也是对近来加强影子银行体系监管的回应，特别对影子银行所涉及的资产证券化、集合投资（CIU）等方面的大额风险暴露进行了关注。

早在 1991 年巴塞尔银行监管委员会就根据监管实践制定了《大额信用风险暴露的测度与控制》监管指引，提议对单一交易对手或关联交易对手的风险暴露上限不能高于银行集团监管资本总额的25%，同时建议监管报告的门槛应低于10%，指引中对风险暴露、单一交易对手和关联交易对手进行了定义，试图从授信的总量上和敞口上设立限额来控制风险过度集聚。

1999年巴塞尔银行监管委员会发布《从亚洲危机中汲取的监管教训》的报告，指出对风险集聚方面监管不力是导致此次危机的重要原因，并指出现行大额风险暴露指引仅仅考虑了信用风险，但亚洲金融危机暴露出了信用风险、市场风险和流动性风险相互间存在复杂联系，所以在监管改进方面有必要对除信用风险之外的其他风险加以考虑。

在巴塞尔协议Ⅱ中，集中度监管体现在第二支柱的要求中，并说明了集中度风险是指任何有可能给银行造成巨大亏损从而危及其正常经营的单一风险暴露或风险暴露集团。同时指出贷款是大多数银行的重要业务，所以信用集中风险是集中度风险的主要表现形式，要求银行定期对其主要的信用集中风险进行压力测试，以测控这类风险暴露在市场环境恶化时对银行正常经营的冲击。但巴塞尔协议Ⅱ并未明确提出集中度风险的监管上限以及监管报告的门槛等量化指标。而2010年的巴塞尔协议Ⅲ中，仍然将集中度风险的监管放在了第二支柱，并且从信用集中风险扩大到所有具有潜在集中风险的因素，包括不同账户、类似产品、潜在相关性等几个方面，但并没有形成硬性约束。

正是由于在巴塞尔协议Ⅱ和巴塞尔协议Ⅲ中没有制定统一的量化监管要求，加之不同国家和地区的金融体系存在一些差异，各国（地区）对大额风险暴露的监管程度有所不同，并且对关联交易对手方的界定也多根据自身情况而定，从而导致了各国监管上的差异。例如，印度规定单一客户的大额风险暴露上限为银行资本的25%，单一集团客户的大额风险暴露上限为银行资本的50%；爱尔兰规定单一客户的大额风险暴露上限为银行资本的15%；澳大利亚、新西兰则规定单一客户的大额风险暴露上限为银行资本的30%。各国的监管差异导致在大额风险暴露的测控上难以沟通合作，加剧了大额风险暴露向全球系统性风险转化的可能，同时在监管力度方面，存在某些国家（地区）监管趋严，而另一些则监管不足，造成各国所承担的金融稳定责任失衡，产生监管套利。所以巴塞尔银行监管委员会制定统一的大额风险暴露监管新框架是金融危机后对集中度风险监管的重新审视，对各国乃至全球金融稳定具有重要意义。

12.6.2 大额风险暴露的相关概念

2013年，巴塞尔银行监管委员会制定的《大额风险保留测度与控制监管框架》（简称“大额风险框架”）将大额风险暴露定义为，银行在遭受单一交易对手或关联交易对手非预期违约时所造成的最大损失，是银行账户和交易账户风险暴露的总额。为明确大额风险暴露的监管要求，应首先明确交易对手方的识别、合格资本、风险暴露这三个重要的概念。

（1）交易对手方的识别。大额风险框架中将交易对手方定义为广义上的交易对手，包括但不限于银行，市场基础设施如中央交易对手方，非银行金融公司，集合投资、资产证券化等投资交易对手，以及非金融公司等。

（2）合格资本。大额风险暴露的监管目标是银行在持续经营的基础上能够有效吸收非预期损失，因此巴塞尔银行监管委员会提议将大额风险框架中的合格资本定义为巴塞尔协议Ⅲ框架下定义的核心一级资本或者一级资本，这与巴塞尔协议Ⅲ对资本质量要求的提高和提升资本损失吸收能力的理念是一致的。

(3) 风险暴露。按照巴塞尔银行监管委员会的监管原则，大额风险框架中规定的风险暴露的范围，应包含所有在资本充足率监管下需要消耗银行资本的风险暴露。银行账户与交易账户下的风险暴露均应纳入框架，这其中包含了银行账户表内非衍生资产，银行账户传统表外承诺，交易账户中按盯市法衡量的头寸，交易账户中按盯市法衡量的期权，以及衍生产品、证券融资交易、跨银行账户和交易账户的结算交易所涉及的交易对手信用风险暴露等。

12.6.3 大额风险暴露的监管指标

在大额风险框架发布之前，巴塞尔银行监管委员会制定的《有效银行监管的核心原则》以及《核心原则的方法》中建议的大额风险暴露的监管门槛是银行监管资本总额的10%，监管上限为监管资本的25%，即

$$\text{大额风险暴露监管门槛}=\frac{\text{风险暴露}}{\text{银行资本}}\geqslant 10\% \tag{12-8}$$

$$\text{大额风险暴露监管上限}=\frac{\text{风险暴露}}{\text{银行资本}}\leqslant 25\% \tag{12-9}$$

而大额风险框架主要从两个方面收紧了上述标准：第一，将监管资本总额改为核心资本或者核心一级资本；第二，将监管门槛下调到5%。具体的监管门槛和上限如下：

$$\text{大额风险暴露监管门槛}=\frac{\text{风险暴露}}{\text{合格资本}}\geqslant 5\% \tag{12-10}$$

$$\text{大额风险暴露监管上限}=\frac{\text{风险暴露}}{\text{合格资本}}\leqslant 25\% \tag{12-11}$$

而且针对全球系统重要性银行之间的大额风险暴露，巴塞尔银行监管委员会在大额风险暴露监管框架中单独制定了更为审慎的监管上限：

$$\text{大额风险暴露监管上限}=\frac{\text{风险暴露}}{\text{合格资本}}\leqslant 10\%\sim 15\% \tag{12-12}$$

巴塞尔银行监管委员会对全球系统重要性银行实行更为严格的大额风险暴露限制，即监管上限为合格资本的10%～15%，比普通银行降低了10～15个百分点。并且鼓励各国根据自身情况实行更加严格的监管上限，也对国内系统重要性银行以及非银行金融机构加强风险上限监管。

12.7 巴塞尔协议Ⅲ的宏观审慎监管

宏观审慎与微观审慎作为有效监管的要素具有相互作用和相互补充的特性。监管机构和其他权力机构在运用基于风险的方法时，需要评估比单个银行的资产负债表广泛得多的风险，如经济环境、业务趋势、跨银行和银行领域之外的风险积累与集中。这些外部影响都不可避免地对单个银行的风险暴露产生影响，因此，对银行的监管也应该考虑这些宏观

因素。监管机构收集的单个银行的数据、银行行业数据和汇总的趋势数据，都应该纳入相关权力机构考虑金融稳定问题的范畴，以帮助识别和分析系统性风险。监管机构应该有权取得其他能够影响银行体系的权力机构所做出的有关金融稳定性的分析和评估报告。

这种宽泛的金融体系视角已经纳入许多核心原则中，所以巴塞尔银行监管委员会没有专门设立一条独立的原则来处理宏观审慎问题。在监管单个银行时，关键是监管机构要从多个角度来分析这家银行及其风险状况。一方面，要从微观和宏观两个角度来单独考虑单个银行；另一方面，要将这家银行作为整个银行集团内的一个机构与其他机构一起分析并且要考虑银行集团之外其他集团机构对这家银行产生的潜在风险。监管机构在履行监管职能时，必须观察广泛的风险领域，包括单个银行内部产生的风险，以及从与其相关的实体或者主要的宏观金融环境中产生的风险。

宏观审慎监管的核心之一就是将系统性风险纳入审慎监管的范畴，在关注个体金融机构面临的风险的基础上，关注系统性风险的水平和趋势。对于系统性风险的控制，宏观审慎涉及两个维度：一是时间维度，这一维度需要解决的是金融体系的顺周期问题，也就是缓解和抑制系统性风险随着时间的积累和发展。比如在经济上升期间，金融体系通过信贷扩张、资产价格快速增长、高杠杆等渠道造成整体风险的过度积累。如果在这一时期没有建立足够的资本储备，一旦金融周期转向下降期间，将会引起大范围的财政压力，大幅度地去杠杆化将进一步扩大影响，市场中的信贷和关键金融服务的提供都将随之下降。解决顺周期问题的关键是建立多种形式的逆周期缓冲，由此抑制系统性风险的积累。二是横截面维度，横截面维度的关键问题是降低系统性风险的集中，这种风险的聚集往往来自各金融机构相似的风险暴露，或是源于它们之间资产负债的直接联系。其中一个特别关注的点是确保从个体金融机构的角度，实施与它们经营形成的系统性风险的程度，以及经营失败造成的负面效果相匹配的防护措施。

针对宏观审慎监管的两大维度，在工具的使用上也有对应的两类举措，具体见表12－8。

表 12－8　　宏观审慎监管的执行方法

应对问题＼执行方法	普通规则	自由裁量
时间维度： 解决顺周期的问题	资本留存 杠杆率 流动性 贷款价值比率	逆周期资本缓冲 动态拨备
横截面维度： 解决某时点系统范围问题	压力测试 系统重要性银行资本附加 管理影子银行体系	对资本充足率、资本配置或保证金要求的自由调整
两大维度	检测系统性风险	

资料来源：巴曙松，金玲玲等．巴塞尔资本协议Ⅲ的实施．北京：中国人民大学出版社，2014：227．

目前各国都已经引入了宏观审慎的理念，通过使用相关工具达到金融稳定的目的，对于框架的构建，各国主要有三种模式。一是由中央银行承担货币政策、金融监管和宏观审慎的监管职能，建立统一的金融监管体制。在国际货币基金组织调查的50个成员中，有31个国家将银行监管的职权赋予中央银行。这种模式下央行承担了监控并且制定和执行政策来化解系统性风险的责任，宏观审慎政策的执行大大加强。但是也会出现单家央行形成决策垄断、监管机构协调成本较大的问题。二是重新设立宏观审慎监管主体，由财政部门主导或中央银行主管，监管政策的制定及其实施的责任由银行监管委员会承担。这种模式可以看作多头监管体制向统一监管体制的一种过渡方式。该模式下通过银行监管委员会加强中央银行与监管机构以及财政部门之间的充分沟通，提高监管的效率。央行仍然在降低系统性风险方面发挥重要的作用。同时，在这种模式下，还可以按照宏观审慎政策执行主体的不同，进一步细分为三类，即由中央银行、隶属于中央银行的银行监管委员会或独立委员制定和实施宏观审慎政策。三是宏观审慎政策由多家监管机构共同负责的框架模式。具体来说，央行监控系统性风险、将监控结果以及监管建议反馈给微观审慎监管机构的，则微观审慎管理机构承担化解系统性风险的责任。这样的设定让央行和金融监管机构完全独立，将宏观审慎政策的制定、决策和实施的职权分散在不同的机构。这种模式下能确保宏观审慎政策和货币政策的独立可信以及完善性，多家机构都能够在风险管理和政策评估方面发挥积极作用。但是，这种模式也会带来一个问题：没有一家机构能掌握与系统性风险有关的全面信息，可能无法确保宏观审慎监管的有效性，也会造成监管重叠或者监管空白的问题。

由上述可见，宏观审慎监管的框架模型都是具有两面性的，实际执行中也会出现不同的影响执行效率的问题。在国际货币基金组织的调查中有 14 个国家没有宏观审慎监管职权的机构却在使用宏观审慎工具，另外 10 个有宏观审慎监管职权机构的国家却没有使用宏观审慎工具。而且，一半多的新兴市场国家由中央银行行使宏观审慎监管职责，但这是隐含在中央银行负责支付清算系统稳定、最后贷款人及其他金融机构监管基础上的非正式授权。这说明了没有正式授权而执行宏观审慎监管的机构事实上没有权力指令各种对应系统性风险措施的实施。很多宏观审慎监管机构无权向被监管机构要求信息披露，更无法获得监管半径之外的、会影响系统性风险的金融机构的其他各种信息。

12.8 巴塞尔协议Ⅲ对系统重要性金融机构的监管

系统重要性金融机构在金融稳定理事会公布的文件中被定义为“具有一定规模、市场重要性的全球相互关联程度较高的机构，它们的困境或倒闭将在国际金融体系中引起严重混乱，并给许多国家造成负面的经济后果”。特别是，此类金融机构做出的决策一般都是基于本机构的利益最大化，至多包含了所在国的一些政策考量。但是在系统层面上，因为它并没有考量自身经营的外部性问题，以及因为所在国政府对其的隐性担保，使其具有逆向选择和道德风险问题，这都刺激了全球系统重要性金融机构进行高风险经营，规避市场约束，造成竞争扭曲，进一步提升了出现危机的可能性。所以，宏观审慎监管强调在横截面维度上对系统性风险的管控，重视对全球系统重要性金融机构的监管。

12.8.1 全球系统重要性银行监管

在金融危机的余波中，系统重要性银行一直处于被关注的地位，立法和监管权力机构需要有效地处理它们。委员会曾经考虑纳入一条新的原则来专门考虑系统重要性银行。但最终结论是：系统重要性银行作为需要更多监管关注和资源投入的一类机构，代表的只是银行监管范畴的一类而已。每条核心原则都要适用于对所有银行的监管。对监管机构的预期以及监管机构对银行的预期，都认为只需要将系统重要性银行放在更为优先的地位，以与这些银行的风险状况和系统重要性相匹配。因此，巴塞尔银行监管委员会没有专门列出一条原则来单独处理系统重要性银行。

在现有的政策基础上，巴塞尔银行监管委员会将识别全球系统重要性银行并对其进行分类。根据不同级别的全球系统重要性，要求银行具有相应的损失吸收能力，旨在降低它们经营失败的可能性。巴塞尔银行监管委员会使用基于指标的测量方法来评估全球系统重要性银行的系统重要性。指标从多个维度来反映银行的系统重要性，既全面又相对简单。但是由于银行间的差异性，它们的经营结果对国际金融体系所造成的风险程度也是不同的。因此定量指标的方式与定性的信息相结合，通过监管判断被合并在一个框架中。

1. 基于指标的测量方法

指标的选择原则是要反映银行的规模、内部的相互联系、替代服务的缺失、全球经营活动及它们的复杂性。巴塞尔银行监管委员会认为全球系统重要性银行往往难以处置，只使用规模、相互关联程度和跨境经营三个指标不足以概括全球系统重要性的特征，会造成金融体系和经济实体更大的扭曲。应该在评估过程中加入新的指标，比如衡量银行全球活跃度的指标、衡量复杂性的指标。每一大类指标都赋予了相同的20%的权重。由于跨境活动、规模、相互关联性、可替代性/金融机构基础设施、复杂性这五大类指标下都分别有其他子指标，应采取平均分配的方式对这些子指标赋予相应的权重，如表12-9所示。

如此之后，我们可以计算出这样一个得分：将单个银行的加权总量除以样本中所有银行的加权总量，再将这一数额乘以10 000，最后得出基点得分（即100%）。

表12-9　　基于指标的测量方式

分类及权重	具体指标	权重
跨境活动（20%）	跨境债权	10%
	跨境负债	10%
规模（20%）	在巴塞尔协议Ⅲ杠杆率中所使用的“风险暴露总额”	20%
相互关联性（20%）	金融体系内的资产	6.67%
	金融体系内的负债	6.67%
	证券余额	6.67%
可替代性/金融机构基础设施（20%）	受托资产	6.67%
	支付业务	6.67%
	在债券和股票市场上的承销量	6.67%
复杂性（20%）	场外衍生品名义价值	6.67%
	第三级资产	6.67%
	交易中和可供出售的证券	6.67%

资料来源：杨力，吴国华. 巴塞尔协议Ⅲ. 北京：中国金融出版社，2014：595.

2. 政策措施

如果某家银行超过了巴塞尔银行监管委员会设置的系统重要性银行的最低分数基点（130基点），则该银行将被列为全球系统重要性银行，从而对其有更高的损失吸收要求，即附加的资本要求。如表 12－10 所示，巴塞尔银行监管委员会根据银行所得基点将系统重要性银行分为 5 组，每一组都有不同的损失吸收要求。比如说，假如某个银行的基点为 350，那么它就属于第 3 组，其更高损失吸收要求为 2%，即风险加权资产的 2%，且更高损失吸收要求需满足巴塞尔协议Ⅲ框架中的核心一级资本定义。

表 12－10　系统重要性分组及对应的附加资本要求

分组	分数区间（基点）	更高损失吸收要求
第 5 组	530～629	3.5%
第 4 组	430～529	2.5%
第 3 组	330～429	2.0%
第 2 组	230～329	1.5%
第 1 组	130～229	1%

资料来源：杨力，吴国华. 巴塞尔协议Ⅲ. 北京：中国金融出版社，2014：600.

12.8.2　全球系统重要性保险机构的监管

保险机构承保的风险，与经济周期和金融市场风险并无关联，保险事件的严重程度也不会受到金融市场波动的影响。向投保人支付保险赔款也是要求保险事件发生后，因为保险公司从事传统的业务活动不太可能使其遭受到突如其来的流动性短缺。保险行业传统的经营模式使大多数公司能够更好地抵御金融风险，所以即使保险行业受到危机影响，也能够吸收损失的影响。从系统性的角度来看，没有表现出对金融体系更广泛的影响。但是，不断变化的市场导致产品和业务逐渐模糊了传统保险和银行类活动之间的界限，潜在的系统性风险逐渐出现并积累。例如美国国际集团（AIG）参与了非传统保险业务，在金融市场中就会显得脆弱。为此国际保险监督官协会制定了一套评估方法来识别全球系统重要性保险机构的系统重要性。评估方法包括三个步骤：收集数据、评估和监管判断、验证过程。在指标选择方面与全球系统重要性银行的系统重要性指标类似。

一、机构和数据的选择

一般选择的数据必须是近期的、连续的和高质量的。通常可以通过各保险机构所在国的监管当局获取 14 个国家和地区 50 家保险公司的数据，选取保险机构主要遵循以下标准：

（1）总资产不少于 600 亿美元，并且境外的保费比例不低于总保费 5%的保险公司；

（2）保险公司的总资产不少于 2 000 亿美元，并且境外的保费占总保费的比例为 0～5%的保险公司；

（3）一些特别的保险机构（比如财务担保保险机构）也被纳入监管范围。

二、保险机构系统重要性的评估过程——基于指标的评估方式

1. 基于指标的评估方式

基于指标的评估方式与系统重要性银行的评估方式类似，也是给予特殊指标一定的权重，然后算出总的分数基点，如表 12－11 所示。

表 12-11　衡量各保险机构全球系统重要性的指标及权重

分类及权重	指标	指标权重	具体内容
规模（5%）	总资产	2.5%	资产负债表总资产的规模。
	总收入	2.5%	保险机构的保费总收入、投资收益、实现收益和损失、费用和佣金以及其他收入总和。
全球活跃性（5%）	在母国以外国家和地区产生的收入	2.5%	来自母国以外国家和地区的已确认的收入总和。
	国家的数目	2.5%	一家机构在母国以外设有分支机构或子公司的国家数目。
相互关联程度（40%）	金融体系内资产	5.7%	对金融机构贷款，以及持有其他金融机构发行的证券的总和。
	金融体系内负债	5.7%	向金融机构借款，以及向其他金融机构发行的证券的总和。
	再保险	5.7%	再保险承担业务的总的技术条件。
	衍生品	5.7%	流通中衍生品的名义总额。
	大额风险暴露（这个指标将来还需复审检验）	5.7%	组成： （1）19家最大交易对手的总资产风险暴露。 （2）19家最大交易对手的总资产风险暴露占总资产的比率。 （3）国内主权风险暴露占其市场规模的比率。
	营业额	5.7%	两个指标： （1）（投资性资产购买总额＋投资性资产销售总额）/总资产。 （2）（负债资金销售总额＋负债资金清偿总额）/总负债。
	第三层次资产	5.7%	（1）总的第三层次资产。 （2）第三层次资产/（第一层次资产＋第二层次资产＋第三层次资产）。
非传统与非保险活动（45%）	非保单持有人责任，以及来自其他金融活动的非保险收入	7.5%	组成： （1）资产负债表中负债总额－所有投保人负债。 （2）（资产负债表中负债总额－所有保单持有人负债）/资产负债表中负债总额。 （3）非保险业务的金融活动总收入。 （4）非保险业务的金融活动总收入/总收入。
	衍生品交易	7.5%	出售CDS保护的名义总额。
	短期融资	7.5%	组成： （1）短期融资、商业票据、存款凭证、发行存款凭证（CD）、来自回购的抵押品总值这几项的总和。 （2）以上提到的这些项目的总和占总资产的比重。
	财务担保	7.5%	组成： （1）债务证券的名义总额，包括为财务担保的结构性融资保险，不包括出售CDS保护或担保债券。 （2）按揭保证保险的风险。
	变额保险产品的最低保证	7.5%	可变年金和或有年金的全部技术条款，包括对任何保证的额外技术条款。
	集团内担保	7.5%	组成： （1）保险实体或保险集团的最大持股公司为了本集团非保险实体的利益给予的集团内担保。 （2）非保险实体对集团内其他实体给予的集团内担保。 （3）上述两项的总和占总资本的比率。

续前表

分类及权重	指标	指标权重	具体内容
可替代性（5%）	针对特定业务的保费	5%	指标组合： （1）直接承保及预计的灾难保险保费。 （2）直接承保及预计的信用保费。 （3）直接承保及预计的航空保险保费。 （4）直接承保及预计的海运保险保费。

资料来源：巴曙松，金玲玲等．巴塞尔资本协议Ⅲ的实施．北京：中国人民大学出版社，2014：261.

2．监管判断

通过基于指标的评估方式得出系统重要性保险机构的名单之后，国际保险监督官协会还会与名单中各机构的集团监管当局进行商讨，获取它们对评估结果的意见，进而确定是否需要进一步分析。当然，这个额外的过程都是以公开有效的方式进行的。一般情况下，额外的分析可能会改变基于指标的评估方法的结果，因此需要强有力的证据作为支撑，以抵御某些监管当局可能出现的对额外分析的质疑。

三、政策措施

国际保险监督官协会根据金融稳定理事会的建议，制定了专门针对全球系统重要性保险机构的政策措施框架，但是其中的更高损失吸收能力措施还需要进一步协商。措施框架主要包括四个方面的内容（见表12－12）。

表12－12　针对全球系统重要性保险机构的政策措施

序号	措施	解释
1	加强监管	（1）集团监管当局应当对控股公司具有直接的权利，保证监管举措能够直接作用于保险集团。 （2）集团监管当局应当监督每家全球系统重要性保险机构的系统性风险管理计划（SRMP）的制订和实施。 （3）在对非传统与非保险业务进行分离时，需要保证被分离出的实体能够在结构和金融条件方面自给自足。 （4）非传统与非保险业务的分离，可能导致不受监管的实体的产生，集团监管当局的作用是要避免这种监管漏洞。
2	有效处置	（1）建立危机管理工作组。 （2）详细阐述恢复和处置计划与步骤。 （3）进行可处置性评估。 （4）采取针对特定机构的跨境合作协议。
3	损失吸收	国际保险监督官协会将首先采取直接的支持资本要求，适用于所有的集团活动，也包括非保险子公司，在2014年年底定稿。
4	更高损失吸收能力	更高损失吸收能力的计算依赖于非传统与非保险业务是否能够有效地从传统的保险业务中分离出来。

本章小结

巴塞尔协议通过反映银行业面临的各种风险，促使银行业增强风险管理意识，增强银行体系的安全性，也为全球银行业提供了一个公平竞争的环境，现已成为全球最具影响力的银行业监管标准。

巴塞尔协议最初由巴塞尔银行监管委员会于1988年7月签订，第一次确立了国际活跃银行抵御金融风险所必须持有资本的最低标准。2004年6月，协议建立了对风险更为敏感的资本要求并且增加了抵御操作风险的资本要求，产生了巴塞尔协议Ⅱ。2010年12月，巴塞尔银行监管委员会经过一系列修订，补充了巴塞尔协议Ⅱ并发布了基于资本监管和流动性监管的新协议，从而产生了巴塞尔协议Ⅲ。

巴塞尔协议Ⅲ主要采用标准法对信用风险进行度量，在获得监管部门批准的银行也可以采用内部评级法；对于市场风险主要使用预期损失法；对流动性风险的监管主要使用流动性覆盖率（短期）和稳定资金比例（长期）。此外还提出和补充了杠杆率的监管、对大额风险暴露的监管、宏观审慎的监管以及全球系统重要性银行（保险机构）的监管。

关键术语

巴塞尔协议　巴塞尔协议Ⅱ　巴塞尔协议Ⅲ　标准法　内部评级法　预期损失法　流动性覆盖率　稳定资金比例　杠杆率　大额风险暴露　宏观审慎　全球系统重要性银行

思考题

1. 巴塞尔协议的适用范围包括哪些？
2. 巴塞尔协议Ⅱ的三大支柱是什么？
3. 巴塞尔协议Ⅲ的三大支柱是什么？
4. 巴塞尔协议Ⅲ中第一大支柱包括哪些内容？请简要解释。
5. 在巴塞尔协议Ⅲ中核心一级资本包括哪些？
6. 在巴塞尔协议Ⅲ对信用风险的监管中，标准法对主权国家和中央银行的债券的风险权重是如何划分的？
7. 巴塞尔协议Ⅲ中计量市场风险的方法有哪些？
8. 请思考并简述巴塞尔协议Ⅲ体现出的国际金融监管的发展趋势。
9. 请思考并简述巴塞尔协议Ⅲ对宏观经济可能产生的影响。
10. 请思考并简述巴塞尔协议Ⅲ对中国银行业的影响，并给出你的建议。

第 13 章

经济资本与风险调整绩效

本章要点

1. 经济资本；
2. 风险调整绩效；
3. 经济资本的分配；
4. RAROC 与贷款定价；
5. RAROC 的缺陷与修正；
6. RAROC 在绩效考核中的应用。

13.1 经济资本

13.1.1 经济资本的定义

经济资本是指在一定的置信水平下，银行未来能够承担一年内的损失而必须持有的资本金数量。因此，置信水平等于在一年内银行不会用光资本金的概率。大型国际性银行的管理目标通常是保持其 AA 的信用评级，具有 AA 评级的公司一年的违约概率小于 0.03%，这说明银行应选择的置信水平至少应该是 99.97%，以此作为维持 AA 评级的必要指标。如果某家银行想维持的信用评级是 BBB，其对应的置信水平也会低一些，一个具有 BBB 信用评级的公司一年违约概率为 0.2%，因此其对应的置信水平应该是 99.80%。

经济资本的设定是为了覆盖非预期损失，非预期损失的定义为实际损失与预期损失之差。如前所述，这种观点暗含着一点，即预期损失应该已包含在银行的产品价格之中，因此只有非预期损失才需要经济资本。如图 13-1 所示，经济资本的数量等于损失概率分布中第 α 分位数与预期损失的差，其中 α%是置信水平。

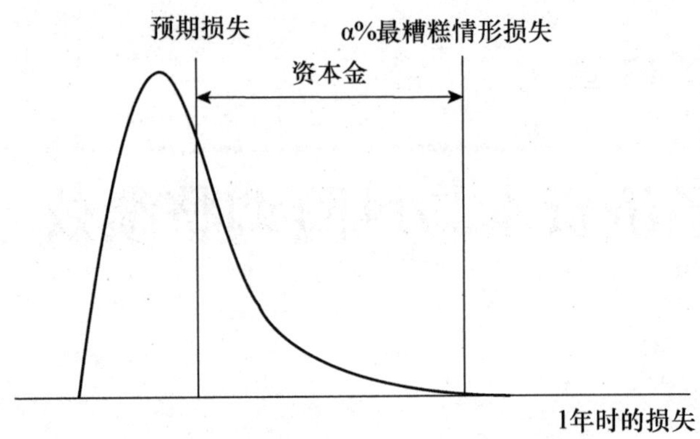

图 13-1　根据 1 年时的损失的概率分布来计算经济资本（α%为置信水平）

资料来源：约翰·C. 赫尔. 风险管理与金融机构. 北京：机械工业出版社，2014.

13.1.2　经济资本的测定

金融机构可以采用两种方法来计算经济资本，分别是自上而下法（top-down approach）以及自下而上法（bottom-up approach）。在自上而下法中，我们首先需要估计金融资产的波动率，然后根据波动率我们可以得出在一定展望期中金融机构资产小于其负债的概率。

在实际中采用得更多的是自下而上法。在这一方法中，我们首先建立各业务部门对不同风险类别的损失分布，然后进行汇总。汇总过程的第一步是计算各类风险的总损失分布或各业务部门的总损失分布，汇总的最后一步是求出整个金融机构的整体损失的概率分布。

在图 13-2 中，我们对金融机构面临的不同风险进行了总结。像我们在前面看到的那样，监管机构将操作风险定义为“由不当或者失效的内部控制过程、人员及系统以及外部事件所造成的损失”。操作风险包括模型风险以及法律风险，但不包括战略风险以及声誉风险，这里不包括的几项风险被统称为业务风险。对业务风险没有监管资本金要求，但有些银行仍对该风险设定了经济资本。

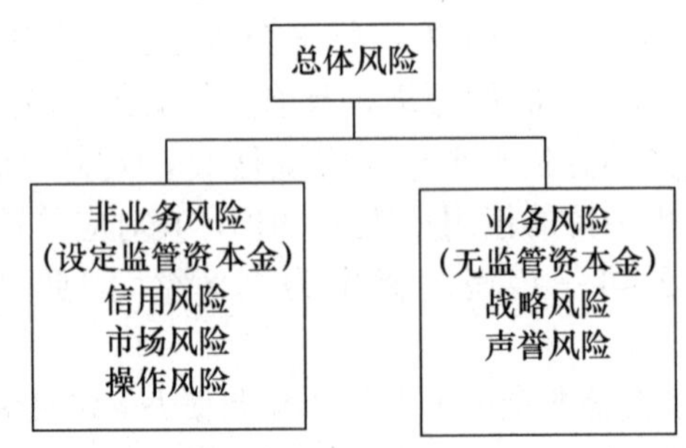

图 13-2　金融机构面临的损失种类以及是否有资本金要求

资料来源：约翰·C. 赫尔. 风险管理与金融机构. 北京：机械工业出版社，2014.

13.1.3 经济资本的计量

市场风险、信用风险以及操作风险是所有银行都面临的共同风险，经济资本所覆盖的主要是这三类风险。给定两者的置信水平和风险期限，经济资本的计量结果与风险的计量结果应该是一致的，因此，风险计量等同于经济资本计量。

需要特别指出的是，虽然计量经济资本的总目标是确定相关风险的经济资本占用，但计量本身却可以在不同的层次上进行。经济资本可以是单项风险所占用的经济资本，比如一项产品和一笔交易所对应的经济资本；可以是加总的经济资本，反映总体的经济资本占用情况，比如按照风险类别计量的每一类风险的经济资本，或者是银行全部风险所占用的经济资本；也可以是某一个组合所对应的经济资本。从银行风险管理的实践经验看，前两个层次上的计量应用比较普遍，组合层次上的计量仅限于部分国际活跃银行。这里所介绍的有关风险计量的方法全部适用于这三个层次上的经济资本计量，但在应用于组合层次上的经济资本计量时，风险以及经济资本的概念会略有变化。

经济资本计量的一般方法有：

1. 市场风险与经济资本

有关市场风险度量的最好指标是风险价值（*VaR*）指标。计算风险价值可以采用参数法和非参数法。参数法假设资产回报服从特定的统计分布，如正态分布、对数正态分布等。类似的方法包括方差—协方差模型、Delta 正态分布模型以及 RiskMetrics 模型等。非参数方法通过模拟而非统计假设来计量风险值，这类模型包括历史模拟法、蒙特卡罗模拟法等。

2. 信用风险与经济资本

信用风险计量的基础是风险因子计量，包括违约敞口、违约概率、违约损失率、违约相关性以及贷款到期日等，因此计量信用风险离不开强大的数据支持。不过与市场风险计量略有不同的是，信用损失分布通常是偏态分布，计算风险价值时不能采用正态分布假设。

根据前面部分的介绍，有很多方法用来量化信用风险的资本要求。简单的做法是按照资产类别分配乘数因子，以此计算风险资产。复杂的做法是建立组合模型，综合考虑资产的多样化和资产之间的相关性。典型的组合模型包括 KMV、CreditMetrics、CPV 和 CreditRisk+等。

3. 操作风险与经济资本

量化操作风险资本可以采取前面介绍的自上而下法和自下而上法两种方法。自上而下法的好处是简单易行、便于实施，缺点是可信度和相关性始终存在问题。自下而上法则刚好相反，分别估计每一类敞口的分析值，可信度较高，但方法和流程都相对复杂，不易于为管理者所掌握。

4. 全部经济资本

简单的做法是将上述三类风险的经济资本简单加总，所得即全部经济资本。这样做等于假设三类风险之间是完全正相关的。不过，由于很难确切估计不同风险之间的相关性，简单加总可能是不得不做出的妥协。美国联邦储备系统课题组曾系统研究了美国主要银行的信用风险评估及内部资本分配过程（Marvin，1996），研究结果表明，美国的大银行倾向于分别估计各类风险的资本需求，然后进行加总。这至少说明了一个问题：单独估计不符合组合管理的要求，但符合实际情况，因为正确估计不同种类风险之间的相关性的确非常困难。

13.1.4 经济资本的加总

通常来说，金融机构对各业务部门要分别计算市场风险、信用风险、操作风险及业务风险的损失分布。完成这些计算以后，金融机构需要将所有的损失分布进行汇总以得出这个机构所需要的经济资本的总量。

最简单的做法是假定包括 n 个不同风险的整体经济资本等于各项风险资本金的总和，因此

$$E_{total} = \sum_{i=1}^{n} E_i \tag{13-1}$$

式中，E_{total} 为面临 n 种不同风险的金融机构整体资本金的数量，E_i 为第 i 项风险所对应的资本金数量。巴塞尔银行监管委员会对于监管资本的做法与上式一致。银行的整体监管资本金等于信用、市场及操作风险资本金的总和。

式（13－1）采用了一个非常保守的假设，即假定完美的相关性（全相关）。假设对于经济资本进行计算采用的置信水平为 99.9%，这意味着市场风险、信用风险及操作风险各自所对应的 99.9%的最坏情形会同时发生。罗森博格（Rosenberg）与舒尔曼（Schuermann）估测市场风险与信用风险的相关性大约是 50%，市场风险及信用风险同操作风险的相关性大约都是 20%。他们的结果显示了当采用式（13－1）来对市场风险、信用风险及操作风险进行汇总时会高估整体资本金达 40%。

1. 假设正态分布

一种汇总风险的简单假设为风险服从正态分布，由 n 个不同种类的风险合成的整体风险的标准差为

$$\sigma_{total} = \sqrt{\sum_{i=1}^{n}\sum_{j=1}^{n}\sigma_i\sigma_j\rho_{ij}} \tag{13-2}$$

式中，σ_i 为第 i 个风险的损失的标准差，ρ_{ij} 为第 i 项风险与第 j 项风险的相关性。由以上公式可以计算资本金，例如，对应 99.9%的置信水平，损失超出预期量的最坏程度等于 3.09 与式（13－2）所得数量的乘积。

以上方法往往会低估资本金的数量，因为计算没有考虑分布的峰度以及偏度。罗森博格与舒尔曼证明采用以上方法对市场风险、信用风险及操作风险进行汇总时会低估整体资本金达 40%。

2. 采用 Copula 函数

一种更为复杂的对损失分布进行汇总的方法是采用 Copula 函数。每种损失分布均以分位数对分位数的映射形式被映射到标准并且形态良好的分布之上，对于形态良好的分布我们可以定义某种相关性，并由此间接地得出原始分布的相关性结构。

在计算过程中我们可采用不同形式的 Copula 函数。当采用高斯 Copula 函数时，标准分布被假设为多元正态。另外一种选择是假设标准分布为多元 t 分布，在多元 t 分布中两个变量同时出现极值状态的概率要高于在高斯 Copula 函数中两个变量同时出现极值的概率。

3. 混合型方法

有一种简单做法对损失分布进行叠加非常有效，这种方法被称为混合型方法。在这种方法中整体风险的经济资本与各个单项风险的资本金有如下关系：

$$E_{total} = \sqrt{\sum_{i=1}^{n}\sum_{j=1}^{n} E_i E_j \rho_{ij}} \tag{13-3}$$

当损益分布为正态时，以上关系式完全成立；当损失分布为非正态时，以上关系式近似成立，但这种近似能够反映单项损益分布的厚尾特征。罗森博格与舒尔曼的研究结果证明上式给出的结果同 Copula 模型的结果十分接近。

13.1.5 经济资本的分配

假定所有业务部门经济资本的总和 $\sum_{i=1}^{n} E_i$ 为 20 亿元；而考虑了非完全的相关性后，整个银行实际的经济资本为 13 亿元（实际资本金是各项资本金总和的 65%）。这一计算方式给银行带来了 7 亿元的风险分散效益，银行应如何分配经济资本呢?

一种简单的方法是给第 i 个业务部门分配 $0.65E_i$ 的经济资本，这种方法可能不是最优的。假定我们总共有 50 个业务部门，其中两个业务部门的经济资本均为 1 亿元，如果在计算中不考虑第一个部门，银行整体经济资本降低 6 000 万元；如果在计算中不考虑第二个部门，银行整体经济资本降低 1 000 万元。第一个部门所持有的经济资本要高于第二个部门，这是因为这一部门对于银行整体经济资本的递增效应比第二个部门更强。

一种方法是对每个业务部门计算递增资本金，然后根据递增资本金的比例分配经济资本金（递增资本金等于包括某业务部门时与不包括该业务部门时的资本金数量的差）。另一种方法涉及成分经济资本金，即对第 i 个业务部门所设定的资本金为

$$x_i \frac{\partial E_{total}}{\partial x_i} \tag{13-4}$$

式中，x_i 为第 i 个业务部门的投资数量，如前所述，欧拉定理保证各个业务部门所分得的资本金总和仍然为 E_{total}。

定义 Q_i 为 x_i 增加时相应的经济资本金的增加量，业务部门 i 的成分资本金的离散估计为

$$\Delta y_i = \frac{\Delta x_i}{x_i} \tag{13-5}$$

13.2 风险调整绩效

13.2.1 风险调整绩效概述

风险调整绩效（risk-adjusted performance measurement，RAPM），是过去 15 年来银行业使用频率最高的词汇。RAPM 实际上包含了一组类似的概念，不同的机构可能对这一概念有不同的定义。尽管标签不同，但所有的 RAPM 技术有一点是共同的：以对风险状况的内部衡量为基础，通过一定形式的风险调整，比较已投资资本的回报率。

四个最经常提到的 RAPM 模型是：风险调整资产回报率（return on risk-adjusted assets，RORAA）、资产的风险调整回报率（risk-adjusted return on assets，RAROA）、风险调整资本回报率（return on risk-adjusted capital，RORAC）、风险调整后的资本回报率（risk-adjusted return on capital，RAROC）。前两者以资产为基础，源于传统的资产回报率（ROA）；后两者以经济资本为基础，源于传统的资本回报率（ROC）。后两者的区别仅在于是否对分子（收益）进行风险调整。

对四个指标的具体解释是：

RORAA 是一个 ROA 比率，但分母方各资产的风险权重不同，随相对风险的大小进行调整。因此，对一家公司的贷款的调整因子要比对 10 国集团政府的贷款的调整因子大。这是 1998 年巴塞尔协议的基本方法。

RAROA 也以 ROA 为基础，但风险调整是直接从回报中扣除风险。因此，如果在任意一年内，对公司的一笔贷款有 1%的概率违约，则必须从产生的回报中减掉 1%的贷款额。

RORAC 以 ROC 为基础，将分母中的监管资本替换为内部测量的风险资本或经济资本。经济资本既包括不以资产为基础的风险，也包括表外产品以及外汇交易头寸的风险。

RAROC 与 RORAC 的区别是，风险回报中扣除了预期损失。分子中的预期损失指统计意义上的预期信用损失，一般不视为“风险”。

目前的发展趋势是，在 ROC 指标取代 ROA 指标成为银行的核心比率指标后，后两个模型——RORAC 和 RAROC，已经逐渐取代了 RORAA 和 RAROA，在实践中得到了广泛应用。背后的原因是，随着银行业务由表内扩展至表外，资产回报率指标已经不能全面反映银行业务的收益和风险状况。相反，作为对银行全部风险，包括表内风险和表外风险的缓冲，资本以及经济资本构成了银行业务风险承担的共同基础，资本回报率以及风险调整后的资本回报率指标更能反映出银行真实的经营绩效。不过，由于 RAROC 指标比 RORAC 指标更加贴近银行的准备金提取制度，在实践中更经常采用的是 RAROC 指标。

许多银行已开始逐步实施 RAPM 计划，先从一个覆盖主要风险的模型开始，然后逐步扩展到其他风险领域，并逐步加以完善。对一些难以量化的风险，一些银行采用主观的方法来解决。例如，大通银行的操作风险因子就明显不是来自数学推导，而是来自管理人员对不同业务操作性风险的主观判断（Mattern，1996）。这种方法很好，它可能比依赖纯粹的统计分析效果更好，因为后者充满了许多隐藏的假设。不过有一点需要指出的是，通过对业务设立不同的风险因子，不仅会在事前影响到管理人员对不同业务的偏好，也直接关系到事后的业绩评估。不恰当的设定注定会带来不利后果。

13.2.2 RAROC和SVA

实践中经常采用的RAPM模型除RAROC外，还包括股东增加值指标（shareholder value added，SVA）。两个指标同时使用，其中前者是比率指标，后者是总额指标。

对于RAROC指标的详细定义是：RAROC等于一项交易、一种产品或业务的所有相关收益在扣除预期损失和相关费用后的净值除以所占用的经济资本后的比率。例如，设敞口规模为A；敞口总的回报率（含利差收入和费用收入）为r；债务资金成本为i，包括信用风险溢价；分配的债务资金为D；经营费用为OC；预期损失为EL；分配的经济资本为$RC(K)=K$；经济资本的底线回报率为k。则RAROC可以表示为

$$\text{RAROC}=\frac{r\times A-i\times D-EL\times A-OC\times A}{K} \tag{13-6}$$

SVA是一个总值指标，等于总收入在扣除预期损失和相关费用后，再继续扣除非预期损失（经济资本）的成本，经济资本又称底线回报率。采用同样的符号，SVA的计算公式是

$$\text{SVA}=r\times A-i\times D-EL\times A-OC\times A-k\times K \tag{13-7}$$

两个指标在逻辑上是一致的。根据定义，只有当一项交易或业务的RAROC大于底线回报率时，其SVA才是正值、才值得投资，否则不值得投资。

从决策目的以及绩效与最低期望收益率的比较来说，RAROC和SVA是相当的。根据定义，RAROC$\geqslant k\%$相当于$k\%>0$的SVA。但是，它们提供了对交易规模、无风险和低获利能力交易的不同描述。

【例13-1】设某单个敞口的规模为1 000万元，考虑的风险期间为1年。其中，敞口的总收益为总敞口的2%，预期损失为1%，经济资本占用为3%。经济资本的底线回报率为25%（税前）。分扣除营业税以前和扣除营业税以后两种情况，敞口的RAROC和SVA计算分别见表13-1和表13-2。由于进一步从总收入中扣除了营业费用，表13-2计算出的RAROC和SVA都出现了明显的下降。

表13-1　扣除营业费用前的经济损益表

收入（利差加收费收入）	30	资本成本	6.0
一预期损失	10	扣除营业费用前的RAROC	66.7%
＝扣除营业费用前收益	20	扣除营业费用前的SVA	14.0
资本	30		

表 13-2　扣除营业费用后的经济损益表

收入（利差加收费收入）	30	＝经营收益	15
－预期损失	10	资本	30
＝扣除营业费用前收益	20	资本成本	6.0
－直接费用	3	扣除营业费用前的 RAROC	50.0%
－人事费用分摊	2	扣除营业费用前的 SVA	9.0

风险调整后的收益核算同样适用于组合内各个敞口的风险收益核算。假设有 A、B 债务人的敞口规模分别为 100 和 50，两者的违约概率分别为 7% 和 5%，违约相关性为 10%，两者事后的总收益分别为 20 和 9，整个组合的总收益为 29。这两个债务人组合的损失分布统计量见表 13-3。

表 13-3　两个债务人组合的损失分布统计

	A	B	组合
EL_i和EL_p	7	2.5	9.5
损失波动（LV_i和LV_p）	25.515	10.897	28.729
对LV_p的绝对风险贡献 ARC	23.628	5.101	28.729
在 2%的置信水平下对应的经济资本	—	—	90.5
经济资本乘数 m（2%）$=k(2\%)/LV_p$	—	—	3.15
对经济资本 k 的绝对风险贡献	74.43	16.07	90.5
在 0.5%的置信水平下对应的经济资本	—	—	140.5
经济资本乘数 $m(0.5\%)=k(0.5\%)/LV_p$	—	—	4.891
对经济资本 k 的绝对风险贡献	115.553	24.947	140.5

将两个债务人及整个组合的总收益减去各自的预期损失，再除以各自的绝对风险贡献，所得即以绝对风险贡献为基础的 RAROC。将三者的风险调整后的收益（总收入减预期损失）继续减去经济资本成本（等于经济资本乘以底线回报率），所得即为股东价值增加值。

具体的计算过程见表 13-4。其中上半部分对应的置信水平为 2%，下半部分对应的置信水平为 0.5%。从表 13-4 中可知，由于债务人 A 的绝对风险贡献大于债务人 B，无论是 RAROC 还是 SVA，前者都低于后者。当提高置信水平时，由于经济资本占用随之增加，两者的 RAROC 和 SVA 都出现了明显下降。

表 13-4　两个债务人组合的 RAROC 和 SVA

	A	B	组合
在 2%的置信水平下对应的经济资本	90.5	—	—
以绝对风险贡献 k 为分母的 RAROC	17.47%	40.45%	21.55%
SVA	−1.886	3.286	1.4
在 0.5%的置信水平下对应的经济资本	140.5	—	—
以绝对风险贡献 k 为分母的 RAROC	11.25%	26.06%	13.88%
SVA	−10.111	1.511	−8.6

1. 交易规模

比率分析的缺陷在于它们不考虑规模。一笔 RAROC 为 50%的 100 万元的交易当然很

好，但是，如果交易规模为 1 000 万元就更好了。为了提高总盈利率，人们总是尽可能去除那些获利较小的交易而只保留获利较大的交易。在此情况下，组合的获利能力以交易规模成本为代价而提高。由于渴望交易规模和盈利双赢，SVA 衡量方法似乎更合适，但是它不能提供盈利百分比，所以我们不能判断一个高的 SVA 是来自大的规模，还是来自高的盈利百分比。

这是一个商业问题。如果在盈利百分比和规模之间有可接受的权衡之计，组合交易就有意义。例如，我们能为顾客提供一个低 RAROC 的贷款，因为它在以后可以吸引新的生意。一个客户的单笔交易一旦进行风险调整可能不盈利，但是所有的交易都可能是盈利的。顾客驱动的收入比交易驱动的收入更具相关性，所以以顾客为基础的获利能力和以交易为基础的获利能力一样必要，这适用于以获得市场份额为目标的任何交易策略。然而，这也表明不适当地使用风险调整衡量方法可能会导致因单纯的以交易为基础的报告的需求，而拒绝获利交易。

2. 无风险交易

RAROC 的一个显著缺陷是风险接近于零时可能会产生较高值，比如 Aaa 级的公司。此外，无风险交易比率会上升到无穷。这与其说是概念上的缺点，不如说是报告上的缺陷。对无风险的借款者来说，不消费任何资本是很正常的。在这个例子中 RAROC 无任何增加值，这并不意味着相应的目标价格没有被确定。当资本降为零时，风险报酬为零，目标收入仍应抵补运营费用加上债务成本及其他补偿。然而，报告中出现的非常高的 RAROC、无穷大的比率或者负比率会令人迷惑。SVA 不存在这样的缺陷。如果风险为零，SVA 等于未扣除任何风险成本的运营或运营后成本的收益，并且有意义。此外，负的 SVA 也有意义，而负的 RAROC 却没有意义。负的 SVA 意味着交易损害了股东的价值并且告诉了我们损害的程度。

3. 从收入和 RAROC 中得知预期损失

当收入不能抵补成本和预期损失时，RAROC 比率为负。一个局部的解决方法是把预期损失包含在资产中，而不是使用超过预期损失的资本。这意味着资本应该抵补预期和非预期损失。SVA 不存在这些缺陷，并总是有经济意义的。如果因为交易无风险，资本降为零，SVA 计算中的预期损失和资本成本也降为零，但是其他的项目保持相关。

13.3 经济资本的分配

13.3.1 分配方式与流程

在业务过程中，银行可以通过经济资本配置来引导和调整业务的发展方向。通过计算各单位的 RAROC，并进行比较，给绩效好的单位分配更多的资本，使它有更大的发展空间；对于不能达标的单位，收缩资本并对其进行限制。这样可以起到调整业务发展方向的作用，最终在风险一定的情形下，最大限度地提高银行整体的股东资本回报率水平，提升银行的价值。

那么 RAROC 在经济资本配置中扮演什么样的角色呢？国内银行曾经根据资产的规模

来分配资源，那么谁的规模越大，谁就可以获得越多的资源，导致了银行的盲目扩张，这也是导致资本充足率低的一个直接原因。近年来，国内银行取得了很大的进步，激励机制中开始按照利润数、ROE、ROA进行考核，根据考核的结果分配资源，哪家分行利润高，就可以获得较多的资源。这样的考核又导致了分行追求高额的利润，但是这些利润的背后可能蕴藏着巨大的风险，因此需要引入经济资本配置和RAROC的概念。RAROC的原则是在资本总量一定的前提下，银行必须向能够提供最大的RAROC的业务倾斜，以实现银行价值最大化的经营目标。

【例13-2】假设某银行的资本是100亿元，它对经济资本的总量最大可以是100亿元，且该行设立两个事业部，分别为事业部A、事业部B。事业部A的RAROC是20%，事业部B的RAROC为15%。则经济资本在两个事业部之间的不同配置组合，可能导致不同的结果。

一种方案是把100亿元的经济资本全部配置给事业部A，则银行整体的RAROC自然为20%。另一种方案则假定分配给事业部A的经济资本量为α，分配给事业部B的经济资本量为$1-\alpha$，银行整体的RAROC值为

$$\text{RAROC}=20\%\times\alpha+15\%\times(1-\alpha)=15\%+5\%\times\alpha$$

银行整体的RAROC是α的一个增函数，在$0\leqslant\alpha\leqslant1$的情况下，随着$\alpha$的增加，总体的RAROC也增加，$\alpha=1$时，总体的RAROC最高，为20%，即经济资本全部分配给事业部A，而事业部B不分配任何经济资本时最优。然而，在现实中几乎不存在这种理想的情形。

一、经济资本配置的方式

资本是稀缺的资源，银行必须通过一种机制来合理地进行配置，促进优质业务的发展、控制不良业务的增长，使稀缺的资本得到高效的使用。经济资本配置的基本原则就是把资本要求与风险度量直接挂钩，保证经济资本被分配到最能发挥作用的领域，以实现RAROC或经济增加值的最大化。一般而言，经济资本配置路线可分为“自上而下”和“自下而上”两种类型。

1.“自上而下”路线

“自上而下”路线的配置模型是指基于确定的资本总量，综合考虑各管理维度经济资本和RAROC的变化，结合未来发展战略，在遵循一定原则的基础上，将有限的经济资本按照不同的管理维度进行层层分割，形成完整的经济资本配置方案。它的优点是，能够有效贯彻银行的战略意图和管理思想，使得整个银行业务发展和承担的风险可控。实施“自上而下”路线的资本配置的关键是制订一个总体经营计划。该计划应描述银行总的经营目标、业务现状以及风险管理战略。

2.“自下而上”路线

“自下而上”路线是先对每个业务单元进行风险计量，确定相应的经济资本需求，再将这些经济资本由底层向上逐级汇总，形成完整的经济资本配置方案。“自下而上”路线的配置模式类似于在银行内部建立的经济资本交易市场。在这个市场上，商品是经济资本，价格是RAROC，具体的资本配置量由各业务单元根据对过去业务的发展情况和对未来业务的风险判断进行申报，申报的有效性和具体数量由经济资本管理部门根据“申报报

价”高低以及银行的发展战略决定。从原则上来说，“报价”高的业务可获得较多的经济资本。这种配置方法的优点是管理维度主体距离市场近，经营目标易于实现。其缺点是经济资本价格在配置方案确定前，由于管理者很难准确预测未来收益和资本回报，故确定配置方案的周期较长，管理者的控制相对较弱，最终导致配置方案较为保守。所以，该方法对管理维度主体的专业素质和市场判断能力有较高要求。

通常，小银行倾向于“自上而下”路线，大型银行倾向于“自下而上”路线。在实践中，许多银行将两者有机结合起来，采用“双向组合”模式，即先“自下而上”进行资本计量，再“自上而下”进行资本分配，最后进行双向调试。一方面，通过账面方式确定可用资本数量；另一方面，根据标准方法计算各类风险的非预期损失，并将其进行有效汇总，再结合发展战略和风险偏好，调整容忍度参数，使非预期损失小于可供分配的实际资本。

3. 存量配置与增量配置

经济资本配置不仅涉及分配路线的选择，还涉及对存量资产配置资本及对增量资产配置资本的问题。在实际工作中，可通过优化存量、控制增量两条途径控制经济资本增长。对于存量而言，业务单元的风险越高，则需要配置的经济资本就越多；而对于增量，也就是尚未形成的资产而言，在收益一定的情况下，其相对风险越高，则 RAROC 越低，计划配置的经济资本越少。在实际工作中，需要区分存量配置和增量配置，这样才能使经济资本模型的业务逻辑更加清晰。在具体的经济资本配置对象选择时，可以参照简要的方法进行：一种操作方法是规定一种新业务最低应达到的 RAROC 标准，在做具体的业务决策时，凡是低于 RAROC 最低标准的就应该舍弃。这样做的结果是那些低 RAROC 事业部中的部分业务必然遭到淘汰，最终保证了整个银行的 RAROC 高于或等于 RAROC 最低标准。另一种操作方法是对增量的经济资本重新配置，在此配置过程中向 RAROC 相对较高的事业部、业务倾斜，而不对存量的经济资本进行重新分割，保留了既定的利益者。

二、经济资本配置的流程

1. 基本流程——资本配置三部曲

经济资本的配置流程一般分为三个阶段：经济资本计量、经济资本分配、应用与调试。其中，第一阶段是最基础的环节，这主要是一个“自下而上”的过程。银行要从每个业务单元做起，真实地反映其风险分布，据此界定各业务层面的非预期损失；同时，根据银行统一的业务偏好确定对各类风险的容忍度，并结合账面资本状况，确定实际可用的经济资本总量。

第二阶段是重点，即根据一套规程，将可用经济资本分配到各业务单元，这些规则主要是向 RAROC 较高的业务单元倾斜。此外，还要考虑银行的发展战略、风险集中度、突发事件、监管要求等方面的约束条件。这一阶段实际上包含了经济资本的存量分配和增量分配，最终完成“自上而下”地将经济资本配置到各业务单元。

第三阶段，在实际业务发展中应用经济资本进行管理与考核，能够实现风险控制和资源优化，这一过程也能对经济资本配置方案进行动态、双向、多维度的调整和修正。

2. 风险计量——资本配置的收益环节

根据等额配置原则，经济资本在数量上等于风险敞口的非预期损失，不同类别风险的经济资本要分别进行计量。信用风险计量主要依托于银行的内部评级系统，而市场风险和操作风险的计量也都有相应的管理系统、数据库和专业团队。对于一个特定的资产组合，其经济资本的计算步骤如下（以信用风险为例）：

第一步，计算资产组合中单笔资产的非预期损失。首先，假设风险服从单尾分布，通过交易对手的违约概率、违约损失率和风险敞口等指标计算该笔资产损失的标准差和期望；其次，通过联立方程组反推该笔资产的损失分布函数；最后，在损失标准差上乘以经济资本乘数。

第二步，利用历史数据，计算资产损失变化的相关系数矩阵。该计算过程的复杂度较高，普通银行如不能自己开发系统，可运用 CreditMetrics 或 KMV 等软件实施计算。

第三步，应用蒙特卡罗方法模拟整个资产组合的风险分布函数，并计算整个资产组合的标准差和期望。

第四步，确定整个资产组合的经济资本乘数。该乘数取决于银行的风险偏好和容忍度，风险偏好越大，经济资本乘数越小。同时，银行还要考虑实际的账面资本状况。如果在既定风险偏好的情况下，经济资本要求超过了账面资本，说明实际风险状况与风险偏好出现了不一致，需要及时调整业务规模或结构。

3. 存量配置与增量配置

资本存量分配的任务是按照一定比例，将资产组合对应的经济资本总量分配到单笔敞口上去。增量配置是将超额资本，即银行可用资本与实际非预期损失的差额部分，在各业务单元之间进行再分配，目的是提供下一步银行业务发展的政策导向。经济资本增量分配的一般步骤如下：第一，总行根据盈利能力和融资情况，预测全行下一年度经济资本的增长目标；第二，在已知经济资本存量分布的基础上，分步计算各业务单元的 RAROC；第三，将经济增加值最大化设定为目标函数，应用运筹学最优化模型，确定下一年度分配给各业务单元的资本数量；第四，发起计算之前，要与各业务部门和分支机构充分协商，确定经济资本分配模型中的约束条件和参数。实际上，这是一个各部门相互博弈的过程，也是银行将发展战略付诸行动的必经阶段。

经济资本一旦分配到每个业务单元，就可以在贷款定价、限额设定、资产组合管理、绩效考核等方面发挥作用。银行必须建立一个有效的反馈机制，有计划、有步骤地对经济资本的分配与应用进行调试。这一调试过程通常会持续数年，它既包括对定量参数的修正，也包括对引入业务部门的经验判断。只有切实地应用和不断地调试，才能使经济资本的配置方案逐步趋于完善，满足风险管理战略的要求。

13.3.2 经济资本配置模型

一、计算原理

经济资本分配应按照每一业务单元对经济资本总量的贡献度来计算。因此，首先要计算银行经济资本的总量。

1. 经济资本总量计算

对于同类型风险，设组合中有 n 个业务单元 X_1，X_2，…，X_n，其预期损失分别为 μ_1，μ_2，…，μ_n，非预期损失分别为 σ_1，σ_2，…，σ_n，彼此之间的相关性为 ρ_{ij}（i，$j=1$，2，…，n），则预期损失：

$$E(X)=E(X_1+X_2+\cdots X_i+\cdots+X_n)=\mu_1+\mu_2+\cdots+\mu_i+\cdots+\mu_n \qquad (13-8)$$

非预期损失：

$$D(X)=D(X_1+X_2+\cdots+X_i+\cdots+X_n) \tag{13-9}$$

组合的非预期损失可利用相关系数矩阵计算：

$$\sigma^2=[\sigma_1,\sigma_2,\cdots,\sigma_n]\times\begin{bmatrix}\rho_{11} & \rho_{12} & \cdots & \rho_{1n}\\ \rho_{21} & \rho_{22} & \cdots & \rho_{2n}\\ \vdots & \vdots & & \vdots\\ \rho_{n1} & \rho_{n2} & \cdots & \rho_{nn}\end{bmatrix}\times[\sigma_1,\sigma_2,\cdots,\sigma_n]^T \tag{13-10}$$

则对经济资本有

$$EC=M\times\sigma$$

式中，M为经济资本乘数，根据分布函数和风险容忍度取值不同，如假设其为正态分布，置信区间为95%，则M应取1.65。而根据巴塞尔协议Ⅲ，这种情况下资本乘数应取3。但在计算组合的非预期损失时，不同业务单元之间ρ_{ij}的计算比较困难，所以一般是根据历史数据计算，但不同年度中的相关性系数往往变化较大，要保持系数的稳定，则需要较长历史时期的数据。

2. 经济资本的分配

在实际操作中，经济资本的分配一般采取平均分配和边际分配。平均分配是使用某个基数进行算术平均分配，该基数包括风险敞口、预期损失和非预期损失。在平均分配的情况下，按照风险敞口和预期损失分配是不太合理的，按照非预期损失分配虽然与上述公式的结果存在差异，但相对合理且计算相对简单。按照边际分配法，一般是按照非预期损失的边际增加进行分配，这种方法有时会得出负值。

在不同类型风险（如信用风险和市场风险）之间计量经济资本时，在相同的风险容忍度下，由于资本乘数不同，公式应有所变化，设有两种风险的非预期损失分别为σ_1，σ_2，相关性为ρ，则经济资本为

$$EC=\sqrt{(m_1\sigma_1)^2+(m_2\sigma_2)^2+2\rho m_1\sigma_1 m_2\sigma_2} \tag{13-11}$$

但银行在实际计算时往往是简单相加，即认为不同风险之间是完全正相关的，可得：

$$EC=m_1\sigma_1+m_2\sigma_2 \tag{13-12}$$

这样简化了计算，更适合于实际控制和管理。但由于不同风险之间并非完全正相关，所以银行实际经济资本需求是大于各种不同类型的风险相加的。尽管这种简化计算不够精确，但也基本符合稳健的资本管理要求，对于管理水平不高的银行，这种简化可以接受。

二、分配系数

一旦确定了整个资产组合或整个银行的可分配资本数量，就可以根据分配系数将经济资本配置到各个业务单元上去。当前，国际先进银行通常采用以下两种方法来确定经济资本分配系数。

1. 绝对风险贡献法

绝对风险贡献是指某债项或敞口自身的随机损失与包含该敞口在内的整个组合的随机损失的协方差除以整个组合的标准差得到的比例。假设整个组合的损失标准差为 σ_p，整个组合的随机损失为 R，组合中第 i 个贷款的随机损失为 L_i，该贷款的随机损失与整个组合的随机损失之间的协方差为 $Cov(L_i, L_p)$，则该贷款的绝对风险贡献为

$$ACR_i = Cov(L_i, L_p)/\sigma_p \tag{13-13}$$

可加性是绝对风险贡献的一个重要性质，即组合内所有单个贷款的绝对风险贡献加起来等于整体组合的风险值。设 X 表示组合内所有贷款的风险敞口，$\sum$ 表示组合内所有敞口之间的单位协方差矩阵，则组合损失的方差为 $\sigma_p^2 = X^T \sum X$，且所有敞口的风险贡献之和为 1。由此可计算经济资本系数为

$$W(i) = ACR_i = Cov(L_i, L_p)/\sigma_p \tag{13-14}$$

式（13-14）的另一个表达方法为

$$EC_i = \frac{UL_i \sum_{j=1}^{n} \rho_{ij} \cdot UL_i}{UL_p} \tag{13-15}$$

式中，第 i 项业务单元分配到的经济资本为 EC_i，资产组合第 i 个业务单元单独的非预期损失为 UL_i，相关系数矩阵为 $M=(\rho_{ij})$。

该方法克服了资本增量分配法中相关性被重复计算的问题，但其也存在一个问题，即不能保证在任何情况下分配给各业务单元的经济资本都是正的。在实际工作中，银行可以根据自身实际情况，选取另一种实用的方法——非预期损失分配法。

2. 非预期损失分配法

先计算出组合的经济资本，然后计算不同业务的非预期损失占经济资本的比例，即

$$EC = UL_p \left(\sum_{i=1}^{n} \sum_{j=1}^{n} \rho_{ij} \cdot UL_i \cdot UL_j\right)^{1/2} \tag{13-16}$$

经进一步计算，可得第 i 项业务单元分配到的经济资本为

$$EC_i = \frac{UL_i}{\sum_{i=1}^{n} UL_i} \cdot EC \tag{13-17}$$

三、违约相关度矩阵

在经济资本计量过程中，违约相关度矩阵的确定相对复杂，目前股价违约相关性的基本思想主要有两种方法：第一，基于理论模型推导。根据公司资产价值模型推导资产相关性，即已知两个债务人的资产波动性及其协方差结构，然后利用默顿模型将资产相关性与违约相关性相联系，计算其违约联合概率，再推导出违约相关性。第二，利用违约历史数据进行统计估计。多数银行倾向于第二种方法，即根据债务人信息推导违约相关性。同时，由于银行资产组合中贷款数目庞大，无法逐一估计两个贷款人违约的相关性。为减少计算量，银行需将债务人按其行业或地区进行系统性风险分类。这种将债务人按行业、地

区等系统性风险特征进行分类的做法，是花旗银行于 2000 年提出的，其主要出发点在于当银行的债务人数量较多时，对所有债务人之间进行相关性计算。花旗银行的相关研究表明：行业和区域的风险状况对信贷组合中债务人之间的联合违约有重要影响。因此，将债务人按行业和地区进行分类，只计算各行业（各地区）间的违约相关系数，以此作为债务人之间违约相关系数的近似值。每个债务人只能归属一个特定行业（或地区），这样可以大幅度地减少计算量。

假定债务人 A 的风险 R 是由其所在行业风险 R_h 与债务人本身的特定风险 R_t 构成的，即

$$R=\omega_h R_h+\omega_t R_t \tag{13-18}$$

式中，ω_h 和 ω_t 分别表示权重行业风险和债务人特定风险所占的权重，且 $\omega_h+\omega_t=1$。该公式表明债务人 A 的风险由所在行业的系统性风险和企业特定信息代表的非系统性风险共同决定。同时，假定企业特定风险之间是相互独立的，则可以严格证明，债务人 A 和债务人 B 的资产相关性系数为

$$\rho(A,B)=\omega_h^A\times\omega_h^B\times\rho_{A^hB^h} \tag{13-19}$$

式中，$\rho_{A^hB^h}$ 为债务人 A、B 所处行业的相关系数；ω_h^A 和 ω_h^B 分别为 A 和 B 的系统性风险权重。

为确定行业风险权重 ω_h，可将客户违约概率（PD）、客户所在行业的风险指数（InD）、客户财务综合指数（Fin）等指数集中起来。通过对历史数据进行回归来确定行业风险权重 ω_h 以及财务风险权重 ω_t，得到回归结果如下：

$$PD=a\times InD+b\times Fin \tag{13-20}$$

由此确定：

$$\omega_h=\frac{a}{a+b}，\omega_t=\frac{b}{a+b} \tag{13-21}$$

将上述结果代入 $\rho(A,B)=\omega_h^A\times\omega_h^B\times\rho_{A^hB^h}$，其中 $\rho_{A^hB^h}$ 为已知行业间相关系数矩阵。这样就可以计算出债务人 A 和债务人 B 之间的资产相关系数。这种通过系统性风险分类降低维度的方法，使得违约相关矩阵的计算量减少。同时，由此计算的违约相关矩阵比较符合实际风险状况，其误差基本上可以接受。

四、经济资本配置的优化

设银行有 n 个业务单元，通常年初为经济资本的配置时点。$RAROC_i$ 为上年度 t 第 i 个业务单元的资本回报率。根据年初对经营形势的分析，预测今年全行可用经济资本总量为 Y^*。这里设 Y_i^* 为第 i 个业务单元今年应分配的经济资本，则有

$$Y^*=\sum_{i=1}^{n}Y_i^* \tag{13-22}$$

但一般银行股东提出了最低资本回报率的要求，设基准回报率为 h，则经济资本分配的目标函数为

$$\max \sum_{i=1}^{n} (\text{RAROC}_i \cdot Y_i^*) \tag{13-23}$$

$$\text{s.t.}\begin{cases} \sum_i Y_i \leqslant Y^* \\ \dfrac{\sum_{i=1}^{n} \text{RAROC}_i \cdot Y_i^*}{\sum Y_i^*} \geqslant h \\ 1-r \leqslant \dfrac{Y_i^*}{Y_i} \leqslant 1+\alpha, i=1,2,\cdots,n \\ \dfrac{Y_i^*}{\sum_{i=1} Y_i^*} \leqslant \beta, i=1,2,\cdots,n \end{cases} \tag{13-24}$$

目标函数为银行组合业务的 RAROC 最大化。四个约束条件代表的意义分别为：

(1) $\sum_i Y_i \leqslant Y^*$ 表示不同单个业务分配的经济资本之和不应大于银行总的经济资本总量。在实际中，总行经常在 Y_i^* 的基础上，预留一部分经济资本 Ψ 作为战略性的调控资源，以应对年度中间可能出现的新的风险事件或新的发展机遇。所以该约束条件一般可以改写为 $\sum_i Y_i \leqslant Y^* - \Psi$。

(2) $\dfrac{\sum_{i=1}^{n} RAROC_i \cdot Y_i^*}{\sum Y_i^*} \geqslant h$ 表示银行平均 RAROC 水平不能低于股东的经济资本回报率。

(3) $1-r \leqslant \dfrac{Y_i^*}{Y_i} \leqslant 1+\alpha (i=1,2,\cdots,n)$。该约束条件的含义为：银行强调经济资本的增量分配，即保证各业务单元经济资本只增不减，或者减少幅度不超过一定的限度 $\gamma (\gamma > 0)$。该限制条件经常出现在业务单元为分支机构的情况下，通常总行为了业务发展的稳定，不愿意对分行过多地压缩经济资本存量。同时，对经济资本增长速度有时也设置一定的上限 $\alpha (\alpha > 0)$，这是为了避免个别业务增长过快。

(4) $\dfrac{Y_i^*}{\sum_{i=1} Y_i^*} \leqslant \beta$，该约束条件表示银行对经济资本集中度的要求。一般情况下，资产组合中某业务单元所占用的经济资本在全部经济资本中的比重不超过一个预设的阈值。特别是当银行采用非预期损失分配法来配置经济资本时，尽管在计算组合经济资本时已经考虑了违约相关性因素，但这毕竟是一种近似算法，它对个别业务单元可能因集中度过高而导致资本占用陡增的情况估计不充分，因此设定集中度限制条件是很有必要的。

上述模型最初由奥特曼教授于 1965 年提出，其求解过程可用 Matlab 软件编程，植入经济资本管理系统后可自动完成。经济资本管理部门的主要任务是对模型涉及的各项参数和约束条件进行反复研究，并与相关的业务部门协调沟通，力求达成一致意见。

13.4 RAROC 与贷款定价

13.4.1 基于 RAROC 的贷款定价

商业银行通常的贷款定价方法忽略了信用资产在其寿命期间信用质量会出现变化的事实，没有考虑信用资产的非预期损失，没有将风险与收益统一起来。通过运用 RAROC 分析客户信用等级及其在还款期限内的转移概率，计算预期损失及非预期损失，并计算还款期限内的收益，将 RAROC 值与商业银行所要求的最低收益率进行比较，然后衡量这笔业务的风险与收益是否匹配，据此调整贷款价格；同时，决定该笔业务贷与不贷，并确定有关贷款条件。

在具体步骤方面，首先要估计客户的违约概率，其评估可根据专门的评估模型进行。其次是估计违约敞口，即违约时的银行贷款余额。这也可建立在历史数据的基础上，根据贷款类别和评级变化而变化。最后是估计既定违约损失率和预期违约损失率，得出预期损失（*EL*）和非预期损失（*UL*），利用 RAROC 模型来计算 RAROC 的值。

一、不考虑不同业务之间的相关性

在实际经营中，资产价格通常在补偿负债成本和经营成本的基础上，可以提供至少25%的税前资本回报率，即 RAROC≥25%，且目标利润随着 CAR（capital at risk，经济资本）的增加同比增加。在确定资本的目标 RAROC 后，商业银行可以根据各项贷款业务的预期损失、经营成本及风险程度等进行定价决策。

二、考虑不同业务之间的相关性

当了解了多项业务的 RAROC 和 CAR 数据后，银行就可以根据这些数据，结合方差、协方差的组合管理办法，对资本进行科学合理的分配，对业务进行科学定价，通过分散化来降低风险、提高收益。在确定了资本的目标 RAROC 以后，银行可以把各项贷款业务的相关性、经营成本、预期损失以及资本风险因素作为计算贷款价格的依据，最终计算出科学合理的贷款价格。

13.4.2 基于贷款市值变化的 RAROC 模型

$$\text{RAROC}=\frac{\text{风险调整的收益}}{\text{风险资本}}=\frac{\text{利差}+\text{手续费收入}-\text{经营成本}-\text{预期损失}}{\text{风险资本}}$$

上式中，利差是存贷款之间的差额，手续费收入主要是由贷款产生的相关收入（如承诺费），预期损失通常是指银行的呆账准备。在实际操作中，精确计算银行的各项成本是比较困难的。分子反映了一年内银行贷款的收入，风险调整后的资本等于贷款的市场价值在一年内变化的最大值的相反数，其公式为

$$\frac{\Delta L}{L}=-D\times\frac{\Delta R}{1+R_L} \tag{13-25}$$

式中，$\frac{\Delta L}{L}$表示贷款的市场价值在未来一年内预期的变化比率；D 表示贷款的久期；$\frac{\Delta R}{1+R_L}$

表示贷款市场价值在未来一年内风险折价的最大比率，其中 R 表示该贷款的利率（浮动利率）在未来一年内变化的最大值，R_L 表示贷款的利率，它等于零风险债券利率加上该贷款的信级利差（$R_L=R_F+R$）。

对式（13－25）进行变形，可写成

$$\frac{\Delta L}{L}=-D\times L\times\frac{\Delta R}{1+R_L}$$

即

$$\frac{\text{贷款的预期市场价值变化}}{\text{风险调整后的资本量}}=-\text{贷款的久期}\times\text{贷款额}\times\text{贷款的预期损失折价}$$

根据目前商业银行公布的业务数据，在计算贷款预期市值的变化时，贷款的久期及贷款额比较容易取得，但贷款的预期风险折价依据涉及贷款的市场价值（利率）进行预测，难以精确计算，一般进行分析时往往采用市场公开发行的债券利率数据代替贷款利率。

【例 13－3】假设目前市场上有 400 只 AAA 级债券在交易，该笔 AAA 级贷款额为 100 万元，平均利率为 10%，久期为 2.7 年。同时，假设在 99%的置信水平下，这些债券的利率变化频率幅度为 1%～1.1%，计算该笔贷款的 RAROC 值。

首先，估计贷款的利率在未来一年内变化的最大值 ΔR。可以用该 400 只债券未来一年内的利率变化代替该笔贷款的利率变化，把这 400 只债券的利率变化情况绘制成频率分布曲线。根据假设及对 ΔR 计算的定义，可以得出 $\Delta R=1.1\%$。

其次，估计贷款预期市场价值的变化 ΔL。用 AAA 级债券的平均利率代替该笔贷款的利率，则 ΔL 为

$$\Delta L=-D\times L\times\frac{\Delta R}{1+R_L}=-2.7\times1\,000\,000\times0.011/(1+0.1)=-27\,000(\text{元})$$

该笔贷款未来市场价值的变化额为－27 000 元，它要求同数量的资本支持，即风险调整后的资本在该贷款的分布为－27 000 元。

再次，计算该笔贷款调整后的收入。假定该笔贷款利差或贷款利率与筹资成本的差为 0.2%，手续费率为 0.05%，预期损失为 500，则

$$\text{调整后的收入}=0.2\%\times1\,000\,000+0.05\%\times1\,000\,000+500=3\,000(\text{元})$$

最后，得出 RAROC 值并与最低预期收益率相比较。

根据以上计算结果，该笔贷款的 RAROC 值＝3 000/27 000×100%＝11.1%。

13.5 RAROC 模型的缺陷与修正

13.5.1 RAROC 模型的缺陷

前面讲述的 RAROC 模型含有两个假设条件：一是不考虑各笔贷款之间的相关性，二

是违约概率不变则项目预期收益率不变。科罗赫、特布尔和韦克曼认为这两个假设条件存在问题，他们通过计算两种情况下的企业权益的资本预期收益率，得出实际情况与假设不符。他们先通过转换企业资产的波动性（σ_A）和调整企业的资本结构（即债务—权益比例）以确保违约概率保持不变，来计算权益资本的预期收益率（$\bar{R}_S$）。利用默顿模型计算后，他们认为保持违约概率不变并不意味着企业资产风险发生变动时权益资本能保持不变，而且取不同的相关系数，收益率也不同。下面通过【例13-4】来具体分析。

【例13-4】 调整企业资本结构，保持违约概率不变，假设违约率 $P=1\%$。具体数据如表13-5所示。其中，σ_A，$\bar{R}_A$，F，$D(0:T)$，$S(0)$，$D(0:T)/S(0)$，$\bar{R}_E$ 分别表示标准差（%）、风险资本的预期收益率（%）、债务的面值、债务市场价值、权益市场价值、债务—权益比率和权益资本的预期收益率（%）。在这里，假设违约概率 $P=N(-d_2^1)=1\%$、无风险利率 $R_F=5.13\%$、市场组合的预期收益率 $\bar{R}_M=12\%$，市场组合的收益标准差 $\sigma_A=15.0\%$，资产的市场价值为1 000，债务期限为1年。

表13-5　　假设违约概率不变，相关系数发生变化时银行相关指标变化情况

	$\rho=0.25$				$\rho=0.50$			
σ_A	5	10	20	40	5	10	20	40
$\bar{R}_A$	5.7	6.27	7.42	9.71	6.72	7.42	9.71	14.29
F	939.8	838	661.2	399.4	944.9	847	675.3	461.1
$D(0:T)$	893.7	796.8	628.4	379.3	898.5	805.2	641.7	394.9
$S(0)$	106.3	203.2	371.6	620.7	101.5	194.8	358.3	605.1
$D(0:T)/S(0)$	8.41	3.92	1.69	0.61	8.85	4.13	1.79	0.65
$\bar{R}_E$	10.46	10.71	11.25	12.48	16.28	16.77	17.81	20.21

在表13-5中，当 $\rho=0.25$ 时，为保持违约概率 P 不变（1%的置信水平下），债务—权益比率需要从8.41调低至0.61，而权益资本的预期收益率则从10.46%增加到12.48%。此外，标准差从5%增加到40%。比较 $\rho=0.25$ 和 $\rho=0.50$ 的结果，以标准差等于5%为例，$\rho=0.50$ 时风险资本的预期收益率（6.72%）高于 $\rho=0.25$ 时的值（5.7%）。相应地，为了保持违约概率不变，当 $\rho=0.50$ 时，债务—权益比率（8.85%）也要高于 $\rho=0.25$ 时的债务—权益比率（8.41%）。而从预期权益收益率来看，$\rho=0.50$ 时权益资本的预期收益率16.28%高于 $\rho=0.25$ 时的10.46%，这说明了相关系数的重要性，也验证了RAROC模型需要进一步拓展。

13.5.2 RAROC模型的修正

通过大量的实证分析研究，科罗赫、特布尔和韦克曼提出使用调整过的RAROC来测度每个项目对银行风险收益的边际影响。其中，调整过的RAROC（ARAROC）定义为

$$\text{ARAROC}=\frac{\text{RAROC}-R_F}{\beta_E}$$

式中，β_E 为权益资本的系统性风险；R_F 为无风险利率。

科罗赫、特布尔和韦克曼证明了，当 $\text{ARAROC}>\bar{R}_m-R_F$，即ARAROC高于预期额

外市场收益率时（这里 $\bar{R}_m$ 是指预期的市场收益率），该项目会增加股东价值。需要说明的是：第一，RAROC 对风险资产的标准差很敏感，只要给定一个足够高的波动性（σ_A），甚至当项目的净值为负时，该项目都可能达到所预定的最低预期资本收益率；第二，RAROC 对市场组合中资产收益率的相关度很敏感；第三，RAROC 法对波动性和相关度的变动不敏感；第四，如果在 RAROC 计算中使用一个固定的最低资本收益率，则他们倾向于选择高度波动性和高度相关性的项目，如表 13-6 所示。

表 13-6　　RAROC 对净现值为零的投资波动率的敏感度

	ρ=0.25				ρ=0.50			
σ_A	5	10	20	40	5	10	20	40
$\bar{R}_A$	5.7	6.27	7.42	9.71	6.72	7.42	9.71	14.29
$\bar{R}_E$	10.46	10.71	11.25	12.48	16.28	16.77	17.81	20.21
E	106.3	203.2	371.6	620.7	101.5	194.8	358.3	605.1
RAROC	10.46	10.71	11.25	12.48	16.28	16.77	17.81	20.21
ARAROC	6.88	6.88	6.88	6.88	6.90	6.90	6.90	6.90

13.6 RAROC 模型在绩效考核中的应用

资本对银行来说是一种经济资本，对经济资本的内部配置除了考虑风险和成本以外，还必须引入另外一个重要因素——业绩。特别是随着银行经营环境及客户需求多样化的发展，授信资产组合对业务部门业绩衡量的意义日渐突出。业绩衡量的难度加大，银行迫切需要建立一个通用的、系统的方法体系和标准，使各业务部门的业绩评估能够公平一致。在银行业绩衡量与资本配置系统中，风险、资本、业绩与资本配置之间呈现出一条环链：风险决定经济资本配置→经济资本衡量部门的收益率→经过风险调整的经济资本收益率又成为未来资本配置的基础。业绩与资本的关系是互相依赖的动态循环关系，其中关键是风险，基础则是风险资本概念。用风险调整业绩决定资本配置，是银行业绩评价模型发展的主要方向。

13.6.1 绩效考核

从绩效考核角度来看，RAROC 风险管理技术克服了传统绩效考核目标中盈利目标与风险成本在不同时期的相对错位问题，实现了经营目标与业绩考核的统一；同时，RAROC 是基于风险理念下的商业银行绩效评价方法，将风险因素纳入商业银行整体绩效评价体系，有利于提升商业银行的整体竞争能力。目前，我国商业银行对各级分支机构与业务管理部门的绩效考核，一般都侧重于短期的时点数据，而不是用风险调整后的反映长期稳定的收益指标来衡量业绩，使得表面上的高收益与实际收益存在很大差距。而以 RAROC 作为风险与收益应保持匹配的驱动机制，强调的是资本回报对经营管理的约束，为不同产品、客户和部门的风险建立共同的衡量基础，引导经济资本配置。利用 RAROC 风险管理技术，通过对各级分支机构、各项业务和产品，甚至每位员工的 RAROC 进行比较，可以提高绩效考核的科学性，并通过激励其在可接受风险的条件下追求利润最大化，有效遏制交易员片面追求高风险高收益的行为。

RAROC考核体现长期激励效果，管理者可以采取有效的措施引导各级分支机构、业务管理部门和各级员工的正确行为，激励他们自觉追求风险可接受情况下盈利最大化的目标。每笔业务在进入审批程序时，首先必须满足资产组合的限额管理要求和RAROC指标要求，然后进行进一步的分析和审批决策，单笔业务一旦经过批准即进入动态的、积极的组合管理，需要定期或不定期对组合资产进行盯住市场式的动态监控。一旦发现某些业务或组合的RAROC值有所弱化或有明显的不利趋势，就立即采取措施（如资产出售、信用衍生工具或证券化等）进行处置，目的是将有限的资源从资产负债表上释放出来，进入新的效益更好的业务，从而实现银行总体在可接受风险下收益的最大化。

【例13-5】一家银行有两个业务单位A和B，它们都计划扩大业务，并要求决策管理层配置更多资本，两个业务单位的收益及风险价值（*VaR*）指标如表13-7所示，若此时银行资本配置结束，而授信规模有限，银行如何在两项业务中做出战略决策？

表13-7　某银行两个业务单位的收益及经济资本情况

业务单位	收益（万元）	*VaR*（万元）	收益/*VaR*（%）
A	1 000	5 000	20
B	1 200	12 000	10

从表13-7可知，若仅从资产收益的角度看，单位A的收益差于单位B，那么应当选择B。但若引入风险要素，从风险调整后的收益指标来看，单位A经风险调整后的收益大大高于单位B，因此决策的结果应当是将更多的资本配置给单位A而非单位B。经风险调整的业绩衡量方法正好强调了这些问题。这说明在商业银行经营过程中，确定资本内部配置的不是一般的业绩，而是经风险调整的业绩衡量。

13.6.2　业绩评估

银行衡量业绩的方法大体上经历了以下演变：传统上是采用ROA方法，作为衡量基础的是资产量；后来发展到ROE方法，资本替代了资产作为衡量基础。但它们都是基于历史的表现来对业绩进行衡量，主要是用于报告、会计意图。随着*VaR*方法逐渐为银行业等金融机构所接受，ROE进一步发展到目前的RAROC方法。这里的衡量基准仍然是资本，并且主要是权益资本。不同的是，RAROC是一种前瞻方法，它对未来的预期收益用风险做出调整，以确定资本量配置。因此，它不是一个会计概念，而是一个经济学概念。这里的资本不再是一般的资本，而是风险资本或经济资本；这里的收益也不是一般的资本收益，而是经过风险调整后的资本收益。这一演化过程的关键是：*VaR*在资本配置及其收益预测中开始发生作用，利用*VaR*模型衡量的收益不是已经发生的收益，而是预期中的收益。在资本配置过程中，对过去风险的计算意义并不大，因为过去的风险已不复存在，并且一旦实际损失已知，过去的经济资本即失去意义，有意义的是对未来风险与收益的经济学预期。

关于业绩衡量的方式，传统上多以泰勒（Treynor）指数、夏普（Sharpe）比率、詹森（Jensen）指标等来衡量，这些衡量方法大多假设收益服从正态分布且系统性风险 β 值是稳定不变的，由此导致其应用存在许多限制。RAROC 模型将收益与成本都纳入了量化的风险因素并加以调整，并据此计算出经风险因素调整后的资本收益率。其优点有两个：其一，同时考虑风险与收益因素。若风险价值很高，那么即使利润再高，RAROC 值也会因风险值很大而变小，其绩效也不会太高，因此 RAROC 有助于企业在风险与收益之间找到平衡点。其二，RAROC 与夏普指标同样是考虑每一单位风险的报酬有多少，两者的区别在于 RAROC 是以风险价值来衡量市场风险，而夏普指标是以标准差来衡量市场风险。风险价值可以明确地表示出最大损失有多少，这让我们知道如果持有风险资产，应有多少资金才足以承担损失。

本章小结

到目前为止，我们讨论的重点是如何开发相应的过程来衡量金融机构面临的不同的风险（信用风险、市场风险、操作风险和流动性风险等）。现在，我们将讨论风险是如何被集中并分配给各个部门的。

制定具有全局性的风险管理手段对金融机构来说至关重要。这涉及明确风险偏好（risk appetite）或对风险的容忍度，在整个机构中推行严肃的风险管理文化和在高管中形成对风险的责任感等。这个过程被称为企业风险管理（enterprise risk management），其中关键的一个环节是计算总体经济资本金及其在各个业务部门中的分配。

经济资本［economic capital，有时也被称作风险资本（risk capital）］是金融机构内部估算的为应对自己所持风险需要的资本金数量。经济资本和监管资本不同，对后者，所有的商业银行都要遵从巴塞尔银行监管委员会制定的千篇一律的规则。经济资本可以被认为是银行为了具备承担一定风险能力所付出的“货币”量。一个业务部门只有在设定相应经济资本的情况下才能持有某种特定的风险。某个业务部门盈利情况的好坏要基于该部门所分配的经济资本的数量做出衡量。

本章我们讨论了银行对于某种特定风险以及某些特定业务部门如何估算经济资本，并且说明了银行如何将这些经济资本汇总来得出对整个银行的经济资本的估计。我们还在本章讨论了风险调整后的资本回报率（risk-adjusted return on capital，即 RAROC），该回报率等于某业务部门的回报除以该部门的资本金配额，RAROC 既可以用于检测业务部门在过去某一段时间内的业绩，也可以用来预测该业务部门未来的表现，从而帮助管理层计划未来资本金的分配方式，并且为某些业务活动在未来的发展规划中应该终止还是扩大规模提供决策基础。

关键术语

经济资本　RAROC　VaR　绩效评估　存量配置　增量配置　绩效考核

思考题

1. 简述经济资本的概念。
2. 简述经济资本计量的一般方法。
3. 简述风险调整绩效。
4. 简述 RAROC 模型的基本概念。
5. 简述 RAROC 模型与 SVA 模型的区别。

6. 银行对某一客户贷款 1 亿元，贷款利率为 7.5%，存款利率为 3.5%，经营成本（包括人工、设备等）为 150 万元。假定该客户评级后，违约概率为 5%，违约损失率为 40%，非预期损失为 500 万元。试测算 RAROC 值。

7. 假设某银行的资本是 100 亿元，它对经济资本的总量最大可以达 100 亿元，且该行设立两个事业部，分别为事业部 A、事业部 B。事业部 A 的 RAROC 是 10%，事业部 B 的 RAROC 为 25%。分析该银行不同的配置方案，以及不同方案下银行整体的 RAROC 值。

8. 假设某银行拥有甲、乙、丙三个发放贷款的业务部门，三个部门的风险贡献率分别为 35%、50%、25%，在这些部门中有下表所列的贷款业务（表中的数据为不同业务部门的独立风险额）。假设甲与乙的相关系数为 0.4，其余部门之间互不相关。设甲、乙、丙三部门的随机损失分别为 $L_{甲}$、$L_{乙}$、$L_{丙}$，以 $V(L)$ 表示其随机损失的方差，$\sigma(L)$ 为其标准差，则总损失为多少？

某商业银行不同部门的贷款情况

部门	甲	乙	丙
贷款金额（万元）	2 000	1 000	500
违约率的标准差（%）	5	8	6
CAR（万元）	100	80	30

9. 假设目前市场上有 400 只 AAA 级债券在交易，该笔 AAA 级贷款额为 100 万元，平均利率为 10%，持续期为 2.7 年，该笔贷款利差或贷款利率与筹资成本的差为 0.2%，手续费为 0.15%，预期损失为 500 元。同时，假设在 99%的置信水平下，这些债券的利率变化频率幅度为 1%～1.1%，计算该笔贷款的 RAROC 值。

10. 一家银行有两个业务单位 A 和 B，它们都计划扩大业务，并要求决策管理层配置更多资本，两个业务单位的收益及风险价值（*VaR*）指标如下表所示，若此时银行资本配置结束，而授信规模有限，银行如何在两项业务中做出战略决策？

某银行两个业务单元的收益及经济资本情况

业务单位	收益（万元）	*VaR*（万元）	收益/*VaR*（%）
A	800	1 000	
B	1 200	12 000	

参考文献

[1] Bühlmann, H. and A. Gisler. *A Course in Credibility Theory and Its Applications*. Springer-Verlag, Berlin, 2005.

[2] Bühlmann, H. *Mathematical Methods in Risk Theory*. Springer-Verlag, 1970.

[3] De Vylder, F. Optimal Semilinear Credibility. *Mitteilungen der Vereinigung Schweizerischer Versicherungs Mathematiker*, 1976 (76): 27-40.

[4] Diehl, M., Strobe, W. Productivity Loss in Brainstorming Groups: Toward the Solution of a Riddle. *Journal of Personality and Social Psychology*, 1987 (53): 497-509.

[5] Kaas, R., M. Goovaerts, J. Dhaene, M. Denuit. *Modern Actuarial Risk Theory*. Springer, 2004

[6] Marvin, S. *Capital Allocation: A Study of Current and Evolving Practices in Selected Banks*, OCC Staff 96-1, December, 1996.

[7] Mattern, C. *Managing Bank Capital*, Chichester: Hohn Wiley & Sons Ltd., 1996.

[8] Mullen, B., C. Johnson, E. Salas. Effects of Communication Network Structure: Components of Positional Centrality. *Social Networks*, 1991, 13 (2): 169-185.

[9] Rosenberg, J. V., T. Schuermann, *A General Approach to Integrated Risk Management with Skewed, Fat-Tailed Risk*, Federal Reserve Bank of New York, Staff Report no. 185, May 2014.

[10] 奥野忠一等. 多变量解析法. 日科技连, 1971.

[11] 巴塞尔银行监管委员会. 巴塞尔协议Ⅲ（综合版）. 北京：中国金融出版社，2014.

[12] 巴曙松，金玲玲. 巴塞尔资本协议Ⅲ的实施：基于金融结构的视角. 北京：中国人民大学出版社，2014.

[13] 白承彪. Logistic 模型与 Probit 模型用于上市公司财务预警的比较. 财会月刊，

2010 (11).

[14] 贝西斯. 银行风险管理. 北京：中国人民大学出版社，2009.

[15] 彼得·L. 伯恩斯坦. 与天为敌：风险探索传奇. 北京：机械工业出版社，2010.

[16] 陈松男. 金融风险管理：避险策略与风险值. 北京：机械工业出版社，2014.

[17] 陈松男. 信用风险管理：对冲工具与定价模型的实务运用. 北京：机械工业出版社，2014.

[18] 德勤会计师事务所. 解读 Basel Ⅲ——国际金融监管体系改革新动向. 北京，2011.

[19] 丁洪. 中信泰富外汇衍生品投资亏损案例分析与启示. 南方金融，2009 (3)：29-31.

[20] 菲利普·乔瑞. 风险价值 VAR. 北京：中信出版社，2010.

[21] 顾余金. 国内商业银行合规风险管理研究. 苏州大学学位论文，2013.

[22] 国务院国有资产监督管理委员会. 中央企业全面风险管理指引，2006.

[23] 胡剑. 基于利率、汇率、股价联动性商业银行市场风险综合度量的阶段性研究，北京交通大学学位论文，2010.

[24] 黄志凌. 商业银行压力测试. 北京：中国金融出版社，2010.

[25] 金融风险管理师考试手册：第六版. 北京：中国人民大学出版社，2012.

[26] 凯文·多德. 市场风险测度. 北京：中国财政经济出版社，2011.

[27] 劳芬，侯金亮，孙焕民. 商业银行合规风险管理：认识与实践. 农村金融研究，2008 (06).

[28] 梁世栋. 商业银行风险计量理论与务实，北京：中国金融出版社，2009.

[29] 刘园. 金融风险管理. 北京：首都经济贸易大学出版社，2012.

[30] 陆静，皮天雷. 商业银行经营管理. 北京：清华大学出版社/北京交通大学出版社，2011.

[31] 陆静. 商业银行操作风险量化分析. 北京：中国人民大学出版社，2015.

[32] 伦纳德·麦茨，彼得·诺伊. 流动性风险计量与管理. 北京：中国金融出版社，2010.

[33] 茆训诚. 信用风险度量与管理. 上海：上海财经大学出版社，2013.

[34] 奈特. 风险、不确定性和利润. 北京：中国人民大学出版社，2005.

[35] 尼尔·皮尔逊. 风险预算. 北京：中信出版社，2011.

[36] 曲绍强. 我国商业银行操作风险管理——基于框架设计的视角. 北京：中国财政经济出版社，2009.

[37] 桑德斯，科尼特. 金融风险管理. 北京：人民邮电出版社，2012.

[38] 邵平. 商业银行合规风险管理. 北京：中国金融出版社，2010.

[39] 盛骤，谢式千，潘承毅. 概率论与数理统计. 北京：高等教育出版社，2013.

[40] 孙琳山. 基于 Logit 模型的中小企业信用风险评估. 山东财经大学学位论文，2013.

[41] 田军，张朋柱，王刊良，王应洛. 基于德尔菲法的专家意见集成模型研究. 系统工程理论与实践. 2004 (1)：57-62.

［42］王程程. 人民币汇率制度改革背景下的我国商业银行汇率风险管理. 东北财经大学学位论文，2013.

［43］王慧. 我国市场风险管理研究. 东北农业大学学位论文，2012.

［44］王仁祥，喻平. 金融风险管理. 武汉：武汉理工大学出版社，2005.

［45］王勇，隋鹏达，关晶奇. 金融风险管理. 北京：机械工业出版社，2014.

［46］威廉姆斯，汉斯. 风险管理与保险. 北京：中国金融出版社，1996.

［47］武剑. 商业银行经济资本配置与管理——全面风险管理之核心工具. 北京：中国金融出版社，2009.

［48］徐振东. 银行家的全面风险管理——基于巴塞尔Ⅱ追求银行股东价值增值. 北京：北京大学出版社，2010.

［49］杨静平. 非寿险精算学. 北京：北京大学出版社，2006.

［50］约翰·赫尔. 风险管理与金融机构. 北京：机械工业出版社，2014.

［51］张吉光. 商业银行操作风险识别与管理. 北京：中国人民大学出版社，2005.

［52］张剑光，刘江涛. 我国商业银行市场风险计量及波动性研究. 国际金融研究，2009 (9).

［53］张金清. 金融风险管理. 上海：复旦大学出版社，2013.

［54］张莉. 我国商业银行跨国经营中的风险管理研究. 浙江工业大学学位论文，2012.

［55］赵先信. 银行内部模型和监管模型——风险计量与资本分配. 上海：上海人民出版社，2004.

［56］中国保险业监督管理委员会. 人身保险公司全面风险管理实施指引，2010.

［57］中国工商银行. 中国工商银行全面风险管理框架，2004.

［58］中国银行业从业人员资格认证办公室. 风险管理. 北京：中国金融出版社，2013.

［59］中国银行业监督管理委员会. 商业银行合规风险管理指引，2006.

［60］中国银行业监督管理委员会. 商业银行声誉风险管理指引，2009.

［61］中国银行业监督管理委员会. 商业银行市场风险管理指引，2004.

［62］周浩. 中国商业银行汇率风险研究. 西南财经大学学位论文，2009.

［63］兹维·博迪等. 投资学. 北京：机械工业出版社，2012.

［64］邹宏元. 金融风险管理. 成都：西南财经大学出版社，2010.

图书在版编目（CIP）数据

金融风险管理/陆静主编. 2 版. —北京：中国人民大学出版社，2019.1
经济管理类课程教材·金融系列
ISBN 978-7-300-26495-0

Ⅰ.①金… Ⅱ.①陆… Ⅲ.①金融风险-风险管理-高等学校-教材 Ⅳ.①F830.9

中国版本图书馆 CIP 数据核字（2018）第 276514 号

经济管理类课程教材·金融系列
金融风险管理（第二版）
主编 陆 静
Jinrong Fengxian Guanli

出版发行	中国人民大学出版社		
社 址	北京中关村大街 31 号	邮政编码	100080
电 话	010－62511242（总编室）		010－62511770（质管部）
	010－82501766（邮购部）		010－62514148（门市部）
	010－62515195（发行公司）		010－62515275（盗版举报）
网 址	http://www.crup.com.cn		
经 销	新华书店		
印 刷	北京昌联印刷有限公司	版 次	2015 年 9 月第 1 版
规 格	185 mm×260 mm 16 开本		2019 年 1 月第 2 版
印 张	25.25	印 次	2020 年 8 月第 5 次印刷
字 数	605 000	定 价	53.00 元